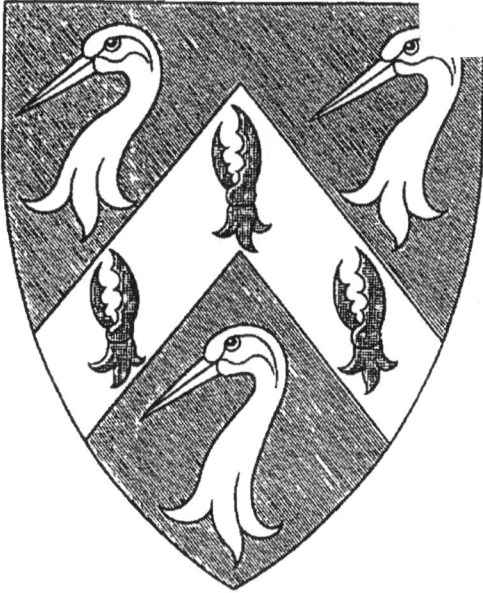

EX LIBRIS
PREMOREL HIGGONS

NOBILIAIRE

UNIVERSEL

DE FRANCE

OU RECUEIL GÉNÉRAL

DES GÉNÉALOGIES HISTORIQUES

DES MAISONS NOBLES DE CE ROYAUME

PAR

M. DE SAINT-ALLAIS

AVEC LE CONCOURS

DE MM. DE COURCELLES, L'ABBÉ DE L'ESPINES, DE SAINT-PONS
ET AUTRES GÉNÉALOGISTES CÉLÈBRES

—

TOME SIXIÈME

PREMIÈRE PARTIE

FERT LUCE
E UNDO

PARIS

LIBRAIRIE BACHELIN-DEFLORENNE

3, QUAI MALAQUAIS, 3

—

MDCCCLXXIV

NOBILIAIRE UNIVERSEL

DE FRANCE.

LL. MM. l'empereur de Russie, l'empereur d'Autriche, la famille royale de France, le roi de Prusse, le prince de Condé, madame la duchesse douairière d'Orléans, et plusieurs autres princes et princesses de l'Europe, ont honoré cet ouvrage de leur souscription.

NOBILIAIRE UNIVERSEL

DE FRANCE,

OU

RECUEIL GÉNÉRAL

DES GÉNÉALOGIES HISTORIQUES

DES MAISONS NOBLES

DE CE ROYAUME,

Par M. DE SAINT-ALLAIS, auteur des Généalogies historiques des Maisons souveraines de l'Europe.

Ce volume contient, outre les Généalogies:

1.º Le Nobiliaire héraldique de Normandie, dressé par *Chevillard*, sur les recherches faites en 1666 et 1667, et années suivantes, par M. de Chamillard, et les autres intendants de cette province, revu, corrigé et augmenté;

2.º La nomenclature des seigneurs de cette province qui ont accompagné Guillaume le Conquérant en Angleterre, et Robert, duc de Normandie, à la conquête de la Terre-Sainte;

3.º Tous les anciens rôles des gentilshommes normands, tirés du cabinet de M. de Clérembault, et du *Traité de la Noblesse*, par de la Roque.

DIEU ET LES BOURBONS.

TOME SIXIÈME.

A PARIS,

Au Bureau du NOBILIAIRE UNIVERSEL DE FRANCE, rue de la Vrillière, nº 10.

Réimprimé en 1873-1874,

A LA LIBRAIRIE BACHELIN-DEFLORENNE,

3, Quai Malaquais.

IMPRIMERIE DE E. CORNILLAC
A CHATILLON-SUR-SEINE (CÔTE-D'OR)

NOBILIAIRE UNIVERSEL,

OU

RECUEIL GÉNÉRAL

DES GÉNÉALOGIES HISTORIQUES

DES MAISONS NOBLES

DE FRANCE,

Formant les matériaux du DICTIONNAIRE UNIVERSEL
de la NOBLESSE.

ISNARDI, ISNARDS ou DESISNARDS, maison originaire de la ville de l'Isle, au Comtat-Venaissin , l'une des plus anciennes et des plus distinguées de cette province , où elle est connue depuis la fin du douzième siècle.

Les preuves de cette famille ont été faites en 1779, par M. Chérin, généalogiste du roi, pour monter dans les carrosses de Sa Majesté, et en 1780 Toussaint-Siffrein, Esprit-Dominique-Stanislas et Jean-Charles-Gaspard des. Isnards, frères, furent présentés au roi et à la famille royale.

On voit dans les registres de la vénérable langue de Provence, à Malte, sous la date du 28 avril 1784, la relation de MM. les commissaires de l'ordre de Saint-Jean de Jérusalem, signée par MM. les chevaliers de Lattier-la-Touche et de Bardonnenche, laquelle a pour objet la réception de M. le chevalier Gabriel-Joseph-Martial des

Isnards, chef de la branche aînée de cette maison, et qui forme le XVIᵉ degré de cette généalogie, et dans laquelle on lit que le nom du prétendant est connu depuis trois siècles dans l'ordre; d'ailleurs cette maison avait eu auparavant des chevaliers de Rhode. En effet, il conste par les preuves des cinq chevaliers de Thésan et des trois chevaliers de la Fare, que la famille des Isnards a été reçue dans l'ordre de Saint-Jean de Jérusalem huit fois avant la reception d'Esprit-Toussaint des Isnards.

Bertrand Isnard, chevalier, assista, avec Raimond d'Agoult, Rostain de Maulsang, Raimond de Montmirail, Bérenger de Bezignan, Giraud de Monteil-Adhémar, Pierre et Rambault d'Ancezune, et plusieurs autres nobles du pays Venaissin et de la principauté d'Orange, à la transaction passée dans l'église cathédrale d'Orange, le 6 des calendes d'octobre 1215, entre Guillaume de Baux et les chevaliers de Saint-Jean de Jérusalem, sur les droits qu'ils avaient dans la ville et principauté d'Orange. Un Guillaume Isnard souscrivit la même transaction.

Hugues Isnard, chevalier, fut un des consuls de Cavaillon qui dressèrent les statuts municipaux sous l'autorité de Raimond VII, comte de Toulouse et du Venaissin, et qui furent approuvés par Amiel, coseigneur de Cavaillon, et Rostain Carbonel, évêque et coseigneur de la même ville, le premier des calendes de juin 1241. Le même Hugues Isnard fut député par la communauté de Cavaillon, pour procéder à la reconnaissance des droits de Guy et Bertrand, coseigneurs de Cavaillon, et l'évêque Gabriel; ce qui fut exécuté solennellement le 4 des calendes de janvier 1255.

Hugues Isnard et plusieurs autres chevaliers de Provence et du Comtat-Venaissin, parmi lesquels on remarque Pierre de Cavaillon, Roger et Bertrand de Baux, Béranger et Guillaume Raimond, accompagnèrent, au mois d'octobre 1328, Charles, duc de Calabre, fils de Robert d'Anjou, roi de Naples, en Italie, où ce prince avait été appelé par les Florentins pour les défendre et les protéger contre l'empereur Louis de Bavière.

Pierre Isnard, chevalier, de la ville de l'Isle, au diocèse de Cavaillon, contemporain de Hugues Isnard, épousa Pompère ou Pompée d'Astres (d'Astriot), d'une famille noble de Provence, et en eut, entre autres enfants, Marguerite Isnard, qu'il dota de mille florins d'or, somme très-considérable pour ce temps-là, et qu'il maria, par contrat passé à l'Isle en 1360, avec Jean Scudéri, de la ville d'Apt.

La filiation suivie de cette maison commence à :

I. Bertrand ISNARDI, Ier du nom, de la ville de l'Isle. Il est rapporté dans une transaction pour les limites et partages des villes de l'Isle et du Thor, de l'an 1246, et qualifié *miles* dans une charte aux archives du Thor, de l'an 1248, et dans une transaction du dernier octobre 1262, *in domino Bertrandum Isnardum militem*. Il fut témoin, avec Raimond Bosigon, juge du Venaissin ; Jean d'Arcise, sénéchal de la même province ; Gui de Raimond, Viguier de Cavaillon, Bertrand Maulsang, etc., à l'acte de vente passé dans le château de Pernes, le 8 des ides de septembre 1263, d'une portion de la seigneurie de Cavaillon, par Bertrand, coseigneur de cette ville, en faveur de Giraud Amic (Sabran), seigneur de Châteauneuf et du Thor. Il eut pour fils :

II. Guillaume ISNARDI, damoiseau, Ier du nom, qui, par son testament de l'an 1317 (Pineti, notaire de l'Isle) ; institua son héritier noble Bertrand Isnardi, son fils, et substitua Guillaume Isnardi, son petit-fils.

III. Bertrand ISNARDI, IIe du nom, fut père de :

IV. Guillaume ISNARDI, IIe du nom, rappelé dans le testament de son grand-père, de l'an 1317. Il est qualifié *nobilis vir Guillelmus Isnardus* dans des actes des 19 et 24 octobre 1390, et institua son héritier, en 1402, noble Elzéar Isnardi, son fils, avec substitution en faveur de Louis Isnardi, son petit-fils. Il avait épousé Catherine Isnardi, qui, étant veuve de lui, fit son testament le 3 décembre 1418, en faveur de Catherine Isnardi, femme d'Elzéar Isnardi, son fils, et de ses enfants, énoncés dans ledit testament.

V. Elzéar ISNARDI, chevalier, fils de noble Guillaume, est rappelé dans la reconnaissance qu'il fit de la dot de Claude de Valeri, femme de Louis, son fils aîné, du 22 décembre 1434. Il laissa de son mariage avec Catherine Isnardi quatre enfants rappelés dans le testament de sa mère, du 31 décembre 1418 :

1.º Louis, dont l'article suit ;

2.º Pompée des Isnards ;

3.º Antoinette, femme de Jacomet Donodey, avec
laquelle elle vivait à l'Isle, en Venaissin, en 1471;

4.º Garcinette ou Gassinette, mariée, vers l'an 1450,
à Antoine de Novarins.

VI. Louis Isnardi ou des Isnards, Iᵉʳ du nom, damoiseau, est ainsi qualifié dans un acte de bail-nouvel
passé devant Pierre Moricelli, notaire de la ville de l'Isle,
de laquelle il fut nommé syndic par une délibération de
la communauté, passée devant Jacques Ballini de Vale-
riis, notaire de la même ville, le 29 mars 1473. Il était
consul de ladite ville de l'Isle en 1441, et avait épousé,
par contrat du 30 novembre 1430, passé devant Jacques
Ballini, noble Claude de Valéri, fille de noble Jean de
Valéri, capitaine du lieu d'Opède, dans lequel contrat
noble Catherine, femme de noble Elzéar Isnardi, pro-
met de contribuer à la restitution de la dot de ladite
noble Claude de Valéri. Louis Isnardi fit son testament
devant Ballini, le 12 mars 1488, ayant pour fils :

1.º Jean des Isnards;

2.º Pierre des Isnards;

3.º Garcias, dont l'article suit;

4.º Gabriel, qui partagea avec ses frères la succession
de leur père, par acte passé devant Jacques Ballini, notaire à l'Isle, le 17 novembre 1490. Il
fonda la branche des seigneurs d'Odefred en Va-
lentinois, éteinte dans le dix-huitième siècle. Elle
a fait des alliances avec les maisons de Borne, du
Plan, de Bologne-d'Alençon, etc. etc. Josserand
des Isnards, petit-fils de Gabriel, fut reçu chevalier de Saint-Jean de Jérusalem en 1526, et fut tué
en 1531, à la prise du château de Zegue, en Bar-
barie, où voulant forcer la porte, son corps fut
percé d'un coup d'arquebuse.

VII. Garcias des Isnards, damoiseau, né à l'Isle en
1460, s'établit dans la ville de Carpentras, au Comtat-
Venaissin, à l'occasion de la charge de vice-recteur de
cette province, dont il fut revêtu par le pape le 24 mars
1520. Il mourut dans l'exercice de cette magistrature, à
l'âge de quatre-vingts ans, comme le portait une courte
inscription posée sur son mausolée, dans la chapelle de
la Sainte-Épine, qu'il avait fondée dans l'église des frères

prêcheurs de Carpentras. On y voyait Garcias, mal nommé Gratias dans cette inscription, couché sur sa tombe, revêtu d'une robe, la tête découverte et les mains jointes, ayant à ses pieds un chien. Cette église est détruite depuis quelques années, par une conséquence de la révolution. Il avait épousé, par contrat passé devant Ballini, notaire à l'Isle, le 18 mars 1483, Madeleine de Baux, de l'illustre et ancienne maison de Baux, fille de Jean et d'Agnès Tégrin, et petite-fille de Guillaume de Baux, IIIe du nom, damoiseau, coseigneur de Marignanne et de Maillanne, qui lui ordonna un legs, par son testament du 28 mai 1483. Garcias des Isnards eut les enfants suivants, énoncés dans son testament du 12 février 1529, et dans son codicile du 12 juillet 1539 :

1.º Gaucher, dont l'article suit;

2.º Colin, auteur de la branche des seigneurs de Brantes, éteinte dans le commencement du dix-septième siècle. Elle a fait des alliances avec les maisons de Vincens, de Marck de Châteauneuf, etc. etc.;

3.º Jean, colonel d'infanterie et maréchal de bataille dans les armées du roi;

4.º Hellen ou Alain, reçu chanoine-sacristain de l'église de Carpentras le 9 mars 1558;

5.º Honoré, chanoine d'Orange, élu grand-vicaire de ce diocèse par le chapitre, le 15 novembre 1540, à la mort de l'évêque Louis de Pelissier;

6.º Françoise, mariée avec noble Jean de Bompui;

7.º Jeanne, vivant avec son mari Jean de Julianis, savant jurisconsulte de Carpentras, en 1529;

8.º Antoinette, légataire de son père en 1529, mariée depuis à noble Baltasard de Pontevès, seigneur de Bouons, fils de Gaspard et de Douce de Bot.

VIII. Gaucher DES ISNARDS, vice-recteur du Comtat-Venaissin, par bref du 27 mars 1547, avait été envoyé à Rome en 1532, pour traiter d'affaires importantes auprès du pape, par le cardinal de Clermont, co-légat d'Avignon. Il épousa, par contrat passé devant Raimond des Marêts, notaire d'Avignon, le 3 octobre 1512, Jeanne de Fougasse, fille de Gabriel et de Marguerite de Berton-Crillon, et fit son testament, reçu par Jacques Balbis, notaire à Carpentras, le 17 août 1556. Il vivait encore

en 1560, suivant une bulle du pape Pie IV, du 11 février
de la même année, par laquelle ce pontife lui accorda,
ainsi qu'à ses enfants, plusieurs priviléges, entre autres
celui d'avoir un autel portatif. Ses enfants furent :

1.º Jean, co-seigneur de la Garde-Paréol, chevalier
de l'ordre du roi, l'un de ses chambellans, gouverneur de Coni en Piémont, par lettres du roi
Charles IX, du 30 juillet 1569 ; de Rue en Picardie, et du Pont-Saint-Esprit en Languedoc, et maréchal de camp dans les armées du
roi entretenues en Italie. Il servit avec distinction dans les armées de Henri III, de François II et de Charles IX. Il se démit de ses gou-
vernements de Rue et du Pont-Saint-Esprit en
faveur de Louis de Berton, surnommé le *brave
Crillon*, par un acte passé à Paris devant Marchand et son confrère, notaires au Châtelet, le 18
mai 1775. Il reçut plusieurs lettres très-flatteuses
des rois dont on vient de parler, et particulière-
ment du roi Henri III, dans lesquelles ce monarque
l'appelait son bon ami. Il mourut à Carpentras,
après de longs services, le premier mai 1578, et
fut inhumé dans la chapelle des Isnards, en l'église
des frères prêcheurs de cette ville, où l'on voyait
son portrait au côté droit de la fenêtre, au bas
duquel était une inscription conçue en ces termes :
*Hic jacet nobilissim. et generosissim. Joannes de
Isnardis, dictus de l'Isle, dominus Guardiæ-Pa-
reoli .... castrorum regiorum in Gallia cisalpina
præfectus. Hic cum suis mortalitatem deposuit
anno 1578, kalendas Maii.* Il avait épousé Madeleine de Séguins, veuve de Louis d'Astoaud, seigneur de Mazan, et fille de Gabriel de Séguins,
avocat et procureur-général au Comtat-Venaissin,
et de Catherine des Andrieux, sa seconde femme.
Il n'eut de cette alliance qu'une fille, Diane des
Isnards, dame en partie de la Garde-Paréol, mariée, par contrat du 16 juin 1588, avec Jean-
Scipion de Fougasse, baron de Sampson en Vivarais ;

2.º Alain ou Hellen, dont l'article suit ;

3.º Gaucher, dit *chevalier de l'Isle*, chevalier de

l'ordre du pape et de celui de Saint-Michel, écuyer du roi Charles IX le 5 janvier 1568, mestre de camp de Vieilles-Bandes et chambellan de François de France, duc d'Alençon, est ainsi qualifié dans les lettres de naturalité qui lui furent accordées par le roi Charles IX, le 5 janvier 1568. Il fut chevalier de l'Eperon doré en 1573, chevalier de l'ordre du roi et colonel général des troupes de Sa Sainteté dans tout le comtat. Il mourut sans alliance, et institua son héritier Enée des Isnards, son neveu, le 14 avril 1590. Il vivait encore en 1598;

4.º Gabriel, conseiller au parlement d'Orange, qui eut beaucoup de part au maniement des affaires de cette principauté, quoiqu'il fût né sujet du pape. Il eut commission du vice-légat d'Avignon, au mois d'août 1560, de visiter la citadelle d'Orange et la garnison qui la défendait, et de savoir du gouverneur dans quels sentiments il était au sujet de l'approche de Montbrun, dont le Comtat-Venaissin craignait l'irruption. Il épousa Pierrette de Piolenc, fille de Thomas, seigneur de Saint-Jullien, de Beauvoisin et de Cornillon, procureur général au parlement de Provence, et de Pierrette Filoli, dont il eût, entre autres enfants, un fils qui était avocat général au parlement d'Orange en 1597, et une fille nommée Diane, qui épousa, en 1580, Henri de Rabasse, avocat-général au parlement d'Aix;

5.º Garcias des Isnards;

6.º Paul des Isnards;

7.º Jeanne, } dont on ignore la destinée;
8.º Louise, }

9.º Aimerie, femme, par contrat passé devant Discoti, notaire à Carpentras, en 1531, de noble Robert Pape, seigneur de Saint-Alban;

10.º Françoise, mariée, par contrat passé devant Balbis, notaire à Carpentras, en 1557, avec noble Pierre Berenger, seigneur de Beaudiment.

IX. Hellen ou Alain DES ISNARDS, seigneur de la Roque-Henri, capitaine et gouverneur de la ville et du château de Mornas, pendant les guerres de religion, ainsi qu'il appert par le brevet du cardinal d'Armagnac, du premier février 1568; avait rendu hommage pour sa seigneurie de la Roque-Henri, au pape Pie V, entre les mains de Pierre Sabbatier, recteur du Comtat-Venaissin, le 24 octobre 1566. Il fut nommé gentilhomme ordinaire de François de France, duc d'Alençon, par brevet daté d'Amboise, le 16 décembre 1571, en considération, disent ces lettres, des bons et signalés services qu'il avait dès longtemps rendus aux feus rois, au fait de leurs guerres, tant en Italie qu'en plusieurs autres lieux. Il épousa, par contrat passé devant Jacques Balbis, notaire à Carpentras, le 29 octobre 1565, Jeanne de Raimond, dame en partie de la Roque-Henri, fille de François de Raimond, dit de Mourmoiron, seigneur de Modèle, d'Urbans, de la Roque-Henri, etc., au diocèse de Carpentras, et de Sybille de Saint-Martin, sa seconde femme. De ce mariage sont issus :

1.º Enée, dont l'article suit ;

2.º Julie, mariée à Jean, *aliàs* Charles de Patris, morte en 1623;

3.º Jeanne, femme d'Alain de Tritis, de la ville de Carpentras ;

4.º Laure, qui épousa Pierre de Rafellis, seigneur de Roquesante, conseiller en la cour des comptes et aides de Montpellier ;

5.º Victoire, alliée, en 1598, à Jean d'Autran ;

6.º Léone, mariée, en 1580, avec Joseph de Meissonier, seigneur de Valcroissant, viguier de la ville d'Apt.

X. Enée, dit Enéas des Isnards, coseigneur de la Roque-Henri, dont il rendit hommage entre les mains d'Octave Mancini, recteur du Comtat-Venaissin, le 26 avril 1607, fut pourvu du gouvernement du château de Mornas, en survivance de son père, par bref du 23 mars 1582, et épousa, par contrat passé devant Colin Tache, notaire à Avignon, le 13 février 1601, Anne de Cambis d'Orsan, fille de Jean de Cambis, seigneur d'Orsan, de Lagnes, etc., chevalier de l'ordre du roi, et de Françoise de Cléricis. Il eut de ce mariage :

1º Horace, dont l'article suit ;

2º Une fille, morte en bas âge.

XI. Horace DES ISNARDS épousa, par contrat passé devant Pons Fabry, notaire à Carpentras, le 19 juin 1623, Catherine de Blégiers, fille de Jean de Blégiers, seigneur d'Autellon, vice-recteur du Comtat-Venaissin et de Lucrèce de Séguins des Baumettes. Il fit ouvrir solennellement le testament olographe de son père, le 17 juin 1625; et fit le sien devant Chaulardi, notaire à Carpentras, le 13 août 1655, en faveur de ses enfants, qui furent :

1.º François, dont l'article suit ;

2.º Emmanuel, capitaine au régiment Dauphin, infanterie, né en 1640, mort sans alliance, au siége de Bude en Hongrie, où il fut tué en 1686 ;

3.º Marie, religieuse ursuline à Carpentras, en 1655 ;

4.º Françoise-Marie, née en 1632, morte sans alliance en 1677.

XII. François DES ISNARDS, chevalier, servit avec distinction pendant plus de quatre ans en Italie, et se trouva dans la malheureuse entreprise de Naples, sous les ordres du duc de Guise, où il demeura seize mois prisonnier. Ayant obtenu sa liberté moyennant une grosse rançon, il se retira dans sa famille, et épousa, par contrat passé devant François Chaulardi, notaire à Carpentras, le 29 avril 1650, noble Marguerite-Charlotte d'Alleman, fille de Paul d'Alleman, seigneur de Saint-Amant, gentilhomme ordinaire de Henri de Bourbon, prince de Condé, premier prince du sang, et d'Anne de Rostagnis, de la ville de Carpentras. Il eut de ce mariage :

1.º Paul-Joseph, né en 1652, capitaine au régiment Dauphin, par commission du 18 juin 1671 ; marié, par contrat du premier juillet 1679, avec Yolande de Mercier, veuve de Raimond de Mot, seigneur de Rochedouble, et fille de Gaspard de Mercier, et d'Ursule Morandi, du bourg de Sarrians. Il mourut dans le cours d'un voyage qu'il fit à Rome, à l'occasion d'une affaire d'honneur. Ses enfants furent :

a. Guillaume-Paul, né en 1680, reçu page de la petite écurie du roi en 1695, d'où il sortit en 1702 ; marié, à Valéras, avec noble Marianne de Regnier, dont il n'eut point d'enfants ;

b. Charlotte ; femme de noble Antoine - Joseph
   d'Alleman, morte en 1733 ;

2.º Henri, dont l'article suit ;

3.º Marius, ne en 1654, mort sans alliance ;

4.º Horace, aide-major et capitaine au régiment Dau-
    phin, infanterie, tué au siége de Bude, en Hon-
    grie, en 1686 ;

5.º Catherine, née en 1657, femme de noble Horace-
    Joseph de Rafellis , seigneur de Rus, de Saint-
    Sauveur et du Vilars, en Dauphiné, capitaine des
    gardes du duc Mazarin, gouverneur de l'Alsace ;

6.º Victoire , femme de noble François de Ferrier,
    seigneur d'Autaine, l'an 1682 ;

7.º Madeleine, née en 1653, religieuse-bénédictine à
    Beaucaire ;

8.º Marie , religieuse-bernardine à l'abbaye de la
    Madeleine, à Carpentras ;

9.º Alexandrine , religieuse ursuline en la même
    ville ;

10.º Marguerite des Isnards.

XIII. Henri, marquis des Isnards, chevalier , épousa,
par contrat passé devant Jean-François Beaumont ; notaire à Carpentras , le 19 mars 1692, Françoise de Séguins , fille de noble Jean-Jacques de Séguins, seigneur
de Saint-Jean , coseigneur de Saint-Romans, et de Françoise de Lopès de Pilebaud. De ce mariage sont issus :

1.º N....., marquis de Nobleau, mort à Paris, sans
    alliance ;

2.º Esprit-Toussaint, dont l'article suit ;

3.º Madeleine , femme de François de Guiran, sei-
    gneur de la Brillanne, conseiller en la cour des
    comptes et aides de Provence.

XIV. Esprit-Toussaint, marquis des Isnards , reçu
chevalier de Malte en 1708, officier dans le régiment de
Provence , ensuite officier des galères au service de
France , servit dans le détachement des chevaliers de son
ordre envoyés au secours du royaume de Hongrie en
1705, et se distingua au siége de Corfou. Son frère aîné
étant mort en ce temps-là , il se retira dans sa famille
et obtint du grand-maître et du conseil la permission de
porter la croix de Malte, le 8 avril 1726 , quoique marié

en considération des services qu'il avait rendus. Il avait épousé, 1° par contrat passé devant Guillaume Chave, notaire à Seguret, le 26 juillet 1721, noble Jeanne-Madeleine de Veri, fille unique et héritière de noble Joseph-Marie-Philippe de Veri, seigneur de Canoves, et de dame Madeleine de Pons; 2° par contrat passé devant de la Tour de Pernes, notaire, le 16 juin 1752, noble Marie-Thérèse d'Anselme de Grugière. Ses enfants furent :

Du premier lit :

1° Joseph-Philippe-Antoine-Marie, mort sans enfants en 1792.

2° Joseph-Henri, qui continue la branche aînée, établie de nos jours à Avignon et à Suze la-Rousse en Dauphiné, dont l'article suit ;

Du second lit :

3.° Toussaint-Siffrein des Isnards, page du roi, chevalier de l'ordre de Saint-Jean de Jérusalem, capitaine de cavalerie, présenté au roi et à la famille royale en janvier 1780, d'après ses preuves de cour; c'est par erreur qu'il ne se trouve pas mentionné tome IV; aux chevaliers de Malte ;

4.° Esprit-Dominique-Stanislas des Isnards, chevalier de Malte, page de S. A. S. monseigneur le duc d'Orléans, capitaine de hussards, présenté au roi et à la famille royale en 1780, d'après ses preuves de cour ;

5.° Jean-Charles-Gaspard, qui forme la seconde branche, habitant toujours Carpentras, et rapportée ci-après ;

6.° Ciriaque-Laurent, chevalier de l'ordre de Saint-Jean de Jérusalem, officier dans le régiment de Soissonnais, infanterie, mort en 1799 ;

7.° Marie-Thérèse des Isnards, chanoinesse de Malte à Tullin, et ensuite chanoinesse du chapitre noble de Troarn, en Normandie ;

8.° Louise-Elisabeth des Isnards, religieuse à l'abbaye de Saintes ;

9.° Marie-Rose des Isnards, morte en 1770.

XV. Joseph-Henri, marquis des Isnards, reçu cheva-

lier de Saint-Jean de Jérusalem en 1736, officier au régiment de Conti, cavalerie, et précédemment lieutenant
au régiment de Bourgogne; épousa, 1° par contrat passé
devant Villario, notaire à Carpentras, le 5 avril 1750,
noble Catherine de Grandis-de-Pomerol; 2° par contrat
passé devant Olivier l'aîné, notaire à Carpentras, noble
Marie d'Astuard ou d'Astouaud, fille de Gabriel d'Astuard de Cheminades et de Catherine de Brassier de
Jocas. Il obtint la permission du grand-maître de porter
la croix de Malte, quoique marié, le 7 janvier 1758, en
considération des services rendus à l'ordre de Malte par
la famille des Isnards. Il mourut en 1800, laissant,

Du premier lit :

1.° Esprit-Toussaint-Joseph, vicomte des Isnards, qui
a servi dans les mousquetaires gris et dans l'armée
des Etats-Unis d'Amérique, avec le grade de major
de cavalerie, ensuite aide-de-camp de M. le duc
de Crillon, au siége de Mahon ;

2.° Catherine des Isnards, mariée, 1.° le 10 octobre
1767, à M. le comte de Séguins-Vassieux, de la
ville d'Avignon, colonel du régiment de la Marti-
nique, tué dans la guerre d'Amérique; 2.° avec
M. le comte de Balbo, de la ville de Turin, ambassadeur du roi de Sardaigne à Paris, en 1793;
elle a été sous-gouvernante de LL. AA. RR. le duc
d'Angoulême et le duc de Berri :

Du second lit :

3.° Martial-Henri des Isnards, officier des vaisseaux
du roi, chevalier de Malte et de l'ordre royal et
militaire de Saint-Louis;
4.° Gabriel-Joseph-Martial, dont l'article suit.

XVI. Gabriel-Joseph-Martial, comte DES ISNARDS, né
à Carpentras le 12 octobre 1766, chevalier de l'ordre
royal et militaire de Saint-Louis et de Malte, continue
d'en porter la croix, quoique marié, par permission du
lieutenant du grand-maître et du conseil de l'ordre,
donnée à Catane, le 7 janvier 1814, en considération, y
est-il dit, de sa haute noblesse. Il a été page de MADAME,
comtesse d'Artois, officier dans les régiments de Royal-

Normandie, cavalerie, et de Monsieur, infanterie, a émigré et fait une campagne dans l'armée de M. le prince de Condé. Il a épousé, en 1795, devant la municipalité d'Avignon, son contrat de mariage ayant été passé postérieurement, le 15 février 1799, pardevant Pastour, notaire à Avignon, Aldonse-Marthe-Marie-Julie de la Baume-Suze, d'une des plus anciennes et des plus illustres maisons du Dauphiné, fille et héritière de Charles-Louis de la Baume, seigneur et comte de Suze, et de dame N..... de Suffren de Saint-Tropez. Il a eu de ce mariage :

1.° Gustave-Louis-Jules des Isnards, né à Avignon le 13 août 1802 ;

2.° Deux fils, morts en bas âge ;

3.° Marie-Louise-Eugénie des Isnards, née à Avignon le 12 janvier 1796 ;

4.° Ernestine-Madeleine-Alix, née à Avignon le 12 mai 1804 ;

5.° Hedvige-Louise-Juliette des Isnards, née à Avignon le 24 octobre 1807.

SECONDE BRANCHE.

XV. Jean-Charles-Gaspard, marquis DES ISNARDS, cinquième fils d'Esprit-Toussaint et de noble Marie-Thérèse d'Anselme de Grugière, chevalier de Malte et de l'ordre royal et militaire de Saint-Louis, élevé à l'école militaire de Paris, ancien capitaine des dragons de la Reine, a été présenté au roi en 1780, d'après ses preuves de cour. Il a émigré et fait la campagne de 1792, agrégé aux gardes-du-corps, compagnie de Gramont ; s'est retiré à Malte, après le licenciement de l'armée des princes ; a joint les Russes à Corfou, après la prise de Malte, et a servi sur l'escadre russe, depuis le 4 juillet 1799, jusqu'au 8 juillet 1802 ; après la paix d'Amiens, rentra en France, le 28 octobre 1802 ; a épousé, le 10 juillet 1804, demoiselle Marie-Louise-Gabrielle-Elisabeth de Thomas de la Valette, qui a émigré avec toute sa famille. Le marquis des Isnards, quoique marié, et avec une nombreuse famille, a été inscrit dans les gardes-du-corps, le 18 juin 1814 ; a prêté serment au roi en cette qualité, le 11 juillet suivant ; a été capitaine de grenadiers dans la garde nationale active pour l'armée du duc d'Angoulême, en mars 1815. Il a été nommé maire de la ville de Carpentras, par le commissaire du roi, le 7 juillet 1815; a été président de la députation de cette ville pour porter une adresse au roi, au mois d'août de la même année. Il a de son mariage :

1° Louis-Charles-Joseph, né le 30 avril 1805;

2° Alphonse-Dominique, né le 10 mai 1809;

3° Charles-Edouard-Xavier, né le 25 février 1814, baptisé par son éminence monseigneur le cardinal Oppizzonni, archevêque de Bologne, lors de son exil à Carpentras;

4° Marie-Cécile-Madeleine, née le 4 mars 1806;

5° Marie-Thérèse-Henriette des Isnards, née le 18 février 1811.

Armes : « D'or, au sautoir de gueules, cantonné de » quatre molettes d'éperon d'azur; couronne de marquis. » Supports, une licorne à dextre, un lion à senestre » de l'écu. Devise : *Qui me touche, je le pique* ».

Nota. Voyez, pour cette maison, *Nostradamus*, Chronique de Provence, part. 2, page 342; *Gaufridi*, Histoire de Provence, liv. 6, p. 208; Nobiliaire du Dauphiné, p. 383; *Chorier*, Etat politique du Dauphiné; titres de la maison de *Baux*; titres de la maison de *Cavaillon*; Histoire des révolutions de Naples, par le baron *de Modène*; Histoire de la principauté d'Orange, par *la Pize*; Martyrologe des chevaliers de Malte, par le *P. Goussencourt*, p. 175; Histoire de Malte, par *Vertot*, au catalogue des chevaliers de la langue de Provence; archives de la chambre apostolique du Comtat-Venaissin, séante à Carpentras; archives de la ville de l'Isle; monuments en l'église des Frères Prêcheurs de Carpentras, etc. etc.

MAHÉAS. Suivant un mémoire généalogique de cette ancienne nóblessse, la famille Mahéas sort en ligne dirécte de la maison de Vassy, laquelle tire son nom de la terre et baronnie de Vassy, dans le comté de Vire. Les gentilshommes du nom de Mahéas, portent les armes pleines de Vassy, un écu d'argent à trois tourteaux de sable. Lors de la recherche des nobles de Normandie, faite en 1463, par Raymond Monfaut, commissairé du roi Louis XI, Richard de Mahéas, seigneur de la Graverie, Guillaume Mahéas de Vernix, et Florie, dit *Mahéas*, firent leurs preuves, et furent tous reconnus nobles.

On ignore pourquoi la branche de Mahéas portait ce nom au lieu de celui de Vassy. Il existe un aveu fourni par Bertin Mahéas, chevalier, de la terre de Vassy, pour pleine baronnie, le 6 avril 1372. Il portait en son sceau les armes de Vassy. L'on voit aussi un arrêt de l'échiquier, de l'an 1386, pour le même Bertin Mahéas, où il est qualifié homme noble, chevalier et seigneur de Vassy : or, ce Bertin avait pour aïeul messire Richard Mahéas, chevalier, seigneur de Vassy, en la vicomté de Vire.

On sait mieux pourquoi ceux du nom de Mahéas ont porté le surnom de *Florie*. Unè information faite le 3 août 1389, par Jean Legay, vicomte de Mortain, sur la noblesse de Richard Florie de Bernix l'apprend clairement. Guillaume Mahéas, bisaïeul de Richard Florie, seigneur de Bernix, et frère puîné de Richard Mahéas, chevalier, baron de Vassy, fut au service du seigneur de la Roche-Tesson, où il demeura longuement. Ce seigneur, par reconnaissance de ses bons offices, donna, en pur don, à Guillaume Mahéas, une terre et un manoir dans la paroisse des Vernix, appelé *la Flourière*, et depuis le surnom de *Mahéas* fut changé en celui de Florie, qu'ils ont conservé.

Guillaume Mahéas, surnommé *de Florie*, eut pour fils Richard, dit le *vieux*, lequel eut pour fils Guillaume, père de Richard Florie, ou Mahéas de Vernix, à cause duquel fut faite l'information de 1389, et ce n'est que dans le siècle suivant qu'ils prirent le nom de Mahéas. La filiation connue de cette famille, par titres, commence à Richard, qui suit :

I. Richard MAHÉAS, écuyer, IIe du nom, dit *le jeune*,

fut père d'Alain Mahéas, et rendit aveu, le 13 février 1503, à l'évêque de Bayeux, pour un fief qu'il possédait;

II. Alain MAHÉAS, écuyer, épousa demoiselle Marguerite de Verson, le 9 mars 1501. Il eut de son mariage:

III. François MAHÉAS, écuyer, seigneur de Mouen, de Tourville, et de Montagu, qui épousa, le 22 décembre 1521, demoiselle Charlotte Auvray, fille de feu Jean Auvray, seigneur de Maisons et de Grevilly, dont il eut:

    1.º Nicolas, dont l'article suit;
    2.º Amadore, dont la branche est rapportée plus bas;
    3.º Robert, dont on ignore la destinée;
    4.º Gillette, mariée à messire Lebourier, écuyer.

IV. Nicolas MAHÉAS, écuyer, seigneur de Mouen, de Tourville et de Montagu, épousa, 1.º demoiselle Suzanne de Neuville, fille de noble homme Robert de Neuville, écuyer, seigneur de Belleau et du Mesnil-Bunel, et 2.º Catherine le Geu, fille de Pierre le Geu, écuyer, seigneur du Mesnil-Glaise, Grigny et Tolmiez. Ses enfants furent:

Du premier lit:

    1.º Gilles, dont l'article suit;
    2.º Marie, mariée à Charles le Laigny, écuyer, fils de noble homme Philippe le Laigny, écuyer, seigneur de Boullaçon;

Du second lit:

    3.º Anne, mariée, en 1574, à honorable homme Olivier d'Esterville, seigneur de la Houssaye.

V. Gilles MAHÉAS, écuyer, seigneur de Mouen, Tourville, Montagu et de Mesnil-Glaise, épousa demoiselle Charlotte de la Pallu, fille de noble homme Jean de la Pallu, seigneur du Mesnil-Herbert et de la Fosse, et de noble Anne de Tonval. Gilles Mahéas étant mort en 1588, elle épousa, en secondes noces, noble homme George Levannier, écuyer, seigneur d'Encreteville. Elle eut de son premier mari une fille et

VI. Jean MAHÉAS écuyer, seigneur de Mouen et de

Tourville, se trouva au siége d'Amiens, occupé par les Espagnols, suivant une attestation de ses services, rendus à Sa Majesté Henri IV, le 27 septembre 1597, par le duc de Montpensier. Il fut déchargé de la paye des francs-fiefs, par ordonnance du 7 juillet 1628, et de la contribution de l'arrière-ban, à cause de son grand âge le 4 juin 1642. Il avait épousé demoiselle Isabeau Hue, fille de noble homme Guillaume Hue, seigneur de Carpiquet, et de Catherine de Maigneville, dont :

1.º Jean, qui suit ;
2.º Madeleine, mariée à Jean Le Noble, écuyer, seigneur d'Amon, fils de Jacques Le Noble, seigneur du Mesnil.

VII. Jean MAHÉAS, IIᵉ du nom, écuyer, seigneur de Mouen et de Tourville, obtint un certificat du comte de Thorigny, commandant de chevau-légers, daté de Compiègne, le 8 août 1636, comme il avait servi dans sa compagnie depuis le mois de juillet 1635, et qu'il avait toujours paru en bons et suffisants équipages. Il avait épousé demoiselle Marguerite Du Bourg, fille de Guillaume Du Bourg, seigneur de Linguerie, et il épousa, en secondes noces, demoiselle Louise Blanchard, fille de noble homme Vincent Blanchard, seigneur d'Angerville. Du premier lit vinrent :

1.º Félix, qui suit ;
2.º Nicolas, rapporté après son aîné.

VIII. Félix MAHÉAS, écuyer, seigneur de Fierville, épousa Françoise Angot, fille de messire Robert Angot, seigneur de la Drouinière, conseiller du roi, commissaire des guerres de Sa Majesté Louis XIV. Jean Mahéas, père du contractant, capitaine au régiment de Picardie, et maréchal des camps et armées du roi, alors à Caen, fut présent au contrat. Dè ce mariage vint :

IX. Charles MAHÉAS, qui fut curé et vicaire perpétuel de l'église collégiale et paroissiale de Saint-Cloud.

VIII. Nicolas MAHÉAS, IIᵉ du nom, écuyer, seigneur de Mouen et de Tourville, second fils de Jean II, servait en qualité de lieutenant dans la compagnie du comte de Thorigny, où il fit toute la campagne de 1655, en qualité de volontaire, suivant un certificat daté du camp de la Capelle, le 27 septembre 1656. Il avait épousé demoiselle Anne Maduel, dont il eut :

IX. Alexandre MAHÉAS, écuyer, seigneur et patron de Mouen et de Tourville, servit en qualité de gentilhomme détaché de la noblesse de Caen, suivant une attestation de M. de Matignon, lieutenant-général de Sa Majesté dans la province de Normandie, daté de Montebourg, le 22 juillet 1702. Il épousa demoiselle Anne-Marthe Néel, fille de messire Néel, écuyer, seigneur de Tierceville, et de Françoise Leherisy. Il n'est pas connu qu'il y ait eu postérité.

SECONDE BRANCHE.

Seigneurs du Clos.

IV. Amador MAHÉAS, écuyer, seigneur du Clos, deuxième fils de François Mahéas, écuyer, seigneur de Mouen, de Tourville et de Montagu, et de demoiselle Charlotte Auvray de Maisons, eut de sa femme, dont le nom est ignoré :

1.º David, seigneur de la Rivière ;
2.º Jean, qui suit ;
3.º Pierre ;
4.º Robert ; 5º. Nicolas, et 6º. Olivier.
   Ces trois derniers vivaient en 1632, mais on n'a point les détails de leurs familles particulières.

V. Jean MAHÉAS, écuyer, seigneur du Clos, épousa, le 16 août 1617, Marie Lepoitevin, dont il eut :

VI. Pierre MAHÉAS, écuyer, seigneur du Clos, marié à Germaine Simon, dont il eut :

1.º Jean, qui suit ;
2.º Bertrand, auteur d'une autre branche rapportée ci-après.

VII. Jean MAHÉAS, écuyer, IIº du nom de cette branche, eut de demoiselle Catherine Sallenfaye :

VIII. Jean François MAHÉAS, écuyer, qui fut marié à noble demoiselle Andrée-Suzanne de Bauches, dont il y eut :

IX. Jean-François-Noël MAHÉAS, écuyer, mort émigré

à l'armée de Condé; il avait épousé demoiselle Brigitte Le Neveu, duquel mariage sont venus :

   1.º Edouard-Jean-Baptiste Mahéas, né le 6 août 1771;
   2.º Achille-Jean-Baptiste-Marie Mahéas, né le 25 septembre 1776.

X. Edouard-Jean-Baptiste Mahéas, marié à demoiselle Catherine Liez. De ce mariage sont issus :

   1.º Edouard-Achille-Parfait Mahéas, né le 11 mars 1805;
   2.º Edmond-Edouard Mahéas, né le 17 avril 1812.

TROISIÈME BRANCHE.

VII. Bertrand Mahéas, écuyer, deuxième fils de Pierre Mahéas, seigneur du Clos, vécut et mourut presque ignoré. On n'a pas de renseignements sur cette branche, mais on connaît Guillaume Mahéas, écuyer, seigneur de la Guerre, maréchal des camps et armées du roi, en 1632, qui avait épousé Jeanne Du Chatel et qui est mort en 1644. On est porté à croire que ce Guillaume, ainsi que Jean et Pierre, qui suivent, ne sont autres que les fils de Amador Mahéas, dont les noms auront été tronqués, et ce qui fortifie dans cette opinion, c'est l'analogie des dates.

Jean Mahéas, écuyer, lieutenant d'une compagnie de gens d'armes, entretenue pour le service du roi, par brevet du 13 mars 1642, ensuite capitaine d'infanterie au régiment de Picardie en 1667, et maréchal des camps et armées du roi Louis XIV, en 1674, servait sous M. de Turenne.

Pierre Mahéas, écuyer, fut lieutenant de la compagnie de M. Charrier, dans le régiment de Lorraine, et obtint, pour repasser en France, avec un valet, un passeport de M. de Courouge, maréchal de camp, commandant, pour Sa Majesté, dans Casal et le Montferrat, le 20 septembre 1643. Il fut, dans la suite, capitaine d'une compagnie de ce régiment. Il obtint encore un nouveau passeport du maréchal de La Ferté-Sainneterre, gouverneur de Lorraine et Barrois, daté du camp de Cernay, le 15 mars 1654.

C'est tout ce que nous avons de certain concernant
cette troisième branche. On n'a pas encore pu se procurer de renseignements positifs sur les Mahéas qui
ont précédé ceux de ce nom détaillés ci-dessus. On
ignore l'époque à laquelle cette famille a pris rang en
France, mais on a toujours pensé que c'était dans le
commencement du douzième siècle.

JARNO ou DE PONT-JARNO, famille ancienne,
originaire du Poitou, mentionnée dans mon tome II,
page 222 et suivantes. Il y a une montre du 18 octobre 1386, qui prouve que Guillaume Jarno, et Olivier
Jarno, écuyers, se trouvèrent parmi les quatre-vingt-
dix-neuf écuyers, dont le chevalier Olivier de Mauny
fit la revue à Lille, à la dite époque et l'an 1544,
Marc de Jarno, seigneur de la Garnerie (quelques auteurs
ont écrit Jarnaud) , fut reçu chevalier de l'ordre souverain de Saint-Jean de Jérusalem. Cette famille a contracté des alliances avec les maisons les plus distinguées,
et nous allons en citer quelques-unes.

De Vérac de Saint-Georges, maison qui a fourni,
un ministre plénipotentiaire du roi près de l'impéra-
trice de Russie; *d'Escars*, premier maître d'hôtel de
Sa Majesté Louis XVIII; *de Balincourt*, qui a donné
un maréchal de France sous Louis XV et Louis XVI;
*de la Tour du Pin; de Châteigner; Després de Mont-
pezat*, qui a fourni un maréchal de France sous François Ier; *Aymer de Mortagne, de Cornioux, de la
Chevallerie; de Blet de Saint Quentin; de Neufchaize
de Bade Vilain; de Rohan de Chabot; de Glandevez;
le Clerc de Vezins; de Gourjault; de Janvre; d'Au-
bigni; de la Billarderie; de Capelles; de Linières; de
Lastic; de Guichard d'Orfeuille; de Courtinier de la
Millianchère; de la Bédoyère; de Moussy de la Cou-
tour; du Brémond; de Mallevant de la Varenne; de
Jouslard; de Beaumont; de Charlet*, qui a donné plusieurs conseillers aux parlements; *de la Forêt; de Huet,
de la Saigne; de Cahiduc; de Bodin de Nouzières;
de Suirot de Cenné; de Marconnay de la Millière;
du Querroué de Ville Champagne; de Frottier de la
Côte; de Claveurier; de Nadaillac; de Podenas de la*

Rochebrochard; d'Auçay ; de la Barre ; de Malleray de Messignac ; de Saint-Gilles ; de Masparault; de Breüillac ;de Vaucher de la Ferrière ; de Sapineau.

MOLETTE DE MORANGIÈS, famille ancienne, originaire du Languedoc, distinguée par ses alliances et ses services militaires.

I. Bertrand DE MOLETTE, Ier du nom, fit une acquisition, le 18 des calendes de janvier 1237, acte reçu par Jean G...., notaire, de plusieurs censives et autres droits, de noble Raimond de la Garde. Il acquit, en outre, de Guillaume Blau et d'Agnès sa femme, un fief noble, par acte reçu par Robert Roux, notaire, du 3 des ides de mars 1248 ; et un autre fief noble, de Barthélemi et Guillaume Merle, damoiseaux, par contrat reçu par maître Chanier, notaire, le 6 des ides de mai 1258. Il appert par tous ces actes que noble Bertrand de Molette habitait le château de la Garde-Guérin, dépendant d'un fief considérable, dont il était coseigneur. Par un acte du 17 des calendes de mai 1264, reçu par Guigon Chanier, notaire, Hugon de la Garde-Moyenne, prieur de Provenchères, Bertrand de Peyremal, Bernard de Magotes et Bertrand de Molette, coseigneurs de la Garde-Guérin, établissent un van au mas de Pourcharesses, tant pour eux que pour les autres seigneurs pariers de la Garde-Guérin, absents. Il laissa de sa femme, dont on ignore le nom :

II. Barthélemi DE MOLETTE, Ier du nom, coseigneur de la Garde-Guérin. Il passa une transaction, le 12 des calendes de novembre 1293, avec noble Thomas de la Garde, par laquelle ledit Thomas lui vendit la part des péages et cartelages qu'il avait audit lieu de la Garde; l'acte reçu par Jean Arnal, notaire, et auquel assista Odille de Guérin du Tournel. Il vendit à dame Hélix de Plainchamp, veuve de noble Guillaume de Beauvoir, la moitié du péage et cartelage qu'il avait au château de la Garde, par acte du 10 des calendes de janvier 1310, ratifié par Catherine, femme dudit Barthélemi, et par Jean et Bertrand de Molette, leur fils, et reçu par Nicolas Eymerit, notaire.

III. Bertrand DE MOLETTE, II° du nom, chevalier, co-seigneur de la Garde-Guérin, passa une transaction, le 18 décembre 1330, avec Armand de Beauvoir, religieux de l'ordre de Saint-Dominique, comme exécuteur testamentaire de Guillaume de Beauvoir, son neveu. Il eut pour fils :

IV. Jean DE MOLETTE, Iᵉʳ du nom, damoiseau, seigneur DE MORANGIÈS, coseigneur de la Garde-Guérin, qui acquit, par acte du 5 septembre 1392, reçu par maître Étienne Guérin, prêtre et notaire, de noble Jean de Cadoine, comme procureur de noble et puissant seigneur Bernard de Cadoine, seigneur du château de Gabriac, plusieurs rentes nobles et la troisième partie d'une pariérée, des péages, cartelages et droits seigneuriaux que dame Agnès de Châteauneuf avait audit lieu de la Garde-Guérin. Il épousa, par contrat du 5 juillet 1495, reçu par maître Bernard Bonhomme, notaire, noble Jeanne de Peyrebesse, fille de noble Raimond de Peyrebesse, et fit son testament le 13 août 1425, reçu par Jean Bonhomme, notaire, dans lequel il nomme et lègue ses enfants, qui suivent :

    1.° Jean, dont l'article suit ;
    2.° Raimond de Molette ;
    3.° Claude de Molette ;
    4.° Léone, mariée à Armand Firmin, damoiseau ;
    5.° Amaragde, femme de Jean de Fontaines ;
    6.° Miracle, qui épousa le seigneur de Monteil des Vans ;
    7.° Philippe, épouse de Josselin de la Garde, seigneur de Chambonas.

V. Jean DE MOLETTE, II° du nom, chevalier, seigneur DE MORANGIÈS, coseigneur de la Garde-Guérin épousa, par contrat du 31 décembre 1444, reçu par Bertrand Bonhomme, notaire de Mende, noble Helix de Grille, fille de Bertrand de Grille, seigneur de la Volpillière, au diocèse de Saint-Flour. Elle fit son testament le 4 novembre 1466, et lui son codicile le 7 février 1477, dans lesquels actes ils nomment leurs enfants, qui furent :

    1.° Azias, dont l'article suit ;
    2.° Claude de Molette ;
    3.° Guigon de Molette ;

4.º Jean, prieur de Guillestre ;

5.º Claude, femme de noble Antoine Falcon ;

6.º Delphine, femme de noble Gilbert de Malbec, seigneur de Briges ;

7.º Jeanne, mariée à noble Jean de Pierre, souche de la maison de Bernis ;

8º Catherine de Molette, abbesse de saint Geniex.

VI. Azias DE MOLETTE, chevalier, seigneur DE MORANGIÈS, co-seigneur de la Garde-Guérin, épousa, par contrat du 30 avril 1487, reçu par Cavatta, notaire, noble Marguerite d'Hérail, fille de Jean d'Hérail, seigneur de Brésis, et de Gabrielle Budos. Il fit son testament le 23 novembre 1498, dans lequel il nomme et lègue ses enfants, qui suivent:

1.º Louis, dont l'article suit ;

2.º Claude de Molette ;

3.º Guigon de Molette ;

4.º Anne de Molette.

5.º Françoise de Molette ;

6.º Louise de Molette ;

7.º Gabrielle de Molette ;

8.º Antoinette de Molette.

VII. Louis DE MOLETTE, I.er du nom, chevalier, seigneur DE MORANGIÈS et de plusieurs autres places, co-seigneur de la Garde-Guérin, testa, devant Jean Cavatta, notaire, le 25 mai 1546, après avoir légué ses enfants, qui suivent, et donné l'administration de ses biens à Louise Merlos, dame de Seneschas :

1.º Claude, dont l'article suit ;

2.º Charles de Molette, seigneur de Felgeirolles, qui fut présent au contrat de mariage de Claude, son frère aîné, et à celui d'Antoine, son neveu ;

3.º Gui, destiné à l'état ecclésiastique, ainsi qu'il conste par une lettre du roi Henri II, du 27 février 1547, adressée aux doyens, archidiacres et chanoines de la ville de Mende, à l'effet de donner audit Gui une des premières chanoinies qui viendraient à vaquer ;

4.º Louise de Molette;

5.º Gabrielle de Molette;

6.º Anne de Molette ;

7.º Marguerite, mariée, en 1556, à noble Jacques d'Isar de Villefort.

VIII. Claude DE MOLETTE, Ier du nom, chevalier, seigneur DE MORANGIÈS, co-seigneur de la Garde-Guérin, ambassadeur de Henri II, roi de France, à la Porte-Ottomane, ainsi qu'il conste par son passeport, donné par le doge de Venise, qui le qualifie *monseigneur*, du 6 novembre 1566, par lequel il ordonne qu'il aura le passage libre dans toutes les terres de sa seigneurie, avec douze chameaux et treize mulets que le grand-seigneur envoye au roi très-chrétien. En récompense de ses services, Charles IX le pourvut de la charge d'écuyer de sa grande écurie, par lettres du 16 février 1563, et lui conféra le collier de l'ordre de Saint-Michel, le dernier juillet 1572. Il avait épousé, par contrat du 10 juin 1555, noble demoiselle Françoise Grimoard, fille de noble Claude de Grimoard, seigneur et baron du Roure, de Grisac, de Bane, de Saint-Florens, etc., et de demoiselle Florette des Porcelets-de-Maillanc. Il fit son testament le 11 septembre 1576, dans lequel il nomme et lègue ses enfants, qui suivent :

1.º Antoine, dont l'article suit ;

2.º Charles de Molette ;

3.º Jean-Antoine de Molette ;

4.º Baltazard, reçu chevalier de Saint-Jean de Jérusalem en 1579 ;

5.º François, seigneur d'Ombret, de Recours, etc., qui testa le 9 mai 1655, et fut père de :
    a. Charles, seigneur de Plagnac, au Puy ;
    b. Antoine, seigneur de Provenchères ;
    c. Hugues de Molette ;
    d. François de Molette ;

6.º Françoise, femme de Louis de Cubières, seigneur du Cheylar et de Pousilhac ;

7.º Gabrielle, qui fut mariée à noble Henri de la Garde, seigneur de Chambonas, de Cornillon, de Serres, etc., chevalier de l'Ordre du Roi ;

8.º Anne de Molette.

IX. Antoine DE MOLETTE, Ier du nom, chevalier, seigneur DE MORANGIÈS, co-seigneur de la Garde-Guérin, épousa, par contrat du 9 février 1571, noble Marie de Naves, dame dudit lieu et de Mirandol, fille de messire Claude de Naves, chevalier, seigneur de Mirandöl. Il fit son testament le 25 mai 1586, dans lequel il nomme et lègue ses enfants qui suivent :

1.º François, dont l'article suit ;
2.º Charles de Molette.

X. François DE MOLETTE, Iᵉʳ du nom, chevalier, seigneur DE MORANGIÈS, de la Garde-Guérin, de Seneschas, d'Alteyrac, des Vieilles - Passes, de la Baume, etc., co - seigneur de Villefort, marquis de Morangiès, fut pourvu de la charge de commis des états et de la noblesse du Gévaudan, en 1613, et le 17 juin 1629, de celle de capitaine pu château de Gressez. Il fut nommé premier chambellan de Monseigneur, frère du roi Louis XIII, par lettres du 8 janvier 1631, et reçut une lettre de sa majesté, le 23 juillet 1634, à l'effet de faire l'élection des tuteurs des enfants de feu Antoine-Hercule de Bedos, marquis de Portes, vicomte de Teyrargues, baron de Saint-Jean, chevalier des ordres du Roi. Il testa le 9 décembre 1636, et avait épousé, par contrat du 19 février 1608, noble Marie de Louet de Calvisson, dame de Saint-Alban, fille de messire Aymar de Louet, baron de Saint-Alban, seigneur de Montmaur, de Boutonnet, d'Ornezon, de Quillanet, de Saint-Pons, etc., et de dame Louise d'Aulzon de Montravel. De ce mariage vinrent :

1.º Charles, dont l'article suit ;
2.º Marie, femme de Nicolas de Chantel, seigneur de Condres ;
3.º Françoise de Molette, ⎫ religieuses ;
4.º Jeanne de Molette, ⎭
5.º Gabrielle-Marie, mariée, en 1640, à messire François d'Alboy, seigneur de Montagnac, de Bedos, de Montrosier et autres places.

XI. Charles DE MOLETTE, Iᵉʳ du nom, chevalier, marquis DE MORANGIÈS, baron de la Garde-Guérin, seigneur de Seneschas, d'Alteyrac, de Mons, de Saint-Alban, de la Baume et autres places, co-seigneur de Villefort, eut commission du roi Louis XIV, le 26 mai 1651, de lever une compagnie de cavalerie franche, et reçut deux lettres, l'une de S. M., du 28 octobre 1652, et l'autre de Monseigneur, oncle du roi, du 29 du même mois, pour rejoindre l'armée d'Italie avec sa compagnie. Il fut pourvu, en récompense de ses services, par brevet du roi Louis XIV, du 4 juillet 1665, de la charge de bailli du Gévaudan et gouverneur de la ville de Marvejols, ayant eu précédemment celle de connaître des querelles et différends touchant le point d'honneur, des gentilshommes de cette province, par lettres du 4 novembre 1660. Il testa le 2 août 1682, et avait épousé, par contrat du 21 juin 1639, Marguerite-Félice de Montmorency, fille de haut et puissant seigneur Annibal de Montmorency, chevalier, seigneur de Mons de la Melonset et autres places, et de dame Jeanne de Varne. De ce mariage vinrent :

1.º Charles, dont l'article suit ;

2.º Scipion, mort à Dunkerque, lieutenant-colonel du régiment d'Aunis ;

3.º Jacques-Louis, qui, après avoir servi, accompagna le prince de Conti, en qualité de son premier gentilhomme, et mourut sans postérité ;

4.º Annet, chevalier de Malte, commandeur de Saint-Félix, mort gouverneur d'Orange ;

5.º François, abbé de Morangiès, prieur et seigneur de Provenchères et des Vans ;

6.º Joseph de Molette-Morangiès ;

7.º Hyacinthe, abbé de Puylaurens ;

8.º Huit filles religieuses.

XII. Charles DE MOLETTE DE MORANGIÈS, IIᵉ du nom, comte de Morangiès, marquis de Saint-Alban, baron de la Garde-Guérin, seigneur de Puylaurens, de Seneschas, du Bois-du-Mont, de la Baume, etc. ; co-seigneur des villes et mandements de Villefort, servit d'abord en Hongrie, sous les ordres du maréchal de Coligny, et rentra en France en 1664. Il fut pourvu, sur la démission de son père, de la charge de bailli du Gévaudan, gouverneur de la ville de Marvejols, de Chirac et de Gressez, par actes des 14 juin 1677 et 8 décembre 1681. Il se démit longtemps après de cette charge, et fut pourvu de celle de commis de la noblesse du pays de Gévaudan, qu'il exerça jusqu'à sa mort. Il testa en 1714, et avait épousé, par contrat du 10 janvier 1668, Catherine de la Fare-Laugère, fille de haut et puissant seigneur messire Charles de la Fare, marquis de Montelar, lieutenant-général des armées du roi, gouverneur de Roses, etc., et de dame Jacqueline de Borne de Balazuc. De ce mariage vint :

XIII. Charles-Auguste DE MOLETTE DE MORANGIÈS, Ier du nom, chevalier, marquis de Saint-Alban, colonel d'un régiment de son nom, chevalier de l'ordre royal et militaire de Saint-Louis, brigadier des armées du roi. Il fut tué, en 1705, au siège de Chivas, en Italie, à l'âge de trente ans, de la dixième blessure qu'il avait reçue en sa vie. Il avait épousé, par contrat du 5 février 1703, reçu par le Roy et Valette, notaires au Châtelet de Paris, Françoise de Castanier de Châteauneuf, fille de messire Pierre de Castanier, chevalier, baron de Châteauneuf, seigneur de Marolès, conseiller du roi, ci-devant son ambassadeur à la Porte--Ottomane, et de dame Marie-Françoise de Moussy. Ses enfants furent :

1.º Pierre-Charles, dont l'article suit ;

2.º Marie-Charlotte, religieuse professe à l'abbaye de Panthemont, à Paris.

XIV. Pierre-Charles DE MOLETTE, Ier du nom, comte DE MORANGIÈS, marquis de Saint-Alban, baron de la Garde-Guérin, du Tournel, d'Alenc, etc., seigneur de Seneschas, de Puylaurens, de Villefort, de la Baume, du Bois-du-Mont et autres places, coseigneur de Serverette, successivement capitaine, sous-lieutenant des gendarmes de la garde, puis lieutenant-général des armées du roi ; épousa, par contrat du 31 décembre 1726, demoiselle Louise-Claudine de Châteauneuf-Randon, unique heritière de sa branche, fille de messire Jacques-Thimoléon de Guérin de Châteauneuf-Randon, comte de Saint-Remeze, baron du Tournel, des Etats et d'Alenc, capitaine de cavalerie, et de Jeanne-Rose le Rousseau de Lanvaux de Diarnelé. De ce mariage sont issus :

1.º Jean-François-Charles, dont l'article suit ;

2.º Jean-Anne, tige de la seconde branche, rapportée ci-après ;

3.º Jean-Adam, chevalier de Morangiès, chevalier de l'ordre de Saint-Jean de Jérusalem, colonel d'infanterie ;

4.º Alexandre, grand vicaire de l'évêque d'Auxerre ;

5,° Michelle, }
6.° Jeanne,   } mortes sans alliance.

XV. Jean-François-Charles DE MOLETTE, comte DE
MORANGIÈS colonel du régiment de Languedoc, infanterie, maréchal de camp, assista aux états assemblés à Montpellier en 1764, en qualité de baron de Saint-Alban,
en 1769, pour la baronnie du Tournel, et en 1773, pour
celle de Saint-Alban. Il avait épousé Marie-Paule-Thérèse
de Beauvilliers de Saint-Aignan, morte le 10 octobre
1758, fille de Paul-Hyppolite de Beauvilliers, duc de
Saint-Aignan, pair de France, comte de Montrésor, baron de la Ferté-Hubert, et de Marie-Geneviève de Mont-
lezun. De ce mariage est issu :

XVI. François-Paul DE MOLETTE, comte DE MORAN-
GIÈS, mort capitaine d'infanterie, dans le régiment de
Languedoc, laissant de Charlotte d'Agrain des Hubas,
son épouse, un fils, qui suit :

XVII. François-Hyppolite-Charles DE MOLETTE, comte
DE MORANGIÈS, marié, en 1806, avec Adélaïde l'Anglade
du Cheyla de Montgros.

SECONDE BRANCHE.

XV. Jean-Anne DE MOLETTE, vicomte de MORANGIÈS
SAINT-ALBAN, maréchal des camps et armées du roi, colonel du régiment de Languedoc, infanterie, puis commandant en chef la garde nationale de Langogne, chevalier de l'ordre royal et militaire de Saint-Louis, baron
des états de Languedoc, avait épousé, par contrat du
31 janvier 1781, Marguerite-Thérèse de la Veyssière de
Cantoinet, fille de haut et puissant seigneur Jacques-Ga-
briel de la Veyssière de Cantoinet, seigneur de Fabrèges,
de Chazeaux, de Bisac, et autres lieux, et de dame
Marthe-Madeleine de Boucharenc de Chazeaux. De ce
mariage est issu :

XVI. Jean-Adam-Guillaume-Gustave DE MOLETTE,
comte DE MORANGIÈS SAINT-ALBAN, né à Langogne, le 10
avril 1791. Il a épousé, le 18 juillet 1813, Albertine-
Marie-Zoé de Regnauld de Parcieu, née à Chambéry le
29 octobre 1791, fille d'Antoine-Bonne, marquis de Regnauld de Parcieu, ancien conseiller d'ambassade de Sa
Majesté à la cour de Vienne, et de dame Marie de la Ble-
tonnière d'Igé. De ce mariage est issu :

Adam-François-Ernest, né en novembre 1815.

Cette famille a été maintenue dans sa noblesse, par jugement de M. de Bezons, intendant du Languedoc, du 24
septembre 1668.

Armes: « D'azur, au cor-de-chasse d'argent, lié de
» gueules, et accompagné de trois molettes d'éperon
» d'or ; couronne de marquis. Supports, deux lions
» couronnés d'or. »

CAIRE DU LAUZET (DE), famille originaire de Piémont, établie en Provence depuis plusieurs siècles. Des
titres authentiques de 1358 attestent l'ancienneté de sa
noblesse. Elle a formé des alliances avec les maisons de
Grimaldi, d'Hugues, d'Isoard, de l'Arche, de Condorcet,
de Saint-Salvador, de Bonne, etc., etc. Cette famille a en
outre fourni plusieurs prélats recommandables, tels que
Lazare de Caire, évêque d'Ecuménie, mort en 1461 ;
Jérôme de Caire, évêque de Latran, mort en 1573 ;
Guillaume et Pierre-François de Caire, frères, successivement abbés de Saint-Pierre de Ferrare. *Voyez* Histoire de la noblesse de Provence, tome 3, pages 105 et
suiv., et le Dictionnaire historique de la noblesse de
France, in-4.°, tome 3, édit. 1771. Une branche de
cette famille est représentée aujourd'hui par :

1.° Alexis, comte DE CAIRE DU LAUZET, officier vendéen,
otage offert pour Louis XVI. Il est fils de messire Vincent, comte de Caire du Lauzet, seigneur de Condorcet,
des Pilles, chevalier, ancien mousquetaire gris, puis capitaine de cavalerie, chevalier de l'ordre royal et militaire de Saint-Louis, lieutenant de MM. les maréchaux
de France en Provence, commandeur de l'ordre de l'ancienne noblesse (ordre d'Allemagne), etc. etc., otage de
Louis XVI, après le retour de Varennes. Il avait épousé
Julie Chaulier, offert en otage pour Louis XVI, sous le
nom de comtesse de Caire du Lauzet, morte dans l'émigration en 1793.

2.° Césarine DE CAIRE, otage de Louis XVI, avec son
père, sa mère et son frère. Elle a épousé Ferdinand
d'Arquier, chevalier, seigneur de Baumelles, ancien of-

ficier au régiment de Champagne, frère du conseiller au parlement d'Aix, mort victime d'un jugement révolutionnaire en 1793.

Armes : « De gueules, à la bande d'argent, remplie de » sable, chargée d'un lévrier du second émail, colleté » du troisième ; au chef cousu d'azur, chargé de trois » étoiles d'or. Couronne de comte ; supports, deux » levrettes. »

GUIGNARD DE **SAINT-PRIEST**, famille originaire d'Alsace, et fixée de nos jours à Paris. Elle portait d'abord trois guignards, espèce de pluviers, sur un champ d'argent, mais ces armes parlantes éprouvèrent dans la suite un changement honorable. Le souverain permit que trois merlettes de sable fussent substituées aux trois guignards : ce qui signifie les ennemis vaincus et défaits.

Les archives de cette famille ayant été la proie des flammes, à Lyon, dans les premières années de la révolution, on supplée à ses preuves d'ancienne noblesse en citant les ouvrages imprimés qui en font foi. Suivant le Nobiliaire du Dauphiné, par Gui Allard, p. 396, cette famille est répandue dans plusieurs provinces du royaume, et l'on voit dans l'histoire de Bourgogne, par Dunod de Charnage, t. 1er, pag. 148, que, dès le neuvième siècle cette famille a fourni une dame au chapitre noble de Château-Châlons, sur ses preuves de noblesse.

Les circonstances des temps ayant au quinzième siècle, forcé la famille de Guignard à s'éloigner de l'Alsace, elle se répandit, comme nous l'avons dit plus haut, dans diverses provinces de France, et s'y étant établie, elle ajouta dans la suite à l'écusson de ses armes celui des seigneuries qu'elle y avait acquises. Elle était connue en Bretagne avant 1481, époque à laquelle Huguet Guignard, faisait partie de la compagnie de cent lances sous la charge de François de Pontbriant, écuyer, seigneur de la Villate, conseiller et chambellan du roi. Il paraît même que cette branche se sépara du tronc bien avant les autres, puisque l'on trouve dans les antiquités de l'histoire de Bretagne, par dom Morice, tom 1, planche XVII, n° 231, le sceau de Jamete Guignard, qui vivait en 1340; et l'on voit encore au quatorzième siècle, N.....de Guignard, écuyer du célèbre connétable du Guesclin.

Nous nous bornerons à parler ici des branches d'Arbonne, de Saint-Priest et de Jons.

I. Jean GUIGNARD, Ier du nom, vivant vers l'an 1500, épousa Marguerite d'Aunoy. Il hérita du fief d'Arbonne, situé en Gâtinais, dont il rendit hommage à Louis de Vendôme, vidame de Roche, en 1525. Il laissa de son mariage :

II. Jean GUIGNARD, II° du nom, écuyer, seigneur d'Arbonne, qui assista à l'Etat de la noblesse formé à Melun le 16 avril 1560, ainsi que le rapporte le premier tome des Coutumes générales et particulières de France et des Gaules, par Charles de Moulin, imprimé en 1615. Il épousa, 1° Michelle de Berthemont ; 2° Françoise de Mehun, dame de Saint-Martin en Bierre. Ses enfants furent :

Du premier lit :

1.° N..... Guignard, qui continua la branche des seigneurs d'Arbonne;

Du second lit :

2.° Jean, dont l'article suit.

III. Jean GUIGNARD, IIIe du nom, écuyer, conseiller du roi, épousa, le 14 juillet 1602, Susanne du Pin, et ne vivait plus le 17 novembre 1645, que sa veuve fit une donation à chacun de ses enfants qui suivent :

1.° Jacques, dont l'article suit ;

2.° Philippe, écuyer, colonel du régiment Royal, aide-de camp de S. M., officier-général, gouverneur de Courtray, cité avec éloge sous le nom de Lalleu, par Riancourt, dans son histoire de la Monarchie française. Il eut en don, par l'acte du 17 novembre 1645, la somme de 20,000 livres;

3.° Denis, prieur d'Ennemont et de Niort, qui eut par le susdit acte la somme de 30,000 livres. Il fut aussi aumônier du roi ;

4.° Marie Guignard, femme de Pierre Lombat,

écuyer, conseiller du roi, trésorier de France, ci-devant prévôt des marchands.

IV. Jacques de GUIGNARD, Ier du nom, chevalier, vicomte de Saint-Priest, seigneur de Bellevue, conseiller du roi, président en sa cour-des-aides du Dauphiné, par provisions du 19 juillet 1643, puis président à mortier au parlement de Metz, en 1661, devint ensuite prévôt des marchands, puis commandant de Lyon. Une inscription sur marbre noir, placée à gauche en entrant dans le péristile de l'hôtel-de-ville, et qui a été brisée pendant la révolution, attestait que c'est à lui que l'on doit ce bel édifice. En récompense de ses services et de ceux de sa famille, Louis XIV, par lettres-patentes de 1647, érigea en vicomté la terre de Saint-Priest, située à deux lieues de Lyon. Chorrier, historien du Dauphiné, fait le plus grand éloge des vertus et des qualités éminentes de ce célèbre magistrat. Il avait épousé, le 17 juin 1641, contrat reçu par Remi, notaire à Lyon, demoiselle Françoise de Maridat, qui testa le premier juillet 1699, et née le 26 juin 1661, fille de noble Jean de Maridat, secrétaire de la chambre du roi, commissaire ordinaire des guerres et de la marine du Ponant, et de demoiselle Françoise de Servières. De ce mariage :

1.º Pierre-Emmanuel, dont l'article suit;
2.º Camille, qui embrassa l'état ecclésiatique;
3.º Ferdinand, auteur de la branche des barons de Jons;
4.º Deux filles, dont l'une fut mariée au marquis de Saint-Romain.

V. Pierre-Emmanuel de GUIGNARD, vicomte de Saint-Priest, conseiller au parlement du Dauphiné, par provisions du 16 février 1659, fit son testament le premier février 1702. Il avait épousé, par contrat du 21 février 1678, reçu par Claude Aubert, notaire, Jeanne-Angélique de Rabot de Veissilieu, fille de Jean de Rabot seigneur de Buffières et de Veissilieu, conseiller du roi en ses conseils et son premier avocat-général au parlement du Dauphiné, et de dame Anne de Renard d'Avançon. De ce mariage vinrent :

1.º Denis-Emmanuel, dont l'article suit;
2.º François, chevalier de Saint-Priest, mort à l'armée;

5.° Françoise, alliée au seigneur de Varces Briançon, d'une des plus anciennes maisons du Dauphiné.

VI. Denis-Emmanuel de GUIGNARD, vicomte de SAINT-PRIEST, conseiller en la cour-des-aides et finances du Dauphiné, par provisions du 13 août 1704, puis président audit parlement, par lettres du 31 mai 1715, fit son testament, reçu par Chalmas, notaire de Saint-Priest, le 28 août 1721. Il avait épousé, par contrat du 6 janvier 1703, reçu par Claude Aubert et François Rosset, notaires de Grenoble, demoiselle Catherine de Lescot de Chasselay, qui fit son testament le 7 février 1707, fille de Jean-François de Lescot, seigneur de Chasselay, baron d'Assieu, seigneur de Surieu, de Vernes et autres places, président à mortier en la cour-des-aides du Dauphiné, et de dame Catherine de Manissy de Ferrières. De ce mariage sont issus :

1.° Jean-Emmanuel, dont l'article suit ;

2.° Marie-Angélique, femme de Pierre-Emmanuel de Guignard, baron de Jons, fils de Ferdinand de Guignard, baron de Jons et d'Anne de Pecoil, grand père d'Aymar de Guignard de Jons, chanoine du chapitre noble de Saint-Pierre de Vienne, et maître de l'oratoire de MONSIEUR, aujourd'hui Louis XVIII.

VII. Jean-Emmanuel de Guignard, vicomte de SAINT-PRIEST, conseiller au parlement du Dauphiné, par provisions du mois de mars 1733, maître des requêtes ordinaires de l'hôtel du roi, par lettres du premier juillet 1745, président au grand-conseil, par commission du 28 mai 1747, nommé l'un des commissaires de la compagnie des Indes, par S. M., le 13 juin 1749, et intendant de la province du Languedoc, par provisions du 12 janvier 1751. Il avait épousé, par contrat du 11 mai 1731, reçu par Toscart et Marchand, notaires à Grenoble, Louise-Jacqueline-Sophie de Barral de Montferrat, fille de messire Joseph de Barral, marquis de la Bastie d'Arvillard, seigneur de Montferrat, d'Allevard, de la Ferrière, de Rochechinard, etc., président à mortier au parlement de Grenoble, et de Marie-Françoise de Blondel de Sissonne. De ce mariage sont issus :

6.

1.º Marie-Joseph, vicomte de Saint-Priest, premier tranchant de S. M., colonel de cavalerie, et porte-cornette-blanche de la couronne. Il a laissé de son mariage avec l'héritière de la maison de Manissy;

    a. Sophie, mariée à M. le marquis de Saint-Juery;
    b. Emilie, chanoinesse de l'ordre de Malte;
    c. Pauline, mariée à M. le comte de Saint-Ferréol;
    d. Caroline, femme de M. le baron de Masclary;

2.º François-Emmanuel, dont l'article suit;

3.º Charles, surnommé Languedoc, par les états de cette province qui lui servirent de parrains au baptême, chevalier de l'ordre royal et militaire de Saint-Louis, et de l'ordre de Saint-Jean de Jérusalem, officier supérieur de dragons, commandeur de Saint-Christol, capitaine d'une des galères de la Religion, chambellan de S. M. l'empereur et roi de Hongrie;

4.º Jeanne-Marie-Emilie, mariée, en octobre 1753, à Thomas-Marie Bocaud, seigneur de Jacou, de Teyren et de Clapiers; d'abord chevalier de Malte, puis nommé, le 22 décembre 1752, président de la chambre des comptes et aides de Montpellier;

5.º Marie-Jeanne-Sophie, femme de Jules-Alexandre de Launay, comte d'Entragues;

6.º Mathurine, épouse d'Ange de Dax, marquis d'Axat:

7.º Marie-Xavier, mariée à François-Hyppolite, marquis du Vivier, comte de Lansac, fils de Joseph-Henri, marquis du Vivier, et d'Etiennette de Pise-de-Claret.

VIII. François-Emmanuel de GUIGNARD, comte de SAINT-PRIEST, pair de France, né le 12 mars 1735, chevalier de Malte le 16 mars 1739, enseigne des gardes-du-corps, ensuite colonel dans l'armée, maréchal-de-camp, puis lieutenant-général. Il a été ministre plénipotentiaire du roi en Portugal, et ambassadeur à la Porte Ottomane en 1768, et auprès des Etats-gnénéraux des Provinces-Unies. Il devint ministre et secrétaire d'État au département de Paris et de la maison du roi en 1789; il est chevalier des ordres impériaux de Saint-André et de Saint-Alexandre de Russie, et de l'ordre royal et militaire de

St.-Louis, et honoraire de celui de St.-Jean de Jérusalem ; il
a épousé Constance Guillelmine, née Constance de Ludolph,
comtesse du Saint-Empire Romain avec la décoration de
l'ordre de Saint-Jean de Jérusalem, et a eu de ce mariage :

1.º Guillaume-Emmanuel de Guignard de Saint-
Priest, aide de-camp de S M. l'empereur de toutes
les Russies, lieutenant-général, chevalier de plusieurs ordres, tué dans la guerre de 1814, commandant un corps de l'armée russe en Champagne. Il
n'a pas été marié.

2.º Armand-Emmanuel-Charles de Guignard de Saint
Priest , gouverneur de la province de Podolie,
conseiller d'état actuel de Russie, chevalier de
l'ordre de Sainte-Anne, première classe, marié
avec feue Sophie, princesse de Galitzin, dont il
a eu :

a. Alexis de Guignard de Saint-Priest ;

b. Emmanuel de Guignard de Saint-Priest ;

c. Olga de Guignard de Saint-Priest.

3.º Louis-Antoine-Emmanuel, colonel au régiment
des chasseurs de la garde impériale de Russie, puis
maréchal-de-camp au service de France, gentilhomme d'honneur de S. A. R. Monseigneur le duc
d'Angoulême, premier tranchant et porte-cornette-
blanche de la couronne , chevalier de l'ordre royal
et militaire de Saint-Louis et de plusieurs autres
ordres. Il a été tenu sur les fonts de baptême par
S. M. le roi Louis XVI, et la reine Marie-Antoi-
nette, archiduchesse d'Autriche, son auguste épouse;

4.º Constance , mariée à M. le marquis de Saint-
Victor ;

5.º Anastasie, alliée à M. le comte de Dax ;

6.º Pulchérie, qui épousa M. le marquis de Calvière.

Armes : « Écartelé, au 1 et 4 d'argent, à trois mer-
» lettes de sable; au 2 et 3 d'azur, au chevron d'argent ,
» accompagné en chef de deux tours d'or, maçonnées de
» sable ; couronne de comte , manteau de pair ; cimier
» une tour d'or, maçonnée de sable, sommée d'une mer-
» lette du même. » Devise : *Fort et ferme.* L'écusson
entouré du collier de l'ordre de Saint-André.

COQUEBERT, autrefois COCQUEBERT, famille distinguée, établie dans la ville de Reims, sous le règne de Charles VII, en 1440, originaire de celle de Liége, où elle occupait les premières places de la municipalité, et y portait de gueules à trois coqs d'or. Ces armes étaient en plusieurs endroits de l'hôtel de cette ville et à Reims, sur plusieurs vitraux et une multitude d'épitaphes dont quelques-unes en lettres gothiques étaient du quinzième siècle.

Les premières alliances des Coquebert, à Reims, furent avec des familles nobles qui ont donné des chevaliers à l'ordre de Malte, et simultanément avec des familles patriciennes d'où descendent des magistrats et des officiers au service du roi. Nous distinguons :

1.º *Deux alliances*, avec les de Cauchon, en 1540, par le double mariage, de Nicole Coquebert, avec Regnault Cauchon, écuyer, seigneur de Condé, de Versenay et de la vicomté de Louvois ; et celui de Jean Coquebert, seigneur de Vaux, frère de la susdite Nicole Coquebert, avec Simone Cauchon, sœur du susdit Regnault Cauchon ; de la première de ces alliances sont issus deux fils et une fille :

> 1.º Thierry Cauchon, qui a épousé Madeleine Hesselin, fille de Paris Hesselin, maître des comptes à Paris en 1549, et de Denise Barentin ; de leur mariage descendent les Cauchon, vicomtes de l'Hery et marquis de Sommièvre ;
>
> 2.º Laurent Cauchon, seigneur de Trellon et de Faverolles, maître des requêtes, puis conseiller d'état ordinaire, lequel a épousé, en 1537, Anne Brulart, petite-fille de Pierre Brulart, président au parlement, et petite-nièce de Nicolas Brulart, marquis de Sillery, chancelier de France ;
>
> 3.º Nicole Cauchon, mariée à Hierosme Goujon, seigneur de Thuisy, sénéchal héréditaire de Reims, en 1560, d'où descendent les marquis et commandeurs de Thuisy.

2.º *Une alliance*, dans le même siècle, avec les de Feret, par le mariage d'Henri Coquebert, seigneur d'Adon en portion avec Charlotte Feret, fille de René Feret, seigneur d'Alincourt, et de Marie Moct. La famille des Feret, a donné, dès 1554, plusieurs capitaines-commandants de la ville de Reims, et des chevaliers à l'ordre de Malte, etc.

3°. *Quatre alliances*, avec les Leclerc, dits Moct, seigneurs de Brouillet et de Louvergny, dont la famille fut anoblie par le roi Charles VII, en avril 1446, en faveur de deux frères de ce nom, et *en considération des vertus éminentes dont ils étaient doués;* héritage précieux conservé par leurs descendants, et qui a acquis un nouveau lustre par leurs services militaires. La plus récente des alliances avec cette famille, est celle d'Agnès-Henriette Coquebert , héritière des terres de Bellaucourt, de Forzi, d'Ogny et de la vicomté de Berthenay, mariée à Jean-François Moct, chevalier, seigneur de Louvergny, capitaine au régiment de Guyenne, chevalier de l'ordre royal et militaire de Saint-Louis; de leur mariage est née Madeleine-Françoise Moct, mariée à Alphonse-César-Emmanuel-François de Miremont, seigneur de Berieux, avant son mariage, chevalier de l'ordre de Malte, qui ont eu deux fils; l'un capitaine au régiment de Languedoc, dragons ; et l'autre, chevalier de Malte.

4°. *Trois alliances* qui seules pourraient illustrer une famille; celles avec les Colbert, seigneurs d'Acy, de Magneux, de Vandières et du Mont-Saint-Pierre, dont la descendance offre une longue série de ministres, de prélats et d'officiers généraux, tous distingués par un mérite éminent.

5°. *Trois alliances* avec les Bachelier, seigneurs de Saint-Marc, de Gentes, de Montcel et du Marais près Reims; famille ancienne et distinguée qui a donné naissance au célèbre Simon Bachelier, général de l'ordre des Minimes, mort à Rome en 1635; et à son neveu Pierre Bachelier de Gentes, mort à Reims en odeur de sainteté, en 1672, etc.

6°. *Neuf alliances* avec les de la Salle, qui descendent de Mesnaud de la Salle, originaire du Béarn, chevalier et homme d'armes du roi Charles VIII, lequel Mesnaud de la Salle, s'est marié à Soissons en 1486. Sa famille a donné naissance à Jean-Baptiste de la Salle, chanoine de l'église de Reims, fondateur des Frères des écoles chrétiennes, établies pour l'instruction des enfants indigents; précieuse institution répandue dans toute la France, et qui a survécu à toutes les congrégations religieuses. Les alliances les plus récentes avec cette famille, sont celles de Jacqueline de la Salle avec Nicolas Coquebert, conseiller au parlement de Metz, auteur des Coquebert de Montbret et de Crouy, et celle de Louis de la Salle, frère de la susdite Jacqueline de la Salle avec Marie Coquebert. De leur mariage est né Simon de la Salle, maître des comptes à Paris, en 1688; lequel a eu une fille unique, mariée à N ... Noblet, écuyer, seigneur de Romery, dont un fils, conseiller au parlement de Paris, et une fille mariée à Claude-Olivier Boucher, conseiller au même parlement; lequel a eu de son mariage trois filles mariées :

1.º Au président Fraguier, de la chambre des comptes;

2.º A Mr Mandat, capitaine aux Gardes-françaises ;

3.º A Mr Anjorrant, conseiller au parlement de Paris.

7.º *Dix alliances*, avec l'ancienne famille des l'Espagnol, seigneurs de Fontenois, de Muire, de Bezannès, de Cuille, de Villette et de Roquincourt ; laquelle a donné deux grands baillifs de Vermandois, des magistrats au parlement de Metz, et un grand nombre d'officiers.

8.º *Quatre alliances*, avec les l'Evêque, seigneurs de Pouilly, de Champeaux, de Burigny et de Vandières; famille qui a donné des magistrats, un ministre plénipotentiaire à Hambourg, plusieurs officiers et des hommes de lettres distingués.

9.º *Deux alliances*, avec les Frizon, seigneurs de Blamont : de l'une d'elles descendait, Nicolas Frizon de Blamont, président au parlement de Paris.

19.º *Deux alliances*, avec les Noblet, seigneurs de Romery, dont les descendants ont été conseillers au même parlement, etc., etc.

Nous remarquons en outre neufs mariages, contractés dans le sein même de la famille Coquebert, ce qui en prouve l'union et l'estime réciproque des diverses branches qui la composent.

La généalogie que nous avons sous les yeux, se divisant en une multitude de branches anciennement éteintes, nous nous contenterons de la commencer au cinquième degré de la branche qui est la tige commune aux branches existantes ou éteintes de nos jours.

Cinquième degré.

V. Simon COQUEBERT, seigneur de Crouy et de Montfort, né à Reims en 1570, marié à Nicole Boulet, morte
en 1641, fille de Pierre Boulet, seigneur de Verzenay,
président en l'élection de Reims et de Vaubourg, Amé de
Saint-Didier. Ledit Simon Coquebert, est mort à Reims,
le 8 septembre 1633 ; de son mariage sont nés :

1.° Jean, tige des seigneurs de Mutri, Taisy et de la
Fauconnerie ;

2.° Gérard, seigneur de Crouy, qui suit ;

3.° André, tige des seigneurs de Montfort ;

4.° Elisabeth Coquebert, née à Reims en 1539, mariée, en 1606, à Jean l'Espagnol, seigneur de
Muire ;

5.° Barbe Coquebert, née à Reims, le 27 septembre
1593, a épousé André d'Aoust, né à Châlons-sur-
Marne, dont un fils, Jean d'Aoust. marié à Antoinette Frizon ; de leur mariage est née Barbe
d'Aoust, mariée à Jacques de la Garde, président
au parlement de Paris, dont un fils Jean-Baptiste
de la Garde, aussi président au même parlement ;
la fille unique de ce dernier, Marie-Louise de la
Garde, a épousé, le 9 décembre 1742, François-
Camille, comte de Polignac, frère du marquis de
Polignac, chevalier des ordres du roi.

VI. Gérard COQUEBERT, seigneur de Crouy et de la
Marlière, né à Reims en 1597, épousa sa cousine Rénée
Coquebert, fille de Nicolas Coquebert, seigneur d'Acy,
et de Barbe Bachelier, dont la sœur Marie Bachelier avait
épousé Jean Colbert, seigneur du Terron, aïeul de Jean-
Baptiste Colbert, marquis de Seignelay, contrôleur géné-
ral des finances en 1661. Gérard Coquebert est mort à
Reims le 6 septembre 1667 ; de son mariage sont issus :

1.° Nicolas, qui suit ;

2.° Christophe Coquebert, seigneur de la Marlière,
capitaine au régiment de Schulemberg-Montdejeu.
Blessé au siége d'Arras, le 3 juillet 1654, il mourut après quinze jours de souffrances et fut enterré
aux Cordeliers de cette ville, devant le maître-
autel.

VII. Nicolas Coquebert, seigneur de Montbret et de Crouy, conseiller du roi en son parlement de Metz, reçu le 30 janvier 1668. Il jouissait dans sa compagnie de la plus haute considération, et il en fut député plusieurs fois, vers le roi Louis XIV en plusieurs circonstances. Il est né à Reims, le 1er décembre 1624, épousa en la même ville, le 4 octobre 1649, Jacqueline de la Salle, sœur de Louis de la Salle, dont il a été parlé plus haut, page 38, fille de Jean de la Salle, écuyer, et d'Antoinette Coquebert. Le susdit Nicolas Coquebert, est mort à Reims revêtu de son office, le 16 octobre 1687. Il eut de son mariage :

1.º Jean-Baptiste, qui suit :

2.º Gérard-Joseph Coquebert, chanoine de l'église de Reims, né en cette ville, le 17 mai 1657, et mort à Gonesse, près Paris, le 10 août 1703.

VIII. Jean-Baptiste Coquebert, chevalier, seigneur de Montbret, conseiller du roi en ses conseils, maître ordinaire en sa chambre des comptes, de Paris, reçu le 5 septembre 1681 ; est né à Reims, le 12 juillet 1653, épousa en la même ville, le 1er décembre 1678, Marie Roland, fille de François Roland, écuyer, seigneur de la vicomté de Romain, dont une autre fille avait épousé Nicolas de Pâris, conseiller au parlement de Paris, qui donnèrent naissance à François de Pâris, diacre, mort en odeur de sainteté, à Paris, paroisse Saint-Médard, le 3 mai 1727. Jean-Baptiste Coquebert, est mort revêtu de son office, à Paris, paroisse Saint-Sulpice, le 18 février 1711 ; de son mariage sont issus :

1.º François, qui suit ;

2.º Nicolas, seigneur de Crouy, dont l'article viendra ;

3.º Marie-Thérèse Coquebert, née à Reims, le 10 novembre 1681, religieuse au couvent de la Visitation, rue du Bac à Paris ;

4.º Marie-Madeleine Coquebert, dite mademoiselle de Montbert, née à Paris, le 24 juillet 1697, morte à Reims en 1721.

IX. François Coquebert, chevalier, seigneur de Montbret, né à Paris, paroisse Saint-Eustache, le 11 mars 1683, et baptisé le 29 mai suivant ; épousa en la même ville, paroisse Saint-Benoît, le 13 mars 1709, Char-

lotte Herbinot, fille de François Herbinot, conseiller
au châtelet de Paris, savant distingué dans les langues
orientales, et de Charlotte Cousinet. Ledit François Coquebert, est mort à Soisy-sous-Étiolles, le 8 octobre 1737.
De son mariage sont nés :

1.º Jean-Baptiste Coquebert, chevalier, seigneur de
Montbret, conseiller du roi, auditeur ordinaire
en sa chambre des comptes, reçu en 1736, et
honoraire en 1774. Il est né à Paris, paroisse Saint-
Sulpice, le 24 juin 1711, et est mort en la même
ville, le 10 juin 1795, âgé de 84 ans, inhumé
au cimetière de Sainte-Marguerite, et par un
concours remarquable de circonstances, absolu-
ment, à côté d'un très-illustre enfant, mort au
temple le même jour ;

2.º Jean-François, qui suit.

X. Jean-François COQUEBERT, chevalier, seigneur de
Montbret, conseiller du roi, correcteur ordinaire en sa
chambre des comptes de Paris, né en cette ville, paroisse Saint-Sulpice, le 6 avril 1713, marié en la même
ville, paroisse Saint-Nicolas-des-Champs, le 19 avril
1752, à Geneviève-Eugénie Hazon, fille de Jean-Baptiste Hazon, écuyer, conseiller du roi en son châtelet de
Paris, mort doyen de sa compagnie en 1770, et de Charlotte
le Couteulx. Jean-François Coquebert est mort à Paris,
paroisse Saint-Nicolas-des-Champs, le 5 janvier 1789,
laissant de son mariage trois fils :

1.º Antoine-Jean, qui suit :

2.º Charles-Etienne Coquebert, chevalier, baron de
Montbret, en 1809, maître des requêtes honoraire, correspondant de la première classe de
l'institut, et membre de plusieurs sociétés sa-
vantes, chevalier de la légion d'honneur. Ci-devant, et dès l'année 1774, il a été consul général
de France dans les villes anséatiques résidant à
Hambourg, et successivement a rempli les
mêmes fonctions à Dublin, à Amsterdam, et à
Londres. En 1805, il a été plénipotentiaire de
France, près les souverains de la rive droite du
Rhin, pour l'établissement respectif de l'octroi
sur tout le cours de ce fleuve. Il est né à Paris,

paroisse Saint-Nicolas-des-Champs : le 3 juillet
1755, a épousé en la même ville, paroisse Saint-
Roch le 4 avril 1780, avec dispenses de N. S. P. le
Pape, sa cousine germaine, Charlotte-Nicole Hazon, fille de Barthélemi-Michel Hazon, écuyer,
intendant général des bâtiments du roi, jardins
et manufactures ; et de Marie-Madeleine de Ma-
linguehen, née à Beauvais. De ce mariage sont issus :

a. Antoine-François-Ernest Coquebert, chevalier,
né à Hambourg et baptisé en la chapelle du
ministre de France, le 31 janvier 1781 ; et mort
au Caire en Egypte, en avril 1801 : son goût
pour les sciences lui avait fait entreprendre ce
voyage ;

b. Barthélemi-Eugène Coquebert de Montbret,
chevalier, né à Hambourg, le 7 février 1785 ;

c. Cécile-Jeanne Coquebert, née à Versailles, le
17 septembre 1782, mariée à Paris, le 9 février
1800, à Alexandre Brongniart, nommé par le
roi en 1814, chevalier de la légion d'honneur,
administrateur de la manufacture royale de
Sèvres, correspondant de la première classe de
l'institut, etc. De leur mariage sont nés un fils
et deux filles ;

3.º Antoine-Romain Coquebert, dit *le chevalier de
Montbret*, officier au corps royal du génie, reçu
le premier de sa promotion en janvier 1784, capitaine au même corps, puis lieutenant-colonel,
aide-de-camp du général comte de Custine, etc.
Il est né à Saint-Germain-en-Laye, le 6 avril
1767.

XI. Antoine-Jean COQUEBERT, chevalier, ci-devant
seigneur de Montbret, conseiller du roi, auditeur ordinaire en sa chambre des comptes de Paris, des sociétés
philomatique et d'histoire naturelle de la même ville.
Puis conseiller du roi en sa cour d'Amiens. Né à Paris,
le 6 mars 1753, marié à Romain près Fimes, le 8 avril
1788, à sa cousine Simone-Rose Coquebert, fille de Christophe-Nicolas Coquebert, chevalier, seigneur de la vicomté
de Romain, etc. Ancien capitaine au régiment de Guienne,
chevalier de l'ordre royal et militaire de Saint-Louis et,

de Jeanne-Françoise Roland, ladite Simone-Rose Coquebert est morte à Paris, le 11 octobre 1791, âgée de
21 ans; dont un fils. Ledit Antoine-Jean Coquebert, a
épousé en secondes noces au château de Romain, le 15
juillet 1800, avec dispenses de N. S. P. le Pape, datées
de Venise le 27 avril précédent, et devant la municipalité de Paris, en l'église Saint-Sulpice, le 19 juillet
suivant, Marie-Henriette Coquebert, sœur germaine de
sa première épouse, veuve en 1792, de Samson-Marie
le Scellier, chevalier, seigneur de Blécour, officier au
régiment de Condé, dragons. De ce second mariage, il est
né un fils et une fille.

Du premier lit :

1.º Auguste-Romain, qui suit ;

Du second lit :

2.º Gustave-Auguste Coquebert, dit *le chevalier de
    Montbret*, né à Reims, le 31 mars 1804;
3.º Charlotte-Octavie Coquebert de Montbret, née
    à Reims, le 23 février 1802.

XII. Auguste-Romain Coquebert, chevalier, conseiller du roi, auditeur, en sa cour d'Amiens. Né à Paris,
le 19 septembre 1790.

SECONDE BRANCHE.

Prise au huitième degré.

IX. Nicolas Coquebert, chevalier, seigneur de Crouy
et de la vicomté de Romain, né à Paris, le 22 septembre
1694. Marié à Reims, le 19 décembre 1718, à Anne-Ge-
rardine de Bignicourt, fille de Christophe-Remi de Bignicourt, écuyer, seigneur des vicomtés de Chenay et
de Merfi, conseiller du roi, maître particulier des eaux
et forêts de Reims, et de Nicole Rogier de Lude. Nicolas Coquebert, est mort à Reims, le 30 mars 1748.
Il a eu de son mariage :

1.º Christophe-Nicolas, qui suit ;
2.º Joseph-Remi Coquebert, chevalier, seigneur de

Bussi, capitaine au régiment de Champagne, né à Reims, le 2 février 1724, mort à Nancy, où il était en garnison en 1754 ;

3.º Marie-Nicole-Charlotte Coquebert, dite *mademoiselle de Crouy*, née à Reims, le 19 février 1720 et morte en la même ville, le 25 décembre 1771.

4.º Marie-Anne-Félix Coquebert, née à Reims, le 23 avril 1726, religieuse au couvent de Sainte-Claire de la même ville, morte en 1768 ;

5.º Jeanne-Marguerite Coquebert, dite *mademoiselle de Bussi*, née à Reims, le 11 mars 1728, et morte en la même ville, le 10 mai 1770.

X. Christophe-Nicolas COQUEBERT, chevalier, seigneur de Crouy, de la vicomté de Romain, de Courcelles et de la Neuvillette ; ancien capitaine au régiment de Guyenne, chevalier de l'ordre royal et militaire de Saint-Louis. Blessé à la bataille d'Hastembeck en 1757, le roi lui accorda à cette occasion une pension honorable. Il était administrateur né de la maison religieuse des filles de Sainte-Marthe à Reims, comme parent de madame Colbert, dame de Magneux, fondatrice en 1638. Il est né à Reims, le 19 mai 1722, a épousé en la même ville, le 25 janvier 1763, Jeanne-Françoise Roland, fille de Pierre Roland, écuyer, et d'Elisabeth de Récicourt ; il est mort à Reims le 28 avril 1793. Il eut de son mariage :

1.º Christophe-Pierre, qui suit :

2.º Charlotte-Elisabeth Coquebert, née à Reims, le 11 juin 1764, mariée au château de la Malte près Reims, le 9 septembre 1789, à André-Charles-Louis d'Ivoiry, chevalier, ancien capitaine-commandant au régiment de Bouillon, chevalier de l'ordre royal et militaire de Saint-Louis, mort en 1807. Ladite dame est morte sans postérité, à Reims, le 16 avril 1812.

2.º Marie-Henriette Coquebert, née à Reims, le 16 novembre 1766, mariée en la même ville, le 23 février 1786, à Samson-Marie le Scellier, chevalier, seigneur de Blécour, Vouel et Gondran, officier au régiment de Condé, dragons. Mort à Chauny, le 8 septembre 1791. De ce mariage sont nés deux fils, dont l'un est mousquetaire noir et le second garde du corps du roi, compagnie de Luxembourg, mort le 9 septembre 1815. Elle a épousé en secondes noces, le 19 juillet 1800, son cousin Antoine - Jean Coquebert de Montbret, lequel était veuf de sa sœur qui suit. Voyez plus haut, page 42. De son second mariage, elle a eu un fils et une fille ;

4.° Simonne - Rose Coquebert, née à Reims, le 16 septembre 1770, mariée à Romain près Fimes, le 8 avril 1788, à son cousin Antoine-Jean Coquebert de Montbret, comme il est dit plus haut, page 42. De ce mariage, il est né un fils. Elle est morte à Paris, paroisse Saint - François, le 11 octobre 1791, âgée de 21 ans ;

5.° Anne-Ladislas Coquebert, née à Reims, le 7 avril 1773, mariée en la même ville, le 31 mars 1791, à Louis-Zacharie de la Goille, chevalier, seigneur de Courtagnon. Ancien capitaine au régiment de Bretagne ; pendant l'émigration a servi comme volontaire dans le régiment des Chevaliers de la Couronne, armée du prince de Condé. La susdite dame est morte à Reims, le 17 septembre 1804, laissant de son mariage trois filles.

XI. Christophe - Pierre COQUEBERT, chevalier, ci - de - vant seigneur de la vicomté de Romain. Lieutenant de cavalerie, garde du corps du roi, compagnie de Luxembourg, après avoir servi pendant l'émigration dans le régiment des Chevaliers de la Couronne, armée du prince de Condé. Il est né à Reims, le 18 février 1777, a été marié à Chevresis-les-Dames près Laon, le 5 octobre 1803, à Alexandrine-Françoise Aubé de Braquemont, fille de Louis-Alexandre Aubé, chevalier, seigneur de Braquemont, et de Dameric, capitaine de cavalerie, ancien mousquetaire de la garde du roi, et de Louise Adélaïde de Fay d'Athies. Ladite dame Coquebert est morte à Reims, le premier mai 1813, laissant de son mariage deux fils morts à Paris en bas âge, et une fille qui suit :

Claire-Honorine Coquebert de Romain, née à Romain, le 8 mars 1805.

Nous donnerons dans la suite les autres branches.

..» *Armes* : comme il est dit plus haut ; de gueules, à « trois coqs d'or.

SERRE de SAINT-ROMAN (de), famille ancienne, qui produit des titres de 1278, 1293, 1294, 1370, 1374, 1474 et 1477, mais dont on ne peut établir la filiation suivie qu'à commencer par :

I. Jean de Serre, Ier du nom, écuyer, seigneur en partie de Fromental, paroisse de Saint-Roman de Cordière, vivait en 1543. Il eut pour fils :

1.º Guidon, qui suit ;
2.º Jean de Serre ;
3.º Pierre de Serre.

II. Guidon de Serre, seigneur de Fromental, épousa demoiselle Marguerite Maffre, fille de Pierre Maffre. Il eut de ce mariage :

1.º Fulcrand, écuyer, marié avec demoiselle Jeanne de Coste, dont il n'eut qu'une fille unique, Jeanne de Serre, femme de noble Antoine de Saint-Julien, seigneur de Saint-Julien ;
2.º Jean de Serre, écuyer, seigneur de Fromental, marié avec demoiselle Isabelle de Pelissier, de laquelle il ne paraît pas avoir eu de postérité ;
3.º Isaac, dont l'article suit ;
4.º Françoise de Serre, mariée ;
5.º Gabrielle de Serre, qui épousa noble Blaise de Lantal, écuyer, de la ville du Vigan ;
6.º Anne de Serre, femme de Jean Planchon-Cantobre, procureur du roi de la ville du Vigan :
7.º Catherine de Serre, mariée à N... de Loubrieu.

III. Isaac de Serre, écuyer, seigneur de Fromental, épousa, en 1606, demoiselle Jeanne de Loubrieu, fille de Fulcrand de Loubrieu, de laquelle il laissa :

1.º Pierre, dont l'article suit ;

    2.º Marie de Serre;

    3.º Françoise de Serre ;

    4.º Anne de Serre, femme de Jean Girard, docteur en droit de la ville de Sumene.

IV. Pierre DE SERRE, écuyer, seigneur de Fromental, épousa demoiselle Lydie des Poiries, fille de noble Raymond des Poiries. Il eut de ce mariage :

V. Jean DE SERRE, II° du nom, écuyer, marié en 1651, à demoiselle Françoise de Roux, fille de noble Jean de Roux, et fut père de :

VI. Antoine DE SERRE, écuyer, seigneur de Saint-Roman et de Costeguisson, qui épousa demoiselle Suzanne de Molin, fille d'Aldebert de Molin, docteur et avocat à Marvejols. Il eut de ce mariage :

    1.º Etienne, dont l'article suit;

    2.º Laurent, écuyer, sieur de Montredon, garde du corps du roi ;

    3.º Marie, femme de noble Albert d'Hortel, écuyer, seigneur de Tessan, près du Vigan, ancien capitaine d'infanterie ;

    4.º Françoise, mariée, en 1722, avec Cézar de Luze, écuyer, seigneur de Trouillas, près d'Alais;

    5.º Jeanne de Serre, qui épousa, en 1727, Henri de la Borie, seigneur de Tharaux, conseiller-auditeur en la chambre des comptes et finances de Montpellier.

VII. Etienne DE SERRE, écuyer, comte de Frégeville, baron de Mervais, dans les Cévennes, de Combret, de Montlaur, en Rouergue, seigneur de Saint-Roman, en Languedoc, de Villejuif-les-Paris, et de Costeguisson, né le 3 mai 1698, fut pourvu d'un office de conseiller du roi, maître ordinaire en sa chambre des comptes de Paris, le 12 juillet 1744. Il épousa demoiselle Jeanne-Susanne le Noir-du-Breuil, fille de Guillaume le Noir, écuyer, seigneur de Cindré, receveur général des finances d'Alençon, conseiller-secrétaire du roi, maison, couronne de France, et de ses finances, et l'un des fermiers généraux de Sa Majesté, et de demoiselle Anne de Baugy. De ce mariage sont issus:

    1.º Jacques, dont l'article suit ;

    2.º Etienne de Serre, écuyer, né le 15 janvier 1747;

page de la petite écurie du roi, mort officier au régiment de la Reine, cavalerie;

3. Jacques-Henri de Serre, écuyer, né le 6 septembre 1752, seigneur de Saint-Roman, page de la petite écurie du roi, officier dans le régiment de carabiniers et dans celui de Royal-Cravates, chevalier de Saint-Louis, mort sans alliance :

4.º Jacques-Philippe de Serre, qui forme la seconde branche rapportée ci-après;

5.º Pierre de Serre, écuyer, né le 28 octobre 1757, comte de Frégeville, page de la petite écurie du roi, mort capitaine dans le régiment de Noailles, dragons;

6.º François-Marie de Serre, écuyer, né le 6 novembre 1759, baron de Combret, chevalier de l'ordre royal et militaire de Saint-Louis, ancien capitaine dans le régiment de Penthièvre, dragons, a servi dans l'armée des Princes et dans l'armés autrichienne;

7.º Anne-Suzanne-Philippe de Serre, née le 6 mars 1748, mariée à M. d'Aymar de Palamigny, chevalier de l'ordre royal et militaire de Saint-Louis, capitaine de grenadiers dans le régiment des gardes françaises ;

8.º Anne-Sophie de Serre, née le 11 novembre 1750, mariée à Jacques-Mathieu Augeard, secrétaire des commandements de la reine et fermier-général;

9.º Anne-Jeanne-Sophie de Serre, née le 28 août 1762, mariée, 1.º à M. du Pin de Rochefort, officier de dragons; 2.º à Etienne-Denis Pasquier, ex-garde des sceaux et ministre de la justice.

VIII. Jacques DE SERRE DE SAINT-ROMAN, écuyer, seigneur de Villejuif, etc., etc., né le 22 novembre 1745, conseiller de grand'chambre au parlement de Paris, mort victime d'un jugement révolutionnaire le
avait épousé demoiselle Hélène-Françoise de Murard. De ce mariage vint :

IX. Alexis-Jacques DE SERRE DE SAINT-ROMAN, comte de Frégeville, écuyer, né en 1770, a émigré en 1792 ; a servi dans l'armée des Princes et dans celle de monseigneur le prince de Condé. Il est aujourd'hui pair de France, chevalier de l'ordre royal et militaire de Saint-Louis et maréchal-des-logis dans les mousquetaires gris. Il a épousé, 1.° Marie-Mélanie le Rebours, fille de M. le Rebours, président au parlement de Paris, mort victime d'un jugement révolutionnaire, le 28 juillet 1794; 2.° Marie-Jeanne-Françoise de Tinteniac, fille de M. de Tinteniac, maréchal des camps et armées du roi. Du premier lit sont issues:

> 1.° Sidonie-Susanne de Serre de Saint-Roman;
> 2.° Geneviève-Gezeline de Serre de Saint-Roman;
> 3.° Amélie de Serre de Saint-Roman.

SECONDE BRANCHE.

VIII. Jacques-Philippe DE SERRE, écuyer, baron de Saillans, né le 10 octobre 1755, capitaine dans le régiment de Penthièvre, dragons, chevalier de l'ordre royal et militaire de Saint-Louis, a épousé, en Suisse, demoiselle N.... de Glutz. De ce mariage sont issus:

> 1.° Jacques-Raimond de Serre;
> 2.° Eymery de Serre.

Armes : « D'or, à une montagne de sinople, mouvante de la pointe de l'écu; au chef d'azur, chargé » de trois étoiles du champ. »

GEREAUX (DE), famille originaire de Guienne, province où elle réside encore de nos jours.

Cette famille que les ravages de la révolution ont privée de la plupart de ses titres, paraît fort ancienne, puisque, par quelques fragments de papiers qu'elle a retrouvés, on voit qu'il existe un arrentement de terres fait par Enguerrand de Gereaux, seigneur d'Orgueil, en Guienne, lorsqu'il partit pour la Terre-Sainte, sous les bannières de Richard Cœur-de-Lion, au douzième siècle.

On trouve dans l'*Histoire du Languedoc*, tome IV, preuves, page 277, un Bermond de Geraud, rappelé dans les lettres du maréchal d'Audeneham, touchant l'opposition de la gabelle en Languedoc, du pénultième octobre 1362.

I. Gabriel DE GERAULT, écuyer, sieur de la Bastide, en Médoc, demeurant en la paroisse de Salignan, est

rappelé dans des contrats de vente des 6 novembre 1519,
9 novembre 1551, 19 avril 1555, 19 et 21 octobre 1556, et
dans deux contrats d'achat des 15 octobre 1560 et 25 novembre 1564. Il avait épousé en secondes noces, par cón-
trat du 12 novembre 1564, reçu par Jean Savarias, notaire
et tabélion royal, Marie Beguy, veuve de Jean Langlois.

II. Jean DE GERAULT, Ier du nom, écuyer, sieur de la
Bastide et de Bellegarde, fils du précédent et de sa pré-
mière femme, dont le nom est ignoré, épousa 1.°, par contrat du même jour que son père, Marie Langlois, fille de
Jean Langlois, et de Marie Beguy; 2.° par contrat du 15
février 1579, reçu par Garitey, notaire royal, Elisabeth
de Chantelou. Il laissa de ce dernier mariage :

    1.° Henri, dont l'article suit;
    2.° Réné, maintenu dans ses priviléges de noblesse,
        par ordonnance du 13 mai 1606.

III. Henri DE GEREAUX, écuyer, sieur de la Bastide,
co-seigneur de Pommier, en Fronsadois, fut maintenu
dans ses priviléges avec René, son frère, le 13 mai 1606,
et par ordonnance du 20 avril 1641. Il avait épousé, par
contrat du 17 mars 1619, reçu par Pierre Robert notaire
royal, demoiselle Jeanne du Puch, fille de noble Pierre
du Puch, écuyer, sieur de Brana, et de demoiselle Isabeau
de Ségur. De ce mariage vinrent :

    1.° Louis, dont l'article suit;
    2.° Guy, écuyer, seigneur de la Bastide, marié, par
        contrat du 19 novembre 1656, à demoiselle Jeanne
        de Massey, fille de noble Guillaume de Massey,
        écuyer, sieur du Puch-Saint Germain, et de dame
        Aimée de Fisson.

IV. Louis DE GEREAUX, écuyer, seigneur de Brana,
né le 3 juillet 1633, épousa, par contrat du 24 avril
1672, reçu par Jourdan, notaire royal, demoiselle Péronne Grau, fille de messire Hellein Grau, avocat et
lieutenant de justice en la ville de Saint-Emilion, et de
demoiselle Françoise de Beliquet. Il fut maintenu dans sa
noblesse par ordonnance du 14 août 1697, ainsi que Guy,
son frère puîné. Il laissa de son mariage :

V. Guillaume DE GEREAUX, écuyer, seigneur de Brana,
qui épousa, par contrat du 23 juin 1703, reçu par du

Bacez, notaire royal, demoiselle Marguerite Jaubert, fille de Pierre Jaubert, écuyer, sieur de Pestage, et de Marguerite Rigolle. Il obtint acte de la présentation et vérification de ses titres, du procureur-général de la cour des aides de Guienne, le 27 juillet 1753. De ce mariage vinrent :

    1.° Pierre, dont l'article suit ;
    2.° Marguerite de Gereaux.

VI. Pierre DE GEREAUX, Ier du nom, écuyer, seigneur de la maison noble de Sepes et autres lieux, né le 10 juin 1724, épousa, par contrat du 30 juin 1767, reçu par Couturier, notaire royal, demoiselle Marie d'Aulède, fille de messire Jean-Louis d'Aulède, chevalier seigneur du Pinson, de la Batula, et de dame Marie Guillauché de Gambes. De ce mariage est issu :

VII. Pierre DE GEREAUX, IIe du nom, écuyer, vicomte de Gereaux, seigneur des maisons nobles de Sepes et Pillets, en la paroisse de Sainte-Radegonde, chevalier de l'ordre royal et militaire de Saint-Louis, qui a épousé dame Elisabeth Irving, fille d'honorable James Irving, d'Irving-Borver, en Ecosse, et de la maison de lord Rollo, et de Marie O'Connor, de l'ancienne maison d'Irlande de ce nom. Le vicomte de Gereaux, a émigré et fait toutes les campagnes de l'armée des princes, et est resté en Angleterre jusqu'en 1802. Il habite aujourd'hui le château de Belveder, près Saint-André de Cubsac.

    Armes : « Ecartelé, au 1 et 4 d'argent, à la bande
    » de gueules; au 2 et 3 d'argent, à trois fasces de
    »,gueules; l'écartelé bordé de sable, à dix besants d'or. »

BEAUCHAMP (CHARLES-GRÉGOIRE, MARQUIS DE) , fut député de la noblesse de Saint-Jean-d'Angély aux états-généraux de 1789, et doyen de l'assemblée constituante.

    Armes : « D'azur, à l'aigle éployée d'argent. »

    (*Cet article avait été omis au Répertoire de la Noblesse, à la lettre B, tome* V.)

BLANCHARD; famille ancienne, originaire de Normandie, représentée aujourd'hui par :

I. Joseph-Charles DE BLANCHARD, écuyer, chevalier de Séville, chevalier de l'ordre royal et militaire de Saint-Louis, a émigré en 1792, et fait les campagnes dans l'armée des princes et de monseigneur le prince de Condé, comme agrégé aux gardes-du-corps du Roy à Coblentz; il n'est pas marié.

II. Alexandre-Louis DE BLANCHARD, écuyer, garde-du-corps du Roi au grade de capitaine de cavalerie, a émigré en cette qualité en 1791, et fait les campagnes dans l'armée des princes et de monseigneur le prince de Condé; chargé par écrit des ordres des princes à Coblentz, pour la coalition de Caen, il s'en acquitta avec honneur et vint rejoindre son corps. Il fut du nombre des cent gardes-du-corps désignés pour accompagner Louis XVIII, à Mittaw, reçut la croix de l'ordre royal et militaire de Saint-Louis en 1797, fut fait major à Mittaw en 1801, 20 janvier, maréchal-des-logis des gardes-du-corps du roi en 1814. Il est aujourd'hui sous-lieutenant des gardes-du-corps du roi, compagnie de Raguse, par ordonnance du roi du 12 février 1815. Il a épousé mademoiselle Marie-François de Bras-de-Fer, fille de messire Louis-François de Bras-de-Fer, chevalier de l'ordre royal et militaire de Saint-Louis, et chevau-léger de la garde du roi, duquel mariage il n'a qu'une fille unique qui suit :

Joséphine-Caroline-Thomassine-Françoise DE BLANCHARD, née à Morteaux, en décembre 1789, mariée, à Amand-Louis-Marie le Tellier, né à Mortain en 1782, gendarme de la garde du roi en 1814; il fit partie de l'escadron de guerre le 10 mars 1815; le 16 du même mois, il fut envoyé par M. le comte de Bourbon Busset, maréchal-de-camp, aide-major de la compagnie des gendarmes de la garde du roi, pour aller en éclaireur sur Provins. A son retour à l'École militaire, le 20 mars, à une heure du matin, il partit avec sa compagnie et escorta les princes jusqu'à la route frontière de la Belgique. Il partit le 25 mai pour Honfleur, s'y embarqua le 31 pour aller rejoindre le roi à Gand. Le premier juin, il fut fait prisonnier par une péniche française, à sept lieues en mer, avec M. le comte de Meulan, et sept autres officiers de la maison du roi. Il fut jeté dans les cachots du Hâvre, où il passa sept jours, ensuite transféré sous forte escorte dans la prison de Saint-Lô, à Rouen, où pendant six semaines il a éprouvé les plus mauvais traitements et essuyé mille menaces; il ne fut rendu à la liberté que le 7 juillet, veille de l'entrée du roi dans Paris, et seulement par la force des choses. Ce qui est bien justifié par l'apostille de M. le comte de Bourbon Busset, ainsi conçue : « Je me plais à » certifier que M. le Tellier s'est rendu très-recommanda- » ble par sa bonne conduite, son zèle dans le service, et » surtout par son dévoûment au roi, ce qui lui a fait » essuyer de cruelles persécutions, et qu'il est digne sous » tous les rapports de faire partie de la garde royale.

» *Signé* le maréchal-de-camp, comte François de « Bourbon Busset ».

Armes : « D'azur, à trois croissants d'argent . »

On a oublié de les mentionner dans le Répertoire de la Noblesse, *tome* V, *page* 283.

JACQUEMET DE SAINT-GEORGE. Cette famille noble, originaire du comté de Bourgogne, où elle existait dès 1400, est maintenant établie en Dauphiné, depuis que Jean-Baptiste de Jacquemet, seigneur de Saint-George, IIe du nom, natif de Domblans, au comté de Bourgogne, capitaine au régiment de Listenay, infanterie, ayant été envoyé en Dauphiné pour le service du roi, épousa, en 1676, demoiselle Madeleine Deloulle, de Romans, ville de cette province, et s'y fixa.

A l'occasion de ce changement de province, Jean-Baptiste Jacquemet de Saint-George, s'adressa à la chambre des comptes de Grenoble, le 3 décembre 1683, pour requérir le dépôt de ses titres de noblesse au greffe de ladite chambre. L'arrêt pour l'enregistrement de ces titres est du 3 décembre 1683 ; nous l'avons sous les yeux, ainsi que les preuves faites par les chefs des diverses familles nobles du Dauphiné, pour l'assemblée de la noblesse en 1789, d'où l'on voit que :

I. Guillaume DE JACQUEMET, natif de Pontarlier, et qui avait épousé demoiselle Marguerite de N...., fut père d'autre Guillaume, dont l'article suit :

II. Guillaume DE JACQUEMET, IIe du nom, épousa, le 22 février 1469, demoiselle Nicolette de Febvrier, seule et unique héritière des biens de sa famille, ainsi que de ses armes, qui devinrent celles de son mari (1). De ce mariage vinrent :

1.º Pierre, dont l'article viendra ;
2.º Alexandre, décédé sans postérité ;
3.º Hugues de Jacquemet.

III. Pierre DE JACQUEMET, épousa, le 15 décembre 1500, demoiselle Blanchon de Guillet (2). De ce mariage vinrent :

1.º Claude, dont l'article viendra ;
2.º Hugues ;
3.º Philiberte, mariée à noble Regnault de Tornant.

IV. Claude JACQUEMET épousa, le premier novembre 1541, demoiselle Nicole de Pellissonnier. De ce mariage vinrent :

1.º Etienne, dont l'article viendra ;
2.º Charles, tué en Flandres au service du roi ;
3.º Pierre, décédé sans enfants ;
4.º Nicolas, chanoine et grand chantre du chapitre noble de Saint-Paul ;
5.º Reyne de Jacquemet.

V. Etienne JACQUEMET épousa, le 22 janvier 1596, demoiselle Jeanne-Baptistine de Courvoisier. De ce mariage vinrent :

---

(1) Nicolette de Febvrier était arrière-petite-fille de Conrault de Febvrier et de Girarde de Bourgogne, fille naturelle d'Othe, comte de Bourgogne, et de demoiselle Estiennette de Santans. On voit, par un traité de 1295, qu'Othe, comte de Bourgogne, en accordant sa fille à Conrault de Febvrier, pour ses bonnes qualités et loyaux services, lui donna, avec une dot de 1500 florins, certains blasons et armes, pour être portés à perpétuité par sa postérité.

(2) Ce Pierre de Jacquemet voulut, en 1534, faire constater pourquoi il portait les armes de la famille de Febvrier, et, par lettres d'attestation à lui délivrées ensuite d'une enquête faite, le 13 juin 1534, par le lieutenant de Jacques de Briançon, seigneur de la Mure, majeur et juge de Châlons, en Bourgogne, il fut expliqué, d'après les témoignages des principaux, plus notables et anciens habitans de Poligny, qu'il était notoire que la famille de Jacquemet, de très-ancienne noblesse de la province, avait dû prendre les armes de la maison de Febvrier, depuis le mariage de Nicolette de Febvrier avec Guillaume de Jacquemet.

1.º Jean-Baptiste, dont l'article viendra ;
2.º Nicolas, mort en Allemagne, au service de l'empereur;
3.º Simon, religieux de Notre-Dame de Veaux;
4.º Bénigne;
5.º Antoinette de Jacquemet.

VI. Jean-Baptiste Jacquemet, Ier du nom, seigneur de Vaufferand (1), conduisit à ses frais, au mois d'août 1636, ainsi que cela est attesté par les patentes du marquis de Conflans, maréchal de camp à l'armée de Bourgogne, une compagnie de trois cent cinquante hommes de pied au secours de la ville de Dôle, et fut ensuite capitaine de deux cents hommes de pied dans le régiment d'Aval. Il épousa 1.º demoiselle Etiennette de Paternay ; 2.º, le 20 septembre 1646, demoiselle Anne du Tillot ; 3.º, le 16 avril 1649, demoiselle Antoinette Pellissonnier, fille de noble Antoine Pellissonnier d'Arclay, seigneur de Saint-George. Ses enfants furent :

Du premier lit :

1.º Charlotte, mariée à noble Claude de Berger, écuyer, seigneur de Molligny, capitaine d'une compagnie de chevau-légers, et gentilhomme ordinaire de la chambre du roi ;

Du second lit :

2.º Charles-Achille de Jacquemet ;

Du troisième lit :

3.º Jean-Baptiste, dont l'article suit;
4.º N.... de Jacquemet, prêtre et oratorien.

VII. Jean-Baptiste Jacquemet de Saint-George, IIe du nom, capitaine au régiment de Listenay, in-

---

(1) Jean-Baptiste Jacquemet, Ier du nom, fit constater, en 1633, le 7 avril, que dans la chapelle de Saint-George, au couvent de Saint-Dominique, à Poligny, et appartenant à la famille de Jacquemet, les armes de la famille de Febvrier se voyaient aux voûtes, vitraux, tapisseries, tableaux, grilles, ainsi que sur cinq tombeaux de divers membres de la famille de Jacquemet.

fanterie, et auquel son père donna, par contrat de mariage, la terre de Saint-George, épousa, le 4 mai 1676, demoiselle Madeleine Deloulle, fille de Pierre Deloulle, seigneur d'Arthemonnay et Reculay (1). De ce mariage vinrent :

     1.º Pierre, dont l'article viendra ;
     2.º Etienne, mort sans prostérité.

VIII. Pierre JACQUEMET DE SAINT-GEORGE, IIᵉ du nom, épousa, le 7 juillet 1697, demoiselle Isabeau - de la Fond, duquel mariage il eut :

IX. Jean-Baptiste JACQUEMET DE SAINT-GEORGE, IIIᵉ du nom, conseiller au parlement de Grenoble, qui épousa, le 6 février 1725, demoiselle Marie de la Coste, fille de Laurent de la Coste, seigneur de Maucune. De ce mariage vinrent :

     1.º Jean-Baptiste, dont l'article viendra ;
     2.º N.... Jacquemet de Saint-George, capitaine des grenadiers du régiment de Champagne, chevalier de l'ordre royal et militaire de Saint-Louis, mort célibataire ;
     3.º Catherine.

X. Jean-Baptiste JACQUEMET DE SAINT-GEORGE, IVᵉ du nom, seigneur de Mangès, d'abord officier de dragons, ensuite conseiller au parlement de Grenoble, épousa, le premier novembre 1776, demoiselle Marie-Anne-Antoinette de Chabrière, fille de Charles de Chabrière, comte de Charmes, et de Pierrette de Corbeau. De ce mariage vinrent :

     1.º Marie-Anne-Julie-Victoire-Caroline, dont l'article viendra ;
     2.º Françoise, mariée, et décédée sans enfants.

_____

(1) C'est ce Jean-Baptiste de Jacquemet de Saint-George qui vint s'établir en Dauphiné, et fit enregistrer à la cour des comptes de Grenoble tous ses titres. C'est aussi pendant sa vie que M. le duc de Duras, commandant de la Franche-Comté, ayant reçu l'ordre de faire prêter hommage à toute la noblesse de cette province, écrivit pour cela à la famille Jacquemet de Saint-George. Cet hommage fut prêté par elle, après que la cour de Dôle eût prononcé, par arrêt du 2 septembre 1678, que *l'ancienneté* de la noblesse des Jacquemet était pleinement justifiée et prouvée.

XI. Marie-Anne-Julie-Victoire-Caroline Jacquemet de Saint-George, en la personne de laquelle s'éteint cette famille, a épousé M. le marquis de Cordoue (1). De ce mariage est né, entre autres enfants, George-Joseph-Michel de Cordoue, qui, par ordonnance du roi du 8 février 1815, dont la teneur suit, a été autorisé à ajouter à son nom celui de Jacquemet de Saint-George.

ORDONNANCE DU ROI.

LOUIS, par la grace de Dieu, Roi de France et de Navarre,

Sur le rapport de notre amé et féal chevalier, chancelier de France, le sieur Dambray ;

Sur ce qui nous a été exposé par le *marquis de Cordoue*, sous-préfet de l'arrondissement de Bar-sur-Seine (Aube), chevalier de la Légion d'Honneur, qu'il désire que son second fils, George-Joseph-Michel de Cordoue, soit autorisé à joindre son nom à celui de *Jacquemet de Saint-George*, qui est le nom de la mère de l'enfant, à l'effet de remplir les intentions de feu le sieur Jacquemet de Saint-George, père de cette dame, ancien officier de dragons, et conseiller au parlement de Grenoble ;

Vu le titre II de la loi du 11 germinal an XI,

Notre conseil d'Etat entendu,

Nous avons ordonné et ordonnons ce qui suit :

ARTICLE PREMIER.

Il est permis au sieur Georges Joseph-Michel de Cordoue, d'ajouter à son nom celui de Jacquemet de Saint-George.

Art. II.

A l'expiration du délai fixé par les articles VI et VIII de la loi du 11 germinal au XI, le père et la mère de l'impétrant se pourvoiront, s'il y a lieu, de-

---

(1) Voyez l'article de la famille de Cordoue, au tome II du présent Nobiliaire de France, page 68.

vant le tribunal de première instance compétent, pour faire faire les changements convenables sur les registres de l'état civil du lieu de la naissance de leur fils.

ART. III.

Notre amé et féal chevalier, chancelier de France, le sieur Dambray, est chargé de l'exécution de la présente ordonnance, qui sera insérée au Bulletin des lois.

Au château des Tuileries, le 8 février 1815.

Signé, LOUIS.

Par le Roi,

Le chancelier de France, *Signé*, Dambray.

Certifié conforme par le secrétaire-général de la chancellerie de France et du sceau, membre de la légion d'honneur,

Par ordre de monseigneur le Chancelier,

Signé, Le Picard.

Les armes de la famille Jacquemet de Saint-George les mêmes que celles données en 1295 par Othe, comte de Bourgogne, à sa fille Girarde, sont : « D'or, au » lion d'azur, armé et lampassé de gueules, la queue » du même, fourchée et passée en sautoir : l'écu timbré » d'un casque taré de profil, avec ses lambrequins ; pour » cimier, un lion issant aux émaux de l'écu. »

◊

SAUVEUR, SALVATOR, de SALVAIRE d'ALEY-RAC et des PLANTIERS, dans les Cévennes, en Languedoc. Famille ancienne, dont était Guillaume-Pierre Salvaire qui, en l'an 1250, fut compris parmi les gentilshommes du Languedoc dans un cartulaire conservé au trésor des chartes du roi.

On voit son sceau dans les antiquités du Languedoc, tome V, planche VI, n° 119. Il représente un champ *d'azur, semé de besants d'or.* On ne rapporte ici la filiation justifiée par titres que depuis :

I. Noble Pierre DE SALVAIRE, qui vivait dans le quatorzième siècle avec demoiselle Marguerite de Revotier, sa femme. Ils eurent pour fils :

II. Simon DE SAUVEUR, *alids* DE SALVAIRE, Ier du nom, écuyer, capitaine de cent hommes, qui se maria avec demoiselle Catherine de Barnier, fille du seigneur de Sueilles. De ce mariage vint :

III. Simon DE SALVAIRE, IIe du nom, écuyer, qui épousa demoiselle Marguerite de Saint-Bonnet, tante du fameux maréchal de France de Saint-Bonnet de Thoiras.

IV. Jean DE SALVAIRE, écuyer, leur fils, fut commandant en second de la ville de Mende et pays du Gévaudan ; il épousa demoiselle Jeanne de Novis, fille du seigneur de Rouville ; ils eurent pour fils :

1.° Louis, dont l'article suit ;
2.° Henri de Salvaire de Rouville ;
3.° Josué, baron de Montbel, maréchal des camps et armées du roi de Portugal.

V. Louis DE SALVAIRE, écuyer, seigneur de Cissalières, épousa demoiselle Bosquier du Sault. Il eut de ce mariage :

VI. Elie DE SALVAIRE, Ier du nom, écuyer, seigneur, de Cissalières, qui s'allia avec demoiselle Isabeau de Razes. Ils eurent pour fils :

1.° Elie, qui continue la descendance ;
2.° Nicolas de Salvaire ;
3.° Henri de Salvaire de Massiès, capitaine au régiment de la marine et commandant pour le roi à Saint-Jean du Gard.

VII. Elie DE SALVAIRE, IIe du nom, écuyer, seigneur de Cissalières, baron des Plantiers et d'Aleyrac, épousa demoiselle Françoise de Coste, de la famille des Resseguier, illustre au parlement de Toulouse.

VIII. Jean-Elie DE SALVAIRE, Ier du nom, leur fils, seigneur de Caderles, baron des Plantiers, se maria avec demoiselle Jeanne de Gervais. De ce mariage vinrent :

1.° Jean-Elie, dont l'article suit ;
2.° Marguerite, épouse de messire Simon de Cabi-

ron, chevalier de l'ordre royal et militaire de Saint-Louis.

IX. Jean-Elie, IIe du nom, baron d'Aleyrac, conseiller correcteur en la souveraine cour des comptes, aides et finances de Montpellier, épousa demoiselle Marie Maurin, fille du seigneur de Pourdol. De ce mariage vint :

X. Jean-Elie, IIIe du nom, écuyer, baron d'Aleyrac, commandant d'armes à Saint-Jean du Gard. Il a épousé Susanne-Charlotte-Louise-Amélie, fille de messire d'André de Montfort, ancien mousquetaire de la garde du roi Louis XVI ; il en est issu :

Jean-Elie-Alphonse de Salvaire, né en 1801.

« *Armes :* Ecartelé de gueules ; au 1 et 4 chargé
» de trois poiriers plantés d'or, et terrassés de sinople,
» qui est de Plantiers au 2 et 3 chargés d'un demi-
» vol d'or, qui est d'Aleyrac ; sur le tout d'azur, semé
» de besants d'or, et en pointe trois losanges du même,
» qui est de Salvaire ».

GIRARD de CHARNACÉ, famille noble de nom et d'armes, très-ancienne, originaire du Poitou, établie en Anjou, avant 1400.

Robert de Girard, chevalier, fut tué à la bataille de Poitiers, ainsi que ses deux frères Raoul et Denis. Leur nom est écrit sur leur tombe dans l'église des Cordeliers de Poitiers. Ils ont possédé la terre de Machecoul, au duché de Retz et de la Durbellière près les Herbiers. On y voit encore leurs armoiries, qui sont d'azur, à trois chevrons d'or, et pour cimier un casque : mais depuis 1674 cette maison a écartelé d'azur, à trois croisettes pattées d'or, en vertu des lettres-patentes de Sa Majesté enregistrées au parlement, le 31 janvier, même année ; ces dernières armoiries étant celles de la famille de Charnacé, fondues dans celles d'Anselme de Girard, qui épousa demoiselle Claude de Charnacé, sœur du baron de Charnacé, ambassadeur sous Louis XIII, comme on le verra ci-après.

I. Raoul de Girard, Ier du nom, chevalier, seigneur

de Barenton, etc., en Poitou, épousa, par contrat du 20 décembre 1403, demoiselle Louise de Rouvière ; il eut pour fils :

II. Raoul DE GIRARD, IIe du nom, chevalier, sei - gneur de Barenton, etc., qui épousa, en 1431, demoiselle Jeanne de Moulins ; il eut pour fils unique :

III. Jean DE GIRARD, Ier du nom, chevalier, seigneur de Barenton et de la Claye, en Précigné, qui épousa, en 1460, Renée de Villeneuve, dame de la terre de Villeneuve, en Anjou. Par jugement du commissaire du roi, rendu à Angers, en 1481, il fut déchargé de taxe et droit de franc fiéf, comme extrait de noble race et lignée, et ayant servi le roi dans les guerres qui avaient lieu dans le royaume ; il eut pour fils :

1.º Jean, seigneur de la Claye, mort sans postérité ;
2.º Denis, qui suit ;
3.º Pierre de Girard ;
4.º Autre Jean, dit le jeune, dont la branche s'est établie en Poitou, et y subsiste sous le nom de Girard de Beaurepaire, près les Herbiers.

IV. Denis DE GIRARD, etc., seigneur de la Sauvagère, de Villette, de la Baudouinière et du Plessis d'Auvers, au Maine, épousa Jeanne Herbelin, demoiselle, en 1504, et eut pour fils Jean qui suit ;

V. Jean DE GIRARD, IIe du nom, seigneur de la Claye, de Ballée et de Lignières, au Maine. Il épousa, en 1540, Julienne le Voyer, fille de feu Etienne le Voyer, écuyer, seigneur de Ballée, et d'Andrée de la Saulgère. De ce mariage vint :

VI. Jean DE GIRARD, IIIe du nom, seigneur de la Claye, de la Sauvagère, de Ballée, de Lignières, etc., qui rendit foi et hommage simple, le 15 novembre 1549, à la baronnie de Gratte - Cuisse, dépendante de l'évêché d'Angers, pour raison de sa terre de la Sauvagère. Il fut homme d'armes des ordonnances du roi, dans la compagnie de Jean de Thevalle, capitaine de cent hommes d'armes desdites ordonnances, chevalier de l'ordre du Roi, et son lieutenant-général au gouvernement de Metz. Il épousa, le 23 janvier 1563, Madeleine de Beaubigné, fille de René de Beaubigné, écuyer,

seigneur de Charnay, de Villette, de la Biguonnière,
de la Cormeraie, d'Asnières, etc., et de demoiselle Jeanne
de Tessé. Ses enfants furent :

1.º Robert, qui servit le roi avec distinction, et fut
tué au siége d'Amiens, sans postérité ;

2.º Anselme, qui suit :

3.º Renée, dame de la Billoirie ;

4.º Françoise, mariée à Claude de Cuillé, écuyer,
seigneur d'Ecorce ;

5.º Madeleine, mariée à Jean Dupré, écuyer, seigneur du Boullaye.

VII. Anselme DE GIRARD, seigneur de Ballée, de Lignières, de la Claye, du Plessis-d'Auvers et de Beaucé,
était au siége de la Fère et d'Amiens, en 1509, avec
Robert son frère, sous Urbain de Laval, seigneur de
Bois-Dauphin, maréchal de France, gouverneur et lieutenant général pour le roi au duché d'Anjou, comme il
appert d'un certificat du Maréchal, donné à Saint-Germain-en-Laye, le 27 juillet 1618, signé Urbain de Laval,
portant qu'ils ont servi le roi avant et après les siéges,
pour Jean de Girard, leur père, infirme, seigneur de
Ballée. Il avait épousé, le 28 novembre 1600, demoiselle Claude de Charnacé, fille aînée de noble et puissant Jacques de Charnacé, chevalier, seigneur de Charnacé, des Gastines, du Plessis-de-Chyvré, et de demoiselle Adrienne le Gaiger. Elle était sœur d'Hercule,
baron de Charnacé, chevalier de l'ordre du Roi, gouverneur de Clermont en Argonne, ambassadeur de
Louis XIII, dans les provinces unies, en Suède, et en
plusieurs cours de l'Europe, tué au siége de Breda, en
1637, commandant les troupes de Sa Majesté. Il avait
épousé Anne de Maillé-Brezé, qui fut inhumée auprès
de lui dans sa chapelle de l'église de Champigné, en
Anjou, sa paroisse, où est située la terre de Charnacé.
Les deux mausolées en marbre sont fort beaux, et les
deux statues sont de bons sculpteurs du temps. Anselme
de Girard rendit aveu, le 7 juin 1619, de sa terre et
seigneurie de Ballée, à Henri de la Tremouille, comte
de Laval, prince de Talmont, duc de Thouars, pair
de France, à cause de sa châtellenie de Basouges. Ils eurent pour enfants ;

1.º Philippe, qui suit ;

2.º Antoine, religieux bénédictin à l'abbaye de Saint Florent ;

3.º Jacques, rapporté ci-après ;

4.º Pierre, mort sans postérité ;

5.º Madeleine, mariée à Louis de Meule, baron du Fresne, chevalier de l'ordre du Roi, seigneur du Fresne, de la Forêt, de Montpensier, de Meuflet et des Roches ;

6.º Claude, religieuse à l'abbaye du Pré, au Mans ;

7.º Françoise, religieuse à Châteaugontier.

VIII. Philippe DE GIRARD, chevalier de l'ordre du Roi, seigneur de Charnacé, de Ballée, de Lignières, de la Blanchardière, du Petit Gué, etc., capitaine dans un régiment provincial, dont le baron de Charnacé, ambassadeur en Hollande, était colonel, fut nommé maréchal de camp, grand-bailly de Bar, ambassadeur en Suède. Il épousa, le 6 août 1639, Jacqueline du Fresne, fille aînée de messire Jacques du Fresne, chevalier, seigneur du Fresne, baron des Vaux près le Mans, d'Aupignel, de Brerobert, etc., gentilhomme ordinaire de la chambre du roi. Il eut pour fils :

IX. Jacques-Philippe DE GIRARD, chevalier, marquis de Charnacé, baron des Vaux, vicomte de Perrières, seigneur du Fresne, d'Auvers, de Brerobert, de Lignières et de Ballée ; lieutenant des gardes du corps du roi, par brevet du 3 janvier 1660, lieutenant-général de l'artillerie de la province de l'Isle de France, et commandant en chef l'arsenal de Paris. Par lettres-patentes du mois de janvier 1673, précitées, en considération des services rendus par feu Hercule de Charnacé, Anselme, et Philippe de Girard, seigneur de Charnacé, aïeul et père dudit Jacques-Philippe de Girard, et pour lui donner une preuve de sa satisfaction des siens, Sa Majesté lui accorde et permet ainsi qu'à sa postérité de joindre à son nom et armes, celui et celle de Charnacé. Lesdites lettres-patentes enregistrées au parlement, le 31 janvier 1674.

« Aucune autre maison n'a le droit, et ne peut prendre « les noms et armes de Charnacé. Ils n'appartiennent « qu'à celle de Girard de Charnacé, dont il est ici mention. » Jacques-Philippe de Girard, épousa, le 25 mai 1689,

Louise de Bouillé, comtesse de Crosne, et n'en eut point d'enfants.

VIII. Jacques DE GIRARD DE CHARNACÉ, chevalier, seigneur de Charnacé, de Gastines, etc., fils puîné d'Anselme et de Claude de Charnacé, fut enseigne de la Colonelle du régiment de Brezé, eut le bras droit emporté d'un boulet de canon au siège d'Hesdin. Il épousa, 1.° demoiselle Catherine de la Bigotière, dont il n'eut point d'enfants; 2.° demoiselle Renée de Brissac des Charnières et du Marais, en présence de messire Alexandre de Cossé de Brissac, abbé de Begare; il eut :

1.° Jacques-René, qui suit ;

2.° Marie-Anne, religieuse à l'abbaye du Perray;

3.° Louise, religieuse, au monastère de Sainte-Catherine d'Angers.

IX. Jacques-René DE GIRARD DE CHARNACÉ, chevalier, seigneur de Gastines, de Charnacé, du Bois, de Montbourcher, de la châtellenie et ville du Lion d'Angers, de Perché-Briand, de Changé, etc., capitaine au régiment de Crussol, infanterie; épousa, le 24 février 1713, demoiselle Geneviève Arthaud, et eut pour enfants :

1.° Jacques-Anselme, mort jeune, enseigne au régiment de Normandie, tué sur le champ de bataille à Lawfeld :

2.° Charles-François, qui suit :

3.° Marc-Prosper de Girard de Charnacé, chevalier, seigneur du Plessis-d'Auvers, lieutenant-colonel au régiment de Bourgogne, infanterie, chevalier de l'ordre royal et militaire de Saint-Louis, pour action d'éclat en Corse. Il épousa le 11 juillet 1770, Nicole-Hyacinthe de Boisjourdan, fille aînée de messire Louis-François-Séraphin de Boisjourdan, chevalier, seigneur de Boisjourdan, de Longue-Fuie, de Chainé, etc., et de dame Madeleine de Guitault. Leurs enfants furent.

a. Prosper-Marc, élève à l'école royale militaire, sous-lieutenant au régiment de Bresse, émigré en 1791 ; a fait toutes les campagnes à l'armée de Condé. Mort sans postérité ;

b. Henri-Augustin , qui a servi dans l'armée royale du Maine, chevalier de l'ordre royal et militaire de Saint-Louis , marié à demoiselle Florence de Guitault, fille de Jacob de Guitault , écuyer , lieutenant-général de la ville de Châteaugontier ;

c. Geneviève-Hortense-Séraphine , morte en bas âge ;

4.º Jean-Gaspard , capitaine d'artillerie , commandant de bataillon , chevalier de l'ordre royal et militaire de Saint-Louis , mort sans postérité ;

5.º Françoise-Jacquine , mariée par contrat du 11 février 1744 , avec François-Joseph , marquis de Scepeaux , seigneur du Houssay , etc. , chevalier de l'ordre royal et militaire de Saint-Louis, capitaine de cavalerie ;

6.º Geneviève-Charlotte, mariée avec messire Pierre-Théophile de Morant , chevalier , seigneur des Griffronis.

X. Charles-François DE GIRARD , marquis de CHARNACÉ , seigneur des villes et châtellenies du Lion d'Angers , du Bois de Mont-Bourcher , de Charnacé , du Perché-Briand , de Changé , du Plessis-Malineau, etc. , lieutenant au régiment de Marsan , le 28 février 1735, et capitaine au régiment de Mailly, en 1746. Epousa, le 4 juillet 1750, demoiselle Marie-Charlotte-Françoise du Tronchay , fille de messire Joseph-Denis du Tronchay , chevalier , seigneur de Meigné , de Pouancé , de Chamfreau, de la Barre , etc. , et de dame Charlotte-Françoise Poullain de Grée. Il eut de ce mariage :

1.º Charles-Louis-Gaspard-Auguste de Girard, marquis de Charnacé , officier au régiment du Roi , infanterie, qui épousa , le 9 mai 1789 , demoiselle Angélique-Constance-Emilie de Marnière-de Gner , fille de messire René-Jean de Marnière, chevalier , seigneur , marquis de Gner, vicomte de Rennes , baron de la Martinière , seigneur

de Kermerieu , de Saint-Georges , de la Chenar-
dière , du Crano , etc. , ancien président à mortier
au parlement de Bretagne , et de dame Louise-
Rose-Madeleine de Cosnoul ; il est mort à Angers,
sans postérité , en 1791 ;

2.º Guy-Joseph , qui suit ;

3.º Raoul-César-Auguste , chanoine honoraire de
l'église cathédrale d'Angers ;

4.º Geneviève-Sophie , mariée avec messire Louis-
Marie-Jean , comte des Hayes , de Cry , chevalier ,
seigneur de Cômes , ancien capitaine de cavalerie ,
chevalier de l'ordre royal et militaire de Saint-
Louis , émigré en 1795 ; il a fait la campagne avec
les princes français dans la compagnie des gentilshommes de l'Anjou ; a pour enfant unique ,
Caroline-Geneviève , mariée , en décembre 1814 ,
avec messire Emmanuel d'Ambray , chevalier ,
maître des requêtes , pair de France , fils aîné
de monseigneur le chancelier de France , commandeur , et garde des sceaux des ordres du roi,
président de la chambre des pairs ;

5.º Pélagie-Geneviève , morte sans postérité.

XI. Guy-Joseph DE GIRARD , chevalier , marquis de
CHARNACÉ, né le 17 juin 1760, seigneur du Lion d'Angers , de la Goderie , du Perché-Briand , etc. , page du
roi à sa grande écurie en 1776 , sous-lieutenant au régiment de Royal Piémont en 1779 ; capitaine dans
celui de Royal Pologne ; cavalerie , en 1782 ; émigré
en 1791 ; a fait la campagne près les princes français
dans les compagnies nobles d'ordonnances dites mousquetaires , lieutenant-colonel de cavalerie , chevalier de
l'ordre royal et militaire de Saint-Louis, directeur du
haras royal de Langonnet , en Bretagne. Il a épousé , à
Paris , le 21 décembre 1779 , par devant maître Bosquet, notaire , demoiselle Charlotte-Antoinette-Julie de
Turpin, fille de messire René , comte de Turpin-Turpin,
colonel de dragons , menin de monseigneur le dauphin de
France , chevalier de l'ordre royal et militaire de Saint-
Louis , et de dame Marie-Charlotte Antoinette du Theil ,
chanoinesse du chapitre royal de Neuville.

Les père et mère des sus-nommés étant absents, ont été représentés par M. le marquis d'Estourmel, ancien colonel de Royal Pologne, cavalerie, lieutenant-général, commandeur des ordres de Saint-Lazare, chevalier de l'ordre royal et militaire de Saint-Louis, etc., par madame la comtesse de Corbeil, et par monsieur l'abbé de Turpin, comte de Lyon, oncle de demoiselle Charlotte-Antoinette, etc., ont pour enfant unique :

XII. Charles-Guy-Joseph DE GIRARD, dit ERNEST, né à Angers, le 4 octobre 1800.

» *Armes :* Ecartelé, au 1 et 4 d'azur, à trois che-
« vrons d'or, qui est de GIRARD ; au 2 et 3 d'azur, à
« trois croisettes pattées d'or, qui est de CHARNACÉ. M. le
« marquis de Charnacé, par son alliance avec la maison
« de Turpin, porte parti, au 1 de GIRARD : au 2 d'azur,
« à trois besants d'or, qui est de TURPIN-TURPIN. Cou-
« ronne de marquis ; supports, deux lions ; l'écu accolé de
« deux bannières. »

BÉTHUNE (DE). Cette maison est une des plus anciennes et des plus illustres du royaume. Les services qu'elle a constamment rendus à nos rois, sont consignés d'une manière trop honorable dans l'histoire, pour que je m'occupe de les retracer ici ; et quant à ce qui concerne son origine je me contenterai de suivre l'Histoire officielle des Grands Officiers de la couronne, qui ne laisse rien à désirer sur ce point, chaque degré de filiation se trouvant appuyé de titres et de documents indiscutables.

I. Guillaume DE BÉTHUNE, du nom, surnommé *le Roux*, seigneur de Béthune, de Tenremonde, de Richebourg, de Warneton, de Monlembeque et de Locres, avoué d'Arras, second fils de Robert V, dit *le Roux*, seigneur de Béthune, et d'Adélaïde de Saint-Pol, fit son testament en son château de Béthune, au mois d'avril 1213, et mourut peu après. Il avait épousé Mahaud de Tenremonde, fille aînée de Gautier, IIIᵉ du nom, seigneur de Tenremonde, Elle mourut le 18 avril 1224. De ce mariage vinrent :

1.° Daniel, seigneur de Béthune, avoué d'Arras, vivant en 1222 ;

2.° Robert, seigneur de Béthune et de Tenremonde ;

3.° Baudoin de Béthune, nommé dans une charte de l'abbaye de Saint-Yved de Braine, en 1194 ;

4.° Guillaume, dont l'article suit ;

5.° Jean de Béthune, comte de Saint-Pol par Isabeau, comtesse de Saint-Pol, sa femme ;

6.° Adélaïde, femme de Gaucher, II.e du nom, chevalier, seigneur de Nanteuil ;

7.° Mahaut, épouse de Gislebert de Sottenghien, chevalier, seigneur de Rassenghien.

II. Guillaume DE BÉTHUNE, II.e du nom, chevalier, seigneur de Molembèque et de Locres, avoué de Husse, fonda, du consentement d'Isabelle de Pontrohart, sa femme, morte en 1278, riche héritière au pays de Berghes, l'abbaye de Pontrohart, en 1234, et mourut le 24 août 1243. Leurs enfants furent :

1.° Gilles, chevalier, seigneur de Molembèque, mort après l'an 1247, sans postérité d'Isabelle de Berghes, sa femme ;

2.° Guillaume, dont l'article suit ;

3.° Mahaut, femme, 1.° de Jean II, châtelain de Lille et de Péronne ; 2.° de Robert, seigneur de Waurin, sénéchal de Flandres ;

4.° Jeanne, mariée à Raoul de Mortagne, seigneur de Nivelle, châtelain de Tournai.

III. Guillaume de Béthune, III.° du nom, chevalier, seigneur de Locres et de Hebuterne, partagea avec ses frère et sœurs la succession de son père, l'an 1243, il est mentionné dans deux actes des années 1246 et 1247, et mourut peu après. Il avait épousé Béatrix, dame de Hebuterne, qui se remaria à Eustache de Neuville, dit le jeune. Guillaume laissa d'elle :

IV. Guillaume de Béthune, IV.° du nom, *de Locres*, chevalier, seigneur de Locres et de Hebuterne, mentionné dans deux actes des années 1274 et 1279. Il avait épousé Jeanne de Néelle, dite de Flavy, fille de Jean III, seigneur de Flavy, et de Jeanne de Dammartin,

comtesse de Ponthieu, reine de Castille. Elle mourut le
29 octobre 1280, laissant de son mariage :

    1.º Guillaume, dont l'article suit ;

    2.º Raoul de Béthune, vivant en 1339.

V. Guillaume DE BÉTHUNE, Vº du nom dit *de Locres*,
chevalier, seigneur de Locres et de Hebuterne, fit plusieurs donations à l'abbaye de Notre-Dame de Soissons,
et mourut âgé de soixante-dix ans, le 3 avril 1340. Il
laissa de son mariage avec Marie de Roye, dite de la
Ferté, fille de Mathieu de Roye et de Jeanne de Vendeuil :

    1.º Mathieu de Béthune, seigneur de Locres et de
       Hebuterne, qui n'eut que deux filles ; .

    2.º Jean, dont l'article suit.

VI. Jean DE BÉTHUNE, Iᵉʳ du nom, dit *de Locres*,
chevalier, seigneur de Vendeuil et du Verger, mourut en
1373, et fut enterré en l'abbaye d'Orcamp. Il avait épousé,
en 1351, Jeanne de Coucy, morte en 1363, et inhumée au même lieu que son mari, fille aînée de d'Enguerrand de Coucy, vicomte de Meaux, et de Marie de
Vienne. De ce mariage vinrent :

    1.º Robert, seigneur de Vendeuil, vicomte de
       Meaux, qui ne laissa que des filles ;

    2.º Jean, dont l'article suit ;

    3.º Marie, femme d'Eustache de Voudenay, cheva-
       lier, seigneur de Voudenay et de Mareuil en Brie ;

    4.º Jeanne, mariée à Jean de Roye, chevalier.

VII. Jean de BÉTHUNE, IIᵉ du nom, dit *de Locres*,
chevalier, seigneur d'Autrêches, d'Essigny et d'Anisy, est
qualifié chevalier-banneret dans la montre qu'il fit à Paris,
le 16 septembre 1410, de lui, de six chevaliers-bache-
liers, de douze écuyers et de vingt archers de sa compagnie. Il fut tué à la bataille d'Azincourt, l'an 1415,
et fut le dernier de sa maison qui prit le surnom de
Locres. Il avait épousé, par contrat du 8 novembre
1401, Isabeau d'Estouteville, veuve de Gaucher de
Vienne, et fille de Robert, seigneur d'Estouteville, de
Hotot et de Vallemont, et de Marguerite de Montmorency. De ce mariage sont issus :

1.º Antoine, seigneur de Mareuil et d'Hostel, mort
   sans enfants en 1430;
2.º Robert, dant l'article suit;
3.º Jacques, dit Jacotin, tige des seigneurs de Bal-
   four, en Ecosse ;
4.º Catherine, morte en 1458, femme de Jean de
   Hennin, chevalier, seigneur de Bossut;
5.º Isabeau, mariée à Jacques de Hans, chevalier
   seigneur des Armoises et d'Escry. Elle mourut
   après le 28 août 1453.

VIII. Robert DE BÉTHUNE, chevalier, seigneur de
Mareuil, de Baye, d'Hostel, de Congy, d'Havraincourt, etc. ; conseiller et chambellan du roi Charles VII,
servit ce prince dans ses guerres contre les Anglais, se
trouva aux siéges de Montereau et de Pontoise, en 1437
et 1441, et ne vivait plus en 1476. Il avait épousé, par
contrat du 22 janvier 1450, Michelle d'Estouteville, fille
de Guillaume, chevalier, seigneur de Torcy, de Blainville, etc., grand-maître des eaux-et-forêts de France,
et de Jeanne de Doudeauville. De ce mariage vinrent :

1.º Jean, dont l'article suit ;
2.º Robert, seigneur d'Hostel, mort sans hoirs en
   1511 ;
3.º Catherine de Béthune, mariée : 1.º à Aubert, seigneur de Margival et de Salency ; 2.º avec Jean
   du Pin.

IX. Jean DE BÉTHUNE, IIIº du nom, chevalier, seigneur de Mareuil, de Baye, de Congy, d'Havraincourt, etc., mort en 1512, avait épousé, vers l'an 1480,
Jeanne d'Anglure, fille de Simon, dit Saladin, seigneur
d'Estauges, conseiller et chambellan de René d'Anjou,
roi de Sicile et de Jérusalem, et de Jeanne de Neufchâtel. De ce mariage sont venus :

1.º Jean, baron de Baye, mort jeune vers l'an 1508;
2.º Alpin, dont l'article suit ;
3.º Ogier, seigneur de Congy, archidiacre des églises
   du Mans et de Châlons-sur-Marne;
4.º Robert, souche des seigneurs d'Hostel, qui n'ont
   formé que deux degrés ;
5.º Marguerite, mariée : 1º le 7 janvier 1497, avec
   Alexandre Criston, chevalier, baron de Chape-

laines : 2° à Jean, seigneur de Las-Tours, en Limosin ;

6.° Isabelle, abbesse de Notre-Dame d'Andecies ;

7.° Jacqueline, mariée, 1° le 28 octobre 1514, à Christophe du Châtelet, chevalier, seigneur de Cirey ; 2° avant 1530, avec Jean du Châtelet, seigneur de Dom-Julien.

X. Alpin DE BÉTHUNE, chevalier, seigneur de Mareuil, de Baye, d'Havraincourt, de Novion, etc. etc., servit le roi François Ier en ses guerres contre l'Espagne, sous Charles de Bourbon, duc de Vendôme, ès années 1514 et 1518, et mourut avant le 16 septembre 1546. Il avait épousé, par contrat du 13 juin 1509, Jeanne Jouvenel des Ursins, morte en 1544, fille de Jean, seigneur de la Chapelle, et de Louise de Varie. De ce mariage vinrent :

1.° Jean, dont l'article suit ;

2.° Antoine, seigneur de Mareuil, mort sans postérité de Françoise Isoré de Fontenay, sa femme ;

3.° Oger, auteur de la branche des seigneurs de Congy, qui n'a formé que deux degrés.

XI. Jean DE BÉTHUNE, IV° du nom, chevalier, baron de Baye et de Rosny, seigneur d'Havraincourt, de Caumartin, de Taluz, de Châtillon-sur-Fiens, etc. , mort en 1554, avait épousé, 1.° par contrat du 19 juin 1529, Anne de Melun, dame de Rosny, fille de Hugues de Melun, vicomte de Gand, et de Jeanne de Hornes de Hebuterne ; 2° Jeanne du Pré, dont il n'eut point d'enfants. Du premier lit vinrent :

1.° François, dont l'article suit ;

2.° Alpin, qui suivit le roi Henri II dans son voyage d'Allemagne, en 1552, et mourut sans enfants ;

3.° Marie, femme de Jean Raguier, chevalier, seigneur d'Esternay et de la Motte, écuyer tranchant du roi ;

4.° Jeanne, mariée le 19 décembre 1546, à Gabriel de Torcy, chevalier, seigneur et baron de Vendy ;

5.° Anne, religieuse au prieuré de Saint-Louis.

XII. François de Béthune, chevalier, baron de Rosny, seigneur de Villeneuve en Chevrie, mort en 1575, avait épousé, 1.° par contrat du 13 janvier 1557, Charlotte Dauvet, fille de Robert, seigneur d'Eraines, de Rieux, de Montigny, etc. etc., et d'Anne Briçonnet; 2.° Marguerite de Louvigny, fille de Jean, baron de Cléré, chevalier de l'ordre du Roi, de laquelle il n'eut point d'enfants. Du premier lit vinrent :

1.° Louis, né en 1558, mort en 1578, par accident ;

2.° Maximilien de Béthune, duc de Sully, prince souverain d'Enrichemont, pair, grand-maître de l'artillerie et maréchal de France, serviteur zélé et ministre fidèle du roi Henri IV, qui l'honora de sa confiance et de son amitié. Il épousa, 1.° le 4 décembre 1583, Anne de Courtenay, morte en 1589; 2.° en 1592, Rachel de Cochefilet. Du premier lit vint Maximilien de Béthune, IIe du nom, qui continua la branche des ducs de Sully, laquelle s'éteignit en 1719: Le duché de Sully passa alors à la branche des ducs d'Orval, issus de François de Béthune, fils de Maximilien Ier et de sa seconde femme Rachel de Cochefilet ; mais cette branche ayant fini elle-même dans la personne du fils de Maximilien-Gabriel-Louis, vicomte de Béthune, puis duc de Sully, le droit d'aînesse de la maison de Béthune revient aux descendants de Philippe, dont l'article se trouve ici sous le n° 4, et qui se répète dans le XIIIe degré ;

3.° Salomon, baron de Rosny, mort le 19 septembre 1597, sans enfants de Marguerite Clausse de Fleury, sa femme ;

4.° Philippe, qui fonde la branche des comtes de Selles, marquis de Chabris, laquelle s'étant perpétuée, représente de nos jours, par droit d'aînesse, l'illustre maison de Béthune. Son article forme les dégrés XIII et suivants ;

5.° Jacqueline, mariée, le 24 octobre 1584, à Hélie de Gontault, seigneur de Badefol et de Saint-Geniez, vice-roi de Navarre.

XIII. Philippe de Béthune, baron, et depuis comte

de Selles, de Charost, de Mors, marquis de Chabris, chevalier des ordres du Roi, lieutenant-général pour Sa Majesté en Bretagne, gouverneur de la personne de Gaston, duc d'Orléans, second fils du roi Henri IV; chef du conseil des dépêches étrangères, etc., etc.; fut employé dans diverses ambassades, et chargé de grandes négociations, qu'il remplit toujours avec succès. Il mourut dans son château de Selles en Berri en 1649, âgé de quatre-vingt-huit ans, et avait épousé, 1.º en 1600, Catherine le Bouteillier de Senlis, fille de Philippe, seigneur de Mouy; 2.º en 1608, Marie d'Aligre, dont il n'eut point d'enfants. Ceux du premier lit furent :

1.º Philippe, né en 1601, mort au berceau ;

2.º Hippolyte, dont l'article suit ;

3.º Henri, archevêque de Bordeaux, mort le 11 mai 1680;

4.º Louis, auteur de la branche des ducs de Charost, éteinte.

5.º Marie, première femme de François- Annibal, duc d'Estrées, pair et maréchal de France, et mère du cardinal d'Estrées.

XIV. Hippolyte DE BÉTHUNE, comte de Selles, marquis de Chabris, dit *le comte de Béthune*, chevalier des ordres du Roi, l'un des trois conseillers d'état d'épée, chevalier d'honneur de la reine Marie-Thérèse d'Autriche, né à Rome en 1603, suivit le roi Louis XIII dans toutes ses expéditions importantes ; le servit avec distinction aux siéges de Montauban, de la Rochelle, de Corbie et ailleurs, et mourut le 24 septembre 1665. Il avait épousé, par contrat du 29 novembre 1629, Marie de Beauvilliers, dame d'atours de la reine Marie-Thérèse d'Autriche, fille d'Honorat de Beauvilliers, comte de Saint-Aignan, et de Jacqueline de la Grange de Montigny. De ce mariage vinrent :

1.º Philippe, comte de Selles, né en 1630, mort le 3 mars 1658, sans enfants de Marie d'Estampes, fille de Jean, comte d'Estampes ;

2.º Henri, dont l'article suit ;

3.º Armand, évêque du Puy, mort en décembre 1703 ;

4.º François-Gaston, qui a fait branche ;

6. 10

5.º François-Annibal, chef d'escadre, mort à Paris en 1732, âgé de quatre-vingt-dix ans, sans laisser de postérité masculine de Renée le Borgne de l'Esquifiou, sa femme, morte en 1709;

6.º Hippolyte, aumônier de la reine Marie-Thérèse d'Autriche, évêque et comte de Verdun, et prince du Saint-Empire, mort le 24 août 1720;

7.º Louis, marquis de Béthune et de Chabris, gouverneur d'Ardres et du comté de Guines, mort à Paris le 29 février 1728, n'ayant eu que trois fils : l'aîné, mestre-de-camp de cavalerie, qui servit avec distinction dans les guerres d'Alsace, et mourut sans postérité, et les deux autres, morts en bas âge;

8.º Anne-Berthe, abbesse de Beaumont-lès-Tours;

9.º Marie, abbesse de Montreuil, près Laon;

10.º Catherine, morte le 6 novembre 1725, veuve du marquis de la Roque;

11.º Autre Marie, femme du marquis de Rouville, gouverneur d'Ardres et du comté de Guines.

XV. Henri DE BÉTHUNE, né le 29 mars 1632, d'abord chevalier de Malte, puis comte de Selles après la mort de Philippe, son frère aîné, mourut au mois de novembre 1690, laissant de Marie-Anne Dauvet, fille de Nicolas Dauvet, comte des Marais, grand-fauconnier de France, et de Catherine de Lantage, dame de Vitry :

1.º Louis, dont l'article suit :

2.º Marie-Henri, chevalier de Malte, capitaine des vaisseaux du roi en 1707, et gentilhomme de la chambre du duc d'Orléans en 1724;

3.º Anne-Marie, abbé de Saint-Aubin en 1717;

4.º Marie-Paule, reçue à Saint-Cyr en 1689, qui périt malheureusement dans un incendie qui consuma sa chambre et une partie du logis de l'abbaye de Notre-Dame-des-Prés, à Paris, où elle logeait.

XVI. Louis, comte DE BÉTHUNE, capitaine de vaisseau, puis chef d'escadre au mois de décembre 1720, et lieutenant général des armées navales, à la promotion du 10 mars 1734, commandeur de l'ordre royal et militaire de Saint-Louis, mourut à Rochefort le 10 novembre de la même année, âgé de soixante-quinze ans. Il avait épousé, le 31 mai 1708, Marie-Thérèse-Paulette de la Combe, veuve de Pierre le Moine, seigneur d'Iberville, capitaine de vaisseau et chevalier de l'ordre royal et militaire de Saint-Louis; elle mourut à Paris le 20 mai 1739. De ce mariage sont nés :

1.° Armand-Louis, dont l'article suit;
2.° Marie-Armande, mariée, le 17 février 1746, à Jean Pâris, seigneur de Montmartel, marquis de Brunoy.

XVII. Armand-Louis, Ier du nom, marquis DE BÉ-THUNE, successivement capitaine de cavalerie dans le régiment de Royal-Roussillon, guidon de gendarmerie en 1739, colonel-général de la cavalerie légère le 23 avril 1759, et chevalier des ordres du Roi, épousa, 1.° Marie-Edmée de Boulogne, fille de l'ancien contrôleur-général de ce nom; 2.° le 19 avril 1755, Marie-Thérèse Crozat, sœur de la maréchale de Broglie et de la comtesse de Béthune. Ses enfants furent:

Du premier lit :

1.° Catherine-Pauline, mariée, au mois de mai 1770, à M. de Colbert, comte de Seignelay, brigadier des armées du roi, colonel du régiment de Champagne;
2.° Armande-Jeanne-Claude, dite *mademoiselle de Béthune-Chabris*, née le 29 juin 1753, mariée à Louis, comte de Dufort;

Du second lit

3.° Armand-Louis, dont l'article suit;
4.° Armand-Louis-Jean, dit le *chevalier de Béthune*, né le 30 avril 1757;
5.° Armande-Pauline-Charlotte, née le 18 octobre 1759, morte femme de Raoul, marquis de Gaucourt;
6.° Armande-Louise-Adélaïde, née le 12 novembre 1761, mariée à M. le comte de Castellane.

XVIII. Armand-Louis, IIe du nom, marquis de Bé-

THUNE-SULLY, né le 20 janvier 1756, ayant rang de colonel de cavalerie dès 1779, a épousé, le 11 avril 1793, Marie-Louise-Richarde-Constantine Scheir, fille de M. Scheir, capitaine de cavalerie, et de Madeleine du Bos de Beauval.

Armes : « D'argent, à la fasce de gueules. »

MONTMORENCY-MORRÈS (DE). La branche de Montmorency de France, qui s'était établie en Angleterre et en Irlande (*voyez* le tome Ier du *Nobiliaire de France*, page 70), s'y est divisée en branche catholique et protestante. La branche catholique, qui est représentée par M. de Montmorency-Morrès, colonel d'état-major au service de France, n'a jamais cessé de porter le nom de Montmorency ; mais la branche protestante (dont les lords de Montmorres et de Franckfort, pairs d'Irlande, sont les chefs), n'ayant pas habituellement ajouté le nom de *Montmorency* à celui de *Morrès*, vient de présenter au prince régent d'Angleterre une supplique par laquelle elle démontre qu'étant également descendue en ligne légitime et masculine de Geoffroy de Montmorency, dit *de Montemarisco*, jadis vice-roi d'Irlande, neveu et héritier de Hervé de Montmorency, connétable d'Irlande en 1172 ; elle réclame le privilége de reprendre l'ancien nom de famille de ses ancêtres. Son Altesse Royale, sur la révision des pièces, et d'après les preuves soumises à l'inspection du ministre secrétaire d'état, lord Sidmouth, et du conseil privé du roi, a rendu le décret suivant, au nom et de la part de Sa Majesté le roi du royaume-uni de la grande-Bretagne et d'Irlande, par lequel la permission royale est pleinement accordée à la maison de *Morrès*, descendue du susdit Geoffroy de *Montmorency*, vice-roi d'Irlande en 1215, de porter, elle et ses descendants *les noms et armes de Montmorency*.

Ce décret est daté du palais de Carleton-Housse, le 17 juin 1815 ; *signé*, Sidmoulth. Enregistré au signet-office, le 17 juillet ; *signé*, Thomas Bidwel junior. Dép.., et au bureau d'Ulster, roi d'armes, à Dublin, le 8 août 1815, *signé*, William Betham, dep. ulster.

Le chevalier Betham, roi d'armes d'Irlande, et les susdits seigneurs de la branche protestante de Montmorency-Morrès, ont officiellement transmis à M. Hervé, de Montmorency-Morrès, colonel d'état-major au service de France, comme chef de la maison, les copies de l'ordonnance royale dont la teneur suit :

Office of ams.

5 August. 1815.

« His royal Highness the Prince Régent has been Gra-
» ciously pleased, in the name and on the Behalf of
» His Majesty, to give and grant unto the right-ho-
» nourable sir Francis Hervey, lord viscount Mount-
» morres and baronet; the right honourable Lodge Evanes,
» lord baron Frankfort ; sir William-Ryves Morrès,
» baronet ; Reymond - Hervey Morres Esquire, lieute-
» nant - colonel of His Majestys, ninth régiment of-
» dragoons; and Hervey - Françis Morres, Esquire (1),
» captain in His Majestys twenty - first régiment of
» Foot, His Majestys royal license and authority that
» they and their family, should reassume and use their ori-
» ginal surname and arms of de Montmorency only (their
» descent in the male line from that ancient and il-
» lustrious House, with the evidences thereof, having
» been duly proved and recorded in the office of Ulster
» king at arms of all Ireland), provided that such
» concession and déclaration of his Royal Highness be
» first recorded, and the arms duly exemplified in
» the aforesaid office of ulster ; which has been done
» accordingly.

» William BETHAM

» Dép. ulster king of arms.

» Dublin Gazette, published by Authority. Saturday,

» August 5, 1815. N° 621. »

Ladite ordonnance a été communiquée le 22 septembre 1815 par M. le colonel Hervé de Montmorency-Morrès, chef de la branche d'Angleterre, à M. le duc

---

(1) Fils du lord Frankfort.

de Montmorency, pair de France, chef de toutes les branches de ladite maison, établies tant en France qu'en Angleterre et en Irlande.

Toutes les pièces qui appuient la généalogie de cette illustre famille vont être imprimées, par les soins de M. de Montmorency-Morrès, des lords Montmorres et Frankfort, et des autres seigneurs de la famille.

PUY (du), famille noble d'extraction, établie en Forez et en Bourgogne. Elle a fourni des chevaliers à l'ordre de Malte, des conseillers d'état aux cours de France et de Lorraine, et des magistrats au parlement de Paris.

I. Pierre du Puy, Ier du nom, écuyer, seigneur de Chateaudame, en Berri, mort en 1348, avait épousé Claudine Despriau, dont vint :

II. Guillaume du Puy, écuyer, seigneur de Châteaudame, qui épousa Antoinette de Bressard (1). Il eut pour fils :

III. Pierre du Puy, IIe du nom, qui s'établit à Saint-Galmier, en Forez, où il épousa Thérèse de Jolyval, et mourut vers l'an 1400, laissant de son mariage :

    1.º Thomas, dont l'article suit;
    2.º Jeanne du Puy, femme de Philibert de Lyot, seigneur de Vernet et de la Fouilleuse.

IV. Thomas du Puy, écuyer, seigneur de Saint-Germain de Laval, épousa Marguerite de Lorge, de laquelle sortit :

V. Hugues du Puy, écuyer, seigneur de Saint-Germain, qui laissa de son mariage avec Antoinette de Châtelus :

    1.º Thomas, prieur de Jourcieu;
    2.º Geoffroy, dont l'article suit;
    3.º Etienne, conseiller au parlement de Paris, enterré aux Saints-Innocents;

---

(1) Voyez les mémoires de M. de Sainte-Marthe.

4.º François, prieur-général des Chartreux, mort le 17 septembre 1521 ;

5.º Jean du Puy, qui a fait la branche des seigneurs de Saint-Gery et Loyset, en Lorraine, éteinte en la personne de Louis-Joseph, comte du Puy, seigneur de Saint-Germain, Avrinville et Vascourt. La descendance de ce Jean du Puy, comme sorti du mariage de Hugues, avec Antoinette de Châtelus, est prouvée par un titre de fondation de trois messes par semaine en la chapelle de Saint-Pierre de Bar, en date du 15 avril 1488.

VI. Geoffroy du Puy, écuyer, seigneur du Coudray et capitaine-gouverneur de Saint-Galmier, épousa Françoise Trunel dont il eut :

1.º Pierre, prieur d'Estival, chanoine et maître de chœur de Notre-Dame de Montbrisson ;

2.º Antoine, prieur de Salles ;

3.º Philibert, commandeur de l'ordre de Saint-Antoine de Viennois ;

4.º François, prieur du monastère noble de Marcigny ;

5.º Clément, dont l'article suit ;

6.º Louis, auteur de la branche des seigneurs de Saint-Martin, rapportée ci-après ;

7.º Jacques, capitaine-gouverneur de Saint-Galmier, qui, de Claire de Chalançon, sa femme, eut pour fils :

a. Louis, gouverneur de Saint-Galmier, dont le fils, aussi nommé Louis, fut gendarme de la compagnie du roi ;

b. Jacques, aussi capitaine-gouverneur de Saint-Galmier, qui épousa Catherine de Villars, de laquelle il eut : 1.º Claude, qui se fit capucin, et devint quatre fois provincial de cet ordre ; 2.º Catherine, mariée, 1.º à Nicolas du Pelouz, chevalier de l'ordre du Roi, gouverneur du Haut-Vivarais, dont un fils marié au seigneur de Beaufort-Canillac ; 2.º au seigneur de Bayard.

8.º Madeleine, alliée à Jean-Baptiste de la Vue, seigneur de Montagnac ;

9.º Marthe, mariée, le 29 janvier 1555, à noble Jean du Puy, écuyer, seigneur du Perrier, fils, de Barthelemy, écuyer, seigneur du Perrier et de Chazelles, et de Pernette Baster-de-Filhac.

VII. Clément DU PUY, Iᵉʳ du nom, écuyer, seigneur de Saint-Germain et de Laval, en Forez, fut un célèbre jurisconsulte du parlement de Paris, où il mourut le 22 août 1551. Il avait épousé, le 23 juin 1539, Philippe Poncet de Venart, fille de Jean, seigneur de Venart, et de Madeleine Jayers, dame de Galande, en Brie. Il laissa de son mariage :

> 1.º Clément, jésuite et provincial de la province de l'Isle de France, décédé à Bordeaux en 1598;
> 2.º Claude, dont l'article suit ;
> 3.º Judith, épouse de Claude Séguier, seigneur de la Verrière.

VIII. Claude DU PUY, écuyer, seigneur de Saint-Germain et de Laval, fut conseiller au parlement de Paris, et épousa, le 29 septembre 1576, Claudine Sanguin, fille de Jacques, seigneur de Livry, et de Barbe de Thou. Leurs enfants furent :

> 1.º Christophe, protonotaire du cardinal de Joyeuse, mort prieur de la chartreuse de Borne, le 28 juin 1654 ;
> 2.º Augustin, chanoine et prévôt d'Ingray, à Chartres;
> 3.º Pierre, conseiller du roi en ses conseils, et garde de sa bibliothèque, mort et enterré dans l'église de Saint-Côme, à Paris, le 17 décembre 1653, âgé de 69 ans ;
> 4.º Clément, dont l'article suit;
> 5.º Jacques, aumônier du roi, et prieur de Saint-Sauveur, en Brie, décédé le 17 novembre 1659;
> 6.º Nicolas, reçu chevalier de Malte en 1610. Il fut tué par les Turcs au combat de Sarragosse, le 25 juin 1625 ;
> 7.º Anne, mariée à Pierre Board, conseiller au parlement de Paris ;
> 8.º Marie du Puy, alliée à Claude Genoux, écuyer, secrétaire du roi, seigneur de Gribeville de Thoulonges.

IX. Clément DU PUY, IIᵉ du nom, écuyer du duc de Vendôme, ensuite commissaire de l'artillerie, fut tué à la bataille, d'Avein, en 1636, laissant de Catherine de Longueval, son épouse, des enfants dont la postérité s'est éteinte dans la personne de Charles du Puy, chanoine de l'église de Meaux, mort à Roanne en 1748.

SECONDE BRANCHE.

Seigneurs de Saint-Martin, en Bourgogne.

VII. Louis DU PUY, écuyer, né en 1526, sixième fils de Geoffroy, écuyer, seigneur du Puis et de Laval, et de Françoise Trunel, comme il est prouvé par une transaction du 15 septembre 1598, passée entre ledit Louis et Claude du Puy, conseiller au parlement de Paris, son neveu, père de Nicolas du Puy, chevalier de Malte, mentionné ci-devant, au sujet de la succession de Pierre du Puy, son frère aîné, chanoine de Notre-Dame de Montbrisson, vint s'établir, environ l'an 1560, à Marcigny-sur-Loire, où il mourut le 12 juin 1609. Il avait épousé, 1.° Edouarde de Montaudry; 2.° Marguerite Rosselin, morte sans enfants, le 22 juillet 1585; 3.° Jeanne Aumaître. Il laissa :

Du premier lit :

1.° Antoine, dont l'article suit ;
2.° Bénigne, qui a fondé la branche des seigneurs de Farge et de Chastelard, rapportée ci-après ;

Du troisième lit :

3.° Jean, médecin de la reine de Pologne, qui fut père de Charles du Puy, écuyer, seigneur de Champuaux, gentilhomme du prince de Condé, qui épousa Marguerite de Vaux, dont il eut : 1.° Louise, mariée à Gabriel Bustat, écuyer, seigneur de Millery ; 2.° Marguerite, femme de N...; Chalmoux, écuyer, à Nevers ; 3.° Gabrielle du Puy, épouse de N.... Bresson, écuyer, seigneur de Génisse.

VIII. Antoine DU PUY, écuyer, épousa, le 20 janvier 1585, Jeanne Joly, dont :

1.° Jean, dont l'article suit ;
2.° Claudine, femme de Pierre Courtin, écuyer,

prévôt des maréchaussées de Roanne et dépendances.

IX. Jean du Puy, Ier du nom, écuyer, s'allia, le
19 octobre 1615, avec Philiberte Gregaine, et eut pour
enfants :

> 1.° Philibert, qui a fondé la branche des seigneurs
> de Châteauverd et de la Jarousse;
> 2.° Claude, dont l'article suit.

X. Claude du Puy, écuyer, seigneur des Falcons et de
Saint-Martin-la-Vallée, mort à Semur, le 8 décembre
1688, âgé de 65 ans, y avait épousé, le 10 juin 1645,
Denise de la Motte, fille d'Antoine de la Motte, sieur
de Juilly, conseiller ordinaire de la maison du prince de
Condé, aïeul de Nicole de la Motte, épouse de Jean
de Berbisey, marquis de Vantoux, seigneur de Belle-
neuve, mort, en 1757, premier président au parlement de Bourgogne. De ce mariage vinrent huit enfants, parmi lesquels :

> 1.° Jean, dont l'article suit;
> 2.° Philibert, écuyer, seigneur de Montceaux, de
> Verdet, de Versangues, de la Barre, des Fal-
> cons, etc., mort à Marcigny, le 13 juillet 1724,
> âgé de 63 ans, sans postérité de Catherine Bailly,
> son épouse, femme; 2.° d'Athanase de Cabannes,
> écuyer; 3.° de N.... de Muzy-Vozelles gentil-
> homme de Beaujolais.

XI. Jean du Puy, IIe du nom, écuyer, seigneur de
la Faye, de Saint-Martin-la-Vallée, etc., mousquetaire
du roi, ensuite officier de cavalerie au régiment de
Florensat, fut reconnu, par arrêt du parlement de
Dijon, du 16 juillet 1693, pour descendant, en ligne
directe, de Geoffroy du Puy, seigneur du Puis et de
Laval, dont la noblesse avait été prouvée dans les
preuves de Nicolas du Puy, arrière-petit-fils de Geoffroy,
et qui fut reçu chevalier de Malte. Jean II mourut en
son château de Saint-Martin, le 8 décembre 1735, âgé
de 80 ans. Il avait épousé, à Lyon, le 27 juin 1701,
Marguerite-Berthet de Chazelles, dont il eut, entre autres
enfants :

> 1.° Jacques, dont l'article suit;

2.º Jean, né le 25 octobre 1707, marié, 1.º le 14 juillet 1738, avec Philiberte Geffier ; 2.º le 9 octobre 1743, avec Anne de la Motte ; 3.º le premier février 1757, avec Françoise Cudel, fille d'Hector Cudel, capitaine au régiment de Soissonnais. Il eut pour enfants, du premier lit : a. Lazare, né le 19 décembre 1740, prêtre ; du second lit : b. Nicole, née, le 23 octobre 1747; du troisième lit : c. Claude Hector, né le 5 novembre 1752, chevalier profès de Malte, chanoine de Clermont ; d. Philibert, né le 5 avril 1754 ; e. Lazarette, née le 23 mars 1755 ; f. Thérèse-Elisabeth, née le 21 janvier 1760 ; g. Marie, née le 4 février 1763 ; h. Marie-Catherine du Puy, née le 11 février 1765.

XII. Jacques DU PUY, écuyer, seigneur de la Faye, de Saint-Martin-la-Vallée, baron de la ville de Semur, en Briennois, né le 29 septembre 1704, épousa, le 19 février 1748, Jeanne-Louise-Augustine Dormy, fille de Jean-Charles Dormy, baron de Vesvres, seigneur de Neuvy, de Beauchamp, de la Chapelle, etc. De ce mariage vinrent :

1.º Jacques-Augustin, dont l'article suit ;

2.º Charles-Augustin, né le 9 février 1759, lieutenant au régiment de Flandres ;

3.º Charlotte-Marguerite, née le 17 janvier 1749, mariée le 24 octobre 1766, à Claude, marquis de Digoine, capitaine au régiment de Flandres, de la maison des seigneurs du Palais ;

4.º Marie-Gabrielle, née le 18 janvier 1760.

XIII. Jacques-Augustin DU PUY, écuyer, baron de Semur, née le 8 janvier 1758, a été mousquetaire de la garde du roi dans sa première compagnie. Il a épousé N... N..., dont :

TROISIÈME BRANCHE.

Seigneurs de Farge et de Chastelard.

VIII. Benigne DU PUY, écuyer, second fils de Louis et d'Edouarde Montaudry, sa première femme, eut pour fils :

IX. Philibert du Puy, écuyer, seigneur du Chastelard.
Il avait épousé, en 1770, Marie-Madeleine Courtin, de
laquelle :.

> 1.° N.... du Puy, prévôt des maréchaux de France à
> Roanne ;
> 2.° Georges, qui suit :

X. Georges du Puy, écuyer, seigneur de Farge, officier dans le régiment d'Anjou, infanterie, s'est trouvé
aux batailles de Cassano et de Callinato, en Italie, en
1705 et 1706 ; fut prévôt des maréchaux de France à
Roanne, jusqu'en 1720 ; il mourut en 1752. Il avait obtenu un arrêt du parlement de Paris, en date du 6 novembre 1745, et enregistré le 14 mai 1746, qui recon-
naît *sa noblesse d'ancienne extraction*, et le maintient
dans ses priviléges. Il avait épousé Jeanne-Marie la
Chaise, qui le fit père de :

> 1.° N.... du Puy, mort en Bavière dans le régiment
> d'Harcourt ;
> 2.° Claude, qui suit ;
> 3.° Pierre-François du Puy, prêtre, bachelier de Sor-
> bonne.

XI. Claude du Puy, chevalier, ancien gendarme de la
garde, s'est trouvé à la bataille de Fontenoy ; il mourut
en 1788. Il avait épousé Anne Courtin de Saint-Vincent,
de laquelle il eut :

> 1.° François-Marie-Joseph, dont l'article suit ;
> 2.° Joséphine du Puy, mariée à M. Liard, inspec-
> teur général des ponts et chaussées ;
> 3.° Marguerite-Sophie, mariée à M. du Bessay de
> Contenson, ancien officier de cavalerie au régi-
> ment de Royal-Pologne.

XII. François-Marie-Joseph du Puy, chevalier, né en
1763, capitaine au corps royal d'artillerie, a épousé à
Saumur, Marie-Catherine Sailland. La famille de Sailland a scellé de son sang son dévoûment au roi ; car
l'oncle, la tante et trois cousines de madame du Puy ont
été fusillés à Angers comme royalistes. Il eut de ce mariage :

> 1.° Louis-Auguste du Puy, né en 1798 ;

2.º Clarisse du Puy, mariée à M. Charles-Corneille Loury ;

3.º Mélanie du Puy.

Armes : « D'or , à la bande de sable, chargée de
» trois roses d'argent ; au chef d'azur , chargé de trois
» étoiles du champ. »

GUANTER (DE), maison originaire de Catalogne.
Vers le commencement du douzième siècle , on voyait
dans l'église majeure et paroissiale de Saint - Jean - Baptiste de Perpignan , un tombeau d'un des ancêtres de
cette famille qui s'était transplantée de la Catalogne
dans le Roussillon. Don Mariano de Guanter , le seul
descendant de cette maison resté en France à l'époque de
la révolution , mourut dans l'émigration , en 1796. Il
avait épousé Madeleine de Banyuls, fille de M. de Banyuls, marquis de Montferré. De ce mariage vinrent :

1.º Jean de Guanter , qui périt au commencement
de la révolution, sous la hache révolutionnaire ;

2.º Jacques de Guanter, qui a servi avec distinction
en Angleterre, où il s'était émigré. Il fut blessé
à Tariffa (1) le 20 décembre 1811 , et devint premier aide-de-camp du général Copous, en Espagne, dans le courant de 1812 ;

3.º Augustin de Guanter, qui, à cause de son jeune
âge, ne put suivre ses parents dans l'émigration,
est resté en France, dépouillé de ses biens et sans
état.

Armes : « Coupé, au 1 parti d'azur ; à une main d'argent issante d'un fleuve du même, et accompagnée en
» chef de deux étoiles d'or ; et d'argent, à une montagne
» de sinople sur laquelle est posé un faisan d'azur ;
» au 2 d'or, au lion-léopardé au naturel. »

» *Scutum superius qaadratum, inferius verò ovatum ;*
» *cùjus campus per medium divisus pars superior bi-*

---

(1) Voyez le *Moniteur* du samedi premier février 1812.

» *partitur et in prima et dextera argentea fluvius ma-*
» *nica, et duæ stellæ deauratæ çernuntur ; et in sinistra*
» *cærulea attagena suprà montem posita videtur ; in-*
» *ferior verò pars, totidem deaurata (+ locus armo-*
» *rum), leonem sui nativi coloris ostentat .*»

N. B. La croix suivie de ces mots : (*locus armorum*),
paraît indiquer la position du sceau.

ESTRICHÉ-BARACÉ (D'), famille originaire d'Allemagne, mais établie en Anjou depuis le quatorzième
siècle, et mentionnée au tome III du *Nobiliaire universel de France*. Il faut ajouter à la page 341, article
4ᵉ que Marie-Geneviève D'ESTRICHÉ-BARACÉ, mariée en
1767, à Claude-Guillaume FALLOUX DU COUDRAY, con-
seiller-correcteur en la chambre des comptes de Nantes,
morte victime de la révolution, a laissé pour fils unique :

Frédéric FALLOUX DU COUDRAY, qui s'est émigré dans
les premiers jours de janvier 1792, et qui, rentré en
France en 1799, y a épousé, en octobre 1806, *Loide
Fite de Souci*, fille de madame *Fite de Souci*, sous-
gouvernante des enfants de France, sous Louis XVI.
De ce mariage sont issus : 1° Frédéric; 2° Alfred.

COURTIN, maison qui, suivant l'*Histoire généalogique
de la Noblesse de Touraine*, par l'Hermite Souliers, est
sortie de l'ancien château de Sougé-le-Courtin, paroisse
de Sougé, qu'elle a possédé pendant plus de quatre
siècles. Les premiers seigneurs de ce nom sont qualifiés
chevaliers, et en plusieurs titres et cartulaires, *milites
et nobiles viri armigeri*. Cette famille, distinguée dans
la robe et dans l'épée, a formé des alliances avec les
maisons les plus titrées de sa province.

I. Jean COURTIN, Iᵉʳ du nom, chevalier, est qualifié dans
les anciens titres *sire de Sougé*, et dans les cartulaires
miles. Il vivait en 1350, et fit un acquêt de rentes pour
ladite terre de Sougé-le-Courtin, par-devant Boursier,
notaire, le vendredi après la Saint-Marc de l'an 1391.
Ses enfants furent :

1.º Mathieu, chevalier, seigneur de Sougé-le-Courtin, qui épousa Marie d'Orange, et fit son testament en 1413, dans lequel il est qualifié *nobilis vir armiger*, et dans plusieurs autres titres, *miles*, et par lequel il fait plusieurs fondations, et donne à Jean Courtin, son frère puîné, son partage et sa propriété en ces termes : *Do jure hæreditario nobili viro Joanni Courtin, armigero, fratri meo per-charissimo, tertiam partem immobilium, ad faciendum de ipsis totam suam plenariam voluntatem, tanquam de suis rebus propriis.* Il ne laissa que deux filles :

a. Aliette, mariée, 1.º à Jean de Champdemanmanche, chevalier, seigneur de la Bourlière ; 2.º à Robin de la Fontaine, écuyer, fils de Guillaume, chevalier, et de Peronnelle de Champagné ;

b. Jeanne, femme de Jacques de Beif, chevalier.

2.º Jean, chevalier, qui épousa Marie d'Assé ;

3.º Guillaume, prêtre ;

4.º Pierre, dont l'article suit ;

5.º Gervais, tige de la seconde branche, mentionnée en son rang ;

6.º Autre Jean, qui fonde la troisième branche, rapportée plus loin ;

7.º Autre Pierre, souche de la branche des seigneurs de la Gohière et de Neuville, relatée en son lieu ;

8.º Marie Courtin, morte sans alliance.

II. Pierre Courtin, chevalier, épousa Jeanne de la Barre, de laquelle il laissa :

1.º Hugues, qui suit ;

2.º Jeanne, mariée à Jean de Valée, chevalier ;

3.º Marie Courtin, fille d'honneur de la reine, sous Charles VI.

III. Hugues Courtin, écuyer, conseiller et auditeur des comptes de M. de Bourbon, ainsi qu'il appert par un acte du 4 août 1457, épousa, 1.º Madeleine Budé ; 2.º Françoise de Ligny. Ses enfants furent :

1.º Gilles, clerc des comptes du roi ;

2.º Pierre, seigneur de l'Hostel en Anjou, chanoine de Bayeux et de Notre-Dame de Paris ;

3.º Martin, dont l'article suit ;

4.º Guillaume, qui partagea avec ses frères, le 5 janvier 1488.

IV. Martin COURTIN, seigneur de Pomponne, de la Villeneuve, etc., qualifié en plusieurs titres, chevalier, secrétaire du roi et greffier de son trésor ; est dépeint dans sa chapelle de Pomponne, où il fut inhumé, vêtu d'une robe rouge, l'épée au côté, etc. Il laissa d'Isabeau de Thumery, sa femme :

1.º Jean, dont l'article suit ;

2.º Louis, conseiller-clerc au parlement ;

3.º Catherine Courtin, femme de François Hebert, écuyer, seigneur de Brau.

V. Jean COURTIN, II° du nom, chevalier, seigneur de Pomponne, maître des comptes, épousa Marguerite Conan, dont il eut :

1.º Louis, mort sans enfants :

2.º Guillaume, dont l'article suit ;

3.º Ambroise, mariée à Nicolas de Hacqueville, chevalier, seigneur de Garges, d'Attichy, etc., conseiller au parlement ;

4.º Marie Courtin, femme de Pierre Grassin, chevalier, seigneur d'Ablon, aussi conseiller au parlement.

VI. Guillaume COURTIN, Ier du nom, écuyer, seigneur de Gournay, secrétaire du roi, épousa noble demoiselle Geneviève du Bois, dame de Rozay. De ce mariage sont issus :

1.º Jean Courtin.

2.º N...., maître des comptes, mort sans alliance ;

3.º Guillaume, dont l'article suit,

4.º Jean, seigneur de Gournay, gouverneur et bailli d'épée de Guise, secrétaire du roi, qui épousa, le 29 août 1545, Madeleine Budé, dame du Bois-le-Vicomte, dont :

a. Guillaume, seigneur de Gournay et du Bois-le-Vicomte, conseiller du roi et auditeur des comptes, mort sans hoirs ;

b. Jean, chanoine de Clermont ;

c. Gaston, père de Maximilien, qui n'a laissé que des filles ;

d. Pierre, écuyer, seigneur de l'Hostel du Bois, qui épousa Diane de Mary, sous-gouvernante des enfants de France, dont il n'eut que deux filles : 1.º Jeanne, femme de Pierre Testart, écuyer ; 2.º Madeleine, femme de Jean d'Aubusson, chevalier ;

e. Geneviève, qui épousa, le 16 août 1551, Arnould le Court, écuyer, seigneur du Chesnay ;

f. Françoise Courtin, femme : 1.º de Gilles Baulart, écuyer ; 2.º de Jérôme d'Escamain, écuyer ;

5.º Geneviève Courtin, femme de Claude Anjorant, chevalier, seigneur de Claye et de Patigny, conseiller au parlement.

VII. Guillaume COURTIN, IIᵉ du nom, chevalier, seigneur du Bas-Rosay, épousa, vers l'an 1538, Anne le Cirier, fille de Robert et de Marie de Moulisseaux, dont :

1.º Jean, dont l'article suit ;

2.º Marie Courtin, femme de Claude Larcher, chevalier, conseiller au parlement.

VIII. Jean COURTIN, IIIᵉ du nom, chevalier, seigneur de Rozay, conseiller du roi en ses conseils et doyen en son parlement, épousa Marie Hennequin, fille de Dreux Hennequin, chevalier, seigneur d'Assy, président en la chambre des comptes, et de Marie Nicolaï. De ce mariage sont issus ;

1.º François, dont l'article suit ;

2.º René, chevalier, seigneur de Villiers et autres lieux, maître des requêtes et ambassadeur pour Sa Majesté vers la république de Venise, qui laissa de son mariage avec Marguerite-Françoise Bitault, fille de François, chevalier, seigneur de Chisay et de Vaillé, maître des requêtes :

a. Marc, chevalier, seigneur de Villiers, capitaine au régiment des gardes, puis des chevau-légers de la Reine ;

b. René, chevalier, mort jeune ;

c. Charles Courtin, abbé ;

d. Marie, femme de Jacques Jubert, chevalier

marquis du Thil et autres lieux, maître des requêtes;

e. Anne, } religieuses à l'abbaye de Long-
f. Isabeau, } champ;

3.° Dreux, chevalier de Saint-Jean de Jérusalem, commandeur de Vaubour et de Trépigny;

4.° Aimard Courtin, mort jeune;

5.° Achille, chevalier, comte des ‑Mesnues, conseiller d'état, puis maître des requêtes, qui laissa de Marie Barantin, fille d'Honoré, chevalier, président en la chambre des comptes;

   a. Charles, comte des Mesnues, lieutenant de la Mestre-de-Camp de la cavalerie légère;

   b. Honoré, chevalier, comte des Mesnues, maître des requêtes, intendant de Picardie et du pays d'Artois, puis ambassadeur extraordinaire près la cour de Londres, qui ne laissa de Marie-Elisabeth le Gras, son épouse, qu'un fils et plusieurs filles, morts jeunes;

6.° Anne Courtin, femme : 1.° de messire Bénigne Bernard, seigneur de Bauve, maître-d'hôtel ordinaire du roi, et de ses comptes, à Paris; 2.° de Nicolas de Mouy, chevalier, marquis de Riberpré.

IX. François COURTIN, chevalier, seigneur de Bruxelles, baron de Givry, et autres lieux, conseiller du roi en ses conseils, et maître des requêtes, épousa Jeanne Lescalopier, sœur du président de ce nom, dont il eut :

1.° Nicolas, dont l'article suit;

2.° Jean, chevalier, baron de Givry, conseiller du roi en ses conseils et en son parlement, qui a épousé Geneviève Lamy;

3.° Marie, épouse de René Souvré, chevalier, marquis de Renouard, fils du maréchal de Souvré;

4.° Anne Courtin, fille de Jean-Antoine de Mesme, chevalier, marquis d'Irval et de Cramail, président de la cour des comptes.

X. Nicolas COURTIN, chevalier, seigneur de Rozay, la Villette et de Latingny, conseiller du roi en ses conseils et en la grand'chambre du parlement, épousa Françoise du Drac, fille d'Adrien du Drac, chevalier, vicomte d'Ay, baron d'Anneron, bailli de Melun, de laquelle il eut :

1.º Françoise, femme de N.... Hué, chevalier, seigneur de la Roque, conseiller au grand conseil ;
2.º Anne Courtin, carmélite ;
3.º Geneviève Courtin.

SECONDE BRANCHE.

Seigneurs de la Giraudière.

II. Gervais COURTIN, écuyer, seigneur de la Giraudière, fils de Jean Iᵉʳ, rendit aveu aux seigneurs de Fontaine-Milon, en 1436 et 1472, dans lesquels actes il est qualifié *noble homme, écuyer ;* il épousa Suzanne de la Chapelle, fille du seigneur de la Coudre, en Anjou. Il eut de ce mariage :

1.º René, dont l'article suit ;
2.º Aliette Courtin, femme de Julien Milon, écuyer.

III. René COURTIN, Iᵉʳ du nom, écuyer, seigneur de la Giraudière, épousa Aliette Renoul, fille de Jean Renoul et de Marie de Meaune, dont :

1.º René, qui suit :
2.º Marie, mariée à François Néron, écuyer.

IV. René COURTIN, IIᵉ du nom, seigneur de la Giraudière, épousa, par contrat du mois de septembre 1534, Jacquine le Bigot, fille de Jacques et de Marie Louet, et partagea avec François Neron, à cause de Marie Courtin, sa femme, en 1537. Il laissa de son mariage :

1.º Jacques, dont l'article suit ;
2.º Nicolas,   } religieux de saint-Aubin d'Angers,
3.º Ambroise, } prieurs de Pincé ;
4.º René, qui laissa de Charlotte Guerrier, sa femme :

a. Jean, seigneur de la Hunaudaye, qui eut de son mariage avec Charlotte-Michel de la Roche-Maillet, fille de René et de Françoise de Roux de la Treille, entre autres enfants, Jean, seigneur de la Hunaudaye, marié avec Esther

Gaillard, fille de Clovis et de Marie de Saint-
Denys, dont, 1.º Jean, seigneur de la Hunaudaye, conseiller du roi, prévôt, lieutenant-cri-
minel, gouverneur et capitaine de la ville et du
château de Bauge, marié en 1656 avec Catherine Rousseau; dont une fille; 2.º Hélie, qui a
épousé Charles d'Espinay, chevalier, seigneur
de Courléon, de Fresné, de Pontrenault, etc.;

b. Jacquine, mariée à Pierre Goyet;

5.º Anneau, qui laissa de Madeleine d'Amours, son
épouse :

a. Anceau, seigneur de Loustarelle, procureur du
roi à Baugé, marié avec Catherine du Mesnil,
dont un fils religieux, et trois filles;

b. Marie, épouse de René Baudry, conseiller et
avocat du roi à Baugé;

6.º Marie, épouse de N... de Briolay, chevalier;

7.º Anne Courtin, femme de N..... de Domagné,
écuyer.

V. Jacques COURTIN, Iᵉʳ du nom, seigneur de Bois-
clair et de la Giraudière, épousa, en 1560, Isabeau du
Moulinet, fille de Jean du Moulinet et de Marie Pincé.
De ce mariage vint :

VI. Maurille COURTIN, seigneur de la Giraudière,
qui épousa, le 25 octobre 1586, Julienne Ferré, de laquelle il laissa :

1.º Jacques, dont l'article suit ;

2.º Louise, femme de Julien de Morenne, lieutenant-général de Sainte-Susanne ;

VII. Jacques COURTIN, IIᵉ du nom, écuyer, seigneur
de Boisclair, conseiller du roi, bailli, juge-général de
Sainte-Susanne, épousa Anne Charlot, dont il eut Renée
Courtin, qui fut mariée, le 14 novembre 1633, à Urbain
le Pelletier, conseiller du roi, président, bailli et juge-
général de Sainte-Susanne.

TROISIÈME BRANCHE.

Seigneurs de la Grange-Rouge, de Nanteuil, etc.

II. Jean COURTIN, IIᵉ du nom, écuyer, fils de Jean Iᵉʳ, épousa, 1.º Marie de la Groix ; 2.º N..... Coustard. Ses enfants furent :

Du premier lit :

1.º Mathurin, écuyer, capitaine d'infanterie, mort sans enfants ;
2.º Jean, dont l'article suit ;
3.º Richard, mort sans enfants de Jeanne le Mercier, sa femme ;
4.º Jeanne, femme de Colin Morin ;
5.º Françoise Courtin, épouse de Jean le Houdoyer ;

Du second lit :

6.º Jacques, qui forme la quatrième branche ci-après ;
7.º François Courtin, chanoine de Saint-Martin de Tours.

III. Jean COURTIN, IIIᵉ du nom, écuyer, épousa Marie de Launay, de laquelle il laissa :

1.º Jean, dont l'article suit ;
2.º Louis, } morts sans laisser d'enfants de Bonne
3.º Jean, } et Marie Cottereau, leurs femmes.

IV. Jean COURTIN, IVᵉ du nom, écuyer, seigneur de Sautigny, épousa, en 1502, Catherine Cottereau, sœur de Bonne et Marie Cottereau, et fille de Pierre, seigneur de la vicomté de Vaupréau, et de Catherine Pesquit. De ce mariage naquit :

V. Louis COURTIN, Iᵉʳ du nom, seigneur de la Grange-Rouge, par acquisition du 16 juillet 1528. Il épousa, 1.º Guillemette Luppin ; 2.º Guillemette de Saint-Mesmin, le 15 mai 1532. Ses enfants furent :

Du premier lit :

1.º Guillaume, écuyer, seigneur de la Grange-Rouge, conseiller au grand conseil ;

2.º Anne, mariée à Nicolas Compaing, sieur du Fresnay, chancelier de Navarre;

3.º Marie, femme de Victor Brodeau, écuyer, seigneur de Candé et de la Chassetière;

Du second lit :

4.º Louis, seigneur de la Beaucerie, commissaire d'artillerie, qui n'eut qu'une fille alliée dans la maison de Champremond d'Orléans;

5.º Jean, dont l'article suit ;

6.º Bonne, mariée à Jean l'Huillier, chevalier, seigneur d'Orville;

7.º Claude, femme de Michel Filleul, écuyer, sieur des Garres.

VI. Jean COURTIN, V^e du nom , écuyer, seigneur de Nanteuil, où il mourut le 4 décembre 1634, âgé de 90 ans, avait épousé, le 26 février 1575, Marie Galois. Ayant été soupçonné du parti de la Ligue, il fut enlevé par Jean de Beaumanoir, marquis de Lavardin, depuis maréchal de France, et chargé, par ordre du conseil du roi, tenu à Tours en 1599. Ses enfants furent :

1.º Louis, procureur du roi à Blois, mort sans hoirs;

2.º Jean, dont l'article suit ;

3.º Simon, chanoine de Saint-Sauveur de Blois.

VII, Jean COURTIN, VIe du nom, écuyer, seigneur de la Baucerie, de Nanteuil. de la Grange-Rouge, etc., procureur au bailliage, siége présidial et chambre des comptes de Blois, épousa, le 14 février 1610, Marguerite le Comte, de laquelle il eut :

1.º Louis, écuyer, seigneur de la Baucerie, procureur-général au parlement de Rouen en 1645, qui laissa, de Madeleine la Moussu, sa femme, deux filles; l'aînée religieuse ursuline à Blois, et la cadette, Bonne, dame de la Baucerie, dite de la Beuvrière, morte le 9 octobre 1735, femme de Claude Feydeau de Marville, lieutenant aux Gardes-Françaises en 1685;

2.º Jacques, dont l'article suit;

3.º Marie, ursuline à Blois;

4.º Bonne, femme de N...., seigneur de Dampierre ,

5.º Marguerite, mariée à Julien de Bonvoust, écuyer, sieur de la Miotière, lieutenant criminel à Blois.

VIII. Jacques COURTIN, écuyer, seigneur de Nanteuil, de la Grange-Rouge, etc., président au bailliage, siége présidial de Blois, maintenu dans sa noblesse par ordonnance de M. d'Aubray, comte d'Offremont, intendant de la généralité de Rouen, du 27 janvier 1667, avait épousé, 1.º en 1651, Madeleine Rogier, dame de l'Epinière; 2.º en 1666, Marie de Court. Ses enfants furent :

Du premier lit :

1.º Louis, dont l'article suit ;
2.º Marie, morte sans alliance ;

Du second lit :

3.º François, chevalier, seigneur de Nanteuil, lieutenant-colonel d'infanterie, marié, en 1703, à Catherine Colin, fille du baron de Thermereu, dont sont issus :
   a. Nicolas, lieutenant-colonel du régiment de Périgord, marié le 6 février 1748, avec Jeanne Burgea de Taley, morte sans enfants;
   b. Jacques-Ignace, conseiller au conseil des Indes, marié à N.... Direy ;
   c. Marie-Françoise,   } religieuses ursulines
   d. Madeleine-Alexandrine, } à Blois;
4.º Bonne, mariée à N... Guenet.

IX. Louis COURTIN, IIe du nom, chevalier, seigneur de la Grange-Rouge et de Clénord, épousa à Blois, le 15 août 1684, Marie-Paule Boutault, dont il eut :

1.º Louis, dont l'article suit ;
2.º N...., seigneur de la Morandière, ancien capitaine dans le régiment Royal, infanterie, qui a épousé, le 16 février 1746, Marie Boutault;
3.º Marie-Bonne, femme de Remion de Longuereau.

X. Louis COURTIN, IIIe du nom, chevalier, seigneur de Clénord, épousa, 1.º N.... Guenest ; 2.º N.... de Lorme, desquelles il n'eut point d'enfants ; 3.º le 9 septembre 1728, Elisabeth Val du Villey, de laquelle sont issus :

1.º Claude-Georges, dont l'article suit :

2.º N...., lieutenant dans le régiment de Périgord,
infanterie, tué à la bataille de Plaisance, le 16
juin 1746;

3.º N...., morte fille.

XI. Claude-George Courtin, chevalier, seigneur de
Clenord, a eu plusieurs enfants de son mariage avec
N.... de Tailleris.

QUATRIÈME BRANCHE.

Seigneurs de Cissé.

III. Jacques Courtin, Ier du nom, seigneur de Cissé,
fils de Jean et de N...., Coustart, épousa Marie Elians, de
laquelle il laissa :

1.º Jacques, dont l'article suit ;

2.º Christine Courtin , femme de Jacques Brisard,
écuyer.

IV. Jacques Courtin, IIe du nom, seigneur de
Cissé, bailli du Perche, personnage d'un grand mérite,
auquel fut dédié un livre dans lequel il est qualifié *premier gentilhomme du Perche* , épousa Marie Huault,
dame de Bellesme. De ce mariage vinrent :

1.º Jacques, mort sans postérité ;

2.º Charles, dont l'article suit;

3.º Marie, femme de Jacques de Triboutot, chevalier, seigneur de Prescou, capitaine des gardes du
duc de Montpensier.

V. Charles Courtin, chevalier, seigneur de Cissé , de
la Forest et autres lieux, rendit aveu au roi, à cause de
son château de Beaumont-le-Vicomte, pour raison de son
fief de Pocé, dans lequel acte il est qualifié gentilhomme
ordinaire de la chambre du roi. Il mourut sans enfants
de Jacqueline de Vallée , son épouse , remariée au seigneur de Saveuse.

CINQUIÈME BRANCHE.

Seigneurs de Neuville et de la Gohière.

II° Pierre Courtin, Ier du nom, écuyer, fils de Jean Ier, vivait, avec Gillon, sa femme, en 1390. Il laissa :

    1.° Michel, dont l'article suit ;

    2.° Jacques, écuyer, vivant le 15 novembre 1421.

III. Michel Courtin, écuyer, rappelé dans des actes des 13 avril 1415 et 10 novembre 1420, était officier attaché à la suite du duc d'Orléans, ainsi qu'il appert par un acte de donation que lui fit ce prince, en date du 23 décembre 1456, et mourut en Angleterre, où le duc était prisonnier. Ses enfants, nommés dans l'acte du 23 décembre 1456, étaient :

    1.° Jean, dont l'article suit ;

    2.° Etienne, écuyer, officier de Charles, duc d'Orléans ;

    3.° Jeanne, femme d'Elie de Cotteblanche.

IV. Jean Courtin, IIe du nom, écuyer, seigneur de Neuville, archer de la compagnie du comte de Dunois, dont la montre se fit le 3 août 1453, écuyer tranchant de Marie, fille de Charles, duc d'Orléans, le 16 janvier 1470, rendit hommage de sa seigneurie de Neuville au seigneur de Mornay, le 15 décembre 1793. Il eut pour fils :

V. Nicolas Courtin, écuyer, seigneur de la Gohière et de Neuville, dont il rendit hommage à Simon de Mornay, le 29 septembre 1500. Il épousa Jeanne Sevin, dont il eut :

    1.° Guillaume, écuyer, compris dans la montre de la compagnie de Houdetot du 7 octobre 1509 ;

    2.° Etienne, dont l'article suit ;

    3.° Nicolas Courtin.

VI. Etienne Courtin, écuyer, seigneur de la Gohière et de Neuville, est compris dans la montre de la compagnie Mauplan, du 27 mai 1500 ; épousa Marie de Noyon et fit son testament le 2 octobre 1557, dans lequel sont nommés ses enfants, qui suivent :

> 1.º Herman, écuyer, seigneur de Vieuville et de Gohière, avocat au parlement, qui épousa Jeanne Fuquet, dont il eut :
>
> > a. Etienne, mort sans postérité ;
> >
> > b. Denise Courtin, femme de Guillaume Paulmier ;
>
> 2.º Germain, dont l'article suit ;
>
> 3.º Charles Courtin.

VI. Germain Courtin, Iᵉʳ du nom, écuyer, seigneur de la Gohière, docteur-régent de la faculté de médecine de Paris, épousa, par contrat du 20 avril 1578, Marie Simony, fille de Jean Simony et de dame Marie Langelier. De ce mariage vinrent :

> 1.º Germain, dont l'article suit ;
>
> 2.º Nicolas, chanoine, doyen de Saint-Brieux ;
>
> 3.º Marie, femme de N.... Eunois, secrétaire du roi.

VII. Germain Courtin, IIᵉ du nom, écuyer, seigneur de Monsel, de Vignelle, de Beauval, d'Ornay, de Saulsoy, de Rougebourse, de Tanqueux en Brie, etc., conseiller d'état par brevet du 2 mai 1624, fit son testament le 11 décembre 1657. Il avait épousé : 1.º par contrat du 25 janvier 1618, Marie le Bel, fille d'Antoine, écuyer, seigneur de Lys ; 2.º par contrat du 11 février 1640, Catherine de Laffemas, fille d'Isaac, maître des requêtes ordinaire de l'hôtel du roi, lieutenant civil au châtelet de Paris, et de Jeanne de Haut-Dessens. Ses enfants furent :

Du premier lit :

> 1.º Germain, seigneur du Bois-de-l'Isle-Adam, d'Averne, de Beauval, etc., d'abord conseiller au parlement de Rouen, ensuite prêtre ;
>
> 2.º Jacques, dont l'article suit,
>
> 3.º Pierre, auteur de la sixième branche, rapportée ci-après ;
>
> 4.º Marie, alliée de François Védeau (de Grandmont, chevalier, seigneur de Saint-Lubin, conseiller au parlement de Paris ;

5.° Catherine, religieuse à la Conception de la rue Saint-Honoré à Paris, dont elle a été bienfaitrice, à la charge par ledit couvent de recevoir gratis, à perpétuité, une religieuse de la famille de Courtin ;

6.° Madeleine, } religieuses à Jouarre en Brie ;
7.° Agnès, }

Du second lit :

8.° Isaac, auteur de la branche des seigneurs de Caumont, comtes de Laffemas ;

9.° Charles, auteur de la branche des seigneurs de Péreuse ;

10.° Léonor, tige de la branche des seigneurs de Molien, de la Barre, de Freschines, etc. ;

11.° Catherine, mariée, le 29 novembre 1668, à Jacques René de Brisay, vicomte de Denonville, major du régiment Royal, puis gouverneur du Canada et sous-gouverneur des enfants de France ;

12.° Anne, morte jeune ;

13.° Marie, femme de Melchior du Jordy de Cabanac, écuyer de la petite écurie du roi .

VIII. Jacques COURTIN, écuyer, seigneur de Monsel, de Charré, de Thierville et autres lieux, capitaine au régiment de Valois en 1650, et maître d'hôtel du roi en 1655, épousa : 1.° par contrat du 7 février de cette même année, Marguerite du Coudroy, dame de Saunoy et d'Escoman, fille d'Encas et de dame Eléonore de Franceschi ; 2.° Anne Acarie, veuve de François d'Estampes, marquis d'Autry. Il eut du premier lit :

1.° Alexandre-Germain, dont l'article suit ;
2.° Deux filles, religieuses à Glatigny.

IX. Alexandre-Germain COURTIN, écuyer, seigneur de Saunoy et de Thierville, épousa, en 1682, Blanche d'Estampes, fille unique et héritière de ladite Anne Acarie, sa belle-mère, et de feu François d'Estampes, marquis d'Autry, baron d'Ardreloup et de Theillay, dont :

1.° Alexandre, chevalier, seigneur et marquis d'Autry, baron d'Ardreloup et de Theillay, qui substitua ses terres d'Ussy, de Marcy, de Morintru, de Beauval, d'Averne, de l'Isle-Adam et de Rouget, à son frère ;

2.º Antoine, chevalier, seigneur de la Saunoi et de Thierville, substitué par son frère, mort sans postérité en 1720 ;

3.º Anne, femme d'Alexandre de Laage, écuyer, seigneur de Cerbois.

SIXIÈME BRANCHE.

Seigneurs de Tanqueux, en Brie.

VIII. Pierre COURTIN, IIᵉ du nom, chevalier, seigneur de Tanqueux, troisième fils de Germain II et de Marie le Bel, sa première femme, fut capitaine au régiment de Valois, puis écuyer ordinaire de la petite écurie du roi, par provisions du 3 mars 1659. Il laissa, entre autres enfants, d'Anne-Marie, sa femme :

IX. Pierre-François COURTIN, Iᵉʳ du nom, chevalier, seigneur de Tanqueux, de Godefroy, d'Ormoy, etc. Il était lieutenant au régiment des Gardes-Françaises, lorsqu'il fut blessé au combat de Steinkerque, le 3 août 1692 ; il fut ensuite commandant et inspecteur général de l'artillerie d'Espagne, et a été tué en Sicile, au siége de Francaville, le 20 janvier 1719. Il avait épousé Anne-Marguerite le Féron, fille d'Antoine le Féron, IIᵉ du nom, chevalier, seigneur de Montgeroux, conseiller du roi en son grand conseil et en tous ses conseils, et lieutenant criminel au châtelet de Paris, et de dame Marguerite Hennequin, sa femme. De ce mariage vinrent :

1.º Pierre-François, dont l'article suit ;

2.º Antoine, lieutenant-colonel à la suite du régiment d'Orléans, mort sans enfants de Marguerite Marguerie, veuve, 1.º de N.... de Briqueville, comte de la Luzerne ; 2.º de N.... d'Aubigny, gouverneur de Falaise.

X. Pierre-François COURTIN, IIᵉ du nom, chevalier, seigneur de Tanqueux, d'Ussy, de Marey, de Beauval, d'Averne et autres lieux ; ancien lieutenant aux Gardes-Wallones, mourut le 29 novembre 1763. Il avait épousé, le 22 janvier 1720, Claude du Port, fille d'Hyacinthe-

Jérôme du Port et de dame Elisabeth le Moine. De ce mariage vinrent :

1.º Antoine-Pierre, dont l'article suit ;

2.º Léonor-Pierre, chevalier, lieutenant de carabiniers, puis capitaine dans le régiment de Bourbon-Busset, qui a épousé, le 8 novembre 1763, Marie-Louise-Geneviève de Bonnaire, fille de Pierre-Charles de Bonnaire, chevalier, seigneur des Forges, conseiller au grand conseil, et de dame Françoise de Nau. De ce mariage sont issus :

   a. Henri Courtin, chevalier de l'ordre royal et militaire de Saint-Louis, brigadier des Gardes-du-Corps de MONSIEUR ;

   b. N...., mariée à M. le Gay;

3.º Claude-Madeleine, femme, par contrat du 23 avril 1743, de Jacques d'Anfrie, marquis de Chaulieu et de Quitry.

XI. Antoine-Pierre COURTIN, chevalier, seigneur d'Ussy, appelé le comte d'Ussy, capitaine au régiment de Bourbon-Busset, cavalerie, gouverneur et grand-bailli de Meaux, épousa, 1.º en 1747, Adélaïde-Louise de Brisay de Dénonville, morte le 27 mai 1766, dont il eut quatre enfants morts en bas âge ; 2.º en 1767, Catherine de Beritault de Salbeuf, fille de Pierre-Anne de Beritault, chevalier, seigneur de Salbeuf, et de dame Louise-Catherine Fricault. De ce second mariage sont issus :

1.º Antoine-Jacques-Authaire, dont l'article suit;

2.º Marie-Nicole-Catherine, née le 16 février 1773, mariée à M. Bauyn, marquis de Pereuse;

3.º Eléonore-Julie-Louise, née le 10 novembre 1774, mariée à M. le Febvre de Plainval.

XI. Antoine-Jacques-Authaire COURTIN, comte D'USSY, chevalier, né le 7 septembre 1771, officier de cavalerie, chevalier de l'ordre royal et militaire de Saint-Louis, a émigré en 1791 jusqu'en 1801, et a fait plusieurs campagnes. Il a épousé, en 1806 Marie-Antoinette-Louise-Elisabeth Bauyn de Pereuse, dont il a

Marie-Clotilde-Elisabeth Courtin d'Ussy.

Armes : « Ecartelé, au 1 et 4 d'azur, à trois croissants
» d'or ; au 2 et 3 d'argent, au chevron d'azur, accom-
» pagné en chef de deux glands de sinople, et en pointe
» d'une hure de sanglier de sable. Supports, deux lions
» d'or, armés et lampassés d'azur. Cimier, un lion is-
» sant, s'appuyant sur le sommet du casque . »

GUYOT, en Champagne. Cette famille, établie à Join-
ville depuis deux cents ans, est originaire de Paris.
Elle est alliée aux maisons d'Allonville, de Ségur, de
Compiègne, de Beaufort, de Môlé, de Miromesnil, de
Mathé, etc., etc.

I. Claude GUYOT, sieur de Charmeaux, chevalier,
prévôt des marchands de la ville de Paris : 1.º pendant
les années 1549 et 1550 ; 2.º continué, pendant les années 1551 et 1552, *pour sa grande providence*, *diligence
et gouvernement de la ville* (*Antiquités de Paris*, par
Corrozet, 1561, pag. 175), réélu, une troisième fois,
pour les années 1564 et 1565, président en la chambre
des comptes de Paris, reçu le 8 octobre 1573 ; épousa
Marie Fraguier, et mourut dans un âge avancé, vers 1580,
laissant (1) :

II. Anthoyne GUYOT DE CHARMEAUX, né à Paris, le 15

---

(1) Claude Guyot, dans la nomenclature des prévôts des marchands,
offre le fait unique d'un magistrat nommé trois fois à cette fonction
importante.

Intimement lié avec le grand chancelier de l'Hôpital, il fut nommé,
conjointement avec le président Christophe de Thou, commissaire royal
à l'effet de vendre les terrains du palais des Tournelles. (Lettres-patentes
de Charles IX, 28 janvier 1563.)

A la tête de la ville de Paris, il avait reçu Henri II et Catherine de
Médicis, lors de leur magnifique entrée, le 20 juin 1552. (*Antiquités
de Paris*, par D. Felibien, tome 3.) En la même année il fit recons-
truire le pont du petit Châtelet, où son nom est inscrit en marbre noir.
(Corozet, page 180.) Il agrandit Paris du côté du nord, en faisant bâtir
la chapelle Saint-Denis, qui est devenue un faubourg très-considérable.
C'est aussi sous sa magistrature que fut reconstruite la belle fontaine des
Saints-Innocents, par l'immortel ciseau de Jean Goujon. Il soutint avec
fermeté la juridiction de la ville, proposa le premier plan du Pont-Neuf,
qui ne fut mis en œuvre qu'en 1578 ; poursuivit la première fondation
pour l'entretien des enfants exposés. (Arrêt du 11 juillet 1552.)

août 1549, chevalier, prévôt des marchands en 1600 ;
président en la chambre des comptes, reçu en survivance de son père le 8 octobre 1573, admis aux états
de Blois en 1588 en cette qualité ; il présida la section
de la chambre des comptes, que Henri III envoya à
Tours au mois de mai 1589 ; fut rappelé à Paris en 1596,
par une lettre personnelle de Henri IV, qui le nomma,
par la suite, conseiller d'Etat. Il épousa, 1.º Claude
Joffrin ; 2.º Elisabeth Duret. Il mourut le 9 septembre
1602 (1). Il laissa du premier lit :

III. Edme GUYOT, écuyer, sieur de Morancourt, né
à Paris, le 10 août 1585. Il épousa, le 6 août 1615,
Jeanne le Large, s'établit à Joinville, et mourut vers
1650, laissant :

IV. Louis GUYOT, écuyer, grand assesseur de la ma-
réchaussée de Champagne, né le 13 septembre 1634, qui
épousa, le 22 avril 1671, Christine Baron, et mourut le
3 avril 1703. (Arrêts de la cour des aides des 18 janvier
1696 et 30 avril 1697, contradictoires avec le procureur-
général, qui confirment Louis Guyot dans la jouissance
des priviléges de la noblesse.) Il a eu les enfants qui
suivent :

1.º Nicolas, dont l'article suit ;

---

(1) L'épitaphe d'Antoine Guyot, magistrat vertueux et fidèle, se
trouve dans l'église paroissiale de Saint-Gervais de Paris, chapelle dite
de Sainte-Barbe, conçue en ces termes.

Charmeaux repose ici, temple de piété,
Lui, fidèle à son roi, magistrat honorable,
Dans la Nef (a) de Paris, pilote vénérable,
En son âme, en ses mœurs, tout plein d'intégrité.

Ce fut un vrai flambeau ardent de charité,
Aux pauvres affligés se montrant favorable :
Aussi fut-il aimé comme il fut charitable,
Et mort, il est de tous maintenant regretté.

Mais non : il n'est pas mort. A jamais sa mémoire
Entre mille vertus fera vivre sa gloire ;
Et puis, il est vivant en sa chaste moitié,

Qui, pour vaincre la mort, n'ayant pas d'autres armes,
Offre pour lui sans cesse et ses vœux et ses armes
A l'auteur souverain de la chaste amitié.

Ledit seigneur naquit le quinzième jour d'août, en l'an 1549, et
déceda le neufvième jour de septembre en l'an 1602.

Priez Dieu pour son âme.

(a) Allusion au vaisseau qui compose les armoiries de la ville de Paris.

2.° Christine Guyot, née le 10 septembre 1680,
mariée en juin 1704, à noble Pierre Sauvage,
avocat au parlement, morte le 17 mai 1757, dont :

· Antoinette Sauvage, née en 1706, mariée en 1732,
à messire Edme - François - Marcel, marquis
d'Allonville (1).

V. Nicolas Guyot, écuyer, président de l'élection
de Joinville, né le 29 janvier 1672, épousa, le 19 février 1703, Anne Tardif (2), et mourut le 24 octobre
1736, laissant :

VI. Prudent - Nicolas Guyot, écuyer, contrôleur des
guerres, né le 18 juin 1704, marié, le 5 février 1738,
à Catherine Guérin-des-Herbiers de la Rochepalière (3),
mort le 11 décembre 1778. Il a eu :

1.° Claude-Antoine, qui suit ;

2.° François-Antoine-Prudent Guyot de Menisson,

---

(1) Voyez les titres de la maison d'Allonville, dans le second volume
du présent Nobiliaire, page 336.

(2) Anne Tardif était arrière-petite-fille de l'illustre Jean Tardif du
Rut, conseiller au présidial de Paris, immolé par la faction des Seize, le
15 novembre 1591, pour son attachement à la cause de Henri IV.
(Voyez l'*Histoire générale* de de Thou, tome 10 page 432.

(3) La maison des Herbiers, très-ancienne dans le Poitou, a fourni à
la marine royale plusieurs officiers-généraux, notamment Henri-Fran-
çois des Herbiers, marquis de l'Etenduère, chef d'escadre, mort au mois
de mars 1750, ami de du Gué-Trouin ; son petit-fils, Alexandre des
Herbiers, a péri sous la hache révolutionnaire en juin 1794, pour la
cause des rois légitimes.
Catherine des Herbiers de la Rochepalière était fille de Jacques des
Herbiers, chevalier, lieutenant de roi à Phalsbourg, et de Marie Mem-
mie de Menisson. Celle-ci était le dernier rejeton de la maison de Menisson Saint-Pouanges, l'une des plus anciennes de la haute Champagne.
En 1429, Guy de Menisson chassa de la ville de Troyes les Anglais qui
y avaient rédigé, avec Isabelle de Bavière, ce coupable traité portant
contre le roi Charles VII exclusion de la couronne de France.
Menisson fut secondé par Guillaume Môlé, tige de l'une des plus
illustres maisons de la magistrature française, dont le petit-fils, Jean
Môlé, épousa Madeleine Ménisson. (*Voyez* Moréry, *verbo* Môlé ;
Ephémérides de Troyes, par Grosley ; *Antiquités de Camusat*, etc.)
Louis Jacques des Herbiers, comte de la Rochepalière, fut nommé,
par lettre du roi Louis XVI, en septembre 1775, pour accompagner à
Turin madame Clotilde de France, princesse de Piémont, décédée
reine de Sardaigne.

écuyer, né le 26 avril 1750, marié le 6 novembre 1775, à demoiselle Ursule Gény, dont :

   a. Eugène-Prudent-Guyot, né le 4 juillet 1800 ;

   b. Clémence - Prudence - Guyot, née le 8 août 1776, mariée le 18 juillet 1796, à Augustin de Saligny, dont : Caroline de Saligny, née en 1797, mariée, le 18 juin 1814, à messire Adolphe, chevalier de Musset ;

3°. Christine-Catherine Guyot, née le 19 octobre 1743, mariée, le 15 octobre 1785, à Antoine-Auguste Laurent.

VII. Claude-Antoine GUYOT-DES-HERBIERS, écuyer, né le 20 mai 1745, a épousé, le 22 octobre 1777, demoiselle Marie-Anne Daret (1). De ce mariage sont issus :

   1°. Etienne-Antoine-Prudent, dont l'article suit ;

   2°. Edmée-Claudette-Christine Guyot-des Herbiers, mariée, le 10 juillet 1801, à messire Victor-Donatien, chevalier de Musset, dont (2) :

      a. Paul de Musset, né le 9 novembre 1804 ;

      b. Louis-Charles-Alfred de Musset, né le 11 décembre 1810 ;

   3°. Anne-Marie Guyot-des-Herbiers, mariée le 28 octobre 1813, à N... N... Solente.

VIII. Etienne-Antoine-Prudent GUYOT-DES-HERBIERS, né le 10 août 1778, marié, le 24 août 1807, à demoiselle Françoise-Scholastique Bonnivert, nommé par Sa Majesté Louis XVIII, en juin 1814, secrétaire général du département de la Creuse, et le 2 août 1815, secrétaire général du département d'Ille-et-Vilaine.

Armes : « D'or, à trois tourtereaux de sinople ; casque » et lambrequins de chevalier, aux émaux de l'écu. » (*Armorial de la ville de Paris et de la chambre des* » *comptes* .) »

---

(1) Lettres de noblesse données par Louis XV, en 1735, à Charles Daret, chevau-léger de la garde du roi, fils et petit-fils d'officiers distingués dans le même corps.

(2) Voyez la généalogie de la maison de Musset, au tome 3 du présent Nobiliaire, page 47.

BATZ DE TRENQUELLÉON (DE) , maison originaire de Béarn, connue et distinguée dès le onzième siècle, et dont étaient Arnaud-Raymond de Batz, seigneur de Batz et de Seroneac; Bernard de Batz, évêque de Lascar, et Raymond-Arnaud de Batz, vicomte de Coarase, près de Pau, une des douze anciennes baronnies de Béarn. Les descendants des comtes et sires de Coarase et des barons de Batz, près d'Orteitz, s'établirent, au quinzième siècle, dans l'Albret, diocèse de Condom. Ils ont possédé les seigneuries de Gontaud, de Lille, de Trenquelléon, et occupé jusqu'à ce jour des emplois distingués dans le militaire, tant au service de rois de Navarre que de ceux de France. Cette famille s'est divisée en trois branches.

PREMIÈRE BRANCHE.

Barons de Trenquelléon, à Nérac.

Charles de BATZ, baron de TRENQUELLÉON, a épousé, en juillet 1750, Anne-Louise de Malide, fille de Louis de Malide, mort brigadier des armées du roi, capitaine au régiment des Gardes-Françaises, tante des duchesses de Lauraguais et de la Rochefoucault, dont, pour fils aîné :

Charles-Joseph-François-Marie-Marthe DE BATZ, seigneur, baron de TRENQUELLÉON, ancien page du roi, de la grande écurie, colonel au service de S. M. Très-Chrétienne, chevalier de l'ordre royal et militaire de Saint-Louis. Il a émigré en 1791, a fait toutes les campagnes des Princes et celle de Quiberon, et a épousé, le 27 septembre 1787, Marie-Ursule-Claudine de Peyronencq de Saint-Chamarant, fille de Joseph, comte de Peyronencq de Saint-Chamarant, seigneur de Marcenay, de Veyrières, de Murat et autres lieux, et de Marie-Elisabeth de Naucaze. Il est mort le 18 juillet 1815. De son mariage sont issus :

    1°. Charles-Polycarpe, dont l'article suit ;
    2°. Marie - Adèle - Elisabeth - Catherine - Jeanne de Batz de Trenquelléon, née le 10 juin 1789 ;
    3°. Marie - Josèphe - Françoise - Désirée de Batz de Trenquelléon, née en Portugal le 5 juin 1799.

Charles-Polycarpe DE BATZ, baron de TRENQUELLÉON,

seigneur de Saint-Julien , né le 26 janvier 1792, a épousé , le 7 octobre 1813 , Adèle-Serène-Bernardin de Sevin de Segougnac , fille de Jean-Chrysostome de Sevin, baron de Segougnac , ancien capitaine au régiment de Deux-Ponts , cavalerie, et de Louise-Paule-Florent de Manas de Lamezan . De ce mariage est issu :

Charles-Louis-Jean-Joseph de Batz de Trenquelléon, né le 18 mars 1815.

C'est dans cette branche que se sont éteintes deux des plus anciennes maisons d'Auvergne , celle de Naucaze et de Peyronencq de Saint-Chamarant.

SECONDE BRANCHE.

Seigneurs de Gajean, au duché d'Albret.

· François DE BATZ , écuyer, seigneur de GAJEAN , chef d'escadre des armées navales de Sa Majesté , chevalier de l'ordre royal et militaire de Saint-Louis, né en 1759, a épousé , en 1795, Marie-Gabrielle de Villecour, dont sont issus :

1.º Joseph-Armand de Batz de Gajean , lieutenant au service de S. M. Très-Chrétienne , né le 26 février 1796 ;

2.º Louis-Augustin-Timoléon de Batz de Gajean , né en octobre 1804;

3.º Charlotte-Ursule de Batz de Gajean , née en février 1798 ;

4.º Marie-Elisabeth-Céline de Batz de Gajean , née en juin 1801 ;

5.º Marie-Françoise-Anaïs de Batz de Gajean , née en octobre 1808 ;

6.º Marie-Antoinette-Thérèse-Eugénie de Batz de Gajean, née en septembre 1810.

TROISIÈME BRANCHE.

Barons de Mirepoix, à Auch.

Alexandre DE BATZ , baron de MIREPOIX, seigneur de Sainte-Christie, lieutenant des maréchaux de France dans le Condomois, ancien capitaine au régiment de

Conti, chevalier de l'ordre royal et militaire de Saint-Louis, a épousé, en juin 1750, Marie de la Claverie de Soupets, arrière-petite-fille de Jean-François de la Claverie, baron de Soupets, mestre-de-camp de cavalerie, conseiller d'état d'épée, dont :

Alexandre DE BATZ, baron de MIREPOIX, seigneur de Sainte-Christie, ancien officier au régiment de Bourbonnais, infanterie, né en 1751, marié, en 1784, à N... de Montegut, fille de M. de Montegut, conseiller au parlement de Toulouse. De ce mariage sont issus :

1.º Charles-Alexandre-Ange de Batz de Mirepoix, né en 1795 ;
2.º Henri-Gaspard de Batz de Mirepoix, né en 1797 ;
3.º Henriette de Batz de Mirepoix, mariée à N... de Lary, comte de la Tour, dont plusieurs enfants ;
4.º Charlotte de Batz de Mirepoix, née en 1788.

Armes : « Parti, au 1 de gueules, au saint Michel » d'argent; au 2 d'azur, au rocher de cinq coupeaux » d'argent, sommé d'un lion d'or . »

DEAN, famille ancienne, originaire de la ville de Gallevay, en Irlande, et établie en France, dans la province d'Anjou . Cette origine est justifiée par un certificat authentique du roi d'armes d'Irlande, daté du château de Saint-Germain-en-Laye, le 10 septembre 1693, confirmé par le roi Jacques II, le 23 novembre 1694, et signé de sa propre main ; nous le transmettons ici :

» Nous, Athélon, garde-sceaux dans le royaume d'Ir-» lande, donnons le salut à tous ceux que ces lettres » pourront parvenir, nous faisons foi que lorsque » M. François Dean, écuyer, est venu nous demander » un témoignage assuré de l'ancienne origine de lui et » de ses aïeux, nous avons fouillé, avec tout le soin pos-» sible, les catalogues qui renferment les nobles d'Ir-» lande, et que nous y avons trouvé la famille de Fran-». çois Dean, dont le premier fut appelé par les Bataves « Frédéric Dean. » Suit la généalogie.

1. Frédéric DEAN, écuyer, mourut le 15 octobre 1017, laissant :

1.º Alexandre, dont l'article suit ;
2.º Antoine Dean ;
3.º Marc Dean.

II. Alexandre DEAN, écuyer, nommé le second dans le catalogue des nobles, mourut l'an 1042. Il eut pour fils :

III. Antoine DEAN, écuyer, inscrit le troisième au catalogue des nobles Dean. Il mourut au mois d'octobre de l'an 1065, laissant :

1.º Samuel, dont l'article suit ;
2.º Robert Dean ;
3.º Thomas Dean.

IV. Samuel DEAN, écuyer, occupe le quatrième rang dans le susdit catalogue. Il mourut l'an 1084, laissant :

1.º François, dont l'article suit ;
2.º Jean Dean ;
3.º Laurent Dean ;
4.º Maurice Dean.

V. François DEAN, Iᵉʳ du nom, écuyer, nommé le cinquième au susdit catalogue, mourut le dernier jour de novembre de l'an 1102. Il eut pour fils :

1.º Marc, qui suit ;
2.º Samuel Dean ;
3.º Robert Dean.

VI. Marc DEAN, Iᵉʳ du nom, écuyer, mort le 9 avril de l'an 1123, et nommé le sixième au catalogue des nobles Dean, eut pour fils :

1.º Robert, qui continue la lignée ;
2.º Joseph Dean.

VII. Robert DEAN, nommé le septième au catalogue, mourut le 28 mai de l'an 1139, laissant :

1.º Rodolphe, dont l'article suit ;
2.º Maurice Dean.

VIII. Rodolphe DEAN, écuyer, mort le 5 juin 1160, et nommé huitième au catalogue, eut pour fils :

IX. François DEAN, IIᵉ du nom, écuyer, inscrit le neuvième au catalogue, mort le 15 octobre 1184, laissant :

1.º Marc, dont l'article suit;
2.º Jean Dean;
3.º Jacques Dean.

X. Marc Dean, IIe du nom, inscrit le dixième au catalogue, mourut le 3 novembre 1203. Il eut deux fils :

1.º Léonard, qui suit;
2.º Robert Dean.

XI. Léonard Dean, écuyer, mort le 5 novembre 1235. Il est nommé le onzième dans le catalogue, et eut pour fils :

1.º Martin, dont l'article suit;
2.º Richard Dean.

XII. Martin Dean, écuyer, tient le douzième rang dans le catalogue de ladite famille. Il mourut le 7 septembre 1245, laissant deux fils :

1.º Thomas, qui continue la lignée;
2.º François Dean.

XIII. Thomas Dean, Ier du nom, écuyer, nommé le treizième dans le catalogue, mourut le 7 novembre de l'an 1290, laissant :

1.º François, dont l'article suit;
2.º Jacques Dean.

XIV. François Dean, IIIe du nom, écuyer, occupe le quatorzième rang dans le catalogue. Il mourut le dernier mars 1329, laissant trois fils :

1.º Jean, dont l'article suit;
2.º François Dean;
3.º Nicolas Dean.

XV. Jean Dean, Ier du nom, écuyer, inscrit le quinzième au catalogue, mourut le 9 octobre 1364. Ses enfants furent :

1.º Thomas, dont l'article suit;
2.º François Dean;
3.º Nicolas Dean.

XVI. Thomas Dean, IIe du nom, écuyer nommé le seizième dans le catalogue, mourut le 9 mars 1393. Il eut pour fils :

1.º Thomas, qui continue la lignée ;
2.º Jean Dean ;
3.º Martin Dean.

XVII. Thomas DEAN, IIIe du nom, écuyer, inscrit le dix-septième au catalogue, mourut le 9 mars 1430. Ses enfants furent ;

1.º Hugon, dont l'article suit ;
2.º François Dean ;
3.º Jean Dean.

XVIII. Hugon DEAN, écuyer, tient le dix-huitième rang dans le catalogue des nobles Dean. Il mourut le 10 octobre 1462, laissant :

1.º Jean, dont l'article suit ;
2.º Richard Dean ;
3.º David Dean.

XIX. Jean DEAN, IIe du nom, nommé le dix-neuvième au catalogue, mourut le 2 mars 1495. Ses enfants furent :

1.º Humpri, qui continue la lignée ;
2.º Laurent Dean ;
3.º Jean Dean.

XX. Humpri DEAN, écuyer, nommé le vingtième dans le catalogue, est mort le premier avril 1532. Il laissa :

1.º Christophe, dont l'article suit ;
2.º Henri Dean ;
3.º Guillaume Dean.

XXI. Christophe DEAN, Ier du nom, écuyer, tient dans le catalogue le vingt-unième rang. Il mourut le 7 octobre 1560, laissant deux fils :

1.º François, dont l'article suit ;
2.º Rodolphe Dean.

XXII. François DEAN, IVe du nom, écuyer, inscrit le vingt-deuxième dans la catalogue, mourut en 1583. Ses enfants furent :

1.º Christophe, dont l'article suit ;
2.º François Dean;
3.º Guillaume Dean.

XXIII. Christophe Dean, IIe du nom, écuyer, compris le vingt-troisème au catalogue, mourut le 3 octobre 1602. Il eut pour fils :

    1.º Jean, inscrit le vingt-quatrième au catalogue ; il mourut l'an 1650, ayant pour fils :

        a. Robert Dean,
        b. Etienne Dean, morts sans postérité.
        c. Antoine Dean,

    2.º Marc, dont l'article suit ;
    3.º Robert Dean ;
    4.º François Dean.

XXIV. Marc Dean, IIIe du nom, écuyer, inscrit le vingt-cinquième au catalogue, mort le 28 janvier 1625, eut pour fils :

XXV. Gilles Dean, écuyer, nommé le vingt-sixième dans le catalogue. Il mourut le premier mai 1663, laissant :

XXVI. François Dean, V^e du nom, écuyer, inscrit, le vingt-septième au catalogue. Il mourut le 11 mai 1653, ayant deux fils :

    1.º François, qui continue la lignée ;
    2.º Michel Dean.

XXVII. François Dean, VIe du nom, écuyer, tient le vingt-huitième rang dans le catalogue. Il eut pour fils :

XXVIII. François Dean, VIIe du nom, inscrit aussi le vingt-huitième au catalogue. Ce fut lui qui obtint du roi d'armes d'Angleterre le certificat ci-devant relaté, ainsi qu'il conste par la déclaration de Jean-Baptiste-Guillaume de Gevigney, généalogiste de la maison de Madame, du premier juin 1776. Il épousa, en 1659, Elisabeth Trochon, de laquelle vint :

XXIX. François Dean, VIIIe du nom, écuyer, seigneur de Luigné, trésorier des gardes-du-corps du roi en 1695, qui épousa, le premier septembre 1697, Catherine de Marisy, qui le rendit père de :

XXX. François Dean, IXe du nom, écuyer, seigneur de Luigné, qui épousa, le 17 janvier 1718, Marie Poisson de Gastines, fille de René Poisson, écuyer, seigneur de

Gastines, et de dame Marie d'Heliand. Il fit hommage de sa terre de Luigné en 1720, et en donna dénombrement l'année suivante. De ce mariage vint :

XXXI. René-Emeric Dean, écuyer, seigneur de Luigné, ancien capitaine au régiment de Champagne. Il épousa, par contrat du 24 janvier 1757, Louise-Olympe Rallier de la Tertinière, fille de Thomas Rallier, écuyer seigneur de la Tertinière, et de dame Françoise-Buhigné. De ce mariage sont issus :

1.º René-Toussaint, dont l'article suit ;

2.º Etienne-Thomas, qui forme la seconde branche, rapportée ci-après ;

3.º Catherine Dean, mariée à M. l'Huillier de la Chapelle, capitaine de frégate, et chevalier de l'ordre royal et militaire de Saint-Louis, avec le brevet de lieutenant-colonel ;

4.º Françoise-Olympe Dean.

XXXII. René-Toussaint Dean de Luigné, chevalier, élève de l'Ecole royale militaire en 1767, officier dans Royal, infanterie, a émigré en 1791 ; fait la campagne dans les compagnies des gentilshommes d'Anjou, à l'armée de monseigneur le duc de Bourbon ; chevalier de l'ordre royal et militaire de Saint-Louis, a épousé Perrinne-Marie-Anne-Charlotte de Quatrebarbes. Il a de ce mariage :

Charles-René-François Dean de Luigné, chevalier, marié à mademoiselle de La Tullaye de Magnane, dont :

a. Charles-Salomon Dean de Luigné ;
b. René Dean de Luigné.

SECONDE BRANCHE.

XXXII. Etienne-Thomas Dean, chevalier, page de Madame en 1776, chevalier de l'ordre royal et militaire de Saint-Louis, officier au régiment de Royal-Roussillon, infanterie, en 1779, a émigré en 1791, et a fait la campagne dans l'armée de monseigneur le duc de Bourbon, dans les compagnies nobles d'Anjou. Il est aujourd'hui membre de la Chambre des Députés, où il a été nommé par le département de la Mayenne. Il a épousé, le 17 janvier 1791, Gabrielle-Marie-Hudeline d'Hauricourt, dont est issu :

1.º René-Etienne-Emeric Dean, marié, en 1812, avec Françoise-Mélanie de la Lande Saint-Martin. Il a de ce mariage :

    a. Etienne-Emeric Dean ;

    b. Mélanie-Gabrielle Dean.

2.º Gabrielle-Catherine Dean.

Armes : « D'argent, au lion de pourpre, armé de » gueules. Supports, deux lions. Casque taré de profil, » avec ses lambrequins, sommé d'une tortue, aux émaux » de l'écu. Devise : *Vigor in virtute.* »

CHAPELLE DU BOUCHEROUX (DE LA), en Berri, famille ancienne, originaire du Limosin.

I. Guillaume, *aliàs* Guillot DE LA CHAPELLE, Ier du nom, damoiseau, seigneur du BOUCHEROUX, paroisse de Layrac, diocèse de Limoges, épousa, par contrat du 2 avril 1384, Catherine de Châteauneuf de Marcillac, assistée dans ce contrat d'Adélaïde d'Aveniers, sa mère ; de noble homme Aldinet de Châteauneuf, damoiseau, seigneur de Marcillac, et de Guillaume et Raymond de Châteauneuf, ses frères. Il partagea avec Jean et Pierrot de la Chapelle, damoiseaux, ses frères germains, le jeudi avant la Saint-Georges de l'an 1390, les biens qui leur étaient échus par la mort de leurs père et mère, et vivait encore le 19 avril 1454. Ses enfants furent :

1.º Aubert, dont l'article suit ;

2.º Guillemin de la Chapelle, écuyer, qui, dans le dessein d'entrer dans l'ordre de Saint-Jean de Jérusalem, céda à son frère, par un acte du 19 avril 1454, tous les droits qu'il pouvait avoir dans l'hôtel et manoir du Boucheroux.

II. Aubert DE LA CHAPELLE, écuyer, seigneur du BOUCHEROUX, écuyer d'écurie du roi Louis XI, qui, à ce titre, le mit sous sa protection et sauve-garde, par des lettres du 30 mars 1464, épousa demoiselle Isabeau de Bron. Leur succession fut partagée après leur mort, le 23 février 1499, entre leurs enfants, qui furent :

1.º Jean, dont l'article suit;

2.º Bernard de la Chapelle;

3.º Jacques de la Chapelle;

4.º Louis, auteur de la seconde branche, rapportée ci-après;

5.º Marguerite de la Chapelle;

6.º Jeanne de la Chapelle.

III. Jean DE LA CHAPELLE, Ier du nom, écuyer, fut chargé par René de Bretagne, ou de Brosse, dit de Bretagne, comte de Penthièvre et de Périgord, seigneur de Boussac, suivant sa procuration du 20 novembre 1517, d'administrer ses biens dans les provinces de Berri, de Limosin et du haut Poitou. Il exerçait, le 21 novembre 1517, l'office de garde du scel, établi aux contrats de la chancellerie de Boussac, était, en 1539, châtelain du même lieu, et fut pourvu de l'office de châtelain de la terre et seigneurie de la Pérouse, par lettres de Jean de Brosse, dit de Bretagne, duc d'Etampes et comte de Penthièvre, en date du 14 septembre 1539, et ne vivait plus en 1561. Il laissa d'Anne Gillet, sa femme :

IV. Mathurin DE LA CHAPELLE, écuyer, pourvu, le 12 février 1551, par le même Jean de Bretagne, de l'office de châtelain de la baronnie de Boussac, vacant par la mort de Jean de la Chapelle, son père. Il laissa de Claudine Légier, sa seconde femme :

1.º René, dont l'article suit;

2.º Michel de la Chapelle:

3.º Jeanne de la Chapelle, femme de Léonard de Bourges, seigneur de Sernay.

V. René DE LA CHAPELLE, écuyer, sieur de la Seurette, avocat au parlement, transigea avec ses frères et sœurs, le 23 juin 1607, sur le partage des biens de Claudine Légier, leur mère, et de son mariage avec Marie de Chanteraine naquit :

VI. Jean DE LA CHAPELLE, IIe du nom, écuyer, sieur de la Seurette, avocat au parlement, baptisé le 9 juillet 1592. Il épousa : 1.º Catherine Barrat; 2.º Marie Béchereau, qui transigea, pour ses conventions matrimoniales, avec Claude de la Chapelle, ci-après nommé. Du premier lit vinrent :

1.º Pierre, dont l'article suit ;

2.º Claude de la Chapelle, sieur de la Seurette, docteur-régent en la faculté de théologie de l'université de Bourges, chanoine et successivement official, grand vicaire, puis chancelier de l'église de Bourges.

VII. Pierre DE LA CHAPELLE, écuyer, seigneur du Pleix, conseiller du roi, docteur-régent en droit, et doyen de l'université de Bourges, maire de la même ville, avocat et conseil ordinaire de M. le prince en Berri, mourut le 16 janvier 1700, laissant entre autres enfants de son mariage, qui avait été accordé le 26 septembre 1649, avec demoiselle Marie Chenu, fille de Jacques, docteur en droit à Bourges, et de demoiselle Philippe Mercier :

1.º Jean, dont l'article suit ;

2.º Pierre, prieur de Vouillon, chanoine et grand-archidiacre de Bourges, mort au mois de juin 1742 ;

3.º Claude, écuyer, seigneur du Pleix, par la transaction qu'il fit avec son père le 7 juillet 1687, mort sans enfants ;

4.º Marie, femme, par contrat du 5 septembre 1683, de François de Margat, écuyer, seigneur de Bussède, lieutenant général d'épée et premier conseiller au présidial de Bourges.

5.º Marie-Jeanne, épouse d'Etienne Gassot, écuyer, sieur de Boisfort, de Priou, etc., premier avocat du roi au bailliage de Berri et siège présidial de Bourges.

VIII. Jean DE LA CHAPELLE, IIIᵉ du nom, écuyer, seigneur de Saint-Port-sur-Seine et du Pleix, conseiller ordinaire et premier secrétaire des commandements de M. le prince de Conti, puis receveur-général des finances de la Rochelle, et l'un des quarante de l'Académie française, épousa, le 25 juillet 1687, Marie-Cécile Pellart, fille d'Etienne Pellart, commissaire des guerres, et de Cécile Bordusseau. Il mourut au mois de mai 1723, sans laisser de postérité.

SECONDE BRANCHE.

Seigneurs du Boucheroux et du Cluzeau.

III. Louis DE LA CHAPELLE, écuyer, seigneur du Boucheroux, quatrième fils d'Aubert de la Chapelle et d'Isabeau de Bron, épousa Marguerite de Nicosac, qui, étant veuve de lui, fit son testament, reçu par Galard, notaire de l'officialité de Limoges, le 23 septembre 1541, par lequel elle institue Jean de la Chapelle, son fils, héritier, et fait ses filles légataires.

IV. Jean DE LA CHAPELLE, Ier du nom, chevalier, seigneur du BOUCHEROUX, du Cluzeau, etc., chevalier de l'Ordre du Roi, épousa, 1.º par contrat du 8 janvier 1546, reçu par Jallot, notaire, damoiselle Claude du Peyroux, fille de messire Charles du Peyroux, chevalier, baron de la Roche-Ragon, en partie, et de Gabrielle de Montmorin de Saint-Hilaire. 2.º Marguerite Arpin. Il fit dénombrement de ses seigneuries du Boucheroux et du Cluzeau le 14 mars 1567, et fit une acquisition, par contrat reçu par Giraud, notaire à Boussac, du 20 juin 1573. Il eut pour fils :

V. Gabriel DE LA CHAPELLE, écuyer, seigneur du Boucheroux et du Cluzeau, qui laissa de son mariage avec Eucharistie Jabault :

VI. Annet DE LA CHAPELLE, écuyer, seigneur du Boucheroux et du Cluzeau, marié par contrat du 18 février 1602, reçu par Durand, notaire, avec damoiselle Marguerite de Voisinne. Il passa deux transactions, l'une le 22 juillet 1603, avec dame Marguerite Arpin, veuve de messire Jean de la Chapelle, chevalier de l'Ordre du Roi, son aïeul, et l'autre le 23 mai 1610, tant pour lui que pour Marguerite de Voisinne, sa femme, et comme ayant la garde noble de Pierre de la Chapelle, son fils, signée Petit, notaire.

VII. Pierre DE LA CHAPELLE, écuyer, seigneur du Boucheroux et du Cluzeau, épousa, par contrat reçu par Bertrand, notaire, du 27 novembre 1624, Marguerite de Graçay, d'une ancienne maison du Berri. De ce mariage sont issus :

1.º Jacques, dont l'article suit ;

Jean, auteur de la troisième branche, rapportée ci-après.

VIII. Jacques DE LA CHAPELLE, écuyer, seigneur du Cluzeau, épousa, 1.º par contrat du 13 septembre 1649, signé par Poit, notaire, Madeleine de Sorbières; 2.º par contrat du 10 février 1665, Françoise de Servières. Du second lit est issu:

IX. Guillaume DE LA CHAPELLE, IIº du nom, chevalier, seigneur du Cluzeau, de la Chapelle et des Betouins, marié, par contrat du 4 décembre 1711, signé Chevreau, notaire, avec damoiselle Anne de Maussabré, fille de messire Laurent-François de Maussabré, chevalier, seigneur de Puibarbeau, de Chilloué, de Vignol, etc., gentilhomme de la garde du roi; et de Louise le Grouin de Saint-Sornin. De ce mariage est issu un fils, nommé Pierre de la Chapelle.

TROISIÈME BRANCHE.

Seigneurs du Boucheroux et de la Vaux.

VIII. Jean DE LA CHAPELLE, IIº du nom, écuyer, seigneur du BOUCHEROUX et de la Vaux, second fils de Pierre et de Marguerite de Graçay, épousa, par contrat du 15 octobre 1662, signé du Fraisle, notaire royal, damoiselle Catherine le Groing, dont:

IX. Joseph DE LA CHAPELLE, écuyer, seigneur de la Vaux, porte-étendard des Gardes-du Corps du roi, dans la compagnie du duc d'Harcourt, ainsi qu'il appert par le congé donné par ce seigneur audit Jacques de la Chapelle, en date du 6 novembre 1726. Il demeura pendant quarante ans au service, et fut décoré de la croix de l'ordre royal et militaire de Saint-Louis, le 8 octobre 1718. Il avait épousé, par contrat du 30 janvier 1694, signé Vachier, notaire royal, damoiselle Gilberte de May. De ce mariage sont issus:

1.º Antoine de la Chapelle;
2.º Gaspard, chevalier, seigneur du Boucheroux;
3.º Jean, dont l'article suit.

X. Jean DE LA CHAPELLE, IIIᶜ du nom, chevalier, seigneur de la Vaux, du BOUCHEROUX, etc., ancien garde-du-corps du roi, épousa Françoise du Peyroux, fille de messire Julien du Peyroux, écuyer, seigneur de la Spouze et de Manaly, et de Marguerite de Verinne, sa première femme. De ce mariage est né :

XI. Jean-Baptiste DE LA CHAPELLE, chevalier, seigneur de la Vaux, du BOUCHEROUX et autres lieux, officier au régiment de Royal la Marine, à la Guadeloupe, d'où il revint en France en 1763, ainsi qu'il conste par son passeport, signé du chevalier de Bourlamaque, gouverneur des îles de la Guadeloupe, du 28 octobre de ladite année. Il épousa, par contrat signé Trebuchet, notaire royal à Boussac, du 3 février 1764, demoiselle Claire de Neufchaize, fille de défunt messire Claude de Neufchaize, chevalier, seigneur du Plessis, et de dame Marguerite de la Trollière. De ce mariage sont issus :

> 1.º Charles-Marie-Henri de la Chapelle, officier au régiment de Bourgogne, mort dans l'émigration au service du roi, le 29 juin 1792.
> 2.º Pierre-Joseph, qui suit ;
> 3.º Agnès-Cécile de la Chapelle, mariée à Joseph Brival ;
> 4.º N....de la Chapelle, mariée.

XII. Pierre-Joseph, comte DE LA CHAPELLE, né en 1780, a épousé, le 27 pluviose, an 3, Béatrix-Marie de la Forêt-de-Bullion. De ce mariage sont issus :

> 1.º François de la Chapelle ;
> 2.º Jean-Baptiste de la Chapelle ;
> 3.º Pierre de la Chapelle ;
> 4.º Lucie-Claudine de la Chapelle ;
> 5.º Stéphanie-Claudine de la Chapelle ;
> 6.º Césarine de la Chapelle,

Armes : « D'azur, à la fasce d'argent, accompagnée » de trois étoiles d'or. »

Cette famille a été maintenue dans sa noblesse le 8 mars 1674, et par jugement du 30 avril 1715, rendu par M. de Foullé de Martangis, intendant de Bourges.

PIGEON DE VIERVILLE (LE), famille ancienne de l'Avranchin, en Basse-Normandie, province où elle réside encore de nos jours.

I Jean LE PIGEON, écuyer, épousa, au commenment du seizième siècle, noble Jeanne de Vistel. De ce mariage vint :

II. Louis LE PIGEON, Ier du nom, écuyer, qui laissa de son mariage, contracté en 1576, avec Catherine le Desdet :

III. Louis LE PIGEON, IIe du nom, marié à noble dame Jeanne de Pierre. De ce mariage sortit :

IV. Guillaume LE PIGEON, écuyer, qui épousa, en 1622, Marguerite le Diechemin. Ils eurent pour fils :

V. Louis LE PIGEON, IIIe du nom, écuyer, conseiller du roi. Il épousa, en 1665, Renée le Dieu, qui le rendit père de :

    1.º Antoine-Louis, dont l'article suit ;

    2.º Arthur des Anges, écuyer, marié avec dame Marie Anne Langlois, dont :

    Jeanne-Thérèse-Angélique le Pigeon, mariée à Étienne de Banville, chevalier, seigneur de la Londe, dont : 1.º N.... de Banville, chevalier; seigneur de Bretteville, chevau-léger de la garde du roi : 2.º N.... de Banville, écuyer, officier dans la maison du roi, marié à noble demoiselle de Prépetit.

    3.º Antoine, écuyer, officier dans la maison militaire du roi, marié avec noble demoiselle Elisabeth-Anne Trochon, dont :

    Louis-Antoine, et un autre fils, écuyer, officiers dans le régiment de Mailly, tués au siége de Mons, et une fille religieuse, prieure à l'abbaye royale de la Blanche, à Mortain, morte en 1801.

VI. Antoine-Louis LE PIGEON, écuyer, gendarme de la garde du roi, ensuite conseiller de Sa Majesté, épousa, en 1694, noble dame Marie-Anne Langlois, dont il eut :

    1.º Robert, dont l'article suit ;

2.º Louis-Gabriel, écuyer, marié à noble Anne de Montigny dont:

Louise le Pigeon, mariée, en 1747, à Paul Bernard de Mary, chevalier, seigneur de Longueville, chevalier de l'ordre royal et militaire de Saint-Louis, chef de division des canonniers, dont postérité.

VII. Robert LE PIGEON, écuyer, seigneur de la Broise, conseiller du roi, épousa, en 1720, noble Suzanne-Madeleine Brohon, fille de Paul-François Brohon, seigneur de Boisval, président de l'élection de Coutances. De ce mariage est issu :

VIII. François - Robert LE PIGEON, écuyer, seigneur DE VIERVILLE, du Mesnilvineman, du Mesnilamant, suzerain de Dracqueville, de Dame-Philippe, de la Frétarderie, etc., conseiller du roi, président de l'élection de Coutances, né en 1728, mort sur l'échafaud, victime de son inébranlable attachement à Louis XVI et à son auguste race, le 21 juillet 1794. Il avait épousé, 1.º en 1755, noble dame Marie-Jeanne de Hugon, fille de noble homme Gaud de Hugon, seigneur des Demaines, capitaine de vaisseau au service d'Espagne, ancien officier de la marine française, et d'Augustine Cortès, de l'illustre maison des Cortès de Carmona; 2.º en 1771, noble dame Marie-Michelle de Calvé de Pradizé, veuve du comte Roger, seigneur de Vavincourt, ancien capitaine de vaisseau. Ses enfants furent:

Du premier lit :

1.º Jean-François le Pigeon de Boisval, écuyer, ancien président, en l'élection de Coutances, ancien maire de Cette, et député au premier corps législatif, juge au tribunal de première instance né en 1759, à Avranches, marié, en 1784, à noble Monique-Michel de Chambert, fille de Hervé Michel, seigneur de Chambert, et de noble Françoise-Monique le Comte. De ce mariage sont issus :

a. Monique-Françoise, mariée, le 18 mai 1809, à Louis-Auguste de Gourmont, écuyer, ancien émigré, ayant servi dans les corps nobles à l'armée de Condé, maire de Mesnilvineman, fille de N... de Gourmont, chevalier, seigneur de Dracqueville, ancien lieutenant-colonel d'infanterie, chevalier de l'ordre royal et militaire de Saint-Louis, et de noble dame N... de Beaumanoir, dont est issu : Adolphe de Gourmont, né en 1812.

b. Marie-Aimée, mariée, le 23 novembre 1814, à Désiré-Jean-Ambroise de Payen, écuyer, maire de Quettreville, fils d'Aimé-Patient de Payen, écuyer, seigneur de la Galonderie, et de noble N... Boudier de la Valénerie, dont est issu : Alexandre-Désiré-François de Payen, né en 1815 ;

c. Sophie le Pigeon de Boisval ;

d. Anastasie le Pigeon de Boisval.

2.º Ange-Anne, dont l'article suit ;

3.º Marie-Françoise - Alexandrine, née en 1761, mariée avec Alexandre Fannard du Hamel, titulaire, avant la révolution, de la charge de lieutenant-général de l'amirauté, dont :

a. Ange, officier de l'armée royale sous les ordres du général comte Frotté, tué à l'affaire de la Fosse, près Saint-Lô ;

b. Victor, ancien officier de l'armée royale.

Du second lit :

4.º Madeleine-Françoise, mariée à N... Guérin, docteur de la faculté de Paris, dont :

Paul Guérin, né en 1802.

5.º Louise-Agathe le Pigeon, mariée, en 1798, à Louis Potier, écuyer, de l'illustre maison des ducs de Gesvres, dont est issu :

Ferdinand-Louis Potier, écuyer, né en 1802.

IV. Ange-Anne LE PIGEON DE VIERVILLE, écuyer, ancien élève de l'Ecole royale et militaire, ancien chef de bataillon, commandant la garde nationale d'Avranches, membre du collége électoral du département de la Manche, maire de Coudeville, né en 1765, a épousé, en 1790, Marie-Madeleine Postel, fille de Jean-Marie Postel, ancien capitaine d'infanterie. De ce mariage sont issus :

1.º François-Edouard-Henri, dont l'article suit ;

2.º Marie-Rose le Pigeon de Vierville, née en 1794 ;

3.º Irène-Anna le Pigeon de Vierville, née en 1808.

X. François-Edouard-Henri LE PIGEON DE VIERVILLE, écuyer, né en 1796, est élève-commissaire de la marine royale.

Armes : « D'or, au chevron d'azur, accompagné de trois pigeons au naturel. »

NAS (DE), famille originaire de la ville d'Aix.

I. Simon NAS, second consul de cette ville en 1494, suivit le roi Charles VIII à la conquête du royaume de Naples. A cette occasion, et en récompense de ses services, ce prince lui accorda des lettres de noblesse, données au château de Capouanne, à Naples, au mois de mai 1495, enregistrées le 17 août suivant aux archives du roi, à Aix (registre *Pelicanus*, fol. 374). Il laissa de sa femme, dont on ignore le nom :

II. Henri DE NAS, qui fut second consul de la ville d'Aix en 1529, et marié avec Antoinette de Signier, dont il eut :

1.º Pierre, } qui ont fait chacun une branche à Aix,
2.º Honoré, } où ils ont donné des premiers consuls. Ces deux branches sont éteintes;

3.º Louis, dont l'article suit;

4.º Marguerite de Nas, mariée à Thomas de Beca-riis, gentilhomme piémontais qui résidait alors à Aix.

III. Louis DE NAS, Ier du nom, chevalier, fut un des plus vaillants hommes de son temps. Il se signala à la guerre que les Français firent dans l'île de Corse, sous les ordres du maréchal de Termes, qui faisait grand cas de Louis de Nas, nommé communément *le capitaine Nas*. Ce fut autant par sa valeur que par sa bonne conduite que la ville de Bonifacio, dans cette île, fut prise

sur les Génois le 20 septembre 1553, comme en font foi
les annales de ce temps. Il avait épousé, en 1551, Catherine de Chautard, fille et héritière de noble Jean de
Chautard, seigneur de la terre de Tourris ou Turris,
qu'il avait acquise de Melchior de Vintimille, seigneur
d'Olioules, en échange de quelques biens et titres seigneuriaux que ledit Chautard possédait dans le terroir
d'Olioulés. C'est par ce mariage que sa terre de Tourris,
avec haute, moyenne et basse justice, et directe uni-
verselle, ne relevant que du roi, située à deux petites
lieues de la mer, dans la viguerie de Toulon, passa dans
la maison de Nas. De ce mariage vint :

IV. Jean-Baptiste DE NAS, Ier du nom, chevalier, gentilhomme de la chambre du duc d'Alençon, frère du
roi Henri III, par lettres-patentes données en récompense de ses services, datées du camp de Château-Lan-
don, le 3 avril 1576. Il suivit S. A. R. en la guerre
de Flandres, pendant laquelle il commandait la cavalerie, et fut tué à l'âge de trente-quatre ans, dans une
attaque de la ville d'Anvers. Il conste par divers écrits
qui le concernent et qu'on conserve dans cette famille,
qu'il avait servi avec distinction; et qu'il était fort es-
timé par Henri III; par François, duc d'Alençon, et par
MM. Bussy d'Amboise et de Villeroy, alors secrétaires
d'état. Une lettre du 9 décembre 1583, du duc d'Alençon à la reine, est remplie d'éloges en faveur de Jean-
Baptiste de Turris. Ce duc recommande à la reine, en
considération dudit sieur de Turris, une affaire qu'avait
à la cour le sieur de Signier-Piozin, son parent. Il est
fait mention du sieur de Turris dans l'*Histoire des guerres
de Flandres* au rang des officiers généraux et des gens
de qualité qui furent tués à l'attaque de la ville d'Anvers. Il avait épousé, en 1568, demoiselle Claude de
Thomas, fille de noble Jacques, seigneur de Sainte-Marguerite et d'Evenos, et d'Anne de Vintimille, des comtes
de Marseille. De ce mariage est issu :

V. Bernardin DE NAS, seigneur de Tourris, marié,
en 1591, avec demoiselle Elisabeth de Marin, de laquelle
il eut :

    1.º François, dont l'article suit ;

    2.º Jean-Baptiste, marié, en 1662, avec Catherine

de Ripert. Il fut maintenu dans sa noblesse le 14 janvier 1668, et mourut sans postérité.

VI. François DE NAS, Ier du nom, seigneur de Tourris, épousa, l'an 1642, demoiselle Victoire de Saqui, fille de noble François, des seigneurs de Fos, et de dame N..... de Garnier de Julians. Il eut pour fils :

1.º Louis, dont l'article suit;

2.º François-Léon, capitaine et major dans le régiment de la Marine. Il se distingua à Trèves, où le maréchal de Créqui, se trouvant trahi par la garnison, et livré avec cette place aux ennemis, il vint, à la tête de cinq compagnies, débarrasser le maréchal. Il fut assassiné au sortir de cette ville, n'ayant alors que vingt-huit ans.

VII. Louis DE NAS, Ier du nom, chevalier, seigneur de Tourris, fut quelque temps protégé par le duc de Beaufort, s'embarqua sous ses ordres dans l'armée qui allait faire le siége de Candie, où il fut légèrement blessé. De retour en France, il quitta le service, et fut maintenu dans sa noblesse en même temps que Jean-Baptiste, son oncle. Il épousa, en 1670, Claire de Martin fille de noble Jacques, seigneur de Gars, et Marguerite de Grasse-Briançon. Leurs enfants furent :

1.º François, dont l'articles suit ;

2.º Joseph-Antoine, souche de la *deuxième branche*, rapportée plus bas;

3.º Deux filles, mortes religieuses en l'abbaye de Cîteaux, à Hyères.

VIII. François DE NAS, IIe du nom, seigneur de Tourris, chevalier de l'ordre royal et militaire de Saint-Louis, officier de la marine, épousa, en 1706, Françoise de Bousquet, de Toulon, dont l'oncle, capitaine de vaisseau, fut tué à son bord, combattant contre deux vaisseau de guerre hollandais, à l'entrée de la rade de Toulon. François de Nas, seigneur de Tourris, est mort lieutenant de vaisseau, peu après avoir quitté le service. De son mariage sont issus ;

1.º Jean-Baptiste, dont l'article suit ;

2.º Joseph, chanoine, prêtre;

3.º Louis, commissaire de la marine;

4.º François, lieutenant de vaisseau, capitaine d'une compagnie franche de la marine, chevalier de l'ordre royal et militaire de Saint-Louis;

5.º N...., religieux de l'ordre de Cîteaux ;

6.º Plusieurs filles, religieuses.

XI. Jean - Baptiste DE NAS, IIᵉ du nom, chevalier, seigneur de Tourris, capitaine des vaisseaux du roi, chevalier de l'ordre royal et militaire de Saint-Louis, épousa, en 1745, demoiselle Marie - Thérèse de Lambert, fille de noble Nicolas de Lambert, et de dame Marie - Claude le Normant. De ce mariage sont issus :

1.º Jean-Thomas de Nas, né en 1747;
2.º Joseph-Marie, né en 1748.

SECONDE BRANCHE.

VIII. Joseph-Antoine DE NAS, écuyer, mourut à l'île Saint-Domingue, lieutenant de vaisseau, capitaine d'une des compagnies franches de la marine, chevalier de l'ordre royal et militaire de Saint-Louis. Il laissa :

IX. Augustin DE NAS, écuyer, marié à Jeanne-Madeleine de Nadal de Beauveset, aux Méés. Leurs enfants furent :

1.º Joseph, dont l'article suit;
2.º et 3.º Deux filles.

X. Joseph DE NAS, écuyer, chevalier de l'ordre royal et militaire de Saint-Louis, capitaine dans la légion de Flandres, depuis devenue régiment de chasseurs des Pyrénées, mort au service du roi, au mois d'octobre 1787, avait épousé, à Belley, en Bugey, Jeanne-Marie Cullet. De ce mariage sont nés :

1.º Jean-Baptiste, dont l'article suit;
2.º Augustin de Nas, écuyer, né au mois d'août 1772; après avoir servi dans le régiment de son père, il émigra en Espagne, où il entra au service en 1792, qu'il rejoignit l'armée de monseigneur le prince de Condé; il y fut fait officier de cavalerie jusqu'au licenciement de 1801. Il avait été blessé en 1796, au passage du Rhin devant Strasbourg. Il est entré ensuite au service de Russie, où il a été fait major de cavalerie. Il est chevalier de plusieurs ordres, et n'est pas encore marié;
3.º Trois demoiselles, dont une mariée à M. de Civoct, écuyer, ancien officier au régiment de Vivarais.

XI. Jean-Baptiste DE NAS, IIIᵉ du nom, écuyer, né en octobre 1770, ancien officier dans le régiment des chasseurs des Pyrénées, où il a servi jusqu'en 1792, qu'il émigra et rejoignit le corps d'une partie de la noblesse française, réunie sous les ordres de S. A. S. monseigneur le prince de Condé, en Allemagne, où il a servi avec distinction jusqu'au licenciement de cette armée, en 1801, est aujourd'hui chevalier de l'ordre royal et militaire de Saint-Louis. Il n'est pas marié.

Il est encore fait mention de cette maison dans l'*Histoire de France*, sous Henri III.; de Provence, d'Italie, de Flandres, et dans les notes historiques de la première, édition de M. de Thou, et de l'*Histoire ecclésiastique*, par l'abbé Fleuri.

Armes : « D'azur, au lion d'or, armé et lampassé de » gueules. »

DU PONT DE LIGONNÈS, en Gévaudan.

Antoine-Ignace DU PONT DE LIGONNÈS, vicaire-général de Lodève, a été reçu sur titres dans le noble chapitre de Brioude, en 1776 ; il est mort en 1806.

Il avait trois frères : deux dans le régiment du Roi, cavalerie ; l'un lieutenant-colonel, l'autre capitaine ; tous les deux chevaliers de l'ordre royal et militaire de Saint-Louis, morts avant la révolution. L'aîné Jean-Baptiste, marquis de Ligonnès, seigneur de Caylus, la Loubière, Montmeire, Pomeirols, etc., mort en 1782, a laissé un fils, nommé Charles-Gabriel, COMTE DE LIGONNÈS, qui existe et qui est chef de famille.

ARNAULD, famille originaire d'Auvergne, divisée en plusieurs branches, dont la plus ancienne, qui est celle des d'Arnauld de Pomponne et d'Andilly, est éteinte ; une autre qui s'est de nouveau subdivisée en deux rameaux, est représentée de nos jours, savoir :

Branche d'Arnauld de la Ronzière.

Charles- Guillaume ARNAULD, écuyer, seigneur de la Ronzière et de Chamasergues, chevalier de l'ordre royal et militaire de Saint-Louis, ancien capitaine de grenadiers au régiment d'Hainaut ; il a épousé demoiselle Rose de Vauchaussade de Chaumont, fille de haut et puissant seigneur de N..... de Vauchaussade, baron de

Brousse, et de Marguerite de la Chapelle. De ce mariage est né :

Pierre-Auguste Arnauld de la Ronzière, écuyer, officier de cavalerie, marié à Marie-Rose de Ginestoux, fille de François, vicomte de Ginestoux, seigneur de Venise et autres lieux, et de Marie Coinchon. De ce mariage sont nés :

1.° Joseph Arnauld de la Ronzière ;
2.° Marie-Charlotte Arnauld de la Ronzière.

Branche d'Arnauld d'Artonne.

Charles-Gilbert Arnauld d'Artonne, écuyer, fils de Pierre-Gilbert Arnauld, écuyer, ancien chevalier de l'ordre royal et militaire de Saint-Louis, et officier au régiment de Bauvoisis et de dame de Chacaton, a épousé demoiselle de Champ de Blot, fille de haut et puissant seigneur Antoine, comte de Champ, et de demoiselle de Chauvigny, comtesse de Blot, dont un fils, nommé Alphonse, et une fille, mariée à M. Ferrand de Fontorte, écuyer.

Gilbert-Charles Arnauld d'Artonne, écuyer, chevalier de la Légion d'Honneur, frère du précédent, a épousé Anne du Bouy. De ce mariage sont issus :

1.° Adolphe-Arnauld d'Artonne ;
2.° Charles-Gilbert Arnauld d'Artonne.

Armes : « D'azur, au chevron d'or, accompagné en
» chef de deux palmes adossées, et en pointe d'un ro-
» cher de six coupéaux, le tout du même. »

D'ALLUIN ou de HALEWYN, famille noble des Pays-Bas autrichiens.

Messire Luc de Halewyn, né à Courtrai le 12 décembre 1630, est le premier de cette famille qui est venu habiter Aire, en Artois, où ses descendants résident encore. Il était fils légitime de messire Cornil van Halewyn, né à Courtrai le 4 août 1581, et de dame Marie van Latem, petit-fils de messire Nicolas van Halewyn, né à Courtrai, et arrière petit-fils de Pierre

Antoine van Halewyn, né à Courtrai le 12 février 1498, et de dame Domitille, fille du vicomte Jean-Louis Dutoict.

Armes : « D'argent, à trois lions de sable, armés et
» lampassés de gueules; à la gourde du même, posée en
» abîme; l'écu sommé d'une couronne à neuf perles, sur-
» montée d'un heaume ou casque d'argent, grillé, liséré
» et couronné d'or, fourré de gueules; aux hachements
» d'argent et de sable. Pour cimier, un lion issant de
» l'écu, entre un vol à l'antique d'or. Supports, deux
» lions d'or, armés et lampassés de gueules, tenant cha-
» cun une banderolle; celle à dextre, d'argent, au lion
» de sable, armé et lampassé de gueules; et celle à se-
» nestre d'or, à la fasce de sable, accompagnée de trois
» merlettes du même; et sur le tout de gueules, au
» calice d'or . »

LOUVART ou LOWART DE PONT-LE-VOYE, en la Vendée. Cette maison est connue dès le treizième siècle, et portait pour armes, à cette époque, *une croix engrêlée* d'or.

I. Simon LOUVART, chevalier, obtint de Philippe-le-Bel, pour ses loyaux services et pour le dédommagement des terres qu'il avait perdues dans la guerre de Flandres, 200 liv. de rente annuelle et perpétuelle sur les pré-vôtés de Saint-Quentin et de Ribemont, avec la maison royale de cette dernière prévôté, par une charte en parchemin intitulée : *Charta donorum regum Phi-lippi-Pulchri, Philippi IV a Caroli de Valesio*, à la chambre des comptes de Paris: Il laissa de sa femme, dont on ignore le nom :

1°. Hugues, dont l'article suit;

2°. Perrot, écuyer, qui servit en cette qualité sous la conduite de Louis de Sancerre, maréchal de France, ainsi qu'il appert par la montre de sa compagnie, faite à Cognac en 1388;

3°. Marie Louvart, femme de Gauthier de Ghis-telles.

II. Hugues LOUVART, qualifié *monseigneur*, chevalier à Pennon, et maréchal de l'Oste, commandait en cette qualité environ huit mille gentilshommes croisés au siège d'Affrique, en 1389 (1). Charles VI lui conféra alors pour armoiries *trois têtes de maure de sable, en champ d'or*, avec la légende : *Fortis fortiori cedit*. Il épousa, en la maison royale de Ribemont, le premier mars 1390, Marie de Courtray, dont il eut :

III. Jean LOUVART, chevalier, qui fut envoyé en négociation auprès du roi d'Angleterre, en 1413, à l'occasion des troubles qui agitaient alors la France, ainsi qu'il conste par un sauf-conduit dont l'original est déposé à la tour de Londres, et relaté dans le catalogue imprimé des titres français, à la bibliothèque du roi. Il épousa, le premier février 1440, Jeanne de Ghistelles, fille de Homber de Ghistelles, chevalier. Par un vidimé du 21 mai 1447, signé d'Asnières, le roi confirma à la famille Louvart la maison royale de Ribemont et la rente annuelle de 200 liv. que lui avait assignée Philippe-le-Bel, sur les revenus de la prévôté de Saint-Quentin et de Vermandois. Jean Louvart eut de son mariage :

　　　1.º Gui, mort sans postérité,
　　　2.º Claude, dont l'article suit;
　　　3.º Simonet, écuyer, homme d'armes sous la conduite de Louis, duc de Luxembourg, connétable de France, en 1468.

IV. Claude LOUVART, Iᵉʳ du nom, chevalier, né au château de Ribemont le 8 septembre 1443, commanda une compagnie de soixante hommes d'armes. Il épousa à Quimperlé, le premier juin 1485, Henriette de Kerhouan, fille de François de Kerhouan, chevalier. Ses enfants furent :

　　　1.º Claude, dont l'article suit;
　　　2.º Marie-Thérèse Louvart;
　　　3.º Charlotte Louvart.

V. Claude LOUVART, IIᵉ du nom, chevalier, fut homme d'armes de la nouvelle ordonnance, sous la conduite de Jean d'Albon, seigneur de Saint-André maré-

---

(1) Voy. le troisième vol. de Froissart, pag. 80.

chal de France, ainsi qu'il appert par la montre de sa compagnie, le 20 janvier 1515. Il épousa à Quimperlé, le 6 mars 1533, Marthe de Kerrisiou. De ce mariage vinrent :

> 1.º Abraham, dont l'article suit;
> 2.º Pierre, écuyer, homme d'armes, sous la conduite du dauphin, ainsi qu'il conste par une montre de l'an 1556.

VI. Abraham LOUVART, écuyer, sieur de Poisvigier, épousa Marianne d'Antin, comme il appert par le contrat de mariage de son fils, qui suit :

VII. Isaac LOUVART, écuyer, sieur de la Lande, épousa, par contrat passé devant Jean Guillemarre et Pierre Giron, notaires à Vitré, le 10 avril 1591, demoiselle Susanne des Harnes, fille de Guillaume des Harnes, écuyer, seigneur, de Mortagne et autres places, et de demoiselle Marthe Suirot. De ce mariage vinrent :

> 1.º Isaac-André, dont l'article suit;
> 2.º Gabriel Louvart, écuyer, sieur de Londe, qui transigea avec son frère, le 6 avril 1633;
> 3.º Jean Louvart, chevalier, exempt des gardes-du-corps du roi, en 1636.

VIII. Isaac-André LOUVART, écuyer, transigea avec Gabriel, son frère, comme héritier d'Isaac Louvart, son père, par acte passé devant François Vauthier et Demas, notaires royaux à Hennebon, le 6 avril 1633; fit une cession à son fils, le 10 septembre 1665, et avait épousé, par contrat passé devant François Caron et Talmot, notaires royaux à Fougères, le 27 février 1629, demoiselle Esther Robillard, fille de Christophe Robillard, écuyer, et de dame Susanne Rival. De ce mariage sont issus :

> 1.º Henri, dont l'article suit;
> 2.º Jean, écuyer, sieur de la Motte, enseigne de vaisseaux à Rochefort, le 12 décembre 1666, capitaine de brûlot à Brest, le 5 août 1689, et capitaine de frégate à Toulon, le premier janvier 1703. Il se distingua au siége de cette ville, en 1701, et mourut sans alliance en 1716;
> 3.º Anne, qui épousa Jean Poitras;

4.º Françoise, mariée à messire Jean Frogier de Pont-le-Voyé, dont : M. Frogier de Pont-le-Voye, ancien colonel du régiment d'Anjou, chevalier de l'ordre royal et militaire de Saint-Louis, mort en 1780;

5.º Catherine Louvart, mariée à N..... Lantier, écuyer, exempt des gardes-du-corps du roi, gouverneur de Monceau, écuyer du roi en sa grande écurie.

En 1674 vivait Hyppolite Louvart, chevalier, chevau-léger.

IX. Henri Louvart, écuyer, sieur du Portail, demeurant à Villechange, paroisse d'Auray, auquel son père fit une cession, le 10 septembre 1669, de la terre noble de Kermartin paroisse de Guidel, en Bretagne, par acte passé devant Louis Ferrand et Pierre Levasseur, notaires à Querganeau, fut homme d'armes de la garde ordinaire du roi Louis XIV, avant le mois de mars 1671, et décéda le 26 octobre 1704. Il avait épousé, par contrat passé devant Lefrançois et Garnier, notaires à Mussillac, paroisse de Saint-Mauzert, le 8 avril 1670, demoiselle Marguerite Fournier, morte et inhumée au même lieu que son mari, le 29 novembre 1696, fille de Jean Fournier et de Thérèse d'Alençon. De ce mariage sont issus :

1.º Pierre-Louis, dont l'article suit ;

2.º N . . . . Louvart du Portail, écuyer, enseigne de vaisseau à Brest, mort sans alliance en 1715;

3.º Thomas, écuyer, sieur de la Grenouillière, mort sans alliance, et inhumé à Londigné le 10 février 1697 ;

4.º Marie-Madeleine Louvart de Beaujolais, née le 30 juin 1680, mariée, le 23 novembre 1707, à Charles de Flondres.

X. Pierre-Louis Louvart, écuyer, sieur de Pont-le-Voye, né le 19 août 1683, entra aux mousquetaires de la garde du roi, où il servit pendant onze ans, et se trouva à la bataille de Malplaquet, comme il appert par son congé absolu, donné par M. le marquis de Vins, le 14 juin 1708. Il épousa, par contrat passé devant Gombeaut et Fergeot, notaires de Couhé-Vérac, le 17 juin

1709, dame Madeleine de Lauzon, veuve de messire Charles de Bellivier, chevalier, seigneur de Pairs. De ce mariage vint :

XI. François Louvart, écuyer, sieur de Pont-le-Voye, né le 10 février 1722. Il acquit de Charles de Villeneau, sieur de la Noue, la terre de la Ganterie, par acte passé devant Choyau, notaire de la baronnie de Saint-Hermant, le 12 juin 1758. Il épousa, par contrat passé à Boistelle, devant Davaux et Serpt, notaires à Civré, le 20 août 1753, Marie-Madeleine Marignier, fille de Mathieu Louis de Marignier et de dame Marie Fierabrac-Desmottès. De son mariage sont issus :

1.° Jean-Baptiste-François, dont l'article suit ;
2.° François-Marie, qui forme la seconde branche ;
3.° Louis-Dominique, tige de la troisième branche ;
4.° René-Charles, né le 11 novembre 1759, prêtre, prieur de Châteaudun en 1781, licencié en théologie de la maison royale de Navarre, en 1786. Il fut déporté en Espagne, et mourut à Saint-André en 1794 ;
5.° Marie-Julie Louvart de Pont-le-Voye, née le 11 novembre 1762, mariée à Fontenay, en 1794, à messire N.... Cardin, écuyer, auditeur de la chambre des comptes de Nantes, dont postérité.

XII. Jean-Baptiste-François Louvart, chevalier de Pont-le-Voye, né à Réaumur le 29 octobre 1755, a épousé à Saintes, en 1795, dame Julie Potier de Pommeroy, fille de messire N.... Potier de Pommeroy, ancien capitaine au régiment de Carignan, chevalier de l'ordre royal et militaire de Saint-Louis. Il a de ce mariage :

1.° Adolphe-Alphonse ;
2.° Zoé, mariée à Lorient, en 1813, à M. de Plat du Plessis ;
3.° Célie Louvart de Pont-le-Voye ;
4.° Clara Louvart de Pont-le-Voye.

SECONDE BRANCHE.

XII. François-Marie Louvart, chevalier de Pont-le-Voye, né à Réaumur le 8 décembre 1756, capitaine au corps royal d'artillerie des colonies, a fait toutes les campagnes de l'Inde dans les régiments de l'Isle-de-France et d'Aquitaine, sous les ordres des amiraux de Suffren et de Bussy, et s'est trouvé aux affaires des 13 et 25 juin 1783. Il a été nommé électeur de la noblesse de Paris, pour l'élection des députés aux états généraux en 1789, et envoyé en députation à Sa Majesté par l'assemblée des colons réunis de Saint-Domingue à l'hôtel de Massiac, pour engager le roi à mettre son *veto* sur le décret de l'assemblée nationale concernant la liberté des noirs ; il a été ensuite nommé électeur du département de la Vendée, député par ses collègues près du roi, le 22 septembre 1815, et présenté à sa majesté Louis XVIII le 30 du même mois. Il a acquis de M. Eugène de Machault la terre de Piaurin, par acte de 1809, passé par Mᵉ Cougneau, notaire à Fontenay. Il est aujourd'hui capitaine de gendarmerie. Il a épousé à Fontenay, le 4 septembre 1795, Marie-Julie Jouffrion du Verger, fille de Marie-Pierre Jouffrion qui périt sur l'échafaud en 1794, comme ayant servi en qualité de commissaire de Sa Majesté dans la Vendée ; ses dernières paroles furent le cri de *vive le Roi !* et son frère fut tué également au service de S. M., à la tête de son bataillon, pour la défense du pont de Saint-Philbert du Pont-Charault, et de Madeleine Maingaud de la Ronde. De ce mariage sont issus :

1.º Gustave-Adolphe, né le 11 janvier 1798 ;
2.º Eudoxie Louvart de Pont-lé-Voye, née le 22 juin 1797, mariée en 1814, au château de Piaurin, commune de Saint-Philbert du Pont-Charault, en la Vendée, à Philippe Esgaunière du Thibeuf, écuyer, dont postérité.

TROISIÈME BRANCHE.

XII. Louis-Dominique LOUVART, chevalier de PONT-LE-VOYE, né le 4 août 1758, capitaine au régiment du Cap, s'est trouvé, sous le commandement de M. de Guichen, à la rencontre de l'ennemi, et a eu du roi une gratification de 400 liv. Il a été aide-de-camp de M. le comte de Paigné, gouverneur général de Saint-Domingue, major du corps des nègres libres. Il a épousé à Saint-Domingue, en 1789, Hyacinthe-Sophie-Fromont, fille de M. Fromont, propriétaire de plusieurs habitations dans les cantons de Jérémie et de Plimouth. Il a eu de ce mariage :

> Hyacinthe-Edouard Louvart de Pont-le-Voye, sous-lieutenant au 76ᵉ régiment de ligne, qui a fait plusieurs campagnes.

Il y avait de cette famille, en 1780, un lieutenant-colonel du régiment d'Anjou, chevalier de l'ordre royal et militaire de Saint-Louis, et en 1789, un ancien capitaine au régiment de Nassau, aussi chevalier de Saint-Louis. Ce dernier vivait à Obernheim, près Strasbourg.

Armes : « D'or, à trois têtes de maure de sable, ban-
» dées d'argent. »

DOMENY DE RIENZI, famille originaire de Rome, qui descend de Nicolas Gabrini de Rienzi, chevalier, tribun et sénateur de Rome, sous les papes Clément VI et Innocent VI. Elle s'est fixée en Provence depuis environ un siècle, et se trouve représentée de nos jours par :

Grégoire-Louis DOMENY DE RIENZI, chevalier, né en 1789, membre de plusieurs académies, capitaine dans l'armée royale de monseigneur le duc d'Angoulême, en 1815. Des certificats authentiques qui m'ont été mis sous les yeux, attestent que M. le chevalier de Domeny de Rienzi a, dans cette dernière circonstance, levé une compagnie de deux cents hommes pour rejoindre l'armée de monseigneur le duc d'Angoulême, et qu'il a manifesté d'une manière non équivoque son attachement pour l'auguste maison de Bourbon.

La famille de Rienzi a contracté des alliances avec celles de Gabrini, Flassani, Raïmond, Capponi, de Bus, de Rostang, de Pommiers, de Bruges d'Entre-casteaux, de Fossat, etc., etc.

BRIOIS (DE), famille ancienne, originaire d'Artois, province où elle réside encore de nos jours. Elle a fourni plusieurs chevaliers du Temple, dont, entre autres, Guillaume de Briois, qui l'était le 14 mars 1309, et fut livré aux flammes, avec le grand-maître et les autres chevaliers; supplice aussi horrible qu'injuste, et qui rendit les noms de ces victimes à jamais mémorables.

I. Jackemin DE BRIOIS, écuyer, combattit en cette qualité sous le seigneur de Liques, en 1254, dont la compagnie était composée de vingt-cinq chevaliers et de trente-six écuyers, et fut présent à la prise d'Oisy, qui fut livrée aux flammes la même année. Il épousa N.... de Hebuterne, fille de Wantier, selon d'autres, de Willam, sire de Hebuterne, dont est issu :

II. Jean DE BRIOIS, Ier du nom, écuyer, qui servit dans l'île de Chypre et dans la Palestine. Il combattit sous Henri de Lusignan, lorsqu'en 1288 Richard de Néblans, connétable du royaume de Jérusalem, mit en saisine un fief appartenant à Baudoin de Pinquiny. Il épousa, à son retour de la Palestine, N.... de Saint-Étienne, dont :

III. Gilles DE BRIOIS, Ier du nom, chevalier, marié, vers l'an 1339, à Jeanne de Forestel. Il fut témoin, avec mons l'Hermite de Caumont, mons de Wans, chevaliers, et autres, en certain débat qu'eut messire Jean de Mailly, chevalier, seigneur de Loursignol (aujourd'hui Rossignol) et de Buire, avec Eudes, duc de Bourgogne et comte d'Artois, ainsi qu'il conste d'une lettre en parchemin, datée du samedi, premier jour de mai de l'an 1339, par laquelle on apprend qu'étant en âge nubile, il se maria avec Jeanne de Forestel, sortie de famille noble et ancienne au pays d'Artois, et qu'ils eurent pour fils :

IV. Pierre DE BRIOIS, Ier du nom, écuyer, qui, vers l'an 1360, fonda, à Hebuterne, une chapelle qu'il dédia à saint Eloy. Il scella de son sceau une vente que fit, en 1376, Marie de Béthune, dame de Hebuterne, de la terre et seigneurie de Baillon, aux chanoines de l'église d'Amiens. Il épousa Marie Sacquespée, fille de Simon Sacquespée et de Marie de Hallenges, et sœur de Michel Sacquespée, échevin d'Arras en 1382, avec lequel Pierre de Briois passa une procuration consignée sur les registres de l'échevinage de cette ville, le 10 juillet 1389. De ce mariage est issu :

V. Pierre DE BRIOIS, IIe du nom, écuyer, qui eut la garde du château de Hébuterne pendant la guerre que les Anglais firent dans la province d'Artois. Il est rappelé dans un dénombrement de la terre de Hébuterne, servie à Jean de Bourbon, seigneur de Bucquoi, le premier février 1406, comme propriétaire, entre autres de cinq fiefs mouvants de la première de ces deux seigneuries, et combattit à la journée d'Azincourt le 25 octobre 1415. Il épousa Marie de Mallepart, de laquelle il laissa :

    1.º Jean, dont l'article suit ;

    2.º Gilles, écuyer, vivant en 1438, qui épousa, 1.º Marie du Hem; 2.º Barbe de Mautor de Boussaret; 3.º Marie de Rely, fille de Nicolas de Rely, chevalier, et de Gaye de Vignacourt. Il eut du premier lit, Périnet de Briois, écuyer, et du second lit, Riquier de Briois, écuyer, seigneur de Pasture, marié avec Jeanne Mention, dont : 1.º Jacques de Briois, écuyer, seigneur du Mesnil-lès-Donquerre, marié avec Marie Cornu, qui le rendit père de Jean le Briois, écuyer, seigneur de la Pasture, marié avec Jeanne d'Estrées, et François le Briois, écuyer, sieur du Mesnil, qui laissa de N.... Loisel Nicolas le Briois, écuyer, seigneur de Framecourt, qui épousa Antoinette du Quesnoy; 2.º Bernard le Briois, écuyer, seigneur de la Pasture, d'Omesmont et de Neuville, marié avec Jeanne d'Ostrel, dont Jeanne le Briois, mariée à Jacques des Groisillers, écuyer, sieur de Teneur et du Mesnil.

VI. Jean DE BRIOIS, IIe du nom, écuyer, dit le Bon, seigneur d'Hailly et de Bertangle, rappelé dans un contrat d'achat du 23 avril 1444, fit son testament le pénultième juillet 1455, dans lequel il nomme ses enfants, qui suivent, et fut inhumé dans la chapelle de Saint-Eloy, sépulture de ses prédécesseurs. Il avait épousé Marie Bauduin de Ramilliés, fille de noble personne Nicaise Bauduin, écuyer, seigneur de Ramillies, et de Maricourt-sur-Somme, et de dame Jeanne de Pisseleu, dont :

    1.º Jean, écuyer, mort sans postérité ;

2.º Vaast, dont l'article suit ;

3.º Pierre, chevalier de Rhodes ;

4.º Jacqueline de Briois ;

5.º Jeanne de Briois, femme de Bauduin de Rely, écuyer, seigneur de Blache et de Bouvain, dont Jean de Rely, évêque d'Angers, grand-aumônier de France et conseiller d'état du roi Charles VIII, mort en 1497.

VIII. Vaast DE BRIOIS, chevalier, seigneur de Sailly et de Bertangle, fut fait chevalier de l'ordre du Roi au sacre de Louis XI, le 15 août 1461, et se distingua à la bataille de Guinegate, village près de Thérouenne, en 1479, où il demeura prisonnier. Il testa devant Louis de la Motte, le 9 octobre 1482, par lequel acte il nomme et lègue ses enfants, qui suivent :

1.º Jean, dont l'article suit;

2.º Vaast, grand-doyen de Saint-Martin de Tours, chanoine d'Amiens et d'Angers, et chapelain du roi Charles VIII, dont il est encore qualifié ambassadeur. Il est mort à Tours le premier juillet 1505 ;

3.º André, écuyer, sieur de Sailly ;

4.º Marie, alliée à Druon Michault;

5.º Jeanne, femme de Pierre le Barbier ;

6.º Antoinette, mariée à Guillaume Cireau ;

7.º Augustine, religieuse ;

8.º Mariette de Briois, femme d'André de Mehetz.

IX. Jean DE BRIOIS, IIIᵉ du nom, écuyer, seigneur de Sailly et de Bertangle, écuyer d'écurie du roi Charles VIII, par lettres du 15 février 1491, épousa Marie de Baillencourt, dite Courcol, fille de Jacques de Baillencourt, écuyer, seigneur de Hannescamps, et sœur de Jean, échanson de la reine Blanche. Il testa le 25 août 1528, devant Mathieu Remond, prêtre et notaire apostolique, et mourut le 3 mai 1534. De ce mariage vinrent :

1.º Jean prévôt d'Antoing et chanoine d'Arras ;

2.º Pierre, dont l'article suit;

3.º Marie, alliée à Jacques le Guérard, huissier d'armes de l'empereur Charles-Quint ;

4.º Marguerite de Briois, mariée à Jean Sénéchal, écuyer, seigneur de la Bazecque.

X. Pierre DE BRIOIS, IIIᵉ du nom, écuyer, seigneur de Sailly et Bertangle, licencié ès lois, épousa par contrat du 21 octobre 1529, Annette Crespin, fille de maître Charles Crespin, licencié ès lois, avocat et conseiller de la prévôté foraine de Beauquesne, et de demoiselle Hélène Doresmieulx. De ce mariage vinrent :

1.º Jean, dont l'article suit ;
2.º Marie, baronne du pays de Lalleu, mariée : 1.º à Gilles Delebecques ; 2.º à Charles de Cardevaque, écuyer, seigneur de Beaumont.

XI. Jean DE BRIOIS, IVᵃ du nom, écuyer, seigneur de Sailly, de le Lacques, de Savy, de Mouy, de Hachin, de Bellenville et de Poïx, conseiller au conseil d'Artois en 1571, né en 1530, mort le 24 mars 1609, avait épousé : 1.º en 1562, demoiselle Jeanne du Mont-Saint-Eloy, fille de noble homme Charles du Mont-Saint-Eloy, écuyer, conseiller au grand-conseil de Malines, maître des requêtes ordinaires de l'hôtel du roi, et de noble demoiselle Antoinette de Bertoult ; 2.º demoiselle Jeanne le Cambier, veuve d'Adrien Bertoult, écuyer, sieur de Herbeval. Du premier lit sont issus :

1.º Pierre, écuyer, sieur de Sailly, mort sans postérité de Jacqueline de Genevières, dame de Vaudricourt, fille d'Antoine de Genevières, seigneur de Courchelettes ;
2.º Charles, chanoine d'Arras ;
3.º Hugues, dont l'article suit ;
4.º Robert, religieux de l'abbaye de Saint-Vaast ;
5.º Maximilien, auteur de la branche des seigneurs d'Hulluch, rapportée ci-après ;
6.º Marie-Marguerite de Briois, dame de Savy, femme de Guillaume de Boucherat, chevalier, seigneur de Beaumontel, chevalier de l'ordre du roi, gentilhomme de sa chambre, dont il eut : 1.º Françoise de Boucherat, mariée à Nicolas de Fallart, chevalier, marquis de Saint-Etienne, capitaine d'une compagnie de chevau-légers, et commandant le régiment d'Urfé ; 2.º Marguerite de Boucherat, alliée à Jean de Mailly, dit Lasca-

ris, comte de Mailly, général de l'armée de Pologne dans le grand duché de Lithuanie.

XII. Hugues DE BRIOIS, écuyer, seigneur de Sailly et de Poix, né à Arras en 1569, conseiller ordinaire de Philippe II, roi d'Espagne, mort le 22 juillet 1597, avait épousé, en 1596, damoiselle Isabeau du Val, fille de Nicolas du Val, écuyer, sieur du Nattoy, de Wavans, etc., mayeur d'Arras, député général des états d'Artois, et de damoiselle Isabeau Couronnel. De ce mariage sont issus :

    1.º Jean, dont l'article suit ;

    2.º Hugues de Briois, écuyer.

XIII. Jean DE BRIOIS, Vº du nom, écuyer, seigneur de Poix, né à Arras en 1597, servit comme gentilhomme dans l'armée de Sa Majesté Catholique, commandée par le cardinal Infant, mandé à cet effet par lettres de 1624, 1634 et 1635 ; fut blessé au siége d'Arras, en 1640, d'un coup de canon, et mourut en 1647. Il avait épousé, au mois de mars 1625, damoiselle Jeanne de Belvalet, fille de messire Floris de Belvalet, écuyer, conseiller au conseil d'Artois, et de damoiselle Antoinette de Hapiot. De ce mariage vinrent :

    1º Floris, religieux à l'abbaye du Mont Saint-Eloy;

    2.º Charles, dont l'article suit;

    3.º Albert, écuyer, seigneur de Poix;

    4.º Helène de Briois;

    5.º Angélique de Briois, religieuse ursuline à Amiens;

    6.º Anne-Françoise de Briois, alliée à Louis de Jacomelle, écuyer, seigneur de Couvigny, major de Courtenay.

XIV. Charles DE BRIOIS, Iᵉʳ du nom, écuyer, seigneur de Poix, de Miraumont, etc., né en janvier 1644, officier au régiment Royal, infanterie, mort le 15 septembre 1681, avait épousé, par contrat du 25 octobre 1670, Anne-Dominique de Widebien, fille de messire Philippe de Widebien, seigneur d'Ignacourt, chevalier du conseil provincial d'Artois, et de dame Isabelle-Claire le Pippre du Hayon. Il eut de ce mariage :

    1.º Charles-François, dont l'article suit;

2.º Marie-Jeanne de Briois, femme de Guillaume
Foulon, écuyer, seigneur de Profonval, grand-
bailli du Cambrésis.

XV. Charles de Briois, IIᵉ du nom, écuyer, seigneur
de Poix, de Miraumont, etc., officier au régiment de
Famechon, en 1692, mourut en 1753. Il avait été admis, par l'acquisition de la terre d'Angres, qu'il fit en
1722, dans le corps de la noblesse des états d'Artois,
après avoir fait ses preuves dans l'assemblée générale, en
1724, et avait épousé, par contrat du 2 mai 1695, Anne-
Catherine de Baudequin, fille de Charles de Baudequin,
écuyer, seigneur d'Allincourt, de la Faye, de Boisse-
court, etc., et de dame Albertine-Aldegonde de Staffe.
De ce mariage sont issus :

1.º Charles-Joseph, dont l'article suit ;
2.º Philippe-Ignace, écuyer, capitaine au régiment
de Bourbon, infanterie, chevalier de l'ordre royal
et militaire de Saint-Louis, mort à Perpignan en
1744 ;
3.º Anne-Dominique de Briois, mariée : 1º à Henri
Despalungue, écuyer, chevalier de l'ordre royal
et militaire de Saint-Louis ; 2º à Bertault de Bertoult, écuyer, seigneur de Saint-Waast, chevalier
du même ordre.

XVI. Charles-Joseph de Briois, écuyer, seigneur
d'Angres, de Poix, de Neulette, etc., officier au régiment
de Bourbon, infanterie, né en 1697, décédé le 26 juillet
1774, avait épousé, par contrat du 22 février 1728, demoiselle Marie-Lamoraldine-Thérèse le Ricque, fille de
Pierre-Ignace le Ricque, écuyer, seigneur du Surgeon,
d'Annezin, de Hannegrave, de Neuvillette et des Tourelles, et de dame Marie-Charlotte-Ursule de Roberty.
De ce mariage vinrent :

1.º Pierre-Dominique, dont l'article suit;
2.º Charles-Gislain, mort sans postérité ;
3.º François-Joseph-Procope, écuyer, mort à Barcelone en 1752, officier aux Gardes-Wallonnes ;
4.º Marie-Henriette de Briois d'Angres, mariée à
Louis-Lamoral-Benoît le Ricque, écuyer, seigneur de Marquais, fils de Philippe-Louis le Ric-

que, écuyer, seigneur des Prés, membre du corps de la noblesse des états d'Artois.

XVII. Pierre-Dominique de Briois, écuyer, seigneur de la Mairie, d'Angres, de Poix, de Neulette, etc., d'abord officier au régiment d'Eu, puis capitaine aide-major du premier bataillon d'Artois, chevalier de l'ordre royal et militaire de Saint-Louis, l'un des députés nommés de la noblesse d'Artois en 1768, épousa, en 1753, Marguerite-Françoise-Josèphe le Vasseur de Bambecque, fille de Philippe-Robert le Vasseur, écuyer, seigneur de Bambecque, et de Marguerite-Isabelle de Croëzes. De ce mariage sont issus :

1.° Pierre-Lerin-Robert, dont l'article suit ;

2.° Jean-Baptiste-François-Xavier, écuyer, officier au régiment de Bresse, infanterie, chevalier de l'ordre royal et militaire de Saint-Louis, marié avec Pélagie-Lucie-Joseph le Febvre de Lattre, dont une fille ;

3.° Claire-Charlotte-Josèphe, alliée à Charles-Victor-Joseph de Sars, chevalier, seigneur de Crunquet ;

4.° Agnès- Ignace-Josèphe de Briois.

XVIII. Pierre-Louis-Robert DE BRIOIS, écuyer, seigneur de la Mairie, de Neulette et autres lieux, élevé au collége royal de la Flèche, puis officier au régiment de Bresse, infanterie, chevalier de l'ordre royal et militaire de Saint-Louis et de Saint-Lazare, major d'infanterie, a émigré en 1791, et servi dans l'armée des princes jusqu'au licenciement à Liége, époque à laquelle il passa en Hollande ; fit la retraite en Hanovre dans la compagnie des hussards de Béon ; servit dans le deuxième bataillon de Rohan-Montbazon, au licenciement duquel il alla rejoindre, sur les bords du Rhin, l'armée de monseigneur le prince de Condé ; fit la campagne de 1796, dans les chasseurs nobles ; se distingua et fut blessé grièvement à l'affaire d'Oberkamsac, près de Mandelheim, en Souabe, où ce prince le décora de la croix de Saint-Louis, avec le brevet de major d'infanterie ; rentra en France ; fut chargé, par un lieutenant du fameux George Cadoudal, du commandement de huit cents paysans insurgés sur la côte de l'Armorique. A l'arrivée du roi à Boulogne, il fut un des vingt - cinq gentilshommes de l'Artois qui se rendirent auprès de Sa Majesté, pour lui témoigner la joie que tous les bons Français ressentaient de son retour. Lors de la dernière chute de l'usurpateur, il a été le premier à faire flotter le drapeau blanc sur le clocher de son église. Il a épousé : 1.º en 1784, Josèphe du Poulpry, en Bretagne, morte sans enfants, fille du comte du Poulpry ; 2.º en juin 1805, demoiselle Marie-Françoise Elisabeth de Louvencourt-Beaupré, fille de Jean - François, comte de Louvencourt, et de Marie - Françoise de Vignacourt. De ce mariage sont issus :

1.º Marie-Joseph-Louis-Adolphe-Charles de Briois de la Mairie, né le 12 juillet 1808 ;

2.º Pierre-François-Joseph-Adolphe de Briois de la Mairie, né le 21 juin 1810 ;

3.º Marie-Josèphe-Louise-Aline de Briois de la Mairie, née le 24 avril 1806.

SECONDE BRANCHE.

Seigneurs d'Hulluch.

XII. Maximilien DE BRIOIS, écuyer, seigneur de Sailly, de la Pugnanderie, etc. , né à Arras en 1571, fils puîné de Jean de Briois, IVº du nom, et de Jeanne du Mont-Saint-Eloy, sa première femme, fut conseiller des archiducs en la gouvernance de Lille, et mourut le 4 juin 1620. Il avait épousé, par contrat du 23 novembre 1598, damoiselle Jeanne de Hapiot, fille de Jean de Hapiot, écuyer, sieur de Riencourt, et de dame Adrienne le Prevost de Rancy. De ce mariage vinrent :

1.º Maximilien-Philippe, dont l'article suit ;

2.º Maximilien, écuyer ;

3.º Jean de Briois, jésuite ;

4.º Philippe, écuyer, seigneur du Brule ;

5.º Catherine de Briois ;

6.º Adrienne, mariée, 1.º à Ponthus le Merchier, écuyer ; 2.º à Jean-Baptiste de Bourgogne, chevalier, seigneur d'Herbamez, du Tilly, etc. , né en 1613, mort en 1638, capitaine d'une compagnie de deux cents hommes, pour le service de

S. M. Catholique, fils puîné de Philippe de Bourgogne et d'Isabelle Delecandèle ;

7.º Marie, religieuse à l'abbaye de Marquette ;

8.º Isabelle de Briois, religieuse carmélite à Tournay.

XIII. Maximilien-Philippe DE BRIOIS, chevalier, seigneur de Sailly, de la Pugnanderie, du Château Gaillard, etc., né à Lille le 10 septembre 1610, fut créé
chevalier, lui et sa postérité, par lettres du roi Louis XIV,
données à Saint-Germain-en-Laye au mois de mars 1671,
testa le 4 janvier 1673, et avait épousé, par contrat du
26 mai 1639, demoiselle Madeleine de Flandres, dame
de Carnin, fille de Charles de Flandres, écuyer, seigneur de Herseau et de Bouchart, et de damè Marie
Vignen. De ce mariage sont issus :

1.º Charles, dont l'article suit ;

2.º Robert-Maximilien, chevalier, mort sans alliance ;

3.º Marie-Charlotte de Briois, mariée à Jacques de
la Rivière, écuyer, seigneur de Romblay et de la
Carnoye, fils de Jean de la Rivière et de Madeleine de Melun.

XIV. Charles DE BRIOIS, chevalier, seigneur de Carnin, de Sailly, de la Pugnanderie, d'Hulluch, etc.,
admis aux états d'Artois, après avoir fait les preuves
requises à l'assemblée générale de 1718, testa le 9 février 1728, et mourut le 6 octobre 1731. Il avait épousé,
le 6 octobre 1686, damoiselle Madeleine le Merchier,
dame d'Hulluch, dont :

1.º Robert-Hyacinthe-Joseph, dont l'article suit ;

2.º Antoine-Joseph, chanoine et doyen de la collégiale de Saint-Pierre de Lille ;

3.º Charles-Maximilien-Joseph, chevalier, seigneur
de Carnin, né le 28 mai 1692, marié, au mois de
janvier 1738, avec Marie-Madeleine de la Rivière, fille de Robert de la Rivière, écuyer, seigneur de Dours, de Violaines, etc., dont Marie-
Constant-Joseph de Briois d'Hulluch, chevalier,
seigneur de Carnin, de Werdrecques, etc., né
le 8 octobre 1739, allié à damoiselle Pauline-
Marie-Thérèse-Josèphe de Gruson de Maincourt,
fille de messire Louis-Joseph de Gruson, écuyer,

seigneur de Maincourt, capitaine au régiment de Beauvilliers, cavalerie, chevalier de l'ordre royal et militaire de Saint-Louis ;

4.º Pierre-François, chevalier, seigneur du Coulombier et de Sailly ;

5.º Philippe-Charles-Bernard, né en 1749, abbé de Saint-Waast d'Arras, sous le nom de dom Vigor, député à la cour, de la part du clergé d'Artois, en 1752, 1756, 1760 et 1771 ;

6.º Marie-Elisabeth-Claire, dame de Sailly ;

7.º Marie Françoise-Florence-Josèphe, mariée, le 11 décembre 1722, à Charles-François-Joseph de Coupigny, chevalier, seigneur de le Bargue de Louverval, etc. ;

8.º Marie-Catherine, religieuse à Marquette, morte en 1771 ;

9.º Anne-Renée de Briois, dame du Brule.

XV. Robert-Hyacinthe-Joseph DE BRIOIS, chevalier, seigneur d'Hulluch, de la Pugnanderie, député à la cour pour le corps de la noblesse d'Artois, en 1748, né le 15 août 1688, mort le 30 décembre 1758 ; avait épousé, par contrat du 9 décembre 1722, Marie-Gabrielle de Coupigny, fille de Jean-François de Coupigny, chevalier, seigneur de le Bargue, etc., et de damoiselle Marguerite de Haynin. De ce mariage vinrent :

1.º Henri-François-Gabriel-Joseph, dont l'article suit ;

2.º Antoine-Dominique-Hyacinthe, chevalier, seigneur d'Hulluch, marié, le 18 avril 1759, avec Valentine-Charlotte de Carieul de Beauquesne, fille de messire Adrien-Philippe de Carieul, chevalier, seigneur de Fiefs, de Beauquesne, de Beaurins, etc., et de Marie-Anne-Josèphe-Valentine de Hautecloque de Quatrevaux, dont Marie-Josèphe-Valentine de Briois, dame d'Hulluch ;

3.º Renée-Amélie-Caroline, prieure de la maison noble de l'hôpital de Notre-Dame, à Tournay ;

4.º Marie-Gabrielle-Florence, religieuse à Marquette ;

5.º Antoinette-Valentine de Briois d'Hulluch, religieuse de la noble abbaye d'Estrun, près d'Arras.

XVI. Henri-François-Gabriel-Joseph DE BRIOIS, chevalier d'Hulluch, chevalier, seigneur de Montgobert et
de la Hauterne, né le 22 mars 1739, a épousé demoiselle
Marie-Béatrix-Cécile de Gourdin de Drinkam, fille de
Jacques-Louis de Gourdin, chevalier, seigneur de Drinkam, officier au régiment de la Marck et chevalier d'honneur au présidial de Frandres. De ce mariage sont issus :

> 1.º Vigor-Dominique-Guislain de Briois d'Hulluch,
> chevalier, volontaire au régiment de Languedoc,
> dragons ;

> 2.º Antoine-Gabriel-Joseph-Guislain de Briois d'Hul-
> luch, chevalier.

Cette famille a été maintenue dans sa noblesse en 1583,
par jugement des commissaires du roi d'Espagne.

Armes : « De gueules, à trois gerbes d'or ; à la bordure
» du même, chargée de huit tourteaux du champ. »

DIEULEVEULT, famille ancienne, originaire de
Normandie, sur laquelle j'attends des détails plus éten-
dus, et qui se trouve aujourd'hui représentée par :

François-Marie DIEULEVEULT, seigneur de Launay,
Dustanger, du Penquèles, etc., né à Carhaix le 19 août
1749, marié, le 25 juin 1796, à demoiselle Françoise-
Marie le Borgne de Coëtivi, veuve du sieur Montfort
de Kerséhan, chevalier de l'ordre royal et militaire de
Saint-Louis, issue du sieur le Borgne de Coëtivi, seigneur de Boisriou conseiller au parlement de Bretagne, morte sans postérité ; marié en secondes noces
à demoiselle Céleste-Marie-Hyacinthe le Gentil de Rosmordue, veuve de N... le Guale de Lanzéon, officier d'infanterie, issue du sieur le Gentil, comte de Rosmordue,
chevalier de l'ordre royal et militaire de Saint-Louis,
seigneur de Rosmordue, Kerazan, etc., etc. De ce second lit sont nés :

> 1.º Paul-Timothée-Agathe-Ange Dieuleveult, le 14
> décembre 1799;
> 2.º Ernest-Hyacinthe-Pierre-Célestin-Dieudonné
> Dieuleveult, le 12 avril 1803 ;

3.º Virginie-Olympe-Françoise Dieuleveult, le 29 janvier 1802 ;

4.º Albert-Célestin-Grégoire Dieuleveult, le 9 mai 1811.

Armes : « D'azur, à six croissants contournés d'ar-» gent. »

BARRÈS (DE), seigneur du Molard, en Vivarais.

Le nom de cette famille est fort ancien en Langue-doc; elle est connue depuis Bertrand de Barrès, seigneur du château de Rosses, qualifié *messire*, qualification qui suppose nécessairement celle de *chevalier ;* lequel est rappelé dans le testament de Bertrand, son fils, qui suit, de l'année 1283.

Bertrand de BARRÈS fit son testament le 10 des calendes de septembre 1283, dont il nomma exécuteurs Berengère, sa femme, et Guilhaume de Cadoene, chevalier, mari de Béatrix de Barrès, leur fille.

On trouve ensuite :

Pierre DE BARRÈS, lequel reçut la quittance qui lui fut donnée, le 11 des calendes de décembre 1290, par Guilhaume de Cadoene, chevalier, et Bertrand de Cadoene, damoiseau, père et fils, d'une somme de 200 liv. constituée en dot à Aigline de Barrès, sa sœur, femme dudit Bertrand.

Mais la filiation n'est prouvée que depuis :

I. Guilhaume DE BARRÈS, Iᵉʳ du nom, écuyer, né en 1436, lequel épousa, par contrat du 6 mars 1486, Gabrielle de Merle, qui le rendit père de :

II. Charles DE BARRÈS, écuyer, lequel épousa, le 6 mars 1529, Françoise de Serre, dont il eut Guilhaume qui suit. Il consentit une vente le 10 mars 1547, et testa le 4 septembre 1551, en faveur dudit Guilhaume, son fils.

III. Guilhaume DE BARRÈS, IIᵉ du nom, écuyer, sieur DU MOLARD, dit *le capitaine Barres*, épousa, par contrat du 11 avril 1563, Louise de Piberès, fille de Claude, et de Marguerite Chambaud; fut nommé capitaine (gouverneur) de la ville du Pouzin, le 10 septembre 1591, en considération, est-il dit, *de son courage et de son expérience au fait des armes;* passa une transaction le 12 août 1592, avec noble Mathieu de Chambaud-Charrier; assista, la 9 juin 1613, au contrat de mariage d'Elie, son fils, qui suit, et lui fit donation de la terre du Molard, située au Pouzin. Depuis cette époque cette terre est demeurée dans la famille, jusqu'en 1793 qu'elle en est sortie par la vente qui en a été faite révolutionnement. Il est encore rappelé dans un certificat donné le 5 mars 1629, par le duc de Vantadour, à Elie de Barrès, son fils, dans lequel, après avoir attesté ses services, il ajoute qu'*il est d'une noble et très-ancienne famille.*

IV. Elie de Barrès, écuyer, sieur du Molard, épousa, par contrat du 9 juin 1613, Phélise de Chambaud, fille de noble Mathieu de Chambaud-Charrier, écuyer, capitaine-châtelain royal du Pouzin et de Saint-Pierre de Barry, et de Jeanne de Chabruel; reçut la donation que lui fit Louise de Piberès, sa mère, le 3 juillet 1618; fit une acquisition le 27 février 1636; fut convoqué au ban et arrière-ban de la noblesse du Vivarais, en 1637 et 1639, et fit les campagnes de Salces, de Leucate et de Roussillon contre les Espagnols. Il laissa de l'alliance ci-dessus :

1°. Alexandre de Barrès, qui continue la postérité;
2°. Elie, mort au service du roi en 1656;
3°. Paul, aussi mort au service du roi en 1672;
4°. Simone de Barrès, qui épousa, par contrat du 12 avril 1655, David Bonnet de Chalançon.

V. Alexandre de Barrès, écuyer, sieur du Molard, fut lieutenant dans le régiment de Chastre-Vielle, et fut en cette qualité aux siéges de Mortave et d'Alexandrie. Il passa une obligation le 13 août 1656, et reçut celle qui lui fut consentie par Paul de Barrès, son frère, le 23 août 1666; passa, conjointement avec Phélise de Chambaud, sa mère, une transaction avec les consuls du Pouzin, le 13 mars 1665; fit, en qualité d'héritier de cette dame, hommage au roi, devant l'intendant du Languedoc, des rentes et biens nobles qu'il possédait au Pouzin, le 27 août 1679; abjura l'hérésie de Calvin devant Daniel Cosnac, évêque de Valence, le 16 août

1683. Le 21 novembre suivant, vu sa qualité de gentil-homme et sa fidélité envers le roi, le subdélégué de l'intendant rendit une ordonnance en sa faveur, *faisant défenses aux consuls du Pouzin de le comprendre dans la contribution, subsistance et logement des troupes*. Il fut nommé capitaine-châtelain royal du Pouzin le 3 mars 1688, et prêta serment en cette qualité le 30 du même mois; passa une transaction, le 16 juillet 1691, avec noble Daniel du Solier, écuyer, et fit son testament le 16 novembre 1696. Du mariage qu'il avait contracté avec demoiselle Jeanne Boix, le premier juin 1669, vint :

VI. Elie-Charles DE BARRÈS, écuyer, seigneur DU MOLARD, lequel comparut pour son père à la montre ou revue des gentilshommes de la province du Languedoc, commandés pour le service du ban et arrière-ban, faite à Castres le 14 septembre 1694, devant le comte de Broglie, lieutenant général des armées du roi; épousa, par contrat passé le 13 janvier 1695, dans lequel il fut assisté par ses père et mère, damoiselle Isabeau de Latour Vocance, fille de messire Antoine David de Latour de Vocance, et de Jeanne de Poinsac; reçut une reconnaissance, le 7 janvier 1714, en qualité d'héritier d'Alexandre de Barrès, son père; fit faire une enquête au Pouzin, le 19 mars 1728, dans laquelle sont rappelés Alexandre de Barrès, son père, et Elie de Barrès, son aïeul; fit donation, le 28 janvier 1732, à François-Scipion-Laurent de Barrès, son fils, de tous ses biens; assista, avec sa femme, au mariage du même François-Scipion-Laurent de Barrès, leur fils, du 15 décembre 1736; est nommé avec elle dans la transaction passée le 5 juin 1741, entre ce dernier et Pauline de Barrès, sa sœur, et fit un acte d'abandon, le 18 août 1749, en qualité de tuteur des enfants de son même fils. Il avait eu de son mariage avec ladite Isabeau de Latour de Vocance :

1.º François-Scipion-Laurent de Barrès, dont on vient de parler, et qui suit;

2.º Simone de Barrès, femme d'Antoine Payen du Pont, commandant du second bataillon au régiment de Royal-Comtois, chevalier de l'ordre royal et militaire de Saint-Louis;

3.º Pauline de Barrès, morte sans alliance;

4.º Gabrielle de Barrès, femme de noble Louis-
Emé de Guyon de Geys de Pampelonne;

5.º N... de Barrès, femme de N... de Tulles.

VII. François-Scipion-Laurent DE BARRÈS, Ier du
nom, écuyer, seigneur DU MOLARD, naquit le 11 avril
1707; reçut, le 28 janvier 1732, la donation que lui fit
Elie-Charles, son père, de tous ses biens; épousa, par
contrat du 15 décembre 1736, demoiselle Marie-Madeleine
Robert, fille de Simon, et de Marguerite du Serre; passa
une transaction, le 5 juin 1741, avec Pauline, sa sœur,
au sujet du legs fait par leur père à ladite Pauline, et
de ses droits sur les deniers dotaux d'Elisabeth de Vocance, leur mère; passa une obligation, le 20 juin
1743, et fit une vente le 28 août 1746. Il est rappelé
dans l'acte d'abandon du 18 août 1749, qu'Elie-Charles,
son père, passa en qualité de tuteur de ses enfants mineurs; dans l'arrêt du parlement de Toulouse, rendu
le 23 mai 1750, entre sa veuve et plusieurs particuliers
du Pouzin, et dans le contrat de mariage de François-
Scipion-Laurent de Barrès, leur fils, du 30 avril 1778.
Ses enfants sont :

1.º François-Scipion Laurent, qui suit;

2.º N... de Barrès, mariée à noble de Labaye, officier d'infanterie;

3.º Claire-Alexandrine de Barrès, mariée à N.... de
Sainte-Geneys capitaine de cavalerie, chevalier
de l'ordre royal et militaire de Saint-Louis;

4.º N.... de Barrès, mariée à N..., Eyroux.

VIII. François-Scipion-Laurent DE BARRÈS, II° du
nom, chevalier, seigneur DU MOLARD, né le 17 octobre
1740; officier d'artillerie du 23 décembre 1757, était
lieutenant-colonel et chevalier de l'ordre royal et militaire de Saint-Louis, lors de son émigration, en 1792. Il
s'était toujours signalé par son attachement pour la cause
du roi, notamment à l'époque de l'insurrection de Valen-
ciennes, en juillet 1789, et aux affaires des 9 et 10 août
1792. Après ces funestes journées, il quitta la France,
et rejoignit l'armée des princes le 20 du même mois,
au camp de Rémich, dans le Luxembourg, où il servit
dans l'artillerie; fit la campagne de 1794 et une partie
de celle de 1795, à la suite de l'armée commandée

par le duc d'Yorck, dans les Pays-Bas et le Hanovre. Au mois d'avril de cette dernière année, il passa major dans le corps royal d'artillerie de Rotalier ; fut employé à l'expédition de Quiberon, où il commandait une division de ce corps, et reçut ensuite le brevet de colonel, à dater du premier mai 1795. Il revint en France en 1801, où il mourut à Chomérac, département de l'Ardèche, au mois de juillet 1809, étant alors maréchal-de-camp, par le règlement du 15 mai 1796, pour l'avancement des officiers émigrés.

Il avait assisté aux dernières assemblées de la noblesse de sa province, à Privas et à Villeneuve de Berg, en 1788 et 1789.

Du mariage qu'il avait contracté, le 30 avril 1778, avec Marie-Anne-Joseph Tardy, fille de noble Jean Fleury Tardy de Labrossy, écuyer, et de Marie-Hélène de Chantereau, sont issus :

1.° Jean-Scipion-Fleury de Barrès du Molard, vicomte de Barrès, dont on va parler ;

2.° Pierre-Alphonse, né le 10 septembre 1780 ;

3.° Philippe-Casimir, né le 20 octobre 1783, lequel s'est établi à la Trinité en 1802, où il a épousé N... Bernard de Riveneuve, dont il a trois enfants ;

4.° Marie-Rosalie, demoiselle, née le 26 juin 1790.

IX. Jean-Scipion-Fleury DE BARRÈS DU MOLARD, chevalier, vicomte de Barrès, né le 7 mars 1779, ancien élève du roi à l'école militaire de Sorèze, est actuellement chef de bataillon d'artillerie et membre du collége électoral du département de l'Ardèche. En 1814 et 1815, il a fait partie des députations envoyées auprès de Sa Majesté par la ville de Privas et par le département de l'Ardèche. Le 6 décembre 1814, une décision royale lui a conféré le titre de vicomte héréditaire, *en considération de l'ancienneté de sa noblesse, des services de ses ancêtres, de ceux de son père en qualité d'officier supérieur et général, de sa conduite particulière et de son entier dévouement pour la cause du roi.* Le 16 mars suivant, il offrit ses services contre l'usurpateur, et fut nommé chef de bataillon, directeur du parc de l'artillerie attachée aux légions royales mobiles de Paris.

Il a épousé, en 1800, demoiselle Louise-Caroline-Jacqueline Rosalie de Rochefort, fille de François, baron de Rochefort, chevalier, ancien capitaine d'infanterie, chevalier de l'ordre royal et militaire de Saint-Louis, et de dame Louise Moreton de Chabrillant. Il a de ce mariage neuf enfants, qui sont :

1.º Jean-Scipion-Henri de Barrès, né le 23 février 1803, nommé élève du roi à l'école militaire de la Flèche, le 30 décembre 1814 ;

2.º Marie-Charles, né le 10 janvier 1808 ;

3.º Laurent-Alphonse-Edouard, né le 27 novembre 1810 ;

4.º Michel-Amédée, né le 29 septembre 1812 ;

5.º Marie-Françoise-Louise-Hélène, née le 18 août 1800 ;

6.º Françoise-Joséphine-Adèle, née le 27 novembre 1801 ;

7.º Jacqueline-Marie-Pauline, née le 25 juin 1804;

8.º Marie-Philippe Caroline, née le 5 juin 1806 ;

9.º Marie-Joséphine, née en 1814.

Armes : « D'argent, à trois barres, accompagnées en
» chef d'un croissant, et côtoyées en pointe de trois
» étoiles, le tout de gueules. »

COSTART (DE), famille ancienne, mentionnée dans le tome V, page 61 ; mais il faut ajouter « qu'elle était
» connue dès le onzième siècle, ainsi qu'il appert par un
» titre original de l'abbaye de Ham, qui porte que
» *Alelmus Costart* est un des témoins d'une charte de
» l'année 1084, portant confirmation d'une donation
» faite par *Acard*, chevalier, aux moines de l'église de
» Ham. » Il faut ajouter à l'article de François-Claude de Costart, qu'il a épousé Marie-Rose-Gaspardine Robillard de Breveaux.

BOILEAU DE CASTELNAU (DE), à Nîmes, en Languedoc, famille dont l'origine remonte à :

I. Etienne DE BOILEAU, grand prévôt de Paris en 1250. Cette charge était très-importante. Les auteurs contemporains et ceux qui ont écrit plus récemment, parlent avec éloge de sa droiture et de ses connaissances dans l'exercice de ses fonctions, de l'estime et de la confiance que lui témoignait le roi Louis IX, dit *saint Louis*, qui l'avait appelé à cette place. Ils lui attribuent la formation des communautés et confréries des Arts et Métiers de Paris, et les sages règlements qu'elles reçurent alors. Il avait épousé, en 1225, Marguerite de la Guesle, dont il eut :

II. Robert DE BOILEAU, qui fut père de :

III. Jean DE BOILEAU, Ier du nom, qui eut pour fils :

IV. Jean DE BOILEAU, IIe du nom, qui fut du nombre des gentilshommes que le duc de Nevers conduisit au secours de Sigismond, roi de Hongrie, et tué à la bataille de Nicopolis, gagnée par les Turcs sur les chrétiens en 1396. Il eut pour fils :

V. Reynaud DE BOILEAU, qui reçut en 1391, du roi Charles VI, la commission de faire construire à Nîmes le château fort, dont deux tours ont subsisté près la porte des Carmes jusqu'en 1792. C'est sans doute pour cette raison que sa postérité a ajouté à ses armes un château d'argent. Devenu trésorier de la sénéchaussée de Nîmes et de Beaucaire, place de finance assez importante, il quitta Monterau-fault-Yonne, où il habitait, et vint s'établir à Nîmes. Il mourut en 1400, et eut pour fils :

VI. Antoine DE BOILEAU, premier du nom, à qui succéda :

VII. Guillaume DE BOILEAU, trésorier de la sénéchaussée de Nîmes et Beaucaire, qui vendit sa seigneurie d'Argenteuil, près Paris, et mourut en 1490. Il avait épousé, en 1470, Etiennette Bourdin, ou Bourdines, dont le père était receveur-général du Poitou, de qui il eut onze enfants, au nombre desquels furent :

1.º Antoine, dont l'article suit ;

6.   20

2.º Guillaume, protonotaire du Saint-Siége, prieur de Saint-Nicolas, près d'Uzès;

3.º Jean-Guillaume, conseiller en la cour des généraux, à Montpellier;

4.º Nicolas, conseiller-clerc au grand conseil;

5.º Madeleine, qui épousa, en 1591, Pierre de Rolot, trésorier de Provence;

6.º Agnès, qui épousa, en 1496, Pierre de Rochemaure;

7.º Jeanne, qui épousa, en 1525, Jean de Ganay, chancelier de France sous le roi Louis XII.

VIII. Antoine DE BOILEAU, IIᵉ du nom, trésorier de la sénéchaussée de Nîmes et Beaucaire, acheta, en 1500, les seigneuries de Castelnau, de la Garde, et Sainte-Croix de Boiriac, épousa, en 1497, Françoise Trousselier, fille de Jean Trousselier, médecin et conseiller du roi Charles VIII. Il eut quatre enfants :

1.º Jean, dont l'article suit;

2.º Catherine, mariée à Claude de Marcay;

3.º Madeleine, qui épousa, en 1529, Jean de Sauzet, conseiller au présidial de Nîmes;

4.º Etiennette, qui épousa, en 1516, Barthelemy d'Olon, seigneur de Ners.

IX. Jean DE BOILEAU DE CASTELNAU, IIIᵉ du nom, trésorier de la sénéchaussée de Nîmes et Beaucaire, seigneur de la Sainte-Croix, de la Garde, compris dans les rôles des montres des nobles desdites sénéchaussées en 1551 et 1557, épousa, le 6 février 1538, Anne de Montcalm, morte en 1562, et lui en 1562. Il eut six enfants, desquels furent :

1.º Jean, dont l'article suit;

2.º Claudine, mariée, en 1554, à Jacques de Lageret, seigneur de Caissargues;

3.º Guillemette-Marie, alliée à Robert de la Croix;

4.º Gabrielle, mariée, en 1562, à Antoine de Barnier, conseiller au présidial de Nîmes;

5.º Anne-Marie, femme de Gui de Bon, dont était l'intendant de Roussillon.

X. Jean DE BOILEAU DE CASTELNAU, IVᵉ du nom, seigneur de Castelnau et de Sainte-Croix, fut premier

consul de la ville de Nîmes, syndic du diocèse, convoqué pour le service de l'arrière-ban en 1594, testa
le 22 décembre 1614, mourut en 1618, et avait épousé,
1.º le 15 juillet 1371, Honorade de Blanc, fille de Robert
de Blanc, chevalier, seigneur de la Rouvière; 2.º le 15
octobre 1576, Rose de Calvière Saint-Cosme. Il eut 13
enfants, au nombre desquels furent :

1.º Nicolas, dont l'article suit ;

2.º Guillaume, marié à Rose de Falcon ;

3.º Jacques, marié, en 1616, à Armande de Rossel,
s'attacha au barreau, et devint l'auteur de la
branche des Boileau d'Uzès, dont les descendants
ont ensuite été à Dunkerque, Abbeville et Saint-
Domingue ;

4.º Jean, sergent-major en Piémont ;

5.º Claude, capitaine, tué au siége de Cerisoles
en 1616 ;

6.º Daniel, tué à la bataille de Prague en 1620 ;

7.º Claude, marié, en 1598, à Etiennette de Mon-
teils ;

8.º Anne, mariée, en 1593, à Dantel d'Armond,
seigneur de la Cassagne.

XI. Nicolas de Boileau de Castelnau, seigneur de
Castelnau et de Sainte-Croix, né le 21 décembre 1578,
voyagea en Italie, en Allemagne, en Angleterre, en
Flandre et en Hollande ; il acquit une telle célébrité
dans le barreau, que ses décisions étaient suivies dans
toutes les cours de justice. Il testa le 3 janvier 1648,
et mourut en 1657. Il avait épousé, le 18 mars 1619,
Anne de Calvière de Boucoiran, morte en 1648, et en
eut quinze enfants, au nombre desquels furent :

1.º Jacques, dont l'article suit ;

2.º François, lieutenant-colonel du régiment d'Es-
trigi, cavalerie ;

3.º Charles, marié, en 1679, à Marguerite de Gattier
de Ponyerdu, servit dans Anjou, cavalerie ;

4.º Isabeau, mariée, en 1650, à Pierre de Leyri,
seigneur d'Erponcher ;

5.º Françoise, mariée, en 1653, à Jean de Galoffre
seigneur de Languissel ;

6.° Anne-Marie, alliée à Gui d'Aireboudouze, seigneur de Casalette.

XII. Jacques DE BOILEAU DE CASTELNAU, seigneur de Castelnau et de Sainte-Croix, né le 15 janvier 1626, ayant quitté le service, épousa, le 3 août 1660, Françoise de Vignolles, et mourut le 17 juillet 1697, pendant une longue captivité, causée par le même attachement à la religion réformée, qui attira des malheurs à presque tous les membres de sa famille. Il eut vingt-deux enfants, au nombre desquels furent :

1.° Maurice, dont l'article suit ;
2.° Henry, tué au siége de Tournay en 1709 ;
3.° Jean-Louis, mort en 1704, des suites dès blessures qu'il reçut à la bataille d'Hostecht ;
4.° Charles, capitaine au service de l'Angleterre. Il épousa, à Dublin, en Irlande, en 1704, Marie-Madeleine Cottot Dercury, et est devenu l'auteur de la branche anglaise des Boileau, qui s'est répandue dans diverses parties de la Grande-Bretagne, et à Calcutta, dans le Bengale ;
5.° Françoise, mariée, en 1690, à Joseph de Candin, seigneur de Jarrigues, père d'un grand chancelier de Prusse ;
6.° Louise, qui épousa, en 1708, Abel de Légonier, seigneur de Montaiguet, frère du lord de ce nom.

XIII. Maurice DE BOILEAU DE CASTELNAU, né le 25 avril 1678, mort en 1741, avait épousé, le 11 décembre 1708, Eve de Guiran, fille du président au parlement d'Orange, dont il eut treize enfants, au nombre desquels furent :

1.° Charles, dont l'article suit ;
2.° Henri-Camille, chevalier de Castelnau, capitaine de grenadiers au régiment de Normandie, en 1734, avec lequel il fit les campagnes de Flandres, d'Allemagne, de Bohême et de Westphalie, puis lieutenant-colonel, marié en 1773, à Paris, à Marie-Anne Babaut, veuve Raguenau de la Chenay, mort à Paris en 1791 ;
3.° Louis, chevalier de Montredon, qui servit, en 1759, en Westphalie, dans le régiment de Foix,

en France et en Sardaigne, et mourut à Nîmes
en 1805;

4.º Anne, femme, en 1728, de Jean de Laillaud,
conseiller au présidial de Nîmes, où elle mourut
en 1784;

5.º Marguerite, mariée, en 1734, à Jean-Auguste
Ferrières de Soubreton, morte à Nîmes en 1774;

6.º Françoise, morte à Nîmes en 1784.

XIII. Charles DE BOILEAU DE CASTELNAU, capitaine au
régiment de Normandie, avec lequel il fit les campagnes
de 1733, 1734, 1735 et 1742, en Bavière; épousa, en
1765, Catherine Veryère d'Aubussargues; mourut à Castelnau, en 1783; et a eu neuf enfants, au nombre desquels
sont :

1.º Simon-Charles-Barnabé, dont l'article suit;

2.º Frédéric-Louis, capitaine d'artillerie, chevalier
de l'ordre royal et militaire de Saint-Louis, marié, en 1804, à Anne du Thon, de Nions, en
Suisse;

3.º Henri-Camille, lieutenant de vaisseau, marié,
en 1796, à N.... Artier de Mareilles;

4.º Louis-Alphonse, marié en 1798.;

5.º Anne-Augustine, mariée en 1802, avec Jean-
Maurice-Isidore Fornier de Maizard.

XV. Simon-Charles-Barnabé DE BOILEAU DE CASTEL-
NAU, entré dans les chevau-légers de la garde du roi,
en 1782, a épousé, en 1805, Julie-Clarisse Rodier de
la Bruguière-d'Anduze. Il a été nommé maire de la ville
de Nîmes en 1811, chevalier de l'ordre de la Réunion, et
baron peu après.

Armes : « D'azur, au château de trois tourelles d'ar-
» gent, maçonné de sable, accompagné en pointe d'un
» croissant d'or. »

CAPDEVILLE (de), famille ancienne, originaire de Guienne, province où elle est encore fixée de nos jours.

Elle a été maintenue dans sa noblesse par MM. Pelot et Bazin de Bezons, commissaires envoyés par le roi dans la province de Guienne; elle est représentée par :

Messire Pierre-Vincent, baron DE CAPDEVILLE, page de la grande écurie du roi Louis XV, en 1750, major du régiment Royal-Navarre, cavalerie, chevalier de l'ordre royal et militaire de Saint-Louis, secrétaire de la noblesse de la sénéchaussée des Landes, à l'assemblée de cet ordre, en 1788. Deux de ses sœurs ont été admises dans la maison royale de Saint-Louis à Saint-Cyr, en 1742 et 1748. Il a eu pour fils :

Messire Pierre-François-Desiré, baron DE CAPDEVILLE, sous-lieutenant de cavalerie dans le régiment de Royal-Navarre, en 1771, capitaine dans le même régiment en 1779, sous-lieutenant des Gardes-du-Corps de son altesse royale monseigneur le comte d'Artois, avec rang de colonel de cavalerie, en 1788, chevalier de l'ordre royal et militaire de Saint-Louis en 1814, officier de la Légion-d'Honneur en 1815. Il a épousé demoiselle de Charritte, fille du marquis de Charritte, premier président du parlement de Pau. De ce mariage sont nés :

1.º Joseph de Capdeville, lieutenant de dragons, mort en Espagne des suites de ses blessures;
2.º Félix de Capdeville, né en 1805.

Nota. Il n'existe qu'une seule branche de cette famille, fixée aussi dans le département des Landes, qui est celle de CAPDEVILLE D'ARRICAU, dont l'aîné, après avoir prouvé sa noblesse pardevant M. Chérin, généalogiste du roi, entra sous-lieutenant dans le régiment de Flandres, en 1781.

Armes : « Ecartelé, au 1 d'or, au lion de gueules, » au 2 et 3 d'azur, à la bande d'or, accostée de deux » étoiles du même; au 4 d'or, au cœur de gueules, » traversé de trois flèches de sable ensanglantées du se- » cond émail, deux en sautoir et l'autre en pal. »

GRESLING ou GRELING (DE) , famille ancienne de Suisse, du canton de Berne, établie à Marseille, en Provence, depuis 1690.

La peste qui eut lieu à Marseille en 1720 , et les effets de la révolution ayant fait perdre à cette famille la majeure partie de ses papiers, malgré l'ancienneté de son origine, nous ne commencerons cette généalogie que sur ce que nous avons sous les yeux de pièces authentiques qui nous ont été remises pour justifier de sa noblesse, ne pouvant établir sa filiation suivie que depuis :

I. Noble Jean DE GRESLING, qui servit d'abord dans le régiment de Spar, et fut ensuite major dans celui de Leisler, dont messire Jean-Henri de Leisler, son cousin-germain , était colonel. (Ces deux régiments suisses étaient alors au service de France.) Il fit la guerre d'Espagne, et se trouva, en 1697, au siége de Barcelone. Ayant abjuré à Marseille la religion protestante, et s'étant fait catholique, il se maria dans cette ville avec dame Elisabeth de Goulon. On voit par son testament, du mois de mars 1709, qu'il eut plusieurs enfants ; un seul survécut, qui suit :

II. Jean Michel DE GRELING fut héritier de dame Elisabeth de Leisler, sa cousine, veuve de noble Rome d'Ardenne, connu par ses ouvrages en littérature. Il épousa à Marseille, le 5 septembre 1729, mademoiselle Rippert de Cordier, nièce de Me Jean de Cordier, avocat en parlement, ancien conseiller du roi, maire et premier échevin de cette ville. Il eut de ce mariage trois enfants, savoir :

    1.º Michel-Ignace de Gresling, mort sans postérité ; il a servi avec distinction pendant plus de vingt-cinq ans comme officier supérieur dans les Gardes Suisses ; ayant été blessé , il obtint la croix de Saint-Louis le 22 mai 1761;

    2.º Jean-Marie de Greling, dont l'article suit ;

    3.º Justinien de Greling, chef de la seconde branche.

III. Jean-Marie DE GRELING épousa, le 30 janvier 1774, demoiselle Rose Philip. Il a eu de ce mariage :

IV. Michel-Marie DE GRELING, né le 17 novembre 1774 , marié avec sa cousine-germaine Anne Philip, dont il n'a encore qu'une fille en bas âge.

SECONDE BRANCHE.

3.º Justinien DE GRELING, écuyer, mort en 1792, a cu de ce mariage avec demoiselle Marie-Anne Philip, plusieurs enfants, dont un seul a survécu, qui est :

> François-Casimir de Greling, écuyer, né le 20 novembre 1785, sans alliance.

Armes : « D'or, au corbeau de sable. Cimier, un dextrochère tenant un badelaire. Et par suite des dispositions testamentaires de madame de Leisler, veuve d'Ardenne, cette famille écartèle de Leisler, qui est d'azur, à la syrène couronnée d'argent, tenant à chaque main un poisson du même. »

GAUVILLE (HARENC DE), maison ancienne, originaire de Normandie, dont la généalogie a été établie dans le tome V du *Nobiliaire universel de France;* mais comme il y a eu quelques omissions et qu'il s'y est glissé quelques erreurs, je m'empresse de les rétablir ici.

Page 112, Gabrielle-Angélique de Gauville, *ajoutez*, mariée en 1787, à M. le comte de Beaujeu, maréchal des camps et armées du roi.

Même page, degré XIV, Eustache de Gauville, *ajoutez*, a épousé, en 1782, mademoiselle d'Ablancourt.

Page 116, degré XIV, Louis-Henri-Charles, baron de Guille, *ajoutez* qu'il a fait ses preuves de cour et a eu l'honneur de monter dans les carrosses du roi, le 12 novembre 1784; qu'il a été député de la noblesse du bailliage de Dourdan aux états généraux en 1789, et qu'il a constamment voté du côté droit à l'assemblée constituante.

Aux enfants de M. le baron de Gauville, mentionnés même page 116, art. 3.º, Arsine, *lisez* Arsène, et *ajoutez* :

> 4.º Adélaïde-Françoise, mariée en 1811, à Alexandre de Sampigny, capitaine de cavalerie, dont une fille nommée Louise;
>
> 5.º Justine, *lisez* vivante;
>
> 6.º Elisabeth, morte en bas âge.

La maison de Gauville a eu deux alliances avec la maison de Courtenay.

SANT-MAURIS (DE). La maison de Saint-Mauris, en Montagne ou Châtenois, dont les différentes branches se sont distinguées entre elles par les divers surnoms et sobriquets de Saint-Mauris-Sancey, Saint-Hippolyte, Lambrey, Mathay-sur-le-Doubs, Berchenet, Sauvaget, Saulx, etc., etc., porta constamment, de toute antiquité, de sable, à deux fasces d'argent, timbré d'un casque, sommé d'un nègre (ou maure) naissant, ceint, tortillé et armé d'un sabre d'argent; et depuis les derniers siècles elle ornait ses mêmes armoiries d'une couronne de marquis, timbrée d'un casque d'argent à sept grilles, et damasquiné d'or, posé en fasce; couronné d'un cercle de baron à l'antique, orné de lambrequins aux couleurs de l'écu; sommé d'un nègre en buste, tenant de la main droite un sabre, et de la gauche une banderolle portant pour devise: *Antique, fier et sans tache*; l'écu posé sur deux bannières ou pennons en sautoir; au blason de l'écu, au bas du tout, une seconde banderolle portant le cri: *Plus de deuil que de joie;* pour tenants, deux nègres, le sabre à la main, ceinte et tortillée d'argent. Nombre de titres des treizième, quatorzième et quinzième siècles, etc. portant leurs sceaux distincts, le constatent.

Sa filiation, relevée sur celle établie et affirmée par M. Chérin, généalogiste des ordres du roi, à vue des titres originaux de cette maison, est conforme aux certificats qu'il en a délivrés, dont un, selon l'usage, fut déposé au cabinet du roi, et un autre au cabinet de ses ordres, en vertu desquels Sa Majesté admit aux honneurs de sa cour, le 12 mai 1787, le marquis Charles de Saint-Mauris, maréchal des camps et armées du roi, colonel de dragons, chevalier de Saint-Georges et de Saint-Louis.

On a ajouté à la filiation de cette ligne directe celle de toutes les branches et rameaux connus qui en sont sortis, relevée sur titres encore existants aux archives de cette maison, tant pour en compléter la preuve et la généalogie, que pour parer à toute équivoque et confusion avec deux autres familles de même nom, de la même province, qui lui sont totalement étrangères.

La première, connue sous les surnoms de Saint-Mauris d'Orgelet, de Salins, de Choye, éteinte au dix-septième siècle, qui était une branche issue de l'ancienne maison de Crilla, qui, dès le commencement du quatorzième siècle, prit le nom d'un fief de Saint-Mauris, qu'elle possédait dans le bailliage d'Orgelet, et portait de gueules, au chevron d'argent, accompagné de deux étoiles en chef et d'une rose en pointe du même. L'autre, dite de Saint-Maurice Montbarrey-le-Muid-d'Augerans de Bosjean, etc., originaire de la ville de Dôle (tige des princes de Montbarrey, fort illustrés dans le dix-huitième siècle), portant de gueules, à la croix de Saint-Maurice, d'argent; au chef de concession d'azur, à l'aigle d'or, au lieu d'azur à trois cœurs d'or qu'elle portait avant, telles que les portent encore d'autres branches de cette famille.

On voit par ce qui suit que la maison de Saint-Mauris réunit à sa noble et antique origine tous les caractères qui distinguent authentiquement la haute et ancienne noblesse de noms et d'armes, de race d'ancienne chevalerie, et qu'elle y réunit les avantages peu communs de ne compter dans ses trente-deux quartiers et parmi ses nombreuses alliances, que des maisons illustres et d'origine inconnue, dont la plupart du haut baronnage, et plusieurs même d'origine souveraine. Aussi a-t-elle été constamment admise, depuis le quatorzième siècle, dans l'ordre de Saint-Georges et dans tous les corps, colléges et chapitres de noblesse d'hommes et de femmes de la province, auxquels elle a donné nombre de chefs, de gouverneurs, de grands-prieurs et d'abbesses, ainsi que, depuis plusieurs siècles, dans les hauts chapitres de Remiremont, Lyon, Maubeuge, Liége, Mourbach, Guebwillers, Lure, que dans tous les temps et sous toutes les différentes dénominations sous lesquelles elle s'est trouvée, elle a toujours pris rang parmi les grands du pays. En effet, ses titres, les auteurs et la notoriété publique, constatent que les seigneurs de cette maison tenaient rang, dès l'an 1349, parmi les hauts barons et grands des deux Bourgognes qui composaient le conseil de régence durant la minorité du duc de Bourgogne, et étaient du nombre des gentilshommes de la cour et des grands-officiers de ces souverains ; qu'en Lorraine ils tenaient rang à la cour et aux états du pays parmi la haute noblesse qui formait le corps de l'ancienne chevalerie. Elle peut aussi citer parmi ses autres illustrations d'avoir donné, depuis des siècles, dix chevaliers et un commandeur à l'ordre de Saint-Jean de Jérusalem, plusieurs membres à l'ordre impérial de la Croix-Étoilée de Marie-Thérèse, quatorze chevaliers et un commandeur à l'ordre royal et militaire de Saint-Louis, vingt-quatre chevaliers à l'ordre de noblesse de Saint-Georges, et un gouverneur-chef de cet ancien ordre de chevalerie; d'avoir fourni dans des temps reculés, des grands-officiers de la maison et des chefs dans les armées des ducs de Bourgogne et de Lorraine, tels que généraux de division, capitaines des Gardes-du-Corps, chambellans, gentilshommes de la chambre, écuyers d'écurie, écuyers panetiers, etc., d'avoir donné des généraux et officiers supérieurs distingués au service de France, d'Espagne, d'Allemagne, de Bourgogne et de Lorraine, notamment plusieurs lieutenants-généraux, généraux-majors de bataille, maréchaux de camps, sergents-majors de bataille et brigadiers des armées; des inspecteurs-généraux de toute la cavalerie, des inspecteurs d'infanterie, des adjudants-généraux, majors-généraux et maréchaux-généraux-des-logis d'armées, et de plus quatorze colonels (ou mestres-de-camp) d'infanterie, de cavalerie; un commandant général des Isles-du-Vent, un commandant de la province d'Alsace et des commandants au comté de Bourgogne, de la Franche-Montagne et de plusieurs villes et forteresses; des gouverneurs de Péronne, du Vieux et du Neuf-Brisack, de la ville de Gray, de toute la Franche-Montagne, Lille, de Châtillon, de la Roche, Neufchâtel, Châteauneuf, la tour du Mai, et des capitaines de cinq cents, de deux cents et de cent hommes, tant de pied que de cavalerie.

Cette maison avait parmi ses possessions plusieurs grandes terres titrées, notamment le marquisat de Saint-Mauris, celui de Genevrey, le comté de Saulx, le comté de Lambrey, la baronnie de Châtenois, la baronnie de la Villeneuve, et (avec la maison de Raigecourt), le marquisat de Spincourt, etc., etc., qui toutes avaient eu jadis de vastes châteaux forts, remplacés par de plus modernes, et avaient des mouvances et dépendances considérables, de même que leurs anciennes seigneuries héréditaires à châteaux forts de Mathay, Roye, Bermon, Bustal, Saint-Mauris en Montagne, Saint-Mauris-sur-Doubs, Allenjoye, Sainte-Marie, Bonbrouch en Flandre, Tantonville en Lorraine, etc., dont la plupart, par leur étendue, leurs positions frontières, et leurs situations escarpées, étaient, dans ces siècles reculés, fort 'importantes, même pour la défense du pays; aussi voit-on, par leurs titres, que les seigneurs de Saint-Mauris n'en confiaient la garde qu'à d'anciens gentilshommes, avec le titre et les appointements de capitaïnes de châteaux.

· Les seigneurs de la dernière et seule branche existante de cette maison, titrés barons depuis dix générations, et sous leurs anciens souverains, obtinrent du roi de France, peu après la conquête de la province (comté de Bourgogne), le titre de marquis, assis sur la réunion de plusieurs anciennes terres titrées, et depuis longtemps substituées, en considération des avantages distingués qu'elle réunissait, la plupart résumés et énoncés par Sa Majesté dans les patentes.

I. Richard DE SAINT-MAURIS, Ier du nom, chevalier, et Albert de Saint-Mauris, son frère (1), vivaient, l'un et l'autre, dans le courant du onzième siècle, ce qui est prouvé par titres originaux. Richard épousa Adeline de Montjoye, et eut de ce mariage :

     1.º Bernard, qui suit ;
     2.º Pierre, chanoine du chapitre métropolitain de Besançon et de Saint-Etienne, mort en 1169;
     3.º Lambert, qui fut témoin dans une charte de l'an 1130;
     4.º Hugues, chevalier, témoin d'une charte de l'abbaye de Belchamp, de 1134;
     5.º Vuillaume, religieux du Lieucroissant, en 1138;
     6.º Corvaur de Saint-Mauris, vivant en 1134.

II. Bernard DE SAINT-MAURIS, chevalier, dont l'existence est attestée par plusieurs chartes du douzième siècle, et par le *Nécrologe de l'abbaye de Saint-Paul*, annonçant que « *le 6 des calendes de février* 1180, *est mort Bernard de Saint-Mauris, qui, avec Pierre et Martin, ses fils, nous ont par ci-devant donné une vigne, cise au Mont des Vandales; comme Adeline, femme de Richard de Saint-Mauris, chevalier, son père, nous avait déja donné un chazal à Nancray*, etc. » Ce Bernard fut père des enfants qui suivent :

---

(1) Les fils d'Albert de Saint-Mauris, frères de Richard Ier, furent : 1º Bernard ; 2º Guy, et 3º Vuillaume de Saint-Mauris, appelés frères, et tous fils d'Albert, dans des chartes de 1130, 1134, 1138 ; mais on ignore quelle fut leur postérité, quoi qu'il soit très-vraisemblable que de cet Albert devait descendre Marguerite de Saint-Mauris, mariée, vers 1250, à Richard IIe de Saint-Mauris, son parent.

1.º Pierre, qui suit ;

2.º Martin, dont il est fait mention dans le *Nécrologe de l'abbaye de Saint-Paul*, à l'occasion de son père, en 1180 ;

3.º Lambert, chanoine du chapitre métropolitain, et de Saint-Etienne, en 1184 ;

4.º Jean, chanoine, et garde-des-sceaux de Besançon, mort en 1160 ;

5.º Vuillaume, religieux du Lieucroissant en 1177.

III. Pierre DE SAINT-MAURIS, Ier du nom, chevalier, mentionné dans une charte de donation faite par Evrard de Villers, à l'abbaye de Lieucroissant, au douzième siècle. Il est encore rappelé, avec son père Bernard, dans un titre de l'abbaye du Lieucroissant, en 1169, avec son oncle Pierre, chanoine de Besançon, et comme étant son héritier, à la même date dans le *Nécrologe de Saint-Etienne*, et en 1147, dans une charte de l'archevêque Humbert. Il fut père de :

1.º Jean, chevalier, qui suit ;

2.º Pierre, mort en 1223, selon le *Nécrologe de Saint-Etienne*.

IV. Jean DE SAINT-MAURIS en Montagne, Ier du nom, chevalier, vivant en l'an 1200, selon un titre du cabinet du roi, et selon un autre de l'officialité, de l'an 1251, énoncé père de :

1.º Jean II, chevalier, qui suit ;

2.º Humbert, vivant en 1250 ;

3.º Thiébaud, chevalier, vivant en 1230 ;

4.º Et Conrad de Saint-Mauris, chevalier, tige de la première branche, dite *de Saint-Mauris-sur-le-Doubs* ou *Sauvaget*, qui suivra, page 178.

V. Jean de SAINT-MAURIS en Montagne, IIe du nom, chevalier, rappelé fils de Jean Ier, dans un titre de l'an 1250, et un autre de 1251, seigneur de Saint-Mauris, en Montagne, Court, Roye, Fleurey, seigneuries et fiefs que tous ses descendants ont consécutivement possédés, jusqu'à l'époque de la révolution. Il fut père de :

1.º Richard Ier, chevalier, dont l'article suit ;

2.º Perrin, vivant en 1300 ;

3.º Odat, en 1268 ;

4.º Hugues, chevalier, en 1268 ;

5.º Virgille, qui vivait en 1275, et avait à cette
    époque deux fils nommés Guillaume, dont on
    ignore le sort.

VI. Richard DE SAINT-MAURIS en Montagne, IIᵉ du
nom, chevalier, seigneur de Saint-Mauris, Court, Lomont, Roye; de fiefs à Accolans, Trévilliers, Belleherbe,
Battenant, vivait en 1250, était mort en 1304. Il avait
épousé Marguerite de Saint-Mauris, sa parente, dont il
eut huit enfants :

    1.º Jean, tige de la seconde branche, rapportée plus
        loin ;

    2.º Hugues, chevalier;

    3.º Guy, chevalier en 1340 ;

    4.º Jean , dont l'article suit ;

    5.º Hottenin, damoiseau, qui acheta en 1304 de
        Jean son frère, de concert avec sa mère, étant
        mineur, la seigneurie de Belleherbe, et fut homme
        d'armes ; puis, en 1350, un des seigneurs de la
        cour et de l'hôtel du duc de Bourgogne ;

    6.º Colin, marié, en 1318, à Clémence de Mont-
        joye (ou Frohberg) ;

    7.º Jacquette, abbesse de Beguines;

    8.º Pierre, abbé de la chartreuse de Bonlieu en
        1325 et 1348.

VII. Jean DE SAINT-MAURIS en Montagne, IIIᵉ du
nom, chevalier, dit *le Jeune* seigneur de Saint-Mauris,
Court-les-Saint-Mauris, Battenant, Lomont, homme
d'armes dans les armées du duc de Bourgogne, épousa,
en 1302, Simonette de Vernes, fille de Jacques, sire du
château fort de Vennes et de Germé-Fontaine, chevalier, et d'Alix de Présenteviller. En faveur de ce mariage, monseigneur Jean, comte de la Roche, et Mar-
guérite, comtesse de Neufchâtel, sa femme, donnèrent
auxdits futurs époux, à cause de leur affinité de lignage
et parenté avec les deux parties, des fiefs, dîmes et
moulins à Saint-Mauris, et tous droits honorifiques,
chasses, pêches, etc. sur toute l'étendue de leursdits comtés, tels et ainsi qu'en ont toujours joui leurs descendants jusqu'à la triste époque du bouleversement de la
France. Ledit Jean III vendit, en 1288, sa terre de Lomont à Regnaud de Bourgogne; fit des fondations de
chapelle au château et au bourg de Montjoye, de con-
cert avec Vuillaume de Montjoye, baron dudit lieu, en
1304, 1317 et 1318, et fut père de :

1.º Richard, dont l'article suit ;

2.º Richard, dit *le Jeune*, écuyer ;

3.º Michel, écuyer, marié, en 1389, à Etevenette de la Porte ;

4.º Perrin, vivant en 1333 ;

5.º Thiébaud, en 1372 ;

6.º Gauthier ; 7.º Etienne, homme d'armes, ainsi que ses frères, qui devint un des gentilshommes de la cour et de l'hôtel du duc de Bourgogne ;

8.º Regnaud, damoiseau, vivant en 1349 ;

9.º Alix, mariée, en 1355, à Richard de Vennes, chevalier ;

10.º Simonette, femme de Vuillaume de Vennes, écuyer en 1339 ;

11.º Agnès, mariée, 1.º à Jean de Thuillerre, baron de Montjoye en 1330, fils de Vuillaume et d'Anne de Rougemont ; 2.º à Jean de Trévillers, écuyer, vers l'an 1338 ;

12.º Jeanne, mariée, en 1350, à Pierre de Crosey, écuyer, seigneur de Crosey, fils d'Odat et de Louise de Chissey, dont descendent les barons de Crosey d'aujourd'hui.

VIII. Richard DE SAINT-MAURIS en Montagne, IIe du nom, damoiseau, dit *le Viel*, seigneur dudit lieu, Court-les-Saint-Mauris, Fleurey, Accolans, Rahon, etc., fut du nombre des seigneurs et grands du pays qui composaient le conseil de régence durant la minorité du jeune duc Philippe le Rouvre, en 1349, et se trouve aussi rappelé dans la liste des chevaliers de marque qui furent convoqués par l'archevêque de Besançon en 1366, pour briser les fers de l'abbé de Saint-Paul, détenu à Besançon. Il épousa, en 1355, Alix de Willafans, dont il eut :

1.º Guillaume, dont l'article suit ;

2.º Jeanne, dame abbesse de Migette en 1419 ;

3.º Colin, homme d'armes en 1417, marié, en 1440, à Jeanne de Provenchères, dont il eut deux filles : Etiennette, mariée, en 1460, avec Jacques de Saulnot, seigneur dudit lieu, et l'autre religieuse à l'abbaye noble de Château-Châlon en 1459 ;

4.º Jeannette, dame de Liebwillers, mariée, en 1417, à Philippe de Rénédalle, seigneur de ce lieu ;

5.° Marguerite, femme, en 1406, de Jacques de Breu-
rey, damoiseau, veuve en 1408, et remariée.

IX. Guillaume DE SAINT-MAURIS en Montagne, damoiseau, homme d'armes du duc de Bourgogne, seigneur
de Saint-Mauris en Montagne, Court-les-Saint-Mauris,
Battenant ; de fiefs à Accolans, Rahon, la Grosse-Maison
de Belvoir, Sancey, Vallerot ; épousa, en 1396, Jeanne
d'Ausselle, fille de Jacques, baron et sire d'Ausselle,
Sancey, Vallerot, chevalier, capitaine et gouverneur de
Montbozon, et homme d'armes, et de Jeanne de Sancey. Il eut de ce mariage :

1.° Jean IV, dont l'article suit ;

2.° Huguenin, homme d'armes en 1418 ;

3.° Etienne, écuyer-panetier du duc de Bourgogne,
et l'un des capitaines de son armée qui se signala
et fut blessé à la bataille de Gaure, où il commandait une division ; il signa, comme assistant
le maréchal de Neufchâtel, son traité de 1451
avec la cité de Besançon ;

4.° Michel, religieux à l'abbaye noble de Baume-
les-Messieurs, en 1450 ;

5.° Vuillemette, femme d'Odât, sire d'Esnans, en
1440 ;

6.° et 7.° Anne et Marguerite, dames de l'abbaye
noble de Migette, en 1437 et 1447 ;

8.° Louise, femme de Nicolas de Saint-Martin,
écuyer, en 1451.

X. Jean DE SAINT-MAURIS en Montagne, IV° du nom,
chevalier de l'ordre de noblesse de Saint-Georges, en 1437 ;
homme d'armes, puis écuyer du duc Philippe-le-Bon,
en 1460, et chambellan du duc Charles en 1470, seigneur
de Saint-Mauris en Montagne, Court-les-Saint-Mauris,
Sancey, Fleurey, Accolans, Battenant, épousa, en 1450,
Guillemette de Blandans, fille de Hugues, sire de Blandans, damoiseau, et de Jeanne de Montureux, et en secondes noces, Louise de Rougemont, en 1478, fille de
Henri, baron et sire de Rougemont et de Chassey, et de
Béatrix de Saint-Agnès. Ledit Jean IV fut du nombre
des gentilshommes de marque qui assistèrent l'arche-

vêque de Besançon lors de la prise de possession de ce siége, en 1440. Ses enfants furent :

1.º Pierre, dont l'article suit;

2.º Philibert, homme d'armes, marié, en 1488, à Agnès de Bauffremont, fille de Pierre de Bauffremont, baron et sire de Bauffremont, Vauvillars, Rup, etc.; 3.º Isabelle; 4.º Pernette.

XI. Pierre DE SAINT-MAURIS en Montagne, II° du nom, chevalier de Saint-Georges, capitaine et gouverneur des châteaux et places de Châtillon en 1494, seigneur de Saint-Mauris, Court-les-Saint-Maurice, Sansey, Battenant, Fleurey, épousa, en 1478, Françoise de Rougemont, fille d'Henri, baron et sire de Rougemont et de Chassey, et de Béatrix de Saint-Agnès, dont il eut :

1.º Hugues, dont l'article suit;

2.º Huguenin le Jeune, qui se distingua dans les armées de Bourgogne, et eut une main abattue dans un combat. Il avait épousé, en 1550, Catherine de Thuillerre-Montjoye, fille de Nicolas de Thuillerre, baron de Montjoye et d'Héméricourt, et de Radegonde d'Oiselet; 3.º Jean;

4.º Pierre, mort en 1560, grand-prieur des abbayes nobles de Mourbach (aujourd'hui Guéviller) et de Lure;

5.º Guillaume de Saint-Mauris;

6.º Claudine, femme de Jean, sire de Mathay, chevalier en 1510;

7.º Rose, dame de Migette, en 1516;

8.º Jeanne de Saint-Mauris;

9.º Et Marguerite, mariée à Etienne de Crosey, seigneur dudit lieu, fils de Georges et de Charlotte de Rougnon (dont descend le baron de Crosey, chevalier de l'ordre royal et militaire de Saint-Louis, capitaine d'infanterie, fils de Pierre et d'Agathe, baronne de Roll) , arrière-petit-fils de Pierre de Crosey, marié, en 1350, à Marguerite de Saint-Mauris.

XII. Hugues DE SAINT-MAURIS en Montagne, armé chevalier par Charles-Quint, après la bataille de Pavie, pour ses faits d'armes, capitaine et gouverneur de la Franche-Montagne, et des comtés, villes et châteaux de la Roche, Saint-Hippolyte et Maiche, seigneur de Saint-Mauris, Court-les-Saint-Mauris, Sancey, Battenant, Fleurey, et Roye, Accolans, Rahon, Belvoir, marié, en 1525, à Claudine de Mugnans, fille de Thiébaud, sire de Mugnans, chevalier de Saint-Georges, seigneur de Laissey, Rosey, et de Claudine d'Amance. Il eut de ce mariage :

1.º Jean, auteur de la cinquième branche rapportée plus loin ;

2.º Pierre, dont l'article suit ;

3.º Nicolas, auteur de la sixième branche rapportée en son lieu ;

4.º Hugues, marié, en 1580, à Catherine de Courbessaint, fille de Claude, chevalier de Saint-Georges et de Véronique de Pierrefontaine ;

5.º Jean ; 6.º Et Jean-Claude-Marc, qui furent successivement grands-prieurs et vicaires-généraux de l'abbaye noble de Saint-Ouyan-de-Joux, dite Saint-Claude, et abbés du Miroir ;

7.º Pierre, grand-prieur des abbayes nobles et unies de Mourbach, Guébwillers et de Lure, mort en 1525 ;

8.º Claudine, mariée, 1.º à Thiébaud de Jussy, baron et seigneur de Jussey, Coussy, Hurbach, en 1542, fils d'Henri et de Philippette de Paffenhowen ; 2.º à François, seigneur de Leugney, chevalier de Saint-Georges, gouverneur d'Arguel, Beaume et Montfaucon, fils d'Etienne et d'Alix de Clairon ;

9.º Lucie, mariée à Pierre de Vaudrey, baron de Courlaou, fils d'Adrien, chevalier d'honneur au parlement et de Jeanne de Varre, rappelé au testament de son père, Hugues, en 1582 ;

10.º Isabelle de Saint-Maurice.

XIII. Pierre DE SAINT-MAURIS en Montagne, IIIᵉ du nom, baron de Châtenois, chevalier de Saint-Georges, capitaine et gouverneur de la Franche-Montagne et châteaux de Châteauneuf, la Roche, Saint-Hippolyte et Maiche, seigneur de Sainte-Marie, Châtenois, Lambrey, la Gillerie, Fessey, la Lanterne, Saint-Germain-le-Saucy, etc., député par l'assemblée des états du comté, en Flandre et en Espagne, vers le souverain, en 1574; conjointement avec le seigneur d'Audelot, et vendit à ses frères, les fiefs de Saint-Mauris en Montagne, Court-les-Saint-Mauris, Sancey, Battenant, Fleurey, Belleherbe, et notamment le moulin dit des Sires de Saint-Mauris, et bâtit un château fort à Sainte-Marie. Il épousa, en 1550, Anne de Courbessaint, fille de Claude, chevalier de Saint-Georges, gouverneur de Faucogney, et d'Antoinette de Vy, qui lui apporta les seigneuries de Sainte-Marie, Saint-Germain, le Saulcy, etc.; 2.º en 1564, Philiberte de Willaffans, fille de Louis, sire de Willaffans, Battenant, Lambrey, Say, chevalier de Saint-Georges, et de Jeanne de Lambrey, dont il eut :

1.º Adam, dont l'article suit ;

2.º Claude-Gaspard, marié, en 1583, Marguerite de Champagne, fille de Jean et de Maximilienne de Vautravers ;

3.º Chrétienne, femme de Pierre du Houx, seigneur du Houx et de Vioménil, en 1600 ;

4.º Jeanne, mariée, en 1593, à Antide, comte de la Verne, colonel de trois mille Bourguignons, commandant de Dôle, dont il soutint le siége contre le grand Condé, fils de Pierre, comte de la Verne, et de Marguerite du Tartre ;

5.º Marguerite, dame à Montigny ;

6.º Etiennette, dame à Migette ;

7.º Philippote de Saint-Mauris.

XIV. Adam DE SAINT-MAURIS, baron de Châtenois, seigneur de Saulx, Creveney, Châteney, Sainte-Marie, Lambrey, Gressoux, Equevilley, Courcelles et dépendances, colonel de cavalerie au service de Sa Majesté Catholique, capitaine et gouverneur de Châteauneuf, et commandant de la Franche-Montagne, ainsi que ses ancêtres, et chevalier de l'ordre de noblesse de Saint-Georges, épousa, en 1603, Bonne de Coinctet de Châteauvert, chanoinesse novice de Baume, fille de Pierre-Luc de Coinctet, gouverneur de la ville de Baume, et de Claudine de la Tour Saint-Quentin. De ce mariage vinrent :

1.º François, dont l'article suit;

2.º Adrien, capitaine et commandant les deux cents chevau-légers du terce de Bourgogne ;

3.º Luc, capitaine d'un terce pour le service de Sa Majesté Catholique aux Pays-Bas, en 1647 ;

4.º Nicolas de Saint-Mauris ;

5.º Bénigne, capitaine de deux cents Bourguignons, par brevet en espagnol de 1635 ;

6.º Béatrix, mariée : 1.º en 1628, à Jean-Jacques de Blicterswich, baron de Montcley, Melisey, la Roche, chevalier de Saint-Georges, capitaine de cent cuirassiers au régiment de Saint-Mauris ; 2.º en 16...., à Antoine, baron de la Béraurdière, seigneur de Rosière, Beauprey, etc. ;

7.º Anne, abbesse, par patentes, du chapitre noble de Montigny, en 1651 ;

8.º Jacqueline, chanoinesse de Migette en 1626.

XV. François DE SAINT-MAURIS, baron de Châtenois et de la Villeneuve, seigneur de Saulx, Châteney, Creveney, Sainte-Marie, etc., chevalier de Saint-Georges en 1662, général-major de bataille, commandant au comté de Bourgogne, mestre-de-camp d'un terce d'infanterie bourguignonne et d'un corps de dragons ; envoyé du duc de Lorraine vers le prince de Parme et Plaisance, gouverneur des Pays-Bas, au sujet de la défense du comté de Bourgogne ; épousa, en 1645, Hermeline d'Oyembrughe-Duras, dame du Châteaufort, de Bombrouch, chanoinesse du haut chapitre de Maubeuge, fille de Jacques, comte d'Oyembrughe et de Duras ; baron d'Yprès, Meldert, etc., duc des deux bannières, connétable et grand-maréchal héréditaire, et chef de la noblesse du pays de Liége, gouverneur du duché de Bouillon, et d'Anne, baronne de Berloo, comtesse d'Ozémont. Il eut de ce mariage :

1.º Charles-Emmanuel, dont l'article suit ;

2.º Claude-Louis, auteur de la septième branche, rapportée plus loin ;

3.º Antoine-Pierre, commandeur de l'ordre de Malte, reçu en 1672 ; chevalier de Saint-Georges en 1682, et de celui de Saint-Louis, par brevet de 1694, portant que c'est pour récompense de dix-sept années de service de la plus grande distinction, et comme colonel d'un régiment de cavalerie de son nom;

4.° Martine, mariée, en 1664, à François de Jouffroy, seigneur de Gonssans, chevalier de Saint-Georges, fils d'Antoine et de Guillemette de Reuthner, dont descendent les marquis de Jouffroy, seigneurs de Gonssans, barons du Pin;

5.° et 6.° Anne et Claude-Martine, chanoinesses de Migette.

XVI. Charles-Emmanuel, comte DE SAINT-MAURIS, baron de Châtenois et de la Villeneuve, comte de Saulx et lieux en dépendant, chevalier des ordres de Saint-Louis et de Saint-Georges, en 1680; major-général, maréchal-général-des-logis des armées du roi, inspecteur-général de toute sa cavalerie, épousa, en 1679, Marie-Françoise, comtesse de Ligniville, chanoinesse d'Epinal, dame de Jasney, Girrefontaine, fille de Nicolas-René, comte de Ligniville, baron de Vannes, chevalier des ordres du Roi, gentilhomme de sa chambre et gouverneur du pays de Toul, et de Catherine, comtesse de Pouilly, dont il eut :

1.° Paul-François, dont l'article suit ;

2.° Joseph-Louis, chevalier des ordres de Saint-Jean de Jérusalem en 1700, et de Saint-Louis en 1734, capitaine, puis chef de brigade des carabiniers de France, avec rang de colonel de cavalerie en 1733, mort en 1735, âgé de quarante-cinq ans ;

3.° Jeanne-Claude, chanoinesse du haut chapitre de Remiremont en 1699, puis mariée, en 1728, à Humbert, comte de Précipiano, baron de Soye, Cuze, Gondenans, chevalier de Saint-Georges, capitaine de cavalerie au régiment de Saint-Mauris; fils de Prosper-Ambroise, lieutenant-général des armées du roi catholique, gouverneur de la citadelle de Besançon, et commandant de Luxembourg.

4.° Marie-Thérèse, grande tourière et trésorière du chapitre de Remiremont, et lieutenante de la princesse Charlotte de Lorraine (sœur de l'empereur), son abbesse en 1696.

XVII. Paul-François, marquis DE SAINT-MAURIS, comte d e Saulx, baron de Châtenois et de la Ville-neuve, et lieux en dépendant, seigneur de Bellemont, Lamotte, le Châtelot, Sellières, etc., capitaine des cuirassiers du roi, fit ériger en marquisat ses deux baronnies, sous son nom, par patentes de 1705, et épousa, en 1707, Bernardine-Joséphine, comtesse de Lalle-mand, dame de Bellemont, Lamotte, Châtelot, Sel-lières, Laronce, fille et unique héritière d'Adrien, comte de Lallemand adjudant-général et colonel de ca-valerie, chevalier de Saint-Georges, commandant de Dôle, et d'Elisabeth, comtesse de Choiseul-d'Aigremont, dont il eut :

1.º Charles-Emmanuel-Xavier, dont l'article suit ;

2.º Ardonin-Alexandre, comte de Saint-Mauris, capi-taine, puis chef d'escadron de cavalerie, chevalier de l'ordre royal et militaire de Saint-Louis et de Malte, marié, en 1759, à Charlotte d'Eshierres, dame de Bonneval, fille de Gabriel Deshierres de Bonneval, capitaine, puis lieutenant-colonel de cavalerie, chevalier de l'ordre royal et militaire de Saint-Louis, et de Justine d'Agoust de Mont-maure, dont il eut :

a. Louise-Alexandre-Charles-Ardonin-Emmanuel, officier des vaisseaux du roi, tué âgé de vingt-un ans ;

b. Olimpe-Louis-Séraphine, mariée, en 1789, à Charles-Joseph-Elisabeth, baron de Huard, lieutenant-colonel au service de Sa Majesté Catholique, dans ses gardes valonnes, seigneur de la Sauvage, des deux Sones, etc. ;

3.º Charles-Emmanuel, comte de Saint-Mauris, lieutenant-général des armées du roi, gouverneur des ville et château de Péronne, commandant général des îles du Vent de l'Amérique, inspec-teur d'infanterie, colonel d'un régiment de son nom, chevalier des ordres de Saint-Jean de Jé-rusalem, de Saint-Louis et de Saint-Georges, comte et seigneur de Lambrey, Augicourt, Ge-sincourt, Sainte-Marie, Saint-Mauris en Montagne, Court-les-Saint-Mauris, Fleurey, et autres anciennes terres primitives de la maison qu'il légua à ses neveux en 1787.

4.º Louise-Martine ,) chanoinesses et doyennes du
5.º Anne-Thérèse ,) chapitre de Migette ;

XVIII. Charles-Emmanuel-Xavier, marquis DE SAINT-MAURIS, baron de Châtenois et de la Villeneuve, comte de Saulx et dépendances, seigneur de Belmont, Sellières, Lamotte, le Châtelot, du marquisat de Spincourt, Saulny, etc. , capitaine de cavalerie à seize ans, puis colonel et brigadier des armées du roi, épousa, 1.º en 1738, Henriette de Quadt-l'Andskrone, fille de Guillaume-Henri , marquis de Quadt-l'Andskrone , baron immédiat du Saint-Empire, lieutenant-général et général en chef des armées du roi de France en Allemagne , gouverneur des forts et citadelle de Marseille, grand-commandeur de l'ordre royal et militaire de Saint-Louis, etc., et eut cinq enfants morts en bas âge; 2.º en 1753 , Françoise-Bernarde , marquise de Raigecourt , chanoinesse de Remiremont , dame de Spincourt , Saulny , fille de Louis-Antoine , marquis de Raigecourt, comte du Saint-Empire , maréchal-des-camps , et colonel d'un régiment de cavalerie de son nom , seigneur de Friauville , Buzy , Spincourt, etc., et d'Anne-Marie , comtesse de Gournay, dont il eut :

1.º Charles-Emmanuel-Polycarpe, dont l'article suit ;
2.º Louis-Emmanuel-Alexandre, auteur de la huitième branche, rapportée en son rang;
3.º Gabriel-Bernard , chevalier de Saint-Jean de Jérusalem, de l'ordre royal et militaire de Saint-Louis, et de Saint-Georges, page du roi, puis officier de chasseurs, capitaine de cavalerie.

XIX. Charles-Emmanuel-Polycarpe , marquis DE SAINT-MAURIS , maréchal des camps et armées du roi, baron de Châtenois et de la Villeneuve, comte de Saulx, villages et fiefs en dépendant, substitués par ses ancêtres depuis environ deux siècles, marquis et seigneur de Genevrey et dépendances, seigneur de Belmont, Lamotte et de Saint-Mauris en Montagne , Court-les-Saint-Mauris, Fleurey, Courcelles et autres anciens fiefs primitifs de sa maison, également substitués, etc. etc. , che-

valier des ordres de Saint-Louis, de Saint-Georges et de
Saint-Jean de Jérusalem, de la Langue-de-Russie, sous-
lieutenant au régiment de Saint-Mauris en 1764, capitaine de dragons au régiment de Bauffremont en 1773,
colonel attaché audit corps en 1787, admis aux honneurs
de la cour le 12 mai 1787, en vertu de ses preuves et
filiation, attestées et mises sous les yeux du roi par
M. Chérin, généalogiste de ses ordres, telles qu'elles
sont rapportées ci-devant; émigra avec toute sa famille;
sortit du royaume avec ses deux frères et ses deux fils,
pour rejoindre les armées royales à leur formation en
1791; fit avec eux, sous les ordres des princes frères du
roi, la campagne de 1792, à l'avant-garde, tous à leurs
propres frais; au licenciement de cette armée, servit, avec
tous les siens, à celle de monseigneur le prince de Condé
(où il perdit un de ses fils âgé de treize ans), souvent
employés en commissions importantes par ce prince. Ils
servirent tous jusqu'au dernier licenciement, effectué en
1801.

Par cet événement, ils rentrèrent en France, et ne
reprirent les armes qu'à l'époque heureuse où sachant
MONSIEUR, comte d'Artois, à Bâle, ils s'empressèrent
de lui offrir l'hommage de leur fidélité et de leurs services, qu'il daigna agréer à Vesoul le 21 février 1814;
le marquis de Saint-Mauris a été nommé maréchal des
camps et armées du roi en 1814; inspecteur général des
gardes nationales du département de la Haute-Saône, en
1815; et a épousé, en 1777, sa cousine-germaine Marie-Ca-
roline-Elisabeth-Léopoldine, marquise de Raigecourt,
chanoinesse, comtesse du haut chapitre de Remiremont,
dame de l'ordre impérial de la Croix-Etoilée, fille de
Christophe, marquis de Raigecourt, comte du Saint-
Empire; d'abord chanoine du haut chapitre de Liége,
puis chambellan de LL. MM. Impériales, seigneur de
Groyeux, Ban, Buzy, Bilzerberg, Everlange, Saint-
Ballemont, Useldange, etc., et de Marie-Joséphine, comtesse de Saint-Ygnon. De ce mariage il eut:

1.º Christophe-Marie-Charles-Emmanuel-Auguste,
   dont l'article suit;

2.º Charles-Emmanuel-Anne-Gabriel-Achille, chevalier de Malte, reçu de minorité, mort à l'armée
   royale commandée par monseigneur le prince de

Condé, âgé de treize ans, cavalier noble, rang de sous-lieutenant;

3.° Charlotte-Catherine-Alexandrine, chanoinesse de Remiremont;

4.° Charlotte-Mélanie-Athénaïs, chanoinesse de Remiremont;

5.° Thérèse-Joséphine-Zoé, admise chanoinesse du haut chapitre de Maubeuge, morte avant son apprébendement.

XX. Christophe-Marie-Charles-Emmanuel-Auguste, marquis DE SAINT-MAURIS (dit le vicomte Emmanuel de Saint-Mauris-Châtenois), émigré avec son père, ses oncles et son frère en 1791, et inscrit cavalier noble, rang de sous-lieutenant à l'armée royale, sous les ordres de monseignenr le prince de Condé, qu'il rejoignit à l'âge de treize ans, officier au régiment d'Hohenlohe en 1797, fit toutes les campagnes, jusqu'au dernier licenciement de 1801; rentré en France avec tous les siens, comme eux tous, il ne reprit les armes que pour offrir ses services à ses souverains légitimes, et fut reçu chevalier de l'ordre royal et militaire de Saint-Louis de la main de *Monsieur*, comte d'Artois, en août 1814, et capitaine de cavalerie. Il a épousé, en 1807, Ferdinande-Françoise-Nicole, comtesse de Villers-la-Faye, fille de Marie-Madeleine-Simon, vicomte de Villers-la-Faye, maréchal des camps et armées du roi, lieutenant et aide-major de ses gardes-du-corps, et chevalier de son ordre de Saint-Louis, baron de Villers-la-Faye, le Rousset, etc., et de Pierrette-Dorothée, comtesse de Grammont Granges, dont il a :

1.° Charles-Emmanuel-Marie-Edouard de Saint-Mauris, né le 14 mars 1808;

2.° Alfred-Marie-Charles-Emmanuel de Saint-Mauris, né le 21 juin 1810.

PREMIÈRE BRANCHE,

Dite de Saint-Mauris sur le Doubs, ou Saint-Mauris Sauvaget.

La première branche connue par titres pour être issue du tronc commun de la maison de Saint-Mauris en Montagne, désignée indifféremment sous les surnoms et sobriquets des seigneurs de Saint-Mauris sur le Doubs ou de Saint-Mauris Sauvaget, nom d'un de ses fiefs, laquelle a été établie sur les titres originaux des archives de cette maison, parmi lesquels il s'en trouve où l'on voit encore des sceaux conservés empreints d'écus blasonnés de cinq fasces, ainsi que les ont toujours portés toutes les branches de cette maison.

V. Conrad DE SAINT-MAURIS en Montagne, chevalier, seigneur à Saint-Mauris en Montagne, à Saint-Mauris sur Doubs, et de fiefs à la Côte-Sauvageot, Abbevillers, Colombier, Amancey, Chevroul, etc., fils de Jean de Saint-Mauris en Montagne, chevalier, qui vivait en 1200 (Voyez page 165), fut père de quatre enfants, connus par titres :

    1.º Jean, dont l'article suit;
    2.º Perrin, damoiseau, seigneur d'Abbevillers, marié à Odatte, et vivant en 1326; sa postérité et le nom patronimique de sa femme sont encore inconnus;
    3.º Jean de Saint-Mauris Sauvaget, écuyer en 1316.
    4.º Marguerite, mariée vers 1297, au seigneur de Faimbe;

VI. Jean DE SAINT-MAURIS, dit *Sauvaget*, IIe du nom, chevalier, seigneur desdits lieux, Colombier, Chevroul, Amancey, Villers-sous-Escot, la Côte-Sauvageot, en 1306, 1316, 1336 et 1337. Il dut naître vers 1270, environ, étant déjà chevalier en 1316; selon d'autres titres, il reprend de fiefs en 1306, 1336 et 1337, de partie de ses seigneuries. Ses enfants furent :

    1.º Jean, dont l'article suit;

2.º Huguenin, seigneur de l'Isle et du Magny, en 1369.

3.º Jean, prêtre, curé de Logres, qui testa en 1349 ;

4.º Catherine, femme de Jean, seigneur châtelain de Valonne, écuyer, vivante en 1412, et veuve alors de Guillaume de Bustal, damoiseau, seigneur de Bustal, dont elle avait eu Jacques, écuyer, marié à Adeline de Vesoul, père et mère d'Agnès de Bustal, dernière et unique héritière de cette maison, dont elle porta les biens en mariage à Gérard de Saint-Mauris en Montagne, damoiseau, de la branche de Berchenet, en 1460 ;

5.º Isabelle, } vivantes en 1349.
6.º Agnès, }

VII. Jean SAUVAGET DE SAINT-MAURIS en Montagne, damoiseau, seigneur de Saint-Mauris-sur-Doubs, Damblin, Colombier, Savoureux, et de l'Isle, homme d'armes dans les armées de Bourgogne, puis écuyer de Thiébaud, sire et comte de Neufchâtel, chevalier en 1359. Il épousa, vers en 1380, Marguerite de Damblin, dame dudit lieu, et qui paraît dernière de cette maison. Il reprit de fief en 1368. Sur l'acte en parchemin se voit encore son sceau *empreint de cinq fasces*, ainsi que tous les anciens sceaux des différentes branches de la maison de Saint-Mauris en Montagne. Il fut le dernier de cette filiation qui ait ajouté à son nom le sobriquet de *Sauvaget*. Il eut de son mariage :

1.º Jean, dont l'article suit ;

2.º Thiébaud, écuyer, seigneur de Villiers-sous-Escot, le Châtelot, la Côte-Sauvageot et Saint-Mauris ; marié, vers 1430, à Claudine d'Andelot, veuve de M. de Huoncles, de laquelle il eut :

a. Bonne de Saint-Mauris, dont on ignore le sort ;

b. Adeline, mariée, en 1460, à Gérard de Boult, écuyer, seigneur de Boult, dont le fils Nicolas porta le surnom de *dit Saint-Mauris*, sa mère étant dernière d'une branche, lequel Nicolas épousa Adrienne de la Pallud ;

3.º N...., marié à Alix d'Antigney vers 1432, dont on ne connaît pas la postérité.

VIII. Jean DE SAINT-MAURIS, IVe du nom, damoiseau, et écuyer, homme d'armes dans les armées de Bourgogne en 1417, seigneur de Saint-Mauris-sur-Doubs, Damblin, Mesandans, Montmartin, etc. ; épousa, 1.° en 1410, Marguerite de Trévillers, dont on ne connaît pas la postérité; 2.° N.... d'Epenoys, vers 1425, dont il paraît, selon quelques titres de 1463, qu'il avait eu plusieurs enfants, ainsi que d'après des notes de famille ; mais un seul est prouvé par titre, qui est :

IX. Claude DE SAINT-MAURIS, écuyer, homme d'armes en 1473, seigneur des terres de ses pères ; il acheta, en 1495 et 1497, de Bonne et d'Adeline de Saint-Mauris, ses cousines-germaines (filles, comme on voit précédemment, de Thiébaud de Saint-Mauris et de Claudine d'Andelot) leurs parts dans les seigneuries de Saint-Mauris-sur-le-Doubs, Colombier, Saveroux, Villiers-sous-Escot, la Côte-Sauvageot, etc. Il fut père de :

X. Thiébaud de SAINT-MAURIS, écuyer, seigneur de Saint-Mauris-sur-le-Doubs, Colombier, Saveroux, le Châtelot, la Côte-Sauvageot et l'Isle, où il demeura ; il épousa Jeannette, dont le nom de famille n'est pas énoncé dans les titres qui en font mention, qui, quoiqu'en grand nombre, n'éclairent ni sur le nom de sa mère, ni sur celui de sa femme, ni sur la postérité ; en sorte que, jusqu'à plus amples éclaircissements ou découvertes à cet égard, il paraît qu'il put être le dernier de cette branche ; mais ce qui surprend, c'est que dèslors les seigneuries de Saint-Mauris-sur-le-Doubs, et quelques autres, se trouvent avoir passé dans les domaines du souverain, sans qu'on en puisse découvrir la raison. Son dernier titre est de l'an 1520.

SECONDE BRANCHE,

Dite des seigneurs de Mathay ou de Berchenet.

La seconde branche, sortie de la tige commune de la maison de Saint-Mauris en Montagne, désignée quelquefois par les surnoms de Saint-Mauris de Mathay, de Roye, de Bermont, terres et châteaux forts qu'elle a possédés, et aussi par le sobriquet de Berchenet, dérivé du nom dn baptême d'un de ses pre-

miers auteurs, *Berchin de Saint-Mauris en Mon-*
tagne, chevalier, marié, en 1348, *à Jeanne de*
Trévillers, de laquelle branche est issue celle dite
aussi de Berchenet, ou des seigneurs châtelains de
Bustal ou d'Allenjoye, qui est la troisième, toutes
deux établies sur une foule de titres originaux, dont
un grand nombre de reprises de fiefs et dénombre-
ment des treizième quatorzième, quinzième et sei-
zième siècles, où se trouvent encore de larges sceaux,
bien conservés aux armoiries, qu'ont portées toutes
les branches de cette maison.

VII. Jean DE SAINT-MAURIS en Montagne, IIIe du
nom, dit l'*Aîné* ou *le Viel*, seigneur de Mathay et
Longevelle, chevalier, rappelé comme co-seigneur à
Saint-Mauris en Montagne, dans le contrat de mariage
de Jean de Saint-Mauris, chevalier, avec Simonne
de Vennes de 1302, par lequel monseigneur Jean,
comte de la Roche, et Marguerite, comtesse de Neufchâtel, sa femme, en faveur de leur parenté et
affinité de lignage avec les deux futurs conjoints leur
donnent, à perpétuité, différents fiefs et droits honorifiques sur toute l'étendue de leurs comtés et seigneuries,
notamment les dîmes de Biefs, les droits de chasse, de
pêche et autres, et un moulin audit Saint-Mauris, situé,
dit le titre, sur le ruisseau, à Monseigneur Jean de Saint-
Mauris l'aîné, son frère : tous lesquels fonds et droits
étaient encore, lors des troubles qui ont désolé la
France, au nombre des possessions de ses descendants.
Il laissa de Jeanne Tramelay, son épouse :

VIII. Berchin DE SAINT-MAURIS, seigneur de Saint-
Mauris en Montagne, Saint-Mauris sur Doubs, et des
châteaux forts de Mathay et Roye, et de fiefs à Longevelle, le Châtelot, Colombier, Montécheroux, Lougne, Boncourt, Neufchâtel, Bustal, épousa, vers 1348,
Jeanne de Trévillers, dame de Battenant, sœur de
Jean de Trévillers, damoiseau, seigneur dudit lieu,
qui fit des legs, en 1379, à Jean de Saint-Mauris;
damoiseau, fils de sa dite sœur, dont l'article suit :

IX. Jean DE SAINT-MAURIS en Montagne IVe du
nom, damoiseau, dit *le Berchenet*, comme on l'a déjà
dit, par allusion au nom de Berchin, possédait de

fiefs à Sancey, Longevelle, Bustal, Brétigney, Mon-técheroux, Colombier, le Châtelot, Recleré, Fleurey, Battenant, Mesandans, Lougne, Saichent, Boncourt, et était seigneur des forteresses de Mathay et Roye ; il fut homme d'armes dans les armées de Bourgogne en 1372, et écuyer de Thiébaud de Neufchâtel, chevalier, grand maréchal de Bourgogne, et épousa, en 1388, Jeanne de Jasney, dame à Jasney, Valonne, Huanne, Romain, Montmartin, laquelle testa en 1411. On a sur Jean IV nombre de reprises de fiefs et dénombrement de 1372, 1379, 1390 et 1391, tous scellés de ses armes, portant cinq fasces, où il est dit fils de monseigneur Berchin de Saint-Mauris, et père de :

1.° Thiébaud, dont l'article suit ;

2.° Henri, écuyer ;

3.° Béatrix de Saint-Mauris.

X. Thiébaud BERCHENET DE SAINT-MAURIS en Montagne, Ier du nom, damoiseau, homme d'armes dans les armées de Bourgogne, seigneur des terres de son père, et fiefs à Courcelles et Dung, épousa, en 1419, Jeanne, baronne de Durnès (*aliàs* Durnay), dont il eut :

1.° Thiébaud, dont l'article suit ;

2.° Gérard, qui, par son mariage avec Agnès de Bustal, dernière et héritière de cette maison, devint tige d'une troisième branche qui suivra, dite *de Berchenet, seigneur de Bustal ;*

3.° Jean, chevalier de Saint-Georges, qui traita avec son frère, en 1454 ;

4.° Pierre, chanoine du chapitre métropolitain de Besançon et de l'église de Montbéliard ;

5.° Antoine de Saint-Mauris-Berchenet, écuyer de Philippe-le-Bon, duc de Bourgogne, en 1460.

XI. Thiébaud BERCHENET DE SAINT-MAURIS en Montagne, IIᵉ du nom, homme d'armes en 1444, chevalier de l'ordre de noblesse de Saint-Georges en 1467, seigneur des châteaux, terres et fiefs de son père ; épousa, 1.° en 1440, Jacqueline Dufourg ; 2.° en 1448, Henriette du Bougne (*aliàs* Boigne), fille du seigneur de Bougne, chevalier, et de N.... de Buffignécourt ; il eut :

Du premier lit :

1.º Bonne de Saint-Mauris , mariée , en 1480 , à Nicolas , sire de Noidans , damoiseau ;

Du second lit :

2.º Adrien , dont l'article suit ;

3.º Jeanne , dame à l'abbaye de Baume-les-Dames , en 1482 ;

4.º Marguerite , mariée , vers 1498 , à Jacques , baron de Grammont-Granges , veuf de Catherine de Thon , dont il avait eu Antoine de Grammont ;

5.º Antoinette , femme de Guillaume de Mont-Saint-Ligier , écuyer , seigneur dudit lieu , en 1486 .

XII. Adrien DE SAINT-MAURIS en Montagne , chevalier de Saint-Georges en 1498 , lieutenant pour le roi de Bohême au comté de Bourgogne , capitaine et gouverneur de l'Isle , de Neufchâtel , seigneur des châteaux forts de Mathay et de Bermont et dépendances , et de celui de Toutouville en Lorraine , ainsi que des seigneuries de ses pères ; épousa , en 1480 , Marie de Grammont , fille d'Antoine , baron de Grammont-Granges , seigneur de Coligny , Falon , Villefant , et de demoiselle de Villefant. Il fut enterré à Mathay , où l'on voit encore son tombeau et celui de sa femme , portant cette épitaphe : « Ci gissent Adrien » de Saint-Mauris , chevalier , vivant seigneur de Ma- » thay , etc. , qui trépassa le jour de sainte Luce , 13 dé- » cembre 1536 , et dame Marie de Grammont , sa femme . » Dieu aye pitié de leurs âmes. *Amen* . » Ses armes sculptées en bas-relief , portant de . . . . . . , à deux fasces de . . . . . ; l'écu timbré d'un casque à sept grilles et lambrequins. Cimier un ange naissant , vêtu d'une tunique , ainsi que les deux anges tenants. Plus bas , un autre écu portant : écartelé au 3 et 4 de trois bustes couronnés ; au 2 et 3 d'une aigle , qui est de Coligny. Les quatre quartiers ainsi écrits blasonnés : 1.º Saint-Mauris , portant fasce de cinq pièces ; 2.º Durnes , portant trois croisettes ou quartefeuilles posées en chef , rangées en fasce ; 3.º Boigne , portant un cerf effaré ; 4.º Buffignécourt , portant une bande. Il eut de son mariage :

1.º Thiébaud III , dont l'article suit ;

2.º Henriette, mariée, en 1520, à Anathoile de Vy, chevalier de Saint-Georges, seigneur dudit lieu et de Fresse, fils de Marc de Vy, chevalier, et de Claudine de Baulmotte :

3.º Jacquette, dame de l'abbaye noble de Baume, puis prébendière, en 1523 ;

4.º Marguerite, mariée, en 1520, à Claude de Montureux-Ferrette, chevalier, baron de Melisey.

On remarque que, tant dans ses actes que sur les registres originaux de Saint-Georges, Adrien quitta totalement l'usage d'ajouter à son nom le sobriquet de *Berchenet*, que déjà son père retranchait fort souvent ; mais que son aieul, et surtout son bisaïeul, omettaient très-rarement d'adopter.

XIII. Thiébaud DE SAINT-MAURIS en Montagne, IIIᵉ du nom, chevalier de l'ordre de noblesse de Saint-Georges en 1518, capitaine, gouverneur et grand-bailli de Neufchâtel et de l'Isle, seigneur des châteaux forts et seigneuries de Bermont, Mathay, et autres de ses pères ; épousa, en 1526, Colombier de Claudine, fille de Jacques de Colombier, seigneur dudit lieu et à Allenjoye, et de Jeanne de Ferrière (dite de Villers). De ce mariage il eut :

1.º Jean, dont l'article suit ;

2.º Claudine, mariée, en 1558, à Jean de Mugnans, seigneur de Mugnans, Laissez, Luz, Villerspôt, Saulx ;

3.º Isabelle, dame, en 1550, de l'abbaye de Baume ;

4.º Madeleine ; 5.º Jean ; 6.º Balthasard, prêtre.

Nota. Jean de Melville, écuyer, fit quittance à Thiébaud de Saint Mauris, IIIᵉ du nom, pour ses gages de capitaine, de son château de Bermont, en 1552.

XIV. Jean DE SAINT-MAURIS en Montagne, Vᵉ du nom, chevalier de Saint-Georges en 1556, seigneur des châteaux, maisons fortes et seigneuries de Mathay, Bermont, Roye, la Côte, Longevelle-sur-le-Doubs, de la grosse maison de Belvoir, etc., épousa, en 1557, Françoise de Grammont, fille de Bernard, baron de Grammont-Granges et de Vezet, et de Marguerite d'Achey, sœur de François de Grammont, archevêque de Besançon ; de Vuillaume, mari de Françoise de Citey ; de Pierre, chevalier de Malte, et de Simon, baron de Grammont, marié, en 1559, à Anne de Saint-Mauris, fille de Marc et de Pierre de Clairon. Jean V eut de ce mariage :

1.º François, dont l'article suit ;

2.º Simon ; 3.º Valentin ; 4.º Remi, morts très-jeunes ;

5.º Gaspard, officier au service de l'empereur, tué à l'âge de dix-neuf ans ;

6.º Marguerite, dame du chapitre noble de Beaume, en 1590.

XV. François DE SAINT-MAURIS en Montagne, seigneur des châteaux, maisons fortes et seigneuries de Mathay, Roye, Bermont, la Coste, Courcelles, Allenjoye, Dung, Longevelle, officier au service de l'empereur, tué en 1583, à la même affaire que Gaspard son frère, âgé d'environ vingt ans. Tous ses frères étant morts jeunes, ils avaient fait, en partant pour l'armée, leur testament en faveur de Françoise de Grammont leur mère, et ledit François donna 400 écus d'or au soleil à Antoine d'Orsant son cousin, et autant à François, comte d'Arberg et de Valengin, aussi son cousin : et ladite Françoise porta ses terres en mariage à Claude-François, comte d'Arberg et de Valengin, qu'elle épousa en secondes noces, d'où elles ont repassé dans la maison de Lallemand, qui les possédait en 1790, par le mariage d'Olimpe-Hippolyte, comtesse d'Arberg et de Valengin, fille de Nicolas et d'Anne, comtesse de Daun, avec Charles-Baptiste, comte de Lallemand, baron de Vaitte, chevalier de Saint-Georges, fils de Claude-François, mestre-de-camp au service d'Espagne, gouverneur de Faucogney, et de Françoise d'Oiselet.

TROISIÈME BRANCHE,

Dite des seigneurs de Bustal ou de Berchenet.

La troisième branche de la maison de Saint-Mauris en Montagne, rameau sorti de la seconde, et qui, comme elle adopta un moment le sobriquet de Berchenet, dérivé de Berchin, nom de baptême d'un de leurs premiers auteurs, depuis leur séparation de

la souche, prit aussi le surnom de Bustal, mai-
son fondue dans elle, ayant hérité des seigneuries
de Bustal et d'Allenjoye, et écartela de Bustal (d'or,
à trois fasces de sable.)

XI. Gérard BERCHENET DE SAINT-MAURIS en Monta-
tagne, seigneur audit lieu, Guyonvaut, Mésandans,
Faimbe, et de fiefs à Roye, Colombier, Savoureux
Saint-Mauris sur le Doubs, Lougne, second fils de
Thiébaud de Saint-Mauris, et de Jeanne, baronne de
Durnes (Voyez page oo), épousa, en 1460, Agnès de
Bustal, fille unique et héritière de Jacques de Bustal,
damoiseau, seigneur de Bustal, Guyonvault Longevelle, Faimbe, et d'Adeline de Vesoul, lequel était
fils de Guillaume de Bustal, chevalier, et de Catherine
de Saint-Mauris, de la branche de Saint-Mauris sur
le Doubs ou Sauvaget. Il eut de ce mariage :

    1.º Jean V, dont l'article suit ;

    2.º Philippe de Saint-Mauris ;

    3.º Pierre, chanoine de la métropole de Besançon ;

    4.º Jacquette, mariée, vers 1488, à Gengoux Le-
        bœuf, seigneur de Guyonvelle, chevalier de
        Saint-Georges, dont elle eut : Nicolas Lebœuf,
        commandeur de la Romagne, de l'ordre de Malte.

XII. Jean DE SAINT-MAURIS en Montagne, Vᵉ du
nom, chevalier de Saint-Georges en 1485, capitaine et
gouverneur de Neufchâtel et de Lisle, seigneur des châteaux de Bustal et d'Allenjoye, et de fiefs à Beaumotte,
Lomontot, Longeville et autres ci-dessus, épousa, en
1483, Gillette d'Orsans, fille de Jacques, sire d'Orsans,
chevalier, conseiller, chambellan, et grand-maître, général de l'artillerie du duc Charles de Bourgogne, et de
Marguerite de Vellefaut, fille de Jean, seigneur de
Vellefaut, et veuve d'Antoine, baron de Grammont,
de qui elle avait eu : Marie de Grammont, femme d'A-
drien de Saint-Mauris, qui par-là, se trouvait être sœur
utérine de ladite Gillette d'Orsans.

Jean V fut enterré à Mathay, où l'on voit encore
son tombeau, à côté de celui d'Adrien, son cousin et
beau-frère, chargé au milieu de ses armes, écartelées
de celles de Bustal, partis de celle d'Orsans, qui est

un sautoir, plus, de ses quatre quartiers ; savoir, 1° Saint-Mauris, portant de . . . . . à deux fasces de . . . . . 2.° Durnes, portant trois croisettes ou quartefeuilles posées en chef, rangées en fasces de . . . . 3.° Busta de . . . . . à trois fasces de . . . . . . 4.° Vesoul, de . . . . à la fasce de . . . . trois quintefeuilles de . . . . en chef, et un lévrier de . . . . . en pointe. L'épitaphe portant : « Ci-gist Jean de Saint-Mauris, écuyer, sei-
» gneur de Bustal, qui trépassa le premier jour d'octobre,
» l'an 1513, Dieu aye pitié de son âme, *amen.* » Il eut de son mariage ;

1.° Marc, dont l'article suit ;

2.° Guillaume, dont on ignore la destinée ;

3.° Catherine, mariée, 1.° en 1414, à Jean, sire de Beaujeu, gouverneur de Mousthier, fils de Jean de Beaujeu, chevalier, et de Catherine de Mont-Saint-Ligier ; 2.° en 1421, à Guillaume de Mellingen, écuyer, gentilhomme allemand, capitaine au service de l'empereur ;

4.° Jacquette, mariée à Didier de Diesse en 1508, seigneur de la Tour et de la Montagne de Deisse, tour qui défendoit la porte à l'est de la ville de Neufchâtel ;

5.° Marguerite, mariée, 1.° en 1514, à Antoine de Leugney, chevalier de Saint-George, seigneur de Leugney, Landresse, fils d'Etienne de Leugney, et d'Alix de Clairon ; 2.° en 1531, Jean de Mousthier, onzième fils de Jean de Mousthier Ier, aussi seigneur de Mousthier, Cubry, Nant, et de Marguerite de Grandvillars ;

Jean V, ainsi qu'Adrien, son cousin, ne prit plus le sobriquet de Berchenet dans ses actes.

XIII. Marc DE SAINT-MAURIS en Montagne, chevalier de Saint-Georges en 1524, lieutenant, en 1636, de Gaspard d'Asuel, pour le commandement d'un corps d'élite de trois cents compagnons, choisis pour le service de l'empereur, seigneur des châteaux forts de Bustal et d'Allenjoye, et des fiefs de Beaumotte, Lomontot, Faimbe, Saint-Mauris, Mésandans, etc., épousa, 1.° vers l'an 1520, Philiberte de Séroz, fille de N..., dont l'on ne connaît pas la postérité ; 2.° en 1526, Pierrette de

Clairon, fille d'Hottenin de Clairon, seigneur dudit lieu, Saffres, etc., et de Pierrette de Saigny, et veuve de Jean Brancion. Il fut père de :

1.º Claude, mort en bas âge ;

2.º Anne de Saint-Mauris, dame de Bustal, Allen-joye, Beaumotte, Faimbe, Lomontot, et autres fiefs de ses ancêtres, héritière et dernière de cette branche, épousa, 1.º en 1546, Guillaume de Mé-liny, baron de Dampierre et Thil, reçu cheva-lier de Saint-Georges en 1550, mort en 1556, fils de Jean de Méligny, baron de Méligny, Dam-pierre, Thil en Champagne, Angoulevent, et d'I-sabelle de Montureux, dame d'Angoulevent ; 2.º en 1557, Simon de Grammont Granges, baron et sei-gneur desdits lieux, et de Vezet, chevalier de Saint-Georges en 1558, frère de François de Grammont, archevêque de Besançon, chevalier de Saint-Georges ; de Pierre, chevalier de Malte ; de Guillaume, marié à Françoise de Citey ; et de Françoise de Grammont, mariée à Jean de Saint-Mauris, tous enfants de Bernard de Gram-mont, et de Marguerite d'Achey ; et 3.º en 1563, Jean de Gilley, chevalier, baron de Marnoz et du Saint-Empire, souverain de Franquemont, et y faisant battre monnaie ; fils de Nicolas de Gilley, chevalier, baron du Saint-Empire, de Franquemont et de Marnoz, gentilhomme de la maison de l'empereur, et son ambassadeur en Suisse et en Savoye, et de Jeanne de Marnix. Elle eut du troisième lit : 1.º Claude-Philippe de Gilley ; 2.º Ursule, mariée à François, comte de la Tour Saint-Quentin.

QUATRIÈME BRANCHE,

Dite des seigneurs de Saint-Mauris en Mon-tagne, Sancey, Saint-Hippolyte et Court.

La quatrième branche de la maison de Saint-Maurice en Montagne, qui continua à prendre ce nom distinc-tif, y ajoutant par fois celui de Sancey, Saint-Hip-polyte et Court ; celui de Sancey, parce qu'elle en possédait les fiefs depuis l'alliance de Guillaume de Saint-Mauris, en 1396, avec Jeanne d'Auxelle, fille de Jeanne de Sancey, dernière de sa maison, qui lui en avait rapporté les biens ; de Saint-Hippolyte, parce qu'elle y avait un fief et un hôtel, et qu'elle avait possédé, durant deux siècles, la charge de capitaine-gouverneur de la Franche-Montagne, dont cette ville est la capitale, et notamment qu'elle fut sauvée par l'opiniâtre résistance de Marc de Saint-Mauris, qui, en étant gouverneur, força le général comte de Grancey à en lever le siége, l'ayant blessé grièvement-lui-même dans le dernier assaut qu'il tenta ; enfin, celui de Court, parce que ce village est contigu à celui de Saint-Mauris en Montagne.

XIII. Jean DE SAINT-MAURIS en Montagne, V^e du nom, chevalier de l'ordre de noblesse de Saint-Georges en 1555, capitaine et gouverneur, ainsi que ces ancêtres, de la Franche-Montagne et des comtés et châteaux de la Roche, Saint-Hippolyte, Maiche, villes et forts en dépendants, seigneur de Saint-Mauris en Montagne, Court-lès-Saint-Mauris, Fleurey, Ebey, Belleherbe, Vaucluse, Charmoille, le Friolais, la Grange, Chassey, en co-seigneuries avec ses frères; fils aîné des Hugues de Saint-Mauris, armé chevalier par Charles-Quint, gouverneur de la Franche-Montagne, et de Claudine de Mugnans, et dixième descendant de Jean de Saint-Mauris, chevalier, vivant en l'an 1200, souche de toutes les branches connues de sa maison. Il épousa, en 1565, Anne d'Aroz, fille de Gérard, sire d'Aroz, Uzelle, Franquemont, Accolans, et de Louise de Jouffroy. De ce mariage vinrent :

1.º François de Saint-Mauris, dont l'article suit ;

2.º Marc de Saint-Mauris, auteur de la branche, dite de Saint-Hippolyte, qui suivra ;

3.º Jean-Claude, chanoine, vicaire-général de l'abbaye noble de Saint-Claude, en 1620;

4.º Didier, destiné à être chevalier de Malte ;

5.º Marguerite, mariée, en 1594, à Claude-François d'Almand, chevalier, seigneur de Molprey, Mussia, chevalier de Saint-Georges ;

6.º Claudine, mariée, en 1580, à François de Leugney, écuyer, seigneur dudit lieu ;

7.º Jeanne, mariée à Jacques de Crosey, seigneur
dudit Crosey, écuyer.

XIV. François DE SAINT-MAURIS, chevalier de Saint-
Georges en 1597, capitaine, gouverneur de la Franche
Montagne, du comté de la Roche et de Neufchâtel
(ensuite de la démission qu'Adam de Saint-Mauris, baron
de Châtenois, son cousin, donna, de cette charge,
lorsqu'il fut pourvu d'un régiment de cavalerie), seigneur de Saint-Mauris en Montagne, Court-les-Saint-
Mauris, Sancey et autres terres de ses ancêtres. Il
épousa, 1.º en 1594, Vaudeline de Cusance, dame de
Chuge et de Vallerot, fille de Claude, sire de Cusance,
baron de Belvoir, chevalier de Saint-Georges, colonel
de trois mille Bourguignons; 2.º en 1606, Catherine
de Poligny, fille de Claude de Poligny, seigneur d'Eaugea,
et de Claudine de Montrichard. Ses enfants furent:

Du premier lit :

1.º Jean, officier au service de l'empereur, tué en
1619, âgé de vingt-un ans;
2.º Jean-Eléonor, aussi tué la même année, officier au service d'Espagne, âgé de dix-neuf ans;
3.º Ermenfroy de Saint-Mauris;
4.º Béatrix de Saint-Mauris, mariée à Léonard de
Huot d'Ambre, seigneur desdits lieux et de La-
viron, etc. ;

Du second lit :

5.º Antoine-Claude, grand-prieur, vicaire-général
de Saint-Claude en 1659.
6.º Claude, capitaine de cent arquebusiers, tué au
siége de Thionville en 1643;
7.º Ermenfroy, dont l'article suit;
8.º Désle-Jean-Claude, grand-prieur de Baume,
en 1642, dit *Claude-Antoine*, à son chapitre;
9.º Claude - Etienne - Baptiste, capitaine de cent
hommes au régiment de Bourgogne, au service
de France en 1668;
10.º Anne, dame de Migette; 11.º Jeanne de Saint-
Mauris; 12.º Vaudeline, mariée à Anselme de Ma-
renches, chevalier de Saint-Georges; 13.º Eléonore

de Saint-Mauris; 14.º Léonarde-Jeanne de Saint-Mauris; 15.º Déslotte de Saint-Mauris.

XV. Ermenfroy, dit *le baron* DE SAINT-MAURIS, mestre-de-camp, en 1669, d'un terce de quinze cents hommes de pied, commandant et inspecteur d'un quartier de la province, et de la Franche-Montagne, villes, châteaux et places en dépendants en 1673, pour le service de Sa Majesté Catholique, épousa, en 1464, Anne Marie, baronne de Sibricht, chanoinesse du haut chapitre de Munsterbiltzen, petite-nièce de Nicolas de Sibricht, grand-commandeur de l'ordre Teutonique en 1690. Il fut père de :

1.º Charles, capitaine-major du terce du baron de Vienne, en 1669, mort jeune ;

2.º Charles-César, dont l'article suit ;

3.º Claude-Joseph, brigadier des armées du roi, colonel d'un régiment de cavalerie de son nom, chevalier des ordres de Saint-Louis, de Malte et de Saint-Georges, pensionné de 3000 livres sur celui de Saint-Louis, ayant eu une jambe emportée d'un boulet, en enlevant une batterie à la tête de son régiment, à la bataille de la Marsaille, en 1693 ; ce qui le força à quitter le service très-jeune. Il mourut sans alliance en 1718 ;

4.º Anne-Elisabeth, mariée, en 1672, à Claude-François de Grivel-Perrigny, chevalier, seigneur dudit lieu, Lamuire, Nanquise, Villeneuve, capitaine de cavalerie dans le régiment du baron de Saint-Mauris-Lambrey, fils de Claude et d'Ursule de Marnix, dont descend le général comte de Grivel, maréchal des camps et armées du roi, chevalier des ordres de Saint-Louis et de Saint-Georges, marié à Claudine-Fidelle, comtesse de Thuillerre-Montjoye, ex-chanoinsse de Remiremont, dont il eut six enfants : 1.º Alexandre, marié à Anne de Ségur ; 2.º N...., officier, tué au service de l'empereur ; 3.º Armand, chanoine de Saint-Claude, puis de Guibwillers et de Lure ; 4.º Emmanuel, chevalier de Malte, marié à Gabrielle, comtesse de Varennes ; 5.º et 6.º Laure et Fidelle, chanoinesses de Lons-le-Saulnier, puis de Malte.

XVI. Charles-César, marquis DE SAINT-MAURIS, lieu-tenant-général des armées du roi en 1702, inspecteur-général de toute sa cavalerie et dragons en 1696, com-mandant de la province d'Alsace, et gouverneur de Brisack en 1702, commandeur de l'ordre royal et mi-litaire de Saint-Louis en 1703, chevalier de Saint-Georges en 1700, fait en 1702 chef et gouverneur de cet ordre de noblesse, colonel d'un régiment de cavalerie de son nom, seigneur de Saint-Mauris, en Montagne, Court-les-Saint-Mauris, Sancey, Fleurey, Battenant et autres anciennes terres et fiefs originairement et hérédi-tairement dans sa maison, mourut en 1704, âgé de cinquante-deux ans. Lesdites terres passèrent à Claude-Joseph, chevalier de Saint-Mauris, son frère, brigadier des armées du roi, colonel d'un régiment de cavalerie de son nom, et de là en partie dans la maison de Gri-vel-Perrigny, vers 1720, qui les revendit, vers 1760, à Charles-Emmanuel, comte de Saint-Mauris-Châtenois, lieutenant-général des armées du roi, qui les réunit et assura de nouveau à [sa maison, en les substituant, en 1787, à Charles-Emmanuel-Polycarpe, marquis de Saint-Mauris, son neveu, alors colonel de dragons, et à ses descendants.

Les seize quartiers que Charles-César prouva pour sa réception à Saint-George, étaient : 1.º Saint-Mauris, 2.º Mugnans, 3.º Aroz, 4.º Jouffroy, 5.º Poligny, 6.º Sa-lins, 7.º Montrichard, 8.º Montrichard, 9.º Sibricht, 10.º Wolckringen, 11.º Spanheim, 12.º Obentraudt, 13.º Breitcheidt ; 14.º Lelich, 15.º Daun, 16.º Danloy.

CINQUIÈME BRANCHE.

Dite de Saint-Hippolyte.

La cinquième branche de la maison de Saint-Mau ris, issue de la quatrième qui précède, qui a conservé le surnom de en Montagne, étant véri-tablement la ligne aînée et directe, mais néanmoins classée ici comme branche, attendu son extinction, pour suivre en ligne directe la descendance de celles des barons de Châtenois, étant la seule qui subsiste. Cette cinquième branche s'intitula quelquefois de Saint-Mauris Saint-Hippolyte, soit parce que cette *ville dût son salut à Marc de Saint-Mauris, chef de ce rameau, qui, comme gouverneur de la Franche-Montagne et de cette ville, la défendit, et en fit lever le siége en 1636, soit aussi parce qu'elle y possédait des fiefs et un hôtel.*

XIII. Marc DE SAINT-MAURIS, chevalier de Saint-Georges, capitaine de cent cuirassiers au service de S. M. catholique, capitaine, gouverneur de la Franche-Montagne, châteaux, comtés et places en dépendant, notamment de la ville de Saint-Hippolyte qu'il sauva par son courage et ses dispositions, lors du siége de cette ville en 1636, par le général de Grancey, ayant blessé dangereusement ce général lui-même, et repoussé si vigoureusement plusieurs assauts, qu'il le força d'en lever le siége. Il fut seigneur de Friolais, Fleurey, Saint-Mauris, Court, etc. Il était fils de Jean de Saint-Mauris, V^e du nom, chevalier de Saint-Georges, gouverneur desdites places et pays, et d'Anne d'Aroz, et épousa, en 1602, Reine-Guillemette de Pardessus, dite *de Poligny*, fille de Renobert de Pardessus (branche de la maison de Poligny), chevalier, seigneur de Nénon, Marcilly, et Jeanne de Beaujeu. De ce mariage vinrent :

1.º Jean-Antoine de Saint-Mauris ;
2.º Charles, dont l'article suit ;
3.º Alix, mariée, vers 1630, à M. de Neuvelin, écuyer, capitaine au service de S. M. impériale ;
4.º Denise ; 5.º Jacqueline, dame de Migette ;
6.º Claudine de Saint-Mauris.

XIV. Charles DE SAINT-MAURIS, chevalier, d'abord capitaine, lieutenant-colonel du corps des cuirassiers de l'empereur, puis colonel, lieutenant, sous le général de Gallas, des troupes de sa majesté impériale, capitaine et gouverneur de la Franche-Montagne, châteaux et places en dépendant, ainsi que ses ancêtres ; épousa, vers 1630, Martine de Quevert de Montjoux, dame dudit lieu, dont on ne connaît pas la postérité. Il fut enterré à Saint-Hippolyte le 14 février 1659, où l'on voit encore son tombeau en marbre noir, chargé de ses armoiries, sculptées et entourées d'un cartouche de lauriers, ayant des nègres pour tenants ; l'écu fascé de cinq pièces, timbré d'un casque en fasce, à sept grilles, couronné d'un cercle en perles, orné de lambrequins, ayant pour cimier un nègre naissant, et entouré de ses huit quartiers : 1.º Saint-Mauris, fascé de cinq pièces ; 2.º Mugnans, bandé de sept pièces ; 3.º Aroz, une bande chargée de trois molettes d'éperons ; 4.º Jouffroy, fascé de six pièces, la seconde chargée de deux croisettes ; 5.º Pardessus-Poligny, un chevron accompagné de trois coquilles (comme brisures) ; 6.º Vaivre, un sautoir chargé de cinq losanges ; 7.º Beaujeu, burelé de dix pièces ; 8.º Poligny, un chevron.

SIXIÈME BRANCHE.

Dite première des seigneurs de Lambrey ou de Lorraine.

La sixième branche de la maison de Saint-Mauris en Montagne, dite première des comtes de Lambrey, ou de Lorraine, attendu qu'elle s'attacha au service de ses ducs, y remplit constamment des places de grands-officiers de leur maison, y contracta de grandes alliances, et fut agrégée au corps illustre de l'ancienne chevalerie de ce pays, prenant conséquemment rang à la cour et aux assises des états, parmi la haute et ancienne noblesse de cet état, le tout établi et constaté par titres originaux conservés.

XIII. Nicolas DE SAINT-MAURIS en Montagne, écuyer du duc de Lorraine, seigneur de Faux, Valesme, Bifontaine, et co-seigneur, avec ses frères, de Saint-Mauris, Court, Fleurey, Sancey, Chassey, Belleherbe, Battenant, etc., fils de Hugues de Saint-Mauris, armé chevalier par Charles-Quint ; capitaine, gouverneur de toute la Franche-Montagne, comté de la Roche, etc., et de Claudine de Mugnans, épousa, en 1565, Françoise, baronne de Nogent-le-Roy, fille de Dominique, baron de Nogent-le-Roy, dit *le Champenois*, seigneur de Neuflotte, Bifontaine, Forcelle, Saint-Gargonne, conseiller d'état intime des ducs de Lorraine, capitaine, gouverneur de ses châteaux et places de Valdervanges et de Bouconville, et de Madeleine de Girécourt, dame de Bouzey. Il eut de ce mariage :

1.º Hugues, dont l'article suit;

2.º Françoise, mariée, 1.º à Marc d'Aigremont, en 1575, chevalier, chambellan, héréditaire de l'archevêché depuis l'an 1250, seigneur de Buzy, Larnoz, fils de Guy, dont elle n'eut que François d'Aigremont, mort sans postérité, lequel la fit son héritière, et elle épousa, 2.º Jean-Baptiste de Faletans, seigneur de Montaine, la Tour-de-Falerans, Arguel, Buzy et Larnoz, du chef de sa femme, quatrième aïeul du marquis de Faletans, capitaine de. dragons, chevalier de l'ordre royal et militaire de Saint-Louis et de celui de Saint-Georges, marié à Charlotte-Henriette, comtesse de Laugéron;

3.º Marguerite, mariée, 1.º en 1576, à Mathieu de Courbessaint, chevalier, seigneur dudit lieu, Chanvillerain, Coravillers, la Rochotte, le Saulcy, fils de Claude et d'Antoinette de Vy, et en secondes noces, en 1596, à Claude, baron de Grammont-Granges, seigneur de Nomay, Bournois, veuf de Françoise de Chassey, fils de Jean, baron de Grammont, chevalier de Saint-George.

XIV. Hugues DE SAINT-MAURIS, II.º du nom, chevalier, seigneur de Faux, Bifontaine, Valesme, Lambrey, Augicourt, Gesincourt, Purgerot, Combeau - Fontaine, placé, à l'âge de dix-neuf ans, gentilhomme de la chambre de son altesse monseigneur le cardinal de Lorraine en 1596, épousa, la même année, Renée de Aubert, fille de Florentin de Aubert, chevalier, et d'Hermeline de Vosges, dont il eut :

1.º Philippe, dont l'article suit;

2.º Jean de Saint-Mauris;

3.º Françoise, mariée, en 1630, à Louis, baron de Saint - Vincent, chevalier, gouverneur de Monterby, les Ardennes, seigneur de Longwy, Grimaucourt, etc., fils de Clériaudus, baron de Saint - Vincent, d'Aulnoy et Sorcy, chambellan du duc de Lorraine, et de Catherine de Toulongeon;

4.º Marie, qui épousa, en 1630, François d'Oncourt, chevalier, seigneur de Récourt, Telcombourt, Julvécourt, fils de Pierre d'Oncourt, che-

valier, seigneur desdites terres, et de Jeanne de
Rarécourt, dont la postérité subsiste encore en
Lorraine;

5.º Françoise, cadette, mariée à N.....' d'Ambly,
seigneur dudit lieu;

6.º Eve de Saint-Maurice, rappelée, avec ses frères
et sœurs, au testament de leur père, de 1611.

XV. Philippe, baron DE SAINT-MAURIS, chevalier,
comte de Lambrey, Augicourt, Purgerot, gentilhomme
du duc de Lorraine, épousa, en 1628, Péronne, comtesse
de Vaudrey, chanoinesse de Remiremont, fille de Jean
de Vaudrey, baron de Saint-Remy, Valleroi, et dépendances, Fay, Mailleroncourt, Vellechevreux, chevalier
de Saint-Georges, et de Béatrix de Grammont-Granges.
(Ladite Péronne épousa, en.. secondes noces, Louis,
comte de la Verne, mestre-de-camp d'un terce de quinze
cents hommes, commandant de Dôle.) Philippe eut de
ce mariage :

1.º Paul-François, dont l'article suit;

2.º Nicolas de Saint-Mauris, mort jeune.

XVI. Paul-François, baron DE SAINT-MAURIS, chevalier, capitaine des gardes-du-corps, et gentilhomme
de la chambre du duc de Lorraine, mestre - de - camp
d'un terce de cavalerie bourguignonne en 1674, sergent-
major de bataille, lieutenant, pour le roi, et gouverneur de la ville de Gray, dont il soutint le siège contre
le grand Condé, où il fut criblé de blessures, dont il
mourut, sans laisser d'enfants de Louise, comtesse de
Montrichard, son épouse, à laquelle il donna ses terres
de Lambrey, Augicourt, Gesincourt, Combeaufontaine,
Equevilley, Port - d'Atelier, qu'elle rendit, par testament, à Claude-Louis, baron de Saint-Mauris, sergent-
major de bataille, et colonel de cavalerie en Espagne,
(cousin issu d'issu de germain, de feu son mari, de la
branche des barons de Châtenois) , lequel, par son mariage avec Suzanne, comtesse de Ligneville, devint tige
de la seconde branche de Saint-Mauris Lambrey.

Paul-François avait épousé, en 1664, ladite Louise
de Montrichard, fille de Jean, comte de Montrichard,
seigneur de Flamerans, et de Georgine de Montrichard.
Elle épousa, en secondes noces, Antoine de Vaudrey,

baron de Saint-Remy, veuf d'Adrienne de Beaujeu, et fit élever à son premier mari, dans l'église des Cordeliers d'Auxonne, un tombeau sur lequel on lit dans son épitaphe les qualités, grades et circonstances ci-dessus, et où se voyent ses huit quartiers, 1.º Saint-Mauris, 2.º Nogent-le-Roi, 3.º Aubert, 4.º Vosges, 5.º Vaudrey, 6.º Grammont, 7.º Grammont, 8.º Joux.

SEPTIÈME BRANCHE,

Dite seconde des seigneurs de Lambrey.

Rameau, dit septième branche de la maison de Saint-Mauris, et seconde des comtes de Lambrey, sortie de celle des barons de Châtenois.

XVI. Claude-Louis, baron DE SAINT-MAURIS, sergent-major de bataille au service d'Espagne, précédemment capitaine, puis major, et colonel de cavalerie (pour actions distinguées, dit son brevet), et guidon des chevau-légers du duc de Lorraine, comte et seigneur de Lambrey, Purgerot, Augicourt, Gesincourt et Port-d'Atelier, Sainte-Marie, Saint-Germain, etc., second fils de François de Saint-Mauris, baron de Châtenois, général-major de bataille, commandant au comté de Bourgogne, et d'Hermeline, comtesse d'Oyembrughe-Duras, ancienne chanoinesse de Maubeuge, épousa, en 1682, Marie-Suzanne, comtesse de Ligniville, chanoinesse d'Epinal, sœur germaine de Françoise, mariée à Charles-Emmanuel, comte de Saint-Mauris, baron de Châtenois, officier-général de cavalerie en France, frère dudit Claude-Louis, et fille de Jacques-René, comte de Ligniville, baron de Vannes, chevalier des ordres du Roi, gentilhomme de sa chambre, et gouverneur du pays de Toul, et de Catherine, comtesse de Pouilly. Claude-Louis mourut à Luxeuil, dans son hôtel, remarquable par son étendue et son antique sculpture, où l'on voit encore ses armes, et fut enterré, ainsi que sa femme et le comte Louis de Ligniville, colonel en Empire, son frère, sous un beau mausolée en marbre blanc et noir. Il eut de son mariage :

1.º Balthazard-Henri, dont l'article suit ;

2.ᵉ Pierre-François (dit *Amarin*, à son chapitre), chanoine des chapitres nobles, princiers, équestraux et réunis de Murbach, Guebwillers et Lure, auxquels il donna beaucoup d'ornements et de vases sacrés, où l'on voyait ses armes ;

3.º Louise-Martine, chanoinesse, comtesse du haut chapitre de Remiremont en 1699, dame grande-aumonière et trésorière du chapitre, et dame lieutenante de la princesse de Lorraine (sœur de l'empereur, son abbesse), elle fut députée de son chapitre pour complimenter Mesdames de France, sœurs de Louis XV, lors de leur séjour à Plombières, fit de nombreuses fondations et libéralités à l'hôpital et aux églises de Remiremont, où repose son tombeau, entouré de grilles ; elle apprébenda une comtesse de la Tour, qui apprébenda à son tour la comtesse Mélanie de Saint-Mauris-Châtenois en 1789, n'ayant jamais voulu remettre sa place qu'à la maison de qui elle la tenait ;

4.º Barbe-Gabrielle de Saint-Mauris, aussi chanoinesse de Remiremont en 1700, puis chanoinesse de Baune en 1703, état que sa haute dévotion lui fit encore quitter, pour une règle encore plus austère, et se faire simple religieuse cordelière à Salins, où elle est morte en odeur de sainteté ;

5.º Louise, chanoinesse de Remiremont.

XVII. Balthasard - Henri, comte DE SAINT - MAURIS, capitaine de cavalerie au régiment de Royal-Etranger, chevalier de l'ordre royal et militaire de Saint-Louis, comte et seigneur de Lambrey, Augicourt, Gesincourt, Sainte-Marie, Saint-Germain et dépendances, épousa, en 1755, Marie-Charlotte, comtesse de Gourcy, chanoinesse d'Epinal et dame de l'ordre impérial de la Croix-Etoilée, fille d'Ignace, comte de Gourcy, major des dragons du prince Eugène, au service de l'empereur, seigneur de Régicourt, Paroye, la Ville-au-Prez, dont il n'eut pas de postérité. Il mourut à Remiremont, et fut enterré le premier mars 1757, âgé de cinquante-trois ans. Sa veuve lui fit élever un superbe mausolée, avec figures allégoriques, en marbre blanc. Il légua 4000 liv. de douaire à sa femme ; ses terres, à

Louise-Martine sa sœur, qui les donna par testament à Charles-Emmanuel, comte de Saint-Mauris-Châtenois, son neveu, lieutenant-général des armées du roi, lequel les donna et substitua, par testament, à Louis-Emmanuel-Alexandre, comte de Saint-Mauris-Châtenois, son neveu, pour établir à perpétuité dans sa maison une seconde branche sous le surnom de *Saint-Mauris-Lambre*. Alors ce dernier épousa Marie-Gabrielle, marquise de Raigecourt, chanoinesse de Remiremont, sa cousine, et devint tige d'une huitième branche, dite *troisième des seigneurs de Lambrey*.

HUITIÈME BRANCHE,

Dite troisième des seigneurs de Lambrey.

XIX. Louis-Emmanuel-Alexandre, comte DE SAINT-MAURIS-LAMBREY, chevalier des ordres de Saint-Jean de Jérusalem et de Saint-Louis, capitaine de dragons au régiment de Durfort, comte et-seigneur de Lambrey, Augicourt, Gesincourt, Purgerot, Port-d'Atelier, Sainte-Marie, Saint-Germain, Langle, et co-seigneur avec ses frères, de Sellière, Spincourt, Saulny, la Motte; second fils de Charles-Emmanuel-Xavier, marquis de Saint-Mauris-Châtenois, brigadier des armées du roi, et de Françoise-Bernarde, marquise de Raigecourt, ex-chanoinesse de Remiremont, épousa, le 28 janvier 1788, Anne-Marie-Gabrielle-Josèphe, marquise de Raigecourt, chanoinesse de Remiremont, sa cousine-germaine, fille de Christophe, marquis de Raigecourt, comte du Saint-Empire, d'abord chanoine du haut chapitre de Liége, puis chambellan de leurs majestés impériales, seigneur de Hans, Grosyeux, Buzy, Bilzerberg, Saint-Baslémont, Everlange, Useldange, et de Marie-Joséphine, comtesse de Saint-Ygnon (et sœur germaine de Marie-Léopoldine de Raigecourt, mariée à Charles-Emmanuel-Polycarpe, marquis de Saint-Mauris, colonel de dragons et maréchal-de-camp, frère dudit Alexandre). Le comte Alexandre émigra dès 1791, avec ses frères et ses neveux, pour servir la cause du roi, sous les ordres des princes de son sang, où il servit tant que sa santé le lui permit; et dès la rentrée de MONSIEUR, comte d'Artois, aux frontières, il s'empressa de lui offrir ses services et ceux

de son fils, âgé de seize ans. Ce prince lui fit l'honneur
de le recevoir chevalier de l'ordre royal et militaire de
Saint-Louis de sa main, et de placer son fils garde-du-
corps du Roi son frère. Il eut de ce mariage :

> 1.º Victor-Alexandre, dont l'article suit ;
> 2.º Bernardine-Joséphine-Alexandrine-Zénéïde, née
> le 17 octobre 1788 ;
> 3.º Amélie-Georgette-Joséphine-Florentine, née le
> 29 mars 1801, à Kœnisbruch, en Saxe.

XX. Victor-Alexandre, comte DE SAINT-MAURIS, né
à Kœnisbruck en Saxe, le 11 mars 1797, a été reçu garde-
du-corps de S. M. Louis XVIII le 8 août 1814.

Armes. Voyez au commencement de cet article.

———————————————

LENFANT, famille ancienne, originaire de l'Anjou,
établie en Provence, où elle s'est divisée en plusieurs
branches, dont il ne reste aujourd'hui que l'aînée.

I. Jean LENFANT, écuyer, eut pour fils :

II. Ambroise LENFANT, écuyer, marié par acte passé
en 1399. Il fut père, entre autres enfants, de :

III. George LENFANT, écuyer, seigneur de la Patrière
et de Cimbré, lequel fut père de :

IV. Benoît LENFANT, écuyer, qui prit parti dans les
guerres civiles de son temps, sous les règnes de Charles IX
et Henri III. Il épousa dans le pays de Nivernois, en
1562, Françoise Allard, de laquelle il eut pour fils
unique :

V. Aimé LENFANT, écuyer, qui, après avoir eu ses
biens ravagés par les huguenots, se retira en Provence,
où il épousa, en 1603, Sibille d'Albin, qui le fit père de :

> 1.º Jean, qui fonda la branche des Lenfant, vi-
> comtes de Valernes, seigneurs de Peiresc, la-
> quelle s'éteignit dans la personne d'Honoré Len-
> fant, vicomte de Valernes, qui avait épousé
> Françoise Colbert de Turgis ;
> 2.º Jean-Louis de Lenfant, qui forma aussi une
> branche particulière qui s'éteignit dans la personne

de Joseph de Lenfant, conseiller au parlement de Provence, qui, n'ayant point eu de postérité de la fille d'Arnoux de Marin, premier président au même parlement, se remaria à Susanne de Léotard d'Entrages, de laquelle il n'eut qu'une fille qui fut mariée au seigneur de la Valette. Il avait deux sœurs, qui prirent alliance dans les maisons de Perier-Flayosc et de Coriolis;

3.º Philippe, dont l'article suit;

4.º Simon de Lenfant, maître-d'hôtel de Louis XIV, trésorier général de France, commissaire-ordonnateur des guerres, intendant de Monaco, marié avec Angélique de Fagoue, de laquelle il eut :

a. Luc de Lenfant, conseiller au parlement, lequel n'eut de sa femme Susanne de Columby qu'une fille nommée Angélique, mariée à Pierre-Jean de Boyer, marquis d'Argens, procureur-général au parlement de Provence. De ce mariage vint Alexandre-Jean-Baptiste de Boyer, seigneur d'Eguilles, dont il sera parlé au degré VIII, plus bas ;

b. Louis de Lenfant, chevalier des ordres royaux et militaires de Saint-Louis et de Saint-Lazare, commissaire-ordonnateur des guerres, marié à Anne de Berlier, de laquelle il a eu : 1.º Bruno-Louis de Lenfant de la Patrière, baron de Bormes, commissaire-ordonnateur des guerres, qui n'a eu que des filles de son mariage avec Thérèse-Jean-Marie-Martin ; 2.º Joseph de Lenfant, chevalier de l'ordre royal et militaire de Saint-Louis, major dans le regiment de Commissaire-Général, puis brigadier des armées du roi, mort sans postérité; 3.º Simon-Susanne de Lenfant, docteur de Sorbonne, chanoine de l'église d'Aix.

VI. Philippe DE LENFANT, écuyer, a laissé pour fils :

VII. Jacques DE LENFANT, écuyer, qui épousa Charlotte Bertoud, et fut père de :

1.º Jean-Jacques, dont l'article suit;

2.º Grégoire, mort prieur des chartreux de Bosserville, près Nancy.

3.º Charles, visiteur général de l'ordre des chartreux;

4.º Etienne, prieur des chartreux de Marseille;

5.º Anne-Alexandre-Charles-Marie, prédicateur du
roi de Pologne, et ensuite de l'empereur Joseph
II, qui conserva pour lui la plus grande estime.
De retour en France, il fut prédicateur du roi
Louis XVI et de la reine. Il fut renfermé en 1792
dans la prison de l'Abbaye; il y fut massacré le
3 septembre, à l'âge de soixante-dix ans. M. de
Saint-Méard décrit ainsi cette scène affreuse dans
l'opuscule qu'il a intitulé, *Mon agonie de trente
huit heures :* « Le lundi 3, à dix heures du matin,
» l'abbé Lenfant et l'abbé de Rastignac parurent
» dans la tribune de la chapelle qui nous servait
» de prison; ils nous annoncèrent que notre der-
» nière heure approchait, et nous invitèrent à
» nous recueillir, pour recevoir leur bénédiction.
» Un mouvement électrique impossible à définir
» nous précipita tous à genoux, et les mains
» jointes, nous la recûmes. Ce moment, quoique
» consolant, fut un des plus terribles que nous
» ayons éprouvés. A la veille de paraître devant
» l'Etre suprême, agenouillés devant deux de ses
» ministres, nous présentions un spectacle indé-
» finissable; l'âge avancé de ces deux vieillards,
» leur position au-dessus de nous, la mort pla-
» nant sur nos têtes et nous environnant de toutes
» parts, tout répandait sur cette cérémonie une
» teinte auguste et lugubre; elle nous rapprochait
» de la divinité, elle nous rendait le courage;
» tout raisonnement était suspendu, et le plus
» froid, le plus incrédule, en reçut autant d'im-
» pression que le plus ardent et le plus sensible.
» Une demi-heure après, ces deux prêtres furent
» massacrés, et nous entendîmes leurs cris . »

VIII. Jean-Jacques DE LENFANT, écuyer, garde du roi,
a fait reconnaître l'authenticité de la présente généalogie
par acte public passé à Eguilles, le 19 septembre 1778,
par Saint-Etienne, notaire royal dudit lieu : « En pré-
» sence de haut et puissant seigneur messire Alexandre-
» Jean-Baptiste de Boyer, chevalier, seigneur d'Eguilles,

» ancien président à mortier au parlement de Provence,
» seul et unique héritier des droits , noms et armes de
» la branche dont la ligne masculine finit en la personne
» de feu messire Luc de Lenfant, conseiller au parle-
» ment de Provence, lequel ne laissa en mourant que
» feue Angélique de Lenfant , mère du susdit seigneur
» président, et aussi en présence de messire Pierre-Jean
» de Boyer , marquis d'Eguilles , fils aîné et substitué
» audit seigneur président , lesquels reconnaissent mes-
» sire Jean-Jacques de Lenfant, écuyer, garde du roi, et
» messire Charles François-Bruno de Lenfant, son fils,
» pour *être véritablement de la même maison que les*
» *de Lenfant de Provence, issus, comme eux , d'Aimé*
» *de Lenfant et de Sibille d'Albin.* Ledit acte est signé
» desdits seigneurs d'Eguilles, en présence de témoins, et
» légalisé par le lieutenant-général au siége général de
» Provence, séant à Aix, le 23 septembre 1768. *Signé,*
» AUDIER. »

Jean-Jacques de Lenfant avait épousé, le 17 août
1745, Jeanne-Mathilde-Françoise de la Faye, de laquelle
il eut :

    1.° Charles-François-Bruno, dont l'article suit ;
    2.° Françoise-Rosalie de Lenfant, mariée à Claude
    Urguet de Saint-Ouen, chevalier, conseiller au
    grand-conseil, dont sont issus : 1° Charles-Marie-
    Xavier Urguet de Saint-Ouen ; 2° Athanase-
    Marie-Georges Urguet de Saint-Ouen, vivants.

IX. Charles-François-Bruno DE LENFANT, écuyer, a
épousé, en décembre 1787, Françoise-Olympiade des
Granges, fille de Pierre-François des Granges, seigneur
de Breuges. De ce mariage sont issus :

    1°. Antonin-Charles-François ;
    2°. Alphonse de Lenfant ;
    3°. Athanase- Casimir de Lenfant ;
    4°. Olympe de Lenfant.

Armes : « D'or, à trois fasces de gueules. »

TOUR EN VOIVRE, (DE LA), en Barrois, seigneurs de la Tour en Voivre, de Pierrefort, de Jeandelise, de Puxe, de Savonnières, de Brainville, de Puisieux, etc., comtes de la Tour et barons de Richecourt.

La maison de la Tour a pris son nom d'une terre située dans un canton du Barrois, nommée la Voivre. Elle est connue depuis 1220, et la présente généalogie est extraite du mémoire présenté au roi par M. Chérin, le 23 avril 1784, pour la présentation du comte Charles de la Tour en Voivre.

I. Jean, sire DE LA TOUR, reconnut, le 9 août 1261, tenir en fief du comte de Bar la seigneurie de Balers, possédée par ses pères.

II. Vauchier ou Vautier DE LA TOUR, chevalier, et Geoffroy DE LA TOUR, chanoine de Trèves, frères, vivaient en 1266. La filiation est certaine depuis (suivant M. Chérin) ; mais en 1224, Geoffroy avait fait hommage au comte de Champagne pour la seigneurie de la Tour en Voivre, et en 1310 Baudouin de la Tour en fait hommage au comte de Bar, déclarant nuls tous hommages rendus par ses pères aux comtes de Champagne ; ce qui prouve que Baudouin Ier est fils de Jean ou de Vauchier.

III. Baudouin DE LA TOUR, Ier du nom, chevalier, sire de la Tour en Voivre, reconnut tenir cette terre à hommage-lige d'Edouard, comte de Bar, par acte de mai 1310, scellé de son sceau, représentant trois lions posés l'un sur l'autre, celui du milieu contourné. Il reconnut aussi, en 1324, ne pouvoir vendre ni engager la maison forte qu'il avait au même lieu, que du consentement du même comte, et mourut avant la fin de juillet 1343, laissant de Marguerite d'Estrepy, Baudouin II, qui suit, et Jean de la Tour, vivant la même année.

IV. Baudouin DE LA TOUR, IIe du nom, chevalier, fit prisonnier, avant 1352, le prévôt de l'église de Saint-Dié et Guillaume de Posses, châtelain de Hombourg, attachés à l'évêque de Metz. En 1360, Robert, comte de Bar, lui donna en fief une redevance sur les habitants de la ville d'Erise-la-Grande. Il mourut avant le 4 septembre 1361. Il avait épousé, avant la fin de juillet 1343, Lorette, fille de Bertrand de Hainnemont, chevalier, et en avait eu Jean, qui suit, et Baudouin, vivant en 1355.

V. Jean DE LA TOUR, Ier du nom, chevalier, seigneur de la Tour en Voivre, reconnut, en octobre 1355, tenir cette terre et plusieurs fiefs de Robert, duc de Bar ; fonda, en 1361, une chapellenie dans l'église collégiale de Ligny. Le même duc se rendit caution envers lui, en 1366, de six bourgeois de la ville de Bar, pour la somme de mille petits florins qu'ils lui devaient. Il vendit, en 1358, une portion seulement de la seigneurie de la Tour en Voivre ; car Vanchelin, frère de Henri ci-dessous, qui avait aussi épousé une Lenoncourt (Catherine, sœur de Jeanne), était encore seigneur de la Tour en Voivre, la forte maison de la Tour de Voivre, à Marguerite de Blanmont, comtesse de Salm.

On apprend de la généalogie de la maison de Lenoncourt (1) que Clémence de la Tour, dame dudit lieu, épousa Gilles de Luxembourg, qui vivait en 1386.

Le susdit Jean avait épousé Marguerite de Conflans, fille de Hugues de Conflans, seigneur de Sommevelle, et en eut Henri, qui suit, et Vanchelin.

VI. Henri DE LA TOUR, écuyer, seigneur de Pierre-fort, fut écuyer de Robert, duc de Bar, capitaine de Sainte-Menehould et bailli de Vitry. Il s'obligea pour ce duc, envers le comte des Deux-Ponts, pour la somme de cents petits florins, et il en eut, en 1394, des lettres d'indemnité. L'année 1415, s'étant associé, ainsi que Vanchelin son frère, avec Charles de Deuilly, maréchal de Lorraine, et autres se disant au service du duc de Bourgogne, et ayant amassé un corps de gendarmes, firent prisonniers les évêques que le concile de Constance envoyait en ambassade vers le roi Charles VI.

Les ducs de Lorraine et de Bar, dans les états desquels cet attentat avait été commis, levèrent des troupes et remirent ces prélats en liberté. Ces seigneurs, trop faibles pour résister à ces deux princes auxquels s'étaient joints les Messins, tournèrent leurs armes contre ces derniers, jusqu'à ce que le concile les eût excommuniés, par les évêques de Metz et de Toul (2).

_____

(1) Histoire des grands-officiers de la couronne, t. 2, p. 55.

(2) *Gallia christ.*, édit. de 1652, t. 2, p. 478. — Hist. de Saint-Louis, par dom Félibien, p. 334. — Hist. ecclésiast., par Fleuri, t. 21, p. 341. — Hist. de Lorraine, par dom Calmet, édit. de 1728, t. 2, p. 712 et 713. — *Gallia christ.*, édit. de 1759, t. 2, p. 600.

Vers l'an 1424, Henri de la Tour fut fait capitaine du château de Sainte-Menehould, et peu après bailli de Vitry ; il vivait le 2 août 1438, et était mort le 15 mai 1449. Il avait épousé, vers l'an 1420, Jeanne de Lenoncourt, dame en partie de Filoranges, fille de Colart de Lenoncourt et de Lise, dame de Filoranges, et en avait eu Ancherin, qui suit :

VII. Ancherin DE LA TOUR, *aliàs* Anchelin, écuyer, voué et seigneur de Jeandelise en Voivre, obtint en 1449, de l'évêque de Verdun, la confirmation d'une vente d'héritages qui avaient appartenus à son père ; eut ordre du sénéchal du Barrois, en 1468, de se trouver en armes, et les siens, au lieu de Millery, pour y servir Rêné d'Anjou, duc de Lorraine et de Bar; fit hommage au prince, en 1481, de ce qu'il tenait de lui dans la prévôté de Vienne et au marquisat de Pont ; fut invité par lui aux états de Nancy de 1483, et mandé en 1492, par Thiéry des Armoises, son cousin, bailli de Saint-Mihiel, de se tenir prêt, bien armé, pour aller au service du duc de Lorraine; acquit, en 1507, ce qui appartenait à Regnaut Gournay dans la seigneurie de Puxe, et mourut avant le 29 décembre 1507, laissant de Henriette de Puxe, sa femme :

> 1.º Regnault, vivant en 1509, qui avait épousé Marguerite de Blaismont, dont la postérité est inconnue ; 2.º Didier, vivant en 1491 ; 3.º Guillaume, qui suit :

VIII. Guillaume DE LA TOUR, co-seigneur de Jeandelise et de Puxe, épousa, le premier octobre 1509, Marie de Ficquelmont, fille de Vautrin, capitaine, prévôt de Briey, et petite-nièce de Gérard d'Avilers, grand-écuyer de Lorraine; fit hommage, avec ses frères Regnault et Didier, au duc de Lorraine, la même année, de ce qui leur appartenait, par la mort de leur père, au lieu de Jeandelise, etc. Il semble mort avant 1534, laissant, entre autres enfants :

> 1.º Gérard, qui suit ; 2.º Adam, marié à Agnès Dourches, dont la postérité est éteinte ; 3.º Ancherin, qui a fait la branche de *la Tour en Voivre Jeandelise*, juré au chapitre de Remiremont, et deux filles.

IX. Gérard DE LA TOUR, écuyer, seigneur en partie des mêmes terres de Jeandelise, de Puxe, de Riquieville, fit une donation à son frère Adam, en 1543, conjointement avec son frère Ancherin et ses sœurs; partagea avec eux, vers l'an 1550, les seigneuries à eux échues par le décès de leurs père et mère. Il mourut, laissant de Jeanne de Gourcy :

> 1.º Arnould, qui suit; 2.º Elisabeth, femme de Jean de Bellefontaine, écuyer, etc.

X. Arnould DE LA TOUR, seigneur de Puxe, de Savonnières, de Brainville, de Coulmay, etc., lieutenant pour le duc de Lorraine au gouvernement de Marsal, et capitaine d'une compagnie de gens de pied en cette ville, épousa, avant le 22 novembre 1578, Barbe des Armoises, fille d'Enguerran, seigneur en partie d'Affleville, et de Marie de Gourcy, paya, en 1584, à sa sœur, une somme pour la part qu'elle avait dans le prix de la vente faite par leur père de sa portion dans la terre de Frianville; épousa en secondes noces, en 1597, Barbe de Failly, dame de Guivry, Dompremy-la-Canne et de Trillières; obtint en 1610, du duc de Lorraine, une pension de 600 liv., en récompense des services qu'il lui avait rendus, et au duc son père, depuis vingt-trois ans; testa le premier janvier 1613, et mourut au mois de février suivant. Il eut de sa première femme :

> 1.º Adam, seigneur d'Affleville, vivant en 1613;
> 2.º Jacques, chambellan du duc de Lorraine et capitaine d'une compagnie de gens de pied, entretenus à Marsal; 3.º Nicolas, qui suit; 4.º Philippe, vivant la même année 1613; 5.º Antoinette, mariée à Hercule de la Forest, écuyer.

XI. Nicolas DE LA TOUR, seigneur de Savonnières, enseigne d'une compagnie attachée au gouvernement de Marsal, obtint, en 1613, avec ses frères, du duc de Lorraine, la continuation de la pension accordée à leur père; transigea avec eux, la même année, sur le partage de la succession; fut pourvu par lettres du duc de Lorraine, en 1625, de la charge de gouverneur de la ville et prévôté de Liverdun, et lui fit hommage, la même année, de la terre de Savonnières. Il eut d'Esther de Baillivy, son épouse :

XII. Jean DE LA TOUR, II° du nom, chevalier, seigneur de Savonnières, titré comte de la Tour, lequel fut maintenu dans sa noblesse par jugement de l'intendant de Metz, rendu le 29 novembre 1674, sur titres qui la prouvaient (ainsi que cela fut généralement exigé alors en Lorraine), avec filiation depuis Ancherin de la Tour, son quatrième aïeul, vivant en 1486. Il fit hommage de Savonnières, en 1681, et vivait encore en 1713. Il avait eu de son mariage avec Marie-Anne Olriot de Jubainville :

XIII. François-Charles, Ier du nom, comte DE LA TOUR, seigneur de Savonnières, puis, par acquisition de l'année 1748, de la terre de la Tour en Voivre, de Suzemont et Ban-de-Lolieux, officier au régiment des gardes du duc de Lorraine, donna, en 1714, le dénombrement de Savonnières. Ce prince voulant récompenser les services de ses ancêtres, qui, dit le prince, avaient possédé les premiers emplois de ses états, lui accorda une pension par lettres du 20 mars 1721. Il obtint en 1749, du roi de Pologne, duc de Lorraine, la confirmation de l'acquisition de la terre de la Tour en Voivre. Il laissa de Marie de Rouard, fille de Jean Guillaume, chevalier, seigneur de Lezey :

XIV. François-Hyacinthe, comte DE LA TOUR EN VOIVRE, seigneur du comté dudit nom, de Puisieux, etc., chambellan des empereurs François Ier, Joseph II et Léopold, d'abord colonel-commandant des gardes nobles du premier de ces princes, en Toscane, puis capitaine-lieutenant de la garde de l'archiduc Pierre-Léopold, grand-duc de Toscane, général-major de ses troupes, et chevalier-commandeur de l'ordre de Saint-Etienne de Toscane lequel épousa, en 1751, Charlotte, née comtesse de Nay, fille d'Emmanuel-Dieudonné, comte de Nay et de Richecourt, ministre d'état, président des conseils de l'empereur François Ier, en Toscane, et gouverneur du grand duché, son chambellan, grand-croix et grand-prieur de l'ordre de Saint-Etienne. De cette alliance sont issus :

    1.° Emmanuel-Dieudonné, comte de la Tour en Voivre, chevalier, commandeur de l'ordre de Saint-Etienne, chambellan de S. M. l'empereur d'Autriche, et colonel à ce service, marié, en 1780, avec Eléonore-Raymonde de Seiglières, de Belleforière de Soyecourt; fille de M. le comte de Soyecourt, et de mademoiselle de Berenger, sœur du marquis de Berenger, chevalier des ordres du roi ;

2.º François-Charles, qui suit ;

3.º Charles-Dominique, comte de la Tour en Voivre, colonel de cavalerie au service du roi, et ancien officier supérieur de la gendarmerie, capitaine-lieutenant de la compagnie de monseigneur le Dauphin (1), marié, en 1789, avec Françoise-Louise-Victoire de Marie de la Higourdais, dame de la Croix-Etoilée, veuve du comte de Montlouet et fille de Ferdinand de Marie, chevalier, seigneur de la Higourdais, et de dame Thérèse de Saint-Gilles Péronay. Il fit ses preuves de cour en 1784, et monta dans les carrosses du roi au mois de mai de ladite année.

XV. François-Charles, IIe du nom, comte DE LA TOUR EN VOIVRE, chevalier, commandeur de l'ordre de Saint-Etienne, lieutenant-général, amiral et inspecteur-général des arsenaux de S. M. le roi Ferdinand de Sicile, a épousé, en 1796, Henriette, née comtesse du Gaillard-d'Heillimer, en Lorraine, dame de la Croix-Etoilée, grande-maîtresse à la cour de Sicile. Il a de ce mariage :

1.º Charles, né à Naples le 9 juin 1797 ; 2.º Emmanuel, né à Naples le 8 janvier 1800 ; 3.º Susanne, née à Naples le 16 octobre 1802 ; 4.º François, né à Palerme le 5 avril 1806.

La généalogie ci-dessus est déposée au cabinet du roi et à la bibliothèque, suivant l'usage, lors des preuves de cour faites.

On peut en outre consulter les auteurs anciens et modernes qui parlent de la chevalerie de Lorraine, tels que Husson l'Écossais ; Bermann, dans ses *Dissertations historiques* de 1763 ; les anciennes *Chroniques de Metz* ; l'*Histoire ecclésiastique de Verdun*, imprimée à Paris, chez Simon , 1745, et celle de Lorraine, par D. Calmet.

---

(1) La filiation de cette maison est établie ainsi par M. Chérin, à l'époque de la présentation de 1784. Alors,
Le comte Emmanuel n'était que major au régiment de Pellégrini ;
Le comte François n'était que capitaine de vaisseau au service du roi de Naples, et,
Le comte Charles, capitaine au régiment de Schomberg, dragons.

Toutes montrent la puissance de cette maison de l'ancienne chevalerie de Lorraine à l'époque du schisme qui a amené le concile général de Constance, en 1415. C'est ce qu'en disent ces auteurs qui a sans doute donné lieu à un article assez curieux de la Biographie, imprimée à Paris en 1812 et 1813, pages 543 et 544 du volume T, par Chandon et Delandine : il porte :

Tour en Voivre (Vainchelin), fils de Jean de la Tour en Voivre et de Marguerite de Conflans, était issu d'un sire Geoffroi de la Tour, chevalier avoué de Harville, seigneur de la Tour en Voivre en 1221, lequel habitait entre Metz et Verdun, dont le frère ou l'oncle était chanoine du grand chapitre de Trêves. Vainchelin, né en 1364, se signala de bonne heure dans les armes. Il fit, en 1409, la guerre à la ville de Verdun (*Voyez* l'*Hist. ecclés. de Verdun*, p. 366) ; fut excommunié, avec son frère Henri, pour avoir enlevé les députés du roi de France au concile de Constance. (*Voyez* ci-après Henri.) Vainchelin fit un traité de paix et d'alliance, le 20 novembre 1431, avec Robert de Saarbruck, seigneur de Commercy, pour se défendre mutuellement contre le duc de Luxembourg et contre Evrard de la Marche et tous autres. La forme et les précautions prises dans ce traité sont curieuses et peignent les mœurs du temps : « Ils jurent de l'observer sur le propre corps » de N. S. J. C. benoist, et consacré par bouches des » prêtres, corporellement, visiblement veu et démontré » devant eux, etc. etc. ». En cas de rupture, élisent des arbitres, condamnent à mille francs d'or ceux d'entre eux qui ne s'en rapporteraient pas à l'arbitrage ; et les déclarent « faux mannaux, parjures, traîtres, déloyaux, » foy mentie et déshonorés de tous honneurs, en tous » lieux et en toutes cours de seigneurs et autres; ladite » bourgfride ne pouvant pour ce être anéantie, mais » étant en force et vertu perdurable à toujours ». Vainchelin de la Tour, fidèlement attaché à son frère, joua le même rôle que lui dans les troubles de la province, et mourut vers 1446. De Catherine de Lénoncourt, sa femme et sa belle-sœur, il laissa des enfants qui moururent sans postérité.

Henri, frère du précédent, chevalier, bailly de Vitry, seigneur de Pierrefort, Saucy, Balaicourt et Jeandelise, né vers 1365, fut d'abord écuyer de Jean-le-Bon, du de Bourgogne, ensuite de Robert, duc de Bar, 1394. Il fit la guerre à la ville de Verdun en 1404, et s'étant uni à Charles de Deuilly, maréchal de Lorraine, il poussa la hardiesse jusqu'à faire prisonniers, sur les confins du Barrois, les députés du roi de France qui revenaient du concile de Constance (c'étaient les évêques d'Embrun et de Carcassonne, et les membres des universités de Paris et d'Orléans). Henri les fit renfermer dans sa forteresse de Saucy. Le concile excommunia ces trois seigneurs. Les duc de Lorraine et de Bar, avec les habitants de la ville de Metz, assiégèrent Saucy et parvinrent à délivrer les députés prisonniers.

Le concile en adressa ses remercîments à ces deux princes par une lettre du 14 des calendes d'octobre 1413, et écrivit sous la même date à Jean, duc de Bourgogne, et à Conrad, évêque de Metz, pour les engager à poursuivre ces excommuniés. Le danger était en effet pressant pour les Messins; car ceux-ci n'étant plus en bonne intelligence avec le duc de Lorraine, et ayant détruit la forteresse de Saucy, Henri de la Tour vint fondre sur le val de Metz, s'empara de Scy et de Moulins, y resta trois jours, et mit tout à feu et à sang. (La *Chronique de Metz*, t. III, et D. Calmet, *Preuves de l'Histoire de Lorraine*, rapportent ce fait, même par les singuliers vers suivants):

Par l'an mille quatre cent quinze
Fut la place de Moulin prinze
Par seigneur Henry de la Tour,
Et brûlé le pays d'alentour.
A ceux de Metz estaient amys,
Et ils aidèrent leurs ennemys
Devant le chastel de Saulcy;
Cas pareil leur advint aussi (1).

Henri fit ensuite avec les Messins un traité par lequel il s'engagea, moyennant de bons subsides, à faire la guerre pour eux. Il en fit une autre, en 1420, à la ville de Verdun qui avait détruit sa forteresse de Balaicourt. Cette ville le créa son gouverneur, et lui paya une somme annuelle en indemnité. Henri, célèbre par son activité

---

(1) Ces vers, cités par dom Calmet, ne le sont point dans la Biographie; mais tout le reste de cet article en est extrait.

et sa valeur, mourut en 1449, laissant de sa femme, Jeanne de Lenoncourt, un fils nommé Ancherin marié à Henriette de Puxe, souche des la Tour en Voivre Savonnières, et des la Tour en Voivre Jéandelise, famille chapitrale de Lorraine, encore existante.

Armes : « Ecartelé, au 1 et 4 de gueules, à trois lions
» d'argent ; et au 2 et 3 de sable, à une fasce d'argent,
» accompagnée de trois pattes de lion du même, deux
» en chef contre -onglées, et l'autre contournée et mou-
» vante de la pointe. »

GIRAUD des ECHEROLLES, famille ancienne du Bourbonnais. Le cardinal Giraldi, originaire du Briançonnais, a reconnu la branche établie à Moulins comme issue de la même souche que la sienne.

I. Louis GIRAUD, seigneur de la Bergerie, vivant en 1587, épousa Jeanne de Page, de laquelle il laissa :

    1.º Gilbert Giraud , seigneur des Echerolles, terre qui fut substituée aux enfants de son frère puîné, conseiller du roi, maître en son hôtel, marié à Marguerite le Gendre, fille du sieur de la Fay et du Verger, conseiller du roi, mort en 1662. Gilbert des Echerolles fut enterré aux Augustins de Moulins, qui, en reconnaissance des dons qu'il avait faits à leur église, lui accordèrent, à lui et à toute sa famille, une sépulture dans une de leurs chapelles. Dans l'acte de sépulture du 6 mars 1662, il est qualifié du *messire*. Il laissa de son mariage Claude, mariée, en 1663, avec noble Jean Chenevier, seigneur de Fleurion;
    2.º Antoine-Jacques, dont l'article suit.

II. Antoine-Jacques GIRAUD, seigneur de Vignoles et des Bordes, épousa, en 1646, Elisabeth Harel. Il eut de ce mariage :

III. Antoine GIRAUD, seigneur de Vignoles, des Bordes, des Echerolles, etc., conseiller du roi, maître en la cour. Il laissa de son mariage, contracté en 1675, avec Marie Metenier :

IV. Simon GIRAUD, seigneur des Echerolles et des

Bordes, conseiller du roi, maître en la cour, marié, en 1680, à Françoise Bousitat de Seline. De ce mariage vint:

V. Gilbert-Simon GIRAUD, seigneur dés Echerolles et des Bordes, chevalier de l'ordre royal et militaire de Saint-Louis, capitaine au régiment de Poitou, né en 1702, mort en 1759. Il avait épousé Martiale-Aimée Melon, dont il eut:

> 1.º Etienne-François, dont l'article suit;
> 2.º Anne-Marie, décapitée révolutionnairement à Lyon, le 11 février 1794, à l'âge de soixante-un ans. Elle n'avait point contracté d'alliance.

VI. Etienne-François GIRAUD, seigneur des Echerolles, chevalier de l'ordre royal et militaire de Saint-Louis, né en 1731, maréchal des camps et armées du roi, inspecteur des haras du Bourbonnais, commanda, comme général, pendant le siége de Lyon, le poste de Saint-Just, en 1793, et mourut en 1810. Il avait épousé Marie-Anne-Odile de Tarade, dont sont issus:

> 1.º Martial, mort en 1774;
> 2.º Anne-Etienne-Louis Giraud des Echerolles, ancien officier au régiment Royal-Guienne, cavalerie;
> 3.º Etienne-François-Louis, mort en 1783;
> 4.º Joseph-Marie Etienne, dont l'article suit;
> 5.º Etienne, mort en 1783;
> 6.º Odile, morte en 1801;
> 7.º Alexandrine Giraud des Echerolles, née en 1779, dame d'honneur de LL. AA. SS. les duchesses Louis de Wurtemberg.

VII. Joseph-Marie-Etienne GIRAUD, chevalier des Echerolles, né à Moulins le 17 mai 1775, capitaine de cavalerie en retraite, a épousé Maria-Louisia Luciana Leygoniex, de Séville en Andalousie. De ce mariage sont issus:

> 1.º Louis Giraud, chevalier des Echerolles, né le 11 avril 1813;
> 2.º Paul Giraud des Echerolles, né en mars 1815;

3.º Maria Giraud des Echerolles, née le 25 juillet 1810.

Armes : « De gueules, au puits d'argent, d'où sortent
» deux palmes en bande et en barre du même; au chef
» cousu d'azur, à la fleur de lys d'or, chargée d'un bâton
» péri en bande du champ. »

GALBERT (de), ancienne famille du Dauphiné.

Lors de la réunion du Dauphiné à la couronne de France, en 1349, un des aïeux de la famille de Galbert était secrétaire intime de Humbert, dernier dauphin; il était son notaire, et stipulait : *Pardevant moi noble Galbert, notaire;* mais la filiation suivie et par titres de cette famille, ne remonte qu'à :

I. Raimond DE GALBERT, qualifié noble dans la révision des feux de l'année 1458, dont copie a été tirée de la chambre des comptes du Dauphiné. Il testa en 1480, et laissa de Philippe de Toverie, sa femme :

II. Antoine DE GALBERT, écuyer, marié à Dominique de Lucé, dont :

    1.º Ennemond, dont l'article suit ;
    2.º Michel de Galbert;
    3.º Jean,
    4.º Guigues, } religieux à Saint-Martin ;
    5.º Claude de Galbert;
    6.º Jeanne, mariée à N.... du Van de Campo;
    7.º Catherine, alliée à Colin N...;
    8.º Antoinette, femme d'Aimond de Rivoles.

III. Ennemond DE GALBERT, Iᵉʳ du nom, écuyer, épousa Raimonde de Genton, de laquelle il laissa :

    1.º Ennemond, dont l'article suit ;
    2.º Telmos de Galbert.

IV. Ennemond DE GALBERT, IIᵉ du nom, écuyer, épousa Jeanne-Marguerite de Commiers. Il eut de ce mariage :

    1.º Philippe, dont l'article suit ;

2° Jean ; 3.° Ennemond ; 4.° Pierre; 5.° Lucrèce ;
6.° Meraude; 7.° Ennemonde; 8.° Antoinette ;
9.° Marguerite ; 10.° Elisabeth de Galbert.

V. Philippe DE GALBERT, écuyer, seigneur d'Estapes,
épousa Marguerite de la Pra, rappelée dans le contrat
de mariage d'Alexandre, son second fils, auquel elle fait
une donation. De ce mariage vinrent : .

1.° Philippe , auteur de la branche des seigneurs
d'Estapes, éteinte ;

2.° Alexandre, dont l'article suit ;

3.° Françoise ; 4.° Anne ; 5.° Louise ; 6.° Claire de
Galbert.

VI. Alexandre DE GALBERT, Ier du nom, écuyer, seigneur de Rochenoire et de Trinconnière, est compris au
rôle de l'arrière-ban des gentilshommes du Dauphiné,
convoqué par le roi, au mois d'octobre 1630, pour mar-
cher sur Casal, et servit à l'arrière-ban, convoqué en
1640, pour porter du secours à Turin, et dont la revue
fut faite à Gap, le 30 juillet de ladite année. Il fut maintenu dans son ancienne noblesse, lui et sa postérité,
par jugement de messire Henri de la Guette, seigneur
de Chaze, et Alexandre de Seve, seigneur de Chati-
gnouville, commissaires et juges souverains, députés
par le roi pour la vérification des titres de noblesse, du
7 mars 1641. Il testa le 8 mars 1652, devant Saulce,
notaire. Il avait épousé, par contrat du 25 septembre
1622, reçu par Martinon , notaire royal de Voyron,
demoiselle Catherine de Dorgeoise, fille de noble Thomas
de Dorgeoise, seigneur de Trinconnière. De ce mariage
vint :

VII. Aymard DE GALBERT, écuyer, seigneur de Trinconnière, maintenu dans ses priviléges d'ancienne noblesse par François du Gué, chevalier, intendant des
provinces du Dauphiné, Lyonnais, Forèz et Beaujolais,
le 2 juillet 1667; il testa le 5 mars 1711. Il épousa, par
contrat du 5 juin 1668, demoiselle Madeleine Asport,
fille de messire Louis Asport et de dame Claudine Faure.
De ce mariage vinrent :

1.° Alexandre, dont l'article suit ;

2.º Catherine, mariée à N.... de Laval de Mau-
rienne ;

3.º N...., femme de N.... de la Batie.

VIII. Alexandre DE GALBERT, IIº du nom, écuyer,
seigneur de Trinconnière et de Rochenoire, épousa, par
contrat du 16 novembre 1708, reçu par Pasquet, notaire
royal, demoiselle Marguerite de Gillet, fille de Claude
Gillet et de demoiselle Marie Penon. Ses enfants furent :

1.º Oronce, dont l'article suit ;
1.º Pierre, ecclésiastique ;
3.º Marie, alliée à Charles Roge de Noissanc ;
4.º Françoise, religieuse aux dames de Tulin.

IX. Oronce DE GALBERT DE ROCHENOIRE, écuyer,
conseiller au parlement de Grenoble, par provisions du
20 mai 1745, épousa, par contrat du premier février
1749, reçu par Bevol, notaire royal à Grenoble, demoiselle Anne-Constance le Clet, fille de Charles-Mathieu
le Clet, conseiller du roi, et de dame Anne-Henriette-
Lucrèce Heraud, et fit son testament le 10 mai 1770. De
son mariage sont issus :

1.º Alexandre-Oronce-Constance, dont l'article suit ;
2.º Gaspard de Galbert, capitaine de vaisseau, député aux États-généraux en 1789, qui n'a eu
qu'une demoiselle, mariée à M. de Monnière.

X. Alexandre-Oronce-Constance DE GALBERT, écuyer,
conseiller au parlement de Grenoble, par provisions du
22 janvier 1781, épousa, par contrat du 15 juillet 1775,
passé devant Rey, notaire royal de Grenoble, demoiselle Marie-Madeleine-Laurence-Susanne de Charency,
fille de messire Pierre de Charency et de dame Marie
Madeleine de la Tour-du-Pin. De ce mariage sont issus :

1.º Alexandre, dont l'article suit ;
2.º Alexandrine - Marie - Elisabeth - Charlotte - Constance de Galbert, chanoinesse et comtesse de Neuville, le 24 mars 1783, puis chanoinesse de Malte
à Saint-Antoine de Viennois, le 30 juin 1788.

XI. Alexandre DE GALBERT, écuyer, marié, en 1807,
à demoiselle Henriette de Rivoire de la Baie ; il a de ce
mariage :

1.º Albert-Oronce de Galbert;

2.º Laure de Galbert;

3.º Alphonsine de Galbert.

Armes : « D'azur, au chevron d'or, accompagné en » chef de deux croissants du même ».

BARBEROT D'AUTET (DE) , famille originaire du landgraviat d'Alsace, où elle possédait une seigneurie de son nom située près de Landaw, est fixée, depuis l'an 1500 à Gray, dans le comté de Bourgogne.

Antoine, le premier qui se fixa dans cette province, était un des secrétaires de l'empereur Maximilien. Il y fut envoyé en 1498. Il ne put se procurer tous les titres antérieurs de sa famille, qui furent perdus par les ravages continuels qu'occasionnèrent les guerres qui eurent lieu pendant le quinzième siècle dans cette partie de l'Allemagne.

Cette famille fut reconnue et confirmée dans sa noblesse de race et lignée, par jugement rendu à Besançon le 12 février 1698, par M. Claude de la Fond, chevalier, seigneur de Beuvières, la Ferté-Gilbert et Limosy, conseiller d'état de Louis XIV, commissaire de Sa Majesté, chargé, après la conquête de cette province, de la poursuite et vérification des titres de noblesse.

Dans ce jugement il y est dit, qu'après avoir exactement compulsé les registres de la magistrature de la ville de Gray, qu'il y était consigné dans les années 1557, 1568, 1586, 1587, 1589, 1592, 1595, 1596, 1598, 1600, 1601 et 1612, qui furent des époques intéressantes pour cette ville, qu'il y eut toujours des membres du nom de cette famille élus vicomtes-mayeurs de cette ville.

Lors de la reddition de cette place, qui était très-forte, assiégée par Louis XIV en personne, le vicomte-mayeur Claude-Emmanuel de Mongin, d'une ancienne noblesse, oncle de Jean-François de Barberot, forcé, contre son gré, de présenter à Sa Majesté les clefs de la place, lui dit : « Sire, votre conquête eût été plus glo- » rieuse, si elle vous eût été plus disputée. » Le roi ne désapprouva point cette harangue laconique, quoiqu'il connût l'opposition constante que ce vicomte-mayeur avait apportée à se rendre; et sentit que la grandeur d'âme et le patriotisme ne pouvaient être mieux exprimés.

I. Antoine DE BARBEROT, secrétaire de l'empereur

6. 28

Maximilien, fut envoyé, en 1498, en Franche-Comté;
il y acquit des biens, et se fixa à Gray, en y épousant
demoiselle Jeanne du Mont, fille de noble Charles de
Mont, dont il eut :

II. Guillaume DE BARBEROT, docteur ès droits, qui
épousa, par contrat du 23 janvier 1535, Charlotte Davadan, fille de noble Pierre Davadan, docteur ès droits,
dont il eut :

III. Jean DE BARBEROT, qui épousa, par contrat du
20 mai 1550, Jeanne Hugon, fille de noble Jean-Hugon,
vicomte-mayeur de la ville de Gray, auquel ledit Jean
succéda. Il eut de ce mariage :

IV. Jean-Baptiste DE BARBEROT, seigneur de Tavaut,
près Dôle, vicomte-mayeur de Gray. Il épousa, par
contrat du 15 juin 1605, Claudine Perrenelle, fille de
Renobert Perrenelle, anobli à Madrid, le 17 août 1558,
par l'empereur. Il eut deux fils :

    1.º Etienne Bernard, dont l'article suit ;

    2.º Norbert de Barberot, capitaine de cinquante ca-
       valiers au service de l'empereur; il mourut en Es-
       pagne en 1648, sans postérité.

V. Etienne-Bernard DE BARBEROT, seigneur de Tavaut, vicomte-mayeur de Gray, épousa par contrat du
15 février 1651, demoiselle Jeanne-Claude Sordet, petite-
fille de Guillume Sordet, conseiller au parlement de
Dôle. Il eût de ce mariage :

    1.º Jean-François, qui suit ;

    2.º Claude-Alexandre, qui forme la troisième bran-
       che, rapportée ci-après.

VI. Jean-François DE BARBEROT D'AUTET, chevalier,
seigneur d'Autet et de la Vaivres, épousa, par contrat
du 25 juillet 1679, demoiselle Barbe Jobelot de Montureux, fille de Claude de Jobelot, chevalier, seigneur de
Montureux, président au parlement, dont il eut ;

    1.º Claude-Antoine, dont l'article suit ;

    2.º Jean-François, chevalier de la Vaivres, lieute-
       nant dans le régiment de M. le duc de Maine, en
       juin 1724. Il y leva une compagnie en décembre
       1729, reçut la croix de Saint-Louis en avril
       1735, et fut fait lieutenant-colonel du régiment
       de M. le comte d'Eu. Il mourut sans alliance à
       Strasbourg, le 22 mai 1743, des blessures qu'il
       avait reçues dans les campagnes d'Allemagne et de
       Bohême, notamment au siège de Prague, en 1742;

3.º François-Bonaventure, prêtre de la compagnie de Jésus, mort recteur du collége de la maison des Jésuites de Lyon ;

4.º Joseph-Philippe, auteur de la seconde branche, rapportée ci-après ;

5.º Jeanne-Françoise de Barberot d'Autet, mariée, par contrat du 23 juillet 1735, à Christophe Picot, seigneur et comte de Moras, capitaine de cavalerie au régiment de Beroy, chevalier de l'ordre royal et militaire de Saint-Louis.

VII. Claude-Antoine DE BARBEROT D'AUTET, chevalier, seigneur d'Autet, épousa, par contrat du 5 avril 1720, demoiselle Anne-Baptiste Maudinet de Montrichier, fille de Charles de Maudinet, seigneur de Montrichier, veuve en premières noces de Pierre de Richardot, seigneur de Choisey, président à la chambre des comptes, dont il eut :

VIII. Jean-Farnçois-Gabriel DE BARBEROT D'AUTET, chevalier, seigneur d'Autet et de la Vaivres, lieutenant-général du grand-bailliage d'Amont, épousa : 1º en 1740, demoiselle Aurore-Clotilde Huot d'Avilley, fille de Jean Huot d'Avilley, chevalier, seigneur de Lavoncourt, de laquelle il n'eut point d'enfants ; 2.º par contrat du 14 février 1759, demoiselle Marguerite de Trestondam, fille de Louis, marquis de Trestondam, seigneur de Suaucourt et Pisseloup, colonel, chevalier de l'ordre royal et militaire de Saint-Louis. Il eut de ce second mariage :

1.º Claude-Joseph-Thimoléon, dont l'article suit ;

2.º Joseph Aimé, chevalier d'Autet, sous-lieutenant au régiment de Bresse, capitaine au même régiment, chevalier de l'ordre royal et militaire de Saint-Louis, non marié ;

3.º Charles-Joseph, entré au service du roi d'Espagne, en 1780, sous-lieutenant dans les Gardes-Vallones, mort sans alliance, à Madrid ;

4.º Hippolyte-Ferdinand, prêtre, chanoine-prébendier du chapitre du Grand-Saint-Jean de Besançon, mort à Constance en 1799.

IX. Claude-Joseph-Thimoléon DE BARBEROT D'AUTET, chevalier, seigneur d'Autel et de Lavoncourt, fut lieutenant au régiment de Bresse, et chevalier de l'ordre royal et militaire de Saint-Louis ; épousa, par contrat du 22 septembre 1806, demoiselle Hélène de Malarmey de Roussillon, fille de Charles de Malarmey,

comte de Roussillon, et de dame Eugénie de Pourche-
rest, veuve de Charles de Durfort, colonel de cavalerie;
il mourut le 12 juin 1814, et eut de ce mariage:

    1.º Hippolyte de Barberot d'Autet, chevalier, sei-
       gneur d'Autet, né en 1808;

    2.º Mathilde de Barberot d'Autet, née en 1807;

    3.º Clotilde de Barberot d'Autet, née en 1810.

SECONDE BRANCHE.

VII. Joseph-Philippe DE BARBEROT D'AUTET, chevalier
d'Autet, quatrième fils de Jean-François et de Barbe
Jobelot de Montureux, fut en décembre 1734, à l'âge
de quinze ans, lieutenant au régiment de Montmorency;
capitaine en 1739, qu'il leva une compagnie, lorsqu'il
devint Fleury; en 1748, y fut premier capitaine de
grenadiers; y fut commandant de bataillon, lorsqu'il
devint Rohan-Rochefort, et en octobre 1756, en fut
lieutenant-colonel, étant devenu régiment de Poitou;
fut nommé, en décembre 1757, lieutenant de roi, commandant de la ville d'Ostervick; se distingua, à la tête
de son régiment, à la journée de Lutzelberg, en 1758,
et obtint l'année suivante, de Sa Majesté, une pension
de deux mille livres; fit toutes les campagnes d'Allemagne et de Bohême; se trouva au siége de Prague, en
décembre 1742, où il reçut un coup de feu à la jambe.
Le roi lui accorda la croix de Saint-Louis. Il se trouva,
le 11 mai 1745, à la bataille de Fontenoy et à celle
de Lawfeld, l'une et l'autre commandées par le maréchal
de Saxe; fit toutes les campagnes et les siéges de la
Flandre, sous le même maréchal; fut blessé d'un coup
de feu dans les reins, à l'assaut de Berg-op-Zoom, sous
les ordres du maréchal de Lowendal, en 1746; fut aux
batailles de Berghen et de Minden, en 1755, sous les
ordres du maréchal de Broglie; fut de l'expédition et
du siége de Port-Mahon, qui fut pris sous les ordres du
maréchal de Richelieu. Après quarante-trois campagnes
de guerre et trente-six ans de service, il mourut en
1763, époque de sa nomination à la lieutenance de roi
d'une place forte. Il avait épousé, par contrat du 2 août
1743, à Bergues Saint-Vinox, demoiselle Marie-Reine
de Grignon, nièce du lieutenant de roi de cette place,
fille de Pierre-Alexandre de Grignon et dame Marie-
Anne Marisy. Il eut de ce mariage:

    1.º Alexandre-Clément-Emmanuel, dont l'article suit;

2.º Pierre-Joseph-Bruno , sous-lieutenant an régiment de Poitou, mort sans alliance ;

3.º Antoine-François, élevé à l'école royale militaire
de Paris , entré sous-lieutenant au régiment de
Royal-Comtois, qui a été dans l'Inde ; nommé
capitaine dans le 5ᵉ régiment de chasseurs , il eut
le brevet de colonel, fut chevalier de Saint-Lazare et de Saint-Loüis, et mourut à Illon, non marié;

4.º Anne-Marie-Madeleine-Reine , élevée dans la
maison royale de Saint-Cyr, non mariée.

VIII. Alexandre-Clément-Emmanuel DE BARBEROT
D'AUTET, élevé à l'école royale militaire de Paris, entré
sous-lieutenant au régiment de Poitou, capitaine au 39ᵉ
régiment de l'Isle-de-France , premier aide-de-camp du
gouverneur général des Isles-du-Vent, chevalier de Saint-
Lazare et de Saint-Louis , a épousé, par contrat du 8
février 1796, demoiselle Marie-Madeleine de Baignart,
fille de Jean-Claude-Bénigne de Baignart , chevalier,
seigneur d'Estrabonne et de Pradines, major du régiment
de Coincy, chevalier de l'ordre royal et militaire de
Saint-Louis , doyen de la noblesse des états de Bourgogne, et de dame Madeleine-Claire-Honorée de Rey ,
famille de Provence. De ce mariage il a eu :

1.º Alfred-Emmanuel, né en décembre 1797, enregistré pour entrer dans la première compagnie
des Mousquetaires;

2.º Arthur-Emmanuel , chevalier d'Autet, né en décembre 1799, enregistré pour entrer dans la première compagnie des Mousquetaires.

3.º Alexandrine-Emmanuelle de Barberot d'Autet ,
née en novembre 1795.

TROISIÈME BRANCHE.

VI. Claude-Alexandre DE BARBEROT, chevalier, seigneur de Tavaut, capitaine de cavalerie, second fils
d'Etienne-Bernard et de Jeanne-Claude de Sordet,
épousa, par contrat du 18 mars 1712, haute et puis-
sante demoiselle Marie-Louise de Vaudrey, dame de Tro-
marey-Bonboillon , Cugney , Chancey , Vaudey , comtesse de Velxon, Chancevigny, Mothey, dont il eut :

1.º Bernard-Alexandre-François-Xavier, dont l'article suit;

2.º Marie-Madeleine, mariée, par contrat du 20 février 1738, à Charles de Tricornot, seigneur, baron du Trembloy, chevalier de l'ordre royal et militaire de Saint-Louis, capitaine au régiment de Rouergue ;

3.º Marie-Charlotte, mariée, par contrat du 15 mars 1740, à Augustin de Branges, chevalier, seigneur de Sivriat en Bresse, capitaine au régiment de la Reine, cavalerie, chevalier de l'ordre royal et militaire de Saint-Louis ;

4.º Anne-Marie, mariée, par contrat du 20 avril 1744, à Charles-François le Noir, chevalier, seigneur de la Châtre en Orléanais, capitaine au régiment de la Reine, cavalerie, chevalier, de l'ordre royal et militaire de Saint-Louis ;

5.º Sophie-Louise de Barberot de Tromarey, mariée, par contrat du 30 mai 1753, à Charles-Antoine de Chollet, chevalier, seigneur d'Hédanges, lieutenant-colonel du régiment de Schomberg, dragons, chevalier de l'ordre royal et militaire de Saint-Louis, commandant en second du Roussillon, lieutenant de roi, commandant de Perpignan, mort en 1789.

VII. Bernard-Alexandre-François-Xavier DE BARBEROT DE TROMAREY, chevalier, seigneur de Velxon et de Vaudey, épousa, par contrat du 20 juillet 1758, demoiselle Marie-Charlotte de Salomon, fille de Louis de Salomon, premier président du conseil supérieur d'Alsace, dont il eut :

VIII. Alexandre-Charles DE BARBEROT DE VELXON, chevalier, seigneur de Velxon et de Vaudey, capitaine du régiment de Royal-Roussillon, cavalerie. Il a épousé, par contrat du 16 août 1788, demoiselle Michaud d'Arçon, fille de Jacques-Philippe Michaud d'Arçon, seigneur d'Arçon, colonel du génie, chevalier de l'ordre royal et militaire de Saint-Louis. Il n'a point de postérité.

Armes : « D'azur, à l'aigle d'or, becquée et membrée de sable, empiétant une bisse mouchetée d'or et » de gueules, languée du même, tortillée en forme de » caducée, et posée en fasce ; l'écu sommé d'une cou- » ronne de comte, et supporté par deux aigles aux mêmes » émaux. »

-RAMOND, en Languedoc. Les armoiries de cette famille, qui sont celles des anciens comtes de Toulouse, et le nom de Raymond ou Ramond, que ces souverains ont rendu presque héréditaire dans leur maison, ont donné lieu à une ancienne tradition de famille, qui trouve l'origine des Ramond du Languedoc dans un fils d'un ancien comte de Toulouse, nommé Pierre Raymond, qui avait épousé une demoiselle de Lagoursan ; et ce qui appuierait encore ce système, c'est que la famille de Ramond de nos jours écartèle ses armes : 1.º de Toulouse, qui est de gueules, à la croix cléchée, vidée, alésée et pommetée d'or, et 2.º de Lagoursan, qui est d'azur, à la cloche d'argent, bataillée de sable ; et enfin, que la terre de Folmont et autres domaines, en Quercy, possédés *anciennement* par la maison de Ramond, lui *venaient* de ce Pierre Ramond, fils d'un comte de Toulouse. Cette famille a possédé en outre les seigneuries de Moncuq, le Castel, Anty, Roquebrune, Fages, Cazes, Hauterive, Jaussens, Saint-Pierre, Rascas, etc., etc. Son tombeau se voyait encore de nos jours en l'église de Saint-Pierre d'Anthe ; et ses armoiries sur les vitraux de l'église des mineurs conventuels de la ville de Montcuq.

L'auteur du Nobiliaire de la Haute-Guienne, parmi les nobles de la sénéchaussée de Lauzerte et ceux qui ont donné des chevaliers et qui prenaient le titre de monseigneur dès 1130, 1270 et 1330, cite les Ramond ; et Raymond de Ramond-de-Folmont, chevalier de Saint-Jean de Jérusalem, fut commandeur d'Espedailhac, en Quercy, au treizième siècle, ce qui se voit aux archives de la maison de Themines.

I. Raymond - Guillaume DE RAMOND, seigneur de FOLMONT et de MONCUQ, était petit-fils de Pierre-Raymond, seigneur de Folmont, descendant des anciens comtes de Toulouse, et de N .... de Lagoursan ; il mourut avant 1384, et laissa pour fils :

II. Guillaume DE RAMOND, seigneur de FOLMONT, vivant en 1393, lequel fut père de :

III. Bernard DE RAMOND, seigneur de FOLMONT, vivant en 1412 ; il laissa :

IV. Pierre DE RAMOND, seigneur de FOLMONT, chevalier, maître d'hôtel du Dauphin en 1459 ; il fut sénéchal du Quercy, de l'Agénois et de la Gascogne, en 1461 ; capitaine du château et de la ville de Puymerol en 1462 ; puis chambellan et maître d'hôtel du roi, et député aux

États généraux tenus à Tours en 1468. Le roi, pour le dédommager de l'office de sénéchal du Quercy et de l'Agénois, provinces dont il avait disposé en faveur du duc de Guienne, son frère, lui donna l'office de capitaine des ville et château de Penne, en Albigeois, en 1469. Il redevint sénéchal du Quercy en 1473, par le retour du duché de Guienne à la couronne, et résigna l'office de capitaine de Penne à Jean, son fils, en 1486. Il épousa Hélène des Lacs, qui vivait en 1467, fille de Raymond des Lacs, et de Cécile de Tauteresse. Il eut de ce mariage :

     1.º Bertrand, écuyer, capitaine de Caylusavant 1465 ;

     2.º Jean, dont l'article suit.

V. Jean DE RAMOND, Ier du nom, seigneur de Folmont et d'Anty, écuyer, capitaine de Caylus en 1465, au lieu de Bertrand, son frère ; gouverneur de Cahors, lieutenant du sénéchal de Quercy, maître d'hôtel du roi en 1469 et 1498. Il fut élu, en 1474, pour commander la noblesse de Quercy au ban et arrière-ban à Bayonne. Il était panetier du roi, et capitaine de Lauzerte en 1477, et fut capitaine de Penne en Albigeois par la résignation que son père lui fit de cet office en 1486. Il épousa, 1.º N..... ; 2.º Jeanne de Durfort, fille d'Antoine de Durfort, et de Boissière Salviac, et de Jeanne de Luzech. Ses enfants furent :

Du premier lit :

     1.º Mathieu, seigneur de Folmont, grand-maître des eaux-et-forêts du Languedoc, en 1489 ;

Du second lit :

     2.º François, reçu chevalier de Saint-Jean de Jérusalem en 1503 ;

     3.º Jean, dont l'article suit.

VI. Jean DE RAMOND, IIe du nom, seigneur d'Anty, mort avant 1531, laissa entre autres enfants :

VII. Venture DE RAMOND, Ier du nom, seigneur de Fages, par son mariage avec Jeanne, héritière de Fages, vivante en 1541, fille de Florimond de Fages, et de Marguerite de Manas. Il mourut en 1576, laissant :

VIII. François DE RAMOND, seigneur de Fages, gouverneur des château et citadelle de Tournon, en 1572. Il mourut en 1601, et avait épousé Catherine de Chastaigner qui vivait en 1607, fille de Rigal de Chastaigner, seigneur de Sainte-Foix, et de Jeanne de Pélagrue de Montagudet. De ce mariage vint :

IX. Venture DE RAMOND, II⁰ du nom, seigneur de Fages, mort avant l'an 1622, qui épousa Jeanne de Beauville, qui vivait en 1656, fille d'Adrien de Beauville, seigneur de Massanes, et de Catherine de Balsac. De ce mariage· naquit :

X. Germain DE RAMOND, seigneur de Fages, mort en 1663. Il avait épousé Jeanne d'Anty, vivante en 1681, fille de Josué d'Anty, et de Marie de Mauléon, dont :

XI. Jean DE RAMOND, III⁰ du nom, seigneur de Saint-Pierre, mort en 1712. Il avait épousé Marie Merle, morte avant 1695, de laquelle il laissa, entre autres enfants :

XII. Jean-Jacques DE RAMOND, pourvu de l'office de conseiller du roi, receveur et payeur des gages de la cour des comptes, aides et finances de Montpellier, par provision du 8 novembre 1711, mort en 1761 ; il avait épousé, Rose Maret, fille d'Isaac, et de Jeanne Lucadou. Il eut de ce mariage :

XIII. Jean-Isaac DE RAMOND DE RASCAS, né le 31 janvier 1712, qui fut député des états de la noblesse aux états de Languedoc en 1748, et, le 9 décembre de la même année, fut un des quatre gentilshommes choisis pour présenter au roi le cahier des doléances de la province. Il mourut en 1773, et avait épousé Jeanne Lavabre, dont il eut :

1.° Pierre-Antoine, dont l'article suit ;

2.° Tobie-Bernard-Maurice de Ramond.

XIV. Pierre-Antoine DE RAMOND DE RASCAS, écuyer, ancien gendarme de la garde du roi, ainsi qu'il conste par un certificat de Charles de Rohan, prince de Soubise, capitaine-lieutenant de ladite garde, du 2 janvier 1757, épousa, par contrat du 24 août 1771, reçu par Pierre Gaubil, et François-Daniel Alquier, notaires, Françoise-Geneviève-Charlotte de Teyras de Lossedat, morte en 1806, fille de messire Gabriel de Teyras de Lossedat, écuyer, et de Geneviève-Charlotte Chalon. Il mourut en 1793, laissant de ce mariage :

1.° Cosme-Gabriel-Jean-Louis, dont l'article suit;

2.° Louis-Gilbert-Charles-Raymond de Ramond, né le 9 janvier 1779;

3.° Trois demoiselles.

XV. Cosme - Gabriel - Jean - Louis DE RAMOND, né en 1773, a épousé Jeanne-Marie Keittinger, dont il a :

> Joséphine-Clémentine-Adélaïde de Ramond, née en novembre 1807.

Armes : « Ecartelé, au 1 et 4 de gueules, à la croix » de Toulouse d'or; au 2 et 3 d'azur, à la cloche d'ar- » gent, bataillée de sable. »

PLANTA (DE). Famille ancienne, originaire du pays des Grisons, et mentionnée tome Ier, page 226, c'est ainsi qu'il faut lire le degré XVII, page 228 :

XVII. Ennemond DE PLANTA, Ier du nom, a épousé Marie Ruel, de laquelle il eut :

1.° Henri-Joseph-Robert, qui continue la branche aînée, et est rapporté au degré XVIII.

Mais il faut lui ajouter son frère, qui suit :

2.° Claude-Antoine de Planta de Longueterre, qui a épousé Marianne de Castanier du Glas, dont est issu :

> Jean-Claude de Planta de Longueterre, marié, 1.° à Jeanne-Charlotte du Claux de la Mésan- gère; 2.° à Elisabeth Astier, de Clermont; de ce dernier mariage sont issus, 1.° Jean-Claude- Félix, 2.° Adolphe; 3.° Zoé.

FIN DES GÉNÉALOGIES DU TOME VI.

NOBILIAIRE

DE NORMANDIE,

Publié d'après Chevillard, sur les recherches de M. de Chamillård et des autres intendants de cette province.

REVU, CORRIGÉ ET AUGMENTÉ

PAR M. DE SAINT-ALLAIS.

PRÉFACE

. En donnant au public le *Nobiliaire de Normandie*, je satisfais aux demandes qui me sont adressées de toutes parts, de faire imprimer séparément le *Nobiliaire* de chaque province.

J'ai commencé par la Normandie, et j'ai suivi dans mon travail le *Nobiliaire* publié par *Chevillard*, sur les recherches faites en 1666, 1667, 1668 et années suivantes, par M. *de Chamillard*, et les autres intendants de cette province.

J'ai corrigé toutes les erreurs que j'ai reconnues dans cet ouvrage ; malgré cela, je ne me dissimule pas qu'il y en existe encore, parce qu'un travail qui n'est établi que sur des noms propres, ou d'hommes, ou de lieux, sera toujours sujet à des réclamations ; j'aurai soin de les accueillir dès qu'elles mé parviendront, et le volume suivant portera les rectifications qu'on m'aura indiquées.

J'ai ajouté au travail de Chevillard des rôles précieux tirés du cabinet de M. de Clérambault, et de l'ouvrage du célèbre de la Roque. Je me suis fait un devoir de conserver l'orthographe du temps, et de ne pas altérer par des corrections l'ancien usage d'écrire les noms de famille. J'ai cru devoir y comprendre également les maisons qui se sont depuis établies en Normandie, et dont j'ai eu connaissance.

La liste des gentilshommes normands qui accompagnèrent Guillaume, duc de Normandie, dans sa conquête de l'Angleterre, est telle qu'elle n'a jamais paru en France, et j'en ai puisé les matériaux dans les meilleurs auteurs de la Grande-Bretagne.

Je voulais augmenter ce *Nobiliaire* de la recherche de *Montfaut*, mais ce qu'en dit la Roque, dans son *Traité de la Noblesse*, m'en a détourné. Voyez ici, page 327.

Je vais m'occuper successivement du *Nobiliaire* de chaque province, et j'engage messieurs les gentilshommes à me faire parvenir leur article, afin d'éviter toute erreur.

Nota. Tous mémoires, lettres et paquets doivent être adressés, *franc de port*, à M. de Saint-Allais, rue de la Vrillière, n° 10, à Paris.

NOBILIAIRE

DE

NORMANDIE.

A

ABANCOURT (D'), écuyer, sieur de Héloy, élection de Chaumont et Magny, maintenu le 18 juillet 1668 : de gueules, à l'aigle d'argent.

ABANCOURT (D'), écuyer, sieur de la Bellière, élection de Neufchâtel, maintenu le 11 mars 1669 : d'argent, à l'aigle de gueules, béquée et membrée d'or.

ABBADIE (D'), écuyer, sieur de Lattes et d'Abbadie, élection de Montivilliers, maintenu le 11 juillet 1667 : écartelé, au 1 d'argent, au chef de gueules, chargé d'un heaume d'or; au 2 d'azur, au croissant d'argent; au 3 d'azur, au dextrochère armé de toutes pièces, d'argent, tenant une épée du même: au 4 de gueules, au lion d'or.

ABBÉ (L'), écuyer, sieur de Soquenne, élection de Bernay, maintenu le 31 août 1666 : d'argent, au sautoir de sinople.

ABBÉ (L'), écuyer, sieur de Rosières, élection de Pont-l'Evêque, maintenu le 4 mars 1668 : d'azur, au sautoir d'argent, accompagné de trois rayons de soleil d'or, issants du chef.

ABBEY (L'), écuyer, sieur de Heroussart, élection de Pont-l'Evêque, maintenu le 30 janvier 1668 : d'argent, au sautoir de sinople.

ABEY (L'), écuyer, sieur d'Ussy, élection de Falaise, maintenu le 11 juillet 1667 : d'argent, au sautoir alésé de sinople.

ABOS, écuyer, sieur de Follainville, Palletière, etc.,

élection de Bernay et Verneuil, maintenu le 22, juin 1667 : de sable, au chevron d'or, accompagné de trois roses d'argent.

ABOT, sieur de Champs, élection de Mortagne, maintenu le 4 juillet 1666 : écartelé, au 1 et 4 d'azur, à une coquille d'argent ; au 2 et 3 d'argent.

ABOT, écuyer, sieur de la Métruinière, généralité d'Alençon, maintenu le 3 juillet 1667 : porte comme dessus, et au 2 et 3, à un arbre arraché de sinople en bande.

ABOVILLE (D'), élection de Valogne, maintenu en 1666 : de sinople, au château de trois tourelles crénelées d'argent, ajourées et maçonnées de gueules; celle du milieu supérieure.

ACHARD, écuyer, sieur de Hautenoc, élection de Domfront, maintenu le 2 août 1666 : d'azur, au lion d'argent, armé et lampassé de gueules; à deux fasces alésées du même, brochantes sur le tout.

ACHÉ, chevalier, seigneur d'Aché, baron de Larrey, Bresolles, Congé, etc., généralité d'Alençon, maintenu le premier septembre 1667 ; chevronné d'or et de gueules.

ACHÉ, écuyer, sieur de Monteil, du Mont-de-la-Vigne, de Marbœuf, d'Aché et de Cerquigny, élection de Pont-l'Évêque, maintenu le 23 décembre 1668 : écartelé, au 1 d'argent, à la bande d'azur, accompagnée de six tourteaux de gueules posés en orle; au 2 d'or, à trois tourteaux de gueules ; au 3 échiqueté d'or et d'azur, à la bordure de gueules; au 4 d'argent, à trois tourteaux de sable ; sur le tout écartelé, au 1 et 4 chevronné d'or et de gueules ; au 2 et 3 de gueules, à deux fasces d'or.

ACHEU, écuyer, sieur de Saint-Maximien, de Plovich, élection de Neufchâtel : parti d'argent, à la croix ancrée de sable; et d'argent, à l'aigle éployée de sable.

ACHEY, sieur du Mesnilbité, élection de Bayeux, maintenu en 1668 : d'azur, à la fasce d'argent, accompagnée de trois écussons d'or.

ACQUEVILLE (D'), écuyer, sieur dudit lieu, élection de Falaise, maintenu le 27 juin 1667, d'argent, au gonfanon d'azur, frangé de gueules.

ACRES (DES), sieur de l'Aigle, diocèse d'Evreux : d'argent, à trois aiglettes de sable.

ADAM, écuyer, sieur de Bonnemare, élection de Caudebec, maintenu le 20 mai 1670: d'azur, à trois maillets d'argent, surmontés chacun d'une rose d'or.

ADAM, écuyer, sieur de Darville, Chastel, Mouseboscq, Fontaine, etc., élection de Bayeux, maintenu en 1666 : d'argent, au chevron de gueules, accompagné de trois roses du même.

AFFAGART, généralité de Rouen, maintenu le 16 mars 1667 : de gueules, à trois diamants taillés à facettes d'argent, posés en fasces deux et un.

AGIES, écuyer, sieur de Longprez, de Saint-Denis et du Mesnil-Rousset, élection de Bernay, maintenu le 11 avril 1666 : de gueules, à trois besants d'or ; au lambel du même.

AIGLE (L'), ville de Normandie : d'or, à l'aigle éployée de sable ; au chef d'azur, chargé de trois fleurs de lys d'or.

AIGNEAUX, écuyer, sieur de la Rivière, de l'Isle-d'Auval, etc., élection de Falaise, maintenu le premier septembre 1667 : d'azur, à trois agneaux d'argent.

AIGREMONT, écuyer, sieur de Pépinvars, Bonneville, etc., généralité de Caen, maintenu en 1666 : d'or, à la fasce échiquetée d'argent et de gueules, de trois tires, sommée d'un lion naissant de gueules.

AILLY, chevalier seigneur d'Annery, élection de Gisors, maintenu le 3 décembre 1668 : de gueules, à une couronne de deux branches de laurier d'argent ; au chef échiqueté d'argent et d'azur, de trois tires.

ALENÇON, duché, en Normandie : de France, à la bordure de gueules, chargée de huit besants d'argent. La ville porte : d'azur à l'aigle d'or.

ALENÇON, écuyer, sieur de Survie, de Seran et de Sacy, élection d'Argentan, maintenu le 4 novembre 1667 : d'argent au chevron de gueules, accompagné de trois aiglettes de sable.

ALESEREY, élection de Vire.

ALEXANDRE, écuyer, sieur du Vivier, élection d'Andely, maintenu le 4 septembre 1668 : d'argent, à l'aigle éployée de gueules.

ALEXANDRE, écuyer, sieur de la Londe, élection de Carentan, maintenu en 1666 : tiercé en fasces, au 1 d'azur, à trois croissants d'or; au 2 d'argent; au 3 de gueules, à un trèfle d'argent.

ALIGARD, écuyer, sieur des Bois, généralité de Caen, maintenu en 1666 : d'argent, à trois gamma grecs de sable.

ALLAIN, écuyer, sieur de Barbières, généralité de Caen, maintenu en 1666 : d'argent à trois merlettes de gueules; au chef d'azur, chargé de trois étoiles d'or.

ALLAIN, écuyer, sieur de la Bertinière, généralité de Caen, maintenu le 16 février 1666 : d'azur, au chevron d'argent, accompagné en pointe d'un besant d'or.

ALLAIN, écuyer, sieur d'Amontant, du Castel, du Vigné, etc., généralité de Caen, maintenu en 1666 : de gueules, au chevron d'argent, accompagné de trois coquilles du même.

ALLARD, écuyer, sieur de la Houssaye, élection de Conches : d'azur, à trois étoiles d'or, et trois croissants mal-ordonnés d'argent.

ALLEAUME, écuyer, sieur de la Romée et du Bois, généralité d'Alençon : d'azur, au chevron d'or, accompagné en chef de deux étoiles d'argent, et en pointe d'une colombe, la tête couronnée d'or, surmontée d'une étoile du même.

ALLEMAND (L'), sieur de Chercheville, généralité de Rouen : d'argent, semé de billettes de sable; sur le tout un écusson de gueules, chargé d'une étoile d'or; au chef du même.

ALLIET, écuyer, sieur de Saint-Pierre, généralité de Rouen, maintenu le 7 février 1667 : d'azur, au lion d'or.

ALLONVILLE, écuyer, seigneur dudit lieu, élection de Verneuil, maintenu le 22 mai 1667 : d'argent, à deux fasces de sable.

ALLORGE, sieur de Pintevillée et des Isles, généralité de Rouen : d'or, au croissant d'azur; au chef de sable, chargé d'une étoile du champ.

ALORGE, écuyer, sieur de la Herappe, de Meville, de Gueffe, d'Auville, de Bremont, de Malicorne, etc., élection de Mortagne, maintenu le 12 août 1666 : de gueules, à trois gerbes d'or, accompagnées de sept molettes d'éperon du même, trois rangées en chef, une en cœur et trois en pointe, deux et une.

AMBOISE (D'), généralité de Rouen : palé d'or et d'azur.

AMFERNET, baron de Contrebis, seigneur du Val-d'Amfernet, etc., élection de Verneuil, maintenu le 15 juin 1667 : de sable, à l'aigle éployée d'argent, becquée et armée de gueules ; à la bordure du même.

AMIOT, écuyer, sieur du Boisroger et de la Grandière, élection de Mortagne, maintenu le 6 avril 1666 : d'argent, à quatre burelles de sable ; au lion du même, brochant.

AMMEVAL, écuyer, sieur de Cerfontaine, élection de Gisors et Pontoise, maintenu le 10 août 1668 : d'azur, au croissant d'argent, accompagné de trois molettes d'éperon d'or.

AMONVILLE, écuyer, sieur de Groham et du Plessis, élection d'Andely, maintenu le 24 août 1666 : d'azur, au chevron d'argent, accompagné de trois tours du même, maçonnées de sable.

AMOURS, écuyer, seigneur de Courcelles, élection de Gisors et Pontoise ; maintenu le 15 février 1669 : d'argent, au porc de sable, accompagné en chef d'un lambel de gueules, et en pointe de trois clous de la Passion rangés du second émail.

AMOURS, écuyer, sieur de Saint-Martin-Lizon, etc., élection de Bayeux, maintenu en 1666 : d'argent, à trois lacs d'amour de sable.

AMOURS, écuyer, sieur de Londe, généralité d'Alençon : d'argent, à trois étoiles de sable.

ANCEAU, écuyer, sieur de la Forge, élection de Neufchâtel, maintenu le 6 février 1668 : d'azur, à la tour d'or, chargée d'un lion naissant couronné d'argent, tenant une épée du même.

ANCTRUILLE, généralité de Caen, maintenu en 1666 : de sable, au lion couronné d'argent.

ANDAME, écuyer, sieur de Neuvillette, Saint-Martin-la-Campagne, etc., élection d'Arques, maintenu le 3 août 1668 : d'azur, à trois lions d'argent, tenant chacun une palme du même.

ANDRAY, sieur de Bodienville et de Silleris, élection de Carentan, maintenu en 1666 : de sable, au sautoir d'argent, cantonné au 1 et 4 d'un croissant du même, et au 2 et 3 d'une molette d'éperon d'or.

ANDRÉ, élection de Bayeux, maintenu en 1666 : de sinople, à la fasce d'or, accompagnée en chef de deux flanchis, et en pointe d'une molette du même.

ANFERNET, chevalier, seigneur, baron de Montchau-
vet, du Pontbellenger, etc., élection de Vire, maintenu en 1666 : de sable, à l'aigle éployée au vol abaissé
d'argent, becquée et membrée d'or.

ANFRAY ou ARFFREY, seigneur du Mesnil, élection
de Lisieux, maintenu le 29 juin 1666 : de gueules, à
huit besants d'or en orle ; à l'écusson de sable,
chargé de trois croissants du second émail, et bordé
du même.

ANFRIE, sieur de Chaulieu, généralité de Rouen : d'azur,
à trois triangles d'or ; au chef cousu de gueules, chargé
de trois têtes de licorne du second émail, accostées de
deux croisettes du même.

ANGENNES, chevalier, seigneur d'Angennes, la Louppe,
la Motte, du Bois-Sainte-Colombe, Fontaineriant, etc.,
généralité d'Alençon, maintenu le 4 janvier 1668 : de
sable, au sautoir d'argent.

ANGERVILLE, écuyer, sieur de Grainville, élection de
Pont-l'Evêque : d'or, au lion-léopardé de gueules, accompagné en pointe d'une quintefeuille de .sable.

ANGLOIS (L'), écuyer, seigneur de Buranville, Vieuville,
Bourgay, Briencourt, Petitville, etc., élection de Neufchâtel : d'argent, à trois têtes de loup arrachées de
sable.

ANGLOIS (L'), écuyer, élection de Pont-Audemer,
maintenu le 6 juin 1666 : écartelé, au 1 et 4 d'or, à
l'aigle éployée au vol abaissé de sable ; au 2 et 3 de
gueules, au lion d'or.

ANGLOIS, écuyer, seigneur de la Chaize, élection d'Argentan, maintenu le 31 janvier 1666 : d'azur, au chevron d'or, accompagné de trois annelets du même.

ANGOT, écuyer, sieur de Poterel, élection d'Argentan :
d'azur, au chevron d'or, accompagné en chef de deux
croix de Malte du même, et en pointe d'un écusson
d'argent.

ANGOT, seigneur, marquis de Lezeau, comte de Flers,
généralité de Rouen : d'azur, à trois annelets d'or.

ANGUETIL, paroisse de Saint-Laurent de-Rouen.

ANGUETIN, écuyer, sieur du Bois, élection de Bernay :
d'azur, au chevron d'or, accompagné de trois aiguières
à anses du même.

ANSY, élection de Bayeux, maintenu en 1666 : d'argent, semé de billettes de sable ; au lion du même, armé et lampassé de gueules, brochant.

ANNEBAUT, seigneur de Retz et de la Hunaudaye : de gueules, à la croix de vair.

ANNEVAL, écuyer, sieur de la Fontaine, élection de Gisors, maintenu le 10 août 1668 : d'azur, au croissant d'argent, accompagné de trois molettes d'or.

ANNEVILLE, écuyer, sieur de Chifrevast, Tamerville et le Waast, élection de Valogne, maintenu en 1666 : d'hermine à la fasce de gueules.

ANNEVILLE, écuyer, sieur de Merville, généralité de Caen, maintenu en 1666 : d'hermine, au sautoir de gueules.

ANQUETIL, écuyer, élection de Valogne, maintenu en 1666 : d'or, à trois feuilles de chêne de sinople.

ANTHENAISE, écuyer, sieur de Rouilly, du Douet et d'Anthenaise, élection de Lisieux : bandé d'argent et de gueules.

ANZERAY, écuyer, sieur de Courvaudon, de la Gogne, etc., élection d'Avranches, maintenu en 1666 : d'azur, à trois têtes de léopard d'or.

AOUSTIN, généralité de Rouen : d'azur, à la fasce d'argent, accompagnée en chef d'un léopard d'or, et en pointe de trois coquilles du même.

APPAROC, écuyer, sieur de Sainte-Marie, élection de Pont-l'Evêque, maintenu le 16 février 1669 : d'argent, à deux fasces dentelées de sable.

APRIX, écuyer, sieur de Morienne, de Gruchet et de Vimont, élection d'Arques, maintenu le 21 juillet 1667 : écartelé, au 1 et 4 d'azur, à la tour d'argent maçonnée de sable ; au 2 et 3 d'argent, à trois merlettes de sable.

ARANDE, écuyer, seigneur d'Emanville, élection de Conches : coupé d'argent, à l'aigle issante de sable ; et de gueules, à une fleur de lys florencée d'or.

ARANDEL, écuyer, sieur de Guemicourt, élection de Neufchâtel : d'argent, au chevron de gueules, accompagné de trois pies de sable.

ARCHAIS, écuyer, sieur de Maubosq, élection de Bayeux, maintenu en 1666 : de gueules, à trois molettes d'éperon cousues de sable ; au franc-quartier du même, chargé d'une bande cousue d'azur, surchargée d'une molette d'éperon d'argent.

ARCHIER (L'), écuyer, sieur de Gonneville, la Ches-

naye, etc., élection d'Andely, maintenu le 14 octobre
1666 : de sable, au porc hérissé d'or.

ARCHIER (L'), sieur de Turqueville, élection de Carentan.

ARCOURT, écuyer, sieur de Taynemare, élection de
Montivilliers, maintenu le 14 juillet 1667 : de gueules,
à un arc tendu et armé d'une flèche encochée en bande
d'argent ; à la bordure du même.

ARCYE (D'), écuyer, sieur de Fouceaux, élection de
Montivilliers, maintenu le 6 juillet 1667 : coupé d'azur,
au soleil d'or ; et d'or, à une aigle de sable.

ARGENCES (D'), écuyer, sieur de la Ruffaudière, élection de Bernay, maintenu le 31 janvier 1667 : de gueules, à la fleur de lys d'argent.

ARGENCES, sieur d'Origny, diocèse d'Evreux : d'azur,
à trois fermaux d'or.

ARGENNES (D'), sieur de Montmirel, élection d'Avranches, maintenu en 1666 : de sable, à la croix d'or,
cantonnée de quatre aiglettes éployées du même.

ARGOUGES (D'), écuyer, sieur de Boussigny, Grastot,
seigneur de Ganville, élection de Bernay et de Coutances, maintenu en 1666 : écartelé d'or et d'azur, à trois
quintefeuilles de gueules ; celle du deuxième quartier
cousue ; celle en pointe brochante sur les deux quartiers.

ARLANGES (D'), seigneur de Marigny et Beuvrier, élection de Mortagne, maintenu le 3 septembre 1667 : d'argent, à trois merlettes de sable, accompagnées de six
annelets du même, trois rangés en chef, et trois en
pointe, deux et un ; le tout surmonté d'une devise ondée de sable.

ARNOIS, écuyer, sieur de Saint-Martin, généralité de
Rouen, maintenu le 8 janvier 1668 : de gueules, au
chevron d'argent, accompagné en pointe d'un heaume
du même.

ARQUEMBOURG, seigneur de Flottemanville, élection
de Valogne, maintenu en 1666 : d'argent, au chevron
de gueules, accompagné de trois roses du même.

ARRAGON, seigneur de Nehou, de Granchamp, généralité de Caen, maintenu en 1666.

ARRIÈRES, écuyer, seigneur du Thuit, élection d'Andely, maintenu le 17 janvier 1668 : d'azur, au sautoir
dentelé d'or.

ARTUR, élection d'Avranches : de gueules, à la coquille
d'or ; au chef d'argent.

ASSELIN, sieur de Frevolles, généralité de Rouen : d'azur, au chevron d'argent, accompagné en chef de deux étoiles d'or, et en pointe d'un croissant du même.

ASSY (D'), généralité de Rouen : d'argent, à la croix de sable, chargée de cinq coquilles d'or, et cantonnée de douze merlettes du second émail.

ASSYE, écuyer, sieur du Buisson, marquis d'Assye, élection de Mortagne, maintenu le 11 août 1666 : d'argent, à deux lions-léopardés de sable, lampassés de gueules.

AUBER, écuyer, sieur de Caudemouve, du Mesnil, de Gonville, Champfleury, etc., élection de Falaise, maintenu le 13 février 1667 : palé d'argent et de gueules ; au chef d'azur.

AUBERT, seigneur d'Aubeuf, de Vertot, Theuville, élection de Montivilliers, maintenu le 18 mars 1667 : d'argent, à trois fasces de sable, accompagnées de quatre roses de gueules ; deux en chef, une entre les deux premières fasces, et l'autre en pointe.

AUBERT, baron d'Aunay, sieur de Grandmesnil, Henouville, etc., élection d'Avranches, maintenu le 12 août 1668 : de gueules, à trois trèfles d'or ; au chef cousu de sable, chargé d'un croissant du second.

AUBERT, seigneur de Tourny : de sable, à l'aigle d'or, fixant une étoile du même.

AUBERT, sieur de Montigny : d'argent, à trois roses de gueules, pointées d'or et tigées de sinople.

AUBERY, écuyer, sieur de Bellegarde, généralité de Rouen, maintenu le 8 mars 1667 : d'argent, à la fasce d'azur, chargée d'une aigle éployée d'or, accostée de deux écrevisses du champ.

AUBERY, sieur de Cauverville, diocèse de Lisieux : de gueules, à trois têtes de lévrier d'argent.

AUBŒUF (D'), généralité de Rouen : d'azur, fuselé d'argent.

AUBOURG, seigneur de Chavançon, élection de Gisors, maintenu le 14 décembre 1669 : d'azur, à trois fasces d'or.

AUDOUIN, écuyer, sieur d'Espinay, élection de Neufchâtel, maintenu le premier juillet 1670 : d'argent, à l'aigle éployée de sable.

AUDRIEU, écuyer, sieur de Gestrancourt, élection d'Evreux, maintenu le 2 avril 1667 : d'argent, à la fasce de sable, chargée de trois molettes d'éperon d'or.

AUFFREY, voyez ANFRAY.

AUGE, écuyer, seigneur de Brumare, Soquence, Benneval, des Ifs, Branville, etc., élection de Pont-l'Evêque, maintenu le 25 janvier 1668 : d'argent, semé de billettes de gueules, au lion de même, brochant sur le tout.

AUGER, élection de Carentan, maintenu en 1666 : d'azur, au phénix sur son immortalité, d'or, fixant un soleil du même.

AUME, ville de Normandie : d'argent, à la fasce d'azur, chargée de trois fleurs de lys d'or.

AUMESNIL (D'), écuyer, sieur de Breteville, généralité de Caen, maintenu en 1666 : de gueules, à la fleur de lys d'argent.

AUPOIX, écuyer, sieur du Parc, Geville, etc., élection de Falaise, maintenu le premier août 1667 : d'azur, à trois croix recroisetées, au pied fiché d'argent.

AUPONS, généralité de Caen, ancienne noblesse.

AUREVILLE, écuyer, sieur de la Frambroisière, Chastellière, la Vannetière, la Louverie, Pillette, Langerais, etc., élection de Bayeux, maintenu le premier mai 1667 : de sable, au lion d'argent, armé et lampassé de gueules.

AUTEVILLE (D'), écuyer, sieur de Launay, de Cornuroy, de Roncelly, etc., généralité de Rouen : d'argent, à trois fasces de sable ; au sautoir de gueules, brochant sur le tout ; à la bordure du même.

AUTHIN, généralité de Rouen : d'azur, à trois coquilles d'or ; au lion léopardé de gueules ; à la fasce échiquetée d'argent, et de gueules, brochante sur le tout.

AUVERGNE, écuyer, sieur de Fondval, la Motterie, etc., élection de Gisors, maintenu le 18 mars 1669 : d'argent, à la fasce de gueules, chargée de trois coquilles du champ, et accompagnée de six merlettes de sable.

AUVET (D'), sieur des Marets, d'Auvillars, etc., diocèse d'Evreux : bandé d'argent et de gueules, la première bande chargée d'un lion de sable.

AUVRAY, écuyer, sieur de Dymanville, élection de Lisieux, maintenu le 3 décembre 1666 : de gueules, au chevron d'or, accompagné de trois croisettes du même.

AUVRAY, écuyer, sieur du Roque, élection de Coutances, maintenu en 1666 : palé, d'or et d'azur; au chef de gueules, chargé d'un léopard du second émail.

AUVRAY, écuyer, sieur de la Gondonnière, élection de Bernay, maintenu le 20 mai 1666 : de gueules, à la fasce d'or, accompagnée en chef de deux étoiles d'argent, et en pointe de deux lions-léopardés et affrontés du second émail.

AUVRAY, écuyer, sieur des Monts, de Mainteville et d'Imanville, élection d'Argentan, maintenu le 31 décembre 1666 : d'argent, au chevron d'azur, chargé de trois fleurs de lys d'or, et accompagné de trois hommes de pin de sinople.

AUVRAY, élection de Carentan, maintenu en 1666 : d'azur, à trois coquilles d'argent.

AUVRAY, élection de Bayeux : de gueules, à trois coquilles d'argent, bordées de sable.

AUVRAY, écuyer, sieur des Poix, élection d'Avranches, maintenu en 1666 : losangé d'or et d'azur.

AUVRECHER : d'or, à deux quintefeuilles de sable, posées l'une au canton senestre, et l'autre en pointe de l'écu, un lionceau du même au premier canton.

AUXAIS (D'), écuyer, sieur de Bosc, de Tautte, d'Auxais, de Beauprey, de la Couture, du Mesnil, etc., élection de Bayeux : de sable, à trois besants d'argent.

AUX-ÉPAULES, élection de Carentan, maintenu en 1666 : de gueules, à la fleur de lys d'or.

AVANNE (D'), seigneur de Montquesu, élection de Montivilliers, maintenu le 8 mars 1667 : d'argent, à la fasce de sable.

AVENEL, seigneur de Cordouzières, des Fontaines, la Touche, etc., élection de Mortain, maintenu en 1666 : de gueules, à l'aigle d'argent.

AVERHOUT, écuyer, sieur de Montaine et de Crosmesnil, élection de Lions, maintenu le 6 août 1668 : d'or, à trois fasces de sable; au franc canton d'hermine.

AVESGO, écuyer, sieur de Saint-Jacques, généralité d'Alençon, maintenu le 25 décembre 1666 : d'azur, à la fasce écotée d'or, accompagnée de trois gerbes de blé d'argent; à la bordure de gueules, chargée de huit besants du second émail.

AVICE, écuyer, sieur du Goltot, élection de Valogne, maintenu en 1666 : d'azur, à une épée d'argent, garnie d'or, posée en pal, accompagnée de trois pommes de pin du même.

AVICE, sieur de Tourville, élection de Valogne, maintenu en 1666 : d'azur, à neuf pommes de pin d'or.

AVISARD, écuyer, sieur de la Chapelle, élection de Falaise, maintenu le 6 septembre 1666 : de gueules, au chevron d'argent.

AVOINE, écuyer, sieur dudit lieu, élection d'Arques, maintenu par arrêt du 21 avril 1672 : d'argent, à quatre burelles de sable, la première chargée de cinq besants d'or.

AVOINE, écuyer, sieur de Mandeville, élection de Conches, maintenu le 16 janvier 1668 : de gueules, à trois gerbes d'avoine d'or.

AVRANCHES, ville de Normandie : d'azur, au portail de ville d'argent, accosté de deux fleurs de lys d'or, et sommé d'un dauphin surmonté d'une fleur de lys, le tout du même; la fleur de lys accostée de deux croissants d'argent.

B

BACARD, élection d'Avranches, ancienne noblesse.

BACHELIER, écuyer, sieur du Mesnil, du Boistet, élection de Gisors et d'Andely, maintenu le 14 juillet 1668 : d'argent, à la fasce de gueules, chargée de trois flanchis d'or.

BACHELIER, écuyer, seigneur de Saon et du Breuil, etc., élection de Bayeux, maintenu en 1666 : d'azur, au cygne d'argent ; au chef d'or, chargé de trois coquilles de gueules.

BACON, élection de Bayeux : de gueules, à six quintefeuilles d'argent; aliàs, d'argent, à six quintefeuilles de gueules.

BAFFARD, écuyer, seigneur de Fresney, élection de Pont-l'Evêque, maintenu le 17 septembre 1668 : d'argent, au palmier de trois feuilles arrachées de sinople, à deux lions affrontés de sable, s'appuyant sur le fût de l'arbre.

BAIGNARD, écuyer, seigneur du Gerrier, élection de Conches, maintenu le 16 juillet 1667 : d'argent, à la fasce de gueules, chargée de trois fers de cheval du champ, et accompagnée de trois molettes d'éperon de gueules.

BAILLE, écuyer, généralité de Rouen : d'azur, à la croix dentelée d'or, chargée d'une étoile de sable, bordée et dentelée de gueules.

BAILLÉ (DU), écuyer, sieur dudit lieu, élection d'Evreux, maintenu le 5 décembre 1666 : d'azur, à deux chevrons d'or, accompagnés en chef de deux étoiles d'argent, et en pointe d'une rose du même.

BAILLEHACHE, écuyer, sieur de Longueval, de Bapeaume, de Bieville, etc., élection de Pont-l'Evêque, maintenu le 10 avril 1668 : de gueules, au sautoir d'argent, cantonné de quatre merlettes du même.

BAILLEHACHE, écuyer, sieur de Longueval, élection de Pont-l'Evêque, maintenu le 22 juillet 1670 : de gueules, à la croix d'argent, cantonnée de quatre merlettes du même.

BAILLEU, écuyer, sieur de la Reglerie, élection de Domfront, maintenu le 28 mai 1668 : d'or, à trois écussons de gueules.

BAILLEUL, élection de Montivilliers, maintenu le 3 mai 1667 : d'argent, à la fasce de gueules, accompagnée de trois mouchetures de sable.

BAILLEUL, chevalier, seigneur de Bellengreville, Cressenville, des Ventes, etc., élection d'Argentan, maintenu le 30 avril 1666 : parti d'hermine et de gueules.

BAILLEUL, seigneur de Cantelou, élection de Lisieux, maintenu le 16 avril 1666 : d'hermine, à la croix de gueules.

BAILLEUL, élection de Mortain.

BAILLY, élection de Neuchâtel : d'azur, à trois annelets d'or.

BAILLY, écuyer, sieur de Petitval, élection de Pont-l'Evêque, maintenu le 10 août 1667 : d'azur, à la fasce d'or, accompagnée en chef de deux croissants d'argent, et en pointe de deux molettes d'éperon du même.

BALANDONNE, généralité de Rouen, maintenu le 16

juillet 1666 : d'argent, au lion de sable, armé et lampassé de gueules ; au chef d'azur, chargé de trois molettes d'éperon d'or.

BALLEUR, écuyer, sieur du Mesnil, élection de Caudebec, maintenu le 4 octobre 1669 : d'azur, à trois besants d'argent.

BANASTRE, écuyer, sieur de Routtes, du Mesnil, ... d'Arcauville, etc., élection de Caudebec, maintenu le 25 novembre 1668 : de gueules, à la bande d'argent, accompagnée de deux molettes d'éperon d'or.

BANNOIS, écuyer, sieur de Pontfont, généralité de Caen, maintenu en 1665 : fascé, ondé d'or et d'azur, la première fasce chargée de trois merlettes de gueules.

BANNOIS, élection d'Avranches : d'azur, à la fasce d'argent ; au chef d'or, chargé de trois merlettes de gueules.

BANTAS, généralité de Caen.

BANVILLE, écuyer, sieur de Trutemme, seigneur de la Pierre du Moulin, élection de Vire, maintenu en 1666 : plein de menu vair.

BAPAUME (DE), généralité de Rouen : de gueules, à deux chevrons d'or.

BAPTISTE, sieur de Baron, généralité de Caen.

BARASTRE, écuyer, sieur du Mesnil, élection de Caudebec, maintenu le 28 janvier 1668 : de gueules, à une épée d'argent, accompagnée de trois étoiles de même, une en chef et deux en flancs.

BARAT, écuyer, sieur de Beauvais, élection de Mortain, maintenu le 4 avril 1667 : d'argent, à la croix ancrée et anillée de sable.

BARATTE, écuyer, sieur de Vergenette, élection de Falaise : d'azur, à l'épée d'argent, en pal, garnie d'or, surmontée d'une couronne royale, et accostée de deux fleurs de lys, le tout du même.

BARBERIE, seigneur de Saint-Contest, élection de Bayeux : d'azur, à trois têtes d'aigle d'or.

BARBEY, élection de Montivilliers : coupé, au 1 fascé d'or et d'azur ; au 2 de gueules, au lion d'or.

BARBEY, écuyer, sieur de Fontenailles, élection de Bayeux, maintenu en 1666 : d'azur, au chevron d'or, accompagné de trois fers de lance du même, ceux du chef renversés.

BARBIER, écuyer, sieur de Vanerelles, généralité d'Alençon, maintenu le 31 août 1667 : d'azur, au chevron d'or, accompagné de trois trèfles du même.

BARBOU, seigneur de Quierqueville, élection de Valogne : d'or, à la bande de sable.

BARDOUF, seigneur de Beaulieu, élection de Verneuil : d'argent, à la croix fichée de sable, chargée en cœur d'une molette d'éperon du champ.

BARDOUIL, écuyer, sieur de Surville, seigneur de la Bichardière, élection d'Andely, maintenu le 26 août 1668 : d'azur, à la croix ancrée d'argent, anglée de quatre rayons ondoyants du même.

BARDOUIL, écuyer, sieur de la Bardouillière, Saint-Lambert, etc., élection de Verneuil, maintenu le 22 juin 1667 : de sable, à la fasce d'or, accompagnée de trois tridents d'argent, à la bordure du second émail.

BARDOUIL, écuyer, seigneur de Neufville, de Vaux, Charleval, Magny, de Bardouil, etc., élection d'Argentan, maintenu le 30 avril 1666 : parti d'argent et de gueules, au léopard de l'un à l'autre.

BARDOUIL, écuyer, sieur de Lande, Pevense, etc., élection de Lisieux : d'or, à trois écrevisses de sable.

BARIL, élection d'Avranches : coupé, au 1 d'argent, à l'épervier de gueules; au 2 d'azur; au lion léopardé d'argent.

BARNIOLES, écuyer, sieur du Mesnil, élection de Neufchâtel, maintenu le 28 janvier 1668 : de gueules, à une épée d'argent, accompagnée de trois étoiles de même, une en chef et deux en flancs.

BAROIS, écuyer, sieur de Beaubuisson, élection d'Arques, maintenu le 12 janvier 1668 : d'argent, au lion de sable, armé et lampassé de gueules, au chef d'azur, chargé de trois couronnes triomphales d'or.

BARON, généralité de Rouen : écartelé, au 1 et 4 de gueules, au dauphin d'argent ; au 2 et 3 d'azur, au lion d'or ; sur le tout de gueules, à la croix d'argent.

BARON, écuyer, sieur de Thibouville, Valvit, etc., élection du Pont-Audemer, maintenu le 7 janvier 1668 : de gueules, à cinq besants d'or, trois et deux.

BARQUES (DU), seigneur du Bourg, élection d'Argentan, maintenu le 17 février 1667 : de sable, à trois croissants d'argent.

BARRE (la), écuyer, sieur du Plessis, de Verdigny, Bermenil, Gilbesnard, etc., élection d'Evreux, maintenu le 23 janvier 1667 : d'azur, à trois croissants d'or.

BARRE (la), écuyer, sieur de Nanteuil, élection d'Andely, maintenu le 13 décembre 1668 : d'argent à trois merlettes de sable.

BARRE (la), écuyer, seigneur de Gouverville, élection de Montivilliers, maintenu le 14 février 1670 : d'azur, au chevron d'or, accompagné en chef de deux éperviers du même, et en pointe d'une étoile d'argent.

BARRÉ, écuyer, seigneur des Autieux, élection de Bernay, maintenu le 31 janvier 1667 : d'azur, à trois fasces d'or, la première surmontée de trois têtes d'aigle d'argent.

BARRÉ, écuyer, sieur de Montfort, Cousture, Laval, etc., élection de Bernay : d'azur, à trois bandes d'or, au chef d'argent, chargé de trois hures de sanglier de sable.

BARRÉ, écuyer, sieur de Pierrepont, élection de Domfront, maintenu le premier août 1667 : d'azur, à la fasce d'or, chargée d'un lion naissant de gueules, et accompagnée en chef de trois croisettes d'argent, et en pointe d'une petite croisette du même, surmontée d'une tour aussi d'argent, accostée de deux trèfles d'or.

BARVILLE, écuyer, seigneur de Nocey, élection de Mortagne, maintenu le 16 janvier 1667 : d'or, au sautoir de gueules, cantonné de quatre lionceaux de sable.

BARVILLE, écuyer, sieur de Saint-Germain, etc., élection de Mortain, maintenu le 28 février 1667 : d'argent, à la bande de gueules.

BAS (le), vicomte du Pont-Audemer, généralité de Rouen, maintenu le 21 novembre 1667 : d'argent, au chevron d'azur, accompagné de trois roses de gueules, tigées et feuillées de sinople, celle en pointe surmontée d'un croissant du second émail.

BAS (le), écuyer, sieur du Bourg, du Castelet, du Hamel, etc., généralité de Caen, maintenu en 1666 : de gueules, à la croix ancrée d'or, cantonnée de quatre croissants du même.

BASIRE, écuyer, sieur de Raseguillaume, généralité

de Rouen, maintenu le 25 juillet 1666 : d'azur, à la bande ondée d'argent.

BASIRE, écuyer, sieur de Villodon, généralité de Caen, maintenu en 1666 : d'azur, à une patte de griffon d'or en pal, accostée de deux feuilles de chêne du même.

BASNAGE, écuyer, généralité de Rouen.

BASONNIÈRE, élection de Bayeux, maintenu en 1666 : d'hermine, au lion de gueules.

BASSET, élection de Coutances : d'argent, au chef de sable, chargé de trois rameaux d'or.

BASSET, élection et ville de Rouen : d'azur, à trois épieux de gueules.

BASTIER (LE), écuyer, sieur du Quesnoy, élection de Neuchâtel, maintenu le 17 décembre 1669 : d'argent, au chevron d'azur, accompagné de trois roses de gueules.

BAUCHES, écuyer, sieur de His, généralité de Caen, maintenu en 1666 : d'azur, à une main tenant une épée en pal, accostée de deux étoiles, et surmontée d'un nuage, le tout d'argent, le nuage issant du chef et entourant un soleil d'or.

BAUDART, généralité de Caen, maintenu en 1666 : d'azur, à trois fasces ondées d'argent.

BAUDIN, élection et ville d'Avranches.

BAUDOT, écuyer, sieur d'Ambenay, élection de Conches : de sable, au chevron d'or, accompagné de trois molettes d'éperon du même.

BAUDOT, écuyer, sieur de Frementel, élection de Conches : d'azur, à l'aigle au vol abaissé d'argent, surmontée à dextre d'un soleil du même, et à senestre d'une épée d'or, la pointe en bas.

BAUDOUIN, seigneur de Boissey, sieur de la Guinsue, du Prey, Beauvrêche, la Caye, etc., généralité de Rouen, maintenu le premier septembre 1667 : d'argent, à la croix de sable, cantonnée au 1 et 4 d'une croix de Malte d'azur ; au 2 et 3, d'une tente girouettée de gueules.

BAUDOUIN, écuyer, sieur de Granduit, du Fresne, élection de Falaise, maintenu le 6 mai 1667 : d'azur, au chevron d'argent, accompagné en chef de deux roses, et en pointe de trois trois trèfles, le tout du même, le chevron surmonté d'une fleur de lys d'or.

BAUDRE, écuyer, sieur de la Vallée élection de Vire, maintenu en 1666 : d'argent, au croissant de gueules, accompagné de six merlettes du même, trois en chef, deux en flancs, et l'autre en pointe.

BAUDRY, écuyer, sieur du Sanally, Neufvillette, Boiseaumont, Fonteney, etc., généralité de Rouen, maintenu le 12 mars 1667 : d'azur, au chevron d'or, accompagné en chef de deux croix de Malte du même, et en pointe d'un trèfle d'argent.

BAUDRY, écuyer, sieur de Bretheville, généralité de Rouen, maintenu le 28 décembre 1666 : d'argent, au chevron d'azur, accompagné en chef de deux roses de gueules, et en pointe d'un cœur du même.

BAUDRY, écuyer, sieur de Canrost, élection d'Arques, maintenu le 30 janvier 1668 : d'azur, au chevron d'argent, accompagné en chef de deux levrons affrontés, et en pointe d'une tête de maure, tortillée et contournée, le tout du même.

BAUDRY, chevalier, seigneur de Thensy, Piencourt, Teilleur, etc., élection d'Evreux, maintenu le 28 janvier 1668 : de sable, à trois mains dextres d'argent.

BAULMER, écuyer, sieur de Chantelon et de la Coudraye, généralité et ville de Rouen.

BAUPTE, sieur de Chanly et de Jaganville, élection d'Avranches : d'azur, au pal d'or, chargé d'une flèche ou dard de gueules, la pointe en bas.

BAUQUEMARE, seigneur de Vitot, élection de Conches, maintenu le 3 janvier 1668 : d'azur, au chevron d'or, accompagné de trois têtes de léopard du même.

BAUQUET, écuyer, sieur de la Roque, d'Huberville, Creully, Moon, Granval, Mauny, élection d'Arques, maintenu le 28 novembre 1667 : d'azur, au chevron d'or, accompagné de trois oranges du même, tigées et feuillées de sinople.

BAUQUET, seigneur de Turqueville, élection de Valogne : d'argent, au chevron de gueules, accompagné de trois losanges du même.

BAUQUET, élection de Bayeux : de gueules, au chevron d'or, accompagné de trois losanges d'argent.

BAUSSAIN, écuyer, sieur du Désert, élection de Caen, maintenu en 1666 : d'azur, à l'agneau pascal d'or ; le pannonceau d'argent, croisé de gueules.

BAUSSY, élection de Bayeux : d'argent, à trois rateaux de gueules.

BAUSTE, élection de Caen.

BAUTOT, écuyer, sieur de la Rivière, élection de Pont-l'Évêque : d'argent, à trois coqs de sable, crêtés, barbés et membrés de gueules.

BAYEUX, ville de Normandie : de gueules, au léopard d'or.

BAZAN, marquis de Flamanville, élection de Valogne, maintenu en 1666 : d'azur, à deux jumelles d'argent, surmontés d'un lion-léopardé du même, armé et lampassé d'or.

BAZIN DE BEZONS, d'azur, à trois couronnes ducales d'or.

BEATRIX, écuyer, sieur des Pierelles, Bellecroix, de Beauchamp, Moranville, etc., élections de Bayeux et de Carentan, maintenu en 1666 : d'argent, au lion de sable, armé et lampassé de gueules, couronné d'or, et chargé à l'épaule de croisettes d'argent.

BEAUCOURT, écuyer, sieur de la Bellière, élection de Neufchâtel, maintenu le 11 mars 1669 : d'argent, à l'aigle au vol abaissé de gueules.

BEAUDENYS, écuyer, sieur de Maury, élection de Carentan, maintenu en 1666 : d'argent, au sautoir engrêlé de gueules, cantonné de quatre têtes de lion de sable.

BEAUDRAP, écuyer, sieur du Mesnil, la Prunerie, etc., élection de Valogne, maintenu en 1666 : d'azur, au chevron d'argent, accompagné en chef de deux étoiles d'or, et en pointe d'un croissant du même.

BEAUFLEURY, élection de Mortain.

BEAUGENDRE, écuyer, sieur des Essarts, de la Vaucelle, de Beaumont, de Secqueville, etc., élection de Carentan et de Valogne, maintenu en 1666 : de gueules, à deux chevrons d'argent, accompagnés de trois coquilles d'or.

BEAUGUEL, élection de Bayeux.

BEAULIEU, chevalier, marquis de Becthomas, Richebourg, etc., élection de Pont-l'Arche, maintenu le 26 janvier 1668 : d'argent, à six croisettes pattées de sable.

BEAULIEU, écuyer, sieur de Rochefort, élection de Verneuil, maintenu le 18 mai 1667 : d'argent, au croissant de sable, accompagné de six croisettes ancrées du même, rangées trois en chef et trois en pointe.

BEAUMAIS, écuyer, sieur de Marolles, de Cisay, Joret, etc., élection d'Evreux, maintenu le 21 juin 1667 : d'azur, au chevron d'or, accompagné de deux molettes d'éperon, et en pointe d'un membre de griffon, le tout du même.

BEAUMONT-LE-ROGER, ville de Normandie : semé de France; au lambel de gueules de quatre pendants, chacun chargé de trois châteaux d'or.

BEAUNAY, écuyer, sieur d'Imanville, Vilainville, etc., élection de Montivilliers, maintenu le 17 février 1667 : fascé d'or et d'azur.

BEAUREPAIRE, écuyer, sieur de Louvagny, de Jort, etc., élection de Bernay : de sable, à trois gerbes d'argent.

BEAUSIRE, écuyer, sieur de Bréguigny, élection de Neufchâtel, maintenu le 9 mars 1667 : d'azur, à la fasce d'argent, chargée d'une étoile cousue d'or, et accompagnée de cinq étoiles du même, trois en chef et deux en pointe.

BEAUVAIS, écuyer, sieur des Angles, de Soret, élection de Lions maintenu le 31 décembre 1667 : de gueules à cinq coquilles d'or, trois et deux.

BEAUVAIS, écuyer, sieur de Maury, élection d'Evreux : de gueules, à deux lances d'argent, fûtées d'or et posées en chevron, accompagnées de trois haussecols du même.

BEAUVAIS, généralité de Rouen : d'argent, à la croix de gueules, chargée de cinq coquilles d'or.

BEAUVAIS, élection de Vire, maintenu en 1666 : écartelé, au 1 et 4 de gueules, à la rose d'argent; au 2 et 3 de gueules, au lion d'argent.

BEAUVAIS, écuyer, sieur dudit lieu et du Taillis, élection de Mortagne, maintenu le 30 juin 1666 : d'azur, à trois fasces d'or.

BEAUVAIS, écuyer, sieur de la Gaillardière, élection de Mortagne, maintenu le 26 juillet 1667 : d'argent, au chevron de sable; au chef de gueules.

BEAUVALET, élection de Valogne.

BEAUVOISIN, écuyer, sieur de la Beauvoisinière, élection de Falaise, maintenu le 7 juin 1666 : de sable, frété d'argent.

BEC (DU), chevalier, seigneur de la Brose, Boury, marquis de Vardes, élection de Magny, maintenu le 26 septembre 1669 : losangé d'argent et de gueules.

BEC-DE-LIÈVRE, chevalier, seigneur d'Hocqueville, marquis de Quevilly, Fresné, Saint-Georges, Basilly, etc., généralité de Rouen, maintenu le 3 juin 1668 : de sable, à deux croix tréflées au pied fiché d'argent ; une coquille du même en pointe.

BECHEVEL, écuyer, sieur du Castel, seigneur de la Motte-Blasgny, élection de Bayeux, maintenu en 1666 : de gueules, à trois quintefeuilles d'argent.

BECQUEL, écuyer, sieur du Mesle, généralité de Rouen, maintenu le 2 janvier 1668 : d'azur, à trois tours d'or.

BEDEL, écuyer, sieur des Londes, généralité de Caen maintenu en 1666 : d'azur, au chevron d'argent, chargé de trois tourteaux de sable, et accompagné de trois glands d'or.

BEDEY, élection de Bayeux, maintenu en 1666 : d'azur, à trois losanges d'argent ; au chef cousu de gueules, chargé de trois roses du second émail.

BEL (le), écuyer, sieur du Hommel, élection de Carentan, maintenu en 1666 : d'azur, à trois besants d'argent.

BEL (le), élection de Valogne : d'azur, à trois besants d'argent ; à la bordure d'or.

BELHOMME, écuyer, sieur de Granlay, généralité d'Alençon, maintenu le 31 janvier 1667 : d'azur, au chevron d'or, accompagné de trois molettes d'éperon du même.

BELIN, écuyer, sieur de la Rivière, élection de Carentan, maintenu en 1666 : d'or, à une flamme de gueules ; au chef d'azur, chargé de trois étoiles du champ.

BELLEAU, écuyer, sieur de Bouillonné, du Parc, Jumelière, etc., élection d'Argentan, maintenu le 2 juin 1667 : d'hermine, à deux fasces d'azur.

BELLEAU, écuyer, sieur dudit lieu, élection de Lisieux, maintenu le 22 avril 1667 : d'hermine, à trois fasces d'azur.

BELLEAU, seigneur de Frères, Jumelure, élection de Verneuil, maintenu le 2 juin 1667 : d'argent, à deux fasces d'azur, accompagnées de cinq mouchetures de sable, quatre en chef et l'autre en pointe.

BELLÉE, élection de Domfront, maintenu le premier juin 1667 : de sable, à trois quintefeuilles d'argent.

BELLEMARE, écuyer, sieur dudit lieu et de Valhebert,

de Saint-Cyr, de Saterne, de Duranville, de Gaignerie, élection de Pont-Audemer, maintenu le 22 janvier 1669 : de gueules, à la fasce d'argent, accompagnée de trois carpes contournées du même.

BELLEMARE, écuyer, sieur du Buquet, élection de Conches, maintenu le 22 juillet 1666 : de sable, à la fasce d'argent, accompagnée de trois carpes d'or, une en chef et deux l'une sur l'autre en pointe, celle du milieu contournée.

BELLENGER, écuyer, sieur de Cressanville, Fontaine, Grivagne, élection de Pont-l'Evêque, maintenu le premier mars 1666 : de gueules, à deux aigles éployées d'or.

BELLENGER, écuyer, sieur de la Gervais, de Mes-'sey, etc., élection d'Argentan, maintenu le 29 janvier 1667 : d'azur, au chevron d'argent, accompagné de trois glands versés d'or.

BELLENGER, écuyer, sieur de la Brière, élection de Falaise, maintenu le 22 mai 1667 : d'azur, à deux épées d'argent, garnies d'or, passées en sautoir, accostées de deux poignards d'argent, la pointe en bas.

BELLET, sieur de Petit-Mont, généralité de Rouen.

BELLEVAIS, écuyer, sieur de la Chevalerie, élection de Mortagne, maintenu le 16 juillet 1666 : de sable, à trois losanges d'or.

BELLEVAL, écuyer, sieur de Bois-Robin, Neufville, élection de Neufchâtel, maintenu le 25 octobre 1668 : de gueules, à la bande d'or, accompagnée de sept croisettes potencées du même, quatre en chef et trois en pointe.

BELLEVILLE, écuyer, sieur dudit lieu, du Geutteville, de Fauches, élection d'Arques, maintenu le 28 novembre 1668 : d'azur, au sautoir d'argent, cantonné de quatre aiglettes au vol abaissé du même.

BELLEVILLE : de gueules, semé de mouchetures d'argent; à une fleur de lys du même.

BELLIARD, sieur des Fosses, élection de Falaise.

BELLIÈRE (DE LA), écuyer, sieur de Vaufray, Chavoy, Laurie, élection d'Avranches, maintenu en 1666 : d'argent, au chef de sable, chargé de trois molettes d'éperon du champ.

BELLOT, écuyer, sieur de Callouville, Franqueville, etc., élection de Carentan, maintenu en 1666 : d'azur, au chevron d'or, accompagné en chef de deux lions affrontés, et en pointe d'un fer de lance, le tout du même.

BELLOY, écuyer, sieur de Prouvemont, élection de Gisors et Pontoise, maintenu le 18 juin 1668 : d'or, à quatre cotices de gueules.

BELLOZENNE, écuyer, sieur dudit lieu, élection de Neufchâtel, maintenu le 4 juin 1668 : d'argent, au chevron de gueules, accompagné de trois losanges d'azur.

BENARD, sieur de Beauséjour, généralité de Rouen.

BENARD, écuyer, sieur de la Morandière, Guitterville, élection de Pont-l'Evêque, maintenu le premier janvier 1669 : d'argent, à une feuille de varech de gueules, accostée de deux croissants d'azur.

BENARD, écuyer, sieur de Premare, Poussy Vauville, Tattat, généralité de Caen, maintenu en 1666 : d'azur, au chevron d'or, accompagné de trois croisettes tréflées du même.

BENARD, élection de Caen : d'azur, à trois fleurs de lys d'argent, florencées d'or.

BENARD, écuyer, sieur de Guilleberville et de Monville, généralité de Caen, maintenu en 1666 : d'azur, à trois feuilles de chêne d'or.

BENARD, écuyer, sieur de Coulonvel, élection d'Argentan, maintenu le 27 septembre 1666 : d'azur, à trois lys de jardin, d'argent.

BENCE, écuyer, sieur du Buisson et de Garembourg, élection d'Evreux, maintenu le 9 août 1666 : de gueules, à trois molettes d'éperon d'or.

BENCE, écuyer, généralité de Rouen : de gueules, à la fasce d'argent, accompagnée de trois molettes d'éperon d'or.

BENNES, écuyer, sieur de la Bretonnière, généralité d'Alençon, maintenu le 22 avril 1667 : d'argent, au chevron de gueules, accompagné de trois têtes de cerf de sable, ramées d'argent.

BENNEVILLE, élection d'Evreux : d'azur, au lion d'or.

BENOIST, écuyer, sieur de Blaru et de la Marc, élection de Pont-l'Evêque, maintenu le 8 octobre 1668 : d'argent, à l'aigle au vol abaissé de sable, becquée et membrée de gueules.

BENSERADE, élection de Lions : d'or, à quatre vergettes de gueules.

BERANGER, écuyer, sieur du Grandmesnil, Fontaines, les Bessets, Cressenville, etc., élection d'Argentan, maintenu le premier mars 1668 : de gueules, à deux

aigles au vol abaissé d'argent, becquées et membrées
d'azur ; celle à senestre, la tête contournée.

BERANGER, écuyer, sieur de Fontaines et de Montaigu,
élection de Coutances : d'azur, *alias* de gueules ; à deux
aigles en pal d'argent.

BERARD, élection de Vire.

BERAULT, seigneur du Mesnil et du Boisbaril, élection
de Valogne, maintenu en 1666 : d'azur, au chevron
d'or, accompagné en chef de deux roses d'argent, et en
pointe d'un coq d'or, crêté et barbé de gueules.

BERAUVILLE, écuyer, sieur de Saint-André, Montigny, etc., élection de Valogne, maintenu en 1666 :
coupé d'argent et de sable ; le premier chargé d'un léopard de sable, le deuxième de cinq besants d'argent
en orle.

BERBISY, chevalier, seigneur d'Hérauville, élection de
Gisors et Pontoise, maintenu le 9 décembre 1668 :
d'azur, à une brebis d'argent, paissante sur une terrasse
de sinople.

BERCEUR (LE), seigneur de Saint-Marcoy et de Fontenoy, élection de Vire, maintenu en 1666 : d'azur, au
croissant d'argent, abaissé sous une fleur de lys d'or.

BERCHER, écuyer, sieur de Monchevrel et de Saint-
Germain, élection de Mortagne, maintenu le 6 avril
1666 : d'azur, au cheval d'or, cabré sur une lance du
même.

BERNARD, écuyer, sieur de Courmesnil, Saint - Ar-
noult, d'Avernes, etc., élection d'Argentan, maintenu le 12 mai 1667 : d'argent, au chevron de sable,
accompagné de trois flèches de sinople.

BERNARD, écuyer, sieur de Saint-Martin et de Saint-
Hellan, élection de Conches : de gueules, à deux
fasces d'argent, accompagnées de trois molettes d'é-
peron du même.

BERNARD, élection de Saint-Lô et de Vire : écartelé
d'or et d'azur, à trois roses de gueules.

BERNARD, écuyer, sieur de Bernard, Masigny, la
Motte, Bernardville, élection d'Argentan, maintenu
le 12 mai 1667 : d'azur, à trois fasces ondées d'or.

BERNARD, élection de Valogne : écartelé, au 1 et 4
d'azur, à la fasce d'or, accompagnée de trois quintefeuilles d'argent ; au 2 et 3 d'azur, à trois membres
d'épervier d'or.

BERNIÈRES, écuyer, sieur de Louvigny et de Venoix-Vaubenard, généralité de Caen, maintenu en 1666 : tiercé en fasces, au 1 de gueules, à une étoile d'or ; au 2 d'azur, à trois croissants d'or rangés en fasce ; au 3 d'argent, au léopard naissant de sable.

BERNIÈRES, écuyer, sieur de Vaux, chevalier, seigneur de Coudmanne, Boiscesde, Depercy, élection de Lisieux, maintenu le 6 avril 1666 : d'azur, à deux bars adossés d'argent, sommés d'une fleur de lys d'or.

BERNIÈRES, écuyer, sieur de Saint-Honorine, élection de Falaise, maintenu le 5 avril 1666 : d'or, à la bande d'azur, chargée de trois croisettes d'argent, et accostée de deux filets de gueules.

BERNIÈRES, élection de Caen : d'argent, à la fasce d'azur, chargée de trois croissants d'or.

BERQUERIE, écuyer, sieur de Graville, Noirmare et de Saint-Simon-Catigny, etc., élection d'Arques, maintenu le 20 février 1668 : d'azur, à trois étoiles d'or.

BERROLLES, élection de Bayeux, maintenu en 1666 : d'azur, à trois épées d'argent, garnies d'or, la pointe en bas.

BERRIER : d'argent, au chevron de gueules, accompagné en chef de deux quintefeuilles d'azur, et en pointe d'une aiglette du même,

BERRY, écuyer sieur du Sablon, élection de Pont-Audemer, maintenu le 12 avril 1669 : de gueules, chaussé d'hermines.

BERTHERIE (LA), écuyer, sieur de la Vauguyon, élection d'Argentan, maintenu le 21 juin 1661 : d'azur, à cinq coquilles d'or, deux, deux et une.

BERTHERIE (LA), sieur des Mottes, élection de Bayeux.

BERTIER, élection de Carentan.

BERTIN, écuyer, sieur de Montabar, Vaudeloges, etc., élection d'Argentan, maintenu le 14 avril 1667 : d'azur, à trois chevrons d'or.

BERTON : de gueules, à six annelets d'argent.

BERTRAND, écuyer du Haistray, de Longré, etc., élection de Pont-Audemer : d'or, à la bande de sable, chargée de trois fusées d'argent, et accompagnée de six annelets de gueules en orle.

BERTRAND, écuyer, sieur de Chaumont, élection d'Avranches, maintenu en 1666 : palé d'argent et d'azur.

BERTRAND : d'or, au lion de sinople, armé, lampassé et couronné d'argent.

BESU, écuyer, sieur de Saint-Julien, d'Oncourt, Mauthois et d'Incourt, etc., élection d'Arques, maintenu le 14 novembre 1668 : d'azur, au chevron d'or, accompagné de trois molettes d'éperon du même.

BESUEL, élection de Vire.

BETHENCOURT, écuyer, sieur du Quesnoy, élection d'Arques, maintenu le 12 mars 1669 : d'argent, au lion de sable, armé et lampassé de gueules.

BETHON, écuyer, sieur de la Fontaine, de Sorel, etc., élection de Bernay, maintenu le 26 mai 1666 : d'hermine, à six roses de gueules.

BEUF (LE), seigneur d'Osmay, élection d'Evreux, maintenu le 7 février 1667 : d'or au bœuf de gueules.

BEUVILLE, écuyer, sieur de la Seraulte, élection de Bernay, maintenu le 27 avril 1668 : de gueules, semé de mouchetures d'argent ; à la fleur de lys du même.

BEUZELIN, sieur de Bois-Mellet, généralité de Rouen : d'argent, au trèfle de sinople, accompagné de trois roses du même.

BEUZELIN, sieur du Maresquet, élection de Bayeux.

BEUZEVILLE, élection de Bayeux, maintenu en 1666 : d'azur, à trois fleurs de lys, *aliàs*, trois étoiles d'or ,

BEY (LE), élection et ville de Bayeux.

BEZANCOURT, élection d'Andely, maintenu le 11 mars 1669 : d'argent, à l'épervier de gueules, becqué et membré d'azur.

BIARD, écuyer, sieur de Saint-Georges, élection de Bernay : d'argent, frété de sable.

BICHOT (DU), écuyer, sieur de Montreny, élection de Carentan, maintenu en 1666 : d'azur, au chevron d'or, accompagné en chef, à dextre, d'un soleil ; à senestre, d'un croissant, et en pointe d'une biche paissante, le tout d'argent.

BIDON, écuyer, sieur de Posse, généralité d'Alençon, maintenu le premier juin 1668 : d'azur, semé de lionceaux d'or, au frété de six lances de même.

BIENCOURT, seigneur de Poutricourt, élection de Gisors et Pontoise, maintenu le 17 juillet 1668 : de sable, au lion d'argent, armé, lampassé et couronné d'or.

BIENVENU, écuyer, sieur de Saint-Pierre, du Bourg, d'Aubermont, etc., élection de Pont-Audemer et Ber-

nay, maintenu le 8 mai 1669 : d'azur, au sautoir engrêlé d'argent, cantonné de quatre fers de cheval du
même.

BIENVENU, généralité de Rouen : d'azur, à trois fers
de cheval d'argent.

BIERVILLE, écuyer, sieur dudit lieu, généralité de
Rouen, maintenu le 21 mai 1670 : d'argent, au cœur
de gueules, accompagné de trois molettes d'éperon de
sable.

BIGANS, écuyer, sieur de Nalleval élection d'Evreux,
maintenu le 17 novembre 1670 : d'azur, à trois besants
d'or, et trois coquilles du même, deux en chef et l'autre
en cœur.

BIGANT, écuyer, sieur de Bermesny, élection de Neuchâtel : d'argent, à trois tourteaux d'azur, accompagnés de sept croix recroisetées au pied fiché de gueules, trois en chef, trois en fasce, une en pointe.

BIGARDS, écuyer, sieur de Saint-Aubin, la Fardouil-
lière, élection de Lisieux, maintenu le 16 avril 1666 :
d'argent, à deux fasces de gueules.

BIGANT, écuyer, sieur d'Hiblauville, élection de Lions,
maintenu le 17 novembre 1670 : écartelé, au 1 et 4
d'azur, à la fasce d'argent, chargée de trois coquilles
de sable, et accompagnée de trois besants d'or; au 2 et
3 d'or, à la croix ancrée de gueules, chargée d'un écusson d'argent, surchargé d'un lion de sable.

BIGNE (la), écuyer, seigneur de la Rochelle, élection
de Bayeux, maintenu en 1666 : d'argent, à trois roses
de gueules.

BIGOT, écuyer, sieur des Parquettes, de Courcelles,
généralité de Rouen, maintenu le 26 février et 25
septembre 1667 et 1670 : d'argent, au chevron de sable,
accompagné de trois roses de gueules.

BIGOT, écuyer, sieur du Boullay, maintenu le 10 août
1667, généralité de Rouen : d'azur, à deux palmes
en pals adossées d'or.

BIGOT, à Rouen : d'azur, au chevron d'or, accompagné
de trois besants d'argent, et au-dessus du chevron,
à senestre, une fleur de lys du second émail.

BIGOT, élection de Caen.

BIGOT, seigneur de Fontaines, élection d'Evreux, maintenu le 9 août 1667 : de sable, à trois têtes de léopard d'or.

BILLARD, écuyer, sieur de Champeaux, Hallaines, élection d'Argentan, maintenu le 20 juin 1666 : d'azur, au chevron d'argent.

BILLEHEUST, écuyer, sieur de Gourgoux, du Manoir, Beaumanoir, élection de Mortain : d'azur, au chevron d'argent, accompagné de trois roses du même.

BILLES, écuyer, sieur du Foye et de l'Esguillon : élection de Pont-l'Evèque : fascé de vair et de gueules.

BINET, élection de Valogne, maintenu en 1666 : de gueules, à deux barres d'argent, la première surmontée d'une rose d'or, accostée de deux besants du même; la seconde côtoyée à dextre d'une feuille de chêne d'or, et à senestre d'une rose du même.

BINOLAYE, écuyer, sieur des Tray, du Gast, des Vallers, Masvete, élection d'Avranches, maintenu en 1666 : d'argent à la fasce ondée d'azur, chargée d'un cygne d'or, et accompagnée de trois pattes de lion de sable en pal.

BISAYE (DE LA), élection d'Avranches.

BISSOT, écuyer, sieur de Tenney, de la Sondière, élection de Pont-Audemer, maintenu le 23 mai 1670 : d'argent, à trois roses de gueules.

BIVILLE, chevalier, seigneur de Saint-Lucian, élection de Lions, maintenu le premier juillet 1670 : d'argent, à trois étaies de gueules, surmontées de deux couples de chien de sable.

BLAICHAUT, élection d'Avranches.

BLAIS, seigneur du Quesnay, de Coteletz, Longuemore, la Vallée, élection de Bayeux, maintenu en 1666 : de sinople, au chevron d'or, accompagné de trois tiges de trois glands de chêne du même.

BLANC (LE), écuyer, sieur du Malvoisin, élection d'Arques, maintenu le 28 décembre 1666 : d'azur, à une étoile de huit rais d'or.

BLANC (LE), écuyer, sieur de Closchâtelain, et du Rosey, élection de Lions, maintenu le 28 décembre 1666 : d'azur, au chevron d'or, accompagné de trois lionceaux d'argent.

BLANC (LE), écuyer, sieur de la Croisette, généralité de Caen, maintenu en 1666 : d'azur, à trois licornes saillantes d'argent.

BLANCBATON, écuyer, seigneur de Grège et de Pellettot, élection d'Arques, maintenu le 9 décembre 1668 : de gueules, au bâton écoté en pal d'argent, accosté de quatre fleurs de lys d'or.

BLANCHARD, écuyer, sieur d'Angerville, élection de Rouen, maintenu le 13 juillet 1667 : d'azur, à trois croissants d'argent.

BLANCHARD, élection de Carentan, maintenu en 1666 : d'or, à la bande d'azur, accompagnée de cinq merlettes de sable, deux en chef et trois en pointe.

BLANCHARD, écuyer, sieur de Fresnes et des Aunes, généralité d'Alençon, maintenu le premier juillet 1666 : d'azur, au chevron d'or, accompagné en chef d'une croisette, et en pointe de trois molettes d'éperon ; le tout du même.

BLANCHE, écuyer, sieur de Bestou, élection de Conches, maintenu le 28 janvier 1668 : d'azur, à trois têtes de lion d'argent, lampassées de gueules.

BLANVILLAIN, écuyer, sieur de la Fontaine, généralité de Caen ; maintenu en 1666 : d'azur, au chevron d'or, surmonté d'un croissant du même, et accompagné de trois fers de lance d'argent.

BLIN, écuyer, sieur de Beaufort, élection de Gisors et Pontoise : d'azur, à huit glands d'argent, trois, deux et trois.

BLOIS (LE), élection de Caen.

BLOND (LE), seigneur de Gousseauville et de Platemare, élection d'Arques, maintenu le 17 janvier 1668 : d'argent, à deux chevrons d'azur, accompagnés de trois merlettes de sable.

BLONDEL, écuyer, sieur de Saint-Manvieux, généralité de Caen, maintenu en 1666 : d'azur, semé de trèfles d'or ; au lion issant du même.

BLONDEL, généralité de Rouen : d'azur, à quatre soleils d'or.

BLONDEL, seigneur de Saint-Fromond, élection de Carentan, maintenu en 1666 : de gueules, au sautoir d'argent, chargé de cinq mouchetures de sable.

BLONDEL, écuyer, sieur de Reye, élection de Bayeux, maintenu en 1666 : d'azur, à la fasce d'or, accompagnée en chef de deux glands du même, et en pointe d'un croissant du second, soutenant une moucheture de sable.

BLONDEL, écuyer, sieur du Castel et de Billi, élection de Valogne, maintenu en 1666 : d'argent, à la fasce d'azur, chargée d'un cœur; à dextre d'un fermail, et sénestré d'un croissant; le tout d'or ; la fasce accompagnée de neuf mouchetures de sable, quatre rangées en chef, et cinq en pointe, celle du milieu abaissée.

BLOTTEAU, écuyer, sieur du Roussel, élection de Verneuil, maintenu le premier août 1667 : de sable, au chevron d'or, chargé de trois roses de gueules, et surmonté d'une jumelle du second émail.

BLOUET, écuyer, sieur de Camilly et de Than, généralité de Caen, maintenu en 1666 : d'azur, au lion d'or; au chef cousu de gueules, chargé d'un cœur du second, accosté de deux croissants d'argent.

BOC (DU), sieur de Coqueriaumont, généralité de Rouen : de gueules, à la croix d'argent, cantonnée de quatre lionceaux.

BOCQUENSEY, écuyer, sieur de Tanney et de Vermondière, élection de Bernay, maintenu le 8 avril 1666 : d'argent, au tronc d'arbre arraché de sinople, supportant deux colombes l'une sur l'autre de gueules.

BOCQUET (DU), écuyer, sieur de Villiers, élection de Verneuil, maintenu le 28 mai 1667 : d'argent, à la fasce de gueules, chargée d'une étoile, accostée de deux croissants, le tout d'or, et accompagné de trois croisettes de sable.

BOETEY (LE), écuyer, sieur de la Houssaye et de Glatigny, élection de Lisieux, maintenu le 9 avril 1666 : d'argent, au chevron d'azur, accompagné de trois grives de gueules.

BODINS, seigneur de Fresney, généralité d'Alençon, maintenu le 31 janvier 1668 : d'azur, à la levrette rampante d'argent, colletée de gueules, bouclée d'or.

BOHIER : d'or, au lion d'azur; au chef de gueules. Cette famille est originaire de Bretagne.

BOIS (DU), écuyer, sieur de Corval, élection de Pont-l'Evêque, maintenu le premier mars 1668 : d'or, à l'aigle éployée de sable, languée, becquée et membrée de gueules.

BOIS (DU), écuyer, sieur des Anges, élection de Falaise, maintenu le 10 avril 1666 : d'or, à l'aigle de sable, becquée et membrée de gueules.

BOIS (DU), écuyer, sieur de Dangy et de Saint-Quentin, élection d'Avranches, maintenu en 1666 : d'or, à l'aigle de sable, becquée et membrée de sinople.

BOIS (du), généralité de Caen, maintenu en 1666 : d'azur, à l'aigle d'or.

BOIS (du), écuyer, sieur de l'Estang, de Jaujuppe et de Belhostel, élection de Verneuil, maintenu le 18 mai 1667 : de sable, à l'aigle au vol abaissé [d'or.

BOIS (du), écuyer, sieur du Ham, élection de Falaise, maintenu le 12 mars 1666 : d'azur, à trois trèfles d'argent.

BOIS (du), écuyer, sieur du Val, généralité de Caen, maintenu en 1666 : d'argent, à la croix fleuronnée de sable.

BOIS (du), écuyer, élection de Verneuil, maintenu le 24 juin 1667 : d'azur, au croissant d'or, abaissé sous deux étoiles du même.

BOIS (du), écuyer, sieur de la Ville, élection de Bernay, maintenu le 3 juin 1667 : d'argent, au chevron de sable, accompagné de trois lionceaux de gueules; ceux du chef affrontés, celui de la pointe contourné; au chef d'azur, chargé d'une rose d'or.

BOISADAM, élection de Vire : de gueules, à la bande d'hermine, côtoyée de six molettes d'éperon d'argent.

BOISDEL, élection de Bayeux : d'azur, à trois bandes d'argent.

BOISDEL, élection de Bayeux : d'azur à trois bandes d'or.

BOISDEL, écuyer, sieur de la Fontaine, Cautraine, etc., élection de Bayeux, maintenu en 1666 : d'azur, à trois fasces d'argent.

BOIS-DES-COURS (du), écuyer, sieur du Beaumanoir, chevalier, seigneur de Favier, élection de Verneuil, maintenu le premier juillet 1667 : d'argent à cinq coquilles de gueules en orle.

BOISEY (le), écuyer, élection de Pont-l'Evêque, maintenu le 23 février 1668 : d'argent, au chevron d'azur, accompagné de trois grives de gueules.

BOISGUYON, écuyer, sieur de l'Estang, élection de Mortagne, maintenu le 16 juillet 1666 : d'argent, à la fasce d'azur, surmontée d'un lambel du même; à la bordure du second.

BOISLEVÊQUE, écuyer, sieur de Rochers, de Faverolles, etc., élection de Pont-l'Evêque, maintenu le 22 avril 1668 : d'azur, au chevron d'argent, accompagné de trois trèfles d'or.

BOISLUMIER, élection d'Evreux : d'or, au chevron d'azur, accompagné en chef de deux roses de gueules, et en pointe d'un fresne terrassé de sinople.

BOISMILLON, écuyer, sieur de Bosroger, chevalier, seigneur et baron de Garentières, élection d'Evreux, maintenu le 8 juillet 1678 : d'argent, à la bande de sable, chargée d'un lion-léopardé d'or, accosté de deux coquilles du même.

BOISMONT DE CAMPEAUX, élection d'Avranches.

BOISSEL, élection d'Arques : d'azur, semé de billettes d'or; au lion du même.

BOISSEY, écuyer, sieur de Sallon, élection de Montivilliers, maintenu le 10 septembre 1667 : d'hermine, au lion de gueules.

BOISSIÈRE (LA), chevalier, seigneur de Chambors, élection de Chaumont : écartelé, au 1 et 4 de sable, au sautoir d'or; au 2 et 3 d'azur, à la fasce d'or, accompagnée en chef de trois molettes d'éperon d'argent.

BOISSIMON, sieur de Claquerel, élection d'Avranches.

BOISTARD, élection de Pont-l'Evêque.

BOISTARD, sieur des Portes, généralité de Caen.

BOISVIN, écuyer, sieur de Saint-Ouin et de Tourville, maintenu le 29 août 1668 : d'azur, à trois croix d'or.

BOISYVON, écuyer, sieur de la Chapelle, du Mesnil, etc., élection de Mortain : palé d'argent et d'azur.

BOITEUX, écuyer, sieur des Landes, élection de Verneuil : d'azur, au chevron d'or, accompagné en chef d'une étoile, et en pointe d'un croissant; le tout du même.

BOMMY, écuyer, sieur de Fontaines, élection d'Arques, maintenu le 9 mars 1669 : d'azur, à une rose d'or, cantonnée de quatre besants du même.

BOMPAR, élection de Caen, famille originaire du Languedoc : d'azur, à deux tourterelles affrontées d'argent ; au chef cousu de gueules, chargé de trois étoiles d'or.

BON (LE), élection de Carentan.

BONCHAMPS, écuyer, sieur de la Londe et de Bérangerville, élection de Falaise, maintenu en 1666 : d'azur, au lion d'or, armé et lampassé de gueules.

BONENFANT, écuyer, sieur de Magny, de Montfreville et d'Annibault, élection de Falaise, maintenu le 28 novembre 1667: de gueules, à la fasce d'argent, accompagnée de six roses, rangées d'or.

BONENFANT, écuyer, sieur de Challoué, Chautemeste, Feuillerie, Moisière, etc., généralité d'Alençon, maintenu le 20 avril 1666 : d'argent, à la fasce de sable, accompagnée de six roses, rangées de gueules.

BONGARDS, écuyer, sieur du Londel, élection d'Arques, maintenu le 13 février 1669 : d'azur, à deux mouchetures d'hermine, accompagnées en chef de deux têtes de lions affrontées, et en pointe de trois molettes d'éperon rangées; le tout d'or.

BONIFACE, sieur du Bolhart, généralité de Rouen, maintenu le 21 janvier 1669 : d'argent, à trois fasces de sinople.

BONISSENT, écuyer, sieur de Roncherolles, élection de Lions, maintenu le 8 avril 1669 : d'argent, au cor-de-chasse de sable, lié de gueules, accompagné de trois molettes d'éperon du même.

BONNECHOSE, écuyer, sieur de Fleuriette, Sadencourt, Baugis, Bellouet, Boulay, du Fay, Taunay, de la Lande, Folainville, Vaudemont, etc. : d'argent, à trois têtes de léopard de sable.

BONNEFONDS, écuyer, sieur de Launay, généralité de Caen, maintenu en 1666 : d'azur, au griffon d'or, accosté de deux étoiles du même, et accompagné de deux jumelles ondées d'argent.

BONNEFOY, écuyer, sieur de Roque et de Bertheauville, élection de Caudebec, maintenu le 13 février 1669 : de sable, à trois mains senestres d'argent.

BONNET, écuyer, sieur de Saint-Martin, élection d'Arques, maintenu le 2 janvier 1667 : d'argent, semé de billettes de gueules; au lion du même, brochant.

BONNET, écuyer, sieur de Mont-Gommery et de Néausche, élection d'Argentan, maintenu le 22 janvier 1667 : d'argent, à la fasce de gueules, chargée de trois besants du champ, et accompagnée de trois bonnets d'azur.

BONNET, écuyer, sieur de Vau et de Vieux, élection de Falaise, maintenu le 9 avril 1666 : d'argent, au chevron d'azur, surmonté de cinq vergettes retraites de gueules.

BONNEVILLE, écuyer, sieur du Bocage et de la Boullaie, généralité d'Alençon, maintenu le 31 août 1667 : d'argent, à deux lions-léopardés de gueules.

BONS (DE), élection de Coutances : d'azur, au chef d'or.

BONTAMPS, écuyer, sieur d'Aumonville, élection d'Arques, maintenu le 8 juillet 1667 : de gueules, à la croix de vair.

BONVOUST, écuyer, sieur d'Aulnay, Souvelles, Malassize, etc., généralité d'Alençon, maintenu le 11 février 1667 : d'argent, à deux fasces d'azur, accompagnées de six merlettes de sable.

BONVOUST, écuyer, seigneur de Pruslé, élection de Mortagne, maintenu le 3 janvier 1667 : d'argent, à deux fasces d'hermine, accompagnées de six merlettes de sable en orle.

BORAN, écuyer, sieur de Castilly, Semilla, Ragny, etc., élection de Bayeux, maintenu en 1666 : d'argent, à trois têtes de maures de sable, tortillées du champ; au lion du second, posé en abîme.

BORD (LE), élection de Bayeux.

BORDE (LA), écuyer, sieur dudit lieu, élection de Mortagne, maintenu le 27 juillet 1666 : de sable, au léopard-lionné d'argent.

BOUDEAUX, écuyer, sieur du Buisson, élection d'Andely, maintenu le 14 octobre 1666 : d'or, au pal d'azur, chargé de trois fleurs de lys du champ, et accosté de deux lions affrontés de gueules.

BORDEAUX, écuyer, sieur de Paracheux et de Contieux, vicomte d'Auge, élection de Chaumont : de gueules, au lion d'argent, accompagné de cinq croisettes d'or en orle.

BORDEAUX, baron de Couloncés, élection de Vire : de gueules, à trois merlettes d'argent.

BORDES (DES), écuyer, sieur de Folligny, élection de Conches : écartelé au 1 et 4 d'or, au lion de gueules ; au 2 et 3 d'argent, à deux chevrons d'azur.

BORDES DE BEAUCHÊNE (DES), élection d'Avranches : d'or, à la tour de gueules.

BORDET, généralité de Rouen : écartelé au 1 et 4 de gueules, à la tête de licorne d'argent; au 2 et 3 d'azur, à la syrène d'argent.

BORDIN, écuyer, sieur du Parc, Tanche, Laubinière, du Buisson, etc., généralité d'Alençon, maintenu le 13 mai 1766 : d'azur, à la fasce d'or, chargée de deux roses de gueules, et accompagnée de trois coquilles d'argent.

BOREL, écuyer, sieur de Bouillon, Manerbes, Laissand, etc., élection d'Evreux, maintenu le 14 janvier 1668 : de gueules, à la bande cousue d'azur, chargée de quatre écussons d'argent, et accompagnée de trois lionceaux d'or.

BOREL, écuyer, généralité de Caen, maintenu en 1666 : de gueules, à la bande de vair, côtoyée de deux lions d'or.

BORGNE (LE), écuyer, sieur de la Lande-Regnant, élection d'Evreux, maintenu le 14 août 1666 : d'or, à l'aigle de sable.

BOS (DU), écuyer, sieur du Thil, élection de Neufchâtel, maintenu le 23 juillet 1667 : d'argent, à trois frênes arrachés de sinople.

BOSC (DU), écuyer, sieur d'Ermiral, généralité de Rouen, maintenu le 24 février 1668 : d'hermine, au lion de sable, armé, lampassé et couronné d'or.

BOSC(DU), écuyer, sieur de Jourdemar, de la Lande, de Francmanoir, de Vaux et d'Houvillé, chevalier, seigneur de Coqueraumont, d'Esperville, de Sourdeval et de Lacour, élection de Pont-Audemer, maintenu le 17 décembre 1667 : de gueules, à la croix échiquetée d'argent et de sable de trois tires, cantonnée de quatre lionceaux d'or.

BOSC (DU), élections de Valogne, de Mortain, etc., : de gueules, à la croix fleurdelysée, au pied fiché d'argent.

BOSC (DU), écuyer, sieur de la Marc, élection de Caudebec, maintenu le 19 février 1669 : d'argent, à la bande de gueules.

BOSC (DU), écuyer, sieur de la Brerye, élection de Falaise, maintenu le 17 avril 1667 : d'hermine , à trois fasces ondées de gueules; au chevron d'or, brochant sur le tout.

BOSCHENRY, seigneur et baron de Drocouët, des Marets, de Plainville, etc., élection de Bernay, maintenu le premier janvier 1667 : d'azur, à la fasce d'argent, accompagnée en chef d'un léopard d'or, et en pointe d'une croix de Malte du même.

BOSCREGNOULT, écuyer, sieur du Valsec , généralité d'Alençon, maintenu le 9 mars 1667 : de gueules, à la bande d'or.

BOSESART, généralité de Caen.

BOSMER, écuyer, seigneur du Mesnil, de Gravan, etc.,

élection d'Evreux : losangé d'or et de gueules ; au franc quartier du second émail.

BOSNEY, élection de Falaise.

BOSQUET, écuyer, seigneur de Saumont, de la Poterie, du Bosc-Asselin, etc. : d'argent, à la fasce de gueules, accompagnée en chef d'un cœur du même, accosté de deux molettes d'éperon de sable, et en pointe d'une rose du second émail.

BOSSEY (du), élection de Valogne.

BOSSOREL, écuyer, sieur du Pertuis, élection de Verneuil, maintenu le 6 septembre 1667 : d'azur, à la bande d'argent, chargée de trois mouches de sable, et accompagnée en pointe d'une tête de lion d'or ; au chef échiqueté d'argent et de sable, de deux tires.

BOTTEY (la), écuyer, sieur de Marolles, élection de Lisieux, maintenu le 26 mai 1666 : d'argent, au chevron d'azur, accompagné de trois poulettes de gueules.

BOUCARD, écuyer, sieur du Mesnil, élection de Carentan, maintenu en 1666 : de sinople, à trois têtes de bouc arrachées d'or.

BOUCHARD, écuyer, sieur de Plainville, élection d'Arques, maintenu le 21 décembre 1668 : d'azur, au senestrochère d'argent, paré d'or, mouvant de l'angle dextre du chef, et tenant une ancre en barre d'argent, le trabs d'or ; en chef une nuée d'argent mise en arc.

BOUCHARD, écuyer, sieur de Lavarend et de la Saussaye, élection de Lisieux, maintenu le 14 avril 1666 : d'argent, à la bande d'azur, chargée de trois annelets d'or ; au chef d'azur.

BOUCHARD, écuyer, sieur d'Englesqueville, élection d'Arques, maintenu le 7 mai 1669 : de gueules, au lion d'or.

BOUCHARD, écuyer, sieur de Rougemer, d'Emanville, du Douet, etc., élection de Falaise, maintenu le 3 juin 1667 : coupé d'azur, à deux coquilles d'or, et d'argent, à une rose de gueules.

BOUCHER, écuyer, sieur de Verdun, généralité de Caen, maintenu en 1666 : d'azur, à la fasce d'argent, accompagnée en chef d'une aigle d'or, accostée de deux merlettes du même, et en pointe de trois roses du second.

BOUCHER, écuyer, sieur de Boisgirard et de Gohière,

élection de Mortagne, maintenu le 12 juillet 1667 : de gueules, à la bande d'argent, chargée de trois cloches de sinople, bataillées de sable.

BOUCHER, écuyer, sieur dudit lieu, de Resencourt et de Malley, élection de Bernay, maintenu le 12 juin 1666 : d'argent, à un demi-chevron de gueules, adextré d'un lion léopardé de sable.

BOUDIER, écuyer, sieur de Vastine, élection de Caudebec, maintenu le 16 décembre 1667 : de sable, à trois molettes d'éperon d'or.

BOUDIER, écuyer, sieur de Rafoville, élection de Carentan, maintenu en 1666 : d'or, au pal d'azur, chargé d'un croissant entre deux étoiles du champ.

BOUFAY, écuyer, sieur de Cauptepis, élection de Lisieux, maintenu le 12 avril 1666 : d'hermine, au vol de sable.

BOUFFIER, chevalier, seigneur de Château-d'Assy, élection de Verneuil, maintenu le 4 août 1667 : gironné d'hermine et de gueules de seize pièces.

BOUGRAN, écuyer, sieur de Boishairon, élection de Bayeux : d'azur, au griffon d'or ; mantelé, dentelé d'argent, chargé en chef de deux roses de gueules.

BOUHON, -élection de Caudebec : d'azur, au chevron d'or, accompagné de trois molettes d'éperon du même.

BOUILLÉ, comte de Créances, généralité de Caen, maintenu en 1666 : d'argent, à la fasce de gueules, frêtée d'or, accompagnée de deux burelles du même.

BOUILLÉ, écuyer, sieur de Longbuisson, élection de Mortagne, maintenu le 29 juillet 1667 : d'argent, à l'aigle au vol abaissé d'azur, becquée, membrée et couronnée d'or.

BOUILLON, écuyer, sieur dudit lieu, élection de Coutances : d'argent, à trois aigles de sable.

BOUILLONNAY, chevalier, seigneur de Montenon, Bois-Roger, la Boutonnière, etc., élection de Caudebec, maintenu le 11 août 1668 : d'azur, au chevron d'argent, accompagné de trois roses d'or.

BOUILLONNAY, chevalier, seigneur dudit lieu et de Montchamp, Aubert, Caupus, etc., élection d'Argentan, maintenu le 11 août 1668 : d'azur, à neuf croisettes patées d'argent.

BOUJU, écuyer, sieur de Bos-le-Borgne, seigneur de la

Croix, des Mallets, du Hostralant, de Fontenay, etc., élection de Lions, maintenu le 20 août 1668 : d'or à trois chevrons d'azur.

BOUJU, écuyer, sieur de Marigny, élection de Mortagne, maintenu le 10 mars 1667 : d'or, à la fasce d'azur, accompagnée en chef de deux molettes d'éperon de gueules.

BOULLAINVILLERS, chevalier, comte de Saint-Sair, Beaubec, etc., seigneur de Neuil, Bouhiers, Feuguerolles, etc., élection de Neufchâtel, maintenu le 18 avril 1668 : fascé d'argent et de gueules de huit pièces.

BOULLAYE (LA), écuyer, sieur dudit lieu, élection de Bernay, maintenu le 4 mars 1667 : d'argent à la bande de gueules, accompagnée en chef d'une molette de sable, et en pointe de trois croisettes du même.

BOULLAYE (LA), seigneur de Fessenvillier, élection de Verneuil, maintenu le 20 décembre 1666 : d'azur, au sautoir alesé d'argent.

BOULLAYE (LA), écuyer, sieur de la Londe, élection de Bernay, maintenu le 12 août 1666 : d'or, au chevron de gueules, accompagné de trois cottes d'armes d'azur.

BOULLEMER, écuyer, sieur de Larre, généralité d'Alençon, maintenu le 13 janvier 1667 : d'or, au chevron d'azur, accompagné de trois aiglettes au vol abaissé de sable.

BOULLENC, écuyer, sieur du Val, la Graisserie, élection de Lions, maintenu le 25 novembre 1668 : d'azur, à trois épis feuillés d'or.

BOULLENE, sieur de Garambouville, élection et ville d'Evreux : de gueules, à la fasce d'argent, chargée de trois tourteaux d'azur, et accompagnée de trois pommes de pin d'or.

BOULLENGER, écuyer, sieur de Glatigny, élection de Montivilliers, maintenu le 21 janvier 1667 : d'argent, à la bande d'azur, chargée de trois coquilles d'or.

BOULLEUR (LE), écuyer, sieur de la Marcest, d'Estaville, etc., élection de Carentan : d'azur, à trois besants d'or, et une étoile de même en abîme.

BOULLEUR, écuyer, sieur dudit lieu, Cambinière, Bellenoc, Vitlay, Malnoc, élection de Mortagne, maintenu le 23 novembre 1667 : d'azur, au chevron d'argent, accompagné de trois boulets suspendus à trois chaînes d'or.

BOUQUE, écuyer, sieur du Meuray, élection de Pont-Audemer, maintenu le 21 janvier 1669 : écartelé de gueules et d'azur, à la croix d'argent sur le tout, cantonnée au 1 et 4 d'un lion d'or; au 2 et 3, d'une aigle éployée d'argent.

BOUQUETOT, écuyer, sieur du Mesnilthison, élection de Pont-Audemer, maintenu le 19 septembre 1668 : de gueules, à la fasce d'or; au franc quartier d'hermine.

BOURBEL, écuyer, sieur de Montpinçon, élection d'Arques, maintenu le 12 janvier 1668 : d'azur, à trois besants d'or.

BOURDON, écuyer, sieur de Gruchy, généralité de Caen, maintenu en 1666 : d'azur, au bourdon de pèlerin d'or en pal, accosté de deux lions affrontés du même, armés et lampassés de gueules.

BOURDONNÉ, écuyer, sieur de Champigny, élection d'Evreux, maintenu le 12 septembre 1668 : d'azur, à trois chevrons d'or, accompagnés en chef de trois colombes d'argent, et en pointe d'une étoile du même.

BOURG (DU), écuyer, sieur dudit lieu, élection de Bernay, maintenu le premier avril 1666 : d'azur, au chevron d'argent, accompagné de trois flanchis d'or.

BOURGEOIS (LE), écuyer, sieur de la Varende, du Hamel, généralité de Caen, maintenu en 1666 : d'azur, à la fasce d'or, accompagnée de trois besants du même.

BOURGEOIS (LE), écuyer, sieur d'Atteville, Gruchu, Heauville, élection de Valogne, maintenu en 1666 : d'hermine, au croissant de gueules.

BOURGEOIS (LE), élection de Valogne : d'azur, au chevron d'or, accompagné de trois molettes d'éperon du même.

BOURGEOIS (LE), chevalier, baron de Manneville, seigneur de Pommereval, Verdier en la Forest, d'Eany, généralité de Rouen, maintenu le 19 août 1668 : d'argent, au lion de sable, lampassé de gueules.

BOURGET, généralité de Caen, maintenu en 1666 : d'azur, au chevron d'or, accompagné de trois molettes d'éperon d'argent.

BOURGUET, écuyer, sieur de Berville, la Garde,

d'Ansouville et d'Auberville, élection de Caudebec, maintenu le 27 août 1668 : d'azur, au chevron d'argent, accompagné de trois roses d'or.

BOURIAN, marquis de Catilly, de Morsalines, etc. : d'argent, au lion de sable, accompagné de têtes de maure du même, tortillées d'argent.

BOUSQUET, écuyer, sieur de la Malle, élection de Bayeux, maintenu en 1666 : de gueules, à trois carreaux d'or.

BOUSSARDIÈRE, écuyer, sieur de la Vardière, élection de Mortagne, maintenu le 3 février 1667 : d'argent, au chevron de gueules, accompagné en pointe d'un croissant du même; au chef d'azur, chargé de trois colombes d'or.

BOUSSEL, écuyer, sieur de Parfouru, généralité de Caen, maintenu en 1666 : d'azur, semé de billettes d'or; au lion du même, brochant.

BOUSSEL, généralité de Caen, maintenu en 1666 : de gueules, à trois croissants d'argent.

BOUTEILLIER (LE), écuyer, sieur de Maigremont : d'azur, au chevron de cinq pièces d'argent, accompagné en pointe d'un cerf saillant d'or.

BOUTEILLIER (LE), sieur de Sainte-Geneviève, généralité de Rouen : écartelé d'or et de gueules.

BOUTILLIER : d'hermine, à la fleur de lys de gueules.

BOUTREN, seigneur de Franqueville, élection de Montivilliers, maintenu le 25 février 1667 : de gueules, mantelé d'argent.

BOUVIER, élection de Bayeux, maintenu en 1666 : d'argent, au rencontre de bœuf de sable, accorné d'or; au chef de gueules.

BOUVILLE : d'argent, à la fasce de gueules, chargée de trois annelets d'or.

BOUYER, écuyer, sieur de Saint-Gervais, élection de Mortagne, maintenu le 24 août 1667 : d'or, à trois têtes de lion d'azur, lampassées de gueules; au chef de même.

BOUZANS, écuyer, sieur des Espines et des Haulles, etc., élection de Pont-Audemer, maintenu le 11 août 1666 : d'argent, à la fasce de gueules, chargée de trois croisettes d'or, et accompagnée de six merlettes rangées de sable.

BOYER DE CHOISY : d'azur, au chevron d'or, accompagné de trois lys au naturel.

BOYVIN, seigneur de Tourville, de Saint-Ouen, élection de Caudebec, maintenu le 29 août 1669 : d'azur, à trois croisettes d'or.

BRACQUET, écuyer, sieur de Pressigny, du Bourg, Miguillaume, etc., généralité d'Alençon : de sable, à trois croissants d'argent.

BRANDIN DE SAINT-LAURENS : d'azur, à une flamme d'argent, accompagnée de trois molettes du même.

BRAQUEMONT : de sable au chevron d'argent.

BRAQUES, écuyer, sieur de Chastillon Guichardière, généralité de Rouen, maintenu le 22 janvier 1669 : d'azur, à la gerbe d'or.

BRASART, écuyer, sieur du Quesne, élection de Bayeux, maintenu en 1666 : coupé, dentelé d'azur et de gueules.

BRASDEFER, écuyer, sieur de Maineville, élection d'Evreux, maintenu le 20 août 1667 : de gueules à trois mains senestres d'argent.

BRAY, écuyer, sieur de Haultquesnay, d'Arsy, Coullardière, élection de Carentan, maintenu en 1666 : d'argent, au chef de gueules, chargé d'un lion-léopardé d'or.

BRÉANT, écuyer, sieur de Longchamp, Bertouville : de sable, à la fasce d'or, accompagnée en chef de deux molettes d'éperon, et en pointe d'une merlette, le tout du même.

BRÉARD, écuyer, sieur de la Motte, des Islés, élection de Pont-l'Evêque, maintenu le 27 février 1669 : écartelé, au 1 et 4 d'azur, au besant d'or ; au 2 et 3 d'argent, à une moucheture de sable.

BRÉARD, écuyer, sieur du Manoir, Platière, Longuemare, etc., élection de Carentan : d'azur, à trois molettes d'éperon d'argent.

BREAUTÉ (DE), généralité de Rouen : d'argent, à la quintefeuille de gueules.

BREBEUF, élection de Bayeux, maintenu en 1666 : d'azur, au bœuf furieux de sable, accorné et onglé d'or.

BREBUISSON, élection de Bayeux, maintenu en 1666 : de gueules, au lion d'argent.

BRECEY (DE), seigneur d'Isigny, élection de Mortain ;

d'or, à la croix de sable, cantonnée de quatre merlettes de gueules.

BRECEY, élection d'Avranches : de gueules, à deux
badelaires en sautoir d'argent.

BREDEL, élection de Coutances.

BREHIER D'ARQUEVILLE, diocèse de Rouen : d'or,
à trois merlettes de sable.

BREMOY (DE), seigneur de Morissière : d'azur, à l'épée
en pal d'or, accompagnée de trois couronnes de deux
branches de laurier du même.

BRESMES (DE), généralité de Rouen : d'azur, au chevron d'or.

BRESNARD, écuyer, sieur du Jarriez, élection de Verneuil : d'argent, frêté de gueules de huit pièces.

BRESNES (DE), écuyer, sieur de Vassouis, à Rouen.

BRESSELANGE , élection de Carentan.

BRESSY, écuyer sieur de Salbons, élection de Montivilliers, maintenu le 12 septembre 1667 : de gueules,
chaussé d'hermine.

BRET (LE), élection de Gisors, maintenu le 5 décembre 1667 : d'or, au sautoir de gueules, chargé
en cœur d'un écusson d'argent, surchargé d'un lion
de sable, et aux extrémités de quatre coquilles d'argent, et cantonné de quatre merlettes du second.

BRET (LE), écuyer, sieur de Brevarts, la Heberdière
et la Vallée, élections de Verneuil et Bayeux, maintenu en 1666 : d'azur, au chevron d'or.

BRETEL, écuyer, seigneur et marquis de Lanquetot,
Gremonville, sieur de Saint-André, d'Auberbosc,
généralité de Rouen : maintenu le 8 mai 1668 : d'or,
au chevron de gueules, chargé d'une fleur de lys du
champ, et accompagné de trois molettes d'éperon
d'azur; au chef du même, chargé d'une couleuvre
contournée d'argent.

BRETHON, écuyer, sieur de Saint-Pierre, du Mou-
thier, Caudemvehé, élection de Pont-l'Evêque, maintenu le 23 janvier 1668 : de gueules, à six annelets
d'argent.

BRETIGNIÈRES : d'or, à trois roses de gueules ; au
chef d'azur, chargé d'un soleil du champ.

BRETON (LE), écuyer, sieur de la Valette, de la
Mare, etc., élections de Coutances, de Bayeux, etc.,
maintenu en 1666 : d'argent, à trois mouchetures

rangées de sable, accompagnées de trois écussons de gueules.

BRETON (LE), écuyer, sieur de Saint-Paul, élection de Valogne, maintenu en 1666 : d'hermine, au chef de gueules.

BRETON (LE), généralité de Caen, maintenu en 1666 : d'argent, au chevron de sable, accompagné de trois mouchetures du même.

BRETON (LE), écuyer, sieur de la Guérippière, de Catins, Resseantise, etc., élection de Coutances, maintenu en 1666 : d'argent, à deux chevrons de gueules, accompagnés de trois coquilles du même.

BRETON (LE), sieur de Berolles et du Perrey, élection de Bayeux, maintenu le 26 mai 1667 : d'argent, au lion de sable, lampassé de gueules et couronné d'or.

BRETON (LE), écuyer, sieur de Cissay, Viel, Belesme, Mangerie, élection de Montivilliers, maintenu le 20 juin 1666 : d'argent, à trois roses de gueules.

BRETTEVILLE, écuyer, sieur de Francourt, généralité de Rouen.

BRETTEVILLE : d'azur, à trois glands d'or.

BREUIL (DU), élection de Gisors et Pontoise, maintenu le 12 mai 1669 : écartelé ; au 1 et 4 d'azur, au lion d'argent, armé et lampassé de gueules ; au 2 et 3 d'azur, au pont de deux arches d'argent, maçonné de sable.

BREUIL (DU), chevalier, seigneur de Belleville, élection de Chaumont, maintenu le 18 mai 1669 : d'azur, au lion d'argent, armé et lampassé de gueules.

BREUIL (DU), écuyer, sieur des Caulombes, Réauté, élection de Coutances, maintenu en 1666 : d'argent, à la fasce d'azur, accompagnée de six merlettes rangées de sable.

BREUIL (DU), généralité de Rouen : de gueules, au chevron diapré d'argent, accompagné de trois aiglettes éployées du même.

BREUIL (DU), écuyer, sieur de la Fontenelle, élection de Verneuil : de gueules, au chevron d'argent, accompagné de trois étoiles du même.

BREUIL (DU), écuyer, sieur de Lingueures, généralité de Caen, maintenu en 1666 : losangé d'argent et d'azur ; au chef de gueules, chargé de deux têtes de léopard d'or.

BREUIL (du), écuyer, sieur de Marguelière, élection de Mortagne : d'azur, au chevron d'or, accompagné de trois croissants du même.

BREUILLY, élection de Valogne, maintenu en 1666 : d'azur, au chef cousu de gueules, au lion d'or, couronné, armé et lampassé du second émail, brochant.

BREVEDENT, écuyer, sieur de Doissel, de Giverny, de Sahurs et de Bernières, généralité de Rouen, maintenu le 21 juillet 1666 : d'argent, à trois anilles de sable; au chef d'azur, et chargé de trois besants d'or.

BREVEDENT, écuyer, sieur de Saint-Nicors, de Montrabu, du Valbrun et du Plessis, élection de Pont-l'Evêque : d'azur, à la croix ancrée d'or ; au chef d'argent, chargé de trois anilles de sable.

BREVEDENT, élection de Lisieux, maintenu le 24 mai 1667 : d'azur, à la croix ancrée d'or.

BREVILLE, élection de Bayeux, maintenu en 1666 : de gueules, au chef cousu de sable ; à trois roses d'argent, deux sur le chef et l'autre en pointe.

BREVOLLES, *aliàs*, COLAS de SAINT-ANDRÉ, élection de Valogne : d'azur, au soleil d'or, accompagné en chef de trois étoiles du même.

BREZAIS, écuyer, sieur de Boisannes, élection de Mortagne, maintenu le 10 avril 1666 : de gueules, à trois losanges d'or.

BREZÉ, écuyer, sieur de Guignonville, élection de Montivilliers, maintenu le 30 mars 1669 : d'azur, à l'écusson d'argent, enclos dans un trécheur d'or, à l'orle de huit croisettes du même.

BRICE, généralité de Rouen : écartelé, au 1 et 4 d'or, au chevron d'azur, accompagné de trois brosses de sable ; au 2 et 3 de gueules, à une molette d'éperon couronnée d'argent.

BRICQUEVILLE, écuyer, sieur des Coulombières, comte de la Luzerne, élection de Bayeux, maintenu en 1666 : palé d'or et de gueules.

BRIDEL, écuyer, sieur du Bosc, de Rezez, etc., élection de Montivilliers, maintenu le 19 novembre 1669 : de sable, à la fleur de lys d'argent.

BRIÈRE, élection de Pont-Audemer : de gueules, au chevron d'or, accompagné en chef de deux molettes d'éperon d'argent, et en pointe d'une rose du même.

BRIFFAUT, généralité de Rouen.

BRIHON, écuyer, sieur de Houppeville, élection de Montivilliers, maintenu le 9 juillet 1667 : d'azur, au chevron d'or, accompagné de trois ruches d'argent

BRIJAULT, élection de Coutances.

BRILLY, écuyer, sieur du Hamel, Ballengreville, du Bocage, élection de Montivilliers, maintenu le 6 février 1668 : de sable, à la fleur de lys d'argent, bordée d'azur.

BRINON, sieur de Vilaines et d'Anthueil, généralité de Rouen : d'azur, au chevron d'or, accompagné en pointe d'un croissant d'argent ; au chef denché du second émail.

BRIQUEVILLE, écuyer, seigneur de Bretteville, élection de Valogne, maintenu en 1666 : d'argent, à six feuilles de chêne de sinople.

BRIROY, écuyer, sieur de la Couté-Goucy, élection de Valogne : d'azur, au chevron d'or.

BRISARD, écuyer, sieur de Mousetière, du Mesnil-Mesleray, élection de Mortagne, maintenu le 12 mai 1667 : fascé d'azur et d'argent ; les fasces d'azur chargées chacune de trois médaillons avec leur chaîne d'argent, et les fasces d'argent de trois mouchetures de sable.

BRISE (LA), écuyer, sieur de la Geffardière, Villenière, Chapelle, etc., généralité de Caen, maintenu en 1666 : d'azur, à deux fasces d'argent ; à deux chevrons d'or, accompagnés de trois molettes d'éperon du même, brochants, sur le tout.

BRISEY, élection de Valogne.

BRIX (DE), écuyer, sieur de Maresque, d'Arlot, de Brumont, du Broc, etc., élection de Valogne, maintenu en 1666 : d'argent, à trois molettes d'éperon de sable.

BRIZELANCE, élection de Carentan, maintenu en 1666 : d'azur, au phénix d'or.

BROC, élection de Coutances.

BROCHARD, écuyer, sieur du Désert, élection de Falaise, maintenu le 11 juillet 1667 : d'argent, au chevron renversé d'azur, chargé de trois annelets d'or ; au chef du second émail.

BROISSE (DE LA), élection de Vire : d'azur, à deux fasces d'or ; au chevron brochant, accompagné de trois molettes, le tout du même.

BROON, seigneur de Fourneaux, élection de Falaise, maintenu le 7 juillet 1667 : d'azur, à la croix d'argent, frétée de gueules.

BROSSARD, écuyer, sieur de Maisoncelles, de Saint-Martin, Fremont, du Part, et Saint-Claire, élection de Domfront, maintenu le premier septembre 1667 : d'azur, à trois fleurs de lys d'or; à la cotice d'argent, brochante sur le tout.

BROSSARD, écuyer, sieur de la Louvetière, des Iles, Bardet, élection de Vire : de sable, au chevron d'or, accompagné en chef de deux besants, et en pointe d'une molette d'éperon, le tout du même.

BROSSES, écuyer, seigneur de Baligny, baron du Boulet, Bandeleu, élection d'Evreux, maintenu le 12 août 1666 : d'argent, au lion de sable, armé et lampassé de gueules.

BROSSET, écuyer, sieur de la Chevalerie, généralité d'Alençon, maintenu le 12 août 1666 : de gueules, à trois chevrons d'argent, accompagnés de trois merlettes d'or.

BROSSET, écuyer, sieur de la Chaux, Housardière, généralité d'Alençon, maintenu le 25 août 1667 : de gueules, à trois chevrons d'argent, accompagnés de neuf merlettes du même en orle.

BROUAULT, écuyer, sieur de la Motte, élection d'Avranches, maintenu en 1666 : coupé d'azur et d'argent, à la bande de gueules brochante sur le tout, accompagnée de deux toiles, l'une d'or en chef, l'autre de gueules en pointe.

BROUILHAC, écuyer, sieur de la Mingre, élection de Mortagne, maintenu le 29 juillet 1667 : coupé, au 1 d'argent, à cinq moucheture en sautoir de sable; au 2 losangé d'argent et de gueules.

BRUCAN, élection de Valogne : de gueules, à un champion armé de toutes pièces d'argent, tenant une hallebarde d'or.

BRUCOURT, écuyer, sieur de Dauville, élection de Falaise, maintenu le 5 avril 1666 : fascé d'or et de gueules, à vingt et une fleurs de lys de l'une en l'autre, quatre, trois, quatre, trois, quatre, trois.

BRUILLE, écuyer, sieur de la Fontenelle, élection de Verneuil : de gueules, au chevron d'argent, accompagné de trois étoiles du même.

BRUMENT, écuyer, sieur du Bois-Flamel, généralité de Rouen, maintenu le 4 juin 1668 : d'argent, à trois flammes de gueules ; à la bordure engrêlée du même.

BRUN (LE), écuyer, sieur de Saint-Gervais, du Mesnil-Angot, Manducage, Putot, etc., élection de Pont-l'Evêque, maintenu le 25 septembre 1669 : coupé de gueules et d'or, au lion de l'un à l'autre.

BRUNET, écuyer, sieur de Saint-Maurice, élection de Carentan, maintenu en 1666: d'azur, à une épée d'argent, garnie d'or en pal, couronnée à la royale de même, et accostée de deux fleurs de lys du troisième émail.

BRUNET, écuyer, sieur de Courcières, élection de Falaise, maintenu le 11 mais 1666 : d'azur, à trois croissants adossés et enlacés d'argent, accostés de deux étoiles d'or, et surmontés d'un soleil du même.

BRUNET, écuyer, sieur des Rigoux, généralité d'Alençon, maintenu le 4 juin 1668 : gironné d'argent et de sable, le premier giron chargé d'une étoile d'azur.

BRUNVILLE, élection de Mortain, maintenu le 27 mars 1667 : de sable, à trois rateaux d'argent ; au chef cousu d'azur, chargé d'un soleil d'or.

BUAT (DU), écuyer, sieur de Prethon, élection de Vire, maintenu en 1666 : d'argent, à trois fasces de gueules.

BUAT (DU), écuyer, sieur dudit lieu, élection de Mortain : d'argent, à la bande denchée de gueules, accompagnée de six merlettes en orle du même.

BUAT (DU), écuyer, sieur de Bazoches, élection de Mortagne, maintenu le 22 avril 1667 : écartelé, au 1 et 4 d'azur, à l'escarboucle pommetée et fleurdelysée d'argent ; au 2 et 3 d'azur, à trois bandes d'or.

BUAT (DU), écuyer, sieur de Reville, élection de Bernay, maintenu le 5 octobre 1667 : écartelé, au 1 et 4 d'azur, à trois barres d'or ; au 2 et 3 d'azur, à l'escarboucle pommetée et fleurdelysée d'or.

BUATS, écuyer, sieur de Fontaine, de la Cousture, du Monsel et de Sarasinière, élection de Falaise, maintenu le 5 avril 1667 : de sable, à une moucheture d'argent, surmontée d'un croissant d'or ; au chef du même, chargé d'une quintefeuille entre deux mouchetures, le tout du champ.

BUCALLE (DE LA), élection de Bayeux ; d'or, au chevron d'azur, accompagné de trois flammes de gueules.

BUCY, écuyer, seigneur d'Henouville et de Breville, élection de Gisors et Pontoise, maintenu le 20 mars 1666 : d'or, à neuf billettes de gueules.

BUFFES, écuyer, seigneur de la Haule, élection de Caudebec, maintenu le premier juillet 1670 : de sable, à deux lions rangés d'or.

BUFFREVILLE, écuyer, sieur de Saint-Vincent, élection de Montivilliers, maintenu le 2 mars 1671 : d'azur, à trois colombes d'argent.

BUGARD, élection de Caudebec, maintenu le 3 décembre 1668 : de gueules, à trois coffres d'argent.

BUILLY , écuyer , sieur de Guerrame , généralité d'Alençon : de sinople, à deux poissons d'argent, accompagnés de deux étoiles, *alias*, deux roses du même.

BUISSON (DU) écuyer, sieur de Roqueville, élection d'Evreux, maintenu le 6 mars 1669 : de gueules, à trois bandes d'or ; au chef cousu d'azur, chargé d'un lion léopardé d'argent.

BUISSON (DU), écuyer, sieur de la Lissondière, élection, de Verneuil, maintenu le 15 janvier 1668 : de sable, à trois quintefeuilles d'or.

BULLY, élection de Falaise : d'azur, à deux barbeaux adossés d'argent, sommés d'une fleur de lys d'or.

BULTEAU, sieur de Franqueville, généralité de Rouen.

BUNEL, écuyer, sieur de Tissy, élection de Bayeux, maintenu en 1666 : d'azur, au chevron d'argent, accompagné de trois bunettes du même.

BUNODIÈRE (DE LA), écuyer, sieur de Quievremont et de Bellevue, généralité de Rouen, maintenu le 12 septembre 1710 : d'azur, à la bande d'or, chargée de trois têtes de lion de gueules, posées en barre.

BURES (DE), écuyer, sieur d'Espinay, Bouilly, Bethencourt, Souilly, généralité de Rouen, maintenu le 15 février 1668 : d'azur, à la frète de six pièces d'or posée en bande, accompagnée en chef d'une merlette, et en pointe de deux molettes d'éperon, le tout d'or.

BURES (DE), sieur de Panthou, élection de Vire : d'argent, à trois fasces d'azur.

BURES (DE), élection de Bayeux, maintenu en 1666 : de sable, à deux jumelles d'argent.

BURET, écuyer, sieur d'Agon, élection de Coutances : d'argent, à trois tourteaux de sable.

BUSC (du), écuyer, sieur de Saint-Germain, de Fresnay, Flexanville, élection d'Evreux, maintenu le 14 'août 1666 : d'argent, à la bande d'azur.

BUSC (du), écuyer, sieur de la Mare, généralité de Rouen, maintenu le 9 février 1669 : d'argent à la bande de gueules.

BUSNEL, écuyer, sieur de Fougy, d'Ouilly, généralité d'Alençon, maintenu le 15 juillet 1667 : de gueules, à deux fasces d'argent, accompagnées de sept merlettes du même.

BUSQUET, sieur de Cany et de Champ-d'Oysel, généralité de Rouen : d'argent, à la fasce de gueules, accompagnée en chef d'un cœur du même, accosté de deux étoiles de sable, et en pointe d'une macle du second émail.

C

CABAZAT, élection de Bayeux, maintenu en 1666 : d'azur, à trois bustes de jouvenceau de profil d'argent.

CABIEUL, élection de Carentan.

CABOURG, seigneur de Bassille, élection de Valogne, maintenu en 1666 : de sable, à la bande d'argent, chargée de trois tourteaux de gueules.

CACHEUX (le), généralité de Rouen : d'argent, au chevron de gueules, accompagné de trois écrevisses du même.

CADOT, marquis de Gerville, Sebville, élections de Carentan et de Valogne, maintenu en 1666 : de gueules à la hure de sanglier cousue de sable, défendue d'argent, couronnée d'or, accompagnée de trois étoiles du même.

CAEN, ville de Normandie : coupé d'azur et de gueules, à trois fleurs de lys d'or.

CAHAGNES, écuyer, sieur de Fierville, généralité de Caen, maintenu en 1666 : d'azur, au chevron d'or, accompagné en chef de deux roses d'argent, et en pointe de trois mains rangées, tenant chacune une épée, le tout du même.

CAIGNON, élection de Falaise, diocèse de Rouen :
d'argent, à trois bandes d'azur.

CAILLOT DE CAUQUEREAUMONT, à Rouen : d'argent, à deux clefs adossées d'or, accostées de huit
croissants de gueules, et accompagnées de trois fleurs
de lys du second émail.

CAILLOUEY, écuyer, sieur de la Comté, généralité
de Caen, maintenu en 1666 : d'azur, à trois aigles
éployées d'or.

CAIRON, aliàs, PERROTTE, écuyer, sieur de Garande, Saint-Léger, la Fontaine, d'Auclais, Cardouville, élection de Falaise, maintenu le premier août
1667 : de gueules, à trois coquilles d'argent.

CALENGE, généralité de Rouen : de gueules, à trois
soleil d'or.

CALENGE, seigneur de la Liégue, élection d'Andely,
maintenu le 26 mars 1669 : d'azur à la croix d'argent,
cantonnée de quatre hures de sanglier d'or.

CALF, écuyer, sieur de Manneville, élection de Lisieux,
maintenu le 14 septembre 1666 : d'azur, à trois bœufs
d'or ; à la bordure de gueules.

CALLEVILLE, généralité de Rouen : d'argent, à trois
molettes d'éperon d'or.

CALLOUÉ, écuyer, sieur du Coudray, élection de Verneuil, maintenu le 9 avril 1666 : d'argent, à trois aiglettes de sable.

CALMENIL, écuyer, sieur de Gonneville, d'Orval,
la Roque, Champeaux, Berneville, des Costis, du
Prey, etc., élection d'Arques, maintenu le 27 septembre 1669 : d'azur, à trois coquilles d'argent, surmontées d'une fasce ondée d'or.

CALVIMONT, seigneur de la Buhe, généralité de Rouen,
maintenu le 22 novembre 1669 : écartelé, au 1 et 4 de
gueules, à la tour d'argent, maçonnée de sable,
ajourée de gueules; au 2 et 3 d'azur, au lion d'or.

CAMPGRAIN, sieur d'Epinay, élection de Carentan.

CAMPION, écuyer, sieur de Montpoignan, Feuguery,
Limare, Saint-Amand et Boifre, élection de Pont-
de-l'Arche, maintenu le 4 septembre 1666 : d'or, à
deux bandes de gueules; au lion d'azur, brochant.

CAMPROGER, écuyer, sieur de la Brosse, élection d'Andely, maintenu le 25 juillet 1667 : d'argent, à trois fasces de gueules, accompagnées de cinq annelets du même.

CAMPROGER, écuyer, sieur de Favières, élection de Falaise, maintenu le 17 mars 1667 : d'azur, à la fasce d'or, chargée de trois œillets de sinople, fleuris de gueules, et accompagnée en chef de trois croissants d'argent, et en pointe de deux flèches passées en sautoir du même.

CAMPROND, écuyer, sieur de Saint-Loup, des Deniemes, la Porte, Glatigny, du Buisson, etc., élection de Carentan, maintenu en 1666 : d'argent, à la quintefeuille de gueules.

CAMPSERVEUR, écuyer, sieur de Becqueville, élection de Valogne, maintenu en 1666 : d'azur, à trois fasces d'argent; au chevron de gueules, brochant.

CAMUS, chevalier, seigneur de Pont-Carré, généralité de Rouen : d'azur, à trois croissants d'argent; à l'étoile d'or en abîme.

CANCHY, écuyer, sieur de Courtieux, élection de Chaumont, maintenu le 30 mars 1669 : de gueules, au lion d'argent, accompagné de cinq croisettes d'or en orle.

CANDAL (DU), généralité de Rouen : d'azur, à trois colombes d'argent, membrées d'or, portant chacune au bec une branche d'olivier du même.

CANIVET, écuyer, sieur de Colleville, du Molley et Rouge-Fosse, élection de Montivilliers, maintenu le 26 juillet 1667 : de gueules, à trois canifs d'argent, emmanchés d'or.

CANONVILLE, écuyer, sieur du Mesnil, élection de Caudebec, maintenu le 21 juillet 1668 : de gueules, à trois étoiles d'or.

CANTEL, écuyer, sieur de la Maüduite, élection d'Arques, maintenu le premier décembre 1669 : d'azur, à la fasce d'or, accompagnée de douze besants du même, huit en chef, quatre et quatre en croix, et quatre de même en pointe.

CANTEL, élection de Valogne : de gueules, à trois croisettes d'argent ; au chef du même , chargé de trois moucnetures de sable.

CANU (le), écuyer, sieur de Froiderue, d'Estimont, Savière, etc., généralité de Rouen, maintenu le 18 février 1667 : d'azur, à trois têtes de lion d'or, et une molette d'éperon du même, en cœur..

CANU (le), écuyer, sieur de la Cheillardière, Basmarest et du Perron, élection de Coutances, maintenu le 29 septembre 1669 : de gueules, au léopard-lionné d or ; au chef du même.

CAPELAIN, écuyer, sieur de Berquery, élection de Valogne, maintenu le 23 mars 1670 : d'azur, à deux chevrons d'or.

CAPON (le), écuyer, sieur du Saussay, élection de Valogne, maintenu en 1666 : d'argent, à trois carreaux rangés de gueules, surmontés de trois mouchetures du même.

CAQUERAY, écuyer, sieur des Landes, élection de Caudebec, maintenu le 19 février 1669 : d'or, à la fasce de gueules, accompagnée de trois roses du même.

CAQUERAY, écuyer, sieur des Landes, de la Salle, de Fontaine, etc., généralité de Rouen , maintenu le 16 juin 1667 : d'or, à trois roses de gueules.

CAQUERAY, écuyer, sieur de Saint-Imes, élection de Caudebec : d'azur , au chevron d'or , accompagné de neuf annelets entrelacés du même.

CARADAS, généralité de Rouen : d'azur, à trois croissants d'argent.

CARBONNEL, chevalier, marquis de Canisy, élection de Coutances, maintenu en 1666 : coupé de gueules et d'azur, à trois besants d'hermine, deux et un.

CARBONNIER, écuyer , sieur de Francboisier, élection de Pont-Audemer, maintenu le 14 décembre 1668 : d'argent, au chevron de sable, accompagné de trois flammes de gueules.

CARDONNE , écuyer, sieur de Courtières, Bellevoix, Longaulnay, etc., élection de Pont-l'Evêque, maintenu le 25 juin 1668 : de gueules, au chevron d'argent, accompagné de trois chardonnets d'or.

CARDOSNE, écuyer, sieur de Savigny, élection de Valogne, maintenu en 1666 : d'azur, à une épée en pal d'argent, garnie d'or, accompagnée de trois molettes d'éperon du même, une en chef et deux en chaque flanc.

CAREL, écuyer, sieur de Cresseveulle, élection de Pont-l'Evêque, maintenu le 7 avril 1668 : d'hermine, à trois carreaux de gueules.

CARENTAN, ville de Normandie, d'azur, à trois mâts sans voiles d'argent.

CARITÉ, élection de Bayeux.

CARMONE, généralité de Rouen : d'azur, à trois coquilles d'or ; à la bordure engrêlée de gueules.

CARNET (du), sieur de la Renaudaye, élections d'Avranches et de Bayeux.

CAROUGES, à Alençon : de gueules, semé de fleurs de lys d'argent.

CARPENTIER, généralité de Rouen : d'argent, au chevron de sable, chargé de trois molettes d'éperon du champ.

CARPENTIER, écuyer, sieur de Beaucarme, élection de Pont-Audemer, maintenu le premier mars 1668 : d'azur, à la croix alésée d'or, accompagnée aux extrémités de quatre palmes du même en pal.

CARPENTIER, écuyer, sieur de Marcilly et de Pineville, élection de Lisieux, maintenu le 6 mars 1668 : d'argent à la croix d'azur, chargée d'une molette d'éperon d'or, et cantonnée de quatre ombres de têtes de bouc de sable.

CARRÉ, écuyer, sieur de la Bretesque, élection de Lisieux, maintenu le 7 avril 1666 : d'azur, à la bande d'or, accompagnée de deux molettes d'éperon du même ; au chef d'argent, chargé de trois carreaux de gueules.

CARREY, écuyer, sieur de Saint-Gervais et de Gouville, généralité de Rouen.

CARREY de BELEMARE : d'azur, à la bande d'or, chargée de trois carreaux de sable, et accompagnée de deux molettes d'éperon du même.

CARRUYER, écuyer, sieur de Saint-Germain, de Brugdalle, de Bonneval, de Launay, etc., élection d'Arques, maintenu le 25 juillet 1667 : d'azur, à trois gerbes d'argent.

CARUEL, seigneur de Saint-Merey, la Panninière, etc., élection d'Andely, maintenu le 17 août 1666 : d'argent, à trois molettes d'éperon de sable ; à la bordure de gueules.

CARVILLE, seigneur de Ners, élection de Falaise ;

maintenu le 28 décembre 1666 : de gueules, à trois
écussons renversés d'or.

CARVOISIN, écuyer, sieur de Sassey, élection d'Evreux,
maintenu le 18 septembre 1667 : d'or, à la bande de
gueules; au chef d'azur.

CASSAGNEAU, écuyer, sieur de Bagnaugue, élection
de Montivilliers, maintenu le 19 février 1667 : de
gueules, à la fasce denchée d'or, accompagnée en chef
de deux croisettes d'argent, et en pointe d'une tête de
lion arrachée du même.

CASTEL, écuyer, sieur de Neufville et du Rozel,
élection d'Arques, maintenu le 10 juillet 1670 : d'argent, à trois chevrons de gueules, sommés d'une merlette de sable.

CASTEL, seigneur dudit lieu et de Saint-Martin-de-
Blagny, élection de Bayeux, maintenu en 1666 : de
gueules à trois châteaux d'argent; au chef d'or, chargé
d'un lambel du champ.

CASTEL, marquis de Saint-Pierre, élection de Valogne,
maintenu en 1666 : de gueules, au chevron d'argent,
accompagné de trois roses d'or.

CASTEL, écuyer, sieur de Beneville, élection de Carentan, maintenu en 1666 : d'or, au château de sable.

CASTEL, écuyer, sieur d'Azeville, élection d'Avranches
et de Valogne : d'azur, à deux fasces d'argent, accompagnées de trois étoiles du même.

CATTEY, écuyer, sieur de Saint-Ouen, élection de Falaise, maintenu le 13 août 1666 : d'azur, à six . . . . .
d'argent, percés du champ.

CAUCHOIS, écuyer, sieur de Bois-Hierome, élection
d'Andely, maintenu le 3 août 1666 : de gueules,
au chevron d'or; à un tronc d'arbre de deux branches
de sinople, entrelacées dans le chevron.

CAUCHOIX, écuyer, sieur de Thibermont et de Ribœuf,
élection d'Arques, maintenu le 10 août 1667 : d'argent, à trois arbres arrachés de sinople.

CAUCHOIX, élection de Lions, maintenu le 7 février
1667 : d'azur, au croissant d'or, accompagné de six
étoiles du même.

CAUCHOIX, écuyer, sieur de Sennoville, élection de
Lions, maintenu le 26 mars 1669; d'argent, à trois
mouchetures de sable.

CAUDEBEC, ville, de Normandie : d'azur à trois éperlans l'un sur l'autre d'argent.

CAULLIÈRES, écuyer, sieur de Beaufresne, seigneur de Bienfay, élection de Neufchâtel, maintenu le 18 août 1668 : d'argent, à la bande de gueules, accompagnée de six merlettes de sable en orle.

CAUMONT, écuyer, sieur de Boismont, élection de Neufchâtel, maintenu le 24 janvier 1667 : d'argent, à trois fasces de gueules; la première chargée d'une étoile d'or, accostée de deux besants du même.

CAUMONT, seigneur de Gauville, généralité de Rouen, maintenu le 22 février 1669 : d'argent, à trois fasces de gueules; la première surmontée de trois tourteaux du même.

CAUMONT, élection de Montivilliers, maintenu le 8 juillet 1669 : d'azur, à trois annelets d'or; au chef d'argent, chargé de trois mouchetures de sable.

CAUMONT, élections de Caen et de Saint-Lo : écartelé, au 1 et 4 d'argent, à trois merlettes de sable; au 2 et 3 d'argent, à une quintefeuille de gueules.

CAUMONT, écuyer, sieur de la Paindrie, élection de Coutances, maintenu en 1666 : écartelé au 1 et 4 d'argent, à six merlettes de sable; au 2 et 3 d'argent, à six quintefeuilles de gueules.

CAUQUIGNY, écuyer, sieur dudit lieu, élection de Montivilliers, maintenu le 21 février 1668 : d'azur, à trois trèfles d'or.

CAUTEL, écuyer, sieur de Parfontaine, de Caumont, etc., généralité de Rouen, maintenu le 13 décembre 1666 d'azur, à la fasce d'or, accompagnée de trois quintefeuilles du même.

CAUVET, écuyer, sieur de Guehebert, élection de Bayeux, maintenu en 1666 : d'azur, au chevron d'or, accompagné de trois roses du même.

CAUVIGNY, écuyer, sieur de Clinchamp, généralité de Caen, maintenu en 1666 : d'argent, au chevron de sable, accompagné de trois merlettes du même ; au chef du second, chargé de trois coquilles du champ.

CAVELET, seigneur d'Houquetot, de Verbosc, de Roudemare, etc., élection de Montivilliers, maintenu le 2 janvier 1667 : de gueules, au chevron d'or; au chef du même, chargé de trois tourteaux du champ.

CAVELIER, écuyer, sieur de Saint-Jacques, généralité

de Rouen, maintenu en 1667 : d'argent, à la bande d'azur, accompagnée de six losanges en orle du même.

CAVELIER, écuyer, sieur d'Auberville, généralité - de Rouen : d'azur, au croissant d'argent, accompagné de trois étoiles d'or.

CAVELIER, sieur de la Salle, généralité de Rouen.

CAVEY, écuyer, sieur de Villedieu, du Buisson, d'Hommay et de Fonteny, élection d'Argentan, maintenu le premier avril 1709 : d'argent, à trois coqs de sable, crêtés, barbés, becqués et membrés de gueules ; au chef du champ, chargé de trois mouchetures du second émail.

CAVIGNY, élection de Coutances.

CECIRE, écuyer, sieur de Belage, du Moucel, de Moncel, etc., élection de Pont - Audemer, maintenu le 4 juin 1666 : d'argent, à un écusson d'azur, accompagné d'un orle de huit merlettes du même.

CEIROIR, élection de Falaise, maintenu en 1666.

CERF (LE), écuyer, sieur du Breuil, élection de Pont-Audemer, maintenu le 9 janvier 1668 : d'argent, au chevron de gueules, accompagné de trois cœurs du même.

CERVELLE (LA), seigneur dudit lieu, élection d'Avranches, maintenu en 1666 : de sable, à trois losanges d'or.

CESNE ou LE SCESNE, chevalier, seigneur de Menilles, élection d'Evreux, maintenu le 9 août 1666 : écartelé d'argent et de gueules.

CHABERT, écuyer, sieur de Pontauvart, élection de Coutances, maintenu en 1666 : écartelé, au 1 et 4 d'azur, à la bande d'argent, chargée de trois couronnes ducales de gueules; au 2 et 3 d'argent, à trois rocs d'échiquier de sable.

CHALANGES, écuyer, sieur du Mesnil, élection de Pont-de-l'Arche, maintenu le 11 août 1666 : de gueules, à trois soleils d'or.

CHALLARD, écuyer, sieur de Bourgimière, élection de Mortagne, maintenu le 12 juillet 1667 : de sable, à trois pals alésés d'argent.

CHALLON, écuyer, sieur du Coudray, élection de Falaise, maintenu le premier avril 1668 : d'azur, à la fasce d'or, chargée de trois coquilles de gueules.

CHALONS, sieur de Maigremont, généralité de Rouen.

CHALOPIN, écuyer, sieur de la Galopinière, élection de Mortagne : d'azur, à trois rameaux d'or, posés en pairle.

CHALUET, généralité de Caen : écartelé, au 1 et 4 de gueules, à la bande d'or, chargée de trois croisettes du champ, et accompagnée en chef d'une tête de lion arrachée du second émail, et en pointe d'une quintefeuille du même ; au 2 et 3 d'azur, à trois demi-vols d'argent.

CHAMBRAY, baron dudit lieu, élection de Conches, maintenu le 16 février 1668 : d'hermine, à trois tourteaux de gueules.

CHAMPIN, écuyer, sieur de Gisnay, élection de Lisieux, maintenu le 18 janvier 1667 : d'argent, à trois hures de sanglier de sable.

CHAMPION, écuyer, élection de Coutances, maintenu en 1666 : d'or, au lion d'azur ; à la bordure de gueules.

CHAMPION, écuyer, sieur de Saint-Martin, de la Laydes, etc., élection de Coutances, maintenu en 1666 : d'or, au lion d'azur ; au lambel de gueules.

CHAMPION, écuyer, sieur de Tilly, élection de Conches, maintenu le 16 août 1666 : de gueules, à trois losanges d'argent.

CHAMPREPUS, élection de Coutances : coupé, au 1 d'azur, à la fasce d'or, accompagnée en chef d'une levrette d'argent, colletée, bordée et bouclée du second émail ; au 2 d'argent, à une moucheture de sable.

CHAMPS (DES), écuyer, sieur de la Lande, du Menil et de Saint-Marc, élection de Gisors et Pontoise, maintenu le 19 mars 1669 : d'argent, à la bande d'azur, chargée de trois toupins d'or.

CHAMPS (DES), écuyer, sieur de Butteval, d'Arguemont, etc., élection de Montivilliers, maintenu le 28 janvier 1667 : d'azur, à trois roses d'argent.

CHAMPS (DES), écuyer, sieur du Réel, généralité de Rouen : de gueules, à la bande d'argent, chargée d'une cotice de sable, surchargée de trois toupins d'or.

CHAMPS (DES), écuyer, sieur de Saint-Victor, de Cretenville, de Fourmetour, etc., élection de Caudebec, maintenu le 23 juillet 1668 : d'or, à l'épervier essorant de sable ; au chef d'azur, chargé de trois tours couvertes du champ.

CHAMPS (DES), écuyer, sieur des Cures, de la Motte,

du Chouque, etc. , élection de Montivilliers, maintenu au mois de juillet 1670 : d'argent , à la fasce de gueules , chargée de trois molettes d'éperon d'or , et accompagnée de trois merlettes de sable.

CHAMPS (DES) , écuyer , sieur de Vitot , Boishébert , Beureville , Saint-Laurens , d'Escures , Cabout , Châteaux et Meaumare , élection de Montivilliers , maintenu le 12 août 1667 : d'argent , à trois perroquets de sinople, becqués et membrés de gueules.

CHAMPS (DES), écuyer, sieur de Perriers, des Planchettes, de la Croix, etc. : d'azur, au delta d'or, accompagné de trois besants d'argent, deux en chef et l'autre en cœur .

CHAMPS (DES), seigneur de Boisfouques, généralité d'Alençon, maintenu le 31 octobre 1667 : d'hermine, à la fasce de gueules, chargée de trois otelles d'argent.

CHAMPS (DES), écuyer, sieur de Caudeyne, élection de Lisieux, maintenu le 18 septembre 1666 : d'azur, à trois besants d'or.

CHANDEBOIS, écuyer, sieur de la Haye, généralité d'Alençon : de gueules, à trois croissants d'argent ; au chef cousu de gueules, chargé d'un demi-vol d'aigle d'or , accosté de deux membres de griffon adossés du même.

CHANDELIER (LE), généralité de Rouen : de sable, au chandelier d'or.

CHANNES (DE), élection de Mortain , famille originaire de Bretagne, maintenue en 1666.

CHANTELOU , généralité de Rouen : d'argent , à la bande de sable.

CHANTELOUP, écuyer, sieur de la Rivière , élection de Bayeux, maintenu en 1666 : d'argent , au loup de sable, armé et lampassé de gueules.

CHANTELOUP, écuyer, sieur de la Vallée, la Lande, élection de Carentan : d'argent, au loup de sable; à l'orle de huit tourteaux d'azur.

CHANTEPIE, écuyer, sieur de Finel, élection de Coutances et de Bayeux, maintenu en 1666 : d'azur , à la croix d'argent, chargée en cœur d'une pie de sable, et cantonnée de quatre besants d'or.

CHANTEUR (LE), écuyer, sieur des Isles, élection d'Argentan, maintenu le 27 juillet 1667 : de gueules, au chevron d'or accompagné de trois larmes d'argent.

CHAPELAIN (le), généralité de Rouen.

CHAPELET, généralité de Caen : d'azur, au chevron d'or, accompagné de trois pathenôtres d'argent.

CHAPELET, écuyer, sieur dudit lieu, de la Charmoys, du Valet, Saint-Laurens, élection de Bernay, maintenu le 3 mars 1667 : d'azur, au chevron d'or, accompagné de trois chapelles d'argent.

CHAPELLE (la), écuyer, sieur du Buisson, élection de Valogne, maintenu en 1666 : d'azur, au chevron d'or, accompagné en chef de deux molettes d'éperon du même, et en pointe d'un croissant d'argent.

CHARDON, écuyer, sieur de la Mauvoisinière, du Gast, etc., élection d'Argentan, maintenu le 11 mai 1667 : de gueules, au chevron d'argent, accompagné de trois colombes du même.

CHARLE, élection d'Arques : d'argent à la fasce d'azur, chargée de trois couronnes d'or.

CHARLEMAGNE, écuyer, sieur du Boulay, élection de Pont-Audemer, maintenu le 14 décembre 1668 : d'azur, au chevron, accompagné en chef de deux croissants en pointe d'une molette d'éperon, le tout d'or.

CHARMONT, écuyer, sieur de Hequencourt, élection de Gisors et Pontoise, maintenu le 21 mai 1669 : d'or à la fasce de gueules, accompagnée de sept merlettes de sable, quatre rangées en chef et trois en pointe, deux et une.

CHARMONT, écuyer, sieur de Hequencourt, élection de Gisors et Pontoise, maintenu le 16 mars 1670 : d'argent, au chevron d'azur, accompagné en chef de deux étoiles de gueules, et en pointe d'une tête de maure de sable, au tortil du champ.

CHARON, écuyer, sieur de Montcheron, élection de Pont-l'Evêque : d'or, au sautoir de gueules, accompagné de trois merlettes de sable, deux en flanc et l'autre en pointe ; au chef dentelé d'azur.

CHARTIER (le), écuyer, sieur de l'Enclos, élection de Pont-l'Evêque : d'azur, au dextrochère d'or, mouvant d'une nuée d'argent, armé d'une épée du même, garnie du second, et accompagné de trois étoiles du même.

CHARTIER (le), élection de Coutances, maintenu en 1666 : d'azur, au chevron d'argent, accompagné en chef de deux trèfles d'or, et en pointe d'un croissant du même.

CHARTIER (LE), élection de Vire : d'azur, à deux perdrix d'or, perchées sur un tronc du même; en pointe, trois branches d'olivier aussi d'or.

CHARTIER (LE), élection de Bayeux, maintenu en 1666 : d'argent, à la bande d'azur, chargée de trois coquilles d'or, et accompagnée de trois roses de gueules, une en chef et deux en pointe ; au chef du second, chargé de trois étoiles d'or.

CHASLON, écuyer, sieur de la Chaslonnière, la Chesnée, la Feuillée, etc., élection de Valogne, maintenu en 1666 : de sinople, à trois levrettes d'argent.

CHASLOT, écuyer, sieur de Montjulle, élection de Falaise, maintenu le 17 avril 1667 : d'argent, à trois aiglettes éployées au vol abaissé de sable.

CHATEAUNEUF, ville de Normandie : d'azur, au château d'argent, sommé de trois fleurs de lys d'or.

CHATEAU-THIERRY, sieur de Monthean, du Breuil, la Motte, généralité d'Alençon, maintenu le premier juillet 1667 : de gueules, à la divise abaissée d'argent, surmontée d'un faucon, tenant un rameau de huit feuilles, le tout du même.

CHATEAU-THIERRY, écuyer, sieur de la Noue, généralité d'Alençon, maintenu le 25 mai 1667 : parti, au 1. d'azur, à trois chevrons d'argent ; au 2 de gueules, au tronc d'arbre terrassé d'argent, soutenant un faucon d'or.

CHATEL (DU), seigneur de Lison, de Castillon, Rampan, élection de Bayeux, maintenu le 29 juillet 1667 : d'azur à trois châteaux d'or.

CHATEL (DU), écuyer, sieur de Carbonnet, Plauprey, la Moinerie, Toutelière, du Val, etc., élection de Falaise et Bayeux, maintenu le 29 juillet 1667 : de gueules, à la tour donjonnée de trois pièces d'or.

CHATEL (DU), sieur de la Bouardois, de Longrosay, etc., élection de Coutances : de gueules, au château d'or.

CHATELIER, écuyer, sieur de Saint-Germain, généralité de Rouen, maintenu le 28 février 1667 : d'azur, à trois croissants d'argent, surmontés de trois losanges rangées en chef d'or.

CHAULIEU, écuyer, sieur de Miramonde, Lesigneul, élection de Bernay, maintenu le 11 juin 1666 : de sable, à la bande dentelée d'argent, chargée en chef d'un croissant du champ, et accompagnée de six merlettes du second, mises en orle ; au chef cousu d'azur, chargé de trois coquilles d'or.

CHAUMONT-BOISSY, généralité de Rouen : fascé d'argent et de gueules de huit pièces.

CHAUMONTEL, écuyer, sieur du Haultchemin et d'Huit-Mesnil, élection de Falaise, maintenu le 24 janvier 1668 : d'argent, à la fasce de sable, accompagnée de trois merlettes de gueules.

CHAUSSÉE, écuyer, sieur dudit lieu et de la Casière, élection de Mortain, maintenu le 12 juillet 1666 : d'azur, à la fasce d'or, accompagnée en chef d'un lion léopardé d'argent, et en pointe de trois losanges du même.

CHAUVEL, élection de Bernay, maintenu le 9 avril 1666 : d'azur, au chevron d'or, accompagné en chef, à dextre, d'un croissant d'argent, à senestre d'une molette d'éperon du second émail, et en pointe d'une rose du même.

CHAUVIGNY, généralité de Caen : d'argent, à cinq fusées de gueules en fasce.

CHAUVIN, écuyer, sieur de Varengueville, généralité de Rouen, maintenu le 8 juillet 1667 : d'azur, à la fasce flanquée par le bas d'or, chargée de trois canettes de sable.

CHAVAGNAC, élection de Montivilliers, maintenu le 24 juillet 1667 : d'or, à trois roses de gueules.

CHEMIN (DU), seigneur de la Tour et du Mesnil-Durand, élection de Saint-Lô, maintenu en 1666 : de gueules, au lion d'hermines.

CHEMIN (DU), écuyer, sieur de Bedros, élection de Caudebec, maintenu le 7 janvier 1667 : d'azur à la fleur de lys d'argent.

CHEMIN (DU), écuyer, sieur du Bourg, Chesnaudière, etc., élection de Falaise, maintenu le 2 mai 1667 ; le sieur de la Courcière maintenu le 7 août 1666 : d'hermine, au chevron d'azur.

CHENNEVAS, écuyer, sieur de Gencourt, élection d'Andely, maintenu le 7 juillet 1669 : d'argent, au chêne arraché de sinople ; au chef de gueules, chargé de trois lances naissantes d'argent.

CHENNEVIÈRES, écuyer, sieur de Boisgentière, généralité de Caen, maintenu en 1666 : d'argent, à une merlette de sable ; à l'orle de huit étoiles d'azur.

CHENNEVIÈRES, écuyer, sieur de Londelle, élection d'Argentan, maintenu le premier août 1667 : d'azur, à un écusson d'argent, chargé d'une molette de sable ; à l'orle de huit étoiles du second.

CHERBOURG, ville de Normandie : d'azur, à la fasce d'or, accompagnée de trois besants du même ; au chef cousu de France.

CHERIE, écuyer, sieur de Branvel, Villencourt, etc., élection de Neufchâtel, maintenu le 7 janvier 1668 : d'or, à deux lions affrontés de sable, soutenant un cœur de gueules.

CHERON, écuyer, sieur du Fresne et de Montcheron, élection de Pont-l'Evêque : d'or, à la croix de gueules, chargée de trois molettes d'éperon d'argent, rangées en fasce.

CHESNART, écuyer, sieur de Beauregard, des Gast, élection d'Evreux, maintenu le 26 octobre 1666 : d'azur, à trois marmites d'or.

CHESNAY (DU), écuyer sieur dudit lieu et de Ville-pandue, élection de Mortagne, maintenu le premier juin 1666 : de sable, à trois roses d'argent.

CHESNAYE (LA), écuyer, sieur de Montval, géné-ralité de Rouen, maintenu le 12 août 1666 : d'ar-gent, à la bande d'azur, chargée de trois croissants d'or, et accompagnée de trois glands versés de sinople, deux rangés en chef et l'autre en pointe.

CHESNE (DU), écuyer sieur de Châteliers, élection de Pont-de-l'Arche, maintenu le 8 décembre 1666 : d'azur, au chevron d'or, accompagné de trois glands du même.

CHESNE (DU), écuyer, sieur de St.-Marc, de Préaux, etc., élection d'Evreux, maintenu le 13 août 1666 : d'azur, au croissant d'argent, accompagné de trois molettes d'éperon, aliàs, de trois étoiles d'or.

CHESNELONG, écuyer, sieur de Loinville, élection de Mortagne, maintenu le 20 avril 1667 : de gueules, à trois croissants d'argent.

CHEUX, écuyer, sieur de Benneville, généralité de Caen, maintenu en 1666 : d'argent, à la croix ancrée de sable, chargée en cœur d'une losange du champ.

CHEVALIER (LE), écuyer, sieur du Bosc, élection

de Lions, maintenu le 7 septembre 1667 : d'azur, au sautoir d'argent, cantonné de quatre étoiles du même.

CHEVALIER (LE), écuyer, sieur de Ber, de Buvere, Parc, etc., généralité de Caen, maintenu en 1666 : de gueules, au cavalier armé de toutes pièces, combattant un sauvage d'or, le tout sur une terrasse de sinople.

CHEVALIER (LE), élection de Bayeux : d'azur, à trois chevaliers d'or, becqués et membrés de gueules.

CHEVALIER (LE), élection de Bayeux, maintenu en 1666 : d'azur, à trois chevaliers d'argent, membrés et becqués de gueules.

CHEVALIER (LE), seigneur d'Engranville, élection de Bayeux : d'azur, à trois chevaliers d'argent, becqués et membrés de gueules ; au chef d'or.

CHEVALIER (LE), sieur de Boisherout, généralité de Rouen : d'or, au pal d'argent.

CHEVALIER (LE), seigneur de Sainte-Marine, la Boberte, du Mesnil, etc., élection d'Argentan, maintenu le 29 mai 1667 : de sable, au chevron d'or, accompagné en chef de deux éperons, les molettes cantonnées, et en pointe d'une épée en pal, le tout du même.

CHEVESTRE, écuyer, seigneur de Cintray, élection de Verneuil, maintenu le 26 août 1666 : d'azur, à trois chouettes d'or. Les sieurs de Beauchene, élection de Gisors, portent de même.

CHIVRÉ, chevalier, marquis de la Barre, élection de Valogne, maintenu en 1666 ; d'argent, au lion de sable, armé et lampassé de gueules, couronné d'or.

CHOAINART, écuyer, sieur de Mariée, élection de Caudebec, maintenu le 20 avril 1669 : d'azur, à trois buffles d'or.

CHRESTIEN, élection de Mortagne : d'azur, à la fasce d'argent, chargée de trois roses de gueules, et accompagnée de trois fleurs de lys au pied nourri du second émail.

CHRESTIER, élection de Mortagne : gironné de gueules et d'argent ; à l'écusson du dernier émail, chargé d'une croix de gueules.

CIGONGNE, écuyer, sieur de Bois, de Mayenne, etc., élection de Domfront, maintenu le premier juin 1667 : d'azur, à trois fleurs de lys d'or ; à la bande échiquetée de gueules et d'argent de deux tires, brochante sur le tout.

CILLEUR, écuyer, sieur de Saint-Bris, du Pissot, etc., élection de Domfront, maintenu le 12 mai 1667 : d'azur, à la bande d'or, accostée en chef de trois molettes d'éperon du même, et en pointe de trois coquilles contournées d'argent.

CINGAL, écuyer, sieur de Sainte-Marguerite, généralité de Caen, maintenu en 1665; d'azur, à trois mains senestres d'argent.

CINTRAY, écuyer, sieur de Grandprey, élection de Lisieux, maintenu le 3 décembre 1666 : de gueules, à trois coquilles d'argent.

CIRESME, écuyer, sieur de la Ferrierre, de Sillanne, de Barville, et du Colombier, élection de Bayeux : de sinople, à trois faulx d'argent, emmanchées d'or.

CIVILLE, écuyer, sieur de Saint-Marc, de Villerest, de la Ferté, de Hugueville, etc., généralité de Rouen, maintenu le 11 février 1667 : d'argent, au chef d'azur, chargé d'une fleur de lys d'or, accostée de deux molettes d'éperon du même.

CLAMORGAN, seigneur de Carmenil, élection de Valogne, maintenu en 1666 : d'argent, à l'aigle éployée de sable, languée, becquée et membrée d'or.

CLAMORGAN, écuyer, sieur de Grosdeches et d'Angoville, élection de Carentan, maintenu en 1666 : d'argent, à l'aigle de sable, languée, becquée et membrée d'or; à la bordure de gueules.

CLERAY, écuyer, sieur de Grandpré, de Mezière, des Morinières, etc., généralité d'Alencon, maintenu le 16 avril 1667 : coupé d'or et d'argent; au lion de gueules sur le tout.

CLERC (le), écuyer, seigneur de Croisset, du grand Quevilly, de Bouville, etc., généralité de Rouen : d'azur, à trois lions naissants d'or, armés et lampassés de gueules.

CLERC (le), élection d'Arques, maintenu le 16 décembre 1667 : d'argent, à la bande dentelée de sable, accostée en chef d'une merlette, et en pointe de trois étoiles, le tout du même.

CLERC (le), écuyer, sieur de Saint-Marc, de Hurpy, élection de Neufchâtel, maintenu le 3 octobre 1670 : d'azur, à trois croissants d'or.

CLERC (LE), généralité de Rouen : d'argent, à la fasce d'azur, diaprée d'or.

CLEREL, écuyer, sieur de Rampan, du Breuil, etc., élection de Valogne, maintenu en 1666 : d'argent, à la fasce de sable, accompagnée en chef de trois merlettes rangées du même, et en pointe de trois tourteaux d'azur.

CLERGERIE, écuyer, sieur du Parc, des Tenveries, etc., élection de Mortagne, maintenu le 4 janvier 1669 : d'argent, à trois fasces de sable ; à quatre cotices d'or, brochantes sur le tout.

CLERMONT-TONNERRE, chevalier, seigneur et baron de Courcelles, élection de Lions, maintenu le 16 juin 1669 : d'azur, à deux clefs adossées et passées en sautoir d'argent.

CLERONDE, élection de Bayeux, maintenu en 1666 : de gueules, au donjon d'argent, sur une terrasse du même, accosté de deux lions affrontés d'or.

CLÉRY, écuyer, sieur de Serans, de Pienne, etc., élection de Chaumont, maintenu le 19 juillet 1666 : écartelé, au 1 et 4 de sable, à l'aigle éployée d'or ; au 2 et 3 d'argent, à la fasce de gueules, accompagnée de trois clefs de sable ; sur le tout d'hermine, au franc canton de gueules, chargé de trois fermaux d'argent.

CLERCY, seigneur d'Augiens, Vauville, etc., élection de Caudebec, maintenu le 15 juillet 1667 : de sinople, à la fleur de lys d'argent.

CLINCHAMP, seigneur dudit lieu, de Donnay, élection de Falaise, maintenu le 30 juin 1666 : d'argent au gonfanon de gueules.

CLINCHAMPS, élection d'Avranches : d'argent, à trois fanons de gueules, doublés et frangés de sinople.

CLOS (DU), écuyer, sieur de Bosheullin, élection de Bernay, maintenu le 11 juin 1666 : d'or, au chevron de gueules, surmonté d'une molette d'éperon du même, et accompagnée de trois coquilles de sable.

CLOUET, sieur de Buguemare, généralité de Rouen.

CLOUSTIER (LE), seigneur de Mezières, de Monts, élection d'Evreux, maintenu le 9 mars 1669 : d'azur, à deux lions affrontés d'argent ; au chef d'or, chargé d'un léopard de sable.

COCHART, écuyer, sieur de Soulle, St-Sauveur, etc.,

élection de Coutances, maintenu en 1666 : de gueules, à trois fasces d'argent.

COCQ (LE), écuyer, sieur de Mezières, de Sainte-Croix et de Plancheville, élection d'Arques : d'azur, à la croix de neuf losanges d'or.

COCQ (LE), écuyer, sieur du Rocher, Beaurobert, etc., élection de Carentan, maintenu en 1666 : d'azur, au sautoir d'argent ; au chef du même, chargé d'une molette d'éperon, accostée de deux flanchis, le tout de gueules.

COCQ (LE), élection de Coutances : coupé d'argent et d'azur ; au sautoir de l'un en l'autre, accompagné en chef d'une molette d'éperon de gueules.

COCQ DE HUMBEECK et de Dievalle : d'argent, au coq de sable, crêté, becqué et membré de gueules. Il y a de cette famille aux Pays-Bas.

COCQUET, écuyer, sieur de Bévigny, généralité de Rouen, maintenu le 4 juin 1668 : d'azur, à dix monts d'or.

COETLOGON, écuyer, sieur de Tratours, généralité de Gisors, maintenu le 5 juillet 1670 : de gueules, à trois écussons d'hermine.

COCURET, écuyer, sieur d'Estry et de Nesle, élection de Vire, maintenu en 1666 : d'argent, à trois cœurs de gueules.

COFFARD, écuyer, sieur du Closmartin, élection de Bernay, maintenu le premier novembre 1667 ; d'azur, au chevron d'or, accompagné en chef de deux étoiles d'argent, et en pointe d'un demi vol du même.

COGNY, écuyer, sieur de Vaux, élection de Conches, maintenu le 5 juillet 1667 : d'argent à la fleur de lys de gueules, accostée de deux membres d'aigle du même, celui à dextre contourné, et accompagné de trois loups de sable, ceux du chef affrontés.

COIGNEUX (LE), généralité de Rouen : d'azur, à trois porcs-épics d'or.

COINTE (LE), écuyer, sieur de Vais et de Braye, élection de Coutances, maintenu en 1666 : d'or, au sautoir d'azur, chargé de cinq maillets d'argent.

COINTE (LE), écuyer, sieur des Loges, de Quetreville, etc., généralité de Caen, maintenu en 1666 : de gueules, à la fasce d'or, chargée de cinq mouchetures de sable, et accompagnée de trois étoiles d'argent.

COLAS, écuyer, sieur de Saint-André, élection de Valogne, maintenu en 1666 : d'azur, au soleil d'or, surmonté de trois étoiles du même.

COLAS, écuyer, sieur de Tenax, de Gouyères, de Gasse, Chaumont, etc. : d'argent, à la guivre de sable, issante de gueules ; au chef du même, chargé de trois roses du champ.

COLIBERT, écuyer, sieur de la Croix, élection de Coutances, maintenu en 1666 : d'argent, au cor de chasse contourné de sable, lié de gueules, enguiché et virolé d'or ; au chef d'azur, chargé de deux roses d'or.

COLLARDIN, seigneur de Bois-Olivier, élection de Vire, maintenu en 1666 : de sable, à la fasce d'or, chargée à senestre d'un tourteau de gueules, et surmontée au canton dextre d'une fleur de lys du second émail.

COLLART, écuyer, sieur de Rouillard, de Saint-Léger, élection de Pont-l'Evêque, maintenu le 6 septembre 1668 : d'argent, à quatre burelles de sable.

COLLAS, écuyer, sieur de Baronval, élection de Verneuil, maintenu le 7 septembre 1667 : d'azur, à trois fasces d'or ; écartelé d'azur, à la bande échiquetée du champ et d'or de deux tires.

COLLESSON, écuyer, sieur des Coutures, chevalier, seigneur de Baronne, Chevreuse, Saint-Marc, etc., élection de Bernay, maintenu le 14 août 1668 : d'argent, à la coquille de gueules, accompagnée de trois flanchis de sable.

COLLET, écuyer, sieur de Longchamps, élection de Montivilliers, maintenu le 12 septembre 1667 : d'azur, à la bande d'argent, chargée de trois étoiles de gueules.

COLLET, écuyer, sieur d'Avillière, du Cormier, de la Touche, etc., élection de Mortagne, maintenu le 16 avril 1666 : d'azur, à trois fasces d'argent.

COLLET, écuyer, sieur des Bonnes, élection de Falaise, maintenu le 24 août 1666 : d'azur, au chevron d'or, accompagné en chef de deux molettes d'éperon du même, et en pointe d'une main d'argent.

COLLIN : tiercé en fasces, au 1 de sinople, au croissant d'argent, surmonté d'un aigle d'or ; au 2 d'argent ; au 3 de sable, au lion d'or.

COLLIN : d'azur, à trois colonnes d'or. Il y a de cette maison en Bourgogne.

COLLIN, écuyer, sieur du Bousabbé, généralité de

Rouen, maintenu le 12 avril 1668 : de gueules, à la hure de sanglier d'or, défendue d'argent ; au chef du second, chargé de quatre étoiles du champ.

COLOMBEL, élection de Pont-Audemer, maintenu le 4 février 1667 : d'azur, à la fasce d'or, accompagnée en chef de deux colombes affrontées d'argent, et en pointe d'une bisse en fasce du même.

COMBLES, chevalier, seigneur de Pouilly, élection de Chaumont, maintenu le 5 mars 1669 : d'azur, à une ancre d'argent en pal, sur une mer du même, accostée de deux étoiles d'or.

COMTE (LE), écuyer, sieur de Tibermontville, élection de Pont-Audemer, maintenu le 27 septembre 1669 : d'azur à trois besants d'or.

COMTE (LE), écuyer, sieur du Mesniltison, de Vaux, etc., élection d'Evreux : d'azur à trois bars rangés d'argent ; au chef d'or.

COMTE (LE), écuyer, sieur de Gressenville, Pollerie, etc., élection d'Andely, maintenu le 20 janvier 1669 : d'azur, à trois molettes d'éperon d'argent.

COMTE (LE), élection de Coutances, maintenu en 1666 : d'argent, à trois fasces de gueules ; au lion de sable, brochant.

COMTE (LE), écuyer, sieur de la Lande, généralité de Caen, maintenu en 1666 : d'argent, à l'écusson d'azur, chargé d'une bande d'or, surchargée de trois anilles de sable, et accompagné de trois cœurs de gueules.

COMTE (LE), écuyer, sieur de la Richardière, du Bourg, Gissay, Forest, etc., élection de Bernay, maintenu le 12 février 1669 : d'azur, au chevron d'argent, accompagné de neuf besants d'or, six en chef, trois à dextre, et trois à senestre, deux et un, et trois de même en pointe.

COMPAINS, élection de Montivilliers, maintenu le 27 janvier 1667 : d'azur, au lion-léopardé d'argent ; au chef du même, chargé de trois croisettes de gueules.

CONAIN, écuyer, sieur de Radiole, élection d'Arques, maintenu le 14 septembre 1667 : d'argent ; à trois mouchetures de sable.

CONDÉ-SUR-NOIREAU, ville de Normandie : d'azur à la fleur de lys d'argent.

CONFLANS, chevalier, seigneur d'Enancour-le-Seq,

élection de Chaumont, maintenu le 21 septembre 1668 : d'azur, semé de billettes d'or ; au lion du même.

CONSEIL, écuyer, sieur du Mesnil, élection de Bayeux, maintenu en 1666 : de gueules, à la croix fleurdelysée, accompagnée en chef, à dextre, d'une rose, et à senestre d'une coquille, le tout d'argent.

CONTE des FLORIS (LE) : d'argent, à l'écusson d'azur, chargé d'une bande d'or, surchargé de trois merlettes de sable, et accompagné de trois cœurs de gueules.

CONTE (LE), écuyer, sieur de Dracqueville, généralité de Rouen : d'azur, à trois molettes d'éperon d'or.

CONTE (LE), écuyer, sieur du Boisroger, d'Espinay, de Launay, etc., généralité de Caen, maintenu en 1666 : d'or, à l'épervier s'essorant au naturel, becqué et membré de gueules.

CONTREMOULINS (DE) : de gueules, au lion d'argent, accompagné de trois roses d'or.

CORCHES (DES), écuyer, sieur de la Sauvignière, seigneur de Sainte-Croix, Boisgueret, etc., élection d'Arques, maintenu le 11 avril 1666 : d'argent à la bande d'azur, chargée de trois besants d'or.

CORDAY, écuyer, sieur dudit lieu, élection d'Argentan : d'argent, à trois chevrons de gueules.

CORDAY, écuyer, sieur du Fay, élection d'Argentan, maintenu le 27 mai 1667 : de sable, au lion d'argent, armé et lampassé d'or.

CORDAY, écuyer, sieur de la Roque, élection de Pont-l'Evêque, maintenu le 18 novembre 1668 : d'argent, au lion de gueules.

CORDAY, écuyer, sieur de Lizocre, seigneur de Corday, élection d'Argentan ; d'azur, à trois chevrons d'or.

CORDIER (LE), chevalier, seigneur du Tronc, de Varaville, de Pilles, etc., généralité de Rouen : d'azur, à la bande d'argent, chargée de cinq losanges de gueules, et accostée de deux molettes d'éperon d'or.

CORDIER (LE), écuyer, sieur du Crux, élection de Valogne, maintenu en 1666 : de gueules, à trois lances d'or.

CORDIER (LE), écuyer, sieur de Berissard et de Saint-Gin, généralité de Rouen : d'or, au croissant d'azur ; au chef de sable, chargé d'une étoile du champ.

CORDIER (LE), écuyer, sieur du Maur, Fredouil, des Moulins, de Maresques, etc., élection de Vire, maintenu en 1666 : d'azur, à la fasce d'or, accompagnée de trois coquilles du même.

CORDOME , généralité de Caen , maintenu en 1666 : d'azur, à une épée en pal d'argent, accompagnée de cinq molettes d'éperon d'or, une en chef et deux en chaque flanc.

CORDON, *alias ;* LA FAUCHERIE, élection de Mortain : d'azur, à trois cordelières d'or.

CORDOUEN, écuyer, sieur de Fagny, élection de Falaise , maintenu le 16 juillet 1666 : d'or, en chef, à dextre, un léopard étêté de sable à senestre , et en pointe deux quintefeuilles du même.

CORMEILLES , écuyer , sieur de Tendos et de Goy-Vielbourg, généralité de Rouen, maintenu le 20 mars 1669 : de gueules, à la tour d'argent.

CORMIER (LE) , écuyer , sieur de la Bindelière , généralité de Caen , maintenu en 1666 : de gueules, au chevron d'or , accompagné de trois croissants du même.

CORMIER (LE) , généralité de Caen : de gueules , au chevron d'or , accompagné de trois croissants d'argent.

CORNEILLE, généralité de Rouen.

CORNEILLE, sieur de Caudecoste, généralité de Rouen.

CORNET , écuyer, sieur de la Chesnaye , de la Bretonnière, de Bussy et Bresquesart , etc., élection de Bayeux, maintenu en 1666 : de gueules , à la fasce vivrée d'or, accompagnée en chef de deux roses d'argent.

CORNIER , écuyer, sieur de Sainte-Héleine , généralité de Rouen, maintenu le 27 janvier 1667 : d'azur, à la tête et cou de licorne d'argent , surmontée de deux molettes d'éperon d'or, percées du second.

CORNU (LE) , écuyer , sieur de Bimorel , généralité de Rouen : d'argent , à deux fasces de sable. Jean le Cornu, sieur de Bimorel, conseiller aux requêtes, mort en 1641, portait : d'azur, à l'agneau pascal d'argent.

CORNU (LE), écuyer , sieur de Ry, du Belloy et du Beauchamp , élection d'Arques : de gueules , à l'orle d'argent.

CORNU (LE), sieur du Coudray , de Ballivière et de Belloy , élection de Pont-Audemer , maintenu le 19 septembre 1668 : d'azur, au chevron d'or , accompagné de trois cors de chasse du même, liés de gueules.

CORNU (LE), écuyer, sieur de la Chastière, la Bressière, de Ballivière, la Rougemaison, la Blotière ; seigneur du Bats, de Racouvale, de Bellemare, etc., élection de Bernay, maintenu le premier avril 1656 : d'azur, à trois cors de chasse d'argent, liés, enguichés et virolés d'or.

CORNU (LE), écuyer, sieur de Beauvais, élection de Conches, maintenu le 2 janvier 1667 : d'azur, au cor de chasse d'argent, lié de sable, et enguiché du champ.

COSSART, élection de Gisors et Pontoise, maintenu le 6 mars 1669 : d'argent, au chevron d'azur, accompagné en chef de deux poires tigées et feuillées de sinople, et en pointe d'une tête de maure de sable, bandée du champ.

CORNU (LE), diocèse d'Evreux : d'or, au massacre de cerf de gueules, sommé d'une aigle éployée de sable.

COSTART, écuyer, sieur de Thennay, de Saint-Perrière, etc., élection de Pont-Audemer, maintenu le 9 janvier 1668 : burelé d'argent et de sable.

COSTART, écuyer, sieur de Voisan, de Belleau, de Bursard, d'Ifs, etc., élection de Lisieux, maintenu le 29 juillet 1666 : d'argent, semé de billettes de sable : au lion du même, armé et lampassé de gueules ; brochant.

COSTART, écuyer, sieur de la Chapelle, élections de Caen et de Bayeux, maintenu en 1666 : d'argent, au lion de sable, armé et lampassé de gueules.

COSTART, à Caen : de gueules, à deux chevrons d'or, accompagnés en pointe d'une fleur de lys d'argent.

COSTÉ, écuyer, sieur du Mesnil-Saint-Suplix, généralité de Rouen : d'azur, au chevron brisé d'argent, accompagné de trois coquilles d'or.

COTENTIN, aliàs, JAQUET, écuyer, sieur dudit lieu et de Tourville, élections de Valogne et de Coutances, maintenu en 1666 : de gueules, au dextrochère, tenant une épée d'argent, surmontée d'un heaume du même.

COTONNIER (LE), écuyer, sieur de la Rue, élection de Caudebec, maintenu le 28 novembre 1669 : d'argent, à la croix de gueules, chargée de cinq coquilles d'or.

COTTON, écuyer, sieur du Trembley, généralité de

Rouen, maintenu le 4 juillet 1667 : d'azur, au chevron d'or, accompagné de trois coussinets d'argent.

COUDRAN, écuyer, sieur du Bois et de Fontaine, élection de Carentan, maintenu en 1666 : d'argent, au chevron d'azur, chargé de cinq fleurs de lys d'or, et accompagné de trois lionceaux de gueules, ceux en chef affrontés.

COUDRAY (DU), écuyer, sieur de Froville, généralité de Rouen, maintenu le 11 février 1667 : d'argent, au chevron de gueules, accompagné de trois feuilles de coudrier de sinople.

COUDRE (DE LA), écuyer, sieur de Martinière, généralité de Caen, maintenu en 1666 : d'argent, à l'aigle éployée de sable, becquée, languée, membrée et couronnée d'or.

COUDRY (DE), généralité de Rouen : de gueules, à la croix de vair, cantonnée de quatre dragons d'or.

COUESPEL, écuyer, sieur de Bruers, élection de Vire, maintenu en 1666 : d'azur, à trois besants d'argent, rangés en fasce, celui du milieu accompagné en chef et en pointe de deux têtes du lion du même.

COUHÉ, écuyer, sieur de Lusignan, chevalier, seigneur de Chevreuse, élection de Lions : écartelé d'or et d'azur, à quatre merlettes de l'une en l'autre.

COUILLARD, écuyer, sieur de Bomprey, de Haut-Mesnil, des Hougues, etc., élection de Carentan, maintenu en 1666 : d'azur, à la croix d'argent, cantonnée au 1 et 4 d'une fleur de lys d'or ; au 2 et 3 d'une coquille du même.

COUILLARD, élection de Carentan : de gueules, à la fasce d'argent, accompagnée de trois trèfles d'or.

COUILLARVILLE, écuyer, sieur de Plainville, élection de Bernay : d'azur, à trois croisettes d'or.

COUILLIBEUF, seigneur de Beaumais, la Martinière, de Marteaux, élection d'Argentan, maintenu le 5 janvier 1667 : d'azur, à la tête de bœuf d'argent, accornée d'or.

COULLONCHES, écuyer, sieur dudit lieu, élection de Falaise, maintenu le 7 avril 1667 : d'argent, au chevron de gueules, accompagné de trois feuilles de chêne de sinople.

COULOMBIÈRES : de gueules, au chef d'argent.

COUR (LA), écuyer, sieur de Fredebis, élection de Domfront : d'argent, à l'aigle au vol abaissé de sable, languée, becquée et membrée de gueules ; à la fasce d'or, brochante sur le tout.

COUR (DE LA) : d'argent, à trois bandes de sable, celle du milieu chargée de trois étoiles du champ.

COUR (LA), écuyer, sieur du Marais, de Grainville, etc., élection de Vire, maintenu en 1666 : d'argent, à la bande de gueules, accompagnée de six coquilles de sable en orle.

COUR (LA), écuyer, sieur du Tourp, élection de Valogne, maintenu en 1666 : écartelé, de gueules et d'azur, à la croix d'or sur le tout, cantonnée au 1 et 4 d'un lion, au 2 et 3 d'une aigle éployée, le tout du même.

COUR (LA), écuyer, sieur de Longueville, la Maillardière, la Rossière, de Bretteville, élection de Bayeux, maintenu en 1666 : d'azur, à la barre d'or, accostée de deux besants du même.

COUR (LA), écuyer, sieur de Saint-Mallat, d'Anval, etc., élection de Falaise, maintenu le 3 janvier 1667 : d'azur, à trois cœurs d'or.

COURCELLE, écuyer, sieur de Belleface, élection de Lions, maintenu le 21 octobre 1666 : d'argent, à l'arbre terrassé de sinople, accosté de deux lions affrontés de gueules, s'appuyant sur le fût de l'arbre ; au chef d'or, chargé d'une hure de sanglier de sable.

COURCEULLE, écuyer, sieur dudit lieu, élection de Falaise, maintenu le 6 juillet 1667 : écartelé d'argent et d'azur.

COURCY, élection de Bernay : d'azur, frêté d'or.

COURDEMANCHE, écuyer, sieur du Baspré, la Potrie, élection de Verneuil, maintenu le 7 mai 1667 : de gueules, à trois lacs d'amour en pals d'or.

COURGENOUIL, écuyer, sieur de Saint-Friphrien, élection de Falaise : frêté de lances d'or, semé de lionceaux du même dans les claires-voies.

COURT (LE), écuyer, sieur de la Couture, élection de Pont-Audemer, maintenu le 14 juillet 1667 : d'hermine, à trois roses de gueules.

COURTELAIS, élection de Bayeux, maintenu en 1666 : d'argent, à cinq roses de gueules.

COURTEUVRE, écuyer, sieur de Boisheurel et de Bigottière, etc., élection de Bernay, maintenu le 30 mai 1667 : d'argent, à la fasce de cinq fusées de gueules.

COURTOIS (LE), écuyer, sieur d'Eroudeville, des Haulles, de Montissy, etc., élection de Valogne, maintenu en 1666 : de gueules, à la fasce ondée d'or, accompagnée de trois cannettes d'argent, membrées du second émail.

COURTOIS (LE), écuyer, sieur de Chauffraye, du Tertre, etc., élection de Mortagne, maintenu le 28 mai 1666 : d'argent, au croissant de gueules, surmonté de cinq mouchetures de sable.

COUSIN, écuyer, sieur dudit lieu, de la Ruvère, des Roches, du Boscq, de Cougpray, etc., élection d'Argentan : d'azur, à trois molettes d'éperon d'or.

COUSTELLIER (LE), écuyer, sieur de Beaumont, élection de Bayeux, maintenu en 1666 : d'argent, à trois hures de sanglier couronnées de sable, défendues du champ.

COUSTRE (LE), seigneur de Bourville, élection de Caudebec, maintenu le 12 novembre 1670 : de gueules, à trois molettes d'éperon d'argent.

COUSTUME, seigneur de Garcy, élection d'Evreux, maintenu le 13 août 1666 : d'azur, à cinq cotices d'or.

COUSTURIER, écuyer, sieur d'Armenouville, élections de Gisors et Pontoise, maintenu le 12 août 1667 : de gueules, au lion d'or, adextré en chef d'un croissant d'argent.

COUSTURIER, écuyer, sieur de la Motte et de Freneuse, élection de Pont-Audemer, maintenu le 11 juin 1670 : d'azur, à trois croissants d'argent.

COUSTURIER (LE), écuyer, sieur de Saint-Jame, de Chesnelong, de Beaumer, etc., élection de Mortagne, maintenu le 4 mars 1667 : d'argent, à trois merlettes de sable.

COUTANCES, ville de Normandie : d'azur, à trois piliers d'argent ; au chef cousu de gueules.

COUTRANCES, seigneur du Mesnil, et de Vaasse, généralité de Rouen, maintenu le 29 avril 1666 : d'azur, à la fasce d'or, accompagnée de trois merlettes d'argent.

COUVAINS, écuyer, sieur de la Danoisière, Geffardière, etc., élection de Bayeux, maintenu en 1666 :

d'argent, au lion de gueules, tenant un rameau de laurier de pourpre, accompagné de trois croissants d'azur.

COUVERT, écuyer, sieur de Coulon, élection de Bayeux, maintenu en 1666 : d'hermine, à la fasce de gueules, chargée de trois fermaux d'or.

COUVEY, écuyer, sieur de la Touche et de Bonnamer, élection de Mortagne : d'azur, au chevron d'or, accompagné de trois quintefeuilles du même.

CRÉMAINVILLE, écuyer, sieur de Puiselières, élection de Pont-Audemer, maintenu le 28 août 1668 : d'azur, au besant d'or ; au chef du même, chargé de deux tourteaux du champ.

CRENY, écuyer, sieur de Linemare, du Mancel, de Fremontier, de Riberpré, de la Motte, etc., élection d'Arques, maintenu le 25 novembre 1668 : d'azur, à la bande d'argent ; à la bordure engrêlée de gueules.

CRESNAY (DE), en Basse-Normandie.

CRESPEL, sieur de la Mare, élection de Bayeux : d'azur, au chevron d'or, accompagné de trois trèfles du même.

CRESTOT, écuyer, sieur de Cherfay, élection de Mortagne : d'azur, au chevron d'or, accompagné de trois étoiles d'argent, celle de la pointe surmontant un lion-léopardé du second.

CREULLY, élection de Bayeux, maintenu en 1666 : d'argent, à trois lionceaux de gueules.

CREVECŒUR, écuyer, sieur de Gerville, élection d'Andely, maintenu le 14 août 1666 : de gueules, au sautoir d'or.

CROC (DU), généralité de Rouen : d'argent, au chevron de gueules, accompagné de trois merlettes d'azur.

CROC (DU), sieur de Limerville, à Rouen.

CROC (DU), écuyer, sieur de Villemoyenne, élection de Mortagne : d'azur, au lion d'or.

CROCHET (DU), écuyer, sieur de Maison-Maugis, élection de Mortagne, maintenu le 15 février 1667 : d'argent, à trois fasces de sable.

CROISILLE, écuyer, sieur de Caumont, de la Fontaine, de Preville, de Bretheville, élection de Pont-Audemer, maintenu le 3 février 16.... : de sable, à trois croisettes recroisettées d'or.

CROISMARE (DE), écuyer, sieur de Parmor et de

Lasson, élections d'Andely et Caen, maintenu le 13 août 1666 : d'azur, au lion-léopardé d'or.

CROISY, écuyer, sieur dudit lieu et de Vattachy, élection de Bernay, maintenu le 7 avril 1666 : d'azur, au chevron d'or, accompagné de trois croisettes d'argent.

CROISY, écuyer, sieur de Bougy et du Theil, élection de Bernay, maintenu le premier août 1667 : d'argent, à la croix de gueules.

CROIX (DE LA), écuyer, sieur dudit lieu et des Jardues, élection de Pont-l'Evêque, maintenu le 10 février 1668 : d'azur, à trois cœurs d'or.

CROIX (DE LA), écuyer, sieur de Nuillemont, généralité de Rouen, maintenu le 16 décembre 1667 : d'azur, à la croix d'or.

CROIX (DE LA), généralité de Rouen, maintenu le 24 février 1668 : de sable, au chevron d'argent, accompagné de trois croisettes d'or.

CROIX (DE LA), sieur de Meuzeman, généralité de Rouen.

CROIX (DE LA), écuyer, sieur de Lesserie, de Boucherie, du Mesnil, etc., élection de Valogne, maintenu en 1666 : d'azur, à la croix d'argent, cantonnée de quatre roses d'or.

CROSTAY, écuyer, sieur d'Espinay, seigneur de Belleville, élection d'Arques, maintenu le 2 septembre 1667 : de gueules, à trois paons rouarts d'argent.

CROSVILLE, seigneur de Gouberville, élection de Valogne : d'argent, à la croix losangée de gueules de huit pièces.

CROUTEVE, élection d'Arques, maintenu le 31 août 1667 : d'azur, à l'aigle éployée d'argent, becquée et membrée de gueules ; au chef cousu du même, chargé d'un croissant du second, accosté de deux étoiles d'or.

CRUX, chevalier, seigneur de Corboyer, de Monceaux, des Loges, etc., élection de Verneuil, maintenu le 12 avril 1667 : d'azur, à deux bandes d'or, accostées de sept coquilles d'argent, une, trois et trois.

CUILLIER, généralité de Caen.

CUSSY, élections de Valogne, de Coutances et de Bayeux, maintenu en 1666 : d'azur, à la fasce d'argent, accompagnée en chef de deux étoiles, et en pointe d'une molette d'éperon, le tout du même.

CUVERVILLE , écuyer , sieur de Sainte - Colombe , élection de Caudebec, maintenu le 19 novembre 1670 : de gueules, à trois chevrons d'or.

CUVES, écuyer, sieur de Saint-Gabriel, des Deffends, de la Blanche, etc., élection de Bayeux, maintenu en 1666 : d'argent , à trois quintefeuilles de sinople

D

DAGIER , écuyer , sieur des Mares , élection de Valogne, maintenu en 1666 : écartelé , au 1 et 4 d'azur , au lion d'argent ; au 2 et 3 d'azur , à l'aigle d'argent.

DAIN (LE), écuyer , sieur de la Bouessazé , élection de Falaise : de gueules , à un chevron d'or , accompagné de trois besants du même.

DALLIBERT , élection d'Avranches : d'azur, à trois têtes de loup d'or.

DALLIDAN, écuyer, sieur de Launay de Frenechet, du Fresne , etc. , élection de Carentan, maintenu en 1661 : de gueules, à l'aigle éployée d'argent, becquée et membrée d'or.

DAMBRAY, généralité de Rouen : d'azur , à trois tours d'argent ; au lionceau d'or en abîme.

DAMIENS, écuyer , sieur de Saint-Martin. : d'azur., à trois panaches d'or.

DAMPIERRE, écuyer, sieur de Molandin, de Valméril, de Grainville, de Thiboutot ; seigneur d'Imbleville, de Biville, de la Bagnard, du Mont , etc. , élection d'Arqués , maintenu le 19 mars 1667 : d'argent , à trois fusées de sable.

DAMPONT, chevalier, seigneur de Rouville , Garennères, etc., élections de Gisors et Pontoise, maintenu le 12 avril 1668 : d'argent, à la fasce de sable , accompagnée en chef d'un lion-léopardé du même.

DANCEL, écuyer sieur du Rocher, élection de Valogne, maintenu en 1666 : d'or à la fasce de gueules, sommée d'un lion naissant du même , et accompagnée en pointe de trois trèfles de sinople.

DANCOURT, élection de Bayeux.

DANDEL , écuyer, sieur de la Fontaine, du Homme,

de Belleau, de Souligny, etc., généralité de Rouen : d'azur, à trois quintefeuilles d'or.

DANDEL, écuyer, sieur de Gouillet, du Homme, élection de Pont-l'Évêque, maintenu le 25 janvier 1668 : d'azur, à trois étoiles d'or.

DANDEL, élection de Falaise.

DANET, écuyer, sieur de Bosc-Roger, élections de Chaumont et Magny, maintenu le 9 janvier 1669 : d'argent, à la fasce de gueules, accompagnée de trois roses du même, tigées et feuillées de sinople.

DANGIE, élection de Carentan : d'hermine, au chef d'azur, chargé de trois pommes de pin d'argent.

DANIEL, élection d'Arques, maintenu le 23 juillet 1668 : d'azur, à la fasce échiquetée d'or et de gueules de trois tires, accompagnée en chef d'un lion-léopardé du premier émail, et en pointe de deux épées passées en sautoir d'argent, garnies d'or.

DANIEL, écuyer, seigneur du Mesnil-Gaillard, élection d'Arques, maintenu le 17 janvier 1668 : d'azur, au chevron d'or, accompagné en chef de deux étoiles, et en pointe d'un lionceau, le tout du même ; à la champagne ondée d'argent.

DANIEL, seigneur du Bois, d'Anemets et de Guiverny, élection d'Andely, maintenu le 23 juillet 1667 : de gueules, à la bande d'argent, chargée de trois molettes d'éperon de sable, et accostée de deux lionceaux d'or.

DANIEL, écuyer, sieur de Moult, de Grangue, et de Martagny, généralité de Caen, maintenu le 16 février 1676 : écartelé, au 1 et 4 d'argent, au pal de losanges de sable; au 2 et 3 d'argent; au....

DANOIS, écuyer, sieur de Foy, élection de Caudebec, maintenu le 14 mars 1668 : de sable, à deux épées passées en sautoir d'argent, garnies d'or.

DANS, écuyer, sieur de Bosroger, élections de Chaumont et Magny, maintenu le 9 janvier 1669 : d'argent, à la fasce de gueules, accompagnée en chef de trois roses rangées du même, tigées et feuillées de pourpre.

DANTIGNAC, seigneur de Courlon, généralité d'Alençon : d'azur, au lion d'argent, chargé de deux cotices de gueules, et adextré en chef d'une fleur de lys d'or.

DAROT, écuyer, sieur de Vaugoubert, élection de Carentan.

DARIE, écuyer, sieur des Fanceaux, élection de Montivilliers, maintenu le 6 juillet 1667 : de sable, à l'aigle d'or ;
au chef cousu d'azur, chargé d'un soleil du second émail.

DARGOULE, sieur de Loudemare, généralité de Rouen.

DASSY, écuyer, sieur de Davilly, élection de Falaise,
maintenu le premier mai 1667 : écartelé, au 1 d'argent, à trois tourteaux de sable, à la bordure de
gueules, chargée de huit besants du champ; au 2 mi-
parti de France et de N....; au 3 parti échiqueté d'or,
et de gueules, et d'azur à deux fasces d'argent; au
4 parti, au 1 coupé d'or et d'azur; au 2 fuselé de
gueules et d'or.

DAUDASNE, sieur de Quevreville, généralité de Rouen.

DAUMONT, écuyer, sieur du Couldray, élection d'Argentan : d'argent, à la croix de gueules, cantonnée
de quatre merlettes du même.

DAUSSY, sieur de la Garenne, généralité de Rouen.

DAUVIRAY, écuyer, sieur de Machonville, généralité
de Rouen : de gueules, à la fasce d'or, chargée de trois
croisettes du champ, et accompagnée en chef d'un
croissant d'argent.

DAVERNE, écuyer, sieur de la Vallée, généralité de
Caen, maintenu en 1666 : de gueules, à deux fasces
d'argent, à un cœur d'or posé en abime.

DAVOINE, écuyer, sieur de Saint-Martin, généralité
de Caen, maintenu en 1666 : de gueules, à la fasce
d'or, surmontée d'une aigle éployée du même.

DAVY, écuyer, sieur de Touffreville, Picany, etc., généralité de Rouen, maintenu le 10 avril 1670 : d'azur,
à trois aigles au vol abaissé d'or, soutenant un annelet
du même posé en cœur.

DAVY, seigneur de Fortasville, marquis de Monfeuger,
de Montinet, d'Amfreville, de l'Isle, de Rochefort,
de Saint-Malo, de Bois-Davy, de Creteville, de
Freville, de Pommeray, etc., élection de Carentan,
maintenu en 1666 : d'azur, au chevron d'or, accom
pagné de trois harpes du même, celles en chef adossées.

DAVY, écuyer, sieur du Bourgueuil, de Vesille, de
Bermisson, élection de Mortain : d'azur, frété d'or ;
au chef cousu de gueules, chargé d'un lion-léopardé
du second.

DEAUGS, seigneur de Saint-Martin, élection de Lisieux, maintenu le 4 avril 1666 : d'azur, à l'arbre

terrassé d'or, à un dogue d'argent, attaché au fût de l'arbre par une chaîne de sable.

DÉBRÈNE, sieur de Vassouis, généralité de Rouen.

DELUX, écuyer, sieur des Rousseaux, élection de Pont-de-l'Arche, maintenu le 12 avril 1698 : écartelé, au 1 palé d'or et de gueules; au 2 d'azur, à la tête de cheval coupée et animée d'argent; au 3 d'azur, à l'aigle au vol abaissé d'argent ; au 4 de gueules, au lion-léopardé d'or, couronné d'argent.

DEMANDÉ (LE), écuyer, sieur de la Haye, de la Lettrie, de la Croix, etc., élection de Carentan, maintenu en 1666 : d'or, à trois merlettes de gueules.

DEMVILLE : d'or, à la fasce de gueules, chargée de trois fleurs de lys du champ.

DENIS, écuyer, sieur du Ponchet, des Cours, de Martel, etc., élection de Bayeux, maintenu en 1666 : d'azur, au chevron d'argent, accompagné en chef de deux trèfles, et en pointe d'une coquille, le tout d'or.

DENIS, écuyer, sieur du Parc, du Bois, de la Barre, etc., élection d'Arques : d'argent, à trois aigles au vol abaissé de sable.

DERNEVILLE, seigneur de Launay, du Barguet, etc., élection de Bernay, maintenu le 27 mai 1667 : d'argent, au chevron de gueules, accompagné de trois merlettes de sable.

DERY, généralité de Rouen : d'azur, au chevron d'or.

DESANGUES, généralité de Caen, maintenu en 1666 : d'argent, à deux fasces de sable.

DESCAJEUL, écuyer, sieur du Pierre, généralité d'Alençon, maintenu le 5 juin 1667 : d'azur, à cinq cotices d'or.

DESIGNÉ, écuyer, sieur de Maigny, élection de Mortain, maintenu en 1666 : d'azur, au faucon d'argent, empiétant une colombe du même.

DESIRANE, élection de Bayeux.

DESMINIÈRES, sieur de Brabette, généralité de Rouen.

DESSON, élection de Pont-Audemer, maintenu le 26 mai 1668 : d'azur, à la tour crénelée d'or, accompagnée de trois croissants d'argent.

DESSUSLEPONT, écuyer, sieur de Ru, élection d'Andely, maintenu le 12 décembre 1666 : d'argent, à trois hures de sanglier arrachées de sable.

DESTANGER, écuyer, sieur de Heussay, des Brossiers, etc., élection de Mortain, maintenu en 1666 : d'azur, à trois croisettes d'argent.

DEVIN (LE), écuyer, sieur de Manbaye, élection de Mortain, maintenu en 1666 : de gueules, à la fasce d'argent, accompagnée de trois molettes d'or.

DIACRE (LE), écuyer, sieur du Mesnil, des Essarts, de Saint-Martin, du Bosc, Vauclimare, élection de Pont-de-l'Arche, maintenu le 2 décembre 1667 : écartelé, au 1 et 4 d'or, à la croix recroisettée, pattée, et au pied fiché de gueules; au 2 et 3 d'or, au chevron d'azur.

DIACRE (LE), écuyer, sieur de la Moissière et de Jouy, généralité d'Alençon, maintenu le 3 avril 1667 : d'argent, à l'aigle au vol abaissé de sable, adextrée en chef d'une abeille de pourpre.

DIEU, écuyer, sieur de la Héricière, élection de Valogne : d'azur, au sautoir d'argent, accompagné en chef d'une fleur de lys, et en pointe d'un croissant, le tout du même.

DIEVAVANT, écuyer, sieur de Saint-Nicolas, de Montenay, etc., généralité de Caen, maintenu, en 1666 : d'argent, frêté de gueules; au franc-canton de sable, chargé d'un cygne du champ, becqué et onglé d'or, brochant.

DIKSON, élection de Bayeux, famille orginaire d'Ecosse.

DIN (LE), écuyer, sieur de la Chasterie, généralité de Rouen, maintenu le 2 janvier 1667 : d'azur, à la fasce d'or, accompagné en chef de trois étoiles rangées, et en pointe d'un cœur, le tout du même.

DINBLEVAL, écuyer, sieur dudit lieu, et de Bretel, élection d'Arques, maintenu le 16 novembre 1671 : de gueules, à trois quintefeuilles d'or.

DIRLANDE, écuyer, seigneur d'Abernon, élection de Lisieux, maintenu le 12 avril 1666 : d'azur, au chevron d'or, accompagné en chef de deux merlettes d'argent, et en pointe d'une coquille du même.

DODEMAN, écuyer, sieur de Placy, élection de Falaise, maintenu le 2 avril 1667 : d'azur, au hibou perché sur un écot de sable.

DONON, écuyer, sieur du Fort, de Mongeron, etc., élection de Gisors et Pontoise, maintenu les 20 juin et 24 octobre 1668 : d'or, à trois hures de sanglier de sable.

DORGITTE, écuyer, sieur de Clinchamps, généralité de Caen, maintenu en 1666 : d'azur, au chevron d'or, accompagné de neuf losanges du même, six en chef, trois en chaque canton, posés deux et une, et trois de même en pointe.

DORLEANS, généralité de Rouen : d'azur, à la croix d'argent, chargée de cinq coquilles de sable, et cantonnée de quatre lionceaux du second émail.

DORVANT, écuyer, sieur des Valles, généralité d'Alençon, maintenu le dernier février 1667 : de gueules, à la tour d'or, sommée d'une autre tour du même.

DOUAULT, seigneur du Bois-d'Aunay, élection de Verneuil, maintenu le 5 août 1667 : de gueules, à trois besants d'argent.

DOUESSEY, élection de Valogne et d'Avranches : d'azur, à six merlettes d'argent.

DOUESSEY, élection de Falaise.

DOUEZY, écuyer, sieur de Caumont, élection de Falaise : d'azur, à une épée en pal, couronnée à la royale, accostée de deux fleurs de lys, le tout d'or.

DOUEZY, seigneur d'Ollendon, élection de Falaise, maintenu le 11 avril 1667 : de gueules, au chevron d'or, accompagné de trois besants d'argent.

DOULCET, seigneur de Cloucy, de Pontécoulant, etc., élection de Bayeux, maintenu en 1666 : d'argent, à la croix de sable.

DOULEY, écuyer, sieur de Neufville, élection de Neufchâtel : d'azur, au chevron d'or, accompagné de trois dattes du même.

DOULEY, chevalier, seigneur de Neufville, des Fresfosses, etc., élection de Neufchâtel, maintenu le 23 février 1666 : d'azur, à trois dattes d'or.

DOULLEY, écuyer, sieur du Rully, de la Tour, etc., élection de Bayeux, maintenu en 1666 : d'argent, à la croix fleurdelysée de sable.

DOULX (LE), de Melleville, écuyer, sieur de Brosville, élection d'Evreux, maintenu le 11 août 1667 : d'azur, à trois têtes de perdrix d'or, becquées et arrachées de gueules ; au lambel d'argent.

DOUTRESOULLES, élection de Coutances.

DOUVILLE, écuyer, sieur du Val, élection de Lisieux, maintenu le 18 septembre 1668 : d'or, au lion issant de gueules.

DOUVILLE, écuyer, sieur dudit lieu, élection de Valogne : d'azur, à trois étoiles d'argent.

DOUVRENDEL, écuyer, généralité de Rouen : de gueules, à trois fasces d'or.

DOYARD, écuyer, sieur de Blancourt, élection de Valogne, maintenu en 1666 : de gueules, à la fasce d'argent, accompagnée de trois merlettes du même.

DOYEN (LE), écuyer, sieur du Coudray, Lery, seigneur d'Ablon, de Monroly, etc., élection de Pont-Audemer, maintenu le 5 septembre 1666 : d'or, à trois têtes de maure de sable, tortillées d'argent.

DOYSNEL, écuyer, sieur de Sancere, élection de Domfront, maintenu le 3 avril 1667 : d'argent, au chevron de gueules, accompagné de trois merlettes de sable.

DOZOUVILLE, écuyer, sieur du Parc, Belle-Fontaine, etc., élection de Valogne, maintenu en 1666 : de gueules, à une épée dégarnie d'argent en pal, accostée de six losanges du même.

DRAMAND, écuyer, sieur de Gonneville, élection de Pont-l'Evêque, maintenu le 11 mars 1668 : de gueules, au lion d'or, tenant de sa patte senestre une flèche en bande d'argent, et accompagné au deuxième et troisième quartiers de deux étoiles du second.

DRAMAND, écuyer, sieur du Chassis, élection d'Argentan, maintenu le 6 juillet 1667 : de gueules, au lion d'or, tenant une flèche en bande de sable, et accompagné aux trois premiers cantons de trois étoiles du second émail.

DRIEN, écuyer, sieur du Chesnère, élection de Falaise, maintenu le 16 janvier 1667 : d'argent, à trois canettes de gueules.

DROSSEY, écuyer, sieur de Beaumont, élection de Coutances, maintenu en 1666 : d'azur, au chevron d'argent, chargé de six coquilles de sable, et accompagné de trois croissants d'or.

DROULLIN, écuyer, sieur de Rochefort, élection de Pont-Audemer, maintenu le 26 août 1666 : d'azur, à deux pals alésés et fichés d'argent.

DROULLIN, seigneur d'Urigny, de Saint-Christophe de Fay, des Genetrières du Mesnil-Glaize, Coulandon, de Bois d'Avoine, de Vaux, etc., généralité d'Alençon, maintenu le 3 avril 1667 : d'argent, au chevron de gueules, accompagné de trois quintefeuilles de pourpre.

DRUEL, écuyer, sieur de Portevoye, du Thul, du Bosc, généralité de Rouen, maintenu le 23 juillet 1667 : d'azur, au chevron d'argent, accompagné en chef de deux molettes d'éperon d'or, et en pointe d'une coquille du même.

DUBOCAGE, seigneur de Bleville, sieur de Gainneville : d'azur, à trois arbres arrachés d'argent.

DUC (LE), écuyer, sieur de Saint-Sulpice, élection d'Arques : d'azur, à la bande d'argent, chargée de trois alérions de sable, et accostée de deux cotices d'or.

DUC (LE), écuyer, sieur de la Fontaine, de Saint-Cloud, Suhardière, etc., élection de Pont-l'Evêque, maintenu le 9 janvier 1668 : d'azur, au duc perché sur un écot d'or.

DUC (LE), écuyer, sieur du Buisson, d'Angé, la Duc-querie, etc., élection de Bayeux, maintenu en 1666 : de gueules, au dauphin d'argent.

DUC (LE), écuyer, généralité de Rouen : d'argent, à trois cœurs de gueules.

DUC (LE), écuyer, sieur de Longuerivière, élection de Valogne, maintenu en 1666 : d'azur, à l'aigle d'or.

DURAND, écuyer, sieur de Netreville, de la Pivillière-la Roche, etc., élection d'Evreux, maintenu le 13 janvier 1668 : d'azur, à trois têtes de lévrier d'argent, colletées de gueules.

DURAND, élection de Bayeux : d'azur, à la palme d'or, accostée de deux roses d'argent.

DURAND, chevalier, seigneur de Bondeville, élection de Montivilliers, maintenu le 31 janvier 1667 : d'azur, au chevron d'or, accompagné en chef de deux besants d'argent.

DURAND, écuyer, sieur de Littelot et de Gaillon, élection de Pont-Audemer, maintenu le 14 juillet 1667 : de sable, à l'aigle éployée au vol abaissé d'or, surmontée d'une couronne du même.

DURAND, élection de Valogne, maintenu en 1666 : d'azur, à trois pals d'argent ; au lion-léopardé d'or, brochant.

DURET, élection de Verneuil : d'azur, à une fleur de marguerite tigée et feuillée d'or, accompagnée de trois triangles renversés d'argent.

DURSUE, *alias* CHAPEDELAINE, écuyer, sieur de Lestre, élection de Valogne, maintenu en 1666 : d'or, à trois agaces au naturel; au soleil de gueules, posé en abîme.

DURVIE, écuyer, sieur d'Avarville, d'Otteville, Saint-Gicart, etc., élection de Valogne, maintenu en 1666 : d'azur, au cygne d'argent, becqué et membré de gueules; au chef d'or, chargé de trois merlettes de sable.

DYEL, écuyer, sieur de Perdeville, Vaudrecocq, de la Fosse d'Anneval et de Clermont, etc., élection de Lisieux, maintenu le 31 juillet 1667 : d'argent, au chevron de sable, accompagné de trois trèfles d'azur.

E

EDOUART, écuyer, sieur de Vaux, élection d'Arques : d'argent, au chevron surmonté d'un croissant, et accompagné en chef de deux étoiles et en pointe d'une merlette, le tout de gueules.

ELBŒUF (D'), écuyer, sieur de Sainte-Geneviève, élection de Neufchâtel : d'azur, à trois couteaux en pals d'or.

ELBŒUF (D'), écuyer, sieur de Livarot, élection de Pont-Audemer, maintenu le 22 mars 1668 : d'argent, à la fasce de gueules, accompagnée de six merlettes rangées de sable.

EMERY, écuyer, sieur de Villers, Lignebec, etc., élection de Pont-l'Evêque, maintenu le 6 mars 1669 : de sable, croissant d'or, accompagné de cinq molettes d'éperon du même; deux en chef, deux en flancs, et l'autre en pointe.

EMPEREUR (L'), écuyer, sieur des Cautiers, élections de Gisors et Pontoise : d'or, à l'aigle éployée de sable, surmontée d'un soleil de gueules.

ENAULT, élection d'Avranches.

ENFANT (L'), écuyer, sieur du Pont, élection de Valogne, maintenu en 1666 : d'argent, au cor de chasse contourné de sable, enguiché et virolé d'or, lié de gueules, et accompagné de trois molettes d'éperon du même.

ENNES, écuyer, sieur de Vallesses, élection de Pont-l'Evêque, maintenu le 11 mai 1668 : d'azur, à trois molettes d'éperon d'argent; au chef cousu de gueules, chargé d'une molette d'éperon du second.

ERARD, écuyer, sieur de Fontaine, Badouère, Belle-Isle, etc., généralité d'Alençon, maintenu le dernier février 1668 : d'or, à une tige de trois feuilles de laurier de sinople, accompagnée de trois merlettes de sable.

ERARD le GRIS, écuyer, sieur d'Echaufour, chevalier, seigneur d'Erarville, du Tertre, baron de Ray, Tanche, des Hayes, de Médavy, des Corsay, de Launay, etc. : généralité d'Alençon, maintenu le 9 janvier 1666 : d'azur, à trois pieds de griffon d'or, perchés d'argent.

ERARD le GRIS, généralité de Caen : parti d'azur, à trois pieds de griffon d'or, perchés d'argent; et de gueules, à la fasce d'or.

ERNAULT, écuyer, sieur de Chanderis, généralité de Caen, maintenu en 1666 : d'argent, à la croix ancrée de sable.

ERNAULT, écuyer, sieur de Tocquancourt, du Hardouin, de Nerve, etc., généralité de Caen, maintenu en 1666 : d'azur, au chevron d'or, accompagné de trois roses d'argent.

ESCAJEUL (d'), écuyer, sieur de Bretonnière, élection d'Arques, maintenu le 18 novembre 1668 : d'azur, à cinq cotices d'argent.

ESCALLES (d'), écuyer, sieur de Rivière, Bois-Hebert, de la Fontaine, Ramée, de Vaux, etc., élection de Pont-Audemer, maintenu le 31 août 1668 : de gueules, au chevron d'argent, accompagné de trois coquilles du même.

ESCOULAND (l'), écuyer, sieur de la Martinière Fontenelle, élection de Coutances, maintenu en 1666 : écartelé, au 1 et 4 d'argent, à une merlette de sable; au 2 d'azur, à la rose d'argent; au 3 de gueules, au lion d'or.

ESCUYER (l'), écuyer, sieur de Chauvel, de la Popotière, etc., élection de Mortagne, maintenu le 2 août 1667 : d'argent, à la fasce d'azur, chargée de trois coquilles d'or, et accompagnée de six merlettes rangées et contournées de sable.

ESMALLEVILLE : d'azur, au chef dentelé d'argent, chargé d'un lion-léopardé de gueules.

ESPARBÈS de LUSSAN, écuyer, sieur de Brazais, élection d'Evreux : d'argent, à la fasce de gueules, accompagnée de trois merlettes de sable.

ESPÉE (l'), élection de Falaise, maintenu le 28 janvier 1667 : d'azur, à deux épées passées en sautoir d'argent, garnies d'or.

ESPÉE (l'), seigneur des Autieux, du Breuil, etc., généralité de Rouen, maintenu le 24 novembre 1668 : de gueules, à deux épées passées en sautoir d'argent, la pointe en bas, accompagnées en pointe d'un lion-léopardé d'or.

ESPERON (l'), écuyer, sieur d'Anforville, généralité de Rouen, maintenu le 26 juin 1666 : d'azur, au chevron d'argent, accompagné en chef de deux molettes d'éperon couronnées d'or, et en pointe d'une merlette du même.

ESPEZ (d'), élection de Pont-l'Evêque, maintenu le 18 avril 1668 : d'azur, à la bande d'or, accompagnée en chef d'une fleur de lys du même.

ESPINACE (d'), élection de Bayeux : écartelé, au 1 et 4 d'azur, au croissant d'argent ; au 2 et 3 d'azur, à l'étoile d'argent.

ESPINASSE (de l'), écuyer, sieur de la Motte, de Langlecherie, etc., à Mortain : fascé d'argent et de gueules.

ESPINAY (l'), écuyer, seigneur de Lignery, Mesnil-David, Bouricourt, des Vallées, d'Auvegny, etc., élection d'Andely, maintenu le 31 janvier 1666 : d'argent, au chevron d'azur, chargé de onze besants mal ordonnés d'or.

ESPINAY (d'), écuyer, sieur dudit lieu, élection d'Arques, maintenu le 15 juillet 1669 : palé d'or et d'azur de quatre pièces, au chef de gueules, chargé de quatre croisettes d'argent, posées en deux bandes.

ESPINAY (d'), écuyer, sieur du Mosley, généralité de Caen, maintenu en 1668 : d'argent, au lion coupé de gueules et de sinople, couronné d'or.

ESPINAY, (d'), écuyer, sieur de Champigny, la Halbourdière, etc., élection de Lisieux, maintenu le 16 avril 1666 : d'azur, à trois croissants d'or.

ESPINAY (d'), écuyer, sieur de la Crouillerie, élection de Montivilliers, maintenu le 20 mai 1667 : d'argent, à deux chevrons de gueules, accompagnés de trois merlettes de sable.

ESPINOSE , élection de Bayeux , maintenu en 1666 : d'argent, à l'épervier de sable, empiétant un dragon ailé du même.

ESQUETOT (D'), écuyer, sieur du Plessis, généralité de Rouen, maintenu le premier septembre 1669 : d'or, à trois bandes écotées de sable, surmontées chacune d'une merlette du même.

ESSARTS (DES), chevalier, seigneur d'Hamelet, du Pommier, des Brullemais et Magneux, etc., élection d'Arques, maintenu le 21 novembre 1670 : de gueules, à trois croissants d'or.

ESSARTS (DES), élection de Bayeux : de gueules, au chevron d'or, accompagné de trois croissants d'argent.

ESSARTS (DES), écuyer seigneur du Genetay , élection de Pont-Audemer, maintenu le premier juillet 1670 : de gueules, au sautoir denché d'or, cantonné de quatre croissants d'argent.

ESSILLARD, écuyer, sieur de la Flaque, généralité de Caen.

ESTAMPES (D'), écuyer, sieur de Beaulière, élection de Verneuil et de Bayeux : de gueules, à trois roses d'argent.

ESTANG (L'), écuyer, sieur de la Pelletière, élection d'Evreux, maintenu le 4 décembre 1666 : de gueules, au chevron d'or, accompagné de trois roses d'argent.

ESTARD (D'), écuyer, sieur de Boistardon, élection de Carentan, maintenu en 1666 : d'azur, au lion d'argent, armé et lampassé d'or.

ESTENDART (L'), écuyer, sieur d'Omoy, Cruchy, de Villiers, seigneur de Roncherolles, de Liffremont, de Guenoville, baron de Bully, etc., généralité de Rouen, maintenu le 30 août 1668 : d'argent, au lion de sable, armé et lampassé de gueules, chargé à l'épaule d'un écusson bandé d'argent et de gueules.

ESTERVILLE généralité de Caen, maintenu en 1666 : échiqueté d'or et d'azur ; à la fasce du premier émail.

ETIENNE, écuyer, sieur du Mesnil, élection de Caudebec, maintenu le 20 novembre 1668 : d'or, à trois molettes d'éperon de gueules; à la bande d'azur, brochante sur le tout.

ESTIENNE, écuyer, sieur de Caillis, de Lonchamp, de Laulnay, etc., élection de Falaise, maintenu le 17 avril

1667 : de gueules, au sautoir d'argent, cantonné de quatre coquilles d'or.

ESTIMANVILLE, écuyer, sieur dudit lieu, élection de Pont-l'Evêque, maintenu en 1669 : de gueules, à trois molettes d'argent.

ESTOC, élection de Bayeux, maintenu en 1666 : d'argent, à trois molettes d'éperon de gueules.

ESTRAC, écuyer, sieur de Blagny, élection de Bayeux : d'azur, au lion couronné d'argent, armé et lampassé de gueules et couronné d'or.

ESTREPAGNY, écuyer, sieur du Mesnil-Raoult, élection d'Arques, maintenu le 2 septembre 1668 : d'azur, au rencontre et cou de cerf d'argent, surmontant un croissant du même.

ESTOUTTEVILLE (D'), généralité de Rouen : fascé d'argent et d'azur ; au lion du premier émail, brochant.

EUDÉ, élection de Pont-l'Evêque, maintenu le 24 février 1668 : d'argent, au chevron de sable, accompagné de trois merlettes du même.

EUDEMARE, écuyer, sieur du Basset, généralité de Rouen, maintenu le 23 janvier 1668 : d'azur, à une croisette d'or, accompagnée de trois besants du même ; celui de la pointe surmontant un chien barbet d'argent, colleté de gueules.

EUDES, écuyer, sieur de Catteville et de Soqueville, élection d'Arques, maintenu le 16 novembre 1668 : d'or, au lion coupé d'azur et de gueules.

EUDES, écuyer, sieur de Launay, élection de Falaise, maintenu le 25 juillet 1666 : d'azur, à la fasce d'or, accompagnée en chef de trois feuilles, et en pointe d'un croissant, le tout du même.

EUDES, écuyer, sieur de la Cohaigne, de Carbonel, etc., élection de Pont-Audemer, maintenu le 2 mars 1669 : d'azur, à la fasce d'or, accompagnée en chef de trois pommes de pin du même, et en pointe d'un croissant d'argent.

EUDES, écuyer, sieur de Fremont, élection de Caudebec, maintenu le 16 février 1669 : d'azur, au sautoir d'argent, cantonné d'un croissant et de trois étoiles du même.

EURRY, écuyer, sieur de Pérelles, du Bur, etc., élection de Vire, maintenu en 1666 : de gueules, à trois bandes d'argent, accompagnées en chef d'un lion-léopardé, et en pointe d'une étoile, le tout du même.

EUSTACHE, élection de Valogne, maintenu en 1666 : d'azur, à la fasce d'or, accompagnée de trois roses d'argent.

EUVES (d') écuyer, sieur de Vallusse, élection de Pont-l'Evêque, maintenu le 11 mai 1668 : de gueules, à la fasce d'argent, chargée d'un croissant de sable, et accompagnée en chef de deux fermaux d'or, et en pointe d'une hure de sanglier arrachée du second émail.

EVÊQUE (l'), élection de Bayeux.

EVREUX, ville de Normandie : d'azur, à trois fleurs de lys d'or ; au bâton componé d'argent et de gueules en bande, brochant. Le comté porte : semé de France, à la bande componée d'argent et de gueules.

F

FABIEN, élection de Valogne : de gueules, à la fasce d'argent, chargée d'un croissant de sable et acccompagnée en chef de deux fermaux d'or, et en pointe d'une hure de sanglier du second émail.

FAE, écuyer, sieur de Mistillan, élection d'Arques, maintenu le 18 janvier 1668 : d'or, à trois feuilles de houx de sinople.

FAGE (de la), élection de Bayeux.

FAGUET, écuyer, sieur de Montbert, élection de Lisieux : de gueules, à trois flèches d'argent, deux en sautoir et l'autre en pal.

FALAISE, ville de Normandie : d'argent, à trois tours de gueules, au chef du même, chargé de trois fleurs de lys du champ.

FAME (le), généralité de Bayeux.

FAMUCHON ou FUMICHON, écuyer, sieur de Boisroger et de Breville, élection de Coutances, maintenu en 1666 : de gueules, à trois fasces d'or.

FANU (le), écuyer, sieur de Cresserons, généralité de Caen, maintenu en 1666 : d'azur, au cygne d'argent ; au chef d'or, chargé de trois roses de gueules.

FAOULQ (de), écuyer, sieur de Jacoville, de Rochefort, de Garnetot, de Courland, etc., élection de

Bayeux, maintenu en 1666 : d'azur, à trois faulx d'argent, emmanchées d'or.

FARCILLY, généralité de Caen.

FARGEOL, écuyer, sieur de Villiers, généralité de Rouen, maintenu le 12 mars 1667 ; de gueules, à un fer de cheval d'or, accompagné de trois molettes d'éperon du même.

FARROUIL, écuyer, sieur de Bourdeville, élection de Pont-de-l'Arche, maintenu le 4 décembre 1666 : d'azur, à la fasce d'argent, chargée de trois coquilles de sable, et accompagnée de trois membres de griffon d'or.

FATOUVILLE, écuyer, sieur du Val, de la Rue, de la Mure, de Quaize, du Mesnil, etc., élection de Pont-Audemer, maintenu le 24 février 1666 : de gueules, à la bande d'argent, chargée de trois tourteaux de sable en chef, et en pointe de deux mouchetures du même, le tout dans le sens de la bande.

FAUCHERIE (DE LA). *Voyez* CORDON.

FAUCON, écuyer, sieur de la Grave, élection de Mortagne, maintenu le premier novembre 1667 : d'azur, au faucon longé d'or, perché sur une divise abaissée du même.

FAUCON, écuyer, sieur de Champvallon, élection de Falaise, maintenu le 7 avril 1667 : d'argent, au sautoir de gueules, cantonné d'une aiglette au vol abaissé de sinople, et de trois molettes d'éperon du second.

FAUCON, écuyer, sieur de Rys, marquis de Charleval, généralité de Rouen : écartelé, au 1 et 4 de gueules, au membre de griffon d'or en bande ; au 1 et 3 d'argent, au taureau furieux de sable, chargé au cou d'un écusson d'argent, surchargé d'une croix de gueules.

FAUCONNIER (LE), écuyer, sieur du Mesnil, de Fuguerolles, de Courdome, etc., élection de Bayeux, maintenu en 1666 : d'argent, à six macles de gueules.

FAUTEREAU, chevalier, marquis de Marnières, Vatan, baron de Villiers, Mouchy le Chastel, seigneur de Retonval, Nolleviel, Sainte-Geneviève, Garembouville, Crestot, etc., élection de Neufchâtel, maintenu le 22 novembre 1668 : écartelé, au 1 d'or, à la bande de gueules, chargée de trois besants d'argent ; au 2 de vair ; au 3 d'or, à la bande d'azur ; au chef coupé d'argent et de sable, chargé de trois merlettes, deux de sable sur argent, et l'autre d'argent sur sable ; au 4 d'hermine, au lion couronné de gueules ; sur le tout d'azur, à trois croissants d'argent, *aliàs* d'or.

FAUVEL, sieur d'Oudeauville, généralité de Rouen : d'or, à trois merlettes de sable ; au chef du même.

FAVERIES, écuyer, sieur du Bars, Chesnay, Rosière, des Hayes, etc., élections de Coutances et d'Alençon, maintenu le premier septembre 1666 : d'azur, au chevron d'argent, acccompagné de trois losanges du même.

FAVERIES, élection de Carentan, maintenu en 1666 : d'azur, à deux chevrons d'or, accompagné de trois losanges du même.

FAY (DU), écuyer, sieur de Terriers, chevalier de Saint-André, seigneur de Mézancourt, de Saint-Léger, du Taillis, comte de Maulevrief, du Bosc, Cachard, Chastelain, Grainbouville, Prétal, la Brière, Bourjodain, la Londe, Villy, Rancarville, Lieuvray, Nonac, des Tillaye ; marquis de la Haye, baron de Bonne Bosc, etc., élection de Pont-Audemer, maintenu le 30 décembre 1667 : de gueules, à la croix d'argent cantonnée de quatre molettes d'éperon du même.

FAY (DU), écuyer, sieur de la Sauvagère, élection de Falaise, maintenu le 12 août 1666 : d'argent, à l'aigle éployée au vol abaissé de gueules.

FAY (DU) : d'argent, à huit merlettes de gueules ; au croissant du même en cœur.

FAYE (LA), élection de Pont-Audemer, maintenu le 12 juillet 1667 : de gueules, à la fasce d'or, accompagnée en chef d'une croisette fleuronnée, et en pointe d'une tour couverte, le tout du même ; la tour maçonnée de sable, et ajourée du champ.

FAYE (LA), écuyer, sieur de Mallon, élection de Lisieux, maintenu le 11 mai 1666 : d'argent, au lion contourné de sable.

FAYEL (DU), écuyer, sieur des Marais, Fontaine, Bernay, etc., élection de Bayeux, maintenu en 1666 : de gueules, au chevron d'or, accompagné en chef de deux molettes d'éperon du même, percées d'argent, et en pointe d'une rose du second.

FAYEL, écuyer, sieur de Marigny, élection de Verneuil, maintenu le 9 août 1666 : de gueules, au chevron d'or, accompagné de trois annelets du même.

FEBVRE (LE), écuyer, sieur de Beauval, la Touche, Beautot, etc., généralité de Rouen, maintenu le 20

janvier 1667 : d'argent , à deux fasces ondées et den-
chées par le bas de gueules, accompagnées de six fleurs
de lys rangées de pourpre.

FEBVRE (LE), écuyer, sieur du Mouchel, généralité de
Rouen, maintenu le 23 juin 1667 : de sable, au chevron
failli à dextre d'argent, accompagné de trois croissants
du même.

FEBVRE (LE), généralité de Rouen : de gueules, à trois
têtes de léopards d'or.

FEBVRE (LE), écuyer, sieur de Graffart, élections d'Argentan et de Valogne : d'argent, à deux chevrons de
gueules, accompagnés de cinq étoiles du même, deux
en chef, deux entre les chevrons, l'autre en pointe.

FEBVRE (LE), écuyer, sieur de Braintainville , Hupi-
tors, Bordière, Harronnière, élection de Valogne,
maintenu en 1666 : d'azur, à la fasce d'or, accompagnée
en chef de deux croix fleuronnées d'argent, et en pointe
d'une rose du même.

FEBVRE (LE), élection de Valogne, maintenu en 1666 :
d'azur, à trois maillets d'or, emmanchés d'argent.

FEBVRE (LE), écuyer, sieur du Gruchet, des Vallées ,
etc., élection d'Argentan, maintenu le 12 avril 1666 :
d'azur, au chevron d'or, accompagné de trois croissants
d'argent.

FEDERY, élection de Falaise.

FELIE, écuyer, sieur des Loges, élection de Coutances,
maintenu en 1666 : de gueules , au chevron d'argent,
accompagné en chef de deux roses d'or; et en pointe
d'une coquille du même.

FELINS, chevalier, seigneur de Bauthelu , Tournepierre,
Cabin, Boismernitte, etc., élection de Chaumont et
Magny, maintenu le 18 septembre 1669 : d'or, à la
fasce de gueules, accompagnée de sept merlettes du
même, quatre rangées au chef, trois du même en
pointe.

FERAULT, écuyer, sieur du Chesné, généralité d'Alençon, maintenu le premier avril 1667 : d'azur, à un poisson en fasce d'argent ; au chef du même , chargé de
trois étoiles de gueules.

FERET , écuyer, sieur de Villers, Mahommet, Breten-
court, Braquemont, etc., élection d'Arques, maintenu
le 29 août 1668 : d'argent, à trois bandes de gueules.

FEREY, élection de Mortain.

FERMANEL, écuyer, sieur du Ménil, de l'Espinay, etc., généralité de Rouen, maintenu le 14 juin 1670 : d'azur, à trois fers de lance rangés d'or.

FERON, écuyer, sieur de la Heuse, élection de Pont-Audemer, maintenu le 5 juin 1668 : d'azur, au chevron d'or, accompagné de trois fers de lance d'argent ; au chef du même, chargé de trois trèfles de sable.

FERRAND, écuyer, sieur des Mares, Rouville, etc., élection de Coutances : de sable, à la fasce ondée d'argent, accompagnée de trois fers de flèche tombants du même.

FERRIÈRE, sieur de Gastine, paroisse de Mende : d'argent, à trois fers de mulet de sable.

FERRIÈRE (LA), écuyer, sieur de la Tresbosnelière, généralité de Caen, maintenu en 1666 : d'or, à six fers de cheval d'azur.

FERRIÈRE (LA), écuyer, sieur de Gaillepré, élection de Mortain, maintenu en 1666 : de sable, à six fers de cheval d'argent.

FERRIÈRES (DES), généralité de Rouen : d'hermine, à l'orle de gueules, chargé de huit fers de cheval d'or.

FESQUES, écuyer, sieur de la Gauberdière, élection de Verneuil, maintenu le 22 août 1666 : d'or, à l'aigle au vol abaissé et éployée de gueules.

FEUARDENT, élection de Valogne, maintenu en 1666 : d'argent, à l'aigle de sable, becquée et membrée d'or.

FEUDRIX, élection de Neufchâtel : d'azur, au chevron d'or, accompagné de trois gerbes du même, liées de gueules.

FEUGERETS (DES), écuyer, sieur dudit lieu, d'Orceau, des Touches, etc., élection de Mortagne, maintenu le 16 mai 1667 : d'argent, à trois rameaux de trois branches de fougère de sinople, posés en pairle.

FEUGEROLLES, écuyer, sieur du Bus, élection de Lisieux, maintenu le 31 août 1668 : d'argent, à une tige arrachée de trois branches de fougère de pourpre.

FEUGEROLLES CANTELOU, généralité de Rouen : d'or, à la branche de fougère de sinople en bande ; au chef de sable.

FEVRE (LE), écuyer, sieur de Moussy, de Jouy, de la Fontaine, etc., élections de Gisors et Pontoise, maintenu le 14 mars 1669 : d'azur, au chevron d'or, accom-

pagné en chef de deux molettes , et en pointe d'une
rose, le tout du même.

FÈVRE (LE) , généralité de Rouen : d'or , à trois cornil-
lots de sable, armés de gueules.

FÈVRE (LE), écuyer, sieur de la Roche, élection de Montivilliers, maintenu le 7 juillet 1667 : d'azur , à la fasce
d'argent, chargée de trois croissants de gueules.

FÈVRE (LE) , écuyer, sieur de Marpalut , etc., élection
de Carentan , maintenu en 1666 : d'azur , au croissant
d'argent ; mantelé d'or, chargé de deux ombres de soleil
de gueules.

FÈVRE (LE), écuyer, sieur de Caumartin , généralité de
Caen , maintenu en 1666 : d'azur , à cinq trangles d'argent.

FIEU (LE), généralité de Rouen.

FILLASTRE (LE), écuyer, sieur du Buisson , élection
de Pont-Audemer et de Valogne : d'argent , au hêtre
de sinople, soutenu d'un croissant de gueules.

FILLASTRE, écuyer, sieur de Marcouville , de Prays,
de Lyonnière, du Pont, etc. , élection de Carentan, maintenu en 1666 : d'or, au chevron abaissé d'azur , accompagné de trois têtes de salamandre de gueules ; au
lambel du second émail.

FILLEUL, écuyer, sieur de la Falletière , de la Haye,
de Lignère, etc. , généralité de Rouen , maintenu le
6 février 1669 : d'azur, à trois bandes d'or, surmontées d'un lion-léopardé du même.

FILLEUL, généralité de Rouen : d'argent , à la bande
de gueules , chargée de trois coquilles d'or.

FILLEUL, écuyer, sieur de la Freneuse et de la Frenaye,
élection de Caudebec, maintenu le 22 janvier 1667 :
d'or, au frêne arraché de sinople de sept branches.

FILLEUL, écuyer, sieur de la Chapelle et de la Marc-
Auger, élection de Bernay : d'azur , au lion d'or, à une
tierce du même ; au franc canton d'or, brochant.

FILLEUL, écuyer, seigneur d'Orville, élection de Bernay, maintenu le 29 août 1669 : contrepalé de sinople
et d'argent de seize pièces.

FILLEUL , écuyer , sieur d'Orville et des Chenets,
généralité d'Alençon , maintenu le 20 juillet 1667 :
contrepalé d'or et d'azur de douze pièces ; à la bordure de gueules, chargée de huit besants d'argent.

FIZET, écuyer, sieur de Vieil, élection d'Evreux, maintenu

le 21 août 1668 : d'azur, à la fasce d'argent, accompagnée en chef de deux étoiles d'or, et en pointe d'une tête de lion du même.

FLAMBARD, écuyer, sieur de Saint-Martin, élection de Bayeux, maintenu en 1666 : de sable, à trois besants d'or; au chef du même.

FLAMBART, écuyer, sieur de la Chappelle et de Guitot, élection de Lisieux, maintenu le 10 avril 1666 : d'azur, à la fasce de cinq flammes d'or, surmontée de deux étoiles du même.

FLÈCHE (DE LA), élection de Falaise.

FLOQUET (DE), chevalier, seigneur dudit lieu et d'Auricher : contrebarré d'argent et de gueules.

FOL (LE), écuyer, sieur de Tronquay, des Champs, de la Vallée, de la Mare, de Creutel, etc., élection de Carentan, maintenu en 1666 : d'azur, à trois flèches d'argent, empoignées de gueules, et accostées de deux fleurs de lys au pied nourri du second émail.

FOLIE (LA), écuyer, sieur des Chars, Théonville, etc., élection de Bayeux, maintenu en 1666 : d'azur, au chevron d'or, surmonté d'un écusson d'argent, et accompagné en chef de deux étoiles du second, et en pointe d'une croisette du même.

FOLLET, sieur du Manoir.

FOLLEVILLE, écuyer, sieur de Boisdavid, élection de Pont-Audemer, maintenu le 12 janvier 1668 · d'azur, à la fasce coupée émanchée d'or et de gueules, accompagnée en pointe d'une quintefeuille du second émail.

FONTAINE (LA), écuyer, sieur de Boisears, élection d'Evreux, maintenu le premier mars 1667 : d'argent, au chevron de sable, accompagné de trois mouchetures du même.

FONTAINE (LA), généralité de Rouen : de gueules, à la croix dentelée d'argent, cantonnée de quatre aiglettes d'or.

FONTAINE (LA), écuyer, sieur de Lesseville, élections de Chaumont et Magny, maintenu le 12 avril 1668 : de gueules, à trois pattes d'aigles d'or; au chef de vair.

FONTAINE (LA), écuyer, sieur de Saint-André, élection de Bayeux, maintenu en 1666 : d'azur, à la croix alésée d'or, accompagnée de trois coquilles du même.

FONTAINE (LA), écuyer, sieur de Lynières, du Bourg-neuf, etc., généralité d'Alençon, maintenu le 4 mars 1667 : d'hermine, à la bande de gueules, chargée de deux annelets d'or.

FONTAINE (DE LA), généralité de Rouen : d'azur, au chevron d'or, accompagné de trois étoiles du même.

FONTAINE (DE LA), généralité de Rouen : d'argent, en sautoir de gueules, dentelé de sable, chargé en cœur d'une croisette d'or, et cantonné de quatre têtes de maure de sable.

FONTAINE (DE LA), généralité d'Alençon : de sinople, à trois fleurs de lys d'argent ; au chef d'or, chargé d'un léopard de sable.

FONTAINE (LA), écuyer, sieur de Malconduit, la Lande, etc., élection d'Arques, maintenu le 19 mars 1669 : d'or, à trois écussons de vair, bordés de gueules.

FONTAINES (DE), écuyer, sieur de la Fage et de la Buhotterie, élection de Valogne, maintenu en 1666 : de gueules, à trois bandes retraites d'or, mouvantes de la pointe de l'écu, surmontées de trois fermaux du même ; au chef d'argent, chargé de trois mouchetures de sable.

FONTAINES (DE), écuyer, sieur de la Poudrière, de Beauvais, de la Bigotière, etc., généralité d'Alençon : d'azur, à la croix ancrée d'argent.

FONTENAY, écuyer, sieur de Besaude et du Bois, élection de Mortain, maintenu en 1666 : d'argent, à la fasce de gueules, chargée de trois merlettes d'or, et accompagnée de quatre mouchetures de sable.

FONTENAY, chevalier, seigneur de Telligny, de Soisay, d'Hilaire, de Châtelenie, de Ridays, de Tarannière, de Resnière, etc., élection de Mortain, maintenu le 26 mai 1667 : d'argent, à deux lions-léopardés de sable, armés, lampassés et couronnés de gueules.

FONTENAY, écuyer, seigneur du Mesnil-Touffray : écartelé, dentelé d'or et de gueules.

FONTENAY : d'hermine, à la fasce de gueules, chargée de trois fermaux d'or. Les seigneurs de Goupilières portaient trois annelets au lieu des fermaux.

FONTENAY, élection de Vire : d'argent, à la fasce de gueules, chargée de trois merlettes d'or, et accompagnée de quatorze mouchetures de sable, sept en chef, quatre et trois, et sept du même en pointe.

FONTEST, seigneur de Vaumaigny, élection de Chaumont et Magny, maintenu le 15 mars 1669 : d'azur, à trois fasces d'or.

FORESTIER (LE), écuyer, sieur du Buisson, généralité de Caen, maintenu en 1666 : d'argent, à trois cors de chasse contournés de sable, liés de gueules.

FORESTIER (LE), écuyer, sieur de Fourainville, élection d'Evreux : d'argent, à trois cors de chasse contournés de sable, liés de gueules; à la bordure engrêlée du même.

FORESTIER (LE), écuyer, sieur d'Herouville et de Marcé, élection de Bayeux, maintenu en 1666 : écartelé, au 1 et 4 d'azur, à trois gerbes d'or ; au 2 et 3 d'azur, à une épée couronnée, à la royale d'or, accostée de deux fleurs de lys du même.

FORESTIER (LE), écuyer, sieur d'Ozeville et de Jamberville, élection de Carentan, maintenu en 1666 ; d'argent, au lion de sable, armé, lampassé et couronné de gueules.

FORESTIER (LE), écuyer, sieur d'Imbermais, élection de Valogne, maintenu eu 1666 : d'argent, à trois feuilles de houx de sinople.

FORESTIER (LE), écuyer, sieur de la Forestière et de la Métairie, élection de Falaise, maintenu le 3 avril 1667 : d'argent, à cinq palmes de sinople, empoignées de gueules.

FORESTIER (LE), écuyer, sieur de Milley, de Longpray, du Boulay, etc., élection de Bernay, maintenu le 10 janvier 1667 : d'or, au chevron de gueules, chargé de trois molettes d'éperon d'argent, et accompagné de trois feuilles de noisetier de sinople.

FORGE (DE LA), élection de Caudebec, maintenu le 6 juillet 1667 : d'azur, au chevron d'or, accompagné en chef de deux écussons couchés, l'un à dextre, l'autre à senestre, et en pointe d'un trèfle, le tout du même.

FORT (LE), écuyer, sieur de Montfort, de Carneville, d'Hazeraiville ; etc.; élection de Valogne, maintenu en 1666 : d'argent, au croissant de gueules, accompagné de trois merlettes de sable.

FORT (LE), écuyer, sieur de Bonnebosc, élection de Pont-Audemer, maintenu le 12 avril 1668 : de

gueules, au chevron d'or, accompagné de trois croissants d'argent.

FORTECU, élection de Valogne : d'azur, à trois bandes
d'argent.

FORTESVE, écuyer, sieur dudit lieu, du Chesne, du
Taillis, de Beauregard, de Launay, etc., élection de
Bayeux, maintenu en 1666 : d'argent, à trois bandes
de gueules.

FORTIN, écuyer, sieur des Champs, et des Borgneries,
élection de Pont-Audemer : d'or, à la bande d'azur,
accompagnée de trois croisettes mal-ordonnées de
gueules.

FORTIN, généralité de Caen, maintenu en 1666 : d'azur,
au chevron d'or, accompagné de trois molettes d'éperon du même.

FORTIN, élection de Mortain, maintenu en 1666 :
d'azur, à la fasce denchée d'argent, accompagnée
de six merlettes rangées du même.

FORTIN, écuyer, sieur du Sablon, élection de Mortagne, maintenu le 10 avril 1666 : écartelé, au 1 et
4 d'argent, à trois mouchetures de sable ; au 2 d'argent, à trois chevrons de gueules ; au 4 de gueules,
à trois annelets d'or.

FORTIN, écuyer, sieur dudit lieu, du Prey et de Saint-
Etienne, élections de Falaise et de Vire, maintenu le
3 janvier 1667 : de gueules, à trois tours d'argent,
maçonnées de sable.

FORTIN, écuyer, sieur de la Motte et de Tostes, élection de Falaise, maintenu le 4 mai 1667 : d'argent,
au chevron de sable, accompagné de trois molettes
d'éperon du même ; au chef d'argent, chargé d'un
croissant d'azur, accosté de deux étoiles de gueules,
et soutenu d'une divise du second émail.

FORTSCIE, élection de Bayeux.

FOSSE (DE LA), sieur de Saint-Laurent, de Vieil-ma-
noir, du Grand-Pré, généralité de Rouen : d'azur,
au chevron d'or, accompagné de trois étoiles du même.

FOSSEY, écuyer, sieur de Canappeville, élection de
Pont-l'Evêque, maintenu le 28 juillet 1667 : de sable,
au chevron d'argent, accompagné de trois besants
d'or ; au chef du second, chargé d'un porc de sinople.

FOUBERT, écuyer, sieur de Beuzeville, élection de Valogne , maintenu en 1666 : d'argent, à la fasce d'azur, chargée d'un léopard d'or.

FOUCAULT , élection de Verneuil : d'argent, à trois feuilles de palmier , accostées de deux mains au naturel , tenant chacune une épée d'or en pal , celle à senestre chargée sur la garde d'une merlette du second , et accompagnée en chef de trois coupes couvertes d'argent.

FOUCQUES , écuyer , sieur de la Pillette , élection de Lisieux , maintenu le 21 mai 1666 : de sable , au lion contourné d'or, lampassé de gueules , affrontant une cigogne d'argent.

FOUCQUES , écuyer , sieur du Mesnil , élection de Bernay , maintenu le 9 juin 1666 : de sable , au lion contourné d'or , lampassé de gueules , affrontant une cigogne d'argent.

FOUILLE , seigneur d'Estrainville , de la Mare , des Champs , de Saint-James , de Saint-Omer , etc. , généralité de Rouen , maintenu le 18 mars 1667 : d'azur , au sautoir engrêlé d'argent , cantonné de quatre dragons ailés d'or.

FOUILLEUSE , chevalier , seigneur de Boispréaux , élection de Lions , maintenu le 3 mai 1666 : d'argent, frété de gueules, semé de fleurs de lys du même dans les claires-voies.

FOUILLEUSE , écuyer , seigneur de Flavacourt , généralité de Rouen : d'argent, papelonné de gueules , semé de trèfles du même dans les claires-voies.

FOULLONGUES , écuyer , sieur de Saint-Jean , de Damteville , de Castillon , etc. , généralité d'Alençon , maintenu le 21 août 1668 : d'azur , à trois fasces d'or ; à la bande de gueules , chargée de trois coquilles d'argent.

FOULON , élection de Falaise , maintenu le 3 mars 1667 : d'azur, à la fasce d'or , surmontée d'un levrier d'argent.

FOUQUES, généralité de Caen.

FOUQUET , écuyer , sieur de Sainte-Geneviève , élection de Valogne , maintenu en 1666 : de gueules , à la croix alèsée et pommetée de douze pièces d'argent.

FOUQUEVILLE , élection de Pont-l'Evêque , maintenu le 7 août 1667 : d'azur, au chevron d'or , accompagné de trois cigognes d'argent.

FOUR (du), seigneur de Longuerue, de Croisel, de Fontaine, de Chastel, de Cottemont, etc., généralité de Rouen, maintenu le 27 juillet 1667 : d'azur, à trois croissants d'or ; une étoile du même, posée en abîme.

FOUR (du), chevalier, seigneur dudit lieu, élection d'Andely, maintenu le 20 février 1669 : d'azur à la croix engrêlée d'or.

FOUR (du), écuyer, sieur de Courgeron, du Gast- Marchet, de la Thuilerie, de Udeux, etc., élection de Bernay, maintenu le premier avril 1666 : d'argent, au chevron de gueules, accompagné de trois roses du même, tigées et feuillées de pourpre.

FOURNIER (le), écuyer, sieur de Vergemont et d'Eauville, élection d'Arques, maintenu le 17 février 1668 : d'argent, à trois roses de gueules.

FOURNIER (le), écuyer, sieur de Bernarville, Bonneville, la Chevalerie, etc., élection de Valogne, maintenu en 1666 : d'azur, au sautoir d'argent, cantonné de quatre roses du même.

FOURRÉ, écuyer, sieur de Beaupré, Pillière, du Bourg, etc., élection de Vire, maintenu en 1666 : de gueules, à trois chevrons renversés d'argent.

FOURRET, écuyer, sieur de Campigny, élection de Falaise, maintenu le 1er avril 1666 : d'azur, à deux flèches, passées en sautoir d'argent ; au chef du même.

FRALLAIN, seigneur du Lorrey, généralité de Caen.

FRANC (le), écuyer, sieur de la Haye, Franville, baron de Clos-Morin, élection d'Évreux, maintenu le 14 août 1666 : d'argent à la fasce d'azur, accompagnée de trois cœurs de gueules.

FRANC (le), écuyer, sieur d'Argentel, Dufayel, Davy, etc., généralité d'Alençon, maintenu le 16 octobre 1666 : d'argent à trois cœurs de gueules.

FRANÇOIS (le), écuyer, sieur des Manois et de la Chesnaye, élection de Pont-Audemer : d'azur, à trois cygnes d'argent.

FRANÇOIS (le), écuyer, sieur de Saint-Germain-la-Plesse, de Saint-Denis, de Saint-Nicolas, etc., élection de Pont-l'Évêque : d'argent à deux pals de sable ; au chef de gueules.

FRANÇOIS (LE), élection de Carentan : d'azur, à la croix alésée d'argent, accompagnée de trois losanges d'or.

FRANÇOIS (LE), écuyer, sieur de Billy, élection de Bernay : de gueules, à la croix d'argent, semée de coquilles de sable, et cantonnée de quatre lionceaux d'or.

FRANÇOIS (LE), écuyer, sieur de Pommière, élection de Verneuil, maintenu le 15 mai 1666 : d'azur, à cinq vergettes d'argent.

FRANQUETOT *aliàs* GUILLOTE, seigneur de Carquebut et de Tourtaville, élections de Mortagne et de Carentan : de gueules, à la fasce d'or, chargée de trois étoiles d'azur, et accompagnée de trois croissants du second.

FRANQUEVILLE, écuyer, sieur de Couillerville et de la Gabitrelle, élection de Pont-Audemer, maintenu le 4 mars 1671 : de gueules, au chef d'or.

FRANQUEVILLE, écuyer, sieur de la Diannerye, du Cable, la Vallée, etc., élection de Bernay, maintenu le 20 juin 1666 : écartelé, au 1 et 4 de gueules, au chef d'or, au 2 et 3 de sable, à la croix ancrée d'or.

FREARD, écuyer, sieur de Beaumarais et de la Chesnaye, élection de Pont-l'Évêque, maintenu le 17 mars 1668 : d'azur, au chevron d'or, surmonté d'un croissant du même, et accompagné de trois fers de dard d'argent.

FREARD, écuyer, sieur de Chichebosville, généralité de Caen, maintenu en 1666 : d'azur, au chevron d'or, surmonté d'une étoile du même, et accompagné de trois fers de dard d'argent.

FREAUVILVE, généralité de Rouen : semé de France, au chef d'or ; au lion de gueules, brochant sur le tout.

FREBOURG, écuyer, sieur de la Houdairye, élection de Mortagne : d'argent à trois aigles au vol abaissé de sable, becquées et membrées d'or.

FREDEL, écuyer, sieur du Teson, élection d'Évreux, maintenu le 10 septembre 1666 : d'argent, à trois chevrons de gueules.

FREMIN, écuyer, sieur de Poissy, généralité de Rouen, maintenu le 30 juillet 1666 : d'argent, à la fasce d'azur, chargée de trois besants d'or.

FREMONT, écuyer, sieur de Viendois, élection de

Mortagne : d'argent, au chevron de gueules, accompagné de trois trèfles de sinople.

FRERET, élection de Carentan, maintenu en 1666 : d'or, à une colonne d'azur ; au chef du même, chargé de trois étoiles du champ.

FRESNAY, écuyer, sieur de Saint-Aignan, généralité de Caen, maintenu en 1666 : de gueules, à trois fresnes arrachés ondés d'or.

FRESNE (DU), écuyer, sieur de la Vallée, élection d'Avranches : d'argent, au lion de gueules, couronné, armé et lampassé d'or.

FRESNE (DU), écuyer, sieur du Bois, élection de Bayeux, maintenu en 1666 : de sinople, au chef denché d'or, chargé de trois tourteaux de gueules.

FRESNE (DU), écuyer, sieur de la Rouillière, élection d'Argentan, maintenu le 14 mai 1667 : d'azur, à la fasce d'argent, accompagnée de trois fers de cheval tournés d'or.

FRESNEL, écuyer, sieur de Saint-Ouen et de Pipardière, généralité de Caen, maintenu en 1666 : d'argent, au chevron d'azur, chargé de trois besants d'or, et accompagné en chef de deux lions affrontés de gueules, et en pointe d'un arbre terrassé de sinople.

FRETEL (LE), élection de Coutances, maintenu en 1666 : d'azur, à trois écussons d'or, frétés du champ et bordés d'argent ; à la bordure componée d'argent et de gueules de seize pièces.

FRETEL, généralité de Rouen : d'argent, frété de gueules.

FREVAL, écuyer, sieur de Fresnes, élection de Vire, maintenu en 1666 : d'azur, au dextrochère ganteté d'argent, tenant un épervier longé du même. ..

FREVILLE, écuyer, sieur de Tannières, élection de Lions, maintenu le 8 juillet 1670 : de gueules à deux dauphins adossés d'argent.

FREVILLE, écuyer, sieur de la Haye, Boutot, du Desert, etc., élection de Pont-Audemer, maintenu le 10 juillet 1667 : d'argent, à trois flèches tombantes et rangées de gueules, surmontées de trois trèfles du même.

FREVILLE, élection de Pont-Audemer, maintenu le 18 juillet 1667 : d'azur, à deux roses d'argent en chef, et en pointe un fer de flèche du même.

FREVILLE, écuyer, sieur de la Haye, élection d'Ar-

gentan , maintenu le 4 mai 1666 : d'argent, à trois
trèfles rangés de gueules , surmontés de trois fers de
flèche mal ordonnés du même.

FRIBOIS, écuyer , sieur des Ostieux, élection de Falaise, maintenu le 25 juillet 1666 : d'azur, à trois fasces
d'argent : la première surmontée de trois roses d'or, la
seconde de deux, et la troisième d'une.

FROLLAND , écuyer , sieur du Genestel , élection de
Valogne : d'azur, à la fasce d'or, accompagnée en chef
de deux roses d'argent, et en pointe d'un croissant du
même.

FRONTIN, écuyer, sieur de Hauteville, Clarmont , du
Tot, etc., généralité de Rouen, maintenu le 23 juillet
1668 : d'argent, au chevron de gueules, accompagné
de trois tiges de trois feuilles de sinople.

FROTTÉ , écuyer , sieur du Tonterne , Vien , Pont ,
Preaux; etc. , élection de Falaise, maintenu le 7 septembre 1666 : d'azur, au chevron d'or, accompagné en
chef de deux molettes d'éperon du même, et en pointe
d'un besant d'argent.

FROU (du), écuyer, sieur d'Écoville : d'or , à la fasce
d'azur, chargée d'une fleur de lys d'argent.

FROUILLÉ, écuyer, sieur de la Mastelière, élection de
Mortagne, maintenu le 26 juin 1666 : de sable à la
bande d'or, accostée de deux lions du même.

FROULLAY, écuyer, sieur du Tessé, généralité de Caen,
maintenu en 1666 : d'argent, au sautoir de gueules,
denché de sable.

FRY, écuyer, sieur du Val, généralité de Rouen, maintenu le 2 février 1668 : d'azur, au chevron d'or, accompagné en chef de deux étoiles, et en pointe d'une
hure de sanglier, le tout du même.

FRYE (de la), sieur des Aulnes et du Hay, généralité
de Rouen.

FUMÉE, généralité de Rouen : d'azur, à deux burèles
d'or, accompagnées de six besants du même, trois rangés en chef, et trois en pointe, deux et un.

FUMIÈRE, généralité de Rouen.

G

GAALON, écuyer, sieur de Préaux, élection de Bayeux, maintenu en 1666 : de gueules, à trois rocs d'échiquier d'or.

GADES DE RENICOURT, généralité de Rouen : de gueules, au sacre d'or.

GAGER (LE), élection de Vire, maintenu le 6 décembre 1667 : d'azur, au chevron d'or, accompagné de trois aiglettes au vol abaissé du même.

GAIGNON, écuyer, sieur de la Potterie, élection de Falaise, maintenu le 16 juillet 1666 : d'azur, à trois bandes d'or.

GAILLARBOIS, écuyer, sieur de Marcouville, Fresnay, seigneur de Saint-Denis, Fremont, etc., élection d'Andely : d'argent, à dix tourteaux de sable.

GAISSART, écuyer, sieur de Clé, vicomte de Neufchâtel, généralité de Rouen, maintenu le 3 janvier 1669 : d'argent, à trois chevrons de gueules.

GAL (DU), écuyer, sieur des Noyers, Moliencourt et de Mons, élection d'Andely, maintenu le 25 septembre 1670 : d'azur, à trois trèfles d'argent.

GALENTINE, généralité de Rouen : écartelé, au 1 et 4 d'azur, à la croisette d'argent ; au 1 et 2 d'azur, à trois annelets d'or ; au chef d'argent, chargé de trois têtes de lion arrachées de gueules.

GALLERY, écuyer, sieur du Quefouches, des Granges, du Tremblay, etc., élection de Domfront : de gueules, à une épée d'argent en pal, garnie d'or, accostée de deux croix de Lorraine du même.

GALLES, écuyer, sieur dudit lieu et de Vallières, généralité de Rouen, maintenu le 10 mai 1667 : écartelé d'argent, au 2 et 3 chargés d'un tourteau de sable.

GALLYE, écuyer, sieur de Brées, Romare, d'Angreville, vicomte d'Andely, élection d'Arques, maintenu le premier décembre 1667 : de sable, à une galère équipée d'or.

GAMBIER (LE), écuyer, sieur de Forest, élection de Pont-l'Évêque, maintenu le 3 juin 1670 : de..... à la fasce de....., accompagnée de trois merlettes de....

GANDILLE, écuyer, seigneur d'Oudeauville, élection

de Gisors, maintenu le 17 juillet 1668 : d'argent, au sautoir de gueules, chargé de cinq besants d'or.

GARABY, sieur de la Besnardière et de l'Isle, élection de Coutances : de gueules, au lion d'argent.

GARABY, écuyer, sieur de la Luzerne, élection de Coutances, maintenu en 1666 : d'azur, à trois pals d'or; au chef cousu de gueules, chargé d'un lion-léopardé d'argent.

GARANCIÈRES, écuyer, sieur de Lorailles, Thibouville, seigneur de Courcelles, élection de Bernay, maintenu le 9 avril 1666 : de gueules, à trois chevrons d'or.

GARDEUR (LE), écuyer, sieur d'Amblie, la Vallette, Croisilles, etc., généralité de Caen, maintenu en 1666 : de gueules, au lion d'argent, tenant une croix haute recroisettée d'or.

GARDIN (DU), seigneur de Biville : d'azur, à l'aigle d'argent, becquée et armée d'or, adextrée d'un soleil du même.

GARDIN (DU), élection de Carentan : d'azur, à deux fers d'épieu d'or, et un croissant du même.

GARENNE, écuyer, sieur de Saint - Vincent, élection de Chaumont, maintenu le 23 janvier 1669 : d'argent, à trois chevrons de sable, accompagnés de trois coquilles de gueules.

GARGATTE, élection de Valogne.

GARIN, écuyer, sieur de Fatouville, élection d'Arques, maintenu le 30 janvier 1668 : de gueules, à trois coquilles d'or.

GARNIER, écuyer, sieur de la Perrière, élection de Domfront : d'or, à trois losanges de sable.

GARRAULT, écuyer, sieur de Blainville, élection de Verneuil : d'azur, au lion d'or, armé et lampassé de gueules.

GARRO, écuyer, sieur de la Salle, généralité de Rouen, maintenu le 12 août 1669 : d'argent, à la croix de gueules, cantonnée de quatre loups ravissants et affrontés de sable.

GARSALLES, écuyer, sieur de la Poulardière, Vacquerie, Chesne, etc., élection de Bayeux, maintenu en 1666 : de gueules, à trois croissants d'argent; *aliàs*, d'argent, au croissant de gueules.

GASCOIN, écuyer, sieur de la Motte, Launay, Tere,

Valencey , etc. , élection de Coutances , maintenu
en 1666 : d'argent, à trois feuilles de laurier en pairle
de sinople, accompagné de trois molettes d'éperon de
gueules.

GASTEBLÉ, écuyer, sieur de la Courmarin, du Clos, etc.,
généralité de Caen, maintenu en 1666 : d'azur, au chevron d'or, accompagné de trois épis de blé feuillés du
même.

GASTEL, écuyer, sieur de Mellicourt, de Bullardière, etc.,
élection de Bayeux, maintenu le 28 mai 1667 : d'argent,
à trois chevrons de sable.

GASTEL , écuyer, *sieur* de Longprey, de l'Estang, de
la Motte, des Aunois, d'Hérissay, etc., élection de
Verneuil, maintenu le 24 mai 1667 : d'argent, à
deux chevrons de gueules, accompagnés de trois molettes d'éperon de sable.

GASTINEL, seigneur et baron de Saint-Nicolas, d'A-
thez, etc., élection de Conches, maintenu le 26 mars
1668 : d'azur, à trois colonnes d'or.

GAUDIN, écuyer, sieur de la Gaude-Fraye, élection
d'Avranches, maintenu en 1666 : d'azur, au chevron
d'or, accompagné de trois aiglettes éployées au vol
abaissé d'argent; au chef cousu de gueules, frété du
troisième émail.

GAUGY, écuyer, sieur du Verdier, de la Forest, de
Brotonne, etc., généralité de Rouen ; maintenu le
26 novembre 1670 : d'azur, à trois roses rangées en
chef d'or, et trois croissants d'argent, rangés de même
en pointe.

GAULTIER, écuyer, sieur de l'Epargnérie et du Val,
élection de Bayeux, maintenu en 1666 : de sable, à
la fasce accompagnée en chef de trois trèfles rangés,
et en pointe de trois besants, le tout d'argent.

GAULTIER, écuyer, sieur de la Bancerie, des Reaux, etc.,
élection de Coutances, maintenu en 1666 : d'azur, au
chevron d'or, accompagné de trois poignards d'argent,
garnis du second, la pointe en bas.

GAULTIER, écuyer, sieur de Chiffreville, de Mon-
treul, de Basille, de Fontaine, etc., élection d'Andely, maintenu le 31 janvier 1667 : de gueules, à
la croix ancrée d'argent, senestrée d'un croissant du
même, et nouée en cœur d'un sautoir de pourpre.

GAUVILLE (DE) : de gueules, au chef d'hermine..

GAUQUELIN, écuyer, sieur de la Fougère, élection d'Avranches.

GAY (LE), généralité de Rouen : d'argent, au chevron d'azur, accompagné de trois hures de sanglier de sable.

GÉBERT, généralité de Caén.

GEOFFROY, écuyer, sieur de la Mare, élection de Vire, maintenu en 1666 : d'argent, à trois mains senestres de gueules.

GEMARES, écuyer, sieur de Vallery, élection de Pont-l'Evêque, maintenu le 3 février 1668 et le 8 août 1669 : d'azur, au chevron d'or, surmonté d'un cœur du même, et accompagné de trois étoiles d'argent.

GENDRE (LE), généralité de Rouen.

GENTIL (LE), écuyer, sieur de la Rozère, de Montépeireux, élection de Lisieux, maintenu le 9 janvier 1668 : d'azur, au dragon aîlé d'or.

GEORGES, écuyer, sieur de Marest, de Thieuville, Saint-Gilles, etc., élection de Pont-l'Evêque, maintenu le 7 janvier 1669 : de gueules, à trois besants d'or.

GIFFARD, écuyer, sieur de la Pierre, élection de Pont-l'Evêque, maintenu le 13 août 1666 : d'azur, à trois fasces ondées d'or ; à la bande de gueules, chargée de trois lionceaux du second, brochante sur le tout.

GIFFARD, seigneur d'Escalle, élection de Neufchâtel ; maintenu le 3 janvier 1669 : d'argent, à trois chevrons de gueules.

GIGAULT, écuyer, sieur de Bellefond, marquis d'Inteville, généralité de Rouen, maintenu le 5 septembre 1666 : d'azur, au chevron d'or, surmonté d'un croissant du même, et accompagné de trois losanges d'argent.

GIGAULT, écuyer, sieur de Hainneville, élection de Valogne, maintenu en 1656 : d'azur, au chevron d'or, accompagné de trois losanges d'argent.

GILLEBERT, écuyer, sieur du Vivier, généralité de Rouen, maintenu le 22 juillet 1670 : d'or, à trois merlettes de sable.

GIRARD, écuyer, sieur de la Rivière, élection de Coutances, maintenu le premier février 1668 : d'argent, au chevron de gueules, accompagné de trois branches de sinople.

GIRARD, écuyer, sieur de Merebouton, élection de Conches, maintenu le 8 juin 1667 : de gueules, à un roc d'échiquier d'argent, surmonté de trois.... du même.

GIRARD, écuyer, sieur de la Chaise, élection de Verneuil, maintenu le 8 juin 1666 : d'argent, à deux jumelles de sable, la première surmontée d'un léopard du même.

GIROULT, écuyer, sieur d'Antot, élection d'Avranches.

GISLAIN, écuyer, sieur de Benouville, généralité de Caen, maintenu en 1666 : de sable, au chevron d'or, surmonté d'un croissant, et accompagné en chef de deux étoiles, et en pointe d'un lionceau, le tout d'argent.

GISLAIN, écuyer, sieur de Saint-Mars, élection de Mortagne, maintenu le 7 juin 1667 : d'azur, au cerf d'or.

GISORS, ville de Normandie : de gueules, à la croix alésée et dentelée d'argent ; au chef cousu de France : *aliàs*, d'or, au cerf en repos de gueules ; au chef de France. Le comté porte : d'argent, à l'écureuil rampant de gueules ; écartelé de Levis.

GIVERVILLE, écuyer, seigneur dudit lieu, sieur d'Argences, élection de Bernay, maintenu le 24 août 1668 : d'or, à la fasce d'azur, chargée d'un croissant d'argent, et accompagnée de quatre molettes d'éperon cantonnées de sable.

GLACY, élection de Vire, maintenu en 1666 : d'argent, à la croix de gueules, cantonnée de quatre mouchetures de sable.

GLADAT, chevalier, seigneur, baron de Gacé : d'argent, au chevron de sable, accompagné de trois tourteaux du même.

GLASPION, écuyer, sieur de Rosnay, de Boitron, du Mesnil, de Gaultier, de Huardière, etc., élection d'Evreux, maintenu le 24 juillet 1667 : d'azur, à trois fasces alésées d'or, bordées de gueules.

GLATIGNY, écuyer, sieur de Villodon, de Juvigny, etc., élection de Valogne, maintenu en 1666 : d'or, au mur pignonné d'azur.

GLATIGNY, généralité de Rouen : d'azur, à trois annelets l'un dans l'autre d'argent.

GODARD, écuyer, sieur de Saint-Sulpice, Guillon-ville, etc., élection de Neufchâtel, maintenu le 6 avril 1666 : de gueules, au sautoir d'argent, cantonné de quatre alérions du même.

GODARD, élection de Lions : coupé d'azur, et de gueules, à l'aigle éployée d'or, brochante sur le tout.

GODART, écuyer, sieur de Belbeuf, généralité de Rouen : d'azur, au chevron d'argent, accompagné en chef de deux étoiles d'or, et en pointe d'une rose du second, tigée d'or.

GODEFROY, écuyer, sieur de Saint-Laurent, élection de Montivilliers, maintenu le 24 juillet 1667 : d'azur, à la fasce coupée émanchée de gueules et d'argent, accompagnée en chef de deux croissants d'or, et en pointe d'une étoile du même.

GODEFROY, écuyer, sieur de Lingreville, élection de Valogne, maintenu en 1666 : d'azur, au chevron d'argent, accompagné en chef de deux molettes d'é-peron d'or, et en pointe d'une rose du même.

GODEFROY, écuyer, sieur du Bordage, élection de Carentan : de sable, au remora d'argent, lié autour d'une ancre avec sa gumène du même, et accompagné de trois étoiles d'or.

GODESCART, généralité de Rouen, maintenu le 16 juillet 1666 : d'argent, au pal de sable; au chef d'azur, chargé de trois besants d'or.

GODET, écuyer, sieur du Parc, de Recouvretz, etc., élection d'Argentan : de gueules, à trois coupes cou-vertes d'argent, aliàs, d'argent, à trois godets de gueules.

GODHEU, généralité de Rouen.

GOESLARD, écuyer, sieur de Longprey, élection de Coutances, maintenu en 1666 : de gueules, au sautoir d'argent, cantonné de quatre maillets du même.

GOGUÉ, écuyer, sieur de Maussonvillillière, élection de Verneuil : d'azur, au cygne d'argent; au chef d'or, chargé de trois croisettes de gueules.

GOHIER, écuyer, sieur de la Turinière, de Pre-quairt, etc., élection de Bayeux, maintenu en 1666 : d'or, au chevron de gueules, surmonté d'un cœur du même, et accompagné en chef de deux trèfles de sinople, et en pointe d'un fer de lance du second émail, fûté d'argent.

GOMBAULT, généralité de Rouen : de gueules, à la tour d'argent.

GONNELIEU, seigneur de Pernon et d'Autrêches : d'or, à la bande de sable.

GONNIVIÈRE (DE LA), écuyer, sieur de Beragny, du Mesnil, de la Françoiserie, etc., maintenu le 3 janvier 1667 : palé d'argent et de gueules ; au chef d'or.

GORREN, écuyer, sieur de la Grimonnière, de Fresneuse et de Fresnaye, élection de Mortagne, maintenu le 7 juillet 1666 : d'argent, à deux chevrons faillis à senestre de gueules, abaissés sous une tierce du même.

GORRON, écuyer, sieur des Nots, élection d'Andely, maintenu le 20 avril 1667 : d'argent, à la fasce de sable, accompagnée de trois trèfles de sinople.

GOSSE, écuyer, sieur des Colleaux, élection de Pont-l'Evêque, maintenu le 3 octobre 1669 : d'azur, à neuf croisettes d'or, quatre, trois et deux.

GOSSE, écuyer, sieur de la Mortraye, vicomte d'Auge, élection d'Argentan, maintenu le 30 juillet 1667 : d'azur, à neuf croisettes d'or, trois, trois et trois.

GOSSELIN, écuyer, sieur de Moulins, de Marc, de la Vacherie, de Saint-Pierre, etc., généralité de Rouen, maintenu le 10 août 1667 : d'argent, au chevron d'azur, chargé de sept besants d'or, et accompagné en chef de deux molettes d'éperon de sable, et en pointe d'une aiglette éployée du même ; au chef de gueules.

GOSSELIN, écuyer, sieur de Martigny, élection d'Arques, maintenu le 9 août 1667 : d'azur, à trois fasces ondées d'argent, surmontées d'un vol du même.

GOSSELIN, écuyer, sieur d'Anisy, de Villons, de Silly, de la Bretonnière, de Noyers, de Courdonne, etc., généralité de Caen, maintenu en 1666 : d'azur, à deux fasces ondées d'argent, surmontées d'un besant d'or.

GOSSELIN, écuyer, sieur de la Rougerye, élection de Bayeux, maintenu en 1666 : de gueules, à trois pommes tigées et feuillées d'or.

GOSSELIN, généralité de Rouen : écartelé, au 1 d'azur, à trois fleurs de lys d'or ; au 2 de gueules, à deux léopards d'or ; au 3 de gueules, à cinq châteaux d'or, au 4 palé d'or et d'azur.

GOT, écuyer, sieur de Bray, généralité d'Alençon, maintenu le 31 janvier 1667 : d'azur, à l'aigle éployée au vol abaissé d'or, becquée, membrée et couronnée de gueules.

GOUARS, élection de Mortain.

GOUBERT, écuyer, sieur de Ferrières, de Saint-Cheron, etc., élection d'Evreux : de gueules, au cor de chasse contourné d'or, lié de gueules, surmontant une molette du second.

GOUBERVILLE, écuyer, sieur de Saint-Quentin, de Quetot, de Lambert, etc., maintenu le 6 juillet 1667 : d'azur à trois faucons d'argent, chaperonnés de gueules.

GOUBERVILLE, écuyer, sieur de Dectot, élection de Neufchâtel, maintenu le premier août 1669 : d'azur, au chevron d'or, accompagné de trois molettes d'éperon du même.

GOUBERVILLE, écuyer, sieur de Chilanderie, élection de Valogne, maintenu en 1666 : de gueules, à la croix ancrée d'argent.

GOUEL, écuyer, sieur de Bellefosse, et de la Porte, élection de Caudebec, maintenu le 8 juillet 1667 : d'or, au lion de sable, armé et lampassé de gueules.

GODUEL, seigneur de Posville, généralité de Rouen : de sinople, à trois roses d'argent.

GOUESLARD, écuyer, sieur de la Pillonnière, de Coutances, des Landes, etc., élection d'Arques, maintenu en 1666 : de gueules, au sautoir d'argent, cantonné de quatre maillets du même. *Voy.* Goeslard.

GOUESLIER, écuyer, sieur de Vaudoré, du Buisson, de Monjarel, etc., généralité de Rouen, maintenu le 28 novembre 1668 : d'argent, à trois molettes d'éperon de sable.

GOUET, écuyer, sieur de Vieuxpont, du Mesnil, de l'Espine, etc., élection de Bayeux, maintenu en 1666 : d'argent, à la bande d'azur, chargée de trois demivols d'or, et accostée de deux têtes de levrier de sable, colletées de gueules.

GOUEZ, écuyer, sieur de Lamberville, seigneur d'Ils, de Girardière, etc., élection de Falaise, maintenu le 13 juillet 1667 : d'azur, à trois soleils d'or.

GOUEY, écuyer, sieur de Bonrenom, généralité de Caen, maintenu en 1666 : tiercé en fasces, au premier de gueules, à deux lions affrontés d'argent ; au second d'or ; au troisième d'azur, à la sirène d'argent.

GOUGES (DE), généralité de Caen.

GOUGEUL. *Voyez* ROUVILLE.

GOUGEUL : d'azur, semé de billettes d'or, à deux goujons adossés du même, brochants.

GOUHIER, écuyer, sieur de Fresnay, le Sarisan-Rouville, de Lignère, du Haulme, de Seutteville, etc., élection d'Argentan et de Falaise, maintenu le 3 mars 1667 : de gueules, à trois roses d'argent.

GOUIE, écuyer, sieur de Montgiron, élection de Pont-Audemer : parti d'or et d'azur, à trois fleurs de lys de gueules, celle à senestre cousue, celle en pointe brochante sur le parti.

GOUJON, écuyer, sieur du Mesnil, élection de Falaise.

GOUJON, chevalier, seigneur de Gasville : d'azur, à deux goujons d'argent en sautoir, surmontant une rivière du même.

GOULANDE, écuyer, sieur de Chancegray, élection de Domfront : d'azur, au lion-léopardé.

GOULU (LE), sieur de Saulnette, élection de Falaise.

GOUPIL DU MESNILDOT (LE), chevalier, seigneur de Vierville, d'Orglandes, de Flottemanville, etc., élections de Carentan et de Valogne : d'azur, au chevron d'or, bordé de gueules, et accompagné de trois croisettes du second émail.

GOURFALEUR, écuyer, sieur du Mesnil, élection de Carentan, maintenu en 1666 : d'azur, au château d'or, ouvert et ajouré de sable.

GOURMONT, baron de Giel et du Mesnil-Courfay, élection de Carentan, maintenu en 1666 : d'argent, au croissant de sable; au chef de gueules, chargé de trois roses d'or.

GOURNAY, élection de Bayeux : de gueules, à trois tours d'argent en bande, maçonnées de sable.

GOUSTIMESNIL, écuyer, sieur de la Mare, de Saint-Michel, de Chesnaye, de Romelie, de Brelly, etc., maintenu le 17 février 1668 : d'or, à trois marteaux de gueules.

GOUVAIS, écuyer, sieur du Parc, élection de Pont-l'Evêque, maintenu le 11 février 1669 : d'azur, au chevron d'or, accompagné en chef de deux croisettes, et en pointe d'un lionceau, le tout du même.

GOUVEST, écuyer, sieur de Clinchamps, du Port,

de Loiselière, de Fleurière, de Rogemare, etc., élection de Vire, maintenu en 1666 : d'azur, au lion d'argent, armé et lampassé de gueules ; au chef du second.

GOUVIS, écuyer, sieur de Hacquelon, élection de Pontl'Evêque, maintenu le 8 mai 1669 : de vair plein.

GOUYE, élection de Bayeux, maintenu en 1666 : d'argent, au chevron de gueules, accompagné de trois lionceaux couronnés de sable, armés et lampassés du second émail.

GOYON de MATIGNON, maison originaire de Bretagne : d'argent, au lion couronné de gueules.

GRAFFARD, écuyer, sieur du Parc et de Mellemont, généralité de Rouen, maintenu le 20 décembre 1666 : coupé, au 1er d'or, à trois merlettes rangées de sable, surmontées de deux roses de gueules; au 2 d'azur, à trois brebis d'argent.

GRAFFARD, écuyer, sieur de Painevet, de Manville, de Tourainville, etc., élection de Mortagne, maintenu le 29 août 1667 : d'argent, à trois pattes de lion de sable.

GRAFFART, écuyer, sieur de Mailly, élection de Pontde-l'Arche, maintenu le 4 juin 1668 : de sinople, au griffon d'argent; chappé du même, à deux merlettes de sable; au chef cousu de gueules, chargé d'un lionléopardé d'or.

GRAINDOR, écuyer, sieur de Fremontier, de Brière, de la Motte, etc., élection de Caudebec, maintenu le 23 novembre 1667 : d'azur, à trois épées d'or en pal, la pointe en bas.

GRAINDORGE, écuyer, sieur du Rocher, élection de Falaise, maintenu le 23 mars 1667 : d'azur, au chevron d'argent, accompagné en chef de deux lionceaux affrontés d'or, et en pointe d'une gerbe de trois épis d'orge du même.

GRAINVILLE, écuyer, sieur du Bosnormand, généralité de Rouen, maintenu le 4 décembre 1666 : d'azur, à la fasce d'argent, accompagnée de six croisettes rangées d'or.

GRAND (le), écuyer, sieur de la Coste, élection de Montivilliers, maintenu le 28 novembre 1670 : d'azur, à la croix engrêlée d'or, cantonnée de quatre tours d'argent ; au chef cousu de gueules, chargé de deux coquilles du second.

GRAND (LE), écuyer, sieur de Montrory, élection de Lisieux, maintenu le 24 juillet 1667 : d'argent, à la bande de sable, accompagnée en chef d'un écusson du champ, chargé d'une croix du second émail ; au chef de gueules.

GRAND (LE), écuyer, sieur de Sainte-Marie-d'Hebertot, de Mollemare, de Questeville, de Noyaux, de Bremare, du Souchey, etc., élection de Pont-Audemer, maintenu le 15 mars 1668 : d'hermine, au chevron de gueules, chargé de trois molettes d'éperon d'or.

GRAND (LE), écuyer, sieur du Petit-Bosc et Vittanval, élection de Montivilliers, maintenu le 6 février 1667 : écartelé de gueules et d'azur, à la croix engrêlée sur le tout, cantonnée au 1 et 4 d'une tour, au 2 et 3 d'une coquille, le tout d'or.

GRAND (LE), écuyer, sieur de Pelletot, généralité de Rouen, maintenu le 18 juillet 1668 : d'azur, à trois canettes d'or.

GRAND (LE), écuyer, sieur de Cresson, généralité de Caen, maintenu en 1666 : d'azur, à trois ducs perchés d'or.

GRAND (LE) écuyer, sieur de Monlire, généralité de Caen, maintenu en 1666 : d'argent, à la fasce d'azur, accompagnée de trois coqs mal-ordonnés de gueules, celui du chef tenant un rameau d'olivier de pourpre.

GRAND (LE), écuyer, sieur de Souches, élection de Verneuil, maintenu le 31 mars 1666 : d'hermine, à la bande de gueules, chargée de trois molettes d'éperon d'or.

GRAND (LE), élection d'Arques : d'azur, à la fasce d'or, accompagnée de trois chouettes du même.

GRANDERIE, seigneur de Grimonval, élection d'Andely, maintenu le 6 décembre 1666 : d'azur, au lion couronné d'argent.

GRANDIN, écuyer, sieur de Saint-Martin, de la Gallermière, de la Gallonnière, etc., généralité de Rouen, maintenu le 26 novembre 1670 : d'azur, à trois fers de flèche tombants d'argent.

GRANDIN, généralité de Caen : d'azur, à la barre d'or, accostée de deux molettes d'éperon du même.

GRANDISLE, écuyer, sieur d'Oudeauville, élections de Gisors et de Pontoise, maintenu le 18 juillet 1668 : d'argent, au sautoir de gueules, chargé de cinq besants d'or, et accompagné en chef d'une molette d'éperon de sable.

GRANDOULT, écuyer, sieur du Petitval, élection de Neufchâtel, maintenu le 12 septembre 1668 : d'or, au sautoir de gueules, chargé de cinq roses d'argent.

GRANDVILLE, ville de Normandie : d'azur, au dextrochère d'or, tenant une épée d'argent, garnie du second émail, et surmonté d'un soleil du même.

GRANTE, écuyer, sieur de Saint-Pierre, élection de Pont-l'Evêque, maintenu le 11 février 1669 : fascé d'argent et d'azur ; à la croix ancrée d'or, brochante sur le tout.

GRAS (LE), écuyer, sieur de Bardouville, généralité de Rouen, maintenu le 2 décembre 1665 : écartelé, au 2 et 4 de gueules, au lion d'argent ; au 2 et 3 d'argent, au sautoir alésé de gueules, cantonné de quatre croisettes ancrées du même.

GRAS (LE), élection de Pont-Audemer, maintenu le 20 janvier 1669 : d'or, au rencontre de cerf de gueules, accompagné de trois étoiles mal-ordonnées d'azur.

GRAS (LE), écuyer, sieur du fief Aublanc, Chonquetier, etc., élection de Bernay, maintenu le 24 mai 1667 : de gueules, au lion d'argent.

GRAVELLE, écuyer, sieur des Fourneaux, élection de Verneuil, maintenu le premier septembre 1667: d'azur, au chevron d'or, accompagné de trois croissants d'argent.

GRAVERON, écuyer, sieur de la Haye, élection de Bernay, maintenu le premier mars 1668 : de gueules, à la fasce d'or, surmontée d'un bar en fasce du même.

GREARD, élection de Pont-de-l'Arche, maintenu le 11 septembre 1666 : d'azur, au chevron d'argent, accompagné en chef de deux croissants d'or, et en pointe d'un coq du même, crêté, barbé et membré de gueules.

GREMARE, écuyer, sieur des Valses, élection de Lisieux, maintenu le 8 mars 1668 : d'azur, au chevron d'or, surmonté d'un croissant du même, et accompagné de trois étoiles d'argent.

GRENIER, seigneur de Cauville, élection de Montivilliers, maintenu le 4 janvier 1667 : de gueules, à
trois épis de blé d'or; au chef cousu du premier,
chargé de trois étoiles du second.

GRENIER, chevalier, seigneur et baron d'Olléron, de
Pellonière, du Pin, etc., élection de Mortagne, maintenu le 9 juin 1667 : d'or, au lion de gueules.

GRESILLES, écuyer, seigneur de Sainte - Honorine,
élection de Vire, maintenu en 1666.

GRET (le), élection d'Arques : d'azur, à un poisson
d'argent, accompagné de trois étoiles d'or.

GRIEU, écuyer, sieur de Launoy, de Montval, de Saint-
Gilles, des Marets, du Castel, de Laillet, d'Estimanville, etc., élection de Pont - Audemer, maintenu le
16 décembre 1670 : d'argent, à trois grues de sable.

GRIEU, écuyer, sieur de Papirottes, élection de Lisieux, maintenu le 28 avril 1667 : de sable, à trois
grues d'argent; leurs vigilances d'or.

GRIMOULT, écuyer, sieur de la Motte, d'Hablaville,
d'Amion, etc., élection de Bayeux, maintenu le 3
avril 1667 : de sable, frêté d'argent, semé de grillets
d'or dans les claires-voies.

GRIMOUVILLE, écuyer, sieur dudit lieu, de la Lande,
d'Hauteville, du Mesnil, de Vaux, etc., élection de
Falaise, maintenu le 27 mai 1667 : de gueules, à trois
étoiles d'argent.

GRIP, écuyer, sieur de Savigny, élection de Valogne :
d'azur, à la foi d'argent; au chef du même, chargé
d'une étoile de sable, accostée de deux croissants du
même.

GRIPEL (du), écuyer, sieur de Perrigny, de Beauvais,
de la Landelle, etc., élection de Domfront, maintenu
le premier décembre 1667 : d'azur, à trois fasces d'or.

GRIPIERE (de), écuyer, sieur du Quesnay, élection
de Pont-Audemer ; de gueules, à la croix d'argent,
cantonnée de quatre molettes d'éperon d'or.

GRIS (le), seigneur et baron de Montreuil, bailliage
d'Alençon : d'argent, à la fasce de gueules.

GRISELAINE, écuyer, sieur de Carbonnel, élection de
Valogne, maintenu en 1666 : d'azur, à une ancre d'or.

GRIS, (le), écuyer, sieur de Neuville, élection de Pont-
Audemer, maintenu le dernier février 1668 : d'azur,

au chevron d'or, accompagné de trois membres d'aigle d'argent, ceux du chef affrontés.

GROIGNEUX, écuyer, sieur de Courtoisnon et de Rouilles, élection de Mortagne, maintenu le 5 août 1666 : d'argent, à la croix de gueules, cantonnée en chaque canton de trois mouchetures de sable.

GROS (LE), élection de Carentan.

GROSMENIL, bailliage de Caux : de gueules, à trois fermaux d'argent.

GROSOURDY, seigneur de Saint-Pierre et du Chastel, élection de Pont-Audemer, maintenu le 25 juillet 1669 : de gueules, à la fasce d'argent, accompagnée d'un croissant et de deux étoiles mal-ordonnés du même.

GROSOURDY, écuyer, sieur de la Verderie, de Saint-Jores, des Fresnes, de Rouyerue, etc., élection de Bayeux, maintenu en 1666 : de gueules, à la fasce d'argent, accompagnée en chef d'un lambel, et en pointe de deux roses, le tout du même.

GROSPARMY, diocèse d'Evreux : de gueules, à deux jumelles d'hermine; au lion-léopardé du même en chef.

GROSSIN, écuyer, sieur du Breuil et de Saint-Thurien, généralité de Rouen.

GROUCHES : d'or, à trois fasces de gueules.

GROUCHY, écuyer, sieur de Creny et de Robertot, généralité de Rouen : d'or, frété d'azur; sur le tout un écusson d'argent, chargé de trois trèfles de sinople.

GROULART, chevalier seigneur et marquis du Grand-Torcy, élection d'Arques, maintenu le premier mars 1668 : d'azur, à trois châteaux d'or.

GRUEL, chevalier, seigneur de Barenton, de Thon-nois et de Digny, marquis de la Frette et d'Overty, généralité d'Alençon, maintenu le premier octobre 1668 : d'argent, à trois fasces de sable.

GRUEL, écuyer, sieur des Fossés et de Launay, élection d'Argentan, maintenu le 14 avril 1666 : d'azur, à trois grues d'argent.

GUARIN, élection d'Arques : d'azur, au dextrochère, tenant une épée d'argent garnie d'or, couronnée à la royale, et accostée de deux fleurs de lys du même.

GUEDIER, écuyer, sieur de Vienne, élection de Pont-Audemer, maintenu le 2 septembre 1667 : de gueules, au lion d'or, adextré en chef d'une molette d'éperon d'argent, et senestré d'un croissant du même.

GUELLONÉ, écuyer, sieur de Manneville, élection d'Arques, maintenu le 12 mai 1677 : d'azur, à trois cœurs d'or; à la bordure de sable.

GUEMON, écuyer, sieur des Angles, généralité d'Alençon, maintenu le premier février 1667 : d'azur, à un ..... d'or, surmonté de deux molettes d'éperon du même.

GUENET, écuyer, sieur de Blardière, élection de Bernay, maintenu le 3 janvier 1667 : d'azur, au chevron d'or, accompagné de trois dauphins d'argent.

GUENNIER, écuyer, sieur de la Mare, élection de Pont-Audemer, maintenu le premier mars 1668 : de sable, à la croix écotée d'or, cantonnée au premier d'une tête de léopard d'argent, et aux trois autres cantons d'une molette d'éperon du second émail.

GUERARD, écuyer, sieur, de Boscheon, du Bourg, etc., élection de Caudebec, maintenu le 7 juillet 1667 : d'azur, au pégase d'argent.

GUERARD, écuyer, sieur de la Crique, Belmesnil, Languetot, etc., généralité de Rouen, maintenu le 9 juillet 1667 : d'azur, à trois fusées accolées en fasce d'or.

GUERARD, élection de Falaise.

GUERCHOIS (le), généralité de Rouen : d'azur, au lion d'argent, lampassé de gueules.

GUERÉ, écuyer, sieur des Motelles, d'Acqueville, etc., élection de Lions, maintenu le 13 février 1667 : d'azur, au chevron d'or, accompagné de cinq croissants d'argent, deux en chef versés, chargés chacun d'une merlette du second, et trois mal-ordonnés en pointe.

GUERET, élection de Vire, maintenu en 1666 : d'azur, au chevron d'or; *aliàs* d'argent, accompagné de trois pommes de pin versées du même.

GUERIN, écuyer, sieur de Tourville, Vaujour, etc., élection de Pont-Audemer, maintenu le 16 mars 1667 : d'or, à trois lions de sable.

GUERIN, écuyer, sieur de la Vidure, élection de Lisieux, maintenu le 12 mai 1667 : d'azur, à trois palmes rangées d'or; au chef cousu de gueules, chargé de trois roses d'argent.

GUERIN d'AGON généralité de Caen : d'azur, à trois

molettes d'éperon d'or; au chef de sable, chargé d'un lion naissant d'argent.

GUERNON, écuyer, sieur de la Fosse, Bures, Falligny, etc., élection de Bayeux, maintenu en 1666 : d'azur, au..... d'or, surmonté de deux molettes d'éperon du même.

GUEROULT, écuyer, sieur du Manoir, Grouville, etc., élection de Pont-de-l'Arche : d'azur, au chevron d'argent, accompagné de trois aiglettes éployées d'or ; au chef du même, chargé de trois têtes de lion de sable.

GUEROULT, écuyer, sieur de Saint-Etienne du Puis, etc., élection d'Arques, maintenu le 17 août 1668 : d'azur, à une épée d'argent en bande, côtoyée en chef d'un lion d'or.

GUEROULT, élection d'Arques : d'argent, à trois fers de pique de sable surmontant une branche de laurier, couchée et terrassée de sinople; au chef de gueules, chargé de trois étoiles d'or.

GUEROULT, écuyer, sieur du Mesnil-Mery, élection de Bayeux, maintenu en 1666 : d'azur, au chevron d'argent, accompagné de trois glands versés d'or.

GUEROULT, écuyer, sieur de Bellée, Riquesne, etc., élection de Carentan, maintenu en 1666 : de gueules, à trois lionceaux d'argent.

GUEROULT, généralité de Rouen : de gueules, à la fasce d'or, accompagnée de trois fermaux du même.

GUEROULT, écuyer, sieur de la Ferrière, Gohière, etc., élection de Mortagne, maintenu le 12 avril 1666 : d'argent, au chevron de gueules accompagné de trois glands tigés et feuillés de sinople, ceux en chef affrontés.

GUERPEL, écuyer, sieur du Val, de Louvières, de Bar, du Mesnil, Monchauvel, de Perleville, etc., élection d'Arques, maintenu le 2 juin 1666 : d'or, à la croix ancrée de gueules, cantonnée de quatre mouchetures de sable.

GUERPEL, seigneur d'Avernes, élection d'Arques, maintenu le 15 avril 1666 : d'or, à la croix ancrée de sable, cantonnée de quatre mouchetures du même.

GUERRIER, écuyer, sieur de la Mare, d'Estray, Palaisier, etc., élection de Pont-Audemer, maintenu le premier mars 1668 : de sable, à la croix d'or, cantonnée au premier d'un écusson d'argent, chargé de trois coqs du champ, et aux trois autres cantons de trois molettes d'éperon du second émail.

GUERSENT, écuyer, sieur d'Aigremont, Roullé, etc., élection d'Andely : d'argent, à trois fusées accolées en bande de gueules.

GUERVILLE, écuyer, sieur de Rapilly, élection de Falaise, maintenu le 3 mai 1667 : de gueules, à trois..... d'or.

GUESNON (DE), écuyer, sieur de Fontenelles, Beaulieu, etc., élection de Coutances, maintenu en 1666 : de gueules, au chevron d'argent, accompagné en chef de deux lionceaux affrontés, et en pointe d'un cœur, le tout du même.

GUESNON, sieur de Monthuchon, de Pontsanson, etc., élection de Coutances : d'azur, au chevron d'argent, accompagné en chef de deux étoiles du même, et en pointe d'une rose d'or.

GUESTIN, écuyer, sieur de Touraille, généralité d'Alençon.

GUESTRUES, élection de Gisors, maintenu le 7 septembre 1667 : d'azur, à la croix ancrée et alésée d'or, accompagnée en chef de deux molettes d'éperon d'argent, et en pointe d'un croissant du même.

GUETZ (DES), écuyer, sieur de la Potinière, de la Pommeraye, de Ruel, de la Pinardière, de Beaumarchais, etc., élection de Verneuil, maintenu le 15 mai 1667 : d'argent, au chevron de gueules, chargé de cinq besants du champ.

GUETZ (DES), écuyer, sieur de Belleville, généralité de Rouen, maintenu le 24 mai 1667 : d'argent, au chevron de gueules, chargé de cinq besants du champ ; à la bordure du second émail.

GUEUDEVILLE, généralité de Rouen.

GUEVET, élection de Viré : d'azur, au chevron d'or, accompagné de pommes de pin du même.

GUEY (DU), écuyer, sieur de la Fleurière, la Fresnée, etc., élection de Vire, maintenu en 1666 : de gueules, à la rose d'argent.

GUILBERT, élection de Bayeux, maintenu en 1666 : de sable, au chevron failli à senestre d'or, accompagné en chef de trois molettes d'éperon du même, et en pointe d'un lacs-d'amour d'argent.

GUILBERT, écuyer, sieur de la Rivière, élection de

Bayeux, maintenu en 1666 : de gueules, à deux bandes d'argent.

GUILBERT, écuyer, sieur de Sicqueville, généralité de Caen, maintenu le 13 février 1663 : de gueules, à trois bandes d'argent.

GUILBERT, écuyer, sieur de Gouin et de la Croix, élection de Bayeux, maintenu en 1666 : d'azur, à un lacs-d'amour de sable, accompagné de trois molettes d'éperon du même.

GUILLARD, écuyer, sieur de la Garenne, élection de Vire : de gueules, à deux bâtons de pèlerin, posés en chevron d'or, accompagnés de trois monts d'argent.

GUILLOTS, seigneur de Touffreville sur Ailly, généralité de Rouen.

GUIOT, élection de Lisieux, maintenu le 6 avril 1667 : d'azur, au chevron d'or, accompagné de trois champignons d'argent.

GUISCHARD, écuyer, sieur de Tilliers, généralité de Caen, maintenu en 1666 : de gueules, à trois grenades tigées d'or.

GUIRAN, chevalier, seigneur de Dampierre, Petiteville, Meules, etc., élection d'Arques, maintenu le 20 avril 1671 : d'azur, à la bande d'or, accompagnée de deux colombes d'argent, becquées et membrées de gueules, à la bordure engrêlée du même.

GUIRY-LE-PERCHEY, écuyer, sieur d'Ancourt, de Monneville, seigneur de Roussières, d'Incourt, etc., généralité d'Alençon, maintenu le 30 février 1668 : d'argent, à trois quintefeuilles de sable.

GUISENCOURT, écuyer, sieur de Travailles, du Handel, etc., élection d'Andely, maintenu le 18 février 1668 : d'or, à trois merlettes de sable.

GUILLON, écuyer, sieur de Villeberge, généralité de Caen, maintenu en 1666 : d'azur, à trois rocs d'échiquier d'argent.

GUYENNO, écuyer, sieur de la Fresnée, de Cérisy, des Bois, de Cully, etc., élection de Bayeux, maintenu en 1666 : d'or, à trois rocs d'échiquier de gueules.

GUYON, écuyer, sieur de Saussay, de Villers, de Fausseaux, la Vauguyon, etc., élection d'Argentan, maintenu le 27 août 1666 : d'argent, au cep de vigne pampré et terrassé de sinople, fruité de gueules, soutenu d'un échalas de sable.

H

HABEL, écuyer, sieur de Saint-Mirel, élection de Saint-Lô, maintenu en 1666 : d'or, à trois sangliers de sable. Les sieurs d'Eslermarque portent le champ d'argent.

HACHE (LA), écuyer, sieur de la Hacherie, généralité de Caen, maintenu en 1666 : d'azur, à trois tours d'hermine.

HAIS (DES), écuyer, sieur de la Cauvignière, élection de Lisieux, maintenu le 15 avril 1666 : d'azur, à trois fasces d'argent.

HAISTE, écuyer, sieur de la Glassonnière, la Fortinière, etc., élection de Bernay, maintenu le 30 octobre 1666 : d'azur, au lion d'argent.

HALLÉ, écuyer, sieur du Thuit, de Houlle, etc., élection de Lions, maintenu le 3 septembre 1666 : d'azur, à trois trèfles d'or.

HALLÉ, écuyer, sieur d'Orgeville : d'azur, à la fasce d'argent, chargée de deux étoiles de sable, et accompagnée de quatre autres étoiles d'or, trois en chef, et une en pointe.

HALLÉ, écuyer, sieur de Cerbourg, élection d'Andely, maintenu le 16 décembre 1670 : de gueules treillissé, d'argent.

HALLEBOULT, écuyer, sieur du Buisson, Taurville, etc., élection de Conches, maintenu le 28 février 1667 : d'azur, à trois coquilles d'or.

HALLEY, élection de Pont-l'Evêque, maintenu le 13 septembre 1669 : d'azur, à la croix ancrée d'argent, cantonnée de quatre coquilles du même.

HALLEY, comte de la Forrière, seigneur de la Chapelle-Buynel, élection de Domfront, maintenu le 3 avril 1667 : de sable, à deux fasces d'argent, au pal d'or brochant sur le tout.

HALLEY, élection de Vire : d'azur, au chevron d'argent, accompagné de trois trèfles d'or.

HALLOT, écuyer, sieur de Saint-Bertenin, Ponthus, etc., élection de Mortagne, maintenu le 22 février 1668 : d'argent, à deux fasces de sable, la première surmontée de trois annelets du même.

HAMEL (DU), écuyer, sieur du Vigner, généralité de

Caen, maintenu en 1666 : de sinople, à trois roses d'argent.

HAMEL (DU), généralité de Rouen : parti, au 1 d'argent, au lion de sable ; au 2 d'hermine, au chevron de gueules.

HAMEL (DU), écuyer, sieur de Cothan, Campion, etc., élection de Bayeux, maintenu en 1666 : de sable, à la croix échiquetée d'or et d'azur de deux tires, cantonnée de quatre têtes d'aigle d'argent.

HAMEL (DU), écuyer, sieur de Rochefort, élection de Saint-Lô, maintenu en 1666 : d'azur, à la fasce d'or, accompagnée en chef de deux étoiles d'argent, et en pointe d'un croissant du même.

HAMEL (DU), écuyer, sieur des Verrières, Fontaines, Préaux, etc., élection de Bayeux, maintenu en 1666 : d'azur, au chevron d'or, accompagné en pointe d'un croissant d'argent.

HAMEL (DU), écuyer, sieur des Saussayes, élection de Coutances, maintenu en 1666 : écartelé, au 1 et 4 d'or, au chevron de gueules, accompagné de trois têtes de limier de sable : au 2 et 3 de gueules, au sautoir échiqueté d'azur et d'or de deux tires, cantonné de quatre fleurs de lys du dernier émail.

HAMEL (DU), écuyer, sieur de Gouy, généralité de Rouen : d'argent, à trois chênes de sinople ; à la fasce d'azur, accompagnée de trois besants d'or, brochante sur le tout.

HAMEL (DU), écuyer, sieur de Boisferrand, la Fosse de Villechier, etc., élection de Mortain, maintenu en 1666 : d'azur, au chevron d'argent, accompagné de trois roses du même.

HAMEL (DU) : d'azur, au chevron d'or, accompagné de trois croissants d'argent.

HAMEL (DU), écuyer, sieur de Heron, la Ridollière, Resvintes, Beaufort, Savery, etc., élection de Verneuil : d'argent, au chevron de gueules.

HAMELIN, écuyer, sieur d'Espinay, généralité de Rouen, maintenu le 13 mars 1667 : d'argent, au chevron échiqueté d'or et de gueules de trois tires.

HAMELIN, généralité de Caen, maintenu en 1666 : d'azur, à la fasce cousue de gueules, chargée d'un poignard, la garde en haut d'argent, et accompagnée en pointe d'un lièvre du même; au chef d'argent, chargé de trois merlettes de sable.

HANTIER (LE), écuyer, sieur de la Barre, de Brac-tier, de Raveton, de Bizière, etc., généralité d'Alen-çon, maintenu le 20 avril 1666 : d'azur, à deux chevrons d'argent, accompagnés de trois molettes d'éperon du même.

HARCOURT, écuyer, sieur d'Olonde et de Cosseville, élection de Valogne, maintenu en 1666 : de gueules, à deux fasces d'or.

HARDELAY, écuyer, sieur de la Motinière, élection de Bernay : d'azur, à trois mains senestres d'or, et une rose du même, posée en cœur.

HARDEU, écuyer, sieur de Chapillard, Bellemont, Mar-bose, seigneur de Landir, Bonneval, etc., élection de Pont-Audemer, maintenu le 7 mars 1668 : d'azur, au cor-de-chasse, contourné d'or, lié de gueules, et sus-pendu à un rencontre de cerf du second.

HARDI, écuyer, sieur de Vicques et des Loges, géné-ralité d'Alençon, maintenu le dernier janvier 1667 : d'argent, au lion d'azur, surmonté de trois étoiles du même.

HARDIER, généralité de Rouen : d'azur, au chevron d'argent, accompagné de trois flammes d'or.

HARDOUIN, écuyer, sieur de Beaumont, élection de Coutances, maintenu en 1666 : d'argent, au sautoir d'azur, cantonné de quatre mouchetures de sable.

HARDOUIN, écuyer, sieur de Saint-Quentin, élection de Bernay : d'argent, au chevron d'azur, accompagné en chef de deux étoiles de gueules, et en pointe d'un cœur de même.

HARDY, écuyer, sieur de Champvallon, élection de Li-sieux, maintenu le 2 octobre 1667 : de gueules, au chevron d'or, accompagné de quatre lions, affrontés d'argent.

HARFLEUR, ville de Normandie : d'azur, à trois tours d'or, sommées chacune d'une fleur de lys du même.

HARIVEL, écuyer, sieur de Beaumanoir, de Hongny, du Boscagnes, élection de Vire, maintenu en 1666 : de gueules, à trois roses d'or.

HARNOIS, sieur d'Epreville, généralité de Rouen : de gueules, au chevron d'argent, accompagné en pointe d'un casque, grillé du même.

HASTES, écuyer, sieur de Susay, généralité de Rouen : d'azur, au lion d'or ; à la fasce d'argent et de gueules, brochante sur le tout.

HATTES, écuyer, sieur de la Haye, élection de Bernay : d'azur, au lion coupé de gueules et d'argent.

HAUCHEMAIL, écuyer, sieur des Hommes, élection de Carentan, maintenu eu 1666 : d'azur, au chevron d'argent, accompagné en chef de deux maillets d'or, et en pointe d'un croissant du même.

HAULLE (LA), élection de Valogne, maintenu en 1666 : d'argent, au chevron de gueules, accompagné de trois roses du même.

HAULLES (DES), écuyer, sieur de la Rue, de Bourjoie, de la Chapelière, etc., élection de Conches, maintenu le 6 juillet 1666 : d'argent, au chevron d'azur, accompagné de trois lionceaux de gueules.

HAUMONT, écuyer, sieur du Boulé, élection de Pont-de-l'Arche : d'azur, au chevron d'or, accompagné de trois croisettes du même ; au chef d'argent, chargé de trois couronnes d'épine de sinople.

HAUSSAY, écuyer, sieur de la Touche, élection de Falaise, maintenu le 30 juin 1666 : écartelé au 1 et 4 d'argent, à trois coquilles de sable ; au 2 et 3 de gueules, à cinq losanges d'or.

HAUTONNIERE (DE LA), écuyer, sieur de l'Etang et des Quatre-Masures, élection de Mortain.

HAUTEVILLE, élection de Coutances, maintenu en 1666.

HAUVEL, écuyer, sieur de la Morsanglier et d'Heuderville, élection de Pont-Audemer, maintenu le 23 janvier 1668 : d'azur, à une colonne d'hermine.

HAVRE (LE), ville de Normandie : d'azur, à la salamandre d'or, couronnée du même ; au chef cousu de France.

HAYE (LA), généralité de Rouen : d'or, au sautoir d'azur.

HAYE (LA), écuyer, sieur de la Picatière, de Lespinay, des Landes, de Coste, du Mont, etc., élection de Pont-Audemer, maintenu le 13 septembre 1667 : échiqueté de gueules et d'argent ; au chef de sable, chargé de trois besants d'or.

HAYE (LA), écuyer, sieur du Tertre, de la Lande, de Hudin, etc., élection d'Arques, maintenu le 12 septembre 1668 : d'azur, à la bande bretessée d'or, côtoyée en chef de trois merlettes d'argent, une sur chaque merlon.

HAYE (LA), écuyer, sieur de Lintot, élection de Caudebec, maintenu le 19 juillet 1667 : de gueules, au chevron d'or, accompagné de trois coquilles d'argent.

HAYE-MAGNEVILLE (LA) : de gueules, à l'aigle éployée d'argent, becquée et membrée d'or.

HAYE (LA), écuyer, sieur du Tertre, généralité de Rouen : d'azur, au chevron d'argent, accompagné de trois étoiles d'or.

HAYE (LA), écuyer, sieur d'Amfreville, élection de Montivilliers, maintenu le 13 mars 1667 : parti d'argent et de gueules; au chef de sable, chargé de trois besants d'or.

HAYE (LA), écuyer, sieur de la Porte, seigneur de Senoville, élection de Valogne, maintenu en 1666 : d'hermine, à un cœur de gueules ; au chef d'azur, chargé de deux flanchis d'or.

HAYE (LA), écuyer, sieur dudit lieu, de Coloncet, de la Barre, du Hommet, du Mesnil-Imbert, généralité d'Alençon, etc., maintenu le 13 avril 1666 : d'argent, à six losanges de gueules.

HAYER, écuyer, sieur de Sacy, de Beaulieu, de Lozier, etc., généralité d'Alençon, maintenu le 6 avril 1666 : de sable, à trois lances d'argent.

HAYER (LE), écuyer, sieur du Perron, généralité d'Alençon, maintenu le 30 novembre 1669 : d'or, au chevron de gueules, chargé de trois chevrons d'argent.

HAYER, écuyer, sieur de Semally, généralité d'Alençon, maintenu le 31 janvier 1666 : écartelé, au 1 et 4 d'or ; au chevron de gueules, chargé de trois croissants d'argent; au col d'argent, à la bande de gueules, côtoyée en chef d'une canette de sable.

HAYES (DES), écuyer, sieur de Gassard, élection de Pont-l'Evêque : à trois herses d'argent.

HAYES (DES), écuyer, sieur des Orgeries, élection de Lisieux, maintenu le 6 avril 1666 : d'argent, à une tige de sinople fleurie de trois roses de gueules.

HAYES (DES), écuyer, sieur de Fissemont, élection de Bernay, maintenu le 3 février 1667 : d'azur, à une rose tigée d'or, surmontée d'un soleil du même.

HAYES (DES), écuyer, sieur de Gauvinière, de Launay, de Saint-Clair, de Bonneval, etc., généralité de Rouen, maintenu le 13 novembre 1690 : de gueules, à la croix d'argent, chargée d'un croissant de sable, et de quatre merlettes du même.

HAZARDIERE (LA), écuyer, sieur de Saint-Aubin, de la Pierre, du Creuril, etc., élection de Carentan, maintenu en 1666 : d'hermine, au chef de gueules, chargé d'un léopard d'or.

HAZLEVILLE, chevalier, seigneur dudit lieu, élection de Chaumont, maintenu le 16 mars 1669 : d'azur, à la fasce d'argent, chargée de trois quintefeuilles d'azur.

HEBERT, écuyer, généralité de Rouen, maintenu le 16 juillet 1666 : d'argent, à la bande de sable, chargée de trois chouettes du champ.

HEBERT, écuyer, sieur de Rully, élection d'Evreux, maintenu le 7 septembre 1667 : d'azur, au chevron d'or, accompagné de trois merlettes d'éperon du même.

HEBERT, élection de Valogne, maintenu en 1666 : d'argent, au lion de sable, armé et lampassé de gueules.

HEBERT, écuyer, sieur du Boulon, élection de Pont-l'Evêque, maintenu le 13 février 1668 : d'argent, à trois fasces de gueules; à la bande du même, chargée de trois besants d'or, brochante sur le tout.

HEBERT, élection de Caen, maintenu en 1666 : d'argent, à deux fasces de gueules; à la bande du même, chargée de trois besants d'or, brochante sur le tout.

HEBERT, écuyer, sieur de Commes et du Bosc, etc., élection de Bayeux, maintenu en 1666 : d'argent, au lion de gueules.

HEBERT, écuyer, sieur du Breuil, élection de Bayeux, maintenu en 1666 : de gueules, à trois grenades d'or.

HECQUET, écuyer, généralité de Caen, maintenu en 1666 : coupé d'or et de gueules; à deux cors-de-chasse contournés de l'un en l'autre.

HECQUET, écuyer, sieur de Hauteville, du Mesnil, etc. coupé de gueules et d'or, à trois huchets de l'un en l'autre.

HELAINE, écuyer, sieur de Chanterie, généralité de Caen, maintenu en 1666 : d'azur, à une molette d'éperon d'or.

HELARD : de gueules, à la fleur de lys d'argent.

HELLANDE, bailliage de Caux : d'argent, à la bande de gueules, chargée de trois merlettes d'or.

HELLENVILLIER, écuyer, sieur d'Aurilly, élection de Verneuil, maintenu le premier septembre 1667 : d'argent, à la fasce de gueules, accompagnée de trois merlettes d'azur.

HELLOUIN, écuyer, sieur de Mesnilbut, de Revilly, de Boscage, etc., élection de Caudebec : d'azur, au chevron d'or, accompagné en chef de deux étoiles du même, et en pointe d'un fer de pique renversé d'argent.

HELYES, écuyer, sieur de Sables, de Lyserne, de Houtville, etc., élection de Bayeux, maintenu en 1666 : d'azur, au chevron d'argent, accompagné de trois glands d'or.

HEMERY, écuyer, sieur de Villiers, élection de Pont-l'Evêque, maintenu le 6 mars 1669 : de sable, au croissant d'or, posé au point d'honneur, et accompagné de cinq croissants du même.

HEMMONT, chevalier, seigneur de Rothois, élection de Neufchâtel, maintenu le 22 avril 1669 : d'azur, à la tour d'argent, maçonnée de sable, accostée de deux lions affrontés d'or, tenant chacun une hallebarde du même.

HENNEQUIN, écuyer, sieur de la Fague, de Saint-Aubin, de Vassy, etc., élection d'Evreux, maintenu le 16 août 1666 : d'argent, à la bande composée d'azur et d'or de six pièces.

HENNEQUIN, écuyer, sieur de Boismorin, élection d'Evreux, maintenu le 8 février 1667 : d'argent, à la bande composée d'azur et d'or de six pièces, surmontée d'un lambel du second.

HENNOT, écuyer, sieur de Brillevast, de Themeli, le Rosel, etc., généralité de Caen, maintenu en 1666 : de gueules, au croissant d'argent, accompagné de trois étoiles d'or.

HENNOT, écuyer, sieur de la Champagne et de Houssaye, élection de Valogne, maintenu en 1666 : d'or, à l'aigle de sable, becquée et membrée d'azur.

HENRIQUES de Rennevilas : d'argent, à deux clefs adossées d'azur, accostées de huit croissants appointés quatre à quatre, et accompagnées de trois fleurs de lys mal ordonnées d'or.

HENRY, seigneur de Troy, élection de Vire, maintenu en 1666.

HERAULT, écuyer, sieur de Bassecourt, des Croix, de Boulidier, etc., généralité de Caen, maintenu en 1666 :

d'argent, à trois canards de sable, becqués et membrés d'or.

HERBOUVILLE, chevalier, marquis de Saint-Jean, généralité de Rouen, maintenu le 20 avril 1667 ; écuyer, sieur du Harquet, élection de Caudebec, maintenu le 4 janvier 1668 : de gueules, à la fleur de lys d'or.

HERCÉ, écuyer, sieur dudit lieu, élection de Domfront, maintenu le 4 août : d'azur, à trois herses d'or.

HERCENT, écuyer, sieur de Mesniltoupied, généralité de Rouen.

HERICHÉ (LE), écuyer, sieur du Vigny, généralité de Rouen.

HÉRICY (LE), chevalier, seigneur d'Estrehan, baron de Montbray, de Fierville, etc., élection de Bayeux, maintenu en 1666 : d'argent, à trois hérissons de sable.

HÉRIS, écuyer, sieur du Mesnil, élection d'Arques, maintenu le 6 juillet 1670 : d'argent, à la bande d'azur, chargée de trois molettes d'éperon d'or ; à la bordure engrêlée de gueules.

HERMEREL, sieur de Belleval et de Couvert, élection de Bayeux, maintenu en 1668 : d'azur, à l'épervier d'or, longé, et grilleté et membré de gueules.

HERMITE (L'), écuyer, sieur de la Prée et du Petit-Roquemont, généralité de Rouen, maintenu en 1666 : d'azur, à la tour d'or.

HERMITE (L'), seigneur de Saint-Denis, élection de Mortagne, maintenu le 29 juin 1667 : écartelé au 1 et 4 d'azur, à trois gerbes d'or; au 2 et 3 d'argent, au rencontre de sable.

HERMITE (L'), écuyer, seigneur et baron de Fresnay, élection de Falaise, maintenu le 9 juin 1666 : tiercé en fasce, au 1er d'argent, à la fasce alésée et crénelée de deux pièces d'azur, au 2 de gueules, à trois croisettes réunies d'argent ; au 5 d'hermines.

HERMITE (L'), écuyer, sieur de la Morissière, élection de Mortagne, maintenu le 4 janvier 1666 : d'azur, à la fasce d'or, accompagnée en chef de trois étoiles d'argent, et en pointe d'un croissant du même.

HÉRON, écuyer, sieur de Neuville, de Bethencourt, de Pommerets, etc., maintenu le 8 juillet : écartelé au 1 et 4 d'azur, à la bande d'argent, chargée de trois aiglettes de sable ; au 2 et 3 d'azur, à trois pals d'or ; au chef cousu de gueules, chargé d'une bande d'argent.

HEROUVILLE, autrefois le LANDOIS, élection de

Bayeux, maintenu en 1666 : de gueules, à deux jumelles d'argent.

HERVIEU, écuyer, seigneur de Faux-Mesnil et de Cle-
ret, élection de Valogne : maintenu en 1666 : d'azur,
au chef d'argent, chargé d'un lion-léopardé de gueules.

HERVIEU, écuyer, sieur de Glands-Ils, élection de
Montivilliers, maintenu le 22 janvier 1667 : de gueules, au chevron d'or, accompagné de trois glands du
même.

HERVIEU, écuyer, sieur de la Hogue, généralité de
Caen, maintenu en 1666 : d'azur, à trois glands d'or.

HESBERT, écuyer, sieur des Angles, élection d'Arques ; d'azur, au chevron d'argent, chargé d'une coquille de sable, et accompagné de trois molettes d'é-
peron d'or.

HESCHAMP, écuyer, sieur d'Ypreville, généralité de
Rouen.

HETTEHOU, écuyer, sieur du Saussay et de Noirval,
élection de Bernay, maintenu le 9 avril 1666 : de sable, à trois croissants d'argent.

HEUDEY, sieur de Boquencé et de Pommainville, élection de Bernay, maintenu le 10 août 1667 : d'argent,
au lion d'azur, armé et lampassé du champ, chargé à
l'épaule d'une fleur de lys de gueules.

HENGLEVILLE, écuyer, sieur dudit lieu, généralité
de Rouen, maintenu le 20 juin 1666 : d'or, à deux fasces
de gueules.

HEURTAULT, généralité de Rouen : d'argent, à la fasce
d'azur, chargée de trois couronnes ducales d'or.

HEURTAULT, écuyer, sieur de Grachat, seigneur de
Lammerville et généralité de Rouen : d'azur, à trois
têtes d'aigles arrachées d'or.

HEUSE (LA), chevalier, seigneur de Gouy et de Bellen-
combre, généralité de Rouen : d'or, à trois housettes
de sable.

HEUSEY, écuyer, sieur de la Vallée, des Fontaines, de
Noé, du Taillis, etc., élection de Valogne, maintenu
en 1666 : d'argent, à une housette de sable, éperonnée
d'or; et posée en pal.

HEUSEY, généralité de Rouen : de gueules, à la fasce
d'argent, accompagnée en chef d'une croisette d'or et
en pointe de trois sonnettes du même.

HEUSTE, sieur de la Motte, généralité de Rouen.

HEUZARD, écuyer, sieur du Mesnil, élection d'Arques,

maintenu le 8 juillet 1667.: d'argent, à la croix de gueules, cantonnée de quatre aigles de sable, posées en bande et en barre.

HOCQUELUS, écuyer, sieur de Hautplessis, élection d'Arques, maintenu le 16 septembre 1667 : d'argent, au sautoir de gueules, denché de sable.

HOMME (du), écuyer, sieur de Chailly, élection d'Avranches, maintenu en 1666 : d'azur, au léopard d'argent, accompagné de six besants rangés d'or.

HOMMET (du), écuyer, sieur de Sartilly et de Cocqueville, élection d'Arques, maintenu en 1665 : d'argent, au sautoir d'azur.

HOMMETS (du), ancienne maison de Normandie, éteinte depuis plusieurs siècles : d'argent, à trois fleurs de lys de gueules.

HONFLEUR, ville de Normandie : de sable, à la tour d'argent, mouvante d'une mer d'azur, et accostée de deux fleurs de lys d'or ; au chef cousu de France.

HONNETS (des), généralité de Rouen : d'azur, à trois flammes d'or.

HONCOURT, écuyer, sieur de Beaumont, élection d'Andely, maintenu le 9 septembre 1668 : d'azur, à trois pals de sable.

HOOKE : écartelé d'argent et de sable, à la croix de l'un en l'autre, cantonnée au 1 et 4 d'une coquille de sable ; au 2 et 3 d'une coquille d'argent; à la fleur de lys d'or, posée en cœur.

HOQUELIS, écuyer, sieur des Is, élection d'Arques : d'argent, au chevron denché de gueules.

HOSTINGUE, écuyer, sieur de l'Isle, de Lomchamps, de la Brosse, etc., élection de Carentan, maintenu en 1666 : d'argent, à trois feuilles de sinople, et au croissant d'azur, posé en cœur.

HOTOT, bailliage de Caen : d'azur, semé de molettes d'éperon d'or; au lion du même, armé et lampassé d'argent brochant.

HOTOT, écuyer, sieur de Morou, d'Ouville, du Quesne, etc., élection de Bayeux, maintenu en 1666 : d'argent, à la fasce d'azur, accompagnée de quatre aiglettes de sable.

HOUDETOT, chevalier, seigneur châtelain d'Hérville et de Boisgribou, élection de Caudebec, maintenu le 16 juillet 1667 : d'argent, à la bande d'azur, bordée d'or, et chargée d'une chaîne de trois médaillons du même, celui du milieu chargé d'un lion, et les deux autres d'une aiglette.

HOUEL, écuyer, sieur du Tremblay, commune de la Pommeraye, baron de Morainville, élection de Pont-l'Evêque, maintenu le 2 mars 1671 : palé d'or et d'azur.

HOUET, élection de Vire.

HOUETTEVILLE, seigneur du Mesnil-Hardrey, élection de Conches, maintenu le premier mars 1668 : d'argent, à la fasce de sable.

HOULAY, généralité de Rouen : d'azur, à trois lys de jardin d'or fleuris d'argent.

HOULAY (DU), écuyer, sieur de Goumis et de Frisol, élection d'Arques, maintenu le 19 février 1667 : d'azur, à trois soleils d'or.

HOULAY, écuyer, sieur de Labbraye, élection de Bernay, maintenu le 28 juin 1667 : d'azur, à trois coquilles d'argent.

HOULLET, à Rouen : d'azur, au cœur d'or, enflammé de gueules, percé de deux flèches d'argent en sautoir et sommé d'une croisette florencée du second émail.

HOUPPEVILLE DE NEUVILLETTE : d'argent, au chevron de gueules, accompagné en chef de deux merlettes de sable, et en pointe d'une ville du même, bâtie sur un tertre de sinople.

HOURDEL, écuyer, sieur de la Londe, élection de Bernay, maintenu le 5 avril 1666 : d'or, au lionceau de gueules, accompagné de trois trèfles de sinople.

HOUSSAY, écuyer, sieur de la Maillardière, élection de Lisieux, maintenu le 16 avril 1668 : de gueules, à trois feuilles de houx d'or.

HOUSSAYE (LA), écuyer, sieur du Mesnil, de Ramfroy, de Deron, etc., élection de Mortain, maintenu en 1666 : d'argent, à trois feuilles de houx de sinople.

HOUSSAYE (LA), écuyer, sieur de la Bissirye, de Bosjovin, de la Croix, etc., élection de Pont-Audemer, maintenu le 10 juillet 1670 : d'argent, à trois feuilles de houx de sable, et trois bâtons de même, pommetés de gueules, appointés en cœur.

HOUSSAYE (LA), écuyer, sieur de Tourville, de Boscouen, de la Croix-Rougemontier, etc., élection de Pont-Audemer, maintenu le 9 juin 1670 : d'argent, à un arbre alisé et terrassé de sinople, chargé de deux merlettes adossées et accompagnées en pointe d'une autre merlette, le tout de sable ; au lion-léopardé du même, brochant sur le fût de l'arbre.

HOUSSAYE (LA), écuyer, sieur d'Auville, élection de Valogne, maintenu en 1666 : d'argent, à trois feuilles de houx de sable, chargées chacune d'une croisette d'or.

HOUSSAYE (LA), écuyer, sieur dudit lieu, élection de Lisieux, maintenu le 20 avril 1668 : d'azur, à trois feuilles de houx d'or.

HOUSSAYE (LA), écuyer, sieur du Plessis et de Montreu, élection de Lisieux, maintenu le 12 avril 1667 : d'azur, au houx arraché et terminé de trois feuilles d'or.

HOUSSAYE (LA), écuyer, sieur du Couldray, élection de Lisieux, maintenu le 6 août 1667 : d'azur, à trois branches de houx de six feuilles, chacune d'or.   •

HOUSSU (LE), élection de Coutances, maintenu en 1666.

HOUTTEVILLE, écuyer, sieur de la Motte, élection d'Andely, maintenu le 14 juin 1670 : coupé de sable et d'or.

HOVART, écuyer, sieur de Colleville et de Bois-Poupin, élection de Pont-l'Evêque, maintenu le 29 novembre 1665 : d'azur, au chevron d'or, surmonté d'un croissant d'argent, et accompagné en chef de deux étoiles du second, et en pointe d'une hure de sanglier du même.

HUDEBERT, élection de Bayeux, maintenu en 1666 : d'argent, à deux palmes adossées et posées au chevron renversé de sinople ; au chef d'azur, chargé de trois roses du champ.

HUDEBERT, écuyer, sieur de Blancbuisson et du Val, élection de Lisieux, maintenu le 30 juin 1666 : de sable, à l'anille d'argent.

HUE, sieur de Montaigu et de Langoinière, élections de Bayeux et de Saint-Lô : d'azur, à la colombe d'argent, tenant en son bec un rameau d'olivier du même.

HUE, écuyer, sieur de Montrecy et de Launay, généralité de Caen, maintenu en 1667 : d'azur, à trois fasces d'or ; à la bande de gueules, chargée d'une coquille d'argent accostée de deux molettes d'éperon du même, brochante sur le tout.

HUE, écuyer, sieur de Caligny, de Langreun, seigneur de Saint-Germain, généralité de Caen, maintenu en

1666 : d'azur, à l'aigle d'argent, accompagnée en chef de deux étoiles du même.

HUE, écuyer, sieur de Tournetot, généralité de Caen, maintenu en 1666 : d'azur, à la fasce d'argent, accompagnée en chef de trois étoiles rangées d'or, et en pointe de trois croissants du même, posés deux, et un.

HUE, généralité de Caen : de gueules au cœur d'argent, accompagné de trois molettes d'éperon du même.

HUE, écuyer, sieur de Chalambert et de Lairondel, généralité de Caen, maintenu en 1666 : d'argent, à la bande de gueules, chargée de trois mouchetures du champ; à la bordure de gueules, chargée de huit coquilles d'or.

HUE, écuyer, sieur de Miromenil, de la Roque, de Vermanoir, de Boscdroit, de Cernières, etc., élections de Saint-Lô et de Bernay, maintenu le 7 août 1666 : d'argent, à trois hures de sanglier de sable.

HUE, écuyer, sieur Dufresnay, élection d'Argentan, maintenu le 17 juillet 1666 : d'azur, à la fasce d'or.

HUET, généralité de Caen : d'azur, à deux mouchetures d'argent en chef, à trois grillets du même en pointe.

HUET, écuyer : d'azur, au cerf d'or, issant d'une rivière d'argent; au chef cousu de gueules, chargé de trois molettes d'éperon du second émail. Cette famille s'est transplantée dans l'Orléanais.

HUILLARD, généralité de Rouen : de gueules, au mouton d'hermine.

HUILLIER (L'), généralité de Rouen : d'argent, à trois quintefeuilles de gueules.

HULLIN, écuyer, sieur de Neufbourg, élection d'Arques : d'argent, à la fasce d'azur, chargée de trois coquilles du champ, et accompagnée de trois croix de Malte de gueules.

HURARD, écuyer, sieur de Catillon, généralité de Rouen.

HURE, écuyer, sieur de Boisdriet, élection de Bernay, maintenu le 7 avril 1666 : d'argent, à trois hures de sanglier de sable.

HUREL, écuyer, sieur de Grainville-sur-Eleury et de Canteloup-le-Bocage, généralité de Rouen : d'argent, à la hure de sanglier de sable, accompagnée de trois besants d'or.

HUREL, écuyer, sieur du Hugues et de la Londe, élection de Carentan, maintenu en 1666 : d'argent, à la fasce de gueules, accompagnée de trois trèfles de sinople.

HURLEBIE, élection de Valogne.

HUYARD, écuyer, sieur de Montagny, élection de Lions, maintenu le 23 décembre 1670 : d'argent, à trois trèfles de sable.

I

IMBERT, élection de Valogne, maintenu en 1666 : de gueules, à trois aiglons d'or.

ILLES (DES), écuyer, sieur de la Vallée, du Plessis, de Bretanville, etc., élection de Coutances, maintenu en 1666 : d'argent, au lion de sable, armé et lampassé de gueules, ayant à l'extrémité de la queue une étoile du champ, à la bordure engrêlée de gueules.

ILLIERS (D'), écuyer, sieur des Tanges, et de Vimel, élection de Verneuil, maintenu en 1666 : d'or, à six annelets de gueules.

IMBERT, élection de Valogne, maintenu en 1666 : de gueules, à trois aiglons d'or.

IMBREVAL, écuyer, sieur de Bretel, de Fontenelle, d'Euvrenpel, de Brehencourt, etc., élection d'Arques, maintenu le 10 décembre 1670 : de gueules, à trois quintefeuilles d'or.

ISLES (DES), écuyer, sieur de la Liberdière, élections de Carentan et de Coutances, maintenu en 1666 : d'argent, au lion de sable, armé et lampassé de gueules.

ISNEL, chevalier, seigneur de Saint-Gilles, de Crettot, de Turgautail, élection de Caudebec, maintenu le 24 juillet 1667 : de gueules, au lion d'or.

J

JACQUESON, généralité de Caen, maintenu en 1666 : de sable, à l'aigle d'or.

JALLOT, écuyer, sieur de Saint-Remy et de Susanne, seigneur de Chastelans et de Beaumont, élection de Valogne, maintenu en 1666 : d'azur, au chevron d'argent, chargé de trois merlettes d'azur, et accompagné de trois trèfles d'or.

JAMBON, élection de Lisieux, maintenu le 14 mai 1666 : d'argent, à un rameau de deux branches de laurier de sinople ; au chef d'azur, chargé de trois molettes d'éperon d'or.

JAMÈRE, écuyer, sieur de la Meilleraye, élection de Falaise, maintenu le 27 août 1666 : de sable; à la bande d'or, accompagnée de six coquilles du même, posées en orle.

JAMET, écuyer, sieur de Bassecourt, généralité de Rouen.

JAMOT : d'azur, à trois fleurs de lys au pied nourri mal-ordonnées d'argent ; à l'épée du même en pointe, couronnée d'or.

JARDINS (des), écuyer, sieur de Saint-Remy et de la Haye, vicomte de Lions, élection de Lions, maintenu le 18 juillet 1668 : de gueules, à un écot de six branches d'or, posé en pal, chaque branche chargée d'une merlette de sable.

JEAN, écuyer, sieur de Montjean, élection de Falaise, maintenu le 23 juin 1666 : d'azur, à la fasce d'argent, chargée d'un corbeau de sinople, tenant une branche de laurier du même, et accompagnée de trois étoiles d'or.

JEAN, écuyer, sieur de Versainville, élection de Falaise, maintenu le 3 janvier 1667 : d'azur, à trois glands versés d'or.

JEANNÉ (le), écuyer, sieur du Rocher, élection de Falaise, maintenu le premier janvier 1668 : d'azur, à une montagne alésée d'argent, surmontée de deux étoiles du même.

JOIGNY, chevalier, seigneur de Bellebrune, du Parc, de Blondel, etc., élection de Lions : de gueules, à l'aigle d'argent, becquée et membrée d'azur.

JOLIS (le), écuyer, sieur de Neudy, de Villiers, de Rochefort, du Jonquay, etc., élection de Carentan, maintenu en 1666 : d'azur, au chevron d'or, accompagné de trois aiglettes d'argent.

JOLY, écuyer, sieur de Scavarel, élection de Verneuil : d'azur, à l'arbre arraché d'or, chargé sur la cime d'une canette du même.

JORTS, seigneur de Genteville, élection de Pont-l'Évêque, maintenu le 4 mai 1670 : d'azur, au chevron d'or, accompagné de trois coquilles d'argent.

JOSEL, élection d'Arques, maintenu le 17 janvier 1668 : d'azur, à la bande d'or.

JOSET, écuyer, sieur de Vieux, élection de Carentan,

maintenu en 1666 : d'argent, à douze mouchetures de sable, 4, 4 et 4.

JOUANNE, écuyer, sieur de la Bonneterie, élection de Falaise : d'azur, au cœur d'argent, accompagné de trois croisettes d'or.

JOUENNE, généralité de Rouen de gueules, à la fasce d'argent, accompagnée de trois étoiles d'or.

JOUENNE, seigneur d'Esgrigny, du Mesnil, d'Hervilly de la Fontenelle, etc. : d'azur, à trois croisettes potencées d'or.

JOUHAN, écuyer, sieur de la Porte, Bauduenville, Vercugène, la Roque, etc., élection de Valogne, maintenu en 1666 : d'argent, à six roses de gueules.

JOURDAIN, écuyer, sieur de Saint-Sauveur, élection de Bayeux, maintenu en 1666 : d'argent, à la bande d'azur, chargée de trois flanchis du champ, et accostée de deux tourteaux du second émail.

JOURDAN, élection de Valogne : d'azur, à la masse d'or en bande, côtoyée en chef d'une cigale du même.

JUBERT, chevalier, seigneur de Brecourt, Senancourt, etc., généralité de Rouen, maintenu le 13 août 1666 : écartelé, au 1 et 4 d'azur, à la croix alésée d'or ; au 2 et 3 d'azur, à cinq fers de pique d'argent, posés trois et deux.

JUCHERAU DE SAINT-DENYS : de gueules, à une tête de Saint-Denis d'argent.

JUCTEL, élection de Carentan, maintenu en 1666.

JUCHARD : de gueules, à la croix florencée d'argent.

JUHÉY, écuyer, sieur de Vaufleury, élection de Mortain, maintenu en 1666 : d'azur, au chevron d'or, accompagné de trois coquilles du même.

JULIEN, écuyer, sieur d'Arpentigny, élection de Valogne, maintenu en 1666 : d'azur, à une épée d'argent en pal, garnie d'or, la pointe en haut, accostée de deux lions affrontés du même.

JULIOTTE, écuyer, sieur de Roussillon, généralité d'Alençon, maintenu le 31 janvier 1667 : d'azur, au chevron d'or, accompagné de trois étoiles du même.

JUMEL, baron de Lisors, élection de Pont-l'Evêque, maintenu le 8 septembre 1666 : de gueules, à l'aigle éployée au vol abaissé d'argent ; au chef cousu de sinople, chargé de trois molettes d'éperon du second émail.

JUMILLY, écuyer, sieur dudit lieu, élection de Domfront : d'or, à trois trèfles de sinople, et une rose de gueules en cœur.

JUVIGNY, écuyer, sieur de Saint-Nicolas, de Galle, etc.,
élection de Coutances, maintenu en 1666 : d'argent, à
la croix ancrée de gueules.

L

LABBÉ, écuyer, sieur des Offieux, généralité d'Alençon,
maintenu le 27 juillet 1667 : d'or, au chevron d'azur,
accompagné en chef de deux molettes d'éperon de sable,
et en pointe d'une rose de gueules.

LAIGNEL, écuyer, sieur des Marbœufs.

LAILLET, écuyer, sieur de Saint-Pierre, généralité de
Rouen, maintenu le 7 février 1667 : d'azur, au lion
d'or.

LAILLIER, écuyer, sieur d'Engneville, généralité de Caen,
maintenu en 1666 : de gueules, à trois alérions d'argent.

LAISNÉ, sieur de Sintot, généralité de Rouen.

LAISNÉ, seigneur de Torchant, élection de Domfront,
maintenu le 13 août 1666 : d'azur, au chevron d'argent,
accompagné en chef de deux étoiles d'or, et en pointe
d'un croissant du même.

LAISNÉ, élection de Valogne, maintenn en 1666.

LAISTRE (DE), élection de Neufchâtel : d'azur, à trois
couteaux d'argent emmanchés d'or.

LALLOGNY (DE), écuyer, sieur de Durville et du
Mesnil-Troussay, baron de Coutteville, élection de Falaise et généralité de Caen, maintenu en 1666.

LAILLOUEL, sieur de Champeaux et de Beuvreuil,
généralité de Rouen.

LAMBERT, écuyer, sieur de Fourmentin d'Herbigny,
du Mont-Saint-Jean, etc., généralité de Rouen, maintenu le 16 janvier 1668 : d'azur, au lion d'or; au chef
cousu de gueules, chargé de trois étoiles d'argent.

LAMBERT, écuyer, sieur de Lambermont, du Buisson, etc.
élection d'Andely, maintenu le 27 août 1668 : d'argent,
à trois bandes de sable.

LAMBERT, écuyer, sieur du Fresne, élection de Bayeux,
maintenu en 1666 : de gueules, au chevron d'argent, accompagné en chef de deux croissants d'or, et en pointe
d'une étoile du même.

LAMPERIÈRE, écuyer, sieur de Montigny, élection de
Valogne, maintenu le 15 janvier 1667 : d'azur, à deux
lampes d'argent, allumées de gueules, surmontant un
lion-léopardé d'or.

LAMY, chevalier, baron de Tubœuf, seigneur et patron

de Saint-Michel de la Forest, généralité de Rouen : d'or, à trois étoiles de gueules.

LANCESSEUR, écuyer, sieur de la Pollivière, élection d'Avranches, maintenu en 1666 : d'argent, à trois tourteaux d'azur.

LANCIZE, écuyer, sieur du Hamel, la Jussinière, etc., élection d'Avranches, maintenu en 1666 : d'argent, à trois canards de sable, becqués et membrés de gueules.

LANDE (la), écuyer, sieur dudit lieu, de Serquex, Saudrancourt, élection d'Evreux, maintenu le 31 octobre 1668 : de sable, à trois molettes d'éperon d'or.

LANDE (la), écuyer, sieur de Saint-Jean du Corail, élection d'Avranches, maintenu en 1666 : coupé, au premier d'argent, au lambel de gueules; au second d'azur.

LANDE (la), écuyer, sieur des Costils, d'Ouilly, etc., élection de Falaise, maintenu le 3 mai 1667 : d'argent, au sautoir de gueules.

LANDES (des), écuyer, sieur de la Heuserie, Blainville, etc., élection de Domfront : d'azur, au chevron d'or.

LANDOIS (le), voyez d'Hérouville.

LANFERNANT, élection de Verneuil : d'azur, à trois losanges d'or.

LANGEVIN, écuyer, sieur de la Planquère, élection de Carentan, maintenu en 1666 : de gueules, à la croix d'or, cantonnée de huit molettes d'éperon d'argent.

LANGLE (de), écuyer, sieur de Mosny, d'Ardez, etc., élection d'Evreux : d'azur, à la fasce d'or, accompagnée en chef de deux glands, et en pointe d'une rose, le tout du même.

LANGLOIS, écuyer, sieur de Beauvais, élection d'Arques, maintenu le 26 décembre 1666 : de gueules, à trois épieux d'argent.

LANGLOIS, écuyer, sieur de la Cour, de Monteville, Tournehuit, Chapelle, d'Estantot, Saumoné, etc., élection de Coutances, maintenu le 21 juillet 1668 : d'azur, à deux croisettes rangées d'or, accompagnées de trois molettes d'éperon d'argent.

LANGLOIS, élection de Valogne, maintenu en 1666 : d'or, au chevron de gueules, accompagné de trois cosses de pois anglais de sinople.

LANGLOIS, écuyer, sieur de la Chaise, élection d'Argentan, maintenu le 31 janvier 1666 : d'azur, au chevron d'or, accompagné de trois annelets du même.

LANGLOIS, chevalier, seigneur de Courmoulins et de Motteville : d'or, à deux lions-léopardés de gueules ; au chef d'azur, chargé de trois besants du champ.

LANGLOIS, sieur de la Bouderie, élection d'Avranches : d'azur, au chevron d'argent, accompagné en chef de deux aiglettes d'or, et en pointe d'une étoile du même.

LANGLOIS, sieur de Joinville, généralité de Rouen.

LANGLOIS DE CRIQUEBEUF : d'argent, au lion de gueules ; au chef d'azur, chargé de trois molettes d'éperon d'or.

LANGLOIS, écuyer, sieur de Ferville, des Fontaines, etc., élection d'Argentan, maintenu le 8 mars 1667 : d'azur, au chevron d'or, accompagné en chef de deux aiglettes au vol abaissé, et en pointe d'un croissant, le tout du même.

LANGLOIS, écuyer, sieur de la Métairie, élection de Falaise, maintenu le 30 mai 1667 : d'argent, à trois cœurs, surmontés d'une divise, le tout de gueules ; à trois roses du même, rangées en chef.

LANGUEDOR, sieur de Bois-le-Vicomte, généralité de Rouen.

LANOY, seigneur de Criqueville, de Clermont, etc. : d'argent, à l'aigle de sable.

LANTERNIER, écuyer, sieur de Saint-Amand, élection de Caudebec, maintenu le 4 juin 1668 : d'azur, à trois fallots d'argent, emmanchés d'or et garnis de sable.

LARCHER, écuyer, sieur de Camperron, élection de Bayeux, maintenu en 1665 : d'argent, au porc hérissé de sable.

LARCHER, écuyer, sieur du Goulet, d'Auberville, etc., élection de Bayeux, maintenu en 1666 : de gueules, au porc hérissé d'argent.

LARCHIER, sieur de la Londe, élection de Bayeux, maintenu en 1666 : de gueules, au porc-épic d'argent ; au chef cousu d'azur chargé de trois arcs d'or.

LARCHIER, écuyer, sieur de Gonneville, la Chesnaye, Muttot, Martainville, Courturelle, etc., élection de Pont-Audemer, maintenu le 23 août 1668 : de sable, au porc hérissé d'or.

LARGE (le), écuyer, sieur de Goustanville, généralité de Caen, maintenu en 1666 : d'or, à l'aigle éployée de sable.

LARREY, écuyer, sieur de Lizeurmont, de Crasmesnil, de Vaufouquet, etc., élection de Montivilliers : de sable, au chevron d'argent, accompagné en pointe d'une molette d'éperon d'or ; au chel du même, chargé de trois croissants d'azur.

LARREY : d'or, à neuf losanges d'azur.

LASSEUR, écuyer, sieur de la Coquardière, la Mauvaisinière, la Baudrière, Vigannière, Lombaut, etc. : de gueules, au chevron d'argent, accompagné de trois coqs d'or.

LASTES, élection de Montivilliers : écartelé, au 1 de gueules à la tour d'or ; au 2 d'azur au croissant d'argent ; au 3 d'azur, au dextrochère d'or, tenant une épée du même ; au 4 de gueules, au lion d'or.

LASTRES, chevalier, seigneur de Mondeville, généralité de Rouen : d'or, à la fasce d'azur ; au lambel du même.

LAT (DE), écuyer, sieur de Hautecourt, élection de Lions : d'argent, à la bande de gueules, chargée de trois besants d'or.

LAUBERIE, *aliàs* MIETTE, écuyer, sieur du Mesnil-Raoul, élection de Saint-Lô : de gueules, à trois moutons d'or.

LAUDIER, écuyer, sieur de Beauvais, la Crochardière etc., généralité d'Alençon, maintenu le 22 février 1668 : d'azur, au chevron d'or, accompagné de trois pommes de grenade du même,

LAUNAY, écuyer, sieur de Ristay-du-Brière, Buisson, Cochet, la Gujon, Belle-Fontaine, généralité d'Alençon, maintenu le 7 septembre 1666 : fascé de vair et de gueules ; à la champagne d'argent.

LAUNEY, écuyer, sieur de Villarmois, Courcy, etc., élection de Carentan, maintenu en 1666 : d'hermine, à trois pots à anse de gueules.

LAUNOY, écuyer, sieur de Mont-David, Petitville, etc., élection de Pont-l'Evêque, maintenu le 3o janvier 1668 : d'argent, à l'aigle de sable, becquée et membrée de gueules.

LAVAL, chevalier, marquis de Tartigny, Gournay etc., élection de Verneuil maintenu le 3 novembre 1666 : d'or, à la croix de gueules, chargée de cinq coquilles d'argent, et cantonnée de seize alérions d'azur.

LAVAL, écuyer, sieur dudit lieu, élection de Falaise : de contre-hermine.

LEAU, écuyer, sieur de Fay, élection de Gisors et Pontoise : d'or, à la fasce d'azur, accompagnée de trois roses de gueules, et de trois molettes d'éperon mal-ordonnées de sable.

LEDO, écuyer, sieur du Val, élection de Pont-Audemer : d'argent, à trois fasces de gueules; à la bordure d'azur, chargée de huit besants d'or.

LEMPÉRIÈRE, élection de Valogne, maintenu en 1666 : de gueules, à un pot de fleurs composé de deux roses d'argent, tigées et feuillées de sinople, surmontées d'une rose sans tige du second émail.

LENFANT, généralité de Caen, maintenu en 1666 : d'azur, à un croissant d'or ; au lambel d'argent.

LENTRIN, écuyer, sieur de la Rivière, la Couronne, etc., élection de Bayeux, maintenu en 1666 : de gueules, au croissant d'or ; au lambel d'argent.

LENUBAC, généralité de Caen.

LÉONARD, élection de Bayeux, maintenu en 1666, d'azur, au lion d'or, accompagné de trois flammes cousues de gueules.

LÉPÉE (DE), sieur de Cauvigny, élection de Falaise.

LEPEINTEUR DE MARCHÈRE, maintenu le 14 mai 1666 : d'argent, au chef de gueules, chargé de trois roses d'or.

LESCALLÉ, écuyer, sieur de Longlée, généralité d'Alencon : coupé, au premier d'or, à l'aigle éployée de sable ; au second de gueules, à la herse d'argent.

LESCALLEY, élection de Bayeux, maintenu en 1666, d'azur, à trois casques ou heaumes d'or.

LESCHAMPS, écuyer, sieur dudit lieu, élection de Mortagne, maintenu le 12 août, 1666 : d'argent, à la croix d'azur, chargée d'une coquille d'or, et cantonnée de douze merlettes de gueules.

LESDO, seigneur de Valiquerville et de Saint-Vallery, généralité de Rouen, maintenu le 19 octobre 1666 : d'azur, à la fasce d'argent, chargée d'un croissant de gueules.

LESGUET, élection de Lions, maintenu le 30 septembre 1669 : d'argent, à trois loups de sable.

LESNERAC, écuyer, sieur de Bavillon, généralité de Caen, maintenu en 1666 : de gueules, à trois aigrettes d'argent.

LESNERAC, écuyer, sieur du Bouillon, de Carrey, Mesniville, etc., élection de Bayeux, maintenu en 1666 : de gueules, au chevron d'or, accompagné de trois aigrettes du même.

LESPERON, écuyer, sieur d'Amfreville, généralité de Rouen, maintenu le 26 janvier 1666 : d'azur, au chevron d'argent, accompagné de trois molettes d'éperon d'or.

LESPINACE, à Bayeux, famille originaire de Guyenne : écartelé d'azur, chargé d'un croissant et de deux-étoiles d'argent.

LESSE, élection de Pont-Audemer : de gueules, à la fasce d'argent, accompagnée de quatre merlettes du même.

LESSELINE, élection de Bayeux, maintenu en 1666 : d'azur, au chevron d'or, accompagné en chef de six billëttes, et en pointe de trois épées la pointe en bas, le tout du même.

LESTRE, élection de Gisors : d'azur, à trois mains dextres renversées d'or.

LÉTABLIE (DE), élection de Carentan, maintenu en 1666.

LETOURMY, élection de Valogne.

LETTRE (DE), écuyer, sieur de Saint-Martin-du-Manoir, élection de Montivilliers : palé d'argent et d'azur ; au chevron de gueules, brochant sur le tout ; alias, d'or, à la bande denchée de gueules.

LEVEMONT, écuyer, sieur de la Tourelle, de la Marche, de Sainte-Marie-des-Champs, élections de Gisors et Pontoise et d'Andely, maintenu le 23 décembre 1666 : d'azur, à trois fasces d'argent ; à une manche mal-taillée de gueules, brochante sur le tout.

LEZEAUX, écuyer, sieur du Mesnil, élection d'Avranches, maintenu le 17 juillet 1666 : d'azur, au chef d'or, chargé de trois merlettes de gueules.

LHOSTE, écuyer, sieur et patron de Livry et de Caumont, élection de Bayeux.

LIBERGE, écuyer, sieur des Prandes, vicomte de Chauffráy, élection de Bernay : écartelé, au 1 et 4 d'azur, au lion d'or ; au 2 et 3 d'or, mi-parti de gueules, à l'aigle éployée d'or.

LIÉE, voyez LYÉE.

LIEPVRE (LE), écuyer, sieur de la Houssière, élection de Pont-Audemer, maintenu le 14 avril 1668 : d'azur, au chevron d'or, accompagné en chef de deux croissants d'argent, et en pointe d'un lièvre du même.

LIEPVRE, (LE), écuyer, sieur de Chanteraynes, du Val, Maux des Portes, etc., élection de Lions : d'azur, à la croix ancrée et alésée d'argent, accompagnée de trois croissants du même.

LIESSELIN, élection de Bayeux, maintenu en 1666 : d'azur, à la fasce d'argent, accompagnée en chef d'un le-

vron courant du même, et en pointe d'un croissant d'or ;
au chef du même, chargé d'une rose de gueules.

LIEUR (le), écuyer , sieur de Sainte-Catherine, élection
de Pont-de-l'Arche : d'or à la croix denchée de gueules,
cantonnée de quatre têtes de femme d'azur.

LIEURAY, écuyer, sieur d'Omonville, seigneur du Cormier , élection de Conches , maintenu le 1 décembre
1667 : d'azur, à la bande d'or, chargée de deux flanchis de gueules, et accostée en chef de deux roses d'argent, et en pointe de deux molettes d'éperon du second
émail.

LIÈVRE (le), écuyer , sieur de Commune , généralité
de Caen, maintenu en 1666 : de gueules, à la croix
ancrée et alésée d'argent, accompagnée de trois croissants
du même.

LIÈVRE (le), écuyer , sieur de Fontenay, du Raoul,
Lessay, etc., élection de Carentan, maintenu en 1666 :
de gueules, à une fleur de lys d'or, abaissée sous deux
croisettes du même.

LIMOGES, écuyer , sieur du Fayet, Saint-Just, seigneur
de St. Sacus, Saccanville, Beuzeville, etc., élection de
Neufchâtel, maintenu le 13 janvier 1668 : d'argent, à six
tourteaux de gueules.

LINTOT, écuyer, sieur de Sanqueville, du Bois-Hulin,
élection d'Arques, maintenu le 25 juillet 1667 : d'azur,
au sautoir d'argent, cantonné de quatre aiglettes au
vol abaissé de même.

LISIEUX, ville de Normandie : d'azur, à une crosse d'or en
pal, accostée de deux fleurs de lys du même.

LISLE, écuyer, sieur de Verdière, élection de Pont-Audemer, maintenu le 6 avril 1669 : de gueules, à la fasce
accompagnée de sept merlettes, quatre rangées en chef
et trois en pointe, le tout d'argent; au lambel du même.

LITTEHAIRE, élection de Carentan : de gueules, à deux
fasces d'or, accompagnées de six croisettes du même;
alias d'argent, à la tierce en fasce; de gueules.

LIVET , écuyer, sieur de Bruzeville, élection de Pont-
Audemer, maintenu, le 21 septembre 1668 : de gueules,
à trois pals abaissés d'argent; au chef cousu d'azur, chargé
d'une molette d'éperon d'or, accostée de deux merlettes
du même.

LIVET, écuyer, sieur de Saint-Léger, Caillouet, de Barville, élection de Pont - Audemer, maintenu le 31 décembre 1667 : d'azur, à trois molettes d'éperon d'or.

LIVET, dit le QUEU, écuyer, sieur d'Arentot, généralité de Rouen, maintenu le 21 juillet 1668 : d'argent, à la croix de gueules, engrêlée de sable ; à la bordure du second émail.

LIVRE (DU), écuyer, sieur de Villeneuve, élection de Pont-l'Evêque, maintenu le 27 août 1668 : d'azur, au chevron d'argent, accompagné de trois molettes d'éperon du même.

LIVRÉE, sieur de la Fontaine, élection de Carentan, maintenu en 1666 : de gueules, à deux croissants d'argent, et une fleur de lys d'or en pointe.

LŒUVRE, sieur de Vidal, élection de Valogne, maintenu le 19 octobre 1672 : d'argent, à la fasce de gueules.

LOGÉ, écuyer, sieur du Plessis, élection de Falaise, maintenu le 27 juillet 1667 : d'argent, à trois quintefeuilles de sinople.

LOIR, écuyer, sieur du Lude, de Noirmare, etc., élections de Valogne et de Montivilliers, maintenu le 1 février 1667 : d'or, à trois fasces ondées de sinople.

LOISEL, écuyer, sieur de Saint-Léger, du Plessis, élection de Mortagne, maintenu le 4 avril 1667 : de sable, à trois croissants d'argent.

LOMBART, écuyer, sieur du Moutieret et de Malmains, élection d'Arques, maintenu le 1 février 1668 : de sable, à trois mains senestres d'argent.

LOMBELON, chevalier, seigneur des Essarts, élection de Conches, maintenu le 22 août 1666 : de gueules, au chevron d'or.

LONG (LE), écuyer, sieur du Longfonig, Cottentré, du Mesnil, élection d'Arques, maintenu le 27 août 1668 : d'or, au sautoir dentelé de sable, cantonné de quatre têtes de léopard de gueules.

LONG (LE), élection de Valogne, maintenu en 1666.

LONGAUNAY, seigneur de Fronqueville, élection de Bayeux : d'azur, au sautoir d'argent.

LONGCHAMPS (DE), chevalier, seigneur d'Enouville, généralité de Rouen : d'azur, à trois croissants d'or.

LONGUEIL, écuyer, seigneur de Vitrolle, baron de Rissé, marquis de Maisons, etc, : d'azur, à trois roses d'argent ; au chef d'or, chargé de trois roses de gueules.

LONGUEJOUE, généralité de Rouen : de gueules, à trois grappes de raisin d'or ; famille originaire de Paris.

LONGVILLERS, famille ancienne, éteinte dans le quatorzième siècle : de sinople, à trois fasces d'or ; alias de sinople, fretté d'argent.

LONLAY, écuyer, sieur de Lignères, dès Buats, de Launay, d'Estay du Mesnil-Broust, de Sainte-Catherine, de Villepaille, etc., généralité d'Alençon, maintenu le 22 avril 1667 : d'argent, à trois porcs de sable, et une fleur de lys de gueules en cœur.

LORGET, généralité de Rouen : de gueules, à la gerbe d'or ; au chef d'argent.

LORMONE, écuyer, sieur du Bois-de-la-Pierre, Barre, Griffonnière, Normandière, etc., élection de Verneuil, maintenu le 8 octobre 1666 : d'argent, à trois girons appointés en chef de gueules ; au chef d'azur, chargé de trois glands d'or.

LOSQUET, écuyer, sieur de Saint-Sauveur, élection de Lions, maintenu le 3 septembre 1669 : d'argent, à trois loups de sable.

LOUBERT, écuyer, sieur de Martainville, Longueraye, Revilly, etc., élection d'Evreux, maintenu le 18 août 1666 : de sable, à trois épis de blé d'or.

LOUCELLES, écuyer, sieur de Mauny, du Fournet, etc., élection de Bayeux, maintenu en 1666 : de gueules, à une quintefeuille d'argent ; au chef d'hermine.

LOUET (le), écuyer, sieur de Beauchamps, élection de Valogne, maintenu en 1666 : de sable, à trois œillets d'or.

LOUIS, sieur Perlée, généralité de Rouen.

LOUIS, écuyer, sieur de la Grosdière, élection de Lisieux, maintenu le 24 août 1666 : d'azur, à la croix d'argent, cantonnée de quatre aiglettes au vol abaissé du même.

LOUIS, élection de Caen, maintenu en 1666.

LOUP (le), écuyer, sieur du Jardin, élections de Gisors et Pontoise, maintenu le 15 novembre 1668 : de gueules, à deux épées d'argent, garnies d'or, passées en sautoir, accompagnées de trois molettes d'éperon d'argent.

LOUP (de), écuyer, sieur de Limarest, élection de Carentan, maintenu le 17 octobre 1665 et au mois d'avril 1666 : d'argent, au chevron d'azur, chargé d'une croix d'or et de deux mouchetures du champ, et accompagné de trois roses de gueules.

LOUPIÈRES, élection de Bayeux, maintenu en 1666 : échiqueté d'or et de gueules ; au chef d'argent, chargé d'un loup de sable.

LOUREUX (le), écuyer, sieur de Pierrefitte, élection de Mortagne, maintenu le 9 juin 1666 : d'argent, à trois losanges de gueules.

LOUTREL (le), écuyer, sieur de Saint-Aubin, Surville,

de la Hermeraye, du Pommier, Hautmesnil, etc., élection
de Bernay, maintenu le 29 juin 1666 : d'azur, à deux
loups cerviers d'or.

LOUVEL, écuyer, sieur de Noiremare, Impiville, élection
de Montivilliers, maintenu le 18 septembre 1667 : d'azur,
au chevron d'argent, accompagné en chef de deux coquilles d'or, et en pointe d'un griffon du même.

LOUVEL, écuyer, sieur de Coutrières, de Monceaux, de
Novémaur etc., élections de Valogne et de Coutances,
maintenu en 1666 : de gueules, au griffon d'or.

LOUVEL, écuyer, sieur de Montmartin, de Fourneaux,
élection de Coutances, maintenu en 1666 : de gueules,
au léopard d'argent.

LOUVEL, écuyer, sieur de Lezeau, Brequignet, élection
de Coutances, maintenu en 1666 : de gueules, au léopard
d'argent ; au lambel du même.

LOUVETEL, élection de Valogne, maintenu en 1666 :
d'argent, à neuf croisettes pattées de sable.

LOUVIGNY, écuyer, sieur de la Martinière, de Marette,
etc., élection de Bernay, maintenu le 14 août 1666 :
d'argent, au chevron de sable, accompagné de trois têtes
de loup du même.

LOVASTRON, écuyer, sieur dudit lieu, élection de
Mortagne : d'or, à la fasce de gueules, accompagnée
de trois merlettes de sable.

LUCAS, écuyer, sieur de Genneville, de Clermont, etc.,
élection d'Évreux, maintenu le 27 décembre 1667 : d'a-
zur, à l'aigle au vol abaissé d'or.

LUCAS, chevalier, seigneur de Boncourt, généralité de
Rouen : d'or, à la fasce d'azur, accompagnée de trois
trèfles rangés de gueules.

LUCAS, écuyer, sieur de la Chesnée, d'Ozeville, de
Rosière, de la Haye, de Longchamps, Noé, etc., élection de Bayeux, maintenu en 1666 : de gueules, à trois
chevrons d'argent.

LUGERIE, écuyer, sieur de Rozat, généralité d'Alençon :
de gueules, au pélican d'or ; au chef du même, chargé de
trois trèfles de sable.

LUISIÈRE, écuyer, sieur de Chateplais, élection de
Mortagne, maintenu en 1666 : d'azur à la croix d'or.

LUSIÈRE, écuyer, sieur dudit lieu, élection de Falaise :
d'azur, au gonfanon d'or, frangé de gueules.

LUTHUMIÈRE (LA), alias le TELLIER, baron dudit
lieu, seigneur d'Ivetot, de Gatteville, de la Haye, de

Vareville, de Cray, de Marescvernier, etc., élection de Valogne, maintenu en 1666 : d'argent, à la croix de gueules, cantonnée de quatre lionceaux de sable.

LUZERNE (LA), écuyer, sieur de Beuzeville, Lorcy, d'Ouilly, etc., élection de Carentan, maintenu en 1666 : d'azur, à la croix ancrée d'or, chargée de cinq coquilles de sable.

LYÉE, écuyer, sieur de la Fosse, chevalier, seigneur de Tonnancourt, de Heurtevent, de Belleau, etc., élection de Lisieux, maintenu le 14 mai 1667 : d'argent, au lion de sable, armé et lampassé de gueules.

LYONS, seigneur de Theuville, élections de Gisors et Pontoise, maintenu le 12 mars 1669 : d'azur, à trois têtes de léopard d'or; *alias* d'argent, à quatre lionceaux de sable.

M

MABREY, généralité de Caen, maintenu en 1666 : d'azur, au chevron d'or, accompagné en chef de deux couronnes ducales, et en pointe d'une merlette, le tout du même.

MACAIRE, écuyer, sieur de Launay, Rosures, élection d'Argentan, maintenu le 3 janvier 1667 : écartelé, au 1 d'azur, à une molette d'éperon d'or ; au 2 de gueules, au lambel d'argent; au 3 d'argent, au lion de sable; au 4 de sable, à trois fuseaux rangés d'argent.

MACÉ, écuyer, sieur de la Besnardière, d'Orglandes, etc., élection de Carentan, maintenu en 1666 : de gueules, à trois massues renversées d'argent.

MACHAULT, écuyer, sieur de Tierceville, élection de Gisors, maintenu le 5 février 1668 : d'or, au tronc d'arbre à cinq racines de sable; au chef d'azur, chargé de trois croissants d'argent.

MACHE (LA), élection de Valogne, maintenu en 1666 : d'azur, au chevron d'argent, accompagné en chef de deux étoiles d'or, et en pointe d'une main armée d'une massue du même.

MAGNEVILLE, chevalier, seigneur dudit lieu, de Charlesmesnil, etc., élection d'Arques, maintenu le 2 mars 1668 : de gueules, à l'aigle éployé d'argent, becqué et membré d'or.

MAGNY, écuyer, sieur de la Motte-Magny, élection de Mortagne, maintenu le 26 juin 1667 : de gueules, au croissant d'or, abaissé sous une rose tigée d'argent, accostée de deux fleurs de lys du même.

MAGNY, élection de Falaise, maintenu le 1 décembre 1667 : d'azur, au chevron d'argent, accompagné en chef de deux étoiles, et en pointe d'un croissant, le tout du même.

MAHÉ, écuyer, sieur des Moulins, élection de Mortain, maintenu en 1666 : gironné d'argent et de gueules..

MAHÉAS, écuyer, sieur de Mouen, généralité de Caen,. maintenu en 1666 : d'argent, à trois tourteaux de sable.

MAHEU : d'azur, à la fasce d'or, accompagnée en chef de deux croisettes fleuronnées du même, et en pointe d'une rose d'argent.

MAHIEL, écuyer, sieur du Busc, de Fribois, etc., élection de Montivilliers, maintenu le 15 janvier 1667 : d'argent, à trois roses de gueules.

MAHIEL, écuyer, sieur de Saint-Clair d'Hercey, etc., élection de Bernay, maintenu le 26 mai 1667 : d'azur, à trois fermaux d'or ; au chef du même, chargé de trois roses de gueules.

MAHIEU, écuyer, sieur de Vierville, la Roche, etc., élection de Bayeux, maintenu en 1666 : de gueules, à trois têtes d'ail d'argent à l'orle de dix gousses d'ail du même.

MAIGNARD, écuyer, sieur de Bernières, élection d'Andely, maintenu le 4 septembre 1666 : d'azur, à la bande d'argent, chargée de trois quintefeuilles de gueules.

MAIGNEN (LE), écuyer, sieur de Breteville, élection de Falaise : d'azur, à la croix d'argent, cantonnée au premier d'une molette d'éperon de même ; à la bordure de gueules.

MAIGNEN (LE), écuyer, sieur des Traversières, maintenu le 14 février 1671 : d'azur, à la fasce d'or, accompagnée de trois molettes d'éperon d'argent.

MAIGNY, écuyer, sieur de la Jarretière, élection d'Avranches, maintenu en 1666 : d'argent, à trois fasces de gueules.

MAILLART, chevalier, seigneur de Léopartie, d'Ozaley, de Livette, de Bigne, de Launay, etc., seigneur de Launay : de gueules, à trois maillets d'or en bande.

MAILLET, écuyer, sieur de Saint-Maclou, élection de Bernay : d'or, à la fasce d'azur, abaissée sous un lion léopardé de gueules, surmonté d'une montagne de sable.

MAILLET, écuyer, sieur de Friardel, élection de Lisieux, maintenu le 29 juin 1666 : d'argent, à trois maillets de gueules.

MAILLOC, écuyer, sieur dudit lieu, du Boullay-Morin, chevalier, seigneur de Mailleville, élection d'Arques, maintenu le 16 août 1666 : de gueules à trois maillets d'argent.

MAILLOT, généralité de Caen, maintenu en 1666 : de gueules, à la fasce d'or, accompagnée de trois roses d'argent; au chef cousu d'azur, chargé de trois étoiles, *aliàs*, de trois fleurs de lys d'or.

MAILLOT, écuyer, sieur de Francval, Rousières, des Esteux, etc., élection de Lisieux, maintenu le 20 août 1668 : d'argent, à un maillet de sable; au chef d'azur, chargé de trois quintefeuilles d'or.

MAILLY, écuyer, sieur de Breauté, chevalier, seigneur de Saint-Léger, d'Haucourt, etc., élection d'Arques, maintenu le 22 février 1669 : d'or, à trois maillets de gueules.

MAIMBEVILLE, bailliage de Caen : de sable à dix besants d'or.

MAINEMARES, ancienne maison éteinte, originaire du bailliage de Caen : d'argent, à trois fasces de sable.

MAINET, écuyer, généralité de Rouen.

MAINTERNES, seigneur et vicomte de Chastelain, Manteval, etc., élection de Bernay, maintenu le 30 juin 1668 : d'argent, à un mortier de sable, le pilon d'or, posé sur un feu ardent de gueules.

MAIRE (LE), écuyer, sieur de Colletière, élection de Falaise, maintenu le 20 juillet 1666 : d'argent, à la croix de sable, cantonnée de quatre lionceaux de gueules.

MAIRE (LE), élection de Bayeux, maintenu en 1666 : d'azur, à trois grenades d'or, ouvertes de gueules.

MAISTRE (LE), écuyer, sieur de la Noblerie, élection de Pont-l'Evêque, maintenu le 12 mars 1669 : d'argent, au chevron d'azur, accompagné de trois roses de gueules.

MAISTRE (LE), écuyer, sieur d'Illeville, élection de Gisors, maintenu le 14 juillet 1668 : écartelé, au 1 et 4 de gueules, à trois fasces d'or; au 2 et 3 d'or, à un écusson de gueules; sur le tout d'azur, à une fleur de lys, accompagnée en chef de deux étoiles, et en pointe d'un barbeau en fasce, le tout d'or.

MAISTRE (LE), écuyer, sieur des Moulins, d'Anisières, de Carteval, etc.; élection de Coutances, maintenu en 1666 : de sable, à trois fasces d'argent; à une fleur de lys du même, brochante sur le tout.

MAISTRE (LE), écuyer, sieur de Luis, élection de Coutances, maintenu en 1666 : d'argent, à trois merlettes de sable.

MALAPRIS, généralité de Rouen : de gueules, à trois merlettes d'or.

MALART, écuyer, sieur du Jardin, du Mesnil Husson, etc., généralité d'Alençon, maintenu le 30 septembre 1667 : d'azur, à la fasce d'or, chargée d'un fer de cheval de sable, accosté de deux losanges de gueules.

MALDERÉE, écuyer, sieur de Catterville, de Gravelles, etc., élection d'Arques, maintenu le 7 janvier 1657 : de gueules, à la croix ancrée d'argent, chargée d'un écusson d'azur, surchargée d'un lion d'or.

MALENOUE, écuyer, sieur de Boisnourel, du Plessis, de Saint-Vincent, de Saint-Germain, d'Aunay, de Rousseray, Chesnay, etc., élection de Bernay, maintenu le 16 juillet 1666 : d'azur, à trois canettes d'argent.

MALEVANDE, sieur de Saint-Jacques, généralité de Rouen, originaire d'Espagne : de gueules, à la fleur de lys d'or.

MALFILASTRE, écuyer, sieur de la Haulle, la Brisolier, de Placy, etc., élection de Vire, maintenu en 1666 : d'argent, à trois merlettes de sable.

MALHERBE, écuyer, sieur de Gatgame, élection de Bayeux, maintenu en 1666 : d'or, à deux jumelles de gueules, surmontées de deux lionceaux affrontés du même.

MALHERBE, écuyer, sieur du Bois-Saint-André, élection de Bayeux, maintenu en 1666 : de gueules, à six coquilles d'or; au chef du même, chargé d'un lion-léopardé du champ.

MALHERBE, écuyer, sieur de Longuevilliers, de Beauvais, etc., généralité de Caen, maintenu en 1666 : d'azur, à trois lions-léopardés l'un sur l'autre d'argent.

MALHERBE, écuyer, sieur de Malicorne, d'Arry, Monbruslé, Montigny, Gaillon, d'Allemagne, du Désert, du Hamel, élection d'Argentan, maintenu le 30 décembre 1666 : d'hermine, à trois roses de gueules.

MALHERBE, écuyer, sieur de la Renaudière, Malaizière, etc., élection de Domfront, maintenu le 12 août 1666 : d'azur, à trois fasces d'or; au chef du même, chargé de deux lions affrontés de gueules.

MALHORTYE, écuyer, sieur de Saint-Marestre et de Boscgirard, généralité de Rouen, maintenu le 19 novembre 1670 : d'azur, au chevron d'argent, accompagné de trois fers de lance renversés du même.

MALHORTYE, écuyer, sieur de Villers, Roys, Manneville,

des Marets, de Villardo et de Glatigny, élection d'Evreux, maintenu le 5 septembre 1668 : d'or, à la croix ancrée de gueules; à la bordure d'azur, chargée de huit tours crénelées du champ.

MALINGRE, généralité de Rouen : d'azur, à trois ruches d'or.

MALLET, écuyer, sieur de Crasmenil, de Brevaux, Saint-Martin, de Taillevaux, Criquebeuf, du Bec, des Bois, etc., élection d'Argentan, maintenu le 3 janvier 1670 : de gueules, à trois fermaux d'or.

MALLET, écuyer, sieur de la Grüe, élection de Bernay, maintenu le 28 février 1667 : de gueules, au chevron d'or, accompagné de trois fermaux du même.

MALLET, écuyer, sieur du Fresne, élection de Domfront, maintenu le 3 avril 1667 : d'azur, au chevron d'or, accompagné en chef de deux tours d'argent, et en pointe d'un lion-léopardé du même; à la bordure de gueules, chargée de trois fermaux du second émail.

MALLEVILLE, chevalier, seigneur de Panneville, de Carville, etc., élection de Caudebec, maintenu le 16 décembre 1667 : d'azur, au chef denché d'argent, chargé d'un lion-léopardé de gueules.

MALLEVILLE, écuyer, sieur de la Fosse, élection d'Arques, maintenu le 10 janvier 1669 : de gueules, à trois molettes d'éperon d'or.

MALLEVILLE, écuyer, sieur de Champeaux, du Theil-Volant, du Plessis, etc., élection de Bernay, maintenu le 1 avril 1666 : d'argent, au chevron d'azur, accompagné de trois roses de gueules.

MALLORTIE, écuyer, sieur de Boscgirard, élection de Lisieux, maintenu le 15 octobre 1666 : d'azur, au chevron d'or, accompagné de trois fers de flèche renversés d'argent.

MALOISEL, écuyer, sieur de Boullemont, élection de Pont-l'Evêque, maintenu le 23 décembre 1668 : d'or, au lion de gueules; au chef d'azur, chargé d'un croissant d'argent, accosté de deux étoiles du champ.

MANCEL, écuyer, sieur de Sacqueville, Reynes, des Fourches, de Pierre-Pont, etc., élection de Pont-l'Evêque, maintenu le 28 août 1668 : d'azur, semé d'étoiles d'argent; à trois grappes de raisin d'or, brochantes.

MANCEL, écuyer, sieur de Houredère, élection de Lisieux, maintenu le 3 mai 1666 : de sable, à la fasce d'argent, accompagnée de six coquilles rangées d'or.

MANDUIT , écuyer, sieur d'Isamberdelie, Carbonnelle, Rozier, etc., élection de Bernay : de gueules, au chevron d'or, accompagné de trois roses du même.

MANGON, écuyer, sieur de Houquet, élection de Valologne, maintenu en 1666 : d'argent, au chevron de gueules, accompagné de trois gonds de sable; au chef d'azur, chargé d'une main senestre en pal, issante d'une nuée d'or, accostée de deux étoiles du même.

MANGON, écuyer, sieur de la Ferrière, des Mares, du Coudray, etc. , élection de Valogne, maintenu en 1666 : d'or, au chevron de gueules, accompagné de trois gonds de sable ; au chef d'azur, chargé d'un croissant d'or.

MANNEVILLE, écuyer, sieur de Beromesnil, Cauderoste, etc., élection d'Arques, maintenu le 21 novembre 1667 : de sable, semé de croisettes tréflées d'argent; au lion du même, brochant.

MANNEVILLE , écuyer , sieur de Montmerel, élection d'Andely, maintenu le 22 janvier 1669 : d'argent au lion de sable, armé et lampassé de gueules ; à la bande du même, brochante sur le tout.

MANOURY, écuyer, sieur de Perdeville, seigneur de Saint-Germain, de Vassone, élections d'Argentan et de Falaise, maintenu les 31 mars et 30 septembre 1666 : d'argent, à trois moucheture de sable.

MANSEL , seigneur de la Lande , généralité de Caen, famille originaire d'Angleterre : d'argent, au chevron de sable, accompagné de trois manches mal-taillées du même.

MANSOIS (LE), élection de Valogne, maintenu en 1666 : d'argent au lion de sable; au chef cousu d'or, chargé de trois coquilles d'azur.

MANVIEUX, élection de Bayeux, maintenu en 1666 : de gueules, au lion d'argent.

MARBOEUF, écuyer, sieur de Sahuts, des Mares, etc., généralité de Rouen, maintenu le 31 décembre 1666 : d'azur, à la fasce d'or, chargée de trois rencontres de bœuf de sable.

MARC, écuyer, sieur du Fresnoy, du Bosc, etc. , généralité de Rouen : d'azur, à trois macles d'or.

MARC, seigneur de la Ferté, généralité de Rouen : d'azur, au chevron d'or, accompagné de trois macles du même.

MARC, chevalier, seigneur de Monterespin, élection de Montivilliers , maintenu le 22 juillet 1670 : d'or , au chevron de sable , chargé de trois besants du champ , et accompagné de trois merlettes du second.

MARCADÉ, écuyer, sieur de Richemar, élection de Carentan, maintenu en 1666, famille originaire de Bretagne : d'argent, à trois lions naissants de gueules.

MARCADÉ, écuyer, sieur de Mersionnière, élection de Mortagne : d'azur, au cor de chasse contourné d'argent, accompagné de trois étoiles d'or.

MARCADEL, écuyer, sieur de Saint-Denis, élection de Neufchâtel : de gueules, à trois lionceaux d'or.

MARCADEY, · écuyer, sieur de Ruhirram, élection de Carentan, maintenu en 1666 : d'argent, au lion de sinople.

MARCAFEL, écuyer, sieur dudit lieu et de la Haye, élection de Neufchâtel, maintenu le 8 avril 1666 : d'argent, à trois croissants de gueules.

MARCAFEL, écuyer, sieur de Saint-Denis, élection de Neufchâtel : de gueules, à trois lionceaux d'or.

MARCÉ, écuyer, sieur de Montaigu, élection de Verneuil, maintenu en 1666 : de gueules, à la fasce d'argent chargée d'un croissant du champ, et accompagnée de trois coquilles du second.

MARCÉ, généralité de Rouen : fascé d'or et de gueules, semé de fleurs de lys de l'un en l'autre.

MARCEL, généralité de Rouen : d'argent, à deux jumelles de sable, et une molette d'éperon de gueules en chef.

MARCEL, seigneur de Bouqueval, généralité de Rouen : écartelé, au 1 et 4 d'argent, à la croix patriarchale de sable ; au 2 et 3 d'or, à la bande d'azur, chargée de trois étoiles du champ.

MARCEUL, écuyer, sieur de Vaspillier, élection de Mortain, maintenu en 1668 : d'azur, à trois épieux d'argent, emmanchés d'or. ·

٬MARCEVILLE, sieur de Pont-Morin, élection de Vire, maintenu en 1666.

MARCHAND (le), sieur de Fouguerolles, élection de Bayeux : d'argent, à la croix de gueules fleurdelysée d'or.

MARCHAND (le), écuyer, sieur de Chanoy, élection d'Arques, maintenu en 1666 : de gueules, à la croix pommetée d'or, cantonnée de quatre trèfles d'argent.

MARCHAND DE CALIGNY (le), seigneur de Luc, généralité de Caen : écartelé, au 1 et 4 d'argent, au chevron de gueules, accompagné de trois roses du même, qui est de le Marchant ; au 2 contre-écartelé, au 1 et 4 d'azur, au sautoir engrêlé d'argent, cantonné de quatre croissants

d'or; qui est de Vauquelin ; au 2 et 3 contre-écartelé au
1 et 4 de gueules, à trois coquilles d'or ; au 2 et 3 de
France, qui est de Montgommery ; sur le tout du second
écartelé, d'argent, au chevron de gueules, accompagné
de trois roses du même, tigées et feuillées de sinople,
qui est de Dufour de Cuy : au 3 parti d'hermine et de
gueules, qui est de Bailleul.

MARCHIS, seigneur de Fontaine-la-Rousse, etc., élection
de Pont-de-l'Arche, maintenu le 5 septembre 1666 : de
gueules, à 3 chevrons d'argent.

MARCHOUESNÉ, élection de Falaise.

MARCILLAC, écuyer, sieur de la Vauvaye, seigneur
d'Iverville, Bellengreville, etc., élection d'Arques, maintenu, le 8 août 1668 : d'azur, au chevron d'or, accompagné de trois marcs du même.

MARCILLY, écuyer, sieur de l'Espinay, généralité d'A-
lençon : d'azur, à trois molettes d'éperon d'or.

MARCILLY, élection de Lisieux : d'azur, à trois merlettes
d'or.

MARCONNES, écuyer, sieur de Leville, de Hyelon,
élection de Bayeux, maintenu en 1666 : palé d'or et de
gueules ; au chef de sable.

MARCOULE (la), élection de Carentan, maintenu en
1666.

MARE (la), écuyer, sieur de Centacre, Chauqueleu,
Faubuisson, Hauguelier etc., généralité de Rouen,
maintenu le 4 juin 1670 : d'azur, au chevron d'or, accompagné de trois croissants d'argent.

MARE (de la), généralité de Caen.

MARE (la), écuyer, sieur du Theil, de Saint-Calais, etc.,
élection de Pont-Audemer, maintenu le 3 janvier 1669 :
d'azur, au cygne d'argent.

MARE (la), sieur de Cavigny, élection de Valogne.

MARE (la), seigneur de Chesne-Varin etc., élection de
Gisors, maintenu le 21 novembre 1668 ; d'azur, à la
croix d'or, cantonnée au 1 d'une licorne saillante et
contournée d'argent, au 2 d'une aigle du second émail,
et au 3 et 4 de deux lions affrontés du même, leurs
queues passées en sautoir.

MARE (la), généralité de Rouen : d'azur, à la bande
d'argent, accompagnée de six croisettes d'or en orle.

MARE (la), écuyer, sieur de Surville, élection de
Bayeux, maintenu en 1666.

MARE (la), écuyer, sieur des Baux-Calais, élection de

Conches, maintenu le 1er août 1668 : d'azur, à la fasce d'argent, accompagnée de trois molettes d'éperon d'or.

MARE (DE LA), écuyer, sieur de la Ceride, élection de Vire.

MARES (DES), écuyer, sieur de Bellefosse, seigneur de Grainneville, l'Alouette, des Floquets etc., élection de Caudebec, maintenu le 12 mars 1667 : d'azur, à trois croissants d'argent.

MARESCHAL, écuyer, sieur de la Forest, vicomte d'Evreux, généralité de Caen, maintenu le 23 juillet 1667 : d'azur, au lionceau d'or, accompagné de trois étoiles d'argent.

MARESCHAL (LE), généralité de Rouen : de.... à trois fers de cheval de..... surmontés d'un lion-léopardé de....

MARESCHAL (LE) : d'argent, à la fasce d'azur, accompagnée en chef d'une aigle naissante, et en pointe d'une fleur de lys, le tout du même.

MARESCOT, écuyer, sieur d'Ussy, élection d'Arques, maintenu le 3 février 1667 : d'azur, au chevron d'or, accompagné de trois coqs contournés du même.

MARESCOT, seigneur de Thoiry, de Morgue, etc., généralité de Rouen : de gueules, à trois fasces d'argent, au lion-léopardé d'or, brochant ; au chef du même, chargé d'une aigle couronnée de sable.

MARETS, écuyer, sieur du Grand-Quesnoy, Saint-Remy, Saint-Aubin, etc., élection de Lisieux, maintenu le 8 août 1669 : de gueules, à la croix ancrée d'argent.

MAREUIL, écuyer, sieur de Frique, de Vieil, de Beloy, etc., élection de Neufchâtel, maintenu le 9 février 1669 : d'azur, à deux chevrons, l'un renversé, entrelacés d'or.

MAREUILH, écuyer, sieur des Essarts, des Roussières, de Segonsac etc., élection de Verneuil, maintenu le 30 mai 1668 : coupé d'argent et de gueules, au lion d'azur, armé, lampassé et couronné d'or, brochant sur le tout.

MAREUL, généralité de Rouen : de gueules, à trois fasces d'or.

MARGAS, généralité de Rouen ; ancien : d'azur, au chevron d'or, accompagné de trois dards d'argent ; moderne : d'argent, à trois corbeillettes d'azur.

MARGEOT, écuyer, sieur de Saint-Ouen, Fontenelles, Noremar, Noire-Guérinière, etc., élection d'Argentan, maintenu le 4 avril 1667 : d'argent, à un écusson de gueules, accompagné de neuf macles de sable, mises en orle.

MARGUERIT, écuyer, sieur de Vau, élection de Falaise, maintenu le 11 avril 1667 : d'or, à trois roses de gueules.

MARGUERYE ou MARGUERIE, écuyer, sieur de Breteville, Livry, Pierrepont, la Coude, Fontenay, du Carest, de Saint-Gilles etc. , baron de Vassy, de la Motte etc. , élection de Falaise, maintenu le 12 avril 1666 : d'azur, à trois marguerites d'argent.

MARIE, écuyer, sieur de Minru, élection d'Argentan, maintenu le 12 juillet 1667 : d'argent, à trois trèfles de gueules.

MARIE, élection de Bayeux, maintenu en 1666 : de gueules, à la bande d'argent, chargée de deux filets d'azur , et accompagnée de six carreaux du second, posés en orle ; au lambel d'or, brochant sur le tout.

MARIÉ (LE), écuyer, sieur de la Garanterie, Montagonrière, Forgeraye, etc., élection de Mortain, maintenu en 1666 : d'argent, à trois mains de gueules, une dextre et une senestre en chef, et une autre dextre en pointe.

MARINEL, écuyer, sieur de 'Saint-Cyr, Rousmenil, etc., élection de Chaumont, maintenu le 12 juin 1670 : d'azur, au lion naissant d'or, accompagné de trois fleurs de lys du même.

MARINIER, écuyer, sieur d'Enneval, chevalier, seigneur de Cany, élection d'Arques, maintenu le 21 juillet 1668 : de gueules, au pal d'argent, chargé de trois coquilles d'azur.

MARINIER, seigneur d'Auppegard, du Mesnil, étc., maintenu le 20 février 1668 : de gueules, au pal d'argent, chargé de trois coquilles d'azur ; à la bordure du second émail.

MARIOUSE (DE LA), écuyer, seigneur de Berengueville, élection de Carentan : d'azur, à la fasce ondée d'or, accostée de trois losanges du même.

MARLE, généralité de Rouen : d'argent, à la bande de sable, chargée de trois molettes d'éperon du champ.

MARLE, seigneur de Senouville, élection de Lisieux, maintenu le 4 juin 1668 : d'argent, au chevron d'azur , accompagné de trois alérions de gueules.

MARMION, ancienne noblessse originaire du bailliage de Caen : de vair. Les puînés brisaient d'une fasce de gueules frettée d'or.

MARNE, sieur de Marneval, généralité de Rouen.

MAROMME, généralité de Rouen : fascé d'or et de gueules ; au lion d'argent, armé et lampassé du second émail, brochant.

MARQUETEL (le), écuyer, sieur de Saint-Denis, du Gas, de Saint-Evremont, de Grimesnil, de la Lenville, de Tany, etc., élection de Coutances, maintenu en 1666 : d'or, à une quintefeuille de gueules.

MARSBAUDIN, sieur de Vauvert et de la Rollain, élection d'Avranches, maintenu en 1666 : d'azur, à la fasce de de gueules, chargée d'une fasce échiquetée d'or et d'azur de deux tires ; à l'aigle éployée de sable, issante de la fasce, et chargée d'une fleur de lys du champ.

MARSEILLES, écuyer, sieur de la Cour-Fortin, élection de Montivilliers, maintenu le 20 avril 1667 : d'azur, à trois gerbes d'or.

MARTAINVILLE, écuyer, sieur dudit lieu, élection de Pont-l'Evêque, maintenu le 31 janvier 1666 : d'argent, à trois merlettes de sable.

MARTEL, écuyer, sieur de Grandel, élection de Pont-de-l'Arche, maintenu le 3 janvier 1669 : d'or, à trois marteaux de sable.

MARTEL, chevalier, seigneur de Fontaines, Emalleville, Soufreville, Montreville, comte de Saint-Clair, Hécourt, Chambin, etc., élection de Lions, maintenu le 12 octotobre 1666 : d'or, à trois marteaux de gueules.

MARTEL, écuyer, sieur de Frion, élection d'Arques : d'or, à trois marteaux de sinople.

MARTEL, écuyer, sieur de St-Calais, élection de Conshes : de gueules, à trois marteaux d'or ; au lambel d'argent.

MARTEL, généralité de Rouen.

MARTEL, écuyer, sieur des Chesnes, de Monpinçon, du Boullay, etc., généralité d'Alençon, maintenu le 31 janvier 1667 : de sable, à trois marteaux d'argent, et une étoile d'or en cœur.

MARTELLIÈRE (la), écuyer, seigneur de Fay, de Gassan, de l'Hermite, etc. : d'or, au chevron d'azur, accompagné de trois feuilles d'oranger de sinople.

MARTIGNY, élection d'Avranches.

MARTIN, écuyer, sieur de Bouillon, de Manvieux, etc., élection d'Avranches, maintenu en 1666 : d'argent, à trois pies de sable.

MARTIN, écuyer, sieur de Neauville, Monceaux, Saint-Martin, généralité de Caen, maintenu en 1666 : d'azur, au lion d'or.

MARTIN, écuyer, sieur de la Praudière, élection de Lisieux, maintenu le 10 avril 1666 : d'azur, à la bande d'or, accompagnée en chef de trois molettes d'éperon du même, et en pointe de trois croissants d'argent, le tout mis en orle.

MARTINBOSCQ, élection de Bayeux, maintenu en 1666 : d'argent, au lion d'azur, au chef du même, chargé de deux roses tigées, feuillées et passées en sautoir du champ.

MARTINVILLE, chevalier, marquis d'Estouville, seigneur de Glaville, sieur de Vacueil, Marcilly, Ronfreville, Pibœuf, etc., élection de Neufchâtel, maintenu le 7 août 1668 : d'argent, à la fasce d'azur, chargée de trois besants d'or.

MARY, écuyer, sieur de Longueville, du Bosc, S.-Amand, du Domaine, généralité de Caen, maintenu en 1666 : d'argent, au chef de gueules, chargé de trois roses d'or.

MASQUEREL, marquis du Boisjeuffroy, seigneur de Bailleul, de Castellier, d'Hermanville, élection d'Arques, maintenu le 17 janvier 1668 : d'argent, à la fasce d'azur, diaprée de trois médaillons d'or, celui du milieu chargé d'une aiglette éployée; les deux autres de deux lionceaux, celui à dextre contourné, et accompagnée de trois roses de gueules.

MASSEILLES, écuyer, sieur de Cour-Fortin, élection de Montivilliers, maintenu le 12 novembre 1670 : de gueules, à la fasce échiquetée d'argent et de sable de quatre tires, accompagnée de sept fuseaux rangés d'argent.

MASSON (LE), écuyer sieur de Bierville, généralité de Rouen, maintenu le 24 juin 1668 : d'azur, à deux léopards d'or.

MASURE, écuyer, sieur du Parc, Chastillon, Bassimoy, etc., élection de Montivilliers, maintenu le 11 février 1667 : de gueules, à la tour crénelée d'argent, ouverte, ajourée et maçonnée de sable, sommée d'un lion issant du second émail.

MASURIER, écuyer, sieur des Portes et de Présat, d'Ardam, etc., élections de Montivilliers et de Caudebec, maintenu le 14 février 1667 : d'azur, à trois trèfles d'or.

MATHAN, écuyer, sieur de Vains, Pierrefite, seigneur de Longvilliers, Semilly, élection de Bayeux, maintenu en 1666 : de gueules, à deux jumelles d'or, la première surmontée d'un lion-léopardé du même.

MARTINEL, écuyer, sieur de Saint-Germain, Bonnerye,

Saint-Martin, élection de Coutances, maintenu en 1666 : d'azur, à trois roses d'argent ; au chef d'or.

MAUCONDUIT, écuyer, sieur de Criquetos et de Canon-ville, généralité de Rouen : d'argent, à trois molettes d'éperon d'or.

MAUCONVENANT, écuyer, sieur de Sainte-Suzanne, d'Yvelin, etc., élection de Carentan, maintenu en 1666 : de gueules, à neuf roses d'argent.

MAUDUISSON, écuyer, sieur d'Orsière, élection de Mortagne, maintenu le 15 septembre 1666 : d'azur, au chevron d'or, accompagné en chef de deux roses d'argent, et en pointe d'un croissant du même.

MAUDUIT, seigneur et marquis de Garencières, sieur de Guillebœuf, de Rozière, de la Mare, etc., généralité de Rouen, maintenu le 3 mars 1668 : de sable, à l'a-gneau-pascal d'argent, le pannonceau d'or, croisé du second.

MAUGER, écuyer, sieur, de Calligny, élection de Bayeux, maintenu en 1666 : de gueules, à six billettes d'argent.

MAUGER, écuyer, sieur du Boscq, élection de Coutances, maintenu en 1666 : d'argent, à la croix de gueules, can-tonnée au 1 et 4 de deux chevrons de sable ; au 2 et 3 d'un lionceau du même.

MAUNY, élection de Bayeux, maintenu en 1666 : d'argent, au croissant de gueules.

MAUQUENCHY, ancienne famille éteinte : d'azur, à la croix d'argent, cantonnée de vingt croisettes fichées d'or.

MAUQUOIS, écuyer, sieur de Mathonmesnil, de Chi-mont, etc., élection d'Arques, maintenu le 25 août 1666 : d'azur à trois trèfles d'or, et un besant du même en cœur.

MAUREY, écuyer, sieur de Fangeais, Legneriz, du Hamel, élection de Lisieux, maintenu le 6 avril 1666 : d'azur, à trois bourdons rangés en pals d'argent.

MAURIN, écuyer, sieur de Pardaillan, Rulnoy, etc., élection d'Arques, maintenu le 9 février 1669 : d'azur, à une cordelière d'argent, chargée de trois coquilles du même.

MAUTAILLY, écuyer, sieur du Bec, Molandin, etc., élec-tion de Bayeux, maintenu en 1666 ; d'argent, en chef, à dextre une molette d'éperon, à senestre et en pointe une quintefeuille, le tout de gueules ; à la bordure du même.

MAUVIEL, écuyer, sieur de la Tourelle, élection de Lions, maintenu le 12 août 1668 : d'argent, à la croix de sable, chargée de cinq coquilles du champ.

MAUVOISIN, seigneur de Rosny, généralité de Caen, maintenu le 16 juillet 1668 : d'or, à deux fasces de gueules.

MAUVOISIN, écuyer, sieur d'Angoville, élection de Bayeux, maintenu en 1666 : de gueules, à trois fasces d'or.

MAXUEL, écuyer, sieur des Champs, de la Fortière, etc., élection de Lisieux, maintenu le 24 avril 1666 : d'hermine, au lion de sable, armé et lampassé de gueules.

MAZE, écuyer, sieur du Puis, généralité de Rouen, maintenu le 29 octobre 1666 : d'argent, au chevron de sable, accompagné de trois molettes d'éperon du même.

MAZIS, écuyer, sieur de Bremares, élection de Montivilliers, maintenu le 5 juillet 1670 : d'azur, à trois roses d'or.

MEAUFFE : de sinople, à trois fleurs de lys d'or.

MEAUX, écuyer, sieur de la Marche, élection de Falaise, maintenu le 28 août 1667 : d'argent, à cinq couronnes d'épines de sable.

MECFLET, écuyer, sieur d'Asseville, élection de Pont-l'Evêque, maintenu le 14 juillet 1668 : d'azur, à deux chevrons d'hermine ; au chef denché d'or.

MEDDES, écuyer, sieur de Mondesir, élection de Verneuil, maintenu le 22 avril 1669 : d'azur, à la barre d'argent, accompagnée en chef de deux étoiles en pal, et en pointe d'un lion, le tout du même.

MEDINE, écuyer, sieur des Marets, et de Vallot, élection de Pont-Audemer, maintenu le 12 avril 1669 : écartelé en sautoir, au 1 d'azur, à la fleur de lys d'or ; et au 2 et 3 d'argent, au lion de sable, armé et lampassé de gueules, celui du second contourné ; au 4 d'argent, à l'arbre terrassé de sinople ; à un écureuil de gueules, passant au pied de l'arbre.

MEEL, élection de Valogne : d'azur, au soleil d'or, accompagné en chef de trois étoiles d'argent, en pointe d'un croissant du second.

MEEL, écuyer, sieur de Cairon, du But, généralité de Caen, maintenu en 1666 : d'azur, à trois bandes d'argent ; au chef de gueules.

MEHERENT, écuyer, sieur de la Lande, élection de Mortain, maintenu en 1666 : d'argent, au chef d'azur.

MEHERENT, écuyer, sieur de la Varreville, du Quesne, Groudier, élection de Bayeux, maintenu en 1666 : d'argent, au chef d'azur ; à la bordure de gueules.

MEL, écuyer, sieur d'Estrimont, élection d'Arques, maintenu le 9 juillet 1667 : parti de gueules et d'argent, à six coquilles, quatre, de l'un en l'autre, et deux de l'un à l'autre ; en cœur un écusson, parti d'argent et d'or.

MELUN, écuyer, sieur de Longuemare, généralité de Caen, maintenu en 1666 : d'argent, au chevron d'azur, accompagné de trois melons de sinople.

MENARD DE LA MENARDIÈRE, écuyer, sieur de Formigny, élection de Bayeux, maintenu en 1666 : d'argent, au lion de gueules, armé et lampassé de sable.

MENILLES (DE) : de gueules, à six billettes d'or.

MENNEVILLE (DE), élection de Coutances.

MENNIVIER, écuyer, sieur du Perron, de Martigny, etc., élection de Saint-Lô, maintenu en 1666 : de gueules, à la fasce d'argent, accompagnée de trois aiglettes éployées du même.

MENON, chevalier, seigneur de Saint-Quentin, comte d'Herbilly, élection de Mortagne, maintenu le 1 octobre 1667 : d'or, à un croissant de gueules, abaissé sous un chardon tigé et feuillé de sinople, fleuri du second émail.

MERCIER (LE), élection de Bayeux, maintenu par arrêt du conseil en 1667 : d'azur, à la baleine d'or ; au chef d'argent, chargé d'un loup de sable.

MERCIER (LE), écuyer, sieur des Hautes-Loges, de Pierremont, etc., généralité de Pont-de-l'Arche : d'azur, au chevron d'argent, accompagné de trois bourses de marguillier d'or.

MERCIER (LE), élection d'Avranches, maintenu en 1666.

MERCIER (LE), écuyer, sieur du Veneur, de la Vallée, de Gruchet, etc., élection de Pont-Audemer, maintenu le 27 décembre 1667 : d'argent, à trois cœurs de gueules ; au chef d'azur.

MERCIER (LE), écuyer, sieur du Mesnil Drey, Lentilles, etc., élection de Coutances, maintenu en 1666 : écartelé, au 1 et 4 de gueules, à trois têtes de femme de front d'argent : au 2 et 3 d'azur, à la fasce d'or, accompagnée de quatre molettes d'éperon de même, trois en chef et l'autre en pointe.

MERLE (DU), écuyer, sieur de Grands-Champs, de Couvrigny, etc., élections d'Argentan et de Falaise, maintenu le 2 mars 1666 : de gueules, à trois quinte-feuilles d'argent.

MERLET (DU), écuyer, sieur de Mallouey, de Bosmorel, élection de Bayeux, maintenu en 1666 : d'argent, au chef de gueules, chargé de trois coquilles d'or.

MESANGE, écuyer, sieur de Saint-André, élection de Mortain, maintenu en 1666 : d'azur, à la bande d'argent, accostée de deux étoiles du même.

MESENGE, écuyer, sieur de Ventes, Saint-Gervais, du Quesnay, Granterie, Lessard , etc., élection d'Argentan, maintenu le 24 juin 1667 : de gueules, à trois merlettes d'or ; à la bordure de sable.

MESESSERIE, seigneur de la Traville, élection de Gisors : de gueules, à neuf glands versés d'or.

MESLIERE (LA), écuyer, sieur de Saint-Maurice, du Tilleul, etc., élection de Falaise, maintenu le 12 août 1666 : d'argent, à trois molettes d'éperon de sable ; à la bordure de gueules, chargée de huit besants du champ.

MESLIN, écuyer, sieur de Glatigny, de Saint-Loup, de Campigny, Hamon, etc., élections de Bayeux et de Valogne, maintenu en 1666 : de gueules, au sautoir d'argent, cantonné de quatre roses du même.

MESNAGE, écuyer, sieur de Colandon et de Cagny, généralité de Caen,, maintenu en 1666 : de sinople, au lion d'or ; au chef cousu de sable, chargé de trois coquilles d'argent.

MESNARD, écuyer, sieur de la Barre, élection de Mortagne : d'azur, au chevron de pourpre, chargé de trois croisettes d'argent, et accompagné de trois trèfles d'or. *Armes à enquerre.*

MESNIL (DU), écuyer, sieur de Sommery , Gerville, la Motte, Sainte-Anne, Hauteville, Hermie, Guepville, des Glozets, du Sablon, du Mesnil, etc., élection de Neufchâtel, maintenu le 25 août 1668 : d'argent, à deux fasces de gueules, sommées d'un lion-léopardé du même.

MESNIL (DU), écuyer, sieur de Saint-Denis, Beaulieu, du Pé, etc., généralité d'Alençon, maintenu le 12 octobre 1666 : de sable, au, lion parti d'or et d'argent, armé et lampassé de gueules.

MESNIL (du), écuyer, sieur de la Couyère, élection de Pont-l'Evêque, maintenu le 23 février 1668 : de gueules, à quatre burelles d'argent, accompagnées en chef d'un léopard d'or.

MESNIL (du), écuyer, sieur de Requeville, de Prival, etc., élection d'Arques, maintenu le 2 mars 1669 : d'or, à trois molettes d'éperon de gueules.

MESNIL (du), écuyer, sieur de la Haye-Douzelle, etc., élection de Neufchâtel, maintenu le 23 juillet 1668 : d'azur, à la bande d'or, accostée de deux roses d'argent.

MESNIL (du), écuyer, sieur de Vierville, Saint-Pierre, etc., élection de Bayeux, maintenu en 1666 : d'argent, à deux jumelles de gueules ; au chef du même, chargé d'un léopard d'or.

MESNIL DE SAINT-VALLERY (du) : d'azur, à la bande d'or, accompagnée de deux roses du même. Les branches de Pienne et de Maricourt, établies en Picardie et en Brie, portent de même.

MESNIL (du), écuyer, sieur de la Grondinière, de la Goulière, du Domaine, etc., élection de Mortain, maintenu en 1666 : de gueules, à trois croissants d'argent.

MESNIL (du), élection de Bayeux, maintenu en 1666 : d'argent, à trois lionceaux de gueules.

MESNIL (du), généralité de Caen : de gueules, à la fleur de lys d'argent.

MESNIL-ADELÉE (du), écuyer, sieur de la Preflière, de la Gaulerie, de Drovains, etc., élection de Coutances, maintenu en 1666 : d'argent, à trois chevrons de gueules.

MESNIL-BERARD (du), écuyer, sieur de Saint-Lambert, la Chaisecle, généralité de Caen, maintenu en 1666 : d'azur, à la croix ancrée d'argent.

MESNILDOT (du), voyez LE GOUPIL.

MESNIL-JOURDAIN (du), écuyer, sieur de Bosc-Robert, Guillemesnil, Saucourt, Monbinot, élection de Neufchâtel, maintenu le 23 mars 1670 : d'argent, à la bande de gueules, accompagnée de six coquilles du même, mises en orle.

MESNILEURY (du), écuyer, sieur de Hubertan, seigneur de Gonneville et Vatteville, élection de Valogne, maintenu en 1666 : d'argent, fretté de sable.

MESNIL-SIMON (du), ancienne noblesse, originaire du

Vexin-Français : d'argent, à six mains renversées de gueules.

MESSAGER, élection de Bayeux, maintenu en 1666 : d'azur, à six roses d'or, et un écusson d'argent en cœur.

MESSENGER, sieur de la Trocherie et du Verger, élection de Vire, maintenu en 1666.

MESSENT, écuyer, sieur de Rozière, élection de Valogne, maintenu en 1666 : d'azur, à la croix tréflée d'argent, cantonnée de quatre trèfles du même.

MESTAYER, écuyer, sieur de la Haye, des Champs, Beauval, Dampville, etc., généralité de Rouen ; maintenu en 1666 : d'azur, à trois aigles rangées au vol abaissé d'argent, becquées et membrées de sable.

METAIS (LE), généralité de Rouen.

METAYER (LE), sieur de la Londe, élection de Bayeux, maintenu en 1666 : de gueules, à trois étoiles d'argent.

METEL (LE), sieur d'Ouville, généralité de Rouen.

MEURDRAC, écuyer, sieur des Champs, Meudinets, etc., élection de Pont-l'Evêque, maintenu le 18 juillet 1668 : de gueules, à la bande abaissée d'argent, surmontée à dextre d'une tête d'homme contournée du même, et à senestre d'un léopard-lionné d'or.

MEURDRAC, écuyer, sieur de Flotemanville, du Coudray, Valferrault, élection de Valogne, maintenu en 1666 : de gueules, à deux fasces d'or, accompagnées de neuf coquilles d'argent, quatre en chef, deux entre les fasces, et trois en pointe.

MEURDRAC, chevalier, seigneur d'Amigny, Boissey, etc., généralité d'Alençon, maintenu le 22 août 1667 : de sable, à la fasce d'argent, accompagnée de six merlettes rangées du même.

MEZIÈRES, chevalier, seigneur de Bourgneville et de Favrolles, élection de Bernay, maintenu le 8 mai 1667 : d'or, au lion de sable, armé et lampassé de gueules.

MICHAULT, écuyer, sieur de Bavillière, élection de Lisieux, maintenu le 13 août 1666 : d'azur, à la bande d'or, chargée de trois flammes de gueules, et accostée de deux roses du second émail.

MICHEL, écuyer, sieur de Verdun, des Haulles, Branchamp, etc., élection de Valogne, maintenu en 1666 : de sable, à la croix potencée d'or, cantonnée au 1 et 4 d'un croissant, au 2 et 3 d'une coquille, le tout du même.

MICHEL, écuyer, seigneur de Cambernon, élections de

Coutances, de Carentan, etc., maintenu en 1666 : d'azur, à la croix d'or, cantonnée de quatre coquilles du même.

MICHEL, élection de Pont-l'Evêque, maintenu en 1666 : écartelé au 1 et 4 d'or, à une étoile de gueules.; au 2 et 3 d'azur, à l'aigle éployée d'argent.

MICHEL, écuyer, sieur de Crougny, élection d'Andely, maintenu le 16 septembre 1668 : d'argent, à la croix vidée de sable, cantonnée de quatre écureuils rampants de gueules.

MICHEL, écuyer, sieur de Belloit et de Crissevelle, élections de Lisieux et de Bernay, maintenu le 28 avril 1666 et le 11 mai 1667 : écartelé, au 1 et 4 d'argent, à l'aigle éployée au vol abaissé de sable ; au 2 et 3 d'or, au soleil de gueules.

MICHEL, écuyer, sieur de Crissevelle, élection de Bernay, maintenu le 28 avril 1666 : écartelé, au 1 et 4 d'azur, à l'aigle éployée au vol abaissé d'argent : au 2 et 3 d'or, à une étoile de gueules.

MIDOU, écuyer, sieur de la Chesnée, de la Fosse, etc., élection de Bayeux, maintenu en 1666 : d'azur, à la croix fleurdelysée d'or, cantonnée de quatre roses du même.

MIÉE, écuyer, sieur des Fresnes, la Motte, de Guesprée, etc., élection d'Argentan, maintenu le 7 septembre 1666 : d'azur, à la fasce d'or, accompagnée de trois besants du même.

MIEL (LE), écuyer, sieur de la Motte, élection de Falaise, maintenu en 1666.

MIÈRE (LE), écuyer, sieur de Chaumont, Miraucourt, etc., élection de Pont-l'Evêque, maintenu le 18 septembre 1668 : d'azur, au chevron d'or, accompagné de trois coquilles du même.

MIÈRE (LE), écuyer, sieur et patron de Petitville, élection de Coutances : d'argent, à deux lions affrontés de gueules ; au chef d'azur, chargé d'un croissant d'or.

MIETTE, voyez LAUBERIE.

MIFFANS, écuyer, sieur de Guiberville, Fonteny, Mouville, des Hameaux, Grosville, Roquigny, Berville, Belleau, Crevecœur, la Croix, etc., élection d'Arques, maintenu, le 29 juillet 1670 : d'azur, à trois têtes d'hommes d'argent, posées de front.

MILLARD, écuyer, sieur de Boisdurant, élection d'Avranches, maintenu en 1666.

MILLEBUH, écuyer, sieur de Chaumont, élection de Montivilliers, maintenu le 20 janvier 1667 : d'argent, au lion de sable, armé et lampassé de gueules ; à la barre de même, chargée de croissants du champ, brochante sur le tout.

MILLET, écuyer, sieur du Taillis, élection de Falaise, maintenu le 3 mai 1667 : d'argent, au lion de gueules.

MILLEVILLE, écuyer, sieur de Boissay, de Fontenay, etc., élection d'Arques, maintenu le 4 août 1668 : de gueules, au sautoir d'argent, cantonné de quatre glands du même.

MILLIERES (DE), écuyer, sieur du Bois, de Grouchy, etc., généralité de Caen, maintenu en 1666 : d'argent, à trois losanges de gueules.

MINIER (LE), généralité de Caen.

MISSY, écuyer, sieur des Marseqs, élection de Coutances, maintenu en 1666 : d'azur, à l'aigle éployée d'or, couronnée à l'antique du même, becquée et membrée de gueules.

MOESSARD, écuyer, sieur de la Moessardière, élection de Lisieux : d'argent, à la croix de gueules, chargée de cinq coquilles d'or, et cantonnée de 4 merlettes de sable.

MOGÈRES, sieur de Neuville, généralité de Roüen.

MOGES, écuyer, sieur de Saint-Georges, de Cormerie, de Montenay, de Préaux, etc., élection de Lisieux, maintenu le 14 mai 1670 : de gueules, à trois aiglettes éployées au vol abaissé de sable.

MOIGNE (LE), élection de Valogne.

MOINE (LE), généralité de Caen : d'or, fretté de sable.

MOINE (LE), voyez LE MOYNE.

MOINE (LE), écuyer sieur de Biville, élection d'Arques, maintenu au mois d'octobre 1668 : de gueules, au chevron d'or, accompagné de trois roses d'argent.

MOINET, écuyer, sieur de la Jarriaye, Marguignière, Vaviary, etc., généralité d'Alençon, maintenu le 31 octobre 1666 : écartelé, au 1 et 4 d'argent, au chevron de gueules, accompagné en pointe d'un croissant de sable : au 2 et 3 d'argent, à trois fasces d'azur.

MOISANT, sieur de Brieux, élection de Valogne, maintenu en 1666 : d'azur, à trois croisettes d'or.

MOISSON, écuyer, sieur de Précerbie, élection de Bayeux, maintenu en 1666 : écartelé, au 1 et 4 fascé de gueules et d'argent ; au 2 et 3 de gueules

MOITIER, seigneur de Thamberel, élection de Gisors, maintenu le 17 mars 1669 : de gueules, au chevron d'or, accompagné de trois gerbes du même.

MOLLINET (DU), écuyer, sieur du Bois, élection d'Ar-

gentan, maintenu le 3 avril 1666 : d'argent, à trois
anilles de sable.

MONCEL (DU), écuyer, sieur de Flottemanville, de
Martinvast, etc., élection de Valogne : de gueules, à
trois losanges d'argent.

MONCHERON, écuyer, sieur de Hautierrys Messière,
Corbin, Boullay, etc., élection de Mortagne, maintenu
le 7 juin 1667 : d'argent, à une fleur de lys partagée
de gueules.

MONCHY, écuyer, sieur de Fresnoy, d'Auberville,
Bihorel, etc., maintenu le 24 août 1668 : de gueules, à
trois bandes d'argent.

MONCHY, écuyer, sieur de Camp, Meuzeville, la Haye,
Vallecourt, chevalier, seigneur de Moisemont, élection
d'Arques, maintenu le 20 janvier 1668 : de gueules, à
trois maillets d'or.

MONCHY, écuyer, sieur de Fresnoy, élection d'Arques,
maintenu le 4 avril 1668 : de gueules, à cinq cotices
d'argent ; à trois marteaux d'or, brochants sur le tout.

MONDIERE, écuyer, sieur de la Cornière, généralité
d'Alençon, maintenu le 26 mai 1666 : d'azur, à trois
têtes d'aigle, arrachées d'or, celles en chef affrontées.

MONDIERE, écuyer, sieur de Valrimbert, du Val, de
Belleville, etc., élection de Lisieux, maintenu le 10
août 1666 : d'azur, au chevron d'or, accompagné de
trois têtes d'aigle du même.

MONDION, écuyer, sieur, de Fanancourt, élection de
Montivillers, maintenu le 9 février 1667 : fascé d'or et
d'azur ; la première fasce chargée de trois roses de
gueules.

MONDOUCET, écuyer, sieur de la Roche, élection de
Mortagne, maintenu le 2 février 1667 : d'argent, à trois
fasces de gueules, à dix-neuf croisettes de l'un en l'autre, trois, trois, trois, trois, trois, trois et une.

MONFAULT, généralité de Rouen : de gueules, au chevron d'argent ; à la bande d'or, chargée de trois fers de
lance de sable, brochante sur le tout.

MONGNIEN, écuyer, sieur de Frequainville, élection
de Montivilliers, maintenu le 17 juillet 1667 : d'argent,
à la fasce de sable, chargée de trois peignes d'or en pal.

MONGOUBERT, écuyer, sieur, du Mesnil, élection de
Bernay, et élection de Lions, maintenu le 4 janvier 1668 :
de sable, à deux lions-léopardés d'or.

MONNIER (LE), à Falaise : d'azur, à la croix d'argent ; au chef d'or, chargé de deux fleurs de lys de gueules.

MONNIER (LE), élection de Valogne, maintenu en 1666 : de gueules, au lion d'or.

MONNIER (LE), sieur de Penauderie, généralité de Caen.

MONNIER (LE), écuyer sieur de Tessel, généralité de Caen, maintenu en 1666 : d'azur, à trois anilles d'argent.

MONS (DE), écuyer, sieur de Regnoumesnil, élection de Valogne, maintenu en 1666 : d'argent, à l'aigle de gueules, becquée et membrée d'or ; à la bordure de sable, chargée de douze besants d'or.

MONSURES, écuyer, sieur de Graval, Promort, Mortemer, d'Isloy, Monteroc, etc., élection d'Arques, maintenu en novembre 1668 : de sable, à la croix d'argent, chargée de cinq fermaux de gueules.

MONT (DU), écuyer, sieur de Gravençon, du Viel-Navoir, Vassouis, Lionfleur, etc., maintenu le 20 avril 1668, d'argent, à la fleur de lys de gueules.

MONT (DU), écuyer sieur de Fontelaye et du Botaquet, élection d'Arques, maintenu le 23 juillet 1668 : de gueules, au chevron d'or, accompagné de trois têtes de levron d'argent.

MONT (DU), élection d'Arques, maintenu le 14 février 1668 : d'azur au chevron d'or, accompagné de six grues d'argent.

MONTAGNE (LA), seigneur de la Chapelle, élection d'Arques, maintenu le 11 mai 1668 : d'azur, à la barre d'argent, accompagnée de trois étoiles d'or.

MONTAIGU, seigneur, marquis d'O, de Matigny, etc., élection d'Argentan, maintenu le 3 avril 1667 : de sable, à trois mains senestres d'argent.

MONTAIGU, élection d'Andelys, maintenu le 7 décembre 1667 : de sable, à trois mains senestres d'argent ; au chef d'or, chargé de trois losanges de gueules.

MONTAIGU, écuyer, sieur dudit lieu et des Bois, élection de Coutances, maintenu en 1666 : d'argent, à deux bandes de sable, accompagnées de sept coquilles du même, trois, trois et une.

MONTBLARU, écuyer, sieur de Saint-Cyr, de Liffremont, etc., élection d'Andelys, maintenu le 10 février 1669 : d'argent, à trois lévriers courants l'un sur l'autre de gueules, colletés d'or.

MONTBRUN : d'or, à la bande d'hermine.

MONTECLER DE CHARNAY, élection d'Argentan : de gueules, au lion couronné d'or.

MONTEILLES, écuyer, sieur de la Gastine, du Champ-Marc et de Bieville, élection de Lisieux, maintenu le 12 mai 1667 : d'azur, à deux poissons en fasces d'argent.

MONTENAY, écuyer, seigneur de Fourges, élection de Gisors, maintenu le 4 août 1668 : d'or, à deux fasces d'azur, accompagnées de neuf coquilles de gueules, quatre, deux et trois.

MONTFIQUET, écuyer, sieur de Blaigny, Sérisière, Celleon, etc., élection de Bayeux, maintenu en 1666 : d'argent, au léopard de sable.

MONTFORT, élection d'Arques : d'argent, à trois molettes d'éperon de gueules ; à un lionceau d'azur en cœur.

MONTFORT, élection de Falaise, maintenu le 30 juillet 1667 : d'argent, à trois trèfles de sinople.

MONTFORT, élection de Falaise, maintenu le 11 juillet 1667 : d'argent, à trois trèfles de gueules.

MONTFREARD, écuyer, sieur des Essarts, élection de Bayeux, maintenu en 1666 : d'argent, à trois têtes de cerf de sable, ramées d'or.

MONTGOMMERY, écuyer, sieur de Ducé, élection d'Avranches, maintenu en 1666 : écartelé, au 1 et 4 de gueules, à trois coquilles d'or ; au 2 et 3 de France.

MONTGROS, écuyer, sieur de Thicourt, élection de Chaumont, maintenu le 22 mars 1669 : d'azur, à trois tours d'argent bâties sur une mer du même, les deux de côtés penchées, masurées, et appuyées sur celle du milieu, le tout surmonté de trois molettes d'éperon d'or.

MONTHIERS, écuyer, sieur de Bosroger, élection d'Evreux, maintenu le 12 août 1666 : d'or, à trois chevrons de gueules.

MONTHIERS (DES), écuyer, sieur de la Morandière, élection d'Argentan, maintenu le 30 mai 1666 : d'or, à trois chevrons de sable, accompagnés en pointe d'une rose de gueules.

MONTIGNY (DE), coticé d'or et de gueules ; au franc-canton du dernier, chargé de huits coquilles d'or.

MONTMORENCY : d'or, à la croix de gueules, cantonnée de seize alérions d'azur.

MONTPELLEY, seigneur de Marigny, maintenu le 7 juillet 1670 : de gueules, à trois aigles éployées au vol abaissé d'argent, et une croisette ancrée d'or en cœur.

MONVOISIN, écuyer, sieur d'Argoville, seigneur de Heulan, élection de Pont-l'Évêque, maintenu le 16 juillet 1668 : d'or, à deux fasces de gueules.

MORAINVILLE, écuyer, sieur de la Bigottière, élection d'Evreux, maintenu le 11 septembre 1666 : d'argent, à trois merlettes de sable.

MORAINVILLE, écuyer, sieur d'Argeville, du Vipart, etc., élection d'Evreux, maintenu le 14 mars 1668 : d'argent, à neuf merlettes de sable.

MORAIS, écuyer, sieur de Bresolles, Lory, etc., généralité de Caen, maintenu en 1666 : d'or, à six annelets de sable.

MORANCOURT, écuyer, sieur de Fresnée et de Saint-Laurens, élection de Carentan, maintenu en 1666 : d'argent, à trois mûres au naturel.

MORANT, écuyer, sieur de Courseville, généralité de Caen, maintenu en 1666 : d'azur, à trois cygnes d'argent, becqués et membrés de gueules.

MORANT, écuyer, sieur de Bosricard, d'Anglesquemenil, d'Orival, etc., élection d'Arques, maintenu, le 13 août 1668 : de gueules, à la bande d'argent, chargée de cinq mouchetures de sable.

MORCENQ, écuyer, sieur de la Chevalerie, élection de Pont-Audemer, maintenu le 2 novembre 1667 : de gueules, à la fasce d'or, accompagnée de trois roses d'argent.

MORCHESNE, écuyer, sieur de Martigny, de Saint-Remy, du Breuil, etc., élection d'Evreux, maintenu le 16 septembre 1667 : d'argent, au chevron de sable, accompagné de trois mouchetures du même.

MOREL, écuyer, sieur de Courcy et de Saint-Cyr, élection de Valogne, maintenu en 1666 : d'or, au chevron d'azur, chargé de deux badelaires d'argent, garnis d'or, et accompagné en pointe d'une fleur de lys de gueules.

MOREL, écuyer, sieur de la Corbonière, élection de Bayeux, maintenu en 1666 : d'argent, au cheval gai et cabré de sable ; au chef d'azur, chargé d'un croissant d'or, accosté de deux molettes d'éperon du même.

MOREL, écuyer, sieur de Putanges, baron de Courcy,

généralité de Caen, maintenu en 1666 : d'or, au lion de sinople, armé, lampassé et couronné d'argent..

MOREL, écuyer, sieur de Sequeville, Fourmentin, Janville, Gansalle, etc. , généralité de Caen, maintenu le 13 juin 1667 : de gueules, au lion d'argent, au chef cousu d'azur, chargé de trois croissants mal-ordonnés d'or.

MOREL, écuyer, sieur de la Gressonnière, élection d'Argentan, maintenu le 8 juin 1666: de gueules, à la fasce d'or, accompagnée de trois roses d'argent.

MOREUIL, écuyer, sieur de Saint-Cyr, Cormelain et de Viller, généralité de Rouen, maintenu le 12 juin 1670: semé de France, au lion issant d'argent.

MORICIERE (DE LA), écuyer, sieur du Vicqué, généralité d'Avranches, maintenu en 1666 : d'argent, au chevron de gueules, accompagné de trois trèfles de sinople.

MORIN, écuyer, sieur de Bertouville, Ressencourt, Primerie, etc. , élection de Bernay, maintenu le 31 août 1666 : d'or, à la croix engrêlée de sable. M. Morin d'Anvers descend de cette famille.

MORIN, écuyer, sieur de Mondeville, généralité de Caen, maintenu en 1666 : d'azur, au chevron d'or, accompagné de trois merlettes d'argent.

MORIN, écuyer, sieur du Becquet, de Villers, Baneville , Grenteville, etc., généralité de Caen, maintenu en 1666 : d'or, à trois fasces de sinople.

MORIN, écuyer, sieur de Boscautru, élection de Lisieux : d'argent, au lion de sable, armé, lampassé et couronné d'or.

MORNAY, chevalier, seigneur de Montchévréuil; de Vaudampierre, de la Chapelle, de la Villette, d'Ambleville, élection de Chaumont, maintenu le 19 juillet 1668: burelé d'argent et de gueules; au lion de sable, armé, lampassé et couronné d'or, brochant sur le tout.

MORTAGNE, ville de Normandie : écartelé de France et de Dauphiné.

MORTAIGNE, écuyer, sieur de Vaulmontroul, élection de Verneuil, maintenu le 8 novembre 1666: d'or, à la croix écartelée de sable et de gueules.

MORTAIN, ville de Normandie : de France, à la bande componée d'argent et de gueules, brochante sur le tout.

MORTEAUX, écuyer, sieur du Bois-Girault, de Tillebon, etc. , élection de Verneuil, maintenu le 5 août 1667: de gueules, à trois chevrons d'argent.

MORTEMER (DE), fascé d'or et de sinople, à vingt-quatre fleurs de lys de l'un en autre.

MOTTE (LA), écuyer, sieur du Vivier, élection d'Andelys, maintenu le 18 juillet 1669 : d'hermine, à trois faucons de gueules.

MOTTE (LA), écuyer, sieur du Thil, seigneur de Bois-Guilbert, élection de Gisors, maintenu le 4 avril 1669 : d'argent, à deux fasces de gueules, accompagnées de neuf mouchetures de sable, 4, 3 et 2.

MOTTE (LA), écuyer, sieur du Bois-Guerard, généralité de Rouen, maintenu le 13 novembre 1666 : d'or à la bande de gueules, chargée de trois coquilles du champ, et accostée de deux molettes d'éperon de sable.

MOTTE (LA), écuyer, sieur de Pontroger, Saint-Planchais, Glatigny, etc., élection de Coutances, maintenu en 1666 : d'argent, au sanglier de sable.

MOTTE-FOUQUÉE (DE LA) : d'azur, à la fasce d'or.

MOTTE (DE LA), écuyer, sieur de l'Epine, élection de Bayeux, maintenu en 1666 : tranché, au 1 d'argent, à quatre vergettes de gueules ; au 2 d'argent, à la bande de gueules.

MOUCEL, écuyer, sieur de Louraille, Falletot, Beuzeville, Richemont, Varengeville, etc., généralité de Rouen, maintenu le 8 mai 1667 : d'azur, au chevron d'or, accompagné de trois merlettes d'argent.

MOUCHE (DE LA), à Avranches : de gueules, à deux clefs passées en sautoir d'argent, cantonnées de quatre fleurs de lys d'or ; à la tête de maure de sable, tortillée d'argent, posée en cœur.

MOUCHET (DU), écuyer, sieur de Monthimier, de la Croix, de Beaulieu, etc., élection de Mortagne, maintenu le 13 mai 1666 : d'argent, à trois hures de sanglier de sable.

MOULINS (DE), chevalier, seigneur de l'Isle, de Chavigny, etc., généralité d'Alençon, maintenu le 12 septembre 1666 : d'azur, à une sauterelle d'argent, accompagnée de trois coquilles d'or.

MOURET, sieur du Parc, du Pont, etc., généralité de Rouen.

MOUSSU (LE), écuyer, sieur de la Millerie, de la Martinière, etc., élection de Coutances, maintenu en 1666 : de gueules, au chevron d'or, accompagné de trois molettes d'éperon d'argent.

MOUSTIER (DU), écuyer, sieur de Sainte-Marie, élection

de Valogne, maintenu en 1666 : de sable, à la croix fleur-delysée d'argent, cantonnée de quatre roses du même.

MOUSTIER (DU), écuyer, sieur de Bussy , généralité de Caen , maintenu en 1666 : d'azur , au chevron d'argent, chargé d'un croissant de gueules, et accompagné en chef de deux soleils d'or , et en pointe d'un cœur enflammé du même.

MOUSTIER (DU) , généralité de Rouen.

MOUSTIER (DU), écuyer, sieur du Mesnil , élection de Falaise, maintenu en 1666 : d'azur , à trois chevrons d'argent.

MOUTIERS (DES) , écuyer, sieur de Neufmenil , d'Essy, du Fez , etc., élection de Carentan, maintenu en 1666 : d'argent, à la bande d'azur, frettée d'or.

MOUTIS (DES), écuyer, sieur de la Morandière, Tillières, Longchamp, du Verger, etc., élection d'Argentan, main-tenu le 4 avril 1666 : d'or , à trois chevrons de sable, accompagnés en pointe d'une rose de gueules.

MOUTON (LE) : d'argent, à une gibecière de sable, l'anse et les glands d'or.

MOUTON (LE), généralité de Rouen : d'azur , à la croix d'argent cantonnée de seize croisettes recroisettées d'or ; à la cotice de gueules, brochante sur le tout.

MOUTON (LE), écuyer, sieur du Manoir , du Bois , Moulins, la Brosse, Courtenay, Roster, Manou, etc., élec-tion de Bayeux, maintenu en 1666 : d'argent , à trois gibecières de sable, les anses et glands d'or.

MOY ou MOUY, chevalier, seigneur d'Elbeuf, de Riche-bourg, Hennessy, etc., élection d'Arques , maintenu le 4 octobre 1668 : de gueules, fretté d'or.

MOY (DE), généralité de Rouen.

MOYNE (LE) , écuyer , sieur de Beville , des Flèches, etc., élection d'Arques, maintenu le 6 septembre 1668 : de gueules, à trois roses d'argent.

MOYNE (LE) , écuyer , sieur d'Aubermesnil , Marancourt, etc. , généralité de Rouen , maintenu le 30 décembre 1667 : de gueules, à trois étoiles d'argent, surmontées d'un lion-léopardé d'or.

MUSSY (DE) , élection de Valogne , maintenu en 1666.

MUSTEL, seigneur de Bosc-Roger, de Gonneville, de la Boullaye , etc. , élection de Pont-Audemer, maintenu le 10 avril 1669 : semé de France, à deux herses d'or, po-sées l'une au premier canton et l'autre au quatrième.

MYR (le), écuyer, sieur de la Layre, élection de Gisors, maintenu le 30 mars 1669 : d'argent, à trois bandes de gueules.

MYRE (le), sieur d'Angerville, diocèse de Lisieux : de gueules, au chevron d'argent, accompagné de trois coquilles d'or.

N

NAGUET, écuyer, sieur de Saint-Georges, Vulfran, etc., élection de Pont-l'Evêque, maintenu le 12 septembre 1668 : d'azur, à trois coquilles d'or, et une molette d'éperon du même, posée en abîme.

NAGUET : écartelé, au 1 et 4 d'or, à trois coquilles de sable et une fleur de lys du même en cœur ; au 2 et 3 de gueules, à une molette d'éperon d'argent en chef, et en pointe trois coquilles du même.

NAGUET, généralité de Rouen : d'argent, à la croix de gueules, chargée de cinq léopards d'or.

NANTIER (le), écuyer, sieur de la Roquerie, d'Armanville, etc., élection de Pont-Audemer, maintenu le 4 avril 1669 : d'or, fretté d'azur.

NANTIER, élection de Vire : d'azur, au lion d'or, sur une terrasse du même.

NAU, écuyer, sieur des Marets, Saint-Martin, Boisselière, etc., maintenu le 7 juillet 1667 : de gueules, à deux lions affrontés d'or, soutenant une gerbe du même. Il y a de cette famille en Anjou.

NAURRY, écuyer, sieur de Granval, Senouville, etc., élection de Montivilliers, maintenu le 3 janvier 1668 : d'azur, à trois têtes de griffon d'or, tenant chacune en son bec une couleuvre d'argent.

NEEL, écuyer, sieur de la Champagne, élection de Coutances, maintenu en 1666 : d'azur, à trois mains dextres d'or.

NÉEL, écuyer, sieur de Gaïron, de la Bouillonnerie, etc., élection de Valogne, maintenu en 1666 : d'azur, au soleil d'or, accompagné en chef de trois étoiles du même, et en pointe d'un croissant d'argent.

NEEL, écuyer, sieur de Fontenay, Naville, Tierceville, Sainte-Marie, etc., élection de Bayeux, maintenu en 1666 : d'argent, à trois bandes de sable ; au chef de gueules.

NEPVEU, écuyer, sieur de Saint-Georges, Vauliont, etc., élection de Pont-Audemer : d'or, à trois têtes de chien coupées de sable.

NEUF (LE), écuyer, sieur de Valcougrin, Montenay, seigneur de Saint-Victor, de Sourdeval, Courtonne, Tonneville, etc., élection de Montivilliers, maintenu le 4 décembre 1659, et le 22 mars 1666 : de gueules, à trois coussinets d'or, les houppes posées en sautoir.

NEUVILLE, écuyer, sieur d'Ermes, Cléray, chevalier, seigneur de Saint-Remy, du Mesnil, etc., maintenu le 16 avril 1666 : de sable, à trois besants d'or ; au chef d'argent, chargé de neuf mouchetures du champ, cinq et quatre.

NEUVILLE, sieur d'Auvilliers, des Fresnes, etc., élection de Domfront, maintenu le 20 avril 1666 : d'argent, treillissé de gueules, semé de mouchetures de sable dans les claires-voies.

NEVEU (LE), généralité de Rouen : d'azur, à trois roses d'argent.

NICOLLE, écuyer, sieur d'Ancines, du Plessis, Longny, Maupertuis, du Hamel, etc. ; maintenu le 3 mai 1667 : d'azur, à la fasce d'argent, accompagnée de trois étoiles d'or.

NICOLLE, écuyer, sieur de Bricqueville, élection de Coutances : d'azur, au chevron d'or, accompagné de trois étoiles d'argent.

NIEPCE, (LA), écuyer, sieur d'Anneville, de Saint-Marc du Tot, d'Onval, Bourdemare, Bretteval, etc., élection de Caudebec, maintenu le 21 juillet 1666 : d'azur, au chevron d'argent, accompagné en chef de deux roses d'or, et en pointe d'un gland versé du même.

NOBLE (LE), écuyer, sieur de Feugueray, des Landes, etc., élection d'Arques, maintenu le 23 mai 1670 : de gueules, au besant d'argent, chargé d'une rose d'or. *Armes à enquerre.*

NOBLE (LE), élection de Pont-Audemer, maintenu le 18 janvier 1666 : d'azur à la croix d'or, cantonnée de quatorze étoiles du même, quatre dans chaque canton du chef, et trois dans ceux de la pointe.

NOCEY, seigneur de Torquesne, Boucey, etc., élection de Pont-l'Evêque, maintenu le 25 novembre 1666 : d'argent, à trois fasces de sable, accompagnées de dix merlettes du même.

NOE (LA), écuyer, sieur de Saint-Martin, Pelmenil, etc., élection d'Evreux, maintenu le 12 janvier en 1669: d'azur, à une fusée d'or.

NOE (LA), écuyer, sieur de Bastille, de la Fresnée, etc., élection d'Avranches, maintenu en 1666: d'azur, au chevron d'argent, chargé de cinq roses de gueules, et accompagné en chef de deux coquilles du second émail.

NOE (LA), écuyer, sieur dudit lieu, de Villiers, Giffay, etc., élection de Conches, maintenu le 11 avril 1666: d'azur, à la bande d'or, accostée de trois molettes d'éperon du même.

NOEL, écuyer, sieur de la Housselure, élection de Falaise, maintenu le 30 mars 1666: d'azur, au chevron d'argent, accompagné en chef de deux étoiles, et en pointe d'une croisette du second émail; au chef d'or, chargé de deux losanges de gueules.

NOEL, écuyer, sieur de Groussy, élection de Carentan, maintenu en 1666: d'azur, au chevron d'or, accompagné en chef de deux colombes essorantes et affrontées d'argent, et en pointe d'un croissant du même.

NOEL, écuyer, sieur de la Vauterie, généralité de Caen, maintenu en 1666: d'azur, au lion d'argent, surmonté de trois étoiles rangées en chef du même.

NOEL, écuyer, sieur d'Hérouville, Hédeville, Longueval, etc., élection de Bayeux, maintenu en 1666: d'azur, au chevron d'or, accompagné de trois croisettes du même.

NOGENT, ville de Normandie: d'azur, au lion d'argent, accosté de deux fleurs de lys d'or.

NOGENT, écuyer, sieur de la Perrière, maintenu le 3 juin 1666: d'argent, au sanglier rampant de sable.

NOIR (LE), écuyer, sieur de Lanchal et d'Emenonville, généralité d'Alençon: d'azur, au chevron d'or, accompagné en pointe d'une tête de maure de profil tortillée d'argent; au chef cousu de gueules, chargé de trois roses d'argent.

NOIRE (DE), sieur de Chicheboville, généralité de Caen, maintenu en 1666.

NOLLENT, élection de Pont-Audemer: d'azur, à la croix d'or, cantonnée de quatre étoiles du même.

NOLLENT, baron de Limbeuf, de Caillerville, etc., élection de Pont-de-l'Arche, maintenu le 10 février 1668: d'argent, à une fleur de lys de gueules, accompagnée de trois roses du même.

NOLLENT, écuyer, sieur de Saulnais, seigneur de Bombanville, Bouchailles, etc., élection de Lisieux, maintenu le 11 mai 1666 : de sinople, au chef cousu de gueules ; à l'aigle d'argent, brochante sur le tout.

NOLLET, écuyer, sieur de Malnoue, de la Londe, Launay, seigneur de Saint-Christophe, élection d'Argentan, maintenu le 26 septembre 1666 : d'argent, au chevron de gueules, accompagné de trois merlettes de sable.

NONANCOURT, ville de Normandie : d'argent, au chef de gueules, chargé de trois fleurs de lys d'or.

NORMAND (LE), écuyer, sieur de Breteville, de Magny, Traspié, Gossy, etc., élection de Falaise, maintenu le 2 mai 1667 : d'argent, au chevron de sinople, accompagné en chef de deux croissants du même, et en pointe d'une tête de maure de sable, tortillée d'argent.

NORMAND (LE), écuyer, sieur de Cotterie, de Launay, etc., élection de Falaise, maintenu le 24 juin 1666 : d'argent, à un loup de sable, couché sur une terrasse du champ, et fixant au premier canton une étoile de gueules .

NORMANVILE, écuyer, sieur dudit lieu, Hautot, Barolle, etc., élection de Caudebec, maintenu le 18 septembre 1668 : d'azur, à trois molettes d'éperon d'or.

NOT (DU), élection de Falaise, maintenu le 1er avril 1666 : d'azur, au chevron d'or, surmonté de trois roses d'argent, et accompagné de trois canettes du même.

NOURRY, sieur du Mesnil, élection d'Evreux : de gueules, à deux chevrons d'argent, accompagnés de trois molettes d'éperon du même.

NOVILLE, écuyer, sieur de Conimanville, généralité de Rouen, maintenu le 17 janvier 1668 : écartelé, au 1 et 4 d'argent, à une quintefeuille de gueules ; au 2 et 3 d'azur, à deux pals d'argent ; au chevron de gueules, chargé de deux coquilles du second émail.

NOVINCE D'AUBIGNY, seigneur de Crepon, élection de Bayeux, maintenu en 1666 : d'or au lion de gueules ; au chef de même, chargé de trois roses d'argent.

NOYON, écuyer, sieur d'Artier, généralité de Rouen, maintenu le 22 mai 1670 : d'argent, à l'aigle au vol abaissé de sable, becquée, membrée et couronnée d'or.

O

O (D'), seigneur de Villiers, d'Herbeville, etc. : d'hermine, au chef denché de gueules.

ODOUART, seigneur du Hazey, de Boissoger, etc., élection d'Evreux, maintenu le 27 janvier 1668 : de gueules, à trois molettes d'éperon d'argent; au chef du même, chargé d'un lion-léopardé de sable.

OGIER, écuyer, sieur de la Haulle, élection de Valogne, maintenu en 1666 : de sable, au massacre de cerf d'or.

OILLIAMSON ou WILLAMSON, chevalier, seigneur de Saint-Germain, de Couillibœuf, de Cambernant, d'Ouilly, etc : d'azur, à l'aigle éployée d'argent, becquée et membrée d'or, posée sur un baril du même cerclé d'argent.

OINVILE (D') seigneur de Houcteville, baron de la Ferté-Fresnel, élection d'Evreux, maintenu le 6 février 1667 : d'or, à trois bandes de gueules.

OLIVIER, seigneur de Leuville et du Hommet : écartelé, au 1 et 4 d'azur, à six besants d'or; au chef d'argent, chargé d'un lion issant de sable, armé et lampassé de gueules; au 2 et 3 d'or, à trois bandes de gueules, celle du milieu chargée de trois étoiles du champ.

ONFROY, élection de Bayeux, maintenu en 1666 : d'argent, au chevron de gueules, accompagné de trois trèfles de sinople.

ONFROY, généralité de Caen, maintenu en 1666 : d'or à la bande d'azur.

ONFROY, écuyer, dans le comté d'Eu : d'argent au lion d'or; au soleil levant du même.

ORAISON, chevalier, marquis et chastelain de Livarot, comte de Bouibon, élection de Lisieux, maintenu le 16 mars 1667 : écartelé, au 1 et 4 d'or, à la fasce de gueules; au 2 et 3 d'or, à trois fasces ondées de gueules.

ORANGE (D') : écuyer, sieur de Canvers élection de Coutances, maintenu en 1666 : de sable, au chevron d'or accompagné de trois billettes couchées du même.

ORBEC, ville de Normandie : d'azur, à trois annelets d'or et une fleur de lys du même en chef.

ORGLANDES (D'), baron de Briouze, élection de Falaise, maintenu le 3 mai 1667 : d'hermine, à six losanges de gueules.

ORIVAL, écuyer, sieur du Drossey, Creil, etc., élection de Caudebec, maintenu le 26 juillet 1667 : de gueules, à la fasce d'or, accompagnée de trois molettes d'éperon d'argent.

ORLEANS (D'), chevalier, marquis de Rothelin, seigneur et comte de Néaules, élection, de Gisors, maintenu le 4 octobre 1669 : écartelé, au 1 et 4 d'or, à la bande de gueules ; au 2 et 3 d'or, au pal de gueules, chargé de trois flanchis d'argent.

ORVILLE (D'), écuyer, sieur des Routis, la Bollaye, Chailloué, Brière, Saint-Victor, etc., élection de Verneuil, maintenu le 17 juillet 1667 : de sable, au lion d'argent.

OSBERT, écuyer, sieur de la Maillardière, Mares, Brücheville, du Theil, etc., élection de Carentan, maintenu en 1666 : d'argent, à la croix de gueules, cantonnée de quatre lionceaux de sable.

OSBERT, écuyer, sieur de Poupeville, élection de Carentan, maintenu en 1666 : d'argent, à l'aigle éployée de sable ; à la croix de gueules, brochante sur le tout, cantonnée aux deux derniers cantons de deux lionceaux du second émail.

OSMOND, écuyer, sieur de Montigny, d'Argée, de la Roque-Malicorne, la Chapelle, des Isles, etc., seigneur d'Aubray, élection de Lions, maintenu le 14 juillet 1667 : de gueules, au vol fondant d'hermine.

OSMOND, écuyer, sieur de Mouyaux, Mortemer, du Coudray, etc., élection de Pont-Audemer, maintenu le 18 septembre 1667 : écartelé, au 1 et 4 d'argent, à trois fasces d'azur ; au 2 et 3 de gueules, au vol fondant d'hermine.

OSMONT, écuyer, sieur de Bray, généralité de Caen, maintenu en 1666 : écartelé, au 1 et 4 de gueules ; au 2 et 3 d'argent, à trois fasces d'azur.

OSMONT, sieur de Berville, généralité de Rouen : d'argent, au chevron de sable, chargé au sommet d'un croissant du champ, et accompagné de trois étoiles du même.

OUCHY, DE SACY, diocèse de Sèez : d'argent, au chevron d'azur, accompagné de trois tourteaux de gueules.

OUILLY (D'), élection de Falaise, très-ancienne noblesse : d'argent, à la bande de gueules. Une branche de cette maison existe en Angleterre.

OZANNE (d'), seigneur de Gregneusseville, d'Intraville, etc., élection de Pont-Audemer, maintenu le 22 août 1666 : parti, au 1 d'argent, au lion de sable ; au 2 d'azur, à trois étaies d'or, la dernière accompagnée de trois étoiles du même.

P

PACAVORY, écuyer, sieur de Possigny, élection de Gisors : d'argent, à trois fasces d'azur ; au chef du champ, chargé d'un lion naissant du second émail.

PAGALDE, généralité de Rouen, maintenu le 29 août 1668 : d'or, au chevron d'azur, accompagné de trois roses de gueules.

PAGE (LE), écuyer, sieur de Pinterville, Flamare, Ville-Colombine, la Vallée, etc., généralité de Rouen, maintenu le 23 juillet 1666 : d'azur, à quatre burèles d'or ; au lion de sable, armé et lampassé de gueules, brochant sur le tout.

PAGE (LE), écuyer, sieur dudit lieu, élection de Bernay : d'azur, au chevron d'argent, accompagné de trois coquilles d'or.

PAILLARD, seigneur de Hardivilliers, Petmeuse, de Trossy, etc., élection d'Arques, maintenu le 22 janvier 1667 : d'argent, à la croix de sable, frettée d'or.

PAINTEUR (LE), écuyer, sieur de Rufflet, des Planches, etc., élection de Conches ; d'azur, à une ancre d'argent en pal, le trabs d'or en chef, accostée de deux dés du second émail.

PAISANT, écuyer, sieur de Baudrouet, Saint-Martin, Boutemont, Barneville, etc., élection de Lisieux : d'azur, au sautoir d'or.

PAISNEL, écuyer, sieur du Hambie et de Briquebec, généralité de Caen : d'or, à deux fasces d'azur, accompagnées de dix merlettes de gueules en orle.

PAIX DE COEUR, écuyer, sieur de Groffy, Chassanville, de Roumare, etc., généralité de Rouen, maintenu le 13 février 1668 : de gueules, au chevron d'argent, accompagné de trois cœurs du même,

PALLU (LA), écuyer sieur du Mesnil-Hubert, etc., élection d'Argentan, maintenu le 4 août 1666 : fascé denché d'azur et d'argent ; à trois fasces de sable, brochantes sur le tout.

PALLUELLE (la), marquis dudit lieu, élection d'A-
vranches, maintenu en 1666 : d'azur, à trois molettes
d'éperon d'argent.

PALME de CARILLE (de), sieur de Bénagille, à Rouen.

PANNIER, généralité de Caen.

PANTHOU, généralité de Caen, maintenu en 1666 : de
gueules, à deux fasces d'argent, la première accom-
gnée de quatre croissants d'or.

PAON, élection d'Arques, maintenu le 24 février 1668 :
d'azur, au paon rouant d'or.

PARAIN, élection de Mortain.

PARC (du), écuyer, sieur de Boisrenouf, élection de
Coutances, maintenu en 1666 : d'azur, à trois molettes
d'éperon d'argent.

PARC (du), écuyer, sieur du Mesnil, Gresnay et Barville, élection de Valogne, maintenu en 1666 : d'or,
à deux fasces d'azur, accompagnées de neuf merlettes
de gueules, quatre, trois et deux.

PARC, (du), écuyer, sieur de Durdent, de Noiripel,
etc., généralité de Rouen : de gueules, au soleil d'or.

PARCHAPPE, élection de Montivilliers, maintenu le 29
décembre 1660 : d'azur, au chevron d'or, accompagné
de trois colombes d'argent, becquées et membrées de
gueules. Il y a de cette famille en Champagne.

PARDIEU, écuyer, sieur du Mesnil, Belle-Isle, Grat-
teplanche, etc., chevalier, seigneur, marquis de Maucomble, élection d'Arques, maintenu le 7 mars 1669 :
d'or, au lion couronné de gueules.

PARDIEU, écuyer, sieur d'Avresmenil, de Saint-Denis,
du Val, etc., élection d'Arques, maintenu le 19 janvier 1668 : de gueules, au sautoir d'or, cantonné de
quatre alérions du même.

PARENT, écuyer, sieur du Bosc, Marencourt, de Vau-
derude, etc.; élection d'Arques, maintenu le 20 janvier 1669 : de gueules, à trois grues d'argent.

PARENT, élection de Caudebec, maintenu le 4 septembre 1668 : d'azur à la fasce d'argent, accompagnée en
chef de deux billettes accostées de deux molettes d'é-
peron ; et en pointe de trois besants, le tout d'or.

PAREY, écuyer, sieur de Combray, Montoillière, de
l'Espée, etc., élection de Lisieux, maintenu le 11 mai
1666 : d'azur, au chevron d'or, accompagné de trois
roses d'argent ; au chef du même, chargé de trois trèfles
de sable.

PARFOURU, écuyer, sieur de Planterol, Couture, etc., élection de Bayeux, maintenu en 1666 : d'azur, à la fleur de lys d'or.

PASCAL, généralité de Rouen : d'or, à la bande d'azur, chargée de trois fleurs de lys du champ.

PASSART, écuyer, sieur de Launy, élection de Neufchâtel, maintenu le 2 janvier 1667 : d'argent, à trois merlettes de sable.

PASSEMER, sieur du Bois-Roger, élection de Coutances, maintenu en 1666.

PASTÉ, écuyer, sieur de la Grange et de Tailly, élection de Gisors : d'argent, semé de roses de gueules ; à trois salamandres d'azur, brochantes.

PASTEY, seigneur d'Ouville, élecfion de Verneuil : d'azur, à trois demi-vols d'or, posés en pairle, et chargés en cœur d'une rose de gueules.

PASTIZ (du), écuyer, sieur de Montcolin, généralité de Caen, maintenu en 1666 : écartelé, au 1 et 4 d'argent, à une ancre de sable en pal ; au 2 et 3 d'azur, à trois fasces d'or.

PATRIER, sieur de Chaupais, élection de Caen, maintenu en 1666.

PATRIS, généralité de Caen, maintenu en 1666.

PATRY, écuyer, sieur de Lambert, élection de Bayeux, maintenu en 1666 : de gueules, à trois quintefeuilles d'argent.

PAULMIER, écuyer, sieur de la Périnière, seigneur de la Bucaille, Hayrevé, du Bosc-Bérenger, etc., généralité de Rouen, maintenu le 4 avril 1668 : d'azur, au lion-léopardé d'or ; au chef du même, chargé de trois tourteaux de gueules.

PAULMIER (le), écuyer, sieur de Vendeuvre, Grentemesmil, etc., élection de Pont-Audemer, maintenu le 20 novembre 1668 : d'azur, à trois palmes d'argent.

PAUSSAY (de), sieur de Monservant, élection de Coutances, maintenu en 1666.

PAVILLY, généralité de Rouen, famille ancienne, éteinte dans le quatorzième siècle : d'azur, à la croix fleuronnée d'or.

PAYEN, écuyer, sieur du Vivier, Galanerie, la Fresnaye, Cousel, Montehoin, etc., élection de Coutances, maintenu en 1666 : d'argent, à trois tourteaux de sable, le premier chargé d'une rose d'or.

PEGOT, généralité de Rouen.

PEIGNE (le), seigneur d'Arques et de Poissy, généralité de Rouen, maintenu le 18 mars 1669 : de gueules, à trois peignes d'or ; ceux en chef posés en chevron.

PELLEGAGE, écuyer, sieur de Malortie, élection de Pont-Audemer, maintenu le 2 janvier 1668 : d'azur, au chevron d'or, accompagné de trois dards d'argent la pointe en bas.

PELLERIN, écuyer, sieur de Gauville, élection de Bernay : d'or, au chevron échiqueté de gueules et d'argent de trois tires ; au chef de sable, chargé de trois coquilles d'argent.

PELLETIER (le), seigneur de Martainville, généralité de Rouen : d'argent, à la fasce d'azur, chargée de trois besants d'or.

PELLETIER (le), écuyer, sieur de la Fosse, élection de Vire, maintenu en 1666 : d'azur, à trois losanges d'argent ; au chef du même, chargé de trois roses de gueules.

PELLETIER (le), seigneur de la Houssaye, de Signy, etc. : d'argent, au chêne arraché de sinople, accompagné de trois roses de gueules.

PELLETOT, écuyer, sieur de Saint-Martin, de Boissé, etc., élection de Lions, maintenu le 28 janvier 1668 : palé d'azur et d'or ; au chef de gueules, chargé de quatre losanges d'argent.

PELLEVÉ, chevalier, seigneur de Boury, élection de Chaumont, maintenu le 11 mai 1669 : de gueules, à une tête humaine d'argent chevelée et hérissonnée d'or.

PELLEY, écuyer, sieur de Baugy, de Saint-Loup, etc., généralité de Caen, maintenu en 1666 : d'azur, à trois heaumes d'argent.

PELLEY, écuyer, sieur de Mennetot, du Bois, etc., élection de Valogne, maintenu en 1666 : d'argent, au pal de sable, accosté de deux demi-vols de gueules ; au chef d'azur.

PELLOQUIN, sieur de Bernières, généralité de Rouen.

PELLOT, chevalier, sieur du Port-David, des Deffends, etc., généralité de Rouen : de sable, à trois bandes d'or.

PENNYER, écuyer, sieur d'Angerville, Val-David, du Bois, etc., élection de Pont-l'Evêque, maintenu le 31 octobre 1670 : de sable, à une ancre d'argent, accostée de deux besants du même, et surmontée d'un croissant entre deux étoiles, le tout d'or.

PEPIN, écuyer, sieur de Berville, de Campigny, etc., élection de Lisieux, maintenu en 1667 : d'azur, à trois pommes de pin versées d'or.

PERCAVAL, élection de Bayeux, maintenu en 1666 : de gueules, à la croix potencée d'or, cantonnée de quatre roses d'argent.

PERCY, écuyer, sieur de Montchamps, Maisoncelle, des Fontenelles, de la Vallée, Pinières, etc., élection de Vire, maintenu en 1666 : de sable, au chef dentelé d'or.

PERCY, généralité de Rouen : d'azur, à deux barbeaux adossés d'argent, accompagnés en chef d'une fleur de lys d'or.

PERDRIEL, écuyer, sieur de Mezillé, du Parc, etc., généralité d'Alençon, maintenu le 1er juin 1666 : d'azur, à deux perdrix affrontées d'or, surmontées d'une molette d'éperon du même.

PERDRIEL, écuyer, sieur de Bois-Landry, généralité d'Alençon : d'argent, à trois perdrix d'azur.

PERE (LE), écuyer, sieur de Gratueil et de Frand, élection d'Evreux, maintenu en 1666 : d'azur, au chevron d'or, accompagné de trois gerbes du même.

PEREUSE (LA), généralité de Rouen : écartelé, au 1 et 4 d'azur, au lion d'argent; au 2 et 3 d'azur, à trois pommes de pin d'or.

PERICARD, généralité de Rouen : de gueules, au chef cousu d'azur, chargé de trois molettes d'éperon d'or.

PERIER (DU), écuyer, sieur de Beaufranc, élection d'Andely, maintenu le 2 janvier 1669 : d'argent, à la bande d'azur, chargée de trois molettes d'éperon d'or, et accostée de deux lionceaux de sable, celui en pointe contourné; au poirier arraché de sinople, brochant; chargé à la pointe d'une burèle abaissée de gueules.

PERIER, écuyer, sieur du Buisson, élection de Lisieux : d'azur, au chevron d'or, accompagné de trois flanchis du même.

PERIER, écuyer, sieur de Launay, de Genevray, de la Chevalerie, des Lans, de Lomprey, de Grand-Cœur, de Bellemare, des Acres, etc., généralité d'Alençon, maintenu le 16 avril 1667 : d'azur au chevron d'argent, chargé de trois roses de gueules, et accompagné de trois croissants d'or.

PERIERS, écuyer, sieur de Courcy, élection de Bernay, maintenu le 7 février 1668 : d'argent, à la bande d'azur chargée de trois molettes d'éperon d'or, et accostée de deux merlettes de sable.

PERIERS, généralité de Rouen.

PERONNE, élection de Coutances : d'argent, au chevron de gueules, chargé de trois roses du champ, et accompagné de trois croisettes de sable.

PERRELLE (LA), élection de Lisieux, maintenu le 8 janvier 1667 : de sable, à la fasce d'or, accompagnée de trois coquilles du même.

PERRON (DU), seigneur de Benneville, généralité de Rouen, maintenu le 3 mars 1667 : d'azur, au chevron d'argent, accompagné de trois tours d'or maçonnées, ouvertes et ajourées de sable.

PERRONNELLE, généralité de Rouen, de gueules, à trois piliers d'or.

PERROYS (DES), écuyer, sieur du Bouchault, élection de Lisieux, maintenu le 1er mai 1666 : d'azur, au chevron d'or accompagné de trois croisettes ancrées du même ; au chef cousu de gueules, chargé de trois molettes d'éperon à six rais du second émail.

PERRY (DU), élection de Coutances.

PERT (DU), élection de Coutances, maintenu en 1666 : d'argent, au lion d'azur.

PERTOUT, écuyer, sieur d'Ivrande, élection de Coutances, maintenu en 1666 : d'azur, fretté d'or.

PERTUIS ou PERTHUIS (DE), chevalier, seigneur d'Eragny : d'azur, à trois écussons d'argent.

PERVEL, écuyer, sieur de Bedelière, élection de Verneuil, maintenu le 15 mai 1667 : d'azur à une tige de trois pommes de pin versées d'or, surmontée d'une aiglette au vol abaissé du même.

PESANT (LE), écuyer, sieur de Boisguillebert, généralité de Rouen : d'azur, au chevron d'or, accompagné en chef de deux têtes de lion arrachées, et en pointe d'un cœur, le tout du même.

PESTEL, écuyer, sieur de Saint-Laurens, seigneur de Bloisymare, élection d'Arques, maintenu le 6 février 1668 : de gueules, à la croix fourchée d'argent.

PETIT (le), écuyer, sieur de l'Estang, élection d'Evreux :
d'argent, au chevron de gueules, chargé de quatre
croissants du champ, posés dans le sens du chevron, et
accompagné en chef de deux hures de sanglier affrontées
de sable, et en pointe d'un sanglier du même.

PETIT (le), écuyer, sieur des Ifs, d'Aucoins, etc.,
généralité de Caen, maintenu en 1666 : d'azur, à la
fasce d'argent, sommée d'un léopard d'or.

PETIT (le), écuyer, sieur de Vivier, généralité de
Caen, maintenu en 1666 : de gueules, au lion d'or ; au
chef cousu d'azur, chargé de trois étoiles du second
émail.

PETIT (le), écuyer, sieur de Castillon, élection de Lisieux, maintenu le 17 avril 1667 : d'azur, au chevron
d'or, accompagné en chef de deux coquilles du même, et
en pointe d'une molette d'éperon d'argent.

PETITCŒUR, écuyer, sieur de Saint-Vast, Beauvalon,
etc., élection de Bayeux, maintenu en 1666 : d'argent, au
lion de sable, chargé à l'épaule d'un cœur d'or.

PETREMOL (de), généralité de Rouen : d'azur, au
chevron d'argent, accompagné en chef de deux coquilles
d'or, et en pointe d'un lionceau du même.

PETRON, écuyer, sieur de la Caterie, Collombel, Belleville, etc., élection de Coutances, maintenu en 1666 :
de gueules, au léopard d'or.

PEUREL, seigneur de Bennecourt, élection d'Evreux,
maintenu le 10 avril 1669 : d'or fretté, d'azur, sur le tout
d'or, au lion issant de gueules.

PHILIPPE, écuyer, sieur de Glatigny, élection de Bayeux,
maintenu en 1666 : d'azur, à trois flèches tombantes
d'argent.

PHILIPPE, écuyer, sieur des Acres, Beaumont, etc.,
élection d'Arques, maintenu le 30 mars 1666 : d'argent,
à la fasce crénelée de deux pièces de gueules, accompagnée en pointe d'une tête de lion vomissant des flammes
du même.

PHILIPPE, écuyer, sieur de Marigny, confirmé le 9 mars
1691 : d'azur, au chevron d'or, accompagné en chef d'un
croissant et d'une étoile d'argent, et en pointe d'un cygne
du même.

PICARD (le), écuyer, sieur de Travoise, élection d'Andely : d'azur, à trois molettes d'éperon d'argent, celle en
pointe soutenant un lys épanoui du même.

PICARD (LE), seigneur de Radeval ; famille éteinte : de gueules, à trois fers de pique d'argent.

PICARD (LE), écuyer, sieur de Philibert, élection d'Arques, maintenu le 11 août 1667 : d'argent, au lion coupé de gueules et de sinople, s'appuyant sur un arbre arraché du second émail.

PICORRY, écuyer, sieur de Villers, élection de Conches, maintenu le 31 mai 1666 : de gueules, à deux fasces d'or, la première accompagnée de trois roses d'argent.

PICQUET, écuyer, sieur d'Aullège, élection dArques, maintenu le 4 avril 1666 : d'azur, à la bande d'or, chargée de trois merlettes de sable, et surmontée d'une abeille du second émail.

PICQUOD, écuyer, sieur de Russy, de Sainte-Honorine, de Brillevast, etc. , élection de Bayeux, maintenu en 1666 : de gueules, à la croix ancrée d'argent.

PICQUOT, seigneur de Maigny, élection de Falaise, maintenu le 5 mars 1667 : tiercé en fasces, au 1 d'azur, à deux macles d'or ; au 2 dentelé par le bas de gueules ; au 3 d'or, à une macle d'azur.

PIEDLEVEY, écuyer, sieur de la Picardière, élection de Bayeux, maintenu en 1666 : d'azur, au chevron d'or, accompagné en chef de deux coquilles du même, et en pointe d'une rose d'argent ; au chef cousu de gueules, chargé de trois molettes d'éperon du second émail.

PIEDOUE, sieur de la Moissonnière, de Charsigné, d'Eritot, etc. , généralité de Rouen : d'or, à deux pieds d'oie passés en sautoir de sable.

PIENNE, écuyer, sieur de Bricqueville, élection de Coutances, maintenu en 1666 : d'azur, à la fasce d'or, accompagnée de six billettes rangées du même.

PIERRE (DE), généralité de Rouen ; de gueules, à l'aigle d'or.

PIERRE (LA), élection de Falaise : d'azur, à trois fleurs de lys d'argent ; au chef d'or, chargé de deux palmes en sautoir de sinople, empoignées du second émail.

PIERRE (LA), écuyer, sieur de Lavellière, élection de Verneuil, maintenu le 11 avril 1666 : d'azur, à trois bandes d'argent.

PIERREFITTE, écuyer, sieur dudit lieu, élection de Falaise, maintenu le 28 août 1667 : d'argent, à quatre cotices d'azur ; à la bordure de gueules.

PIERREPONT, écuyer, sieur de Marcœuf, d'Esquay, Saint-Lambert, Cocqueville, etc., élection de Bayeux, maintenu en 1666 : de gueules, au chef denché d'or.

PIERREPONT, écuyer, sieur d'Aneville, élection de Coutances, maintenu en 1666 : d'azur, à trois pals d'or ; au chef cousu de gueules.

PIERRES (DE), écuyer, sieur de la Potrie, Thuiley, etc., élection de Lisieux, maintenu le 12 avril 1666 : d'azur, à deux clefs passées en sautoir d'argent, cantonnées de quatre losanges d'or.

PIERRES (DE), écuyer, sieur de la Haye, Blonderie, etc., élection de Coutances, maintenu en 1666 : d'argent, au chevron de gueules, accompagné de trois lionceaux du même, ceux du chef affrontés.

PIERRES (DE), écuyer, sieur de Saint-Jean, élection de Conches maintenu, le 2 août 1667 : d'azur, au chevron d'or, accompagné de trois roses du même.

PIFFAUT, écuyer, sieur de la Houssaye, généralité d'Alençon : d'azur, au chevron d'or, accompagné de trois coquilles d'argent.

PIGACE, écuyer, sieur de Bosroger, de Carentonne, de la Mare, des Fretis, de Montreuil, l'Aubrière, etc., élection d'Argentan, maintenu le 3 avril 1667 : de sable. à la fasce d'argent, accompagnée de trois molettes d'éperon du même.

PIGACHE, sieur de Lamberville, élections de Bayeux, de Valogne, etc. : d'argent à trois cornets de gueules.

PIGANIERE (LA), généralité de Caen, confirmé en 1670 : d'azur, à la croix d'or, cantonnée au 1 et 4 de deux aigles d'argent ; au 2 et 3 de deux étoiles du même.

PIGEON (LE), écuyer, seigneur, patron et châtelain de Magneville, baron de Nehou, élection de Valogne, famille éteinte : de gueules, à trois têtes de pigeon d'or.

PIGEON DE VIERVILLE (LE), élection d'Avranches : d'or, au chevron d'azur, accompagné de trois pigeons au naturel.

PIGNY, écuyer, sieur de Boismare, généralité de Rouen, maintenu le 15 décembre 1670 : de gueules, à trois peignes d'or, surmontés d'une croisette enhendée d'argent.

PIGOUSSE, écuyer, sieur de la Roquette, élection de Valogne, maintenu en 1666 : d'argent, au chevron de sable, accompagné de trois molettes d'éperon du même.

PILLAVOINE, écuyer, sieur du Coudray, Boisemont, etc., élection de Gisors, maintenu le 5 décembre 1668 : d'argent, au lion d'azur, armé et lampassé de gueules; *aliàs*, d'or, à la bande d'azur.

PILLEUR (le), écuyer, sieur de la Coudre, Vastenay, Marencourt, Beaussart, du Clos, etc., élection de Lions, maintenu le 6 août 1668 : d'azur, au chevron d'or, accompagné de trois têtes de léopard du même.

PILLIERS, écuyer, sieur de Motelles, la Coudrelle, Gentilly, etc., élection d'Evreux, maintenu le 12 août 1668 : d'or, au chevron d'azur.

PILLON, seigneur de Thillaye, élection de Pont-Audemer, maintenu le 6 juin 1670 : d'or, à la fasce d'azur, accompagnée de trois molettes d'éperon de sable.

PILLON, écuyer, sieur de Rougemont, élection de Carentan, maintenu en 1666 : d'azur, au chevron d'or, accompagné de trois étoiles du même.

PILON, écuyer, sieur de Boislandon, élection d'Argentan, maintenu le 30 avril 1666 : d'azur à trois pilons d'or.

PIN (du), écuyer, sieur du Taillis, de Chauffetu, etc., élection de Pont-Audemer, maintenu le 21 février 1668 : d'azur, à trois pommes de pin d'or.

PINASSE, écuyer, sieur de Lenglescherie, élection de Domfront, maintenu le 10 juillet 1666 : fascé d'argent et de gueules.

PINEL, écuyer, sieur des Hayes, élection de Coutances, maintenu en 1666 : d'or, à la bande de gueules; au lion de sable, brochant sur le tout.

PINEL, écuyer, sieur de Boispinel, élection d'Argentan : d'azur, au sautoir d'or.

PINEL, seigneur de Golleville, élection de Valogne.

PINEL, généralité de Rouen : d'argent, à trois pommes de pin de sinople.

PINSON, écuyer, sieur de Rix, élection de Falaise : tiercé en fasces, au 1er parti de gueules, à une tête de lion d'argent et de sable, à trois losanges d'argent ; au 2 d'argent; au 3 d'azur, à un pinson d'or.

PINTHEREAU, écuyer, sieur d'Epreville, élection de Chaumont, maintenu le 14 juillet 1668 : de gueules, à six molettes d'éperon rangées d'argent.

PIPERAY, écuyer, sieur de Marolle, élection de Lisieux, maintenu le 9 avril 1666 : d'argent, à trois têtes de grue de sable ; au chef d'azur, chargé de trois molettes d'éperon du champ.

PISCART, écuyer, sieur de Travaille, élection d'Andely, maintenu le 23 janvier 1663 : d'azur, à une fleur de lys d'or, accompagnée de trois molettes d'éperon d'argent.

PITARD, écuyer, sieur de la Bouguinière, Boulaye, de Serans, du Bois, etc., maintenu le 8 août 1666 : d'argent, au chevron de gueules, accompagné en chef de deux roses du même, et en pointe d'une hure de sanglier de sable.

PITARD, écuyer, sieur de Saint-Jean, élection de Domfront, maintenu le 24 juillet 1666 : d'azur, au faucon d'argent, empiétant une perdrix d'or.

PITON, écuyer, sieur du Manoir, de Montrelle, des Fossères, de la Fouquelière, etc., élection d'Avranches, maintenu en 1666 : d'argent, à la bande d'azur, frettée du champ, et accompagnée de six merlettes de sable en orle.

PITTETOUT, écuyer, sieur de Grafford, élection de Valogne, maintenu en 1666 : d'argent, au chevron de gueules, chargé de trois flanchis du champ, et accompagné de trois roses du second émail.

PLACE (LA), écuyer, sieur de Fouquenay, de Montray, de Saint-Etienne, de Rouvray, etc., généralité de Rouen : d'azur, à trois molettes d'éperon d'or ; une branche brisait d'un chevron.

PLACE (DE LA), généralité de Rouen : d'azur, à une molette d'éperon d'or ; au lambel du même.

PLANTEROSE, généralité de Rouen.

PLESSART, écuyer, sieur de Couprière, de Pontrilly, de Saint-Martin, généralité de Caen, maintenu en 1666 : d'argent, au chevron de gueules, accompagné de trois lionceaux de sable, celui à dextre contourné.

PLESSE (LA), écuyer, sieur de Bernecourt, la Houssemagne, de Saint-Mesnil, des Fourneaux, etc., élection de Conches, maintenu le 9 juin 1667 : d'argent, au chevron de gueules, accompagné de trois roses du même.

PLESSIS (DU), généralité de Rouen : palé d'argent et d'azur ; au chef de gueules.

PLESSIS (DU), écuyer, sieur dudit lieu, élection de Montagne : d'argent, au chevron de sable, accompagné de trois étoiles de gueules.

PLESSIS (DU), écuyer, sieur de Magny, élection de Falaise, maintenu le 4 janvier 1667 : d'azur à trois merlettes d'or.

PLESSIS (DU) : d'argent, à la croix de gueules ; à trois chevrons du même, brochants sur le tout.

PLONGEON, écuyer, sieur de la Heuse, élection de Montivilliers : d'argent, à la fasce d'azur, chargée de trois croisettes d'or, et accompagnée en chef de trois mouchetures de sable, et en pointe de trois merlettes du même.

PLUVIERS, chevalier, seigneur dudit lieu, de la Sarriaye, etc., généralité d'Alençon, maintenu le 6 avril 1667 : de gueules, à deux fasces d'argent, la première accompagnée de trois étoiles d'or.

POCRIST, écuyer, sieur de Taillepied, de Noniville, Catteville, Portbail, etc., généralité de Caen, maintenu en 1666 : d'azur, au chevrou d'or, accompagné en chef de deux étoiles d'argent, et en pointe d'un croissant du même.

POIGNEUR, écuyer, sieur des Grands-Champs, élection de Montivilliers, maintenu le 19 septembre 1667 : de gueules, à trois molettes d'éperon d'or ; au lionceau du même en cœur.

POILVILAIN, écuyer, sieur de Montchauveau, de Crenay, Mizoir, Rochelle, Montrabais, etc., élection de Domfront, maintenu le 17 août 1666 : parti d'or et d'azur.

POIRIER ou POERIER, écuyer sieur de la Frangueville, d'Amfreville, etc., généralité de Rouen, maintenu le 31 décembre 1666 : d'azur, au chevron d'or, accompagné en chef de trois étoiles rangées d'argent, et en pointe d'un croissant du même.

POISSON, écuyer, sieur du Mesnil, de Montenay, Boison, etc., élection de Pont-l'Evêque, maintenu le 11 janvier 1668 : de gueules, à trois coquilles d'or, abaissées sous un dauphin d'argent.

POISSON, écuyer, sieur de la Bourdière, élection de Conches, maintenu le 1er septembre 1667 : de gueules, à trois coquilles d'or ; au dauphin d'argent posé en cœur.

POISSON, seigneur de Sauxmesnil, élection de Valogne, maintenu en 1666 : d'azur, à la fasce d'or, surmontée d'un poisson couronné à l'antique d'argent, sur lequel fond un corbeau du second émail.

POISSON · d'azur, au chevron d'or, accompagné de trois poissons d'argent ; au chef du second, chargé de trois étoiles de six rais de gueules.

POISSY, écuyer, sieur de Cléry, élection de Chaumont, maintenu le 6 juin 1668 : d'or, au chef de sable.

POITTEVIN (le), sieur de Launay, de Chancourt, des Ventes, d'Argences, etc., élection de Valogne, maintenu en 1666 : de gueules, à trois grappes de raisin d'or ; au croissant d'argent en cœur.

POLLET, élection d'Arques : de gueules, à trois membres d'aigle d'or.

POMMARE, écuyer, sieur de Limare, élection de Monti-villiers, maintenu le 20 avril 1667 : d'argent, au pal d'azur, chargé de trois coquilles d'or, et accosté de deux griffons affrontés de sable.

POMMERAYE (de la), sieur des Ifs, élection de Falaise.

POMMERET, élection de Lisieux, maintenu le 20 juin 1666 : d'azur, à un badelaire et une épée d'argent, garnis d'or, passés en sautoir ; au chef d'or, chargé d'un lion-léopardé de gueules.

POMMEREUIL, chevalier, seigneur de Moulins, élection de Conches, maintenu le 1er août 1667 : de gueules, au chevron d'or, accompagné de trois molettes d'éperon du même.

POMMOLIN, écuyer, sieur des Casterests, élection de Lisieux, etc. : d'argent, au chevron de sable, accompagné de trois hures de sanglier du même, celles en chef affrontées.

PONT (du), écuyer, sieur de Sauteville, généralité de Rouen, maintenu le 13 septembre 1670 : d'argent, au chef échiqueté d'or et d'azur de trois tires.

PONT (du), élection de Bayeux : d'azur, à deux chevrons d'or, accompagnés de trois molettes d'éperon d'argent.

PONT (du), écuyer, sieur d'Orsgiller, généralité de Caen, maintenu en 1666 : d'azur, à une épée d'argent en pal, garnie d'or, couronnée à la royale, et accostée de deux fleurs de lys, le tout du même.

PONT (du), écuyer, sieur de Vaulion, généralité de Rouen, maintenu le 13 septembre 1667 : d'azur au sautoir d'or.

PONT (du), écuyer, sieur de Saint-Aignan, Lomatherbe, du Quesnay, etc., généralité de Caen, maintenu en 1666 : de gueules, à deux fasces d'or, la première surmontée d'un croissant d'argent, la seconde bastillée de trois pièces du second émail.

PONT-AUDEMER, ville de Normandie : de gueules, au pont de trois arches d'argent, mouvant d'une rivière de sinople ; au chef cousu de France.

PONTAVICE, écuyer, sieur de Roufigny, Montjantière, etc., élection d'Avranches, maintenu en 1666 : d'argent, à un pont de trois arches de gueules.

PONT-DE-L'ARCHE, ville de Normandie : de sable, au pont de trois arches d'argent, maçonné du champ ; au chef cousu de France.

PONTHAUD, écuyer, sieur de la Motte, du Plessis, de la Mazure, etc., élection de Domfront, maintenu le 11 août 1666 : gironné de sable et d'argent.

PONT-L'ÉVÊQUE, ville de Normandie : de pourpre, à deux bœufs d'or ; au chef cousu de France.

PONTORSON, ville de Normandie : de gueules, au pont d'argent, mouvant d'une rivière d'azur, sommé d'un écusson du même, chargé de neuf fleurs de lys d'or, et accosté de deux cygnes d'argent.

PORC (LE), écuyer, sieur du Val-Rosay, de Drenville, élection d'Arques, maintenu le 5 mai 1669 : d'argent, à un cor-de-chasse contourné de gueules, surmonté d'une hure de sanglier de sable.

PORCHER (LE), élection de Bayeux, maintenu en 1666 : de gueules, à deux fasces d'hermine.

POREL, élection de Valogne.

PORET, écuyer, sieur du Tertre, la Hayère, du Fresne, des Préaux, élection de Falaise, maintenu le 21 août 1666 : d'azur, à trois glands versés d'or.

PORIN, généralité de Caën.

PORTE (DE LA), élection de Gisors : d'azur, au chevron d'argent, accompagné en chef de deux roses, et en pointe d'une étoile, le tout du même.

PORTE (DE LA), généralité de Rouen : de gueules, au portail d'or.

PORTES (DES), écuyer, sieur de Saint-Guillemail, élection de Lisieux, maintenu le 30 octobre 1667 : d'azur, à la croix alesée d'or, accompagnée en chef à senestre de deux annelets rangés, et dans chaque canton de la pointe d'un annelet, le tout du même.

PORTIÈRE, écuyer, sieur de Beaujouars, élection de Lisieux : d'azur, à trois abeilles d'or.

POSTEL, écuyer, sieur du Mesnil, élection de Pont-de-l'Arche : d'argent, à trois roses de gueules.

POSTEL, écuyer, sieur de Maïnières, du Colombier, etc., élection de Conches, maintenu le 20 juin 1667 : d'argent, à une colonne de gueules mise en bande, accostée de trois trèfles de sinople.

POSTIS, écuyer, sieur du Vieil, élection de Pont-Audemer, maintenu le 2 janvier 1669 : d'azur, à trois rencontres de cerf d'or.

POTARD, sieur de la Ruelle, généralité de Rouen.

POTERIE (LA), écuyer, sieur dudit lieu, du Clos, etc., élection d'Evreux, maintenu le 20 octobre 1666 : d'argent, au tau de gueules, accosté de deux roses du même ; au lambel de sable.

POTERIE (LA), écuyer, sieur de Pommereux, élection de Lions, maintenu le 17 décembre 1668 : d'argent, au tau de sable.

POTERIE (LA), écuyer, sieur dudit lieu, élection de Lions, maintenu le 6 juin 1670 : d'azur, à la croix potencée d'argent, au lambel du même.

POTIER, écuyer, sieur de Saint-André, de la Varde, de la Pommeraye, Haubos, Haulle, Orval, Rouroy, etc., élection de Coutances, maintenu en 1666 : de gueules, à la fasce d'argent, accompagnée de trois croisettes du même.

POTIER, écuyer, sieur d'Arremanches, de Semilly, etc., élection de Bayeux, maintenu en 1666 : de gueules, à l'aigle éployée d'or.

POTIER, élection de Vire, maintenu en 1666 : de gueules, au chevron d'or, accompagné en chef de deux lionceaux affrontés du même, et en pointe d'une rose d'argent.

POTIER, écuyer, sieur de Mesnil-Chrétien.

POTIER, écuyer, sieur d'Ancourteville, généralité de Rouen, maintenu le 10 avril 1668 : d'azur, à la bande d'argent, chargée de deux molettes d'éperon de sable, et accompagnée de deux aiglettes éployées d'or.

POTIER, écuyer, sieur de Houllebec, élection de Pont-Audemer, maintenu le 16 janvier 1669 : d'azur, à trois rencontres de bœuf d'or.

POTIN, seigneur du Chesne, élection de Conches, maintenu le 15 juillet 1667 : d'argent, à la fasce d'azur, accompagnée de six merlettes rangées de sable.

POUCHET, généralité de Rouen : d'or, au chevron de gueules, accompagné de trois coquilles de sable.

POULLAIN, écuyer, sieur de la Noë, élection de Pont-Audemer, maintenu le 21 janvier 1667 : d'argent, à deux lions- léopardés de gueules.

POUPET, écuyer, sieur de Saint-Aubin, Vauville, Vily, du Buchot, d'Anneville, la Fontaine, la Croix, la Pesse, du Breuil, etc., élection de Bayeux, maintenu en 1666 : d'azur, à la croix pattée et alésée d'or, accompagnée de trois croissants du même.

POUSSIN (LE), généralité de Rouen.

POUYER, généralité de Rouen, confirmé en 1673.

PRAEL (DU), écuyer, sieur de Surville, vicomte de Moulins, généralité d'Alençon : d'argent, au chevron de sable, accompagné de trois trèfles du même.

PRÉFONTAINE (DE), écuyer, sieur du Bois, généralité de Rouen : de gueules, au lion d'or, la queue fourchée et passée en sautoir, au chef cousu d'azur, chargé d'un soleil d'or, accosté de deux molettes d'éperon du même.

PRÉPETIT, élection de Vire : de sinople, à la fasce d'argent, accompagnée de trois éperviers d'or.

PRÉS (DES), écuyer sieur d'Hercules, seigneur du Busc, élection d'Andely : d'azur, à la bande d'argent, chargée de trois tourteaux de sable.

PRÉS (DES) écuyer, sieur de Bebs, Fretemeulle, Serys, élection d'Arques, maintenu le 7 janvier 1668 : d'azur, au chevron d'or, accompagné de trois têtes de léopard d'argent.

PRÉS (DES), écuyer, sieur du Tuillay, élection d'Arques, maintenu le 18 novembre 1668 : d'azur, à la bande d'or, accompagnée en chef d'une fleur de lys du même.

PRESTRE (LE), généralité de Caen, maintenu en 1666 : d'azur, au chevron d'or, accompagné de trois canettes d'argent.

PRETEVAL, chevalier, marquis de Panilleuse, de Claire, etc., élection d'Andely, maintenu le 17 août 1666 : d'or, à la bande de gueules, chargée de trois besants d'argent.

PREVOST (LE), écuyer, sieur de la Moissonière, Blosserie, la Porte, du Fort, Bordage, Rouville, Glismesnil, Sandouville, Sorant, Bonneval, etc., élection d'Argentan, maintenu le 12 août 1667 : d'azur, au lion d'argent, tenant une hallebarde du même.

PREVOST (LE), élection de Verneuil : de gueules, à trois besants l'un sur l'autre d'argent, accostés de deux lions affrontés, et accompagnés en chef de trois croissants rangés, le tout du même.

PREVOST (le), écuyer, sieur de Pissy, généralité de Rouen, maintenu le 16 février 1667 : d'azur à trois moutons d'argent.

PRESVOST (le), écuyer, sieur du Bois, élection de Neufchâtel, maintenu le 18 novembre 1668 : d'argent, au lion de gueules; à la bordure du même.

PREVOST (le), écuyer, sieur de Saint-Martin, la Blance, etc., élection de Neufchâtel, maintenu le 19 novembre 1669 : d'azur, à trois soleils d'or.

PREVOST (lè), généralité de Rouen, maintenu le 18 janvier 1668 : d'or, au chevron d'azur, accompagné de trois urnes de sable; au chef du second émail, chargé de trois molettes d'éperon d'argent.

PREVOST (le), écuyer, sieur de Coupessart, des Authieux, généralité de Caen, maintenu en 1666 : de sinople, au chevron d'argent, accompagné en chef de deux roses du même, et en pointe d'un épervier empiétant une allouette, le tout d'or; au chef cousu de gueules, chargé de trois croissants du second émail.

PREVOST (le), écuyer, sieur de Grandmont, élection de Valogne, maintenu en 1666 : coupé d'azur et de gueules, à trois soleils d'or.

PREVOST (le), élection de Vire, maintenu en 1666 : d'argent, au cerf de gueules, passant sur une terrasse de sinople.

PREVOST (le), écuyer sieur de Saint-Jean, des Baisans, etc., élection de Bayeux, maintenu en 1666 : d'azur, à trois têtes de lion d'or.

PREVOST (le), écuyer, sieur de Belleperche et d'Iray, élection de Mortagne, maintenu le 12 novembre 1667 : de gueules, à deux fasces d'argent, accompagnées en chef de trois croissants rangés, et en pointe de trois besants, le tout du même.

PREVOST (le) : d'azur, au lion d'or, tenant un sabre d'argent, garni du second émail, la pointe en bas.

PREVOST (le), écuyer, sieur de Derviers, élection de Falaise, maintenu le dernier février 1668 : de sinople, au chevron d'or, accompagné en chef de deux roses d'argent, et en pointe d'un faucon couché sur le dos, supportant une aiglette au vol abaissé, le tout du même; au chef cousu de gueules, chargé d'un croissant d'argent.

PREVOST, écuyer, sieur du Fay, élection de Bernay : d'azur, au chevron d'argent, accompagné en chef de deux trèfles, et en pointe d'un lionceau, le tout du même.

PREY (DU), élection de Coutances, maintenu en 1666 : d'azur, à la croix d'or, chargée de neuf écussons de gueules.

PREY (DU), écuyer, sieur, de Saint - Vigor, élection de Falaise, maintenu le 2 avril 1667 : de sinople, à un palmier arraché d'or, accosté de huit trèfles du même, deux au bas du fût de l'arbre, et six rangés en pals.

PREY (DU), élection de Carentan, de Saint - Pôl, etc. : d'argent, au sautoir dentelé de sable, cantonné de quatre quintefeuilles de gueules.

PRIEUR (LE), élection de Falaise, maintenu le 1er décembre 1667 : d'azur, à une bisse d'or, entravaillée dans une clef de sable.

PRINCEY, écuyer, sieur des Buissons, élection de Domfront, maintenu le 31 janvier 1667 : d'azur, à trois roses d'or.

PUCHOT, écuyer, sieur de Gauderville, des Alleurs, d'Ourville, Guerponville, Tournetot, etc., élection de Caudebec, maintenu le 18 juillet 1667 : d'azur, à l'aigle éployée au vol abaissé d'or ; au chef du même.

PUIS (DU), écuyer, sieur de Montheledin, élection de Lions, maintenu le 3 janvier 1668 : d'argent, à trois chevrons de sable, accompagnés de trois merlettes du même.

PUIS (DU), écuyer, sieur de Guimesnil, Sandouville, de Sorant, de Bonneval, etc., élection de Caudebec, maintenu le 3 février 1668 : d'argent, à trois fasces de sable, accompagnées de trois merlettes du même.

PUIS (DU), écuyer, sieur d'Hermenouville, élection de Caudebec, maintenu le 3 février 1668 : d'argent, à deux fasces de sable, la première accompagnée de trois merlettes du même.

PUISAYE, écuyer, sieur de Beaufossé, la Mesnière, Goisbrie, etc., élection de Mortagne, maintenu le 11 juillet 1666 : d'azur, à deux lions-léopardés d'or.

PUTECOSTE, écuyer, sieur de Reveillon, de Neuvillette, etc., élection d'Arques, maintenu le 27 août 1666 : d'argent, au chevron de gueules, accompagné en chef de six roses, et en pointe d'un lionceau, le tout du même.

Q

QUAILLA, écuyer, sieur des Griottes, élection d'Arques, maintenu le 26 septembre 1669 : d'or, au chevron d'azur, accompagné en chef de deux roses de gueules, et en pointe d'un flanchis supportant une croisette ; le tout du même.

QUATREPUITS, écuyer, sieur dudit lieu, élection de Falaise, maintenu le 30 octobre 1666 : d'azur, à quatre puits d'or.

QUENOUVILLE, écuyer, sieur de Sainte-Claire, élection de Gisors, maintenu le 4 octobre 1669 : d'argent, à la croix ancrée de gueules ; au chef de sable.

QUENOVILLE, écuyer, sieur de Faverolles, de Verneuil : d'azur, à la croix pattée d'or.

QUERIERE, écuyer, sieur de Bois de Laval, élection de Bernay, maintenu le 27 octobre 1667 : d'argent, au chevron de gueules, accompagné de trois roses du même.

QUERVILLE, élection de Pont-de-l'Arche, maintenu le 6 mars 1669 : de gueules, au lion d'argent ; au chef cousu d'azur, chargé de trois roses d'or.

QUESNAY, écuyer, sieur de Hallotière, élection de Lions, maintenu le 17 octobre 1666 : palé d'argent et de gueules ; au chef d'azur, chargé d'une molette d'éperon d'or, accostée de deux merlettes de même.

QUESNE (DU), écuyer, sieur de Toqueville, Guiesville, du Bosc, le Comte, Roumois, Cailloville, Liennerie, du Hamel, Tourmetot, Mogennerie, Saint-Mars, la Treaumont, Betteville, du Breuil ; etc., généralité de Rouen, maintenu le 27 juillet 1666 : d'argent, au lion de sable.

QUESNE (DU), sieur du Mesnil-Normand, généralité de Caen, maintenu en 1666 : d'azur, au chevron d'or, accompagné de trois glands de même.

QUESNEL, écuyer, sieur du Torpt, Golleville, etc., élection de Montivilliers, maintenu en 1667 : d'or, sommé de billettes de gueules.

QUESNEL (DU), écuyer, sieur de Ditqueton, élection d'Arques, maintenu le 31 décembre 1667 : de gueules, à trois glands d'or.

QUESNEL (DU), écuyer, sieur du Fresne, des Brosses, etc., élection de Conches, maintenu le 13 janvier 1668 : d'or, à cinq cotices de gueules ; au franc-canton du champ, chargé d'une croix du second émail, surchargée de cinq coquilles d'argent.

QUESNEL (DU), chevalier, seigneur de Coupigny, élection de Verneuil, maintenu le 17 mars 1667 : de gueules, à trois quintefeuilles d'or, *aliàs* d'hermine.

QUESNOY (DU), écuyer, sieur de Saint-Germain, Toufreville, de Bosc-Ricard, élection d'Arques, maintenu le 24 septembre 1669 : d'or, à l'aigle éployée de sable, becquée et membrée de gueules.

QUESNOY (DU), écuyer, sieur des Messires, du Thuiet, élection d'Evreux, maintenu le 2 mars 1667 : échiqueté d'or et d'azur.

QUESNOY (DU), élection d'Avranches : d'argent, au lion de gueules ; à neuf glands de sinople en orle.

QUETIL, écuyer, sieur de Ponthébert, élection d'Avranches, maintenu en 1666 : d'argent, à la fasce de gueules, accompagnée de trois roses du même.

QUEU (LE), écuyer, sieur de Vaux, élection de Falaise, maintenu le 24 juin 1666 : de sable, à la fasce d'or, chargée d'un lion-léopardé d'azur.

QUEZET, élection de Vire.

QUIESCES (DES), généralité de Caen : de gueules, à trois merlettes l'une sur l'autre d'argent.

QUIESTEVILLE, seigneur d'Engles, Queville, de Bet, du Mesnil, etc., élection d'Arques, maintenu le 13 avril 1668 : d'or, au sautoir d'azur, denché de sable.

QUIEVREMONT, généralité de Rouen : d'argent, à quatre burèles de gueules ; au lion d'or, brochant.

QUIEZE, élection de Valogne, maintenu en 1666 : de gueules, à trois canettes l'une sur l'autre d'or.

QUILLEBEUF, ville de Normandie : de gueules, au taureau d'or, sommé de trois fleurs de lys du même.

QUINCARNON, écuyer, sieur de la Chapelle, Boissy, Morainville, etc., élection d'Evreux maintenu le 2 avril 1666 : d'argent, à trois trèfles de sinople.

QUINCEY, seigneur dudit lieu, comte du Saint-Empire, élection de Domfront, maintenu le 2 décembre 1667 : d'argent, à trois hures de sanglier de sable, celle à senestre en chef contournée ; à une aiglette éployée au vol abaissé du même émail, posée en cœur.

QUINTANADOINE, seigneur de Bosguerard, originaire d'Espagne, maintenu les 13 juillet 1726, 16 mars 1727 et 14 septembre 1728 : d'argent, à la croix vidée et fleurdelysée de sable ; écartelé de gueules, à la fleur de lys d'or.

R

RABODANGES, seigneur dudit lieu, élection de Falaise, maintenu le 3 mai 1667 : écartelé, au 1 et 4 d'or, à la croix ancrée de gueules ; au 2 et 3 de gueules, à trois coquilles d'or.

RACENT, chevalier, seigneur d'Archelles, de Bois-Robert, Sappaye, Chavignières, etc., élection d'Arques, maintenu le 29 février 1669 : d'azur, au chevron d'argent, chargé de cinq croisettes de sable, posées dans le sens du chevron, et accompagné en chef de deux merlettes du second émail, et en pointe d'une tête de cerf d'or.

RADULPH, écuyer, sieur de la Roche, la Rivière, de Branssain, Lisnaul, Cailly, Mère, Blon, la Chapelle, etc., élection d'Evreux, maintenu en 1666 : d'azur, à la fasce d'argent, accompagnée de trois molettes d'éperon d'or.

RAINES, écuyer, sieur de Grandfay, élection de Mortagne, maintenu le 16 juillet 1667 : de sable, à trois étoiles d'argent.

RALLEMONT, écuyer, sieur de l'Espinay, la Voue, etc., généralité de Rouen, maintenu le 3 décembre 1667 : de gueules, à trois râles d'or ; à la bordure de sable.

RAOUL, écuyer, sieur de la Verdrie, élection de Mortagne, maintenu le 3 mars 1666 : de gueules, à la fasce d'or, chargée de trois écussons d'azur.

RAOULLIN, écuyer, sieur de Reacamps, Gueudeville, etc., élection de Coutances, maintenu le 5 janvier 1666 : d'argent, à trois molettes d'éperon de sable.

RAULIN, généralité de Rouen : d'or, au chevron de sable, accompagné de trois corneilles du même.

RAULLIN, écuyer, sieur du Gududeville, généralité de Rouen, maintenu le 5 janvier 1668 : d'azur, à trois besants d'or.

RAVALLET, élection de Valogne, maintenu en 1666 : d'azur, à la fasce d'argent, chargée de trois croisettes de gueules, et accompagnée de deux croissants du second émail en chef, et d'une rose du même en pointe.

RAVEND, écuyer, sieur de Saint-Fermant, élection de Carentan, maintenu en 1666 : d'azur, au lion contourné et couronné d'or.

RAVETON, écuyer, sieur de Chauvigny, Vitray, etc., élection de Verneuil, maintenu le 12 avril 1666 : d'azur, à la fasce d'argent, surmontée d'un léopard d'or.

RAYE (DE), sieur du Mesnil, généralité de Rouen.

REAUMÉ (DE), généralité de Rouen : de gueules, au heaume d'argent.

REAUTÉ, élection de Montivilliers, maintenu le 2 février 1667 : d'azur, au lion d'argent, tenant un écusson du champ, chargé d'un tau du second émail.

REBOURS (LE), écuyer, seigneur de Bertrandfosse, originaire de l'élection de Falaise : de gueules, à sept losanges d'argent.

RECUSSON, seigneur d'Anouville, de Soret, etc., élection de Verneuil, maintenu le 27 décembre 1667 : fascé de sinople et d'or, à treize fleurs de lys de l'un en l'autre ; deux, trois, deux, trois, deux et une.

REGNARD, écuyer, sieur d'Azonville, élection de Caudebec, maintenu le 10 octobre 1667 : d'azur, à trois maillets d'or.

REGNARD, écuyer, sieur de Coustelaye, du Busc, etc., généralité de Rouen, maintenu le 3 mai 1667 : d'argent, à une moucheture de sable ; au chef de gueules, chargé d'un léopard d'or.

REGNAULD, élection de Bayeux, maintenu en 1666 : d'azur, au lion d'or ; coupé de sable, à trois molettes d'éperon d'or.

REGNAULT, écuyer, sieur de Segrais, généralité de Caen : d'azur, au pal d'argent, accosté de deux croisettes de Lorraine du même.

REGNAULT, seigneur d'Ambreville et de Gerolles, élection de Falaise.

RELLY, écuyer, sieur d'Esquinsbosc, du Val, Peintriaux, etc., élection de Caudebec, maintenu le 24 janvier 1667 : d'or, à trois chevrons d'azur.

REMOND, seigneur de Seisay, Farceaux, Neuville, du Parc, etc., élection d'Andely, maintenu le 23 juillet 1667 : de sable, semé de molettes d'éperon d'or ; au lion du même, brochant.

REMY, écuyer, sieur de Montigny, Fresnaye, Courcelles, seigneur de Rouvray, du Bourg, etc., élection d'Arques, maintenu le 2 novembre 1667 : d'hermine, à un écusson de gueules.

RENEVILLE, généralité de Rouen : d'argent, au chevron de sable, accompagné de cinq merlettes du même.

RENOUARD, élection d'Evreux, maintenu le 26 février 1669 : d'azur, à la fasce d'argent, chargée à dextre d'un croissant de gueules, et à senestre d'une étoile du même, et surmonté d'un lion-léopardé d'or.

RENTY, élection de Vire, maintenu en 1666 : d'argent, à trois doloires de gueules, celles en chef adossées.

REPICHON, généralité de Rouen.

RESTAULT, généralité de Rouen : d'argent, à trois trèfles d'azur.

REUCOURT (de) : fascé d'or et de gueules, semé de fleurs de lys de l'un en l'autre.

REUE (la), écuyer, sieur du Bu, élection de Falaise, maintenu le 29 juillet 1667 : d'azur, à une roue d'or ; au chef cousu de gueules, chargé de trois coquilles du second émail.

REVEREND (le), généralité de Caen : écartelé, au 1 et 4 de sinople, à trois mouches d'or ; au 2 et 3 de gueules, à l'aigle d'argent.

REVIERS (de), écuyer, sieur de Sagerie, élection de Bayeux, maintenu en 1666 : d'argent, à six losanges de gueules.

RIBAULT, écuyer, sieur du Mesnil, Beauchamp, Bosc-Bernard, Convain, etc., généralité de Rouen, maintenu le 17 janvier 1668 : de gueules, à la fasce d'azur, chargée de trois besants d'or, et accompagnée de trois croisettes ancrées d'argent. *Armes à enquerre.*

RICARVILLE, écuyer, sieur de la Valloine, élection d'Arques, maintenu le 5 mars 1667 : d'argent, à la bande de sable, accompagnée de six annelets de gueules, mis en orle.

RICHER, sieur de Saint-Pierre, généralité de Rouen.

RICHER, élection d'Avranches, maintenu en 1666 : de sinople, à la bande d'argent, accostée de deux cotices du même, et sommée d'un lion-léopardé d'or.

RICHER, écuyer, sieur du Fresne, de Cerisy, de Colombières, etc., élection de Coutances, maintenu en 1666 d'or, à trois chevrons d'azur, chargés chacun de cinq besants du champ.

RIDEL, écuyer, sieur de More, de Plaine, de Sevette, etc., généralité de Rouen : de gueules, à trois têtes de lion d'or.

RIENCOURT, écuyer, sieur d'Arleu, seigneur d'Orival, élection d'Arques, maintenu le 19 mars 1669 : d'argent, à trois fasces de gueules, frettées d'or. Cette famille est originaire de Picardie.

RIEUX, écuyer, sieur du Gué, du Bois, de la Roche, etc., généralité de Caen, maintenu le 16 août 1666 : d'azur, au chevron d'or accompagné de trois croissants d'argent.

RIGAUDET, écuyer, sieur, d'Aigrefeuille, des Cottes, du Londel, etc., élection de Pont-de-l'Arche : d'argent, au lion de gueules ; à l'orle de huit écussons du même.

RIGOULT, écuyer, sieur de Rocher, élection de Montivilliers, maintenu le 15 mars 1667 : d'azur, au chevron d'argent, et en pointe d'une rose du même.

RIHOUCY, confirmé en 1668 : de gueules, au chevron d'or, accompagné en chef de deux molettes d'éperon d'argent, accompagné de trois roses du même.

RIOULT, écuyer, sieur du Val, du Roy, etc., élection d'Arques, maintenu le 3 février 1667 : d'argent, à l'aigle éployée au vol abaissé de sable.

RIOULT, écuyer, sieur de Champosou, d'Ouilly, etc., élection de Pont-l'Evêque, maintenu le 19 octobre 1666 : d'argent, à l'aigle éployée au vol abaissé de sable ; à la bordure dentelée du même.

RIVES, écuyer, sieur de Saint-Aubin, élection de Gisors, maintenu le 18 novembre 1668 : d'argent, au sautoir d'azur, cantonné de quatre alérions de gueules.

RIVIERE (LA), seigneur de Saint-Denis, des Monts, du Thuitubert, Funebret, etc., élection de Pont-Audemer, maintenu le 21 septembre 1668 : de gueules, à deux bars adossés en pals d'or, entravaillés dans deux fasces ondées d'azur.

RIVIERE (LA), généralité de Caen : d'argent, à trois annelets de sable.

RIVIERE (LA), écuyer, sieur du Taillis, élection de Lisieux, maintenu le 3 janvier 1677 : de sable, semé de fleurs de lys d'argent.

RIVIERE (LA), seigneur de Missy, Crèvecœur, Romilly, Gouy, du Mesnil, etc., élection de Vire, maintenu en 1666 : d'argent, à trois tourteaux de sable.

ROBILLARD, écuyer, sieur de Saint-Ouen, élection de Falaise, maintenu le 31 mai 1667 : d'azur, à trois porcs d'argent, ceux en chef rampants et affrontés, supportant une fleur de lys d'or.

ROBIN, généralité de Rouen.

ROCHE (LA), écuyer, seigneur de Saint-Michel, élection de Verneuil, maintenu le 6 avril 1666 : d'azur, au chevron d'or, accompagné de trois écussons du même.

ROCHECHOUARD, chevalier, seigneur de la Motte, élection d'Arques, maintenu le 26 août 1668 : fascé nébulé d'argent et de gueules.

ROCQUE (LA), écuyer, sieur de Saint-Germain, Boishebert, élection d'Evreux : d'azur, à trois roses d'or.

ROESSE, écuyer, sieur de Feuqueray, Beuzevillette, Breaume, etc., élection de Caudebec, maintenu le 30 octobre 1667 : de sable, à trois bouteilles d'argent.

ROGER, écuyer, sieur d'Auchy, du Mont, Bournonville, etc., élection d' Arques, maintenu le 10 février 1667 : d'argent, à trois lionceaux de sable, surmontés d'une fasce haussée du même, chargée de trois roses du champ; à la bordure de gueules.

ROGER, écuyer, sieur de la Choucquais, élection de Pont-l'Evêque : d'azur, au sautoir d'or, cantonné de quatre rocs d'échiquier du même.

ROGERON, écuyer, sieur de Preaux, de Maizeray, élection d'Avranches, maintenu en 1666 : de gueules, au chevron d'argent; au chef du même, fretté du champ.

ROGIER, écuyer, sieur de Sainte-Croix, élection de Valogne : d'argent, au lion-léopardé de sinople : coupé d'azur, à trois roses d'argent.

ROHARD, écuyer, sieur de Pigeon, de la Rivière, de Masnières, etc., élection de Mortain, maintenu le 8 février 1667 : d'argent, à deux fasces de gueules, la première surmontée d'une étoile, la seconde de deux roses, le tout du même ; en pointe un poignard, accosté de deux mouchetures de sable.

ROMÉ, seigneur de Fresquienne, du Bocage, etc., généralité de Rouen, maintenu le 28 décembre 1667 : d'azur, au chevron d'or, accompagné en chef de deux étoiles, en pointe d'un loup, le tout du même.

ROMERÉ, élection de Lisieux, maintenu le 30 novembre 1667 : d'or, à l'arbre terrassé de sinople ; au loup de sable, brochant.

ROMILLY, écuyer, sieur de la Motte, Heraye, de la Chapelle, etc., élections d'Avranches et de Mortain, maintenu en 1666 : d'azur, à deux léopards d'or.

RONCHEROLLES, sieur dudit lieu, baron de Hugueville et de Pont-Saint-Pierre, premier baron de Normandie, généralité de Rouen : d'argent, à deux fasces de gueules.

RONCHEROLLES, écuyer, sieur de la Mare, élection de Caudebec, maintenu le 19 juillet 1667 : d'argent, à trois merlettes de sable.

RONNAY, écuyer, sieur du Mesnil-Roulet, seigneur dudit lieu, élection de Falaise, maintenu le 22 avril 1667 : coupé de gueules et d'argent, à trois losanges de l'un en l'autre.

RONTIER, écuyer, sieur de Courcelles, élection de Lions, maintenu le 4 août 1668 : d'argent à la fasce de gueules, chargée d'une fasce du champ, frettée du second émail ; en pointe trois barres raccourcies de gueules.

ROQUE (LA), seigneur du Menillet, de la Loutière, du Chesne, de Bernières, etc., élection de Vire, maintenu le 7 avril 1667 : d'azur, à trois fasces d'argent.

ROQUE (LA), chevalier, marquis de Gravelines, élection d'Andely : écartelé au 1 et 4 de gueules, à la tour d'argent maçonnée de sable; au 2 et 3 d'azur, à trois bandes d'or.

ROQUE (LA), écuyer, sieur du Genetrey, élection de Rouen : d'azur, à trois rochers d'argent et une étoile du même en cœur.

ROQUE (LA), généralité de Rouen : écartelé, au 1 et 4 de gueules, à trois roches d'or : au 2 et 3 d'azur, à trois roses d'argent ; sur le tout d'argent, à la flamme de gueules, surmontant un vase de sable.

ROQUIGNY, seigneur de Craville, Roquefort, etc., élection d'Arques, maintenu le 29 juillet 1667 : d'argent, à trois fers de lance émoussés de sable.

ROQUIGNY DE BALONDE : d'argent, à trois fleurs de lys, au pied nourri de sable.

ROQUILLES (DE), élection de Saint-Lô.

ROSE (DE), seigneur de Longchamp : de gueules, à la croix d'or ; les trois premières branches fleurdelysées, la dernière pommetée ; cantonnée de quatre trèfles d'argent.

ROSÉE, écuyer, sieur d'Imfreville, Courtrille, etc., élection de Falaise, maintenu le 3 février 1667 : de gueules, à la bande de vair, accostée de deux lionceaux d'or.

ROSEL (du), écuyer, sieur de la Motte, élection de Falaise, maintenu le 11 juin 1666 : de gueules, à trois roses d'argent.

ROSEL (du), élection de Valogne, maintenu en 1666 : d'argent, à la fleur de lys de sable, accompagnée de trois rameaux de sinople.

ROSETTE, élection de Valogne : d'argent, à trois fasces d'azur; au chevron d'argent brochant sur le tout.

ROSNIVINEN, écuyer, sieur de Chamboy, élection d'Argentan, maintenu le 10 avril 1666 : d'or, à une hure de sanglier de sable, défendue de gueules.

ROTOUREL, écuyer, sieur du Chesnay, Bonneville, Sainte-Croix, etc., généralité d'Alençon, maintenu le 1er juillet 1667 : d'azur, à trois besants d'argent.

ROTOURS (des), baron de Chaulieu : d'azur, à trois besants d'argent.

ROUAULT, écuyer, sieur des Vaux, généralité de Caen, maintenu en 1666 : palé d'azur et d'or.

ROUEN, ville de Normandie, de gueules, à l'agneau pascal d'argent, auréolé d'or, au chef cousu de France.

ROUEN, sieur de Commanville, de Bermonville, de Saint-Ouen, etc., généralité de Rouen, maintenu le 24 septembre 1669 : d'azur, au chevron d'or, accompagné en pointe d'une roue du même; au chef engrêlé d'argent, chargé de trois molettes d'éperon de gueules.

ROUGE, écuyer, sieur de Saint-Michel, élection de Montivilliers, maintenu le 19 mars 1669 : d'argent, au chevron d'azur, surmonté d'un soleil de pourpre, et accompagné de trois croissants de sable, soutenant chacun une feuille de houx de sinople.

ROUGEULE, généralité de Rouen : de gueules, au chevron d'or, accompagné de trois chouettes d'argent.

ROUIL, écuyer, sieur des Corchets, élection d'Evreux : d'hermine, au chef de gueules, chargé de trois fers de cheval d'argent.

ROUIL, écuyer, sieur de Bray, élection de Lisieux, maintenu le 11 avril 1666 : de gueules, à une demi-fasce d'argent, mouvante de dextre, chargée de trois mouchetures de sable, et un demi-chevron du second émail à senestre; le tout accompagné de trois fers de cheval d'or.

ROURAY, écuyer, sieur de la Lande, élection de Chaumont, maintenu le 27 mars 1669 : fascé d'or et d'azur de huit pièces; au lion de gueules, armé, lampassé et couronné d'argent, brochant.

ROUSSEL, écuyer, sieur du Fief-Brunet, des Jardins, etc., élection de Coutances, maintenu le 13 février 1694 : d'argent, au chevron d'azur, accompagné en chef à dextre d'une molette d'éperon de sable, à senestre de trois petits poissons l'un sur l'autre de sinople, le second contre-passant, et en pointe d'un croissant de gueules.

ROUSSEL, écuyer, sieur d'Erneville, chevalier, seigneur de Godarville, élection de Montivilliers, maintenu le 13 juillet 1667 : palé d'or et d'azur ; au chef de gueules, chargé de trois merlettes d'argent.

ROUSSEL, écuyer, sieur de la Bastre, élection d'Andely, maintenu le 13 août 1668 : d'azur, à trois têtes de léopard d'or.

ROUSSEL, écuyer, sieur du Lot, Prestort, etc., élection d'Argentan, maintenu le 12 mai 1669 : d'azur, à la croix denchée d'or, couronnée de quatre aiglettes éployées au vol abaissé et couronné du même.

ROUSSEL, chevalier, seigneur de Goderville, élection de Montivilliers, maintenu le 11 juillet 1667 : écartelé, au 1 et 4 d'argent, à cinq merlettes de sable ; à la bordure de gueules ; au 2 et 3 de gueules ; à deux branches d'olivier d'argent passées en double sautoir ; au chef échiqueté d'argent et d'azur de trois tires.

ROUSSELIN, écuyer, sieur du Haut-Bourg et de Briant, élection de Carentan, confirmé en 1665 : d'or, au sauvage de sable, tenant une massue de gueules.

ROUVERAYE, écuyer, sieur du Buisson, élection de Gisors, maintenu le 18 mars 1669 : d'azur, à trois mains senestres d'argent.

ROUVERAYE, écuyer, sieur de la Picaudière, élection de Lisieux, maintenu le 20 juillet 1667 : d'azur, au chevron d'argent, accompagné de trois mains senestres du même.

ROUVERT, écuyer, sieur de Saint-Laurent, élection de Falaise : d'hermine, au chevron de gueules, accompagné de trois roses du même.

ROUVES, écuyer, sieur Chebonvillier, élection de Verneuil, maintenu le 24 mai 1667 : de sable, à deux fasces d'or, celle en chef surmontée de trois coquilles du même.

ROUVILLE, alias GOUJEUL, généralité de Rouen : d'or au lion couronné d'azur.

ROUVROY, écuyer, sieur de Saint-Simon, marquis de Sandricourt, seigneur d'Imblainville, élection de Gisors maintenu le 23 juillet 1668 : écartelé, au 1 échiqueté d'or et d'azur ; au chef d'azur, chargé de trois fleurs de lys d'or ; au 2 d'or, au chevron de gueules, accompagné de trois aiglettes d'azur : au 3 d'or, à la croix de gueules, cantonnée de seize alérions d'azur ; au 4 d'or, au crequier de gueules ; sur le tout de sable, à la croix d'argent, chargée de cinq coquilles de gueules.

ROUX (LE), écuyer, sieur de l'Esprevier, Neuville, etc., élection de Montivilliers, maintenu le 16 février 1668 : de sable, à la fasce d'argent, chargée de trois croisettes du champ, et accompagnée de trois molettes d'éperon d'or.

ROUX (LE), écuyer, sieur du Tranchant, élection d'Evreux, maintenu le 14 septembre 1667 : échiqueté d'argent et d'azur.

ROUX (LE), écuyer, sieur du Coudray, Sourville, Montaillé, d'Arcambourg, etc., élection de Montivilliers, maintenu le 8 février 1668 : de sable, au léopard d'or, accompagné de trois roses du même.

ROUX (LE), écuyer, sieur de Langrie, et du Buisson, élection de Bayeux, maintenu en 1666 : coupé, au premier fascé d'or et d'azur de quatre pièces, au second d'azur, à trois molettes d'éperon d'or.

ROUX (LE), chevalier, baron d'Esneval, généralité de Rouen : d'azur, au chevron d'argent, accompagné de trois têtes de léopard d'or.

Roux (LE), écuyer, sieur de la Haye-Coutisse, élection de Coutances, maintenu en 1666 : de gueules, au chevron d'or, accompagné de trois coquilles du même.

ROUX (LE), écuyer, sieur de Groville, élection de Valogne, maintenu en 1666 : d'azur, à trois fasces d'argent ; au chevron de gueules.

ROUX (LE), écuyer, sieur de Dozeville, Montmart, Tocqueville, Giberpré, etc., élection de Coutances, maintenu en 1666 : d'azur, au chevron d'or, accompagné de trois roses d'argent.

ROUXEL MEDAVY : d'argent, à trois coqs de gueules, crêtés, membres et becqués d'or.

ROUX (LE), généralité de Rouen : fascé d'or et de gueules.

ROY (LE), écuyer, sieur de Bourdainville, généralité de Rouen, maintenu le 11 mars 1666 : d'argent, fretté de gueules ; au léopard de sable, brochant.

ROY (LE), écuyer, sieur de Potonville, généralité de Rouen, maintenu le 28 janvier 1668 : d'hermine, à la fasce de sinople ; au chef d'or, chargé d'un lion-léopardé de gueules.

ROY (LE), écuyer sieur de Laval et de Lessart, élection de Lions, maintenu le 9 juillet 1667 : de gueules, à un écusson d'argent, chargé d'une fleur de lys de sinople, et accompagné de six besants d'or, trois, deux et un.

ROY (LE), écuyer, sieur de May, d'Aplemont, etc., généralité de Rouen, maintenu le 16 mars 1668 : d'azur, à l'aigle éployée au vol abaissé.

ROY (LE), seigneur du Bois, d'Heuderville, de Mannetot, élection de Pont-de-l'Arche : fascé d'or et de gueules, à dix-sept fleurs de lys, de l'un en l'autre, 3, 4, 3, 2 et 1.

ROY (LE), écuyer, sieur de Surville, du Part, etc., élection de Bayeux, maintenu en 1666 : d'argent, à trois merlettes de sable.

ROY (LE), écuyer, sieur de Saint-Sauveur, élection de Bayeux, maintenu en 1666 : de gueules, à deux lions affrontés d'or.

ROY (LE), écuyer, sieur de Brée, de Manoir, etc., élection de Bayeux, maintenu en 1666: d'argent, à trois roses de gueules, boutonnées d'or.

ROY (LE), généralité de Rouen.

ROY (LE), écuyer, seigneur de la Grange : d'argent, au chevron d'azur, accompagné de trois roitelets au naturel.

ROY (LE) écuyer, sieur de Ceurqueu, Montaupin, généralité d'Alençon, maintenu le 25 juin 1667: d'argent, à trois chevrons de sable ; à la fasce de gueules, brochante sur le tout.

ROY (LE), écuyer, sieur de Boscande, élection de Lisieux, maintenu le 13 mai 1666 : d'argent, à trois aigles au vol abaissé de gueules.

ROYER (LE), écuyer, sieur du Couldré, élection de Falaise, maintenu le 12 juillet 1667 : de gueules, à trois fasces d'argent.

ROYER, seigneur de Brissolière, élection de Domfront, maintenu le 17 mars 1666 : d'or, à une fleur de lys de gueules, abaissée sous deux merlettes affrontées de sable.

ROYVILLE, élection de Bayeux, maintenu en 1666 : d'or, à l'aigle éployée de sable.

ROZE (DU), écuyer, sieur de Cosferie, Saint-Germain, Gressillier, etc., élection de Vire, maintenu en 1666 : de gueules, à trois roses d'argent.

RUALLEM, écuyer, sieur des Montes, élection de Valogne, maintenu en 1666 : d'argent, au sautoir de gueules, cantonné aux trois premiers cantons de neuf feuilles de laurier de sinople, deux et une, et au dernier de quatre feuilles du même.

RUAULT, écuyer, sieur de la Bonnerie, généralité de Caen, maintenu le 1er septembre 1667 : d'argent, au lion de sable, armé et lampassé de gueules.

RUAULT, élection de Vire, maintenu en 1666 : d'azur, au chef d'or ; au lion de sable, armé et lampassé de gueules, brochant.

RUAULT, généralité de Caen, maintenu en 1666 : d'azur, à trois coquilles d'or ; en chef, trois croisettes rangées du même.

RUE (LA), écuyer, sieur du Mesnillet, Saint-Aubin, Belloy d'Espinay, Caudeau, Gaillard, Bois, Falaise, Bernapré, Hercourt, la Divers, seigneur de la Motte, élection d'Arques, maintenu le 18 septembre 1668 : d'argent, à trois fasces de gueules.

RUE (LA), aliàs SAMERY, sieur de la Bazoche, généralité de Rouen.

RUE (LA), écuyer, sieur de la Fontaine, élection d'Argentan, maintenu le 12 novembre 1666 : d'argent, à trois feuilles de rue de sinople.

RUE (LA), écuyer, généralité de Rouen.

RUEL, écuyer, sieur de Mouville, Fontenay, etc., élection de Montivilliers, maintenu le 9 juillet 1667 : d'or, au lion naissant de gueules.

RUEL, écuyer, sieur de Launay, de Belle-Isle, etc., généralité d'Alençon : d'or, à quatre aiglettes au vol abaissé de gueules.

RUFFRÉ, écuyer, sieur de Dugué-Laurent, de Bonneville, etc., élection de Mortagne, maintenu le 12 mai 1666 : d'azur, à deux aiglettes d'or, abaissées sous six étoiles rangées du même.

RUNES, seigneur de Grest, de Resserroy, d'Aussemer, de S.-Aubin, élection de Neufchâtel, maintenu le 3 octobre 1669 : d'argent, au sautoir d'azur, cantonné de quatre alérions de gueules.

RUPIERRE, écuyer, sieur du Clos, seigneur de Pierre-fitte, Mardilly, etc., élection de Pont-Audemer, maintenu le 19 septembre 1668 : palé d'or et d'azur.

RUSSY, élection de Verneuil, maintenu le 8 janvier 1667 : de gueules, à la croix ancrée d'argent.

S

SAANE, généralité de Rouen : gironné d'argent et d'azur, de quatorze pièces ; à l'écusson de sable en cœur.

SABINE, écuyer, sieur de Tresnay, seigneur de la Quiesce, élection de Bayeux, maintenu en 1666 : d'argent, à deux fasces, l'une d'azur, et l'autre de gueules ; à une aiglette de sable, brochante sur la première fasce.

SABOUREUX, écuyer, sieur de la Norais, élection de Montivilliers, maintenu le 26 mai 1668 : écartelé, au 1 d'or, au chevron d'azur, accompagné en pointe d'un croissant de gueules ; au 2 d'argent, à un rosier tigé, feuillé et terrassé de sinople, fleuri de trois roses mal-ordonnées de gueules ; au 3 d'azur, à trois trèfles d'or, rangés en fasce ; au 4 d'or, à deux fasces de gueules, au lion d'argent, brochant ; sur le tout de sable, à la bande écotée d'or.

SABREVOIS, écuyer, seigneur de Boisvissard, élection de Verneuil, maintenu le 4 août 1667 : d'argent, à la fasce de gueules, accompagnée de six roses rangées du même.

SAFFRAY, seigneur d'Engranville, Vimont, d'Anneville, etc., élection de Falaise, maintenu le 24 février 1668 : d'argent, à trois fasces ondées de gueules.

SAILLY, écuyer, sieur dudit lieu et de la Boullaye, élection d'Évreux : d'azur, à trois têtes de butor d'argent.

SAILLY, seigneur de Berval, généralité de Rouen : de gueules, à la fasce d'or, chargée de trois croisettes de sable, et accompagnée de trois têtes de butor d'or.

SAINT-AIGNAN, écuyer, sieur de la Grinsonnière, de Launay, de la Lisotière, Boisrèves, etc., généralité d'Alençon, maintenu le 4 avril 1666 : d'argent, à trois fenilles de chêne de sinople.

SAINT-AUBIN, écuyer, sieur dudit lieu, élection de Verneuil, maintenu le 27 novembre 1667 : d'or, au sautoir de sable, cantonné de quatre merlettes du même.

SAINT-BOSMER, écuyer, sieur de Corneille, de la Bourdonnière, etc., élection de Falaise.

SAINT-BOSNIER, seigneur du Mesnil, Coruant, la Mue, etc., élection d'Evreux, maintenu le 22 mars 1670 : d'or, fretté de gueules ; au franc canton de sable.

SAINT-CLAIR, écuyer, sieur des Rengenilles, élection de Verneuil, maintenu le 16 avril 1667 : de gueules, à la fasce d'or, chargée à senestre d'un croissant du champ, et surmontée à dextre d'une fleur de lys du second émail.

SAINT-CLAIR, écuyer, sieur de Lassinel, élection de Lisieux, maintenu le 3 octobre 1669 : d'argent, à la croix engrêlée d'azur.

SAINT-DELLYS, écuyer, seigneur de Heucourt, élection de Gisors et Pontoise, maintenu le 2 mars 1671 : de sinople, à l'épervier d'or, empiétant une perdrix du même.

SAINT-DENIS, écuyer, sieur de Vervaine, la Touche, Piace, Vangoux, la Roche, etc., généralité d'Alençon, maintenu le 22 août 1666 : de sable, fretté d'argent, au chef d'argent, chargé d'un léopard de gueules.

SAINT-DENIS, alias MARQUETEL, élection de Coutances : d'or, à la quintefeuille de gueules.

SAINT-DENIS, écuyer, sieur de la Touche, élection de Verneuil : de sinople, au chevron d'or, accompagné de trois molettes d'éperon du même.

SAINTE-MARIE, écuyer, sieur dudit lieu, seigneur d'Aigneaux, de Guilly, de la Mare, etc., élection de Vire, maintenu en 1666 : écartelé d'or et d'azur.

SAINTE-MARIE, élection de Falaise : de gueules, à la fleur de lys d'argent.

SAINTE-MARIE, écuyer, sieur d'Equilly, d'Anvers, etc., généralité de Caen, maintenu en 1666 : d'argent, à deux fasces d'azur, accompagnées de six merlettes de gueules.

SAINTE-MERE-ÉGLISE, écuyer, sieur d'Omonville, élection de Valogne, maintenu en 1666 : d'azur, à six aiglettes d'or.

SAINT-GANET, élection d'Avranches, confirmé en 1667.

SAINT-GERMAIN, seigneur de Perrigny, élection de Mortain, maintenu en 1666 : de gueules, à trois besants d'argent.

SAINT-GERMAIN, écuyer, sieur du Post, la Huderie, élection de Falaise, maintenu le 18 avril 1667 : de gueules, à la fleur de lys d'argent.

SAINT-GERMAIN, chevalier, seigneur de Colières, d'Entremont, etc., élections de Conches et de Vire, maintenu le 11 août 1667 : de gueules, au chevron d'argent, accompagné de trois besants du même.

SAINT-GERMAIN, écuyer, sieur du Breuil et de Dame-ville, généralité de Rouen.

SAINT-GILLES, seigneur de Vazeville, du Mesnil, Fleury, etc., élection de Valogne, maintenu en 1666 : d'azur, à l'aigle éployée d'or, becquée et membrée de gueules.

SAINT-LAURENT, ccuyer, sieur de Quetreville, Malpère, etc., élection de Falaise, maintenu en 1666 : d'azur, au chevron d'or ; au chef cousu de sable, chargé de trois étoiles du second émail.

SAINT-LAURENT, généralité de Rouen : de sable, à trois mains d'or.

SAINT-LO, ville de Normandie : de gueules, à la licorne saillante d'argent, au chef cousu de France.

SAINT-LOUP, écuyer, sieur dudit lieu, élection de Lisieux, maintenu le 8 janvier 1667 : d'azur, au loup d'argent.

SAINT-MANVIEUX, écuyer, sieur de la Mortière, élection de Mortain, maintenu en 1666 : de gueules, fretté d'argent ; au franc canton d'hermine.

SAINT-MARTIN, écuyer, sieur de la Pillette, des Fourches, d'Ableville, etc., élection d'Argentan, maintenu le 28 août 1666 : d'azur, à deux chevrons d'or, accompagnés de trois grappes de raisin du même.

SAINT-MARTIN, écuyer, sieur de Cavigny, élection de Saint-Lô, maintenu en 1666 : de sinople, à trois glands d'or; au chef cousu de gueules, chargé de trois coquilles d'argent.

SAINT-MARTIN LE GAILLARD : d'or, semé de billettes de gueules.

SAINT-OUEN, seigneur de Folleny, du Gruchet, de Launoy, de Pierrecourt, de la Haye, de Broual, etc., élection d'Arques, maintenu le 10 décembre 1667 : de sable, au sautoir d'argent, cantonné de quatre aiglettes au vol abaissé du même.

SAINT-PAIR, écuyer, sieur de Logerie, Trépellerie, Glomets, etc., élection d'Avranches, maintenu en 1666 : d'argent, à trois losanges de gueules, chargées chacune d'un lionceau d'or.

SAINT-PAUL, écuyer, sieur de Masle, élection de Mortagne, maintenu le 4 janvier 1667 : d'argent, au sautoir dentelé de sable.

SAINT-PAUL, seigneur de Neaufle, élection d'Evreux, maintenu le 12 septembre 1566 : d'argent, au sautoir dentelé de sable, accompagné au premier canton de trois roses de gueules.

SAINT-PIERRE, seigneur de Saint-Julien, de Mailloc, etc., élection de Pont-Audemer, maintenu le 12 septembre 1668 : d'azur, au chevron d'or, accompagné de trois roses du même.

SAINT-PIERRE, écuyer, sieur dudit lieu, élection de Lisieux, maintenu le 27 mai 1667 : d'azur, à trois roses d'or.

SAINT-QUENTIN, élection de Carentan, maintenu en 1666 : d'azur, au chevron d'or, accompagné en chef de deux croissants d'argent, et en pointe d'un cygne sur une mer du même.

SAINT-REMY, écuyer, sieur de la Motte, élection de Falaise, maintenu le 3 avril 1667 : de sable, au chevron d'argent, accompagné de trois fleurs de lys d'or.

SAINT-SAUVEUR, écuyer, sieur dudit lieu, élection de Vire, maintenu en 1666 : d'argent, au chevron d'azur, accompagné en chef de deux étoiles de gueules, et en pointe d'une rose du même.

SAINT-SIMON, chevalier, marquis de Courtomer, élection de Carentan : de sinople, à trois lionceaux d'argent. Voyez SIMON.

SAINT-YON, généralité de Rouen : d'azur, à la croix losangée d'or et de gueules, cantonnée de quatre cloches d'or, bataillées d'azur.

SALCEDE, élection de Pont-l'Evêque : d'azur, au sautoir d'or, accompagné au premier canton d'un lambel, aux trois autres de trois alérions, le tout du même.

SALLEN, élection de Bayeux, maintenu en 1666 : d'azur, à la fasce d'argent, accompagnée de trois annelets du même.

SALLET, écuyer, sieur du Repas, élection de Falaise, maintenu le 1er novembre 1667 : d'argent, à un cœur de gueules, abaissé sous deux roses du même.

SALLEY, écuyer, sieur de Collebosc, élection de Montivilliers, maintenu le 1er décembre 1667 : d'azur, à trois roses d'argent.

SALNOE, écuyer, sieur de Fontaine, du Mesnil, etc., élection d'Evreux, maintenu le 26 août 1666 : d'argent, au lion de sable, la queue fourchée et passée en sautoir ; au chef de gueules.

SAMAY, chevalier, seigneur de la Goutte, élection de Mortagne, maintenu le 4 février 1667 : d'argent, à trois tourteaux de sable.

SANSON, élection de Coutances, maintenu en 1666 : d'azur, à trois bourses d'or?

SANSON, écuyer, sieur de Groucy, du Bosc, de la Vallée, etc., élection de Carentan, maintenu en 1666 : d'azur, à trois faucons longés d'or.

SANSON, écuyer, sieur de Bois-Richard, élection de Verneuil : d'azur, au chevron d'argent, surmonté d'un croissant d'or, et accompagné de trois bourses du même.

SAON, écuyer, sieur de la Garenne, élection de Bayeux, maintenu en 1666 : d'azur, à trois roses d'argent.

SARAN D'ADRIEU, diocèse de Séez : d'azur, à trois croissants d'or.

SARCILLY, écuyer, sieur d'Erne, élection de Falaise, maintenu le 25 mai 1667 : écartelé, au 1 et 4 d'argent, à une moucheture de sable ; au 2 et 3 d'argent, à trois fasces de gueules, accompagné de six merlettes de sable.

SARCUS, écuyer, sieur de Freviller, élection de Neufchâtel, maintenu le 25 août 1668 : de gueules, au sautoir d'argent, cantonné de quatre merlettes du même.

SAREVILLIERS, écuyer, sieur de Bruncotte, élection de Neufchâtel, maintenu le 3 janvier 1668 : d'argent, à la croix de sable, frettée d'or.

SARREAU, généralité de Rouen : d'azur, à trois membres de griffon d'or.

SART (DU), écuyer, sieur de Tury, élection de Caudebec, maintenu le 4 janvier 1669 : de gueules, à la bande vivrée d'argent.

SAUCEY, écuyer, sieur du Saurry, élection d'Avranches, maintenu en 1666 : d'azur, à un fer de lance d'or, surmonté de deux molettes d'éperon d'argent.

SAUCQUES, généralité de Caen, maintenu en 1666 · d'argent, à deux fasces de sable.

SAUDRET, écuyer, sieur de Triannon, Bellemare, etc., élection de Pont-l'Evêque, maintenu le 2 janvier 1668 : de gueules, au . . . . . . d'argent.

SAUMARESCQ, élection de Valogne, maintenu en 1666 : d'azur, au chevron d'argent, surmonté d'une tête de léopard d'or, et accompagné de trois tours du même.

SAUSSAY (DU), écuyer, sieur de la Chapelle, de Saint-Clair, de Longval, des Bois-Feuilliers, de Servigny, etc., élection de Pont-l'Evêque : d'hermine, au sautoir de gueules.

SAUVAGE (LE), élection de Valogne : d'azur, au tronc d'arbre d'argent, accompagné en chef de deux glands d'or, et en pointe de deux feuilles de chêne du second émail.

SAUVAGER, écuyer, sieur de Cerfontaine, élection de Lisieux, maintenu le 3 avril 1666 : parti, au 1 coupé d'or, à une tour de sable, et d'or, à trois fasces ondées d'azur ; au 2 d'argent, au lion de gueules.

SAVIGNY, aliàs LE GAMBIER, écuyer, sieur du Mesnil, du Coudray, de Beauprey, etc., élection de Caudebec, maintenu en 1666 : de sable, à la fasce d'argent, accompagnée de trois merlettes du même.

SCARON, chevalier, seigneur de Bonneville, élection d'Evreux, maintenu le 11 septembre 1666.

SCELLES, écuyer, sieur de la Mothe, élection de Bayeux, maintenu en 1666 : écartelé, au 1 et 4 d'or, au lion de sable ; au 2 et 3 de gueules, à une fleur de lys d'argent.

SCELLES, écuyer, sieur d'Artilly, élection de Carentan, maintenu en 1666 : de gueules, à trois fermaux d'argent.

SCELLES, écuyer, sieur de Maniveu, élection de Bayeux, maintenu en 1666 : d'argent, au chevron de gueules, accompagné de trois lionceaux de sable.

SCODENOT, écuyer, sieur des Hayes, généralité d'Alençon, maintenu le 31 mai 1666 : d'azur, à trois oiseaux de proie d'argent, la tête contournée, tenant chacun au bec une couleuvre de sinople en pal ; en pointe une bisse du même, entravaillée dans une flèche d'argent, posée en fasce.

SCOT, écuyer, sieur de Fumechon, de la Mesangère, etc., généralité de Rouen : d'or, au cerf en repos au naturel, ayant un collier d'azur, chargé d'un croissant du champ, accosté de deux étoiles du même.

SEBIRE, écuyer, sieur de Monterocq, élection de Pont-Audemer, maintenu le 10 avril 1669 : d'or, à trois fasces de sable.

SEBOUVILLE, écuyer, sieur des Marets, du Fresne, de la Viguerie, des Beautis, du Clos-Bernard, etc., maintenu le 20 août, 1668 : d'azur, au lion d'or, armé et lampassé de gueules.

SEC (LE), écuyer, sieur du Parc, Cressonnière, etc., élection d'Argentan, maintenu le 16 avril 1666 : d'argent, au chevron de gueules, accompagné de trois annelets du même ; au lambel d'azur.

SEC (LE), écuyer, sieur de Bois-Verd, élection de Verneuil, maintenu le 15 mai 1667 : d'argent, à trois fasces d'azur.

SECART, écuyer, sieur de Saint-Arnould, généralité de Rouen : de gueules, à trois chicots d'argent.

SEGREMONT, généralité de Caen, maintenu en 1666.

SEIGNEUR, écuyer, sieur de Mesnil, de Lieubray, d'Espineville, Reuville, Amontot, Viquemarré, Bantot, Moncornet, etc., généralité de Rouen, maintenu le 14 décembre 1668 : de gueules, à la bande d'argent, chargée de trois tourteaux de sable, et accostée de deux têtes de lion d'or.

SEIGNEUR (LE), généralité de Rouen.

SEILLIER, écuyer, sieur de la Cour-Gossard, élection de Neufchâtel, maintenu le 21 janvier 1667 : d'azur, à la croix ancrée d'or, bordée de gueules, accompagnée en pointe de deux rameaux d'olivier d'argent, posés en chevron.

SELLE (LA), écuyer, sieur de Néuilly, élection de Gisors, maintenu le 14 décembre 1668 : d'azur, à deux lions adossés d'or, accompagnés de deux molettes d'éperon d'argent.

SEMALLÉ, écuyer, sieur de Bollaire, élection de Mortagne, maintenu le 10 juillet 1666 : d'argent à la bande alésée de sable, côtoyée d'un corbeau du même.

SEMILLY, écuyer, sieur de Bernières, élection de Pontl'Evêque, maintenu le 3 juin 1668 : d'azur, à la bordure de sable, chargée de six fermaux d'or.

SEMILLY, élection de Bayeux, maintenu en 1666 : de gueules, à l'écusson d'argent, accompagné de six merlettes du même en orle.

SÉNECAL (LE), élection de Bayeux.

SÉNÉCHAL (LE), écuyer, sieur d'Auberville, de Hagranville, de Villeneuve, du Chastel, des Essarts, etc., élection d'Arques, maintenu le 11 décembre 1668 : d'or, à la bande de sable.

SÉNÉCHAL (le), généralité de Rouen : d'azur, au chevron d'argent, accompagné de trois molettes d'or.

SENOT, seigneur de la Printerie, élection de Bayeux, maintenu en 1666 : de sable, à trois cygnes d'argent.

SENS (le), écuyer, sieur de Gros-Pommier, la Vallée, etc., élection de Pont-Audemer, maintenu, le 9 février 1667 : d'or, à l'aigle éployée au vol abaissé de sable.

SENS (le), écuyer, sieur du Mesnil, de Glatigny, Suhomme, Danelle, de Perière, Villeron, etc., élection de Pont-Audemer, maintenu le 23 février 1668 : de gueules, au chevron d'or, accompagné de trois encensoirs d'argent.

SEPTIER, écuyer, sieur de Colombel, généralité d'Alençon : de sable, à trois chevrons d'argent, accompagnés de trois trèfles du même.

SEPURAY, écuyer, sieur des Essarts, élection de Lisieux, maintenu le 5 avril 1666 : d'argent, à deux croissants de gueules , celui en pointe supportant un rameau de deux branches de laurier de sinople, posés en pairle.

SERANS, écuyer, sieur d'Ambreville, élection de Falaise, maintenu le 12 janvier 1667 : d'azur, à trois croissants d'or.

SERIZAY, écuyer, sieur de la Roche, élection de Mortagne, maintenu le 10 juin 1666 : d'argent, à dix besants de gueules.

SEUROY, écuyer, sieur de la Bouverie, élection de Lisieux, maintenu le 30 juin 1667 : d'azur, au chevron d'argent, accompagné de trois trèfles du même.

SIGNE (du), élection d'Avranches, maintenu en 1666 : d'azur, à l'épervier d'argent empiétant une perdrix du même.

SILLANS, baron et marquis de Creuilly, généralité de Caen, maintenu en 1666 : d'argent, au sautoir bretessé de gueules, chargé de cinq besants d'or.

SILLY, seigneur dudit lieu, généralité de Caen : d'hermine, à la fasse vivrée de gueules, accompagnée en chef de trois tourteaux du même.

SIMON, écuyer, sieur de Courtellerie, Maulière, Plainmaresq, etc., élection de Caudebec, maintenu le 2 janvier 1668 : de sinople, à trois lionceaux d'argent. Voyez SAINT-SIMON.

SIMON, généralité de Rouen.

SIMON, élection de Carentan, maintenu en 1666 : d'azur, à trois étoiles d'argent ; au croissant du même en cœur.

SIMON, écuyer, sieur de Turqueville, Gonneville, etc., élection de Valogne, maintenu en 1666 : d'azur, à trois épieux d'or. Les seigneurs du Buisson brisent d'un croissant du même en cœur.

SIMON, sieur de Rondelaire, élection de Valogne, maintenu en 1666 : d'azur, à la croix d'argent, chargée de cinq croissants de gueules, et cantonnée de quatre cygnes du second émail.

SISSAY, écuyer, sieur du Parc, élection de Mortagne, maintenu le 1er juin 1666 : d'azur, à trois bandes d'argent, accompagnées en chef à senestre d'une étoile d'or.

SOCHON, écuyer, sieur de Rocquigny, élection d'Arques, maintenu le 9 juin 1670 : d'or à trois renards l'un sur l'autre de sable.

SONNET, écuyer, sieur de Baillemont, Carville, etc., généralité de Rouen, maintenu le 15 février 1668 : de gueules, à trois grillets d'or.

SORET, écuyer, sieur de Pidasne, Bolleville, etc., élection de Caudebec, maintenu le 24 août 1668 : d'azur, au chevron d'argent, accompagné en chef de deux molettes d'éperon d'or, et en pointe d'une croisette fleurdelysée du même.

SORIN, écuyer, sieur de la Mare, élection de Carentan, maintenu en 1666 : d'argent, à trois perroquets de sinople.

SORTEMBOSC, écuyer, sieur de Sainte-Marguerite, élection de Montivilliers, maintenu le 10 février 1667 : d'argent, à trois lézards de sinople.

SOUCQUET, écuyer, sieur de la Tour, élection de Falaise, maintenu le 25 mai 1667 : d'azur, à trois fasces d'argent ; au lion d'or, brochant sur le tout.

SOUIN, généralité de Rouen.

SOULFOUR, seigneur de Gouzangrès, de Vaux, de Garentière, Pauville, etc., élection de Gisors, maintenu le 17 juillet 1668 : d'azur, à trois bandes d'argent; au chef cousu de gueules, soutenu d'or, et chargé de trois losanges du second émail.

SOURMONT, écuyer, sieur de Challouer, des Nouettes, de Villeneuve, etc., élection de Verneuil, maintenu le 8 juillet 1666 : d'argent, à l'arbre terrassé de sinople ; au cerf de gueules, passant au pied de l'arbre.

SOUVIGNY, écuyer, sieur de la Fosse, élection d'Argentan, maintenu le 30 avril 1666 : d'azur, à trois hures de sanglier arrachées d'or, défendues et allumées de sable à une coquille du second émail en cœur.

SOUVING, généralité de Rouen : écartelé, au 1 et 4 de sable, à la fasce d'or, accompagnée de trois soleils du même ; au 2 et 3 d'argent, à la fasce d'azur, chargée de trois fleurs de lys du champ, et accompagnée de trois alérions du second émail.

STROZZY, écuyer, sieur de Chignolles, élection d'Evreux : d'or, à la fasce de gueules, chargée de trois croissants tournés d'argent.

SUBLET, seigneur de Noyers, Nainville, etc., élection de Gisors, maintenu le 10 août 1668 : d'azur, au pal bretessé d'or, maçonné de sable, chargé d'une vergette du même.

SUEUR (le), écuyer, sieur de la Garande, Gomesnil, etc., maintenu le 18 mai 1667 : d'azur, au chevron d'argent, accompagné en chef de deux croissants, et en pointe d'une rose, le tout du même.

SUEUR, (le), chevalier, seigneur d'Ectot, de Ricarville, de Fallement, etc., généralité de Rouen : d'argent, à trois fasces de gueules.

SUEUR (le), écuyer, sieur de la Ferrière, élection de Coutances, maintenu en 1666 : d'or, semé de mouchetures de sable ; au chevron de gueules, chargé de trois trèfles d'argent, brochant sur le tout.

SUEUR (le), écuyer, sieur de Vauponteau, élection de Verneuil, maintenu le 21 juillet 1666 : de sable, à trois fasces d'argent.

SUEUR (le), élection de Carentan, maintenu en 1666 : d'azur, au chevron d'argent, accompagné de trois croissants du même.

SUHARD, écuyer, sieur de Glatigny, élection de Mortagne, maintenu le 16 juillet 1666 : de gueules, à la croix fleurdelysée d'argent.

SURRAIN, écuyer, sieur de la Champagne, élection de Bayeux, maintenu en 1666 : d'azur, à deux jumelles d'or, surmontées d'un léopard du même.

SURREAU, généralité de Rouen : d'argent, au sautoir de gueules, dentelé de sable, chargé en cœur d'une croisette d'or, et cantonné de quatre têtes de maure de sable, tortillées du champ.

SURTAINVILLE, seigneur d'Omonville, du Menildron, etc., élection de Valogne, maintenu en 1666 : d'azur, à deux chevrons d'argent, accompagnés de trois coquilles du même.

SUSANNE, écuyer, sieur du Bost-l'Abbé, seigneur de la Chapelle-d'Espinay, élection d'Arques, maintenu le 10 avril 1668 : d'or, à deux arbres arrachés de sinople passés en sautoir, accompagnés aux trois derniers cantons de trois étoiles d'azur.

T

TAILLEBOIS, écuyer, sieur de Vannes.

TAILLEBOST, écuyer, sieur de Gerville, seigneur de Saint-Ouen, élection de Caudebec, maintenu le 24 juillet 1667 : d'or, à trois molettes d'éperon de gueules.

TAILLEFER, écuyer, sieur de la Manditière, élection de Mortain, maintenu en 1666 : d'azur, à six cotices en feuilles de scie d'argent.

TALLEVAND, écuyer, sieur de la Motte, élection de Vire, maintenu en 1666 : palé d'hermine et de gueules.

TALLEVAST ou TOLLEVAST, écuyer, sieur du Prey, des Monts, etc., élection de Bayeux : de sable, au sautoir d'or, accompagné à dextre d'une épée d'argent, et à senestre d'une flèche du même.

TARDIEU, écuyer, sieur de Monchy, élection d'Arques, maintenu le 5 juillet 1667 : d'azur, au chevron d'or, surmonté d'une étoile du même, et accompagné en chef de deux croissants d'argent, et en pointe d'une croisette ancrée du second émail.

TARDIF, élection de Carentan, maintenu en 1666 : d'azur, à la croix d'or, cantonnée en chef de deux roses d'argent, et en pointe de deux coquilles du même.

TARDIF, écuyer, sieur de Moidray, élection d'Avranches : d'azur, à la croix d'or, cantonnée de quatre roses d'argent.

TARQUES, élection d'Argentan, maintenu le 9 avril 1669 : d'azur, au chevron d'or, accompagné en chef de deux molettes d'éperon d'argent, et en pointe de trois billettes couchées du même.

TARQUET, généralité de Rouen, maintenu le 9 avril 1669 : d'azur, au chevron d'or, accompagné de trois molettes d'éperon d'argent.

TASCHER, écuyer, sieur de Marcilly, Boisguillaume, etc., élection de Verneuil, maintenu le 12 mars 1667 : d'argent, à trois fasces de sinople, frettées du champ, et surmontées de deux soleils de gueules.

TAURIN, écuyer, sieur des Espesses, élection de Coutances, maintenu en 1666 : d'azur, à la fasce d'argent,
chargée de deux croisettes du champ, et accompagnée
de quatre croisettes du second émail, trois rangées en
chef, et l'autre en pointe.

TELLIER (LE), élection de Gisors, maintenu le 16 juillet
1668 : d'azur, à la fasce d'or, accompagnée de trois étoiles
du même.

TELLIER (LE), écuyer, sieur de Saint-Victor, de la Campagne, de Tollas, etc., généralité de Rouen, maintenu
le 20 octobre 1666 : d'azur, au chevron d'argent, accompagné de trois roses du même.

TELLIER (LE), voyez LUTHUMERIE (LA).

TELLIER (LE), écuyer, sieur de Tricqueville, élection de
Pont-Audemer, maintenu le 16 septembre 1667 : d'azur,
à une tour d'argent, maçonnée de sable.

TELLIER (LE), sieur de la Molleraye, généralité de
Rouen : d'azur, au sautoir d'argent, cantonné au 1 et 4
d'une fleur de lys et d'une étoile d'or ; au 2 et 3 d'une coquille du même.

TELLIER (LE), écuyer, sieur de Brieux, Varablière, du
Rocher, etc., élection de Coutances, maintenu en 1666 :
de gueules, à la fasce d'argent, accompagnée en chef de
deux molettes d'éperon, et en pointe d'une main, posée
en fasce, le tout du même.

TELLIER (LE), sieur de Hautrocque, élection de Lisieux,
maintenu le 1 février 1668 : de gueules, à trois navettes
d'or.

TENNEUR (LE), généralité de Caen, maintenu en 1666 :
de gueules, à un rocher d'argent, ouvert de sable, dont
est issant un lion-léopardé d'or ; le rocher, sommé de
trois tourelles du second émail, celle du milieu supérieure.

TEREL, élection de Montivilliers, maintenu le 4 janvier
1667 : d'azur, à la croix ancrée d'or.

TERRÉE, écuyer, sieur de Maubuisson, élection de Conches : d'argent, au pal de gueules, chargé de quatre
croisettes d'or.

TERRIER (LE), écuyer, sieur de Montigny, élection de
Coutances, maintenu en 1666 : d'azur, à trois pals d'or ;
au chef cousu de gueules, chargé de deux molettes d'éperon du second émail.

TERRIER (LE), écuyer, sieur d'Equainville, élection de
Pont-Audemer, maintenu le 20 octobre 1666 : d'azur à

trois pals engrêlés d'or ; au chef cousu de gueules, chargé de deux étoiles du second émail.

TERTRE (DU), seigneur de Benoisville, élection de Valogne, maintenu en 1666 : d'azur, à un croissant d'or, soutenant deux colombes, et surmonté de trois étoiles, le tout du même.

TERTRE (DU), sieur de Mallouy, vicomte d'Orbec, élection de Bernay, maintenu le 3 janvier 1667 : de gueules au chevron écoté et brisé d'argent, accompagné de trois colombes d'or.

TESSIER, écuyer, sieur de la Brodière, de Nolton, de Caunay, etc., élection de Mortagne : d'argent, en chef deux merlettes de sable, et en pointe une rose de gueules.

TESSON, écuyer, sieur de Martigny, Guerinière, de l'Estang, de Herrendière, de Pontesson, de Blyaye, de Foular, du Ménil, Balissonville, de Louvet, la Motte, etc. généralité d'Arques, maintenu en 1666 : fascé d'azur et d'argent ; les fasces d'azur diaprées chacune de trois médaillons d'or, celui du milieu chargé d'un lionceau, les deux autres d'une aiglette éployée ; les fasces d'argent chargées de douze mouchetures de sable, 5, 4 et 3.

TESTU, chevalier seigneur de Balaincourt, élection de Gisors, etc., maintenu le 3 avril 1668 : d'or, à trois lions-léopardés l'un sur l'autre de sable, le second contrepassant.

TÉTAIRE, écuyer, sieur de Glatigny, élection de Caudebec, maintenu le 14 juillet 1667 : d'or, au chevron d'azur, chargé de cinq annelets du champ, et accompagné de trois molettes d'éperon de sable.

THEIL-SAMOY (DU), en Basse-Normandie : d'azur, à deux chevrons d'or ; écartelé de gueules, à la croix patée d'or.

THERE (DU), écuyer, sieur des Glandes, etc., élection de Carentan, maintenu en 1666 : d'argent, fretté d'azur ; au franc-quartier de gueules.

THÉROUDE, écuyer, sieur d'Aptot, de la Haulle, etc., généralité de Rouen, maintenu le 26 mars 1669 : d'or, à la fasce d'azur, chargée d'une molette d'éperon d'argent, et accompagnée de trois roses de gueules.

THÉROUDE, élection de Bayeux : de sable, au chevron d'argent, accompagné de trois mouchetures du même.

THEROUDE, sieur de Merval, généralité de Rouen : d'azur, au chevron denché d'argent, accompagné de trois soleils d'or.

THEROUDE, écuyer, sieur du Treport, dit de Saint-Amant, élection d'Arques : de gueules, à trois étoiles d'argent ; au chef cousu d'azur, chargé d'une bisse d'or, entravaillée dans une épée posée en fasce du même.

THESART, originaire de Normandie : d'or, à la fasce d'azur.

THEUFLES, écuyer, sieur de Caspillon, généralité de Rouen, maintenu le 9 novembre 1667 : d'argent, à deux lions affrontés de sable; en pointe un écusson de gueules.

THIAULT, généralité de Rouen, maintenu le 16 juillet 1666 : de gueules, à trois tours d'argent, maçonnées de sable; au chef cousu d'azur, chargé de trois coquilles d'or.

THIBOULT, écuyer, sieur du Plot, généralité de Rouen, maintenu le 26 mars 1667 : d'or, à la fasce d'azur, chargée d'une étoile du champ, et accompagnée de trois roses de gueules.

THIBOULT, écuyer, sieur de Bonchamps, élection de Lisieux : d'azur, à trois tours d'argent, maçonnées de sable.

THIBOULT, généralité de Caen, maintenu en 1666 : d'azur, à trois pommes de grenade tigées et feuillées d'or.

THIBOULT, écuyer, sieur de Gres, de Saint-Malo, etc., élection de Falaise, maintenu le 17 mars 1667 : d'argent, à une fleur de lys de gueules, surmontée de deux quintefeuilles du même.

THIBOUTOT, écuyer, sieur d'Elvemont, élection de Montivilliers, maintenu le 24 janvier 1667 : d'argent, au sautoir denché de gueules.

THIERRIE, écuyer, sieur de Campullé, élection d'Arques : de gueules, semé de trèfles d'or.

THIESSE, écuyer, sieur de la Harillère, de Montfort, etc., élection de Berny, maintenu en 1667 : d'argent, au chevron de gueules, accompagné de cinq mouchetures de sable, deux en chef et trois en pointe mal-ordonnées.

THIEULIN, écuyer, sieur de Merville, de la Vallée, etc., élection d'Evreux, maintenu le 16 mars 1667 : d'azur, à six gerbes d'or.

THIEUVILLE, écuyer, sieur de Houville, Groucy, la
Touche, etc., élection de Pont-Audemer, maintenu le
26 août 1658 : d'argent, à deux cotices de gueules, accompagnées de neuf coquilles du même, posées trois,
trois et trois.

THIEUVILLE, écuyer, sieur de Briqueboscq, élection
de Valogne, maintenu en 1666 : d'argent, à deux bandes
de gueules, accompagnées de sept coquilles du même,
2, 3, 2.

THIART, écuyer, sieur de la Motte, élection de Pont-
Audemer, maintenu le 14 août 1668 : d'azur, à la foi
d'argent, parée de gueules, posée dans une nuée du
second émail, dont meuvent en chef et en pointe deux
besants d'or.

THIOULT, écuyer, sieur de Vaussieux, Rucquevillère,
etc., généralité de Caen, maintenu en 1666 : d'argent,
à deux mains de gueules en fasce, accompagnées de trois
merlettes de sable.

THIREL, écuyer, sieur de Boismorand, Jovance, etc.,
élection de Pont-Audemer, maintenu le 21 novembre
1667 : d'azur, au lionceau d'argent, cantonné de quatre
molettes d'éperon du même.

THIREMOIS, écuyer, sieur de Hautenoue, d'Abbeville,
d'Erqueville, de S.-Blaise, de Prétot, d'Halaine, de
Joncheray, du Moncel, de Courtonne, etc., généralités
de Rouen et d'Alençon, maintenu le 7 mars 1669 : d'azur,
au sautoir d'argent, chargé de cinq cors de chasse contournés de gueules.

THOMAS, écuyer, sieur de Verdun, du Puy, de Saussay, etc., élection d'Arques, de Valogne, de Carentan,
etc., de gueules, à trois dextrochères d'argent, tenant
chacun un babelaire du même, garni d'or, ceux en chef
affrontés, le premier senestre, et les deux autres dextres.

THOMAS, écuyer, sieur de la Tainville, S.-André, Mont-
roger, etc., élection de Chaumont, maintenu le 17 janvier 1668 : écartelé, au 1 et 4 d'argent, à une bande
faillie d'azur, accostée en chef d'une tête de maure
de sable ; au 2 et 3 comme ci-dessus : sur le tout d'azur,
à la bande d'or, accompagnée de trois molettes d'éperon
du même.

THOMAS, chevalier, seigneur du Fossé, de Bosroger et
de Forges, généralité de Rouen, maintenu le 28 juillet
1701 : d'azur, à trois bandes d'argent, accompagnées
de.....

THON, écuyer, sieur de Montcarville, du Quesnay, de Maulineau, etc., maintenu le 21 février 1669 : d'argent, à trois merlettes de sable ; au chef d'azur, chargé d'une croisette d'or.

THOREL, écuyer, sieur de Gramonvil, de la Haye, de Gounor, de Caudemare, etc., généralité de Rouen, maintenu le 14 janvier 1666 : d'azur, à cinq cotices d'or ; au chef cousu de gueules, chargé d'un taureau du second émail.

THOREL, écuyer, sieur du Hestré, généralité de Rouen, maintenu le 6 février 1667 : d'azur, au chevron d'or, accompagné de trois rencontres de taureau du même.

THOREL CASTILLON, écuyer, sieur de la Montagne, du Manoir, etc., élection de Montivilliers : d'azur, à dextre un taureau issant d'or, à senestre un lion du même ; le tout sur une terrasse d'argent ; au chef cousu de gueules, chargé de trois molettes d'éperon d'or.

THORY, écuyer, sieur de la Chevalerie, élection de Verneuil, maintenu le 30 juin 1667 : d'argent, à deux fasces de gueules, accompagnées de sept merlettes du même, quatre en chef et trois en pointe.

THUMERY, écuyer, sieur de la Londe et de Fleucy, élection de Verneuil, maintenu le 28 juillet 1668 : écartelé de gueules et d'azur ; à la croix écartelée d'or et d'argent, cantonnée de quatre fallots d'or.

TIERCELIN, écuyer, sieur de Jarossay, élection de Mortagne, maintenu, le 12 mai 1666 : d'argent à deux tierces enlacées et passées en sautoir, cantonnées de quatre merlettes de sable.

TILLY, écuyer, sieur d'Angerville ; de Brière, etc., élection de Pont-l'Evêque, maintenu le 20 mars 1666 : d'azur, à deux fasces d'or.

TILLY, écuyer, sieur Prémarias, généralité de Caen, maintenu en 1666 : d'or, à une fleur de lys de gueules.

TILLY, marquis de Blaru, élection de Valogne ; maintenu en 1666 : écartelé, au 1 et 4 d'or, à une fleur de lys de gueules ; au 2 et 3 de gueules, à une aigle éployée d'or.

TINFAULT, écuyer, sieur de la Barre, élection de Carentan.

TIVEN, sieur des Marets, généralité de Rouen.

TOLLEMER, écuyer, sieur d'Allecourt, Montagne, Chastel, etc., élection de Pont-Audemer, maintenu le 14 janvier 1668 : d'azur, à trois trèfles d'or.

TONNETOT, écuyer, sieur de Faveril, de Berville, etc.,
élection de Pont-Audemer, maintenu le 24 juillet 1668 :
d'argent, au cœur de gueules, accompagné de trois
molettes d'éperon du même.

TORCY, écuyer, sieur d'Estalondes, élection d'Arques,
maintenu le 2 septembre 1667 : écartelé, au 1 et 4 de
gueules ; au 2 et 3 losangé d'or et de gueules ; à la bande
d'or, brochante sur l'écartelé.

TOT (DU), écuyer, sieur de Varneville, généralité de
Rouen, maintenu le 21 juillet 1666 : de gueules, à trois
têtes d'aigle arrachées d'or ; à un besant du même en
cœur.

TOT (DU), chevalier, seigneur d'Orgueil, baron de Bane-
linguen, élection de Lisieux, maintenu le 7 décembre
1668 : de gueules, à trois têtes de griffon arrachées
d'argent.

TOUCHE (LA), écuyer, sieur de Luissières, le Galabe-
rière, Sainte-Marie, Boussandière, Garenne, du Bois,
de Champs, des Forges, de Tourelles, Fallesière, etc.,
élection de Mortagne : d'azur, au levrier rampant d'argent, colleté et bouclé d'or.

TOUCHE (LA), écuyer, sieur dudit lieu, élection de
Lisieux, maintenu le 22 novembre 1667 : d'argent, à la
bande de sable.

TOUCHE (LA) : d'argent, à trois tourteaux de gueules.

TOUCHES (DES), élection de Coutances : d'azur, à la rose
d'or, accompagnée de trois branches à cinq feuilles de
chêne du même.

TOUCHET (DU), écuyer, sieur de Benauville, Venoix,
Roxerie, etc., généralité de Caen, maintenu en 1666 :
d'azur, au chevron d'or, accompagné de trois mains
senestres du même.

TOUPIN (DU), sieur de Bouteville, généralité de Rouen.

TOURAINE, écuyer, sieur de Randoriel, élection de Valogne, maintenu en 1666 : d'or, au chevron de gueules,
accompagné de trois molettes d'éperon de sable ; à la bordure d'azur.

TOURNEBU, élection de Vire : d'argent, à la bande
d'azur.

TOURNEBULLE, généralité de Rouen, famille originaire
d'Ecosse : d'argent, à trois rencontres de taureau de sable, accornés et lampassés de gueules.

TOURNEROCHE, écuyer, sieur de Vallumont, de Fontaine, etc., élection d'Arques, maintenu le 9 février

1668 : d'azur, au dextrochère d'argent, tenant une épée posée en barre, et mouvant d'une roche, le tout du même ; en chef une fleur de lys d'or, en flancs deux étoiles du même, et en pointe deux croissants du second émail.

TOURNEUR (le), généralité de Rouen : de gueules, à trois têtes de léopard d'or, arrachées et lampassées d'azur.

TOURNIERS (de), élection de Bayeux, maintenu en 1666 : de gueules, à trois annelets d'or.

TOUSTAIN, écuyer, sieur de Frontebosc, Honguemare, seigneur de Limésy, du Roule, de Blesseville, de la Chapelle, chevalier, marquis et comte de Carency, vicomte de Vaustain, Hautomme, etc., généralité de Rouen, maintenu le 20 janvier 1667 : d'or, à la bande échiquetée de deux tires d'or et d'azur.

TOUSTAIN, écuyer, sieur du Manoir, de la Colombe, etc., élection de Bayeux, maintenu en 1666 : de gueules, à trois colonnes d'argent, celle en pointe supportant un épervier s'essorant du même.

TOUSTAIN, seigneur de Fallot, élection de Vire, maintenu en 1666 : d'argent, à deux fasces d'azur, accompagnées de trois merlettes de sable.

TOUSTAIN, écuyer, sieur de Varendes, élection de Bayeux : de gueules, à trois glands d'or.

TOUZEY (le), écuyer, sieur de Mailloc, élection de Bayeux, maintenu en 1666 : de gueules, à la fasce d'or, accompagnée de trois roses d'argent ; au chef cousu d'azur, chargé de trois fleurs de lys du second émail.

TRAISNEL, sieur de Saint-Blaise, élection de Valogne.

TREMANSOIS, écuyer, sieur de la Vallée, de la Planche, etc., élection de Pont-l'Evêque, maintenu le 28 janvier 1668 : de sable, au chevron d'argent, accompagné de trois molettes d'éperon du même.

TREMONT, écuyer, sieur de Boistorel, élection de Verneuil, maintenu le 1er avril 1666 : de sable, à trois canettes d'argent.

TRÉSOR (le), sieur de Fontenay, élection de Carentan : d'azur, au trésor en abyme d'or, accosté de deux épées d'argent, soutenues de deux brassarts du second émail.

TREVET, généralité de Rouen.

TROISMONTS, écuyer, sieur de Fuguerolles, généralité de Caen, maintenu en 1666 : d'azur, à trois monts d'argent.

TROISMONTS, écuyer, sieur, de Fuguerolles, généralité de Caen, maintenu en 1666 : d'azur, à une épée d'argent en pal, garnie d'or, accostée de deux fleurs de lys du même.

TRONVRES, écuyer, sieur du Ronchoy, élection de Neufchâtel : d'hermine, au chef de gueules.

TROTREL, à Falaise : d'azur, à trois pommes de pin d'or, et en chef une fleur de lys d'argent.

TROUSSEAUVILLE, écuyer, sieur dudit lieu, Marcoville, Saint - Christophe, etc., élection de Verneuil, maintenu le 3 janvier 1668 : de sable, à la croix ancrée d'or.

TROUSSEY, écuyer, sieur de Saint-Jores, de Montfort, etc., élection de Valogne, maintenu en 1666 : d'argent, au chevron de sable, accompagné en chef de deux molettes d'éperon du second émail, et en pointe d'un cœur de gueules ; au chef d'azur, chargé d'un croissant du champ.

TRUCHET, chevalier, seigneur de Rimais, élection de Verneuil : de gueules, à la bande d'or.

TRUEL, écuyer, sieur de Beauvais, élection d'Argentan, maintenu le 31 août 1669 : palé d'or et de gueules ; au chef d'azur, chargé de trois besants d'argent.

TUCÉ, écuyer, sieur de Semallé, élection de Mortagne, maintenu le 9 août 1666 : de sable, à trois jumelles d'argent.

TURGIS, écuyer, sieur de Bellefosse, élection d'Evreux, maintenu le 1er juillet 1670 : d'or, au chevron de sable, accompagné de trois palmes du même.

TURGIS, généralité de Rouen : d'or, à la barre d'azur, chargée de trois coquilles du champ, et accompagnée de trois étoiles du second émail.

TURGOT, écuyer, sieur de l'Ecluse, des Tourailles, etc., généralité de Rouen, maintenu le 19 mars 1669 : d'hermine, frettée de gueules. Cette maison est originaire de Bretagne.

TURGOT, écuyer, sieur de Cauvigny, des Essarts, Tillais, etc., élection de Falaise, maintenu le 1er septembre 1667 : écartelé, au 1 et 4 de Turgot ; au 2 et 3 d'azur, à trois tours couvertes d'argent.

TURPIN, écuyer, sieur de Condé, élection de Pont-l'Evêque, maintenu le 14 avril 1668 : de gueules, à la fasce d'or, accompagnée de trois pommes de pin versées du même.

TURQUIER, écuyer, sieur du Buisson, Cardouville, etc., généralité de Rouen, maintenu le 16 juillet 1666 : d'azur, à une hure de sanglier d'or, surmontée à senestre d'une flamme du même ; au chef d'or, chargé de trois étoiles du champ.

TURTIN, ancienne maison éteinte qui possédait dans le onzième siècle la baronnie de la Haye-du-Puis.

V

VACHOT, écuyer, sieur dudit lieu, élection de Bernay : de sable, à l'agneau pascal d'argent, le pannonceau d'or, croisé du second émail.

VAILLANT, écuyer, sieur de Begnimont, de Saint-André, de la Londe, de Lessart, de la Haye, de Plemont, de Repentigny, baron de Rebais, élection d'Arques, maintenu le 10 février 1669 : d'azur au dextrochère mouvant d'une nuée d'argent, paré de gueules, tenant une épée en pal du second, garnie d'or.

VAILLANT, écuyer, sieur de Benneville, de Barbeville, etc., élection de Bayeux, maintenu en 1666 : d'azur, au poisson en fasce d'argent ; au chef d'or.

VAIRIE (LA), écuyer, sieur d'Aigneville, élection de Bayeux, maintenu en 1666 : d'azur, à six mâcles d'argent.

VAL (DU), écuyer, sieur de Manneville, généralité de Rouen, maintenu le 10 août 1667 : d'azur, à la bande écotée d'or, accompagnée en chef d'un vase à deux anses, et en pointe d'un lionceau, le tout du même.

VAL (DU), écuyer, sieur d'Armonville, de Bonnerue, de la Croix, etc., élection d'Arques, maintenu le 16 avril 1668 : d'argent, au lion d'azur, armé et lampassé de gueules.

VAL (DU), écuyer, sieur de Beauvais, élection d'Evreux, maintenu le 4 août 1666 : d'azur, au chevron d'or, accompagné de trois coqs du même, crêtés et bardés de gueules.

VAL (DU), écuyer, sieur de Hauteville, du Coudray, etc., élection de Montivilliers, maintenu le 28 février 1667 : de gueules, au chevron d'or, accompagné de trois roses d'argent.

VAL (du), écuyer, sieur de Thonville, d'Athon, de Beaulouvet, etc., élection de Caudebec, maintenu le 12 septembre 1668 : de gueules, à la croix denchée d'or.

VAL (du), écuyer, sieur de Londelles, d'Odigny, de Beaubray, de Vaux, etc., élection de Conches, maintenu le 16 juin 1667 : de gueules, au chevron d'or, accompagné de trois molettes d'éperon du même.

VAL (du), écuyer, sieur de la Criardière, de Montville, etc., élection de Mortagne, maintenu le 4 avril 1667 : de gueules, à trois loups l'un sur l'autre d'or.

VAL (du), écuyer, sieur de Saint-Aubin, élection de Lisieux, maintenu le 29 juillet 1667 : de sable, à deux chevrons d'or, accompagnés de trois têtes de poisson d'argent.

VAL (du), écuyer, sieur de Beaumontèl, de Ballerie, etc., généralité d'Alençon, maintenu le 31 janvier 1668 : d'argent, à la bande de gueules.

VALDAVID (du), écuyer, sieur de Beauvais, élection d'Evreux, maintenu le 4 février 1667 : d'argent, à la fasce de gueules, accompagnée en chef de trois merlettes de sable, et en pointe d'une aiglette au vol abaissé d'azur.

VALLÉE (la), écuyer, sieur de Blandinière, élection de Bernay, maintenu le 31 août 1667 : d'argent, à deux molettes d'éperon de sable en chef, et en pointe une hure de sanglier du même.

VALLÉE (la), écuyer, sieur de Fermentel, de Lottères, etc., élection de Lisieux, maintenu le 9 juillet 1666 : de gueules, à trois fermaux d'argent; au lambel du même.

VALLÉE (la), écuyer, sieur des Noues, de la Roche, de Crèche, etc., élection de Bernay, maintenu le 4 janvier 1667 : d'azur, à trois croissants d'or.

VALLÉE (la), écuyer, sieur de Montrayer, des Oufrairies, du Tertre, de la Roche, etc., généralité d'Alençon, maintenu le 30 juin 1667 : de gueules, au chevron parti d'or et d'argent, accompagné de trois étoiles du second émail.

VALLES, seigneur de Boisnormand, élection de Conches, maintenu le 12 juillet 1667 : de gueules, à la fasce échiquetée d'or et d'azur de deux tires, accompagnée de trois têtes d'aigle arrachées du second émail.

VALLET (du), écuyer, sieur de Framboisier, élection d'Evreux, maintenu le 17 septembre 1667 : d'azur, au chevron d'argent, chargé de trois trèfles de sinople, et accompagné de trois têtes d'épervier arrachées d'or.

VALLETTE (LA), élection de Vire, maintenu le 25 juillet 1667 : d'argent, à trois lionceaux de gueules. Famille originaire du Languedoc.

VALLIGUERVILLE : émanché d'argent et de gueules de dix pièces.

VALLOIS (LE), écuyer, sieur du Brisoult, Fontenay, etc., généralité de Caen, maintenu en 1666 : d'azur, au chevron d'argent, chargé de cinq mouchetures de sable, et accompagné de trois têtes de lion arrachées d'or.

VALLOIS (LE), écuyer, sieur de Fontaines, de la Chapelle, etc., généralité de Caen, maintenu en 1666 : d'azur, au chevron d'or, accompagné de trois croissants d'argent ; au chef cousu de gueules, chargé de trois roses du second émail.

VALLOIS, élection de Bayeux, maintenu en 1666 : de gueules, au chevron d'argent, accompagné en chef à dextre d'une rose, à senestre d'un croissant, et en pointe d'un lionceau, le tout d'or ; au chef cousu d'azur, chargé de trois croisettes pattées du troisième émail.

VALLOIS, écuyer, sieur de Tostes, de Bourneuf, etc., élection de Falaise, maintenu le 7 avril 1666 : d'azur, au chevron d'or, accompagné en chef de deux molettes d'éperon du même, et en pointe d'un croissant d'argent.

VALOGNE, ville de Normandie : d'azur, au lynx passant d'argent, accompagné de quatre épis de froment d'or, deux en sautoir, et deux en pals.

VAMBAIS, écuyer, sieur de Fleurimont et de Saint-Manvieux, généralité de Caen, maintenu en 1666 : d'argent, à trois merlettes de sable.

VANEMBRAS, écuyer, sieur de Saint-Martin, de Vigor, etc., election de Falaise, maintenu le 10 avril 1666 : d'argent, au chevron de gueules, accompagné de trois feuilles de sinople.

VANNIER, écuyer, sieur d'Ourgeville, élection de Montivilliers, maintenu le 24 février 1666 : d'argent, au porc hérissé de sable.

VARDE, élection de Bernay, maintenu le 7 juin 1666 : de sable, à une épée d'argent en pal, garnie d'or, et accostée en chef de deux molettes d'éperon du même.

VARIE (la), écuyer, sieur de Besu, du Fayet, de Clerbosc, etc., élection de Lions, maintenu le 24 décembre 1668 : d'or, à l'aigle éployée de gueules.

VARIN, écuyer, sieur de Saint-Germain, Pitreville, Beauchamp, etc., élection de Pont-l'Evêque, maintenu le 13 janvier 1668 : d'or, à trois flammes de gueules ; au chef d'azur, chargé d'un besant du champ, accosté de deux croissants du même.

VARIN, écuyer, sieur de la Fontaine, élection de Falaise, maintenu le 15 février 1668 : d'argent, en chef deux roses de gueules, et une coquille du même en pointe.

VARRIGNON, sieur de Langueray, généralité de Caen : d'argent, au chevron d'azur, chargé de cinq croisettes du champ, et accompagné en chef de deux mouchetures de sable, et en pointe d'un gland tigé et feuillé de sinople.

VARROC, écuyer, sieur de Lierville, de Bures, etc., élection de Coutances, maintenu, en 1666 : de gueules, à six coqs d'argent.

VARVANNE, seigneur dudit lieu, élection d'Arques : d'or, à trois bandes de gueules.

VASCONCELLES, écuyer, sieur de la Noue, de la Guerinière, etc., élection de Mortagne, maintenu le 25 mai 1667 : d'argent, à deux lions-léopardés de gueules.

VASSÉ, écuyer, sieur de Grandcamp, élection de Montivilliers, maintenu le 8 février 1667 : d'or, à un écusson de sable, chargé d'un écu d'argent, et accompagné de cinq têtes de lion de sable, celles à dextre contournées ; à la bordure de gueules.

VASSEL, élection de Bayeux, maintenu en 1666 : coupé d'azur, au vaisseau équipé d'or; et de sable, à un éléphant d'argent.

VASSEMARC, écuyer, sieur de Vascoy, élection de Caudebec, maintenu le 10 septembre 1666 : de gueules, à la croix d'or, cantonnée de quatre coquilles du même.

VASSEUR (le), écuyer, sieur de Toqueville, élection d'Arques, maintenu le 10 septembre 1667 : de sable, à une ancre d'argent en pal, accompagnée de cinq fleurs de pensée du même.

VASSY, seigneur de la Forest, marquis de Bresset, seigneur du Gats, etc., élection de Falaise, maintenu le 1er mars 1668 : d'argent, à trois tourteaux de sable.

VATONNE, élection de Valogne, maintenu en 1700 : de gueules, au sautoir losangé d'argent.

VATTEBOSC, écuyer, sieur de la Rivière, élection d'Arques, maintenu le 21 avril 1667 : écartelé, au 1 et 4 d'azur, à une tête de lion arrachée d'or, lampassée de gueules, au 2 et 3 d'argent, à une rose de gueules.

VATTELOT, écuyer, sieur de Bouloy, Chateaufort, de la Touqeries, du Plessis, etc., élection de Bernay, maintenu le 1er avril 1667, de gueules, à une tierce ondée d'or, abaissée sous un croissant, surmonté d'une fleur de lys, le tout du même.

VAUBOREL, écuyer, sieur de la Bahannière, de Renuvilly, la Chastière, de Vaucel, de Broville, etc., généralité de Rouen : d'azur, à la tour d'argent.

VAUDRETS, écuyer, sieur d'Herbouville, élection de Montivilliers, maintenu le 14 janvier 1667 : de sable, au lion d'argent.

VAULOIS, élection de Falaise.

VAULTIER, écuyer, sieur de la Granderie, élection de Coutances, maintenu en 1666 : d'or, au vautour essorant de sable.

VAULTIER DE RUBERY, élection de Bayeux.

VAUMESSE, écuyer, sieur de Livet, élection d'Argentan : d'azur, à trois aiglettes éployées d'or, surmontées d'un soleil du même.

VAUQUELIN, écuyer, sieur des Chesnes, élection de Lisieux, maintenu le 6 septembre 1666 : d'azur, au chevron d'argent, accompagné de trois croissants, celui en pointe surmonté d'une molette d'éperon, le tout du même.

VAUQUELIN DES YVETEAUX, chevalier, seigneur, marquis d'Hermanville, de la Fresnaye-au-Sauvage, de Vrigny, etc., généralités d'Alençon et de Caen, maintenu en 1666 et 1668, d'azur, au sautoir engrêlé d'argent, cantonné de quatre croissants d'or.

VAUQUELIN, écuyer, sieur de la Motte, élection de Lisieux : d'azur, au chevron d'or, accompagné de trois croissants d'argent.

VAUVILLE, seigneur de Neuville, de Chantelou, etc., élection de Bayeux, maintenu en 1666 : de gueules, au pal d'argent, accosté de six merlettes du même.

VAUX, écuyer, sieur de Chastair, des Domaines, etc., élection de Domfront, maintenu le 28 mai 1668 : coupé d'argent et de sable, au lion de l'un à l'autre.

VAUX (DE), élection de Vire : d'hermine, au chef denché de gueules, chargé d'une molette d'éperon d'argent.

VAUFLEURY (DE), élection de Bayeux, maintenu en 1666 : d'azur, au sautoir d'or, cantonné de quatre roses du même.

VAVASSEUR (LE), écuyer, sieur de Saint-Denis, élection d'Arques : d'azur, à trois lances d'argent, accompagnées de trois losanges du même.

VAVASSEUR (LE), sieur de Gerville, confirmé en 1735.

VAVASSEUR (LE), écuyer, sieur de Colenges, du Manoir, etc., élection de Conches, maintenu le 1 septembre 1667 : d'or, à la fasce d'azur, accompagnée en chef de trois losanges de gueules, et en pointe d'un lionceau de sable.

VÉEL (LE), élection de Coutances, maintenu en 1666.

VELAIN, écuyer, sieur des Bosnois, la Palaissière, du Castel, etc., élection de Bernay : d'argent, au chevron de sable, accompagné de trois trèfles du même.

VELU, écuyer, sieur du Buisson, élection de Coutances, maintenu le 29 juin 1667 : d'argent, à la bande de gueules, chargée de trois molettes du champ.

VENDES (DE), écuyer, sieur dudit lieu, généralité de Caen, maintenu en 1666 : d'azur, à trois flammes d'or, et une molette d'éperon du même en cœur.

VENEUR (LE), comte de Tillières : d'argent, à la bande d'azur, frettée d'or.

VENEUR (LE), en Normandie : de sable, au chef d'or, chargé de trois cornets de gueules.

VENOIS, écuyer, sieur de Millembourg, du Buisson, etc., élection de Bernay, maintenu le 11 mai 1667 : coupé d'or et de sable, à six fleurs de lys de l'un en l'autre.

VENOIS, sieur d'Amfreville, généralité de Caen, maintenu en 1666 : d'or, à six fleurs de lys d'azur.

VENOIS, écuyer, sieur de Lizimeux, seigneur de Fontenay, élection de Conches, maintenu le 6 juillet 1667 : d'or, à six fleurs de lys de sable.

VENOIS, écuyer, sieur de Méliambourg, élection d'Argentan, maintenu le 13 avril 1667 : de sable, à six fleurs de lys d'or, 2, 1, 2 et 1 ; au lambel d'argent.

VER, écuyer, sieur de Saint-Martin, élection de Chaumont, maintenu le 26 mars 1669 : d'or, à deux fasces de gueules ; au chef retrait denché du même.

VERDIER, généralité de Rouen.

VERDUN écuyer, sieur de Courdubois, Fougère, etc., élection de Mortain, maintenu en 1666 : d'or, fretté de sable.

VERDUN, généralité de Rouen.

VERDUN, écuyer, sieur de Passais, élection de Domfront: d'argent, fretté de sable.

VERGER (DU), chevalier, seigneur de Courcelles de Saint-Celerin, etc., élection de Coutances : d'or, à l'écusson de gueules, chargé de deux épées passées en sautoir d'argent, et accompagné de cinq lionceaux-léopardés de sable en orle.

VERGNETTE, écuyer, sieur d'Haudencourt, seigneur d'Alban, élection d'Andely, maintenu le 22 septembre 1669 : d'azur, au chevron d'argent, chargé de trois étoiles de gueules, et accompagné de quatre étoiles d'or, trois en chef, et l'autre en pointe.

VERIGNY, écuyer, sieur de Montfort, élection de Bayeux, maintenu en 1666 : de sable, à la croix fleurdelysée d'argent, cantonnée de quatre coquilles d'or.

VERNAY, généralité de Caen, maintenu en 1666 : d'azur à trois fasces ondées d'argent.

VERNON, ville de Normandie : d'argent, à trois bottes de cresson de sinople, liées d'or : au chef de France.

VERRIER (LE), écuyer, sieur de Thoville, Resthoville, la Vallette, etc., élection de Valogne, maintenu en 1666 : d'or, au lion d'azur, armé et lampassé de gueules ; au chef du même, chargé de trois besants du champ.

VERRIER (LE), écuyer, sieur de la Noue, Boudemont, etc. élection de Bernay, maintenu le 1 janvier 1668 : de sable, au cerf d'or.

VERRIER, écuyer, sieur de Tressaint, la Couture, de Bremorin, etc., élection d'Argentan, maintenu le 15 avril 1666 : d'argent, à la hure de sanglier de sable, défendue du champ.

VERTON, écuyer, sieur de Richeval, de la Mortière, etc. : d'azur, à la fasce d'argent, chargée d'une mouche de sable.

VEY (DU), écuyer, sieur dudit lieu, élection de Falaise : de sable, à trois étoiles d'argent.

VEY (DU), écuyer, sieur de Tallées, élection de Caudebec, maintenu le 1 janvier 1667 : de gueules, au lion d'or, accompagné de trois étoiles d'argent.

VIART, écuyer, sieur de Godichon, élection d'Argentan d'or, au phénix de sable, sur son immortalité de gueules ;

au chef d'azur, chargé de trois coquilles d'argent. Famille originaire de Blois.

VICOMTE (LE), écuyer, sieur de Saint-Hilaire, seigneur de Villy et de Freville, élection de Pont-Audemer, maintenu le 21 février 1668: d'azur, à trois coquilles d'or.

VIDYE, écuyer, sieur de Saint-Germain, élection de Verneuil ; maintenu le 30 avril 1667 : d'azur, à trois canifs d'or, surmontés d'un lion-léopardé du même.

VIEIL (LE), écuyer, sieur du Buisson, élection d'Argentan : d'or, à trois trèfles de sinople.

VIEILLARD, écuyer, sieur dudit lieu, élection de Mortain, maintenu le 3 janvier 1667 : d'or, au sautoir de sable, cantonné de quatre glands du même.

VIEILLEMAISON, écuyer, seigneur de Sainte-Colombe, élection d'Andely, maintenu le 21 janvier 1668 : losangé d'argent et d'azur ; au chef de gueules.

VIEL, écuyer, sieur de Launay, élection de Coutances, maintenu en 1666 : d'argent, à la fasce d'azur, chargée de trois flanchis d'or, et accompagnée de trois roses de gueules.

VIEL, écuyer, sieur de Gramont, seigneur du Mesnilamé, élection de Saint-Lô.

VIEL, écuyer, sieur du Boissé, des Parquets, Surosne, etc., élection d'Argentan, maintenu le 30 juin 1666 : d'azur, au sautoir d'or, cantonné de quatre aiglettes au vol abaissé d'argent.

VIERVILLE, ancienne maison éteinte : fascé d'argent et d'azur ; à la bande de gueules brochante sur le tout.

VIEUX (DU) : burelé d'argent et d'azur ; à l'aigle de gueules, brochante.

VIEUXPONT, chevalier, seigneur d'Auzouville, généralité de Rouen, maintenu le 31 octobre 1668 ; d'argent, à dix annelets de gueules, 3, 3, 3 et 1.

VIGAN, écuyer, sieur de Punelay, de Bellefontaine, etc., élection de Bernay, maintenu le 30 mars 1666 : d'argent, au chevron d'azur, accompagné de quatre mouchetures de sable, et de trois roses de gueules.

VIGER, sieur de Marefosse. généralité de Rouen.

VIGNE (LA), écuyer, sieur dudit lieu, élection de Conches, maintenu le 8 mai 1667 : d'or, à l'aigle au vol abaissé de sable ; au chef de gueules, chargé de trois fers de dard d'argent.

VIGNE (LA), écuyer, sieur des Marets, élection de Falaise : d'azur, à trois pommes de pin versées d'or.

VIGNERAL (DE), seigneur du Ru, élection de Bernay, maintenu le 3 avril 1667 : d'azur, au chevron d'or, surmonté d'un croissant d'argent, et accompagné en chef de deux étoiles du second, et en pointe d'une tête de léopard du même.

VILLENEUVE (DE), sieur de Bellebœuf et de Neuvillette, généralité de Rouen : de gueules, à trois fers de piqué d'argent.

VILLEQUOY, écuyer, sieur de Thionville, élection d'Evreux, maintenu le 13 septembre 1666 : d'azur, à trois coqs d'or, crêtés, bardés et membrés de gueules.

VILLERAY, chevalier, seigneur de Brigemont, châtelain de Moulitart, etc, élection de Mortagne maintenu le 16 juillet 1667 : d'argent, à neuf merlettes de sable.

VILLEREAU : de gueules, au lion d'argent, armé, lampassé et couronné d'or, et accompagné de cinq fleurs de lys du même.

VILLERS, écuyer, sieur de Heslou, élection d'Argentan. maintenu le 22 juin 1667 : d'hermine, à deux lances de gueules, fûtées de sable.

VILLETTE, écuyer, sieur dudit lieu, élection de Domfront, maintenu le 3 juillet 1666 : d'azur, à six tours d'argent.

VILLY, écuyer, sieur de Saint-Besnel, de Marcambis, etc., généralité de Caen, maintenu en 1666 : de gueules à une épée dégarnie d'argent en pal, la pointe en bas, accostée de six merlettes du même.

VIMONT, écuyer, sieur de Cotteval, élection de Montivilliers : d'azur, à la fasce d'or, accompagnée en chef de deux canettes affrontées d'argent, et en pointe d'une rose du même.

VINCENT, écuyer, sieur de la Puerre, de la Linette, etc., élection de Carentan, maintenu en 1666 : d'azur, à deux chevrons d'argent, accompagnés de trois molettes d'éperose du même.

VIOLLE, écuyer, sieur d'Angenné, de la Cochardière, etc., élection de Verneuil, maintenu le 15 mai 1667 : de sable à trois chevrons brisés d'or.

VION, écuyer, sieur de Challet, élection de Verneuil, maintenu le 12 août 1666 : de gueules, à trois aiglettes au vol abaissé d'argent.

VIPART, écuyer, sieur de Beaumont, élection d'Arques, maintenu le 15 janvier 1669 : d'argent, au lion de sable, armé et lampassé de gueules.

VIQUET (DU), généralité de Rouen : d'azur, à la croix fleuronnée d'or.

VIRE, ville de Normandie : de gueules, à deux tours d'argent, séparées par une flèche la pointe en bas.

VIREY, écuyer, sieur du Gravier, élection de Valogne, maintenu en 1666 : de gueules, à trois épieux d'or, emmanchés d'argent, accompagnés de deux têtes de lion du second émail; celui en pointe accosté de deux molettes d'éperon d'argent.

VIRGILLE, écuyer, sieur de Cairon, élection d'Arques, maintenu le 17 septembre 1669 : d'argent, à trois pals de gueulés; au chef d'azur, chargé de trois fleurs de lys d'or.

VIRONCEAU, généralité de Rouen.

VITROVILLE, écuyer, sieur des Hautières, élection de Lisieux : d'or, au chevron de gueules, accompagné de trois têtes de paon arrachées d'azur.

VIVEFAY, écuyer, sieur de la Salle, élection de Pont-Audemer, maintenu le 23 janvier 1666 : d'azur, au pélican dans son aire d'or.

VIVIEN, écuyer, sieur de la Champagne, élection d'Avranches, maintenu en 1666 : d'azur, à deux fasces d'or, accompagnées de neuf merlettes du même.

VIVIER (DU), écuyer, sieur du Part, des Préaux, Beaumont, du Tart, etc., élection de Bayeux, maintenu en 1666 : d'azur, à cinq épées d'argent, la pointe en bas, 3 et 2.

VIVIER (DU), écuyer, sieur de la Bremántière, de Cernay, etc., élection de Mortagne, maintenu le 12 avril 1666 : d'argent, à trois doloires d'azur, aiguisées de sinople.

VOIS, seigneur de Tregoremard, Hocquigny, élection de Coutances, maintenu en 1666 : d'argent, à trois haches d'armes de sable, celles en chef adossées.

VOISIN, écuyer, sieur de Viardière, Quenonville, Campheroult, etc., généralité de Rouen : d'azur, au vol abaissé d'argent, accompagné en chef de deux croissants d'or, et en pointe d'une croisette fleuronnée du même.

VOISNE, écuyer, sieur de la Rune, élection de Fálaise, maintenu le 1er janvier 1668 : d'azur, à trois fasces ondées d'argent.

VOLLANT, généralité de Caen : d'argent, à la fleur de lys de gueules, accompagnée de trois roses du même.

VORÉ, écuyer, sieur de Berthinière, élection de Mortagne, maintenu le 22 mai 1667 : d'hermine, au chef de gueules, chargé d'une trangle ondée d'argent.

VOYER (LE), écuyer, sieur de Montagu, Heugueville, etc., élection de Montivilliers, maintenu le 26 juillet 1667 : d'azur, à trois fasces d'argent, accompagnées de trois molettes d'éperon du même.

Y

YNOR, généralité de Caen, maintenu en 1666 : d'azur, au chevron d'or, accompagné de trois roses d'argent.

YON, écuyer, sieur de Launay : d'or, à la bande d'azur, accompagnée en chef d'un lionceau de gueules.

YVEL, écuyer, sieur de la Fosse, d'Anneval, de Clermont, du Vaudray, etc., élection de Caudebec, maintenu le 13 juillet 1667 : d'argent, au chevron de sable, accompagné de trois trèfles d'azur.

YVEL, écuyer, sieur de Perdeville, élection de Lions, maintenu le 15 décembre 1670 : d'argent, au chevron de sable, accompagné de trois trèfles de sinople.

YVELIN, écuyer, sieur de Valdecis, la Prairie, etc., élection de Coutances, maintenu en 1666 : d'or, au lion-léopardé de sable, lampassé de gueules; coupé de gueules, à trois roses d'argent.

YVER, écuyer, sieur de Clairfueilles, généralité d'Alençon : d'azur, à la fasce d'or, accompagnée de trois étoiles du même.

YVETOT, élection d'Argentan, maintenu en 1666 : d'azur, à la bande d'or, accostée de deux coquilles du même.

ADDITIONS.

COQUEREL : d'azur, à la fasce accompagnée en chef de trois étoiles, et en pointe d'un cocq, le tout d'or.

DIEULEVEULT : d'azur, à six croissants contournés d'argent.

CORRECTIONS.

Page 23, Beranger, *lisez* : Berenger ; et même article, les Bessets *lisez* : les Bassets.

Page 72, De la Coudre, écuyer, sieur de la Martinière, *lisez* : de la Couldre, sieur de la Bretonnière.

*Seigneurs et Chevaliers Normands qui ont accompagné,
en 1066, Guillaume, duc de Normandie, à la
conquête de l'Angleterre.*

Cette nomenclature est tirée de la Chronique de Guillaume TAILLEUR,
par M. HOLINGSHEAD, auteur d'une *Histoire chronologique d'Angleterre*, très-estimée.

Odon, évêque de Bayeux, frère utérin du roi Guillaume, et fils de Herlouin, comte de Conteville ou de Gon-
deville. Robert, comte de Mortaing, son frère. Roger à
la Barbe, comte de Beaumont. Guillaume Malet, seigneur de Montfort. Hermer, seigneur de Ferrières. Guillaume d'Aubellemère (Albemarle). Le seigneur de Fougères. Guillaume de Raumare, seigneur de Lithare. Le
seigneur de Touque. Le seigneur de la Mare. Neele de
Saint-Sauveur, vicomte de Cotentin. Guillaume de Vieuxpont. Le seigneur de Manneville. Le seigneur de Grandmesnil. Le seigneur de Saint-Martin. Le seigneur du Puy.
Guillaume Crespin, seigneur du Bec-Crespin. Guillaume
de Moyenne. Guillaume des Moulins. Hue, comte de
Gournay. Le sire de Bray (Miles de Montmorency, seigneur de Bray et de Montlhéry, vicomte de Troyes, l'un
des fondateurs de l'abbaye de Helenstow, au comté de
Berkshire, en Angleterre). Le seigneur de Gouy. Le seigneur de l'Aigle. Le seigneur de Thouars. Le seigneur
d'Avranches. Le seigneur de Vitry. Le seigneur de Tracy.
Le seigneur de Pecquigny. Le seigneur d'Espinay. Osmond, seigneur du Pont. Le seigneur d'Estouteville. Le
seigneur de Torci. Le seigneur de Barnabost. Le seigneur
de Bréval. Le seigneur de Salm. Le seigneur du Homme.
Le seigneur de la Zouche. Le seigneur de Cailly. Le seigneur de la Rivière. Eudes de Beaujeu. Le seigneur de
Romilly. Le seigneur de Glos. Le seigneur du Sap. Le
seigneur de Vauville. Le seigneur de Brancheu. Le sei-

gneur de Bailleul. Le seigneur de Beausault. Le seigneur de Tillières. Le seigneur de Senlis. Le seigneur de Braqueville. Le seigneur de Preaulx ou Preaux. Le seigneur de Jouy. Gautier Guiffard, sieur de Longueville. Le seigneur d'Acquigny. Le seigneur de Pacy. Le seigneur de Tournay. Le seigneur de Colombières. Le seigneur de Bollebec. Le seigneur de Garencières. Le seigneur de Longueil. Le seigneur de Houdetot. Le seigneur de Malletot. Le seigneur de la Haye-Malherbes. Le seigneur de Porch-Pinche. Le seigneur d'Yvetot. Le comte de Tancarville. Le comte d'Eu. Le comte d'Arques. Le comte d'Anjou. Le comte de Nevers. Le seigneur de Rouville. Le prince impérial d'Allemagne. Le seigneur de Pavilly. Le seigneur de Saint-Clair. Le seigneur de Bremelot. Alain, comte de Bretagne. Le seigneur de la Ferté. Robert Fitz Hervé, duc d'Orléans ; (je présume Robert de Montmorency ; petit-fils de Hervé, grand bouteiller de France, et fils de Geoffroy, sire Marisco, en Angleterre. Selon l'auteur de l'Art de vérifier les dates, Alberic duc d'Orléans, fut père de Bouchard Ier, sire de Montmorency.) Le seigneur de la Lande. Hue, seigneur de Mortimer. Le seigneur de Clare, comte de Brion. Le seigneur de Magny. Roger de Montgomery. Aimery de Thouars. Le seigneur d'Hacqueville. Le seigneur de Neanshou. Le seigneur de Perou. Robert de Beaufoi. Le seigneur de Meauvan. Le seigneur de Soteville. Eustache d'Ambleville. Geoffroy Bournom. Le seigneur de Blainville. Geoffroy de Mayenne. Aufray et Mauger de Catteny. Le seigneur de Freanville. Le seigneur de Monbray. Le seigneur de Lafitay. Guillaume Patais, seigneur de la Lande. Eudes de Mortemer. Egremont de l'Aigle. Richard d'Avrenchin. Le seigneur des Biars. Le seigneur de Souligny. Le Bouteiller d'Aubigny. Le sieur de Marcy. Le seigneur de Lacy. Le seigneur de Valière. Eudes de Montfort. Henoyn de Cahieu. Le seigneur de Vimers. Guillaume de Mehun. Raoul Tesson de Tignolles. Enguerand, comte de Harcourt. Roger Marmion. Raoul de Gaiel. Avenel de Vihers. Painel du Moutier-Hubert. Robert-Bertrand le Tort. Le seigneur de Saint-Valery. Le seigneur de Sully. Le seigneur d'Orival. Le seigneur de la Haye. Le seigneur de Saint-Jean. Le seigneur de Saussy. Le seigneur de Brye. Richard d'Orbec. Le seigneur de Montfiquet. Le seigneur de Brécy. Le seigneur de Semilly. Le seigneur de Tilly. Le seigneur de Saint-Denys. Le seigneur de Maulay. Le seigneur de Monceaux. Les Archers de Breteûil. Les Archers de Vaudeville. Le seigneur de Saint-Saën. Le seigneur de Brianson. Le seigneur de Sassy. Le seigneur de Noisy. Le Vidame de Chartres. Thomas, comte d'Aumale. Le seigneur de Jeanville. Le Vidame du Passais. Pierre de Bailleul, seigneur de Fescamp. Le sénéchal de Torcy. Le seigneur de Grissy. Le seigneur de Bresey. Le seigneur du Tourneur. Guillaume de Colombières. Le seigneur de Bonne-Bosc. Le seigneur d'Ennebault. Le seigneur de Damvillers. Le seigneur de Barvile. Le seigneur de Crèvecœur. Le seigneur de Breate, ou de Brett, ou de Breauté. Le seigneur de Coutray (ou de Coudray). Le comte d'Evreux. Le comte de Hiesmes.

Il faut ajouter à ce catalogue les noms qui suivent, tirés de l'histoire d'Angleterre , par les sieurs Holingshead , Brady, Rapin de Thoiras, Andrews, le Doomsday- Book, Dugdale, etc.

D'Abeville, d'Abetot, d'Ablancourt, d'Aincourt ou d'Eincourt, le Châtelain d'Aire , d'Amondeville, d'Anet ou d'Alneto, d'Angers, d'Anthoing, d'Anvers, d'Archer, d'Arcy, le Châtelain d'Arras , d'Araindel , d'Aspremont, d'Athys, d'Aubigny, d'Andely, d'Aunay, d'Avenant, d'Auvergne, d'Ax ou d'Aix.

Le Bailly, de Baskerville ou Bacqueville, de Basset , Bastard, Banister, de Barry, de Barret, Bascoun ou Bacon , de Bec , Belet , de Beauchamp, de Beaufort , de Berneval ou Barnevall, Bertram, Bertrand, Bardolf, de Beaupré , Baudoin, de Berners ou Bernier, de Béville, le Bigot , le Blond dit Blount, Blondel , Bluet , de Bohun , de Bonet , de Boranville , de Boseville , de Bourdet, Bourdon, de Bournel, de Bourg dit de Burgh, de Boshell ou Boisalle ou Beausalle, de Boys, Bourchier, le Brabanson dit Brabazon, de Bournonville, de Bouteville , de Bonynge , de Broyes , de Broc , le Brun dit

Broune, Brand, de Braibeuf, le Brassard, de la Bruyère, Brent ou de Briant, Browe, de Briancourt, de Brienne, de Bussy, de Berkeley, de Byron, de Bures.

———

De Cambray, de Camois, de Campernon, de Camville, de Canteloup, de Chancy, Chamberlayne ou le Chambellan, de Champagny, de Carbonnel, de la Chapelle, de Chaumont, de Chandos, de Chène, du Chesnecourt, Chopis ; de Clifford, de Clermont, de Colleville, du Colombier, le connétable, Corbet, Corbyn, de Conteville dit Cantwell, de Commines dit Comyn, de Courcy, de Courcelle, de Coigniers, de Courtenay, Courtois, de Caux (de Cadome), de Claville, de Crecy et de Cressy, de Creny, de Craon, de Coursoh dit Curzon, de Curly, de Culy, de Cusac, du Croc, de Chivers ou Chièvres.

———

Dalton, Darell, Dardis, De la Bere, De la Cour, De la Fère, De la Field, De la Fraynaie, De la Grange, De la Haye, De la Hide, De la Hill, De la Lande, De la More, De la Planche, de la Poer, De la Pole, de la Roche, De la Salle, De la Tranche, de la Tour, De la Vache, De la Val, De la Ward ou de la Guard, le Dispenser, Walter Châtellain de Douay, de Dole, Drury, de Dunsterville, de Dunchamp.

———

D'Ecayeul, d'Enghien, d'Escalers, d'Esmond, d'Espec, de l'Espinasse, de l'Estrange, d'Estriels, d'Estourney, d'Espagne.

———

De Fauconbergue, Fitz Auger, Fitz Albéric, Fitz Allan, Fitz Bouchard, Fitz Brian, Fitz Eustache, Fitz Fitz, Fitz Gerald, Fitz Garould, Fitz Geoffroy, Fitz Grip, Fitz Henry, Fitz Herbert, Fitz Hervé, Fitz Hubert, Fitz Hugh, Fitz Hamon, Fitz Jean, Fitz Morice, Fitz Martyn, Fitz Otho, Fitz Osbert, Fitz Osmond, Fitz Payne, Fitz Piers, Fitz Pons, Fitz Raoul, Fitz Roger, Fitz Roscelyn, Fitz Richard, Fitz Simon, Fitz

Tancrède, Fitz William, Fitz Walter, Fitz Warine, Fitz Zachary, de Folleville, de Freville, de Front de Bosc (de Front de Bœuf), de Folet, de Fortz, de Formay, le Forestier, de Flamville, Forests ou Forez.

De Gand, de Garennes, Gay, de Gayel, de Genneville, de Gernon, de Georges, de Gorges, de Goudon, de Gourdes, de Goyon, de Gouer, de Glanville, de Glateville, de Gracy, de Grandville dit Grenville, de Grandison, le Grand, de Grendon, de Gray, de Grey, de Gressy, de Gréville, de Guifford dit Gifford, de Guines, de Gamages, de Greile.

D'Harville, d'Hacquet, de Hansard, d'Hercy, d'Hardell, d'Hautenay, d'Hautpoul, d'Hamound, de Helion.

De Janville, du Jardin, de Jay, de Jasperville, d'Ivry, d'Ypres.

De Kaïeu, de Karre ou d'Escars, de Kamerone dit Cameron, de Kancy, etc.

De Lane, Latin, Latamère, de Laval, de Lec, de Lille ou de l'Isle, de Lasselles, de Linelie, de Lorancourt, de Lovaine, de Lovelace, de la Lusc ou peut-être de la Lys, de Lucy, de Limezi, de Lonchamp, de Longval, de Longe, de Loge, de Lion.

De Malory, de Mainwaringe, de Mallebranche, de Mallemains, de Malleville, de Martel, de Mauduit, de Maureward, de Marly, de Maltravers, de Mares, de Mauclerc, de Mears, de Melun, de Meulant, de Montbegon, de Montchamp, de Montagu, de Montmartin, de Monthermer, de Montney, de Montmor, Montmorres ou Montmorency, de Montchenscy, de Monthaut, de Montsorel, de Moreton et Maurice. Il y avait des Montesquiou (de Montescuto), en l'année 1101.

De Nangle et de Nagle, de Néville, de Neufmarche, de Neufbourg, de Neismet, de Notice, de Normanville.

D'Odingfels, d'Onfrainville, d'Oteville, d'Oleforte, d'Olibeuf, d'Orioll, d'Orval, d'Oyley, d'Osmond.

Payneil dit Paganell, Pandolf, Paifrère, de Pampelone, de Pennecord, de Perceval, de Perère, de Perche, de Percy, de Pierrepont, de la Pomeraye, de Péverell, de Pommereuil, Picot dit Pigot, de Pecto dit Peyto, de Pontchardon, de Pinkeney, de Piron, le Picard, de Perott, de Phuars, de la Place, de Placy, de Port, de Pourcell, de Pons.

De Quincy, de Quinteny.

De Rhodes, de Redvers ou des Rivières, de Riddal, de Rié, Ric ou le Riche, de Rose ou de Roos, de Roussel dit Russel, de Rolles, de Rochefort, de Rosny, de Robertot, de Rouville, de Raines.

De Sakville, de Saville, de Sandford, de Say, de Sanci, Sauvage, de Salvin, Seguin, Solers, de Somerville, de Somery, de Sesse, de Saint-Amand, de Sainte-Barbe, de Saint-Albin ou Saint-Aubin, de Saint-Cheveroll, de Saint-George, de Saint-Jean, de Saint-Léger, de Saint-Lys, de Saint-Maur dit Seymour, de Saint-Martin, de Saint-Quentin, de Saint-Vite, de Saint-Valery, de Scudamore, d'Estafford ou Stafford, de Suremont, de Sourdeville.

De Taillebois, de Takel, de Talbot, de Tany, Tavernier, de Tailleur, de Tardeville, de Tercy, de Teys, de Tinneville; de Tiboutot, de Toeny, Toget, de Tollemache, de Tolete, de Toulouse, de Torell, de Torte-Chapelle, de Touchet, de Tourbeville, de Tourville, de

Trainell, de Trousbout, Trevett (de), de Trenchlion, de Treverelle, de la Tremoille, de Trencheville, de Trison, de Travers, de Tyrell, de Tuite.

D'Ufford , d'Umfraville , d'Urnafeuille , d'Uvedale , Uschère dit Usher.

De Vaberon, de Valanges, de Valoines ou Valois, de Valive, de Valers ou Valières, de Valence, de Vanay, de Vancorde, de Varenne, de Vasderoll, de Vavaseur, de Vauvreville, de Vecy, de Vassy , de Verlay, de Venables, le Veneur, de Vevai, de Verre, de Verdière, de Verdun, de Vernon, de Verny, Verlay.

De Wac ou Wake, de Wafre, de Watteville, de Wardevois, de Wely, de Werdenell, de Westphal, de Wivelle ou Wyville, de Wierce, etc., etc.,etc.

Etat des Seigneurs Normands qui accompagnèrent Robert, duc de Normandie, à la conquête de la Terre-Sainte, en 1096.

Le comte d'Aumâle, le comte d'Eu, le comte de Harcourt, les sires ou seigneurs d'Achey, d'Aigneaux , d'Amfreville, d'Angerville, d'Anisi, d'Annebaut, d'Argences, d'Argouges, d'Auvergne, d'Auvrecher, de Bailly, de Bailleul, de Banville, de Barates, de Beaufou, de Beaufau, de Beaumont, de Bellengues, de Benneville, de Betancourt, de Beuseville, des Biars, de Bienfaicte, de Bigars, de Blainville, de Blaru, de Boisguillaume, de Boissay, de Boisyvon, de Bauquetot, le Bouteiller, de Boutemont, de Bouteville, de Braquemont, de Breslay, du Breuil, de Briône, de Briquebec, de Briqueville, de Brucourt, de Brully, de Calletot, de Calleville, de Cambray, de Canisy, de Cantelou, de Carantilly, de Carantoune, de Carrouges, de Cerisy, Chambellan, de Chau-

mont; de Clerc, de Clinchamp, de Colibeaux, de Condé,
de Côqueville, de Corneville, de Coulombières, de Con-
lonces, de Courcy, de Creully, de Criquebeuf, de Croisilles, de Crouville, de Cully, de Dorville, Doublet,
d'Enonville, d'Erneval, Aux-Espaules, d'Esquay, des
Essarts, d'Estouteville, de Fauguernon, du Fay, de Ferrières, de la Ferrière, de la Fertey, de Fescam, de Fonteney, de Forges, de Freardel, de Freauville, de Fresney,
de Gaillon, de Gauville, de Grainville, de Grâville, de
Grimonville, de Guernetot, de Guiberville, de Guise-
bert, de Hambie, de Haranvilliers, de Hauteville, de Hautot de la Haye-Huë, de Hellenvillier, de Henneville de Hou-
queville, de la Heuse, du Hommet, de Houden, de Husson, des Isles, de Linbeuf, de la Luzerne, de Mailloc,
de Malherbe, Mallet, de Malmains, de Malleville, de
Manneville, de Marbeuf, de Marrigny, de Marsant,
Martel, de Mathan, de la Meauffe, de Méautis, Meurdrac, du Molley, de Monstiers, de Montaigu, de Montenay, de Montfort, de Montigny, de Montpinçon, de
Morfarville, de Mortemer, de Neubourg, de Neuville,
de Nonant, d'O, d'Orbec, d'Oüilli, Painel, de Persy,
de Planes, de Pirou, de Pommereüil, de Ponteaudemer,
de la Poterie, de Preaux, de Preully, de Recusson, de
Rochefort, de la Rochetesson, Roussel, de Rouvray, de
Saint-Aignan, de Sainte-Beuve, de Saint-Clair, de Saint-
Clou, de Saint-Denis, de Saint-Germain, de Saint-Hilaire, de Saint-Lambert, de Saint-Laurent, de Saint-
Marcou, de Saint-Martin, de Sainte-Paix, de Saint-
Quentin, de Saint-Vigor, de Saintray, de Saquainville,
de Semilly, de Siffrevast, de Solligny, de Theville, de
Thezard, de Thibouville, de Thieuville, de Tilly, de
Tollevast, de Torigny, de Tournebu, de Tourneville,
de Trousseauville, de Vassy, de Vaucelles, de Vaux, le
Veneur, de Ver, de Verdun, de Vieupont, de Ville-
quier, de Villers, de Villlers, d'Yvetot.

Nota. *Je n'ai rien changé à l'orthographe des noms,
quoi qu'elle m'ait paru fautive en quelques endroits; j'ai
préféré suivre scrupuleusement le texte, sans rien re-
lever.*

Rolles de plusieurs bans et arrières-bans où les nobles de Normandie ont été appelés, en 1214, à l'occasion de la guerre que Philippe-Auguste eut à soutenir contre l'empereur Othon IV et le comte de Flandres.

Milites Normannie ferentes Bannerias.

Constabularius Normannie du Hommet. Thomas de Hameto, du Hommet. Ingerannus de Hameto. Radulfus Texon, Teson. Fulco Paganelli : Painel. Johannes Paganelli. Guillelmus Bacon. Robertus de Goviz : de Gouvis. Philippus de Vace : de Vassy. Robertus filius Erneis Tesson. Robertus Marmion. Robertus de Corciaco, de Courcy. Guillelmus de Reviers. Henricus de Bellofago, de Beauffou. Joannes de Bruecourt, de Brucourt. Fulco de Alneto, de Laune. Henricus de Ferreriis, de Ferrieres. Gilbertus de Aquila : de l'Aigle. Guillelmus de Planes. Robertus de Tebœvilla : de Tibouville. Richardus de Harcourt. D Noviburgi, de Neubourg. Johannes de Tornebu, de Tournebu. Gaufridus Pipart. Robertus Bertrani ; Bertran. D. sancti Celerini, de Saint-Celerin. Johannes de Pratellis, de Preaux. Guillelmus de Pratellis. Guillelmus de Mortuomari, de Mortemer. Cambellanus de Tanquervilla, de Tancarville. Heres Guillelmi Martelli, Martel. Johannes de Roboreto : de Rouvray. Obertus de Roboreto. Henricus de Estovilla, d'Estouteville. Thomas de Pevelli : de Pavilly. Richardus de Villequier. Renaudus de Bosco, du Bois. Gaufridus de Bosco. Gilo de Hodenc. Stephanus de Longocampo, de Lonchamp. Robertus de Oisnevalle, d'Esneval. Petrus de Hotot. Nicholaus de Montigniaco, de Montigny. Simon de Bellosarto, de Beausart. Heres de Gaci, de Gacé. Hugo de Colunces, de Coulonces. Willelmus Crispini, Crespin. Rogerus Vicecomos, le Vicomte Robertus le Borne. Robertus de Ivriaco, d'Ivry. Robertus Mallet. P Croiliacensis, de Creully. Petrus Malusvicinus, Mauvoisin. Castelanus de Gailloneio, de Gaillon. Comes de Alençonio, de

Alençon. D. de Carroges, de Carouges. Johannes de Tilly. Guillelmus de Semilli. Roullandus Tavenel, Avenel. Richardus de Argenciis, d'Argences.

Chevaliers de Normandie qui se distinguèrent dans les armées de Philippe II, roi de France, surnommé Auguste.

Le connétable de Normandie, le comte d'Alençon, le comte d'Eu, le chambellan de Tancarville, Richard d'Argences, Gautier d'Aunay, Foulques d'Aunou, Guillaume des Barres, Henri de Beaufay, Simon de Bellessart, Robert Bertrand de Briquebec, Geofroy du Bois, Renaud du Bosc, Ansel de Boutainvilliers, Jean de Brucourt, le seigneur de Carrouges, Hugues du Château, Guillaume de Chaumont, Hugues de Coulonces, Robert de Courcy, Guillaume Crespin du Bec, Henri d'Etouteville, Henri de Ferrières, Guillaume de la Ferté, Guillaume de Follet, Philippes de Gacé, le Châtelain de Gailon, Jean de Gisors, Robert de Goüis, Richard de Harcourt, Thomas du Hommet, Pierre de Hottot, Gilles de Houdenc, Robert d'Yvry, Gilbert de Laigle, Etienne de Longchamp, Guillaume de Longray, l'Heritier de Guillaume Martel, Guy de Mauvoisin, le seigneur de Montaigu, Jean de Montchevreuil, Gui de Montdoucet, Jean de Montgoubert, Nicolas de Montigny, Guillaume de Mortemer, Guillaume de Nautairel, le seigneur du Neubourg, Robert d'Œsneval, Foulques Painel, Thomas de Pavilly, l'héritier de Pierrepont, Guillaume de Plasne, Jean de Preaux, Guillaume de Reviers, Pierre de Richebourg, Ansel de Roncherolles, Jean de Rouvray, Roger de Rosay, le seigneur de Saint-Celerin, Henri de Saint-Denis, Poyen de Saint-Yon, Guillaume de Semilly, Raoul Tesson, Robert de Thibouville, Jean de Thilly, Jean de Tournebu, Jean de Trie, Roger le Vicomte, Guillaume de Vieuxpont, Richard de Villequier.

Gentilshommes de Normandie qui se distinguèrent aux royaumes de Sicile et de Naples, durant le onzième et le douzième siècles.

Le chevalier de Bailleul, Robert de Bellesme, Raoul de Bernay, Raoul du Bosc, Audoüin de Caen, Herman de Cagny, Raoul Capel, le seigneur de Carbonnel, Odon Carrel, Hugues de Clairmont, Guillaume Claret, Robert de Cordom, Osmont Drangot et ses frères, Ernaud d'Eschauffour, le Chevalier de la Forest, Raoul de Frêneuse, Robert Giffard ou Guiffard, N. Gosman, le marquis de Grantemesnil, Robert de Guitot, les fils de Tancrède de Hauteville, Richard de Laigle, Hugues Lenfan, Richard de Limbeuf, Hugues Louvet, Barthélemy de Lucy, l'Amiral Margarit, Guillaume du Merle seigneur de Noron, le comte de Meulan, Guillaume de Montreüil, Gilbert de Mortaigne, Pierre de Mortain, Anquetil du Noyer, le comte du Perche, Richard de Quadrelles ou des Carreaux, l'abbé de Saint-Evrou, Robert de Saint-Jean, Guillaume de Saint-Severin, Gautier de Saveuse, Robert de Sourdeval, N. Stigaud Theodol du Tané, Othon du Teilleul, Roger de Tiron, connétable; Robert de Thosny, comte de Conches; le chambellan Turgis.

Extrait de deux anciennes listes des Familles de Normandie, qui possédaient des fiefs militaires dans le douzième et le treizième siècles.

Le seigneur d'Anfreville, Raoul d'Argouges, Olivier d'Aubigny, le comte d'Aumale, Guillaume de Bailleul, Geofroy de Balluë, Robert de Bardoul, Jourdain de Barneville, Richard de Berville, l'héritier de Bellefosse, Valeran de Bigars, Roger Bigot, Amaury de Blarru, Raoul du Buat, Jourdain de Cambernon, Gerard de Canville, Hugues de Carbonnel, Adam Chabot, Hugues du Châtel, Guillaume de Corday, la dame de Corneville,

Bertol de Courselles, Renaud de Crus, Guillaume de Dive, Amaury d'Epiney, le comte d'Evreux, Gerelma de Fours, Robert de Freauville, Guillaume de Frêneuse, Godefroy de Gamaches, Guérin de Glapion, Richard de Glos, Robert Guiscard, Aubert de Hangest, Guillaume de Herouville, Hugues d'Hermanville, le comte du Perche, Robert d'Yvetot, Robert de Juvigny, Gautier de Lacy, Jean de Livet, Robert Louvel, Juhel de Louvigny, Raoul de Magneville, Henri de Mailloc, Guillaume de Malerbe, Gilbert de Mallemains, Guillaume Mallet, Roger de Manneville, Guillaume le Maréchal, Richard de Martinvast, Hugues de Maucanchy, Guillame de Meulan, Néel de Mombray, Jean de Montchevrel, Hugues de Montfort, Hugues de Montpinçon, Raoul de Montreüil, Guillaume de la Motte, Guillaume de Moyon, Herbert Néel, la dame Julienne de Neuville, Henri de Nonant, Henri d'Omonville, Guillaume d'Orval, Raoul de Piencour, Gautier Pipard, Guillaume de Pirou, Richard du Plessis, Geofroy de Poilvilain, Raoul du Quesne ; la dame Agnez de Rom, Guillaume de Roumare, Renaud le Roux, Jean de Sacy, Simon de Saint-Gilles, Hélie de Saint-Saëns, la dame du Sap, Jean de Saquainville, le comte de Séez, Guillaume de Siffrevast, Guillaume de Surville, Guillaume du Thuit, Gilbert de Tillières, Gautier Tirel, Guillaume de Tourneville, Roger de Tourville, Olivier de Tracy, Roger Trosnel, Pierre de Vallongnes, Philippes de Vassy, Guillaume de Vauborel , Gilbert de Villers, Maurice d'Ussey.

Les Chevaliers et Ecuyers qui doivent service au Roi, et qui vinrent en l'Ost de Foix en 1271.

LES CHEVALIERS DE NORMANDIE.

La Baillie de Roen.

Robert de Bouville et Thomas Sarazin pour Monsieur Guy de Gazi, qui dist soi de voir un chevalier par 40 jours, et demy chevalier par 20 jours, en allant et retournant.

Gieffroi de Baudreville présenta son service par 20 jours, pour demy fié.

Richart de Brionne pour l'abbé de Bernay, par 40 jours.

Et Guillaume de la Pierre pour Henry d'Eauville, par 40 jours.

Jehan de Faus pour Jehan de Sauçoy, par 40 jours.

Henry de Grantcourt pour Monsieur Jean de Rovre de la Bailllie de Roen, et pour Monsieur Guillaume de Fescam, et pour Monsieur Ricart de Yvitot, lesquiex trois chevaliers doivent un chevalier par 40 jours, pour le fié de Offeney et de Purnoy en la prévosté de Paris.

Roger de Cavel pour Monsieur Jehan de Courtonne, doit 40 jours.

Guillaume de Lange pour Monsieur Guillaume Tirel, qui doit un chevalier pour l'évêque de Lisieux.

Pierre Dauves pour Guillaume Tirel, qui doit un chevalier pour l'évêque de Lisieux.

Robert de Lorrey pour luy mesme doit 40 jours aux despens du roy, si comme il dist.

Denise de Alchuef, Jehan de la Rivière, Richart de Capeval pour Henry de Ferrières, qui doit 3 chevaliers par 40 jours.

Guillaume de Braïe, Jehan d'Annebaut, Robert de Ouville pour l'évêque d'Avranches, qui doit 3 chevaliers par 40 jours pour le fié de Saint-Philebert, et monsieur Renaut de Coudrey pour demi fié que l'évêque tient illuec, et le roi l'autre pour la fourfaiture d'Angleterre, doit un chevalier par 20 jours.

Monsieur Jehan de Berengierville pour Andrieu Postel, qui doit un chevalier par 10 jours.

Monsieur Jehan de Maùquenchy, doit un chevalier par 40 jours.

Monsieur Pierre de Maltable pour mestre Nicholas de Trebeville, qui doit un chevalier par 40 jours.

Guillaume de Creigny pour Monsieur Richart de Montrichart, qui doit pour l'abbé de Jumièges un chevalier par 40 jours.

Thomas de Lespinet pour l'abbé de Jumièges, qui doit un chevalier par 40 jours.

Monsieur Renaut dù Coudret pour l'abbé de Bernay , qui doit un chevalier par 20 jours pour demy fié.

Mahi de Moy, Robert du Bois-Rōhart , et Henry de Saint-Pierre , chevaliers , pour Jehan de Preaux, qui doit 3 chevaliers servans par 40 jours.

Herbert de Agayes, chevalier, pour Raoul de Creully , qui doit service d'un chevalier par 40 jours pour l'évesque de Lisieux.

Jehan du Mesnil pour Jehan de Rouveray, seigneur de Grainville, qui doit service d'un chevalier par 40 jours.

.Guillaume de Hotot et Henry de Gonnelle , chevaliers pour l'abbé de Sainte Catherine de Roen, qui doit service de 2 chevaliers par 40 jours.

Henry de Gonnelle doit pour son fié de Lonchamps , service par 5 jours.

Jehan du Bois, chevalier, pour soi et dist qu'il fut receu à Tours de Ferry de Vernueil à servir pour luy et pour Pierre de Caux, chevalier , par 40 jours.

Galeran de Chandecote pour soy, qui doit service par 40 jours , ou de Caudecote.

Jehan de Melousmont , chevalier, doit pour Guillaume de Certres, chevalier, qui doit service de 10 jours pour raison de son fief d'Esteville.

Robert de Mangny doit service d'un chevalier et demy pour toute sa terre.

La Baillie de Caen.

Monsieur Raoul de Creully , doit un chevalier par 40 jours.

Monsieur Guillaume de Leon , Monsieur Guillaume de Montpoinghant , et Robert de Esson pour Jehan de Tour-nebu Sarton, qui doit 3 chevaliers pour raison de ses fiefs.

Monsieur Jehan de Berengerville pour Monsieur Raoul Tesson , qui doit un chevalier par 40 jours pour l'évesque de Bayeux.

Monsieur Guillaume de Vierville pour Richart de Saint-Germain Prestre , qui doit un chevalier par 40 jours.

Guillaume de Courcy pour soy-même , qui devait 5 chevaliers d'ost, mais le roi tient maintenant le service d'un d'iceux cinq pour raison de la fourfaiture, et iceli

Guillaume en doit quatre pour raison de son fié de Courcy par 40 jours.

Monsieur Olivier de Meheudin, Monsieur Robert d'Onnebaut ou Annebaut, Aimery de Lignon, et Jehan de Saint-Marcel, chevaliers, pour l'évesque de Sées, qui doit quatre chevaliers par 40 jours.

Monsieur Enguerran de Villiers, doit un chevalier par 40 jours.

Fouques de Bonneval, Guillaume de la Lande, Guillaume de Montagu pour Monsieur Faucon de Annou, qui doit service de 3 chevaliers par 40 jours.

Jehan du Quesnay dist qu'il ne doit ost, mais tant seulement aides accoustumées et service de 15 jours.

Guillaume de Liffremont est tenu à aquiter Jehan Corcon, chevalier, de son fié de Alençon.

Monsieur Guillaume Bertran doit service de 2 chevaliers par 40 jours, et le service d'un demy par 20 jours pour raison du fié de Chevry.

Monsieur Richart d'Orival pour Monsieur Guerin de Meheudin, qui doit service par 40 jours pour raison d'un fié et demy.

Jehan Morant dist qu'il doit service d'un quart d'un chevalier.

Robert Maheas, chevalier, pour soy-mesme, car il tient le quart du fié pour lequel il doit le quart du service.

Et pour la Dame de Couvains, qui tient demy fié de chevalier.

Monsieur Rogier de Nonvillers pour Monsieur Raoul de Argouges, qui doit demy chevalier.

Monsieur Guillaume de Gouvis pour soy, doit le service d'un chevalier par 40 jours.

Monsieur Guillaume de Gray, chevalier, pour l'abbé de Caen pour raison du fié de Ros, pour lequel il doit service d'un chevalier par 40 jours.

Monsieur Richard Fichet pour soy, qui doit service par 20 jours.

Monsieur Jehan de Taillevende, chevalier, et Monsieur Guy de Ouville, chevalier, pour Monsieur Raoul de Meulent, qui doit 2 chevaliers par 40 jours pour raison de son fié de Courcelles ou Courseulles.

Giéffroy du Bois, chevalier, doit service par 40 jours.

Hugue de Roie, Guillaume de Meinbeville, Guillaume

de Sousmons, Raoul le Veel pour Henry dit Mareschal, seigneur d'Argentan, qui doit au roy service de 5 chévaliers par 40 jours, desquiex en deffaillit un.

Jehan de Corroy pour l'abbé du Mont Saint-Michel, qui doit service d'un chevalier pour raison de son fié de la baillie de Caen.

Jehan du Quesnay pour Raoul de Creully, qui doit service d'un chevalier par 40 jours pour l'évesque de Bayeux.

Jehan Maubeent, chevalier, pour soymesme dist qu'il tient un membre de Haubert pour lequel iceli Jehan est en hommage du Roy, et de cela il rend par an de rente au roy 25 sols, et pour ceü fié il rend à Monsieur Rollent de Vascy, chevalier, X livres par an, et en est einsi en l'ommage dudit Rollent, et dit qu'il ne doit nul autre service, dont il requist le roy qu'il ne le meist en service non deu; et vint par mandement du roy à Thoulouse 3 sepmeines ja passées.

Jehan de Auxi pour soy-mesme, qui doit service par 40 jours.

Thomas le Baron, doit service au roy par 40 jours pour Richart de George, chevalier.

Le sire de Pontfarsi ne doit nul service si comme il dist, mais doit par rente cent sols, et 18 quarterons et deux boissiaus d'avoine.

Item, quant l'ost est amoneté, il doit 35 s.

Jehan de Faleise, écuyer, dit qu'il tient demi fié de Haubert pour lequel il doit si comme il dist ayde de l'ost et de la chevauchiée quant elle est levée en Normandie ou service de 20 jours en allant et revenant, et si le service desdits 20 jours est pris, on ne doit point prendre de li ledit ayde ne lever.

Les Chevaliers de la Baillie de Caux.

Ovremont de Pomor, chevalier, doit service par 40 jours.

Guillaume de Briençon, chevalier, pour Jehan de Fescam, qui doit service par 40 jours aux despens du roy, si comme il dist.

Rogier de Queuë pour Jehan de Pelletot, chevalier, qui doit service de 20 jours, si comme il dist.

Enguerrant de Villiers, chevalier, pour la Dame de

Saint-Germain, qui doit service par 40 jours aux despens du roy si comme elle dist.

. Nicholas de Osonville, chevalier, pour la Dame de Mesnillaquet, qui doit service par 20 jours aux despends du roy si comme il dist.

Huon de Tois, chevalier, pour Jehan de Franssieres, qui doit service par 40 jours.

Guillaume de Hestroy et Robert Affagart, chevaliers, pour Robert d'Estouteville, chevalier, qui doit service de 2 chevaliers et demi par 40 jours.

Guillaume du Mesnil, chevalier, pour Nicholas du Bec, chevalier, qui doit service de 40 jours.

Guillaume d'Orgueil, chevalier, pour Monsieur Richart de Bonnestre, chevalier, qui doit le service de 40 jours, pour l'évesque de Bayeux.

Pierre d'Aunay, chevalier, pour Gieffroi de Ronsserolles, chevalier, qui doit service par 30 jours.

, Guillaume de Pouquetot, chevalier, pour l'abbé, de St-Vandrille qui doit service par 40 jours.

Renaut du Bois, chevalier, pour Guillaume de Pimont, chevalier, qui doit service par 40 jours.

Pierre du Coudret, chevalier, pour Pierre Painel, chevalier, qui doit 40 jours de service.

Guillaume de Houdetot, chevalier, pour Guillaume de Bernequel, chevalier, qui doit service par 40 jours.

Jacques de Avesnes dist qu'il ne doit point d'ost, mais doit si comme il dit à Gournay, et doit 100 sols par an de rente au seigneur de la Caille.

Nicholas de Montigni, chevalier, pour Guillaume de Gray, chevalier, qui doit service par 40 jours de deux chars, mais il en failli un.

Gieffroi Seneschal pour soi pour raison d'un demi fié qu'il tient, et pour Estienne de Montigny, chevalier, qui doit service de demi fié : ces deux doivent servir par 40 jours aux despens du roy.

Hugues de Bremoustier, chevalier, pour Monsieur Jehan Recuchon, chevalier, et pour Nicholas du Moucel-Robert, qui doivent servir par 40 jours.

Jehan de Champleu, chevalier, pour soy, doit service par 10 jours.

Item, iceli Jehan vint pour Monsieur Godart de Godarville, qui doit service par 40 jours.

Gautier du Saucey, et Monsieur Jehan de Anetot pour .

Monsieur Gautier, chambelan, qui doit service de 2 chevaliers par 40 jours, pour sa terre de Normandie.

Jehan de Champleu, chevalier, pour Mahy de Moy, chevalier, qui doit service par 40 jours.

Robert de Boudeville. chevalier, pour Guillaume de Fescamp, chevalier qui doit service de 1 chevalier.

Jehan Urbain, chevalier, pour l'abbesse de Moustierviller, qui doit le service de 1 chevalier par 40 jours.

Nicholas Bordet pour soy, doit le service de 1 chevalier par 40 jours.

Jehan Urbain et Hebert de Perstries, chevaliers, pour l'abbesse de Monstierviller, laquelle doit le service de deux chevaliers si comme ils dient par 40 jours.

Jehan du Parc, chevalier, doit service par 40 jours, en allant et retournant, pour l'abbé de Jumièges.

Hebert de Pesmes pour Guillaume de la Bruière, chevalier, qui doit service au roy par 13 jours tant seulement.

Ansel de Blasru, chevalier, pour Robert de Villequier, chevalier, qui doit service par 40 jours, pour raison du service déclaré, allant et revenant aux despens du roy si comme il dist.

Guillaume de Caieu, doit au roy service pour Mathieu de Caieu, son frère.

Jehan Malet, chevalier, doit service par 20 jours, pour lequel service il envoia Richart Fichet.

Guillaume de Bouquetot, Pierre de Remi, et Renaut de Wannast pour l'Abbé de Saint-Vandrille, qui doit service de 3 chevaliers au roy par 40 jours.

Jehan de Pacey, escuyer, et pour Monsieur Gieffroy du Bois Guillaume, qui tient demy fié de Haubert.

Michiel Maucondui pour soy, et Guillaume Mauconduit, chevalier, lequel Michiel doit la quarte partie d'un fié d'un chevalier, du fié de Ferrières, et la quarte partie d'un fié de chevalier du fié Robert, seneschal, et ledit Guillaume Mauconduit doit, si comme il dist ledit Michiel de demi fié de chevalier, et dient qu'ils doivent ce dessus dit aux despens propres du roy, si comme d'ancienneté le doivent ceux de qui l'eschoite avint au roy.

Guillaume Martel doit le service de 4 chevaliers et demy par 40 jours, en allant et revenant.

Les Chevaliers de la Baillie de Constantin (Cotentin).

Olivier de Montfort, chevalier, pour Monsieur Ive de Montfort, chevalier, qui doit service de 1 chevalier par 40 jours.

Enguerrant de Villers, Guillaume Patry, Hugues de Bezu, chevaliers, pour Monsieur Jehan de Harecourt, chevalier, qui doit trois chevaliers pour raison de son fié de Constantin, qui doivent servir par 40 jours, pour ledit Jehan de Harecourt, chevalier.

Guillaume Avenel, chevalier, pour soy, et Pierre de Saint-Denis, chevalier, avec lui, lequel Guillaume doit 2 chevaliers par 40 jours.

Guillaume du Coudret, chevalier, pour Monsieur Jehan de Harecourt, chevalier ; qui doit le service de 1 chevalier par 40 jours, pour raison du fié de 'Auvers.

Georges de Grimouville, Pierre de Tresgoz, Yon de Anisy, et Robert Avenel, chevaliers, pour l'abbé du Mont-Saint-Michel, qui doit au roy service de 4 chevaliers, pour raison de sa terre de Constantin.

Jehan de Saint-Marcoul, Jehan de Fonteines, Guillaume de Vauville, Mahieu Roussel, et Girart de Champenoise-Ville, chevaliers, pour Monsieur Guillaume de Vernon, chevalier, qui doit service de 5 chevaliers par 40 jours.

Robert Avenel, chevalier, pour soy, doit service par 10 jours.

Rogier de Pirou doit service de 2 chevaliers, et la tierce partie de 1 chevalier.

Guy Gruel, chevalier, pour Monsieur Nicholas de Saint-Denis, chevalier, doit service par 40 jours.

Gillebert Malemains, chevalier, pour soy, et Guy du Mesnil-Adelée avec lui, lequel Guilbert doit service de 2 chevaliers par 40 jours.

Guillaume de Saint-Simphorien pour Jehan de Comminges, écuyer, qui doit service par 40 jours.

Item, il doit le quart du service d'un chevalier, pour le fié de Saint-Simphorien.

Guillaume le Paucis, chevalier, pour soy, doit service pour 40 jours.

Pierre de Rochefort ; chevalier, pour Guillaume de Tirel, Thomas de Arraville, chevalier ; Robin de Mont

Mont-Tirel, Guillaume de Villiers, escuyers, qui doivent service d'un chevalier pour 40 jours.

George de Grimouville, pour soi mesme, qui doit quarte partie du service d'un chevalier.

Olivier Neveu, chevalier, pour soy mesme, doit service par 40 jours, pour Monsieur Hugues de Montfort.

Renaut de Quarteret, chevalier, pour soy-mesme, doit service du tiers d'un chevalier, si comme il dist.

Guillaume de Chanleu, chevalier, pour soy-mesme, doit service pour 30 jours.

Nicholas Avenel, pour Gieffroy d'Orenge, chevalier, et ses participens, qui doivent le service d'un chevalier par 40 jours.

Georges de saint Pierre, pour soy-mesme, qui doit service par 20 jours pour Monsieur Yvon de Montfort.

Richart de Creully et Nicolas des Landes, doivent service par 40 jours.

Raoul de Canonville, chevalier, pour Emery de Huchon, qui doit service par 40 jours.

Guillaume de Bray, pour soy, doit service d'un quart d'un fié pour soy et ses participens, par 40 jours.

Guillaume Paenel le joine, Raoul du Chart, chevaliers pour Monsieur Guillaume Paenel, qui doit service de deux chevaliers, par 40 jours, c'est assavoir le service d'un chevalier pour le fié de Hambie, et le service d'un autre pour le fié de la Haie-Painel.

Guillaume de Ferrières, chevalier, pour soy, doit service par 40 jours.

Hugues Ceclart, Gieffroy de Miautis, Richart de saint Joire, Guillaume de Miautis, Bertaut de Brioxne, pour Robert Bertran, qui doit 5 chevaliers et demy, c'est assavoir deux et demy pour le fié de Roncheville, et 3 chevaliers pour le fié de Fontené.

George le Mire, pour Guillaume de Creart, ou Crux, Escuier, service par 5 jours tant seulement.

La Baillie de Gisors.

Fouque de Bellecase, chevalier, pour l'abbé de saint Evrout, qui doit service par 40 jours.

Pierre le Brun, chevalier, pour Jehan le Brun, qui doit service par 40 jours.

Jehan Berlenguel, chevalier, pour Monsieur Mahieu de Chaumont, doit service par 40 jours du fief de saint Guit.

Jehan de Gaagny, chevalier pour Guillaume de Montchevreuil, qui doit service par 40 jours.

Jehan de Gagny, chevalier, pour Jehan de Montchevreuil, qui doit service par 40 ours, en allant et retournant.

Guillaume de Doucelles doit service au roi, c'est assavoir la tierce partie du service de deux chevaliers et demy tant seulement, si comme il dit.

Robert de Malleville, chevalier, tient demy fié de chevalier du roy, lequel fié fut du comté de Clere, pour lequel fié ledit Robert doit service par 20 jours, aux despens du roy, toute-vois si comme il dist.

Hugues de Flaencourt, chevalier pour Monsieur Guy Mauvoisin, qui doit service par 40 jours.

Thibaut de Rielly de la Chastellenie de Chaumont, doit service par 40 jours.

Le vidame de Chartres, et Monsieur Raoul de Harecourt, doivent service par 33 jours, pour la tierce part de 2 chevaliers et demy, pour raison de leur fié de....

Guy de Laval doit service de deux chevaliers et demy pour sa terre de Aquigny.

_____

Hi sunt qui comparuerunt Turonis in quindena Paasche pro exercitu Domini Regis Franciæ, anno 1272.

De Baillivia Rothomagensi (Rouen).

Johannes de Rouvrayo Miles Dominus de Yneto, comparuit pro se, confidens se debere unum Militem ratione terræ suæ de Rouvrayo quem secum ducit scilicet Johannem de Caim.

Fulco de Bauquancayo Miles pro Abbate sancti Ebursi comparuit et vadit pro ipso Abbate quod istud debet et tenetur facere.

Archidiaconus de Cheuteville non comparuit, sed

misit pro se unum Militem videlicet Petrum du Maucomble Militem.

Reginaldus Thiran Miles comparuit pro se et vadit.

Henricus de Auviller non comparuit; sed misit pro se unum Militem scilicet Guillelmum de Petra.

Major et Burgenses de Rothomago comparuerunt dicentes quod non debent exercitum nisi tantummodo ita quod possint redire in sero in hospitia sua.

Guido de Gastayo non comparuit, sed misit unum Militem et dimidium videlicet Robertum de Roveville pro integro milite, et Thoman Sarrasin Militem pro dimidio Milite.

Johannes de Boos Armiger comparuit; mittet Militem vel erit Miles; vadit ad exercitum.

Johannes de Houdreville Miles comparuit; debet medietatem Militis, vadit ad exercitum pro eo quod debet pro Feodo de Torvilla.

Robertus de Mautisain Armiger comparuit et debet unum Militem et dimidium; vadit et perficiet servicium et erit Miles.

Johannes de Preaux Miles comparuit in propria persona sua dicens quod debet se tertium Militem ; vadunt.

Guillelmus de Juilla comparuit dicens quod non debet exercitum, sed subventionem in terra quando Rex facit convocare exercitum.

Johannes de Rouvray Miles comparuit pro se dicens se debere unum Militem pro feodo de Corbone et pertinenciis et obtulit pro se Johannem de Meler Militem et ratione uxoris suæ nescit quale servicium debet.

Robertus Bertran Armiger comparuit dicens se debere Domino Regi duos Milites et dimidium. Idem Robertus duos Milites pro feodo de Fonteneyo in Baillivia de Cadomo, nomina Militum sunt Hugot-Trillart, Gaufridus de Meautis, Guillelmus de Meautis, Richardus de sancto Germano, Bertrandus de Briona Milites faciunt servicium totum.

Thomas de Britonna Miles comparuit dicens se debere vinginti dies, et debet quando totum fecit servicium eundo et redeundo ad hospitium suum, remittitur quoniam pauper est.

Guillelmus de Quehu Miles comparuit; debet duos Milites pro Baillivia Caletensi et Rothomagensi quos mittit scilicet Nicholaum de Montigniaco, et Matheum de Quehu Milites.

Robertus de Noviler Armiger debet servicium decem dierum tanquam serviens cum gladio.

Egidius de Boteville comparuit pro se debens unum feodum.

Johannes de Esauchaio comparuit pro se dicens se debere exercitum 40 dierum et mittit pro se Johannem de Fontibus Militem.

Johannes de Melemonte Miles comparuit pro Guillelmo de Deserto dicens ipsum Guillelmum debere quartam partem feodi.

De Baillivia Cadomensi (Caen).

Johannes de Tournebu mittit tres Milites pro se qui comparuerunt Turonis, videlicet Robertum Tesson, Guillelmum de Landes, et Guillelmum de Montepoinant Milites.

Abbas sancti Stephani de Cadomo misit unum Militem pro servicio suo videlicet Guillelmum de Graceyo ad competendum servicium pro ipso Abbate.

Fulco de Alneto Miles excusavit se propter infirmitatem suam et mittit tres Milites videlicet Fulconem de Bonavalle, Guillelmum de Landa, et Guillelmum de Monteacuto, Milites.

Guillelmus de Maenbevilla comparuit dicens quod non debet tantummodo 25 libras et dimidias Turonenses pro septem partibus unius Lorice.

Abbas sancti Micahëlis in periculo Maris mittit unum militem ratione terre de Breteville scilicet Johannem de Coudroe Militem.

Guillelmus Bertrandi Miles comparuit pro se dicens se debere duos Milites et dimidium.

Guillelmus de Gouvis Miles comparuit pro se pro feodo Militis.

Richardus de sancto Germano Presbiter comparuit pro se dicens se debere unum Militem.

Guillelmus de Corchaio Miles comparuit pro se et recognovit se debere quinque Milites quorum unus est in manu Domini Regi pro forefacto Anglie, videlicet idem Guillelmus et Nicholaus de Corcaio, Richardus Carbonarii Milites, Johannes Barate Armiger.

Richardus de Villariis Miles comparuit pro Anjorando de Vilariis patre suo pro feodo de Colonces.

Richardus de Valleaurea Miles comparuit pro Guerino de Meheudino Milite pro feodo Domini de Mollinellis.

Radulphus de Cruelleïo Miles comparuit pro se pro feodo de Creully.

Robertus Maheas Miles comparuit pro Domina Couez recognoscens dictam Dominam debere dimidium Militem pro Feodo de Vassy.

Robertus Miles comparuit pro se recognoscens se debere quartum Militem pro Feodo de Palludelli.

Robertus de Lovige comparuit pro se pro quarta parte Feodi, et petiit quod remittatur solvendo auxilium excercitus.

Johannes du Tremblay Armiger comparuit pro sè pro tertio Feodi petens ut remittatur solvendo auxilium exercitus.

Johannes Aiomitrut Armiger pro se et dicit similiter.

Thomas d'Esquajol Armiger comparuit pro se pro Feodo de Vorder dicens se debere nisi per quatuor dies.

Radulphus de Mereyo Armiger comparuit pro se pro feodo de Clerevilla dicens se non debere exercitum.

Gauffridus Farsi Armiger comparuit pro Gauffrido Farsi Milite dicens se non debere exercitum nisi centum solidos annui redditus et 19 quarteria et 2 bossellos avenæ.

Gauffridus de Lisernia Miles comparuit pro se dicens non debere exercitum, sed auxilium exercitus et duodecim solidos annui redditus.

Hebertus de Coquiaus Armiger comparuit pro se dicens se non debere exercitum, sed auxilium exercitus et 8 solidos annui redditus pro feodo de Formigny.

Philippus Bochard Armiger comparuit pro se dicens se non debere exercitum nisi auxilium exercitus et octo solidos pro feodo de Melieraut, c'est de My harenc. *Ceux de cette famille se nomment à présent My harenc.*

Ansellut de Gavivet Armiger comparuit pro se dicens se non debere exercitum ; sed auxilium et viginti solidos annui redditus.

Guillelmus de Honnervilla Armiger comparuit pro se dicens se non debere exercitum, sed auxilium.

Guillelmus de Argences Armiger comparuit pro se dicens se non debere exercitum, sed auxilium de sancto

Germano Vaaçon. *Ceux d'Argences prirent le nom de Saint-Germain.*

Gaufredus de Tyon Armiger comparuit pro se dicens se non debere exercitum, sed gardam portarum de Thiont tantummodo.

. Rolandus de Argento comparuit pro se dicens se non debere exercitum, sed auxilium exercitus de feodo de Aureyo.

. Galterus Francisci Armiger comparuit pro se dicens se non debere exercitum, sed auxilium exercitus. .

Dionysius Guariny Miles comparuit pro se dicens se non debere exercitum. sed auxilium exercitus de feodo de Grantivilla , Cuvervilla et Solleriis.

Johannes de Aunoes Miles comparuit pro Domino de Glatigné dicens se non debere exercitum, sed auxilium de feodo de Glatigné.

Richardus de Gislayo Armiger dicens se non debere exercitum , sed auxilium exercitus de Huvilla [et Willervilla.

Richardus de Planchis comparuit pro se dicens se debere auxilium exercitus tantummodo de feodo de Planchis.

Johannes de Ronay Armiger comparuit pro se dicens se debere tantum modo gardam Castri de Fallesia.

Lucas de Grez Armiger comparuit pro Guillelmo de Grez Milite Patre suo dicens se debere tantummodo auxilium exercitus.

Guillelmus de Holler Armiger comparuit pro se dicens se non debere exercitum, sed auxilium.

Robertus de Forges Armiger comparuit pro se dicens se non debere exercitum, sed auxilium.

Guillelmus de Couvert Armiger dicens se non debere exercitum , sed 42 denarios de quarteria tanti.

Henricus-Marescallus Armiger comparuit pro se dicens se debere exercitum et ducit secum quinque Milites videlicet Guillelmum de Semont, Hugonem de Ré, Radulphum Lohell, Guillelmum de Mannoville , Richardum de Bosco Milites.

Johannes de Foumuçon Miles comparuit pro Petro de Survie, et pro Guillelmo de Survie Armigero ; dicens se debere exercitum.

Hamelinus de Nogeyo Miles comparuit dicens se non debere exercitum, sed auxilium super homines suos.

Thomas de Praeriis Miles comparuit pro se dicens se

non debere exercitum, sed auxilium de forefacto comitis
de Cestro.

Richardus de Javenz comparuit pro se debens non auxilium;
sed exercitum.

Johannes de Tournay Armiger comparuit et dicit idem.

Petrus de Rupeforti Miles comparuit pro Guillelmo de
Villariis pro septima parte trium Militum de feodo de
Monbrello et obtulit se in servicium.

Petrus Anisii Armiger comparuit recognoscens se debere exercitum.

Johannes de Usé Armiger comparuit confitens se debere exercitum 40 dierum et erit Miles Tholosæ si Regi
placuerit.

Güillelmus Bacon Miles comparuit pro Geufredo de
Nemore, debens exercitum 40 dierum ; vadit in exercitum.

Guillelmus Coyneres Miles mittit pro se Thomam Choc-
quet pro decem diebus.

Guido de Octeville Miles et Johannes de Taillemont,
comparuerunt pro Radulpho de Meullant milite pro terra
sua de Corcella ; vadunt in exercitum.

Johannes de Querquo comparuit pro se recognoscens se
tenere de dicto Rege quoddam feodum ad quandam Loricam, non debet exercitum ut dicit.

Rogerius de Longovillari Miles comparuit pro Domino
Radulpho d'Argouges qui debet exercitum et idem debet
exercitum pro Domino Radulpho.

Haudinus d'Assy Armiger comparuit pro se, erit Miles
in exercitu.

Thomas de Cugry Armiger comparuit dicens quod debet 4 dies, mittit pro se Richardum de sancto Germano
qui perficiet quatuor dictos dies post servicium suum.

Richardus de Rotis comparuit pro Rogero de Nonanto
Armigero qui debet unum Militem ; vadit pro dicto Armigero.

Guillelmus de Forneto Miles comparuit dicens quod
perfecit decem dies quos debebat ut dicit : Alanus filius
ejus quinque dies perfecit similiter ut dicit:

Baillivia de Caleto (Caux).

Johannes de Ronceyo Dominus de Tricon comparuit
dicens se debere duos Milites ratione duorum feodorum

de Gornayo quos secum ducit scilicet Radulphum de Quenovilla et Guillelmum de Liffermon Milites, vadunt.

Guillelmus la Bruiere Miles comparuit dicens se debere exercitum per tres decem dies.

Henricus de Termaius Miles comparuit pro se dicens se debere exercitum per decem dies.

Gauffridus de Roncerolles comparuit dicens se debere exercitum per 20 dies et obtulit pro se Petrum de Alneto Militem, vadit.

Johannes de Pelletot Miles comparuit pro se dicens se debere exercitum pro se, et uxore sua, qui libet pro dimidio feodo ad expensas Domini Regis quantum ad dimidium feodum ipsius Militis et obtulit Rogerium de Genel militem pro se.

Andreas Pochel pro quatuor feodis comparuit dicens se debere exercitum per decem dies de feodo de . . . . . mittens pro se Johannem de Bello-Angervilla.

Hugo de Bremonasterio comparuit pro Johanne Rouclion Milite, et pro Colino Trobert Armigero dicens quod ipsi debent unum Militem in exercitum pro feodo de Cenville.

Anjorandus de Beaunée Armiger comparuit pro se dicens se debere exercitum per 20 dies pro eschanciis de Sancto Victore.

Richardus de Comfin Armiger comparuit pro se, remittitur.

Johannes Malet de Fays Miles comparuit pro se, debet exercitum per viginti dies, mittit pro se Richardum Fisc Militem.

Guillelmus de Houtot Miles comparuit pro Guillelmo de Bruonel Milite debente ut dicit 40 dies exercitus et ultra sexdecim dies pro Patre suo.

Johannes de Montil Miles comparuit pro se dicens se debere exercitum ad expensas Domini Regis.

Gauffridus Seneschalii et Stephanus de Montigny Milites comparuerunt pro se dicentes se debere exercitum ad expensas Domini Regis.

Johannes de Moto Miles dicit se debere exercitum, ad expensas Regis per 20 dies, Johannes de Horoy vadit pro ipso.

Guillelmus de Maeneres Armiger comparuit pro se dicens se non debere exercitum, sed auxilium ad custodiam in Castro de la Ferte per spatium viginti dierum et in Castro de Gorneyo per spatium 40 dierum.

Guillelmus de Bouquetot Miles comparuit pro Abbate Sancti Vandrini, et obtulit servicium et bene recognoscit quod dictus Abbas debet exercitum trium Militum. Item Rogerius de Vanast et Petrus de Remy comparuerunt pro dicto Abbate.

Hugo de Effreto Armiger comparuit pro se dicens se non debere exercitum ut credit.

Rogerius de Estiant Miles comparuit pro se dicens se debere exercitum per 40 dies ad portam d'Evreus.

Robertus de Boell comparens pro se, dixit se debere exercitum pro quarta cujusdam feodi.

Abbatissa de Montevillier. mittit duos milites scilicet Hebertum de Perseinis Militem et Johannem Maben qui Miles erit Tolose et tenetur iidem Hebertus facere exer-.citum 13 dierum pro Guillelmo de la Bruiere milite et Rex debet Militem pro custodia terræ heredis d'Auricher.

Johannes de Rogiervilla non comparuit sed mittit Robertum de Nigelvilla pro se dicentem ipsum Johannem non debere nisi quinque dies.

Matheus de Moy Miles comparuit pro se mittens pro se Dominum Johannem de Canteleu pretextu senectutis suæ.

Guillelmus de Lanquelon Miles non comparuit, sed Rogerius de Vatast miles faciet servicium pro ipso, post servicium quod faciet pro quodam alio.

Johannes de Pissiaco Miles comparens pro se dicit se debere 40 dies pro exercitu tutele puerorum suorum et vadit pro ipsis.

Robertus d'Estouteville Miles comparuit pro se dicens se debere duos Milites et dimidium et obtulit Robertum Affagart et Guillelmum de Stratis, vadunt pro ipso ad exercitum.

Nicholaus Bourdet Armiger comparuit pro se, et vadit ad exercitum et erit ibi Miles, vel proponet alium Militem.

Johannes de Stanserillo comparuit pro se, et obtulit Johannem de Thois Militem qui vadit ad exercitum pro eo.

Gauffridus Martel comparens mittit Guillelmum Martel et Johannem Martel fratres filios ipsius, et Anjorandum de Montigny et Nicholaum de Thillou Milites quorum quisque faciet 40 dies, et omnes in simul 20 dies.

Johannes de Graenville Miles comparuit dicens Dominum Regem tenere terram suam, et ad exercitum vadit excusare se apud ipsum.

Nicholaus de Oseville Miles comparuit pro Domino de Menilo Haquet dicens ipsum debere 20 dies, et vadit ad exercitum pro eo.

Johannes Mallet Miles comparuit se quintus de Militibus nomina sunt hæc, Guillelmus de Queneville, Johannes de Granvilla, Nicholaus de Sana, Guillelmus de Avenis et idem Dominus, Milites.

Cambellana de Tanquerville mittit Galterum Branche, Rogerium de Nemore et Johannem de Poissy pro duobus Militibus et dimidio.

Petrus de Cauda dictus Daiet Miles comparuit, vadit ad exercitum pro Petro Poiet Armigero.

Robertus de Bordevilla comparuit pro domino de Fesques milite, vadit pro ipso.

Johannes de Campo-Lupi Miles comparuit dicens se debere decem dies pro se, item comparuit pro Odoardo de Godarvilla milite debente 40 dies.

Guillelmus de Menil comparuit pro Nicholao de Bez milite et vadit pro ipso ad exercitum.

Johannes de Poissy comparuit et erit Miles in exercitu et vadit pro Guillelmo de Bosco-Guillelmi et pro uno milite Martelli et pro Cambellana.

Ansellus de Blaru Miles comparuit pro Roberto de Pilogier de Pertu et vadit pro ipso ad exercitum.

Domina Sancti Germani mittit Argardum de Villers, et Robertum de Lonter Milites, non debet exercitum nisi unius Militis.

Galterius Sancti Martini Miles comparuit pro se et vadit pro quarta parte unius feodi pro Guillelmo dicto Thobert Armigero.

Guillelmus de Menille Miles comparens pro Johanne Doubert Armigero et vadit pro ipso pro dimidio feodo.

Gaufredus de Capella Miles comparuit pro se et vadit in exercitum pro uno feodo ratione suarum terrarum de Faeles.

Robertus de Morville Miles comparuit pro se qui debet exercitum 20 dierum dimidio feodo.

Baillivia Constanciensis (Coutance).

Guillelmus de Cantelou Miles comparuit pro se dicens se debere exercitum Domino Regi per 30 dies pro tribus quarteriis Lorice , vadit.

Guillelmus de Apenticio miles comparuit pro se, vadit ad exercitum , duodecim pares de terra vasta debent unum Militem quem mittunt scilicet Guillelmum de Ferreriis Militem.

Idem Guillelmus pro se septimam partem unius Militis debet, vadit.

Robertus de Samayo comparuit confitens quod debet dimidium Loricam et remittitur propter impotentiam suam.

Abbas S. Michaëlis de Periculo Maris mittit pro se quatuor Milites videlicet Petrum de Traegos, Georgium de Granavilla , Johannem de S. Dyonisio , Robinum Avenel Milites , vadunt ad exercitum.

Rogerius de Quarteno Miles comparuit dicens se debere tertiam partem unius Lorice, vadit ad exercitum. *De Karteret.*

Guillelmus de Meautis Miles dicit quod non debet nisi duos Milites ad Vallem Sancte Scolastice.

Radulphus Tesson Miles comparuit pro sedicens se debere Domino Regi Militem pro Baronia , et unum Militem pro Lorica de Parato, quorum nomina sunt hec, Nicholaus de Landellis Miles , Richardus de Grolly qui erit Miles ut promisit , vadunt ad exercitum.

Aymericus de Huçon comparuit et mittit pro se Robertum de Camville Militem.

Guillelmus Paganelii comparuit dicens se debere Domino Regi duos Milites , quorum nomina sunt hec , Radulphus de Gardino, Guillelmus Paganelli milites , vadunt ad exercitum.

Odo de Monteforti comparuit dicens se debere Domino Regi duos milites et dimidium, quorum nomina sunt hec ; Oliverius Nepos , et Oliverius de Monteford et Georgius de Sancto Petro pro dimidio.

Robertus de Berti comparuit dicens se debere Domino Regi unum militem, ipsemet vadit.

Gillebertus Mallemains miles comparuit pro se et pro

fratre suo : debet duos milites quos ducit, videlicet Guido-
nem de Menillio-Adeline et semetipsum. *Mesnil-Adelée.*

Guillelmus Avenel miles comparuit, debet duos milites
videlicet Bruetgisum et alium.

Nicholaus de S. Dionisio debet unum militem pro se
de feodo suo.

Rogerius de Pirou comparuit , debet duos milites quos
ducit videlicet semetipsum et Johannem de Pirou, et in-
super tertiam partem unius militis pro quo servit in exercitu.

Robertus Avenel miles comparuit ad dies decem.

Richardus dictus Monachus comparuit et debet vigenti
dies exercitus in Comitatu de Mortain ut dicit ; vadit tamen
ad exercitum et acquitare debet Robertum de Rupella
militem de 13 diebus.

Johannes de Juvigniaco Armiger comparuit et mittit
unum militem pro se videlicet Guillelmum Mansel et
dicit idem Armiger quod non debet istud nisi in Comitatu
de Mortain , et idem miles qui vadit debet pro se quartam
partem Lorice quam solus debet in exercitu.

Gaufredus Boterel mittit pro feodo suo unum militem
videlicet Rolandum de Bocahou militem.

Gaufridus d'Orenge miles mittit pro se unum militem
scilicet Nicholaum Avenel et debet idem Nicholaus miles
pro se quartam partem unius militis.

Guillelmus de Vernon miles non comparuit , sed mittit
pro se quinque milites pro sua Baronia, videlicet Johannem
de Saint Marcou , Guillelmum de Rovilla , Johannem de
Fontanis, Girardum de Campenevilla , Matheum Roussel
milites.

Guillelmus de Monasteriis et Thomas de Octeville milites et Robinus de Monasteriis Armiger , non comparuerunt , sed mittunt Petrum de Rupeforti militem pro trin-
ginta diebus.

Guillelmus de Husson miles comparuit pro se , propter
infirmitatem suam mittit unum militem videlicet Guillelmum de Monteacuto, pro 20 diebus.

Dominus Johannes de Harecourt comparuit pro se dicens se habere quatuor milites quos dicit Angerandum de
Villers Guillelmum Patris , Hugonem de Beseu , Guillelmum de Codrayo milites.

Jannetus filius Hugonis miles comparuit pro Guillelmo

de sancto Britio qui debet exercitum unius milites pro feodo Virey.

Baillivia de Gisortio (Gisors) et de Vernolio (Verneuil).

Frater Johannes Meledunensis Monachus sancti Thaurini Ebroïcensis, comparuit Procurator pro Abbate dicti loci et Conventu qui dicunt non debere exercitum Domino Regi.

Item idem Frater Johannes Procurator Abbatisse et Conventus sancti Salvatoris Ebroïcensis comparuit dicens ipsum Abbatissam et Conventum non debere exercitum Domino Regi.

Dominus de Valle-Guidonis (de Lava) comparuit personaliter recognoïcens se debere Domino Regi tres milites pro exercitu pro media parte de Aquigné quos secum ducit et sic vocantur Johannes le Boche , Guillelmus Noturum et Lucas de Chemiré milites.

Johannes de Feritate Frenelli comparuit pro se et hominibus suis dicens quod ipse necdum homines non debent Domino Regi exercitum , sed custodiam quadraginta dierum apud Bretheuil.

Jacobus de Montigniaco miles comparuit pro Johanne de Corbie qui dicit prefecisse exercitum veniendo Turonis et redeundo ad hospitium suum.

Gaufridus de Roncerollis miles comparuit pro se et debet x. dies.

Petrus le Brun miles comparuit pro Johanne fratre suo et vadit ad exercitum.

Domina de Capella non comparuit sed misit Guidonen de Galenda et socium suum milites ad exercitum.

Henry de Cornelle miles comparuit pro se pro octava parte cujusdam Lorice.

Ouido de Mauvesin miles Dominus de S. Andrea comparuit pro feodo sancti Andrææ , et vadit in exercitum.

Mahi de Chaumont miles senex mittit pro se debente exercitum Johannem Bernerel militem.

Johannes de Ivreyo miles comparuit dicens se debere tres milites quos misit pro se scilicet Guillelmum de Corcelles, Johannem de Crozilles , Bertrandum de Tilleris milites.

Guillelmus Roille miles comparuit dicens quod non debet nisi custodiam per mensem ad Castrum de Nogento,

Amauricus de Promont miles dicit idem Robertus de Ruis miles, Hugo de Senantes Armiger, Petrus de Maumoncel, Henricus Morelli, Johannes de Mucemont, Armiger, Stephanus.... Armiger Petrus de Challeto Armiger dicunt idem.

Guillelmus de Iseyo comparuit dicens se debere 40 solidos pro exercitu si Rex lavare voluerit.

Girardus de Ligny miles comparuit dicens se debere octavam partem unius militis pro terra de Senonches.

Richardus de Rupe miles comparuit et vadit pro alio et mittit unum militem pro se videlicet Gaufridum de Rupe militem pro 15 diebus et faciet quinque dies pro fratre suo. *De la Roque.*

Guillelmus de Mesio Henrici miles comparuit pro Domina de Pruilleio debente sextam partem cujusdam feodi.

Hec sunt nomina militum citatorum in exercitu de Baillivia Constantiensi (Coutances,) *anno* 1272.

Henricus de Friscampis miles tenet de dono Regis per cartam, *De Fricamps.*

Guillelmus de Monasteriis miles tenet pro quarta feodi *De Moustiers.*

Thomas de Omevila miles per quartam.

Robertus de Monasteriis per quartam.

Johannes Malet miles per duos milites.

Robertus de Tilly miles tenet per quartam.

Guillelmus Crispini miles tenet per Constabulariam.

Reginaldus de Cartret miles tenet per tertiam partem, ut dicitur si credimus per feodum integrum.

Guillelmus de Vernone tenet per Baroniam.

Matheus de Mailliaco tenet per membrum integrum. *Marly,* Idem, *de Montmorency.*

Episcopus Constantientifis tenet per Baroniam.

Johannes de Haricuria tenet per Baroniam.

Robertus Bertran tenet per Baroniam.

Guillelmus de Corci tenet Per Baroniam, sed dicit se esse de Baillivia Cadomi, *De Courcy.*

Guillelmus de Meautis per duos Milites.

Johannos Paganelli miles, sed nescit quomodo tenet.

Galtherus de sancta Maria Ecclesia et ejus participes per unum feodum. *De Sainte Mère Eglise.*

Episcopus Abricensis per unum feodum de patrimonio suo, item idem pro Ecclesia per septem milites et dimidium.

Guillelmus de Chantelou per quartum, item in Comitatu per dimidium.

Richardus Goielon *vel* Goyon, *alias,* de Matignon, tenet unum feodum intra tertiam partem Menillieni Herman.

Robertus de Ver miles tenet per unum feodum integrum.

Gaufridus Boterel tenet per quartum feodum.

Eudo de Monteforti per dimidiam Baroniam.

Radulphus Tesson per Baroniam integram.

Abbas de Monte sancti Michaëlis tenet per Baroniam.

Dominus de Haya Paganelli tenet per unum militem.

Guillelmus Paganelli per duos Milites.

Gaufridus de Landa tenet unum feodum.

Guillelmus de Toari per 7 partem feodi.

Richardus de Pirou per duos Milites, item per tertiam partem.

Nicholaus de sancto Dionysio per feodum integrum.

Richardus de Monteacuto per unum Militem. *de Montagu.*

Guillelmus Avenel miles per duos Milites.

Nichoalus Avenel miles per quartam partem.

Robertus Avenel Miles per quartam partem.

Guillelmus de Lapentis Miles per unum feodum.

Robertus Roussel per quartam partem.

Richardus Torgot, vel Tourgot, et ejus participes per feodum integrum.

Gaufridus de Orenge Miles per feodum integrum.

Guillelmus Malet per quartum feodum.

Richardus Monachus per dimidium feodum. *Le Moyne.*

Guillelmus de Husson miles per feodum integrum.

Guillelmus de Duxeio Miles per feodum integrum. *De Ducey.*

Guillelmus Huchon, vel de Husson per dimidium feodum in parochia de Ballolio. *Bailleul.*

Robertus de Buat Miles tenet duas partes feodi.

Robertus de Breceyo Miles tenet duas partes feodi. *De Beccey.*

Robertus de Samay Miles tenet dimidium feodi.

Robertus Grimont Miles tenet 5 partem feodi. Item sextam partem feodi.

Guillelmus de sancto Britio tenet feodum integrum.

Aymericus de Huchon, vel Husson tenet feodum integrum.

Johannes de Cuves tenet feodum integrum.

Gilbertus Malesmains tenet feodum integrum.

Richardus de Soulles tenet per 4 partes feodi.

Henricus de Semilly miles. ⎫
Guillelmus Patri miles. ⎪
Johannes Paganelli miles. ⎬ tenent feodum integrum.
Guillelmus de Brac miles. ⎪
Guiodo de Tournebu miles. ⎭

Robertus de Feritate tenet 4 partem feodi.

Inhellus de Bosco Frehout, dimidium feodi.

Guillelmus Gravant miles tenet 4 partem feodi.

Robertus de Rupellis tenet tertiam partem unius feodi.
De la Rochelle:

Normandus de Verduno tenet dimidiam partem feodi
De Verdun.

Duodecim pares terre Bsusce tenent feodum integrum.

Thomas de sancto Pamcratio tenet dimidium feodum.

Thomas de Meullent tenet per quartam de Domini Regis dono, sed non vidimus.

Nomina militum et aliorum Baillivie Cadomensis qui submoniti sunt quod item sint Turonis hac instanti quindena post Pasca in Armis et equis pro servicio Domini Regis faciendo.

Ferrandus de Bruticuria miles. ⎫
Rogerus Bacon miles. ⎪
Johannes de Tilly miles. ⎪
Radulphus de Meulento miles. ⎬ Litere Domini Regis presentate fuerunt istis per Baillivum.
Guillelmus Bertran miles. ⎪
Henricus Marescallus. ⎪
Fulco de Melle. ⎭

Primo in vicecomitatu Baiocensi (Bayeux) isti submoniti sunt per Baillivum.

Dominus Episcopus Bajocensis. Gaufridus de Bosco miles. Guillelmus de Viavilla miles. Geufridus de Plesseyo. Robertus de Forgiis. Gaufridus de Lucerna miles. *De la Luserne.* Rocertus de Taisson. Abbas sancti Laudi. Guillelmus de Couvert. Nicholaus de Breboef, vel *Brebeuf.* Hebertus de Agniaus. Georgius de Londa. Robertus de Hotot miles. Guillelmus de Doucelles miles. Guillelmus Brasart miles. Guillelmus Brasart miles. Philippus Bochart Presbyter. Enguerranus de Villaribus miles. *De Villiers.* Laurentius de Vivario. Thomas de Escardio, *D'Escaieul.* Guillelmus de Treveriis. Robertus de Perciaco miles. *De Percy.* Philippus de Columberiis miles.

In vicecomitatu Cadomensi (Caen).

Henricus de Bavento. Johannes de Tribehou. Guillelmus de Hecoville. Ansel de Cabort. Petrus de Argentiis miles. Magister Galo Bigardis Johannes Morant. Radulphus de Croilly miles. *De Creully.* Henricus de Bigniaus miles. Osmondus Poisson, Garinus de Meheudin miles. Robertus de Aniscio. *D'Anisi.* Thomas de Praeriis miles. Johannes de Tessel miles. Johannes de Mathone miles. *De Mathan.* Johannes de Villy. Johannes de Quesneto miles. Radulphus de Meriaco miles. Johannes Barate miles. Guillelmus Poucin miles. Johannes d'Onebaut miles. Galtherus Gallicus. Radulphus de Argenciis. Rollandus de Argenciis. Guillelmus de Goviz miles. Guillelmus Patri de Mezheudinot miles. Radulphus de Offieres. Rogerus de Lonvillers miles. Robertus de Plumetot miles. Rogerus de Euvieciaco. Gaufredus Aguillon miles. Abbas Cadomensis. Thomas de sancto Germano. *De saint Germain.* Guillelmus Malherbe miles. Simon de Hermanville miles. Abbas Montis sancti Michaelis.

In vicecomitatu Castriviromuri (Vire).

Johannes Malbeent miles. Guillelmus de Pirou. Gaufridus Farsi miles. Enguerranus de Villaribus miles. Robertus de Lovigny. Heredes Domini de Vitriaco pro Monbray. *Vitré* .Guillelmus de Brae miles. Robertus Mahias miles. Johannes de la Fresnaye. Johannes de Falesia. Item - Heredes Domini de Vitriaco pro sancto Severo. Richardus de Rouencestre miles. Guillelmus le Boef.

In vicecomitatu Falesie (Falaise).

Hamelotus de Logie miles. Radulphus de Gubervilla miles. Guillelmus de Pelleevilla. Johannes de Tremblay. Robert Boien. Richart de Gisay. Guillelmus de Coddreto. Johannes Marmion miles Johannes de Dumo. Guillelmus de Logiis miles. Guillelmus,de Maigny miles. Richardus de Perciaco. *De Percy*. Guillelmus Bareste. Robertus Bertran. Guillelmus Pantol, vel *.Pantoul*. Richardus de Sacy. Tierricus de Mara. *De la Mare*. Guillelmus Tesart. Robertus de Collibuef miles Guillelmus de Fontenay. Dionysius Garin miles. Robertus de S. Legier. Johannes de Roonay. Robertus de Chaset. Symonus Basset. Gaufridus de Mota miles. Guillelmus de Cella· miles. Guillelmus de Gres miles. Johannes de Lonlay. Richardus de Druseto. Radulphus de Mosterolio miles. Henricus de Lignon miles. Guillelmus de Freres. Richardus de Reveriis miles. Guillelmus de Guernetot. Radulphus de Barou miles. Thomas d'Escorcheville miles. Robertus de Fontaines miles. Robertus Buschart. Robertus de sancta Maria miles. *De sainte Marie*. Robertus de Prulay miles. Galtherus Cornutus. Radulphus de Clinchamp miles. Johannes de Usseio. Odo de Trembleio miles. Gaudinus de Usseio. Renaudus de Malo Leporatio Miles Guillelmus de Corciaco miles. *De Courcy*. Johannes Malet miles. Vicecomes Castri heraudi. Radulphus de Tornay miles. Bordon de Katefaveril. Guillelmus Tirel miles. Belot de Royeville. Bertrandus de Tailleris. Guillelmus Quesnel miles. Domina de Poily. Radulphus de Putangle Presbyter. Magister Guillelmus de Valleogerii. Johannes de Briquiny. Philippus de Malvalet. Petrus d'Estrés. Guillelmus de Reveriis. Johannes Barate. Oliverius de Argenciis. Abbas sancti Elbruffi. Grivellus de Modiis. Colinus de Casteillon. Robertus de Mehendin miles. Richardus Hernays. Guillelmus de Sorme. Eetrus de Sorme. Robertus de S. Leonart. Guillelmus de Mainbeville. Johannes de Villebaudein. Nicholaus de Prulay miles. Petrus de Torciaco miles. Johannes de Argentele miles. Renaudus de Nonant. Richardus de Planchis. Paganus de Coardan. Johannes de Tornay. Almauricus de Gisnay. Dominus de Cortomer. Communitas Falesie.

Item in Baillivia Gisortii. Brevall.

Ginardus de Phelins Armiger, vel Felins. Philippus de Mondravilla Armiger. Guillelmus de Chambinés Armiger. Ginardus de Mondravilla Armiger. Petrus dictus le Chat Armiger. Ginardus de Halot Armiger. D. Stephanus de Mesnilleio miles. D. Petrus Bataille miles. D. Galterus de Villeea miles. Symonus de sancto Leodegaria Armiger. Baudricus de Belloloco Armiger. *De Beaulieu.*

Anetum (Anet).

Johannes de Drocis. Domina Jolent ejus soror. Radulphus de Ingella miles. Dominus de Bento. D. Herveus de Leonibus miles. D. Gaufridus de Rupeforti miles. Richardus de Rupe miles. Guillelmus de Muis Armiger. Robertus Guimondi. Faber de Fresnio. Richardus de Malassis. D. Johannes de Saltibus miles. Domina Emmelina de Sauceio. Robertus de Insula. D. Johannes de Saceio miles. Renardus de Roboribus. Dominus de Cuvervalle. Dominus Petrus de Alneto miles. Henricus de Autolio miles. Johannes de Chesneïo. Robertus de Croissiliis Armiger. Robinus de Capella Armiger. Thomas de Moncellis. Robinus de Occus de Ollins. Dominus de Guirio miles. *De Guiry.*

Ebroicensis (Evreux).

Dominus Episcopus Ebroicensis. Abbas sancti Taurini Ebroicensis. Abbatissa sancti Salvatoris Ebroicensis. Hugo de Haya. Dominus de Argentiis miles. D. Guillelmus Bourgoignel miles. D. Lucas Chevruel miles. D. de Saquenvilla miles. D. Simon de Affrenvilla miles. D. Guillelmus de Landes miles. D. Robertus Guichart miles. D. Gregorius du Boscioiselin miles. Heres de Quitebeuf, Armiger. Johannes de Honestivilla Armiger, *de Houeteville.* Rogerius de Garembouvilla Armiger. Saquet de Saquainvilla. Heres de Arneto. Richardus Durer. Nicholaus Lerie.. Jacobus de Ferreriis. Perceval de Pointevilla. Johannes de Bochervilla. Rogerius de Esmondivilla. Adam de Bosco. Johannes Pescheveron. Item sui pertinentes. Guillelmus de Mesnilleio-Pagani. Richardus de Booleto. Johannes de Berengrevilla. Guïotus de Brucuria miles. D. Petrus de Guinchevilla miles. Stephanus de Mellevilla miles. Simon de Luat miles. D. Johannes de Perreyo miles. D. Simon de Thomer miles. D. Fulco de Besençon miles. *De Briençon.* D. Petrus de Houstreia miles. D. Radulphus de Haricuria miles. D. Guido de Bosco Ouvrindei miles. D. Johannes de Siceio miles. Richardus de Coudreio Armiger. Petrus le Jaoulier. Andreas Hautevane. Magister Gauterius de Perciaco Clericus. Andreas de Albua Armiger. Guillelmus de Cierrieco. Armiger. Phelippus de Craquevilla, Petrus de Plessa Armiger. Chaullart de Villaribus. Johannes de Soumonçon. Simon de Prereio. D. Episcopus Ebroicensis. Abbas de Cruce. D. Emauricus de Meulenton miles. D. Guido de Laval. Johannes de Saceio. Johannes de Velle. Johannes de Poissiaco. Guillelmus de Poteria. D. Petrus d'Antolio. D. Balduinus de Perreio Presbyter. Prier de Joiaco. Domina de Noïone, *De Noion.* Johannes de Surciaco Armiger. Petrus Bernier. Robertus de Boisset. Robertus de Houtemarne. Richardus de Fovilla. Radulphus de Caer Guillelmus de Boutemont. Perrinus de sancto Germano. Johannes de Penesterans. Johannes le Veneor, *Le Veneur.* Petrus le Biscauf. Reginaldus de Filencourt. Dominus de Huidiervilla. Johannes de Escardenvilla. D. Johannes Crespin. D. Droco de Farciaus. D. Johannes de Caletot. D. Johannes de Lovida. D. Henricus de Tiergivilla miles. D. Hugo de Seure. D. Matheus de Gamachiis. Abbas de Cormeliis. D. Johannes de Boscogueralins. D. Robertus Escharas miles. D. Johannes de Corbie. D. Guillelmus de Faye. D. Guillelmus de Broca. D. Robertus de Fours. D. Godofredus de Cahengnis. D. Matheus de Chaumont. D. Guido de Torny. D. Johannes de Crevecuer, *de Creveceur.* D. Petrus le Brun. D. Johannes le Brun. Abbas sancti Audoeni de Rothomago. D. Robertus de Croisseron. Abbas de Becco. D. Hugo de Villaribus. D. Johannes de Bellomonte. D. Rogerius d'Auterive. D. Guillelmus Peluches. D. Simon de Gamachiis. D. Rugo Rafanel. Domina de Danguto. D. Robertus Paintel. D. Manesius de Moncello miles. Item D. Johannes de Villetot miles. D. Guillelmus Crespin. D. Guido Chaumer. D. Galterus de Saintes miles. D. Henricus de Convella miles.

D. Radulphus de Besu miles. D. Johannes Clingnet miles. D Johannes de Roya miles. D. Hugo de Arnulphimonte. Magister Johannes de Gamachiis Clericus. Domicella de Novomercato. Isabellis de Bellomonte. D. Matheus Haren miles. D. Adam de Chardomneto. D. Johannes Poitevin miles. D. Johannes de Mucegros. D. Richardus de Corxio. D. Enguerannus de Limogiis miles. D. Gilotus Belot miles. D. Johannes Bernegne miles. D. Egidius Phareau miles. D. Matheus de Clery. D. Johannes de Bardoul. D. Robertus de Vaquelina. D. de sancto Albino. D. Guillelmus de Gallarbois, vel. *De Gaillarbois.* D. Robertus de Manequevilla. D. Guerricus de Boca. D. Herveus de Leonibus. D. Gauffredus de Ronceroles. D. Petrus de Alneto. D. Symon de Espallart. Magister Johannes de Mellento. D. Lucas Chevruel. D. Richardus de Berlenquelles. D. de Courcellis. D. Richardus de Martonvilla, Robinus de Maximeio Armiger. Philippus Sanberion. Johannes Fauvel. Robertus Panchart et pater ejus, Johannes de Calvomonte. Guillelmus de Mareyneio. Rogerius de Cuveres. Richardus de Jeocourt, vel, *De Jecourt.* Johannes de Hericourt. Guiardus de Surcy. Johannes de Surcy. Guido de Nivella. Philippus de Marigneio. Johannes de Bonamara. Rogerius Malesmains. Johannes de Poissiaco. Robertus de Vaccaria. Domina de Danguto. Petrus de Boutevillari Armiger. Johannes de Nocumento Armiger. Hugo de Senonchiis Armiger. Robinus de Turvilla miles. Perrinus de Tenosa Armiger. Simon de Poncellis miles. Guillelmus Morhier miles. Guillelmus de Boisseria Armiger. Amauricus de Peremont miles. Hugo de Boeletotierry Armiger. Guillelmus Gouffier Armiger. Guido Abligensis. Stephanus Frutaut. Robinus de Croisiliis miles. Jacobus Parvus-Monachus Armiger. Henricus Morel miles. Robinus de Bellomonte miles. Guido le Rouillie miles. Domina de Gambes. Guillelmus Donnes Armiger. Robinus de Vicis miles. Guillelmus Berenger Armiger. Petrus de Cholet Armiger. Robinus de Galardon miles. Rogerius de Cholet miles.

Role des Seigneurs convoqués pour les ban et arrière-ban de la guerre de Flandre en 1304.[1]

Normans.

Jehan Malet, *idem* de Graville. Le seigneur de Ha-recourt. Mouton de Blainville, *idem,* de Mauquenchy. Jehan de la Ferté. Pierre de Cornuel. Robert de Mon-tigny. Jehan de Tournebu. Robert Malet. Guillaume Tesson, *idem* de la Roche-Tesson. Le seigneur d'Es-touteville. Le seigneur de Hotot. Le seigneur de Clere.. Roger Bacon; *idem,* du Moley. Guillaume Patry. Le seigneur d'Esneval. Le seigneur de Ferrières. Raoul de Creully. Jehan Paynel, *idem,* de Hambie. Le seigneur de Preaux. Jehan de Rouvray. Fouquant du Melle, ou du Merle. Guillaume de Harecourt. Robert de Harecourt. Le seigneur de la Rivière, de Tibouville. Raoul de Meulent. Le comte d'Eu. Robert Bertran, *idem*, de Bricquebec. .

Les chevaliers de la création de Philippes IV, et particu-lièrement de ceux de Normandie.

Raoul d'Argouges, Jean de Breteville, Richard de Brione, Ferrand de Brucourt, Henri de Caletot, Pierre de Chambly, Guillaume de Chauvigny, Alain de Clin-champ, Jean de la Ferté, Guillaume de Fontaines, Ro-bert de Freauville, Gilbert de Friardel, Raoul de Har-court, Jean d'Ivetot, Pierre de Longueval, Guillaume Mallet, Louis de Marigny, Simon du Mesnil, Robert le Moine, Jean de Neuville, Jean du Plessis, Nicolas de Ponteaudemer, Guillaume de Preaux, Jean de Ricar-ville, Jean de Rouvray, Jean de Saint-Clair, Jean de Saint-Germain, Philippes de Saint-Martin, Jean de Saint-Pierre, Simon le Sesne, Jean Tesson, Robert de Tibouville, Jean de Tilly, Richard de Tollevast, Jean de Tonneville, Renaud de Trie, Guillaume du Verbosc, Richard de Villers.

Autre rôle de l'an 1317.

Normandie.

Le comte d'Eu 20. Le sire de Harecourt 50. Monsieur Guillaume de Harecourt 30. Le sire de Graville 10. Le sire de Hotot 10. Le sire de Claire 10. Monsieur Robert d'Estouteville 10. Le sire d'Esneval 10. Monsieur Robert Bertran 15. Monsieur Robert Crespin 15.

Autre rôle de l'an 1350.

Normandie.

Le comte d'Eu. Le sire de Bailleul. Nicolas Mallemains Chevalier. Le sire de Saint-Martin, Jehan Malet Chevalier, *idem*, de Graville. Martel de Basqueville. Le sire de Mortemer. Le sire d'Estouteville. Le compte de Harecourt. Godefroy de Harecourt Chevalier. Le sire de Ferrières. Le sire de Preaus. Le sire d'Anneval. Le sire de Blainville, *idem*, de Mauquency. Le sire de Tibouville. Le sire Nuefbourg. Le sire de la Ferté et de Gassey, *idem*, Fresnel. Le sire de Rouveray. Le sire de Garencières. Le sire d'Ivry. Le sire de Croely ou Creuly. Le sire de Tilly. Le sire du Molay-Bacon. Guillaume Painel Chevalier, de Hambie. Le sire du Merle ou du Mesle. Le chambellan de Tancarville. Le sire de Briquebec, Bertran. Messieurs Mahieu de Trie, sire de Fonténay. Amaurry de Meullant.

Revues des gentilshommes Normands faites aux années 1369, 1370, 1371, et 1378.

C'est-à-dire dans le temps qu'ils faisaient la guerre aux étrangers et aux rebelles. Celle de 1369 se fit à Saint-Lô, celle de 1370 se fit à Caen ; celles de 1371 se firent à Pontorson, à Conches, à Saint-Lô et à Caen ; et celles de 1378 se firent à Pont-Audemer, à Mortain, à Avranches, à Carentan, à Valognes, à Bayeux, et à Saint-Lô.

Ceux qui comparurent à Saint-Lô en 1369.

Brisse l'Abbé, Thibault Augier, Etienne de Beaurepaire, Guillaume Bertrand, Guillaume le Boucher, Guillaume le Bouteiller, Olivier de la Chapelle, Juhel de Côtantin, Jacques du Coudray, Jean de la Cour, Michel le Forestier, Olivier de la Houssaye, Richard de la Lande, Jacques de Launay, Raoul de la Mothe, Pierre du Parc, Geofroy Payen, Alain le Roy, Louis Roussel, Thomas de la Vallée.

Ceux qui comparurent à Caen l'an 1370.

Jean de Beaumont, chevalier ; Maurice du Fresne, chevalier, Guillaume de Launoy, chevalier ; Jean d'Auville, Jean Bouchard, Henri Davy, Raoul de l'Espinay, Jean le Fauconnier, Guillaume Flambard, Pierre du Fournet, Jacques le François, Alain Gautier, Jean Guérin, Roland Hamelin, Guillaume Loüvel, Hamon Lucas, Gilles de la Noüé, Jean le Page, Raoul du Plessis, Guillaume des Portes, Hervé le Sauvage, Guillaume Thomas, Jean de Vallée.

Ceux qui comparurent à Pontorson ou à une des autres villes où l'on fit les revues de l'an 1371.

Guy d'Angôville, chevalier ; Pierre de Bardoul, chevalier ; Braque de Braquemont, chevalier ; Guillaume de Brieux chevalier ; Geofroy Giffard, chevalier ; Raoul de l'Isle, chevalier ; Geofroy de Magneville, chevalier; Bernard de Mareüil, chevalier ; Jean Martel, chevalier, Laurent de Morel, chevalier ; Sauvage de Pommereuil, chevalier ; Berthelot le Roux, chevalier ; Bertrand de St-Pair, chevalier ; Hebert de Vieux, chevalier ; Jean de Villiers, chevalier; Guillaume d'Anfernel, Robert Aumont, Olivier de la Barre, Jean · Bernard, Mathieu de Bois-Guillaume, Robert du Breüil, Olivier de Bures, le Tort de Canville, Guillaume de Coursy, Hervé de Crux, Thibaud de la Folie, Michel de la Forest, N. de Gauville, Jean le Gentil, Jean de Guehebert, Robert le Lièvre, Henri des Loges, Guy de Longaunay, Olivier de Loussel, Guillaume de Malherbe, Roland Meurdrac, Jean du Mont, Jean Morin, Thomas de Neuville, Robert Oger, Guillaume de Perigny, Jean de Pinterville, Pierre le Poigneur, Guillaume Renaud, Roland le Royer, Henri de Saint-Etienne, Pierre Simon, Hervé de la Touche, Jean du Tourneur, Yvon de Tracy, Robert de Trouville, Guillaume de Vaux, Pierre Viel, Jourdain de Vieuxpont.

Ceux qui comparurent à Pont-Andemer ou à une des autres villes auxquelles on fit les revues de l'an 1378.

Jean d'Assigny, chevalier ; Guillaume le Bigot, chevalier ; Guillaume de Briqueville, chevalier ; Henri de Coulombières, chevalier ; Guichard de Creully, chevalier ; Guillaume aux Epaules, chevalier ; Thomas de Fontenay, chevalier Raoul de Meulan, chevalier ; Guillaume Painel, chevalier ; Robert Patry, chevalier; Raoul Tesson, chevalier; Henri de Thieuville, chevalier ; Pierre de Tournebu, chevalier ; Jean d'Achy, Robert de Berengeville, Philippe du Castel, Guillaume de Combray, Guillaume le Fevre, Thomas du Locheur ; Guillaume de Lorme, Hannon de Neauville, Pierre le Prevost.

Ces revues fureut faites par le connétable, à la réserve de l'année 1369, que fit le maréchal de Blainville, et l'on peut remarquer en passant que ce maréchal, qui se signala extrêmement en ce siècle-là, était un seigneur Normand nommé Jean Monton de Marquenchy ou de Mauquenchy.

Dans les revues que l'on fit aux autres Provinces,

sous le même règne, l'on trouve aussi plusieurs seigneurs de Normandie comme ceux qui suivent :

Raoul Adam, le Baudrand de la Heuze, Renaud du Bec, Esgret de Bezu, Jacques de Blarru, Guillaume Carbonnel, Jean de Cifrevast, Robert de Claire, Robert d'Esneval, Raoul du Fayel, Robert de Fourneaux, Guillaume de Granville, Guy d'Houdetot, Henry des Isles, Pierre d'Yvetot, Mallet de Graville, Guillaume de Montenay, Jean de Passy, Hugues Perier, Raoul de Tallerande, Michel de Torcy, Robert de Torigny, Jean de Vallognes, Jean le Veneur, Jean de Ver, Thomas le Vicomte.

Etat des seigneurs Normands qui prirent parti dans les troubles civils de France sous les ducs d'Orléans et de Bourgogne en 1408 et années suivantes.

Ceux qui furent pour le duc d'Orléans.

Le comte d'Alençon, Gilles de Basqueville Martel, Jean de Boissay, Louis de Braquemont, Gautier de Brossart, Jean de Couteville, Jean Davy, le comte d'Eu, le seigneur de Foüilleuse, Jean de Garencières, gouverneur de Caen, le sire de Graville, Jean de Harcourt, comte d'Aumale; le seigneur de Hugueville, le sire de Laigle, Jean du Mesnil, Jean Néel, le sire de Rozay, Bernard de Saint-Martin, Enguerrand de Seuré, Nicolas de Villequier, Charles de Villers, Archambaud de Villiers.

Ceux qui tinrent le parti du duc de Bourgogne.

Alain Blanchard, capitaine de Rouen; Guy le Bouteiller, gouverneur de Rouen; le seigneur de Breauté, Jacques Cadot, le Bailly de Caen; le seigneur de Croisy, Antoine des Essarts, le seigneur de Hambie, Philippes de Harcour, le Baudran de la Heuze, Robert de Marigny, le sire de Montchevreuil, Martin de Neauville, N. Ousieville, de Caen; Jacques Paisnel, le seigneur de Passy, Robert de Pierrecour, André Roussel, le sire de Saint-Clair, Nicolas de Saint-Hilaire.

Les Comtes et les autres Seigneurs qui étaient appelés à l'Echiquier de Normandie.

Ceux du Bailliage de Rouen.

Le comte de Harcourt, le vicomte de Roncheville, le baron ou Vidame d'Esneval, le baron de Claire, le vicomte de Fauguernon, le baron du Bec-Thomas, le baron de Mauny, le baron d'Acquigny, le baron de Beaufou et de Beuvron.

Ceux du Bailliage de Caux.

Le comte d'Eu, le comte de Tancarville, le comte d'Aumale, le comte de Longueville, le comte de Maulevrier, le sire et baron d'Estouteville, le baron et sire de Graville, le baron de Grainville, le vicomte de Blosseville, le baron du Bec Crespin, le baron de Mainières, le baron de Cleuville, le baron de Cuverville, le baron du Bosc-Gefroy, le baron de Quermonville, le baron du Besle et de Freauville, le baron du Fresney.

Ceux du Bailliage de Gisors.

Le baron de Hugueville, le baron de Baudemont.

Ceux du Bailliage de Caen.

Le vicomte de Fontenay, le baron de Courcy, le baron d'Annebec, le baron de Tournebu, le baron de Creuilly, le baron de la Mothe, le baron de Crespon, le baron de Coulonce, le baron de Toigny.

Ceux du Bailliage de Cotentin.

Le comte de Mortain, le vicomte de Saint-Sauveur et de Nehou, le sire et baron de Briquebec, le baron du Hommet, le baron de Hambie, le baron de la Haye-du-Puis, le baron de Varenguebec, le baron de la Luthumière, le baron de Moyon, le baron de Marcey, le baron de Saint-Pierre du Fayan, le baron d'Orglande, le Baron des Biards, le baron de Saint-Pair, le baron de Marigny et de Remilly.

Ceux du Bailliage d'Evreux.

Le comte d'Yvry, le baron de Ferrières, le baron de
la Ferté, le baron de Villiers, le baron du Neubourg, le
baron de Saint-André de la Marche, le baron de Gassey,
le baron de Damville.

Ceux du Bailliage d'Alençon.

Le baron de Laigle, le baron de Montreüil, le baron
d'Echaufour, le baron de Nonant, le baron de Montgommery, le baron du Thuict, le baron de Mesley-sur-Sarte,
le baron de la Ferrière, le baron de Corbiner, le baron de
Courtomer, le baron de la Roche, le baron de Persanne.

Les Comtes d'Evreux, d'Alençon et de Beaumont le
Roger ne sont point compris dans ce catalogue, à cause
que ces trois comtés ayant été donnés à des princes du
sang, nos rois leur avaient accordé des échiquiers particuliers, indépendants de l'échiquier général de la province.

---

*Monstre des nobles et tenans noblement ès Bailliages de
Caux et Gysors, et la fourme des habillemens, en quoy
se sont monstrés les dessusdits et autres qui se sont trou-
vez, et comparus en icelle monstre receue par nous Anthoine
d'Aubusson, chevalier, seigneur du Monteil, conseiller et
chambellan du Roi, nostre sire, et son Bailli de Caux et
commissaire d'icelui, faite en cette partie le lundi derrain
jour de décembre, l'an de grace mil cccc.soixante-dix, et
autres jours ensuivans.*

PREMIÈREMENT EN DIT BAILLIAGE DE CAUX.

La Vicomté de Caudebec.

Jehan de Saint-Maard, seigneur et vicomte de Blosseville, capitaine de Caudebec, qui, à la derraine monstre,

s'estoit présenté armé de harnois complet ; en sa compa-
gnye Jehan et Rogerin Ditzfae, Thomas Chevalier, Jehan
Benard, Colin des Chasteaulx, Laurens Barateur, Guillaume Coquatrix, tous armés de brigandines (1), et ung
page portant sa lance, ce comparu en cette presente
monstre, offrant servir en habillement nombre de personnes et ainsi qu'il est déclaré en ladite derraine monstre,
pour ce 1 homme d'armes, 7 vougers.

Adam Desmares présenta pour son antiquité Guillaume
Desmares son fils, armé de harnois complet, avec lui
Pierre Debenitot, armé de brigandine, sallade (2) et
vouge (3), ung page portant sa lance à trois chevaulx,
pour ce 1 homme d'armes, 1 vouger.

Pierre Desmares, homme ancien, presenta pour son
antiquité, Robinet Valles, armé de brigandine, sallade,
espée, arc et trousse, pour ce 1 archer.

Guillaume Deshaies, armé de harnois complet, avec
lui ung homme armé de brigandine, sallade et vouge,
ung page portant sa lance à trois chevaulx, pour ce 1
homme d'armes, 1 vouger.

Monsieur Jehan de la Haulle, chevalier, se présenta
armé de harnois complet, ung page portant sa lance,
ung archer et un coustiller (4), armez de brigandines,
pour ce 1 homme d'armes, un archer, 1 coustiller.

Guillaume Desmaville presenta pour lui Pierre Jugan,
armé de brigandine, sallade et espée, avec lui ung page
portant ung vouge, pour ce 1 vouger.

Pierre Dumont presenta pour lui Martin de Saint-
Amand, armé de corsset complet et ung vouge, pour ce
1 vouger.

---

(1) *Brigandine*, aubergeon ou cotte de mailles dont les soldats
se servaient autrefois.

(2) *Sallade*, est un large habillement de tête que portent les chevau-légers, qui diffère du casque, en ce qu'il n'a point de crête,
et n'est presque qu'un simple pot ; on l'a aussi appelé *Bourguignotte*,
et pour les gens de pied on l'appelle *Morion*.

(3) *Vouge*, terme de vénerie ; c'est un épieu de veneur à un large
fer.

(4) *Coustiller* ou Coutillier, soldat qui se servait d'une coutille :
c'était une espèce d'épée plus longue que les épées ordinaires, et
tranchante depuis la garde jusqu'à la pointe, fort menue, et à trois
fasces ou pans.

Pour les religieux, abbé et couvent de Saint-Wandrille, se présenta Estienne Morel, armé de harnois complet, avec lui Jehan Barges, armé de brigandine, sallade, arc et trousse, et ung page partant une lance à trois chevaulx, pour ce 1 homme d'armes, 1 archer.

Pour monsieur Guillaume de Malleville, chevalier, homme ancien, se presenta Jehan de Malleville son fils, armé de harnois complet, avec lui ung archer et un coustiller armez de brigandines, et ung page portant une lance, pour ce un homme d'armes, un archer, 1 coustiller.

Jehan de Grasquesne, armé de brigandine, sallade, avec lui ung page portant son vouge à deux chevaulx, 1 vouger.

Thomas Selles, armé de harnois complet, avec lui ung homme armé de brigandine, et ung page portant une lance à trois chevaulx, pour ce 1 homme d'armes, 1 vouger.

Guillaume Vassé, armé de corsset complet, avec lui ung page portant une javeline, pour ce 1 vouger.

Jehan Jandin, armé de corsset complet, avec lui ung page portant une demie lance, pour ce 1 vouger.

Nicolas Desmalleville, armé de brigandine, sallade, avec lui ung page portant son vouge, pour ce 1 vouger.

Pour Jehan de Villers se presenta Jehan Dumesnil, armé de brigandine, sallade, avec lui ung page portant son vouge, pour ce 1 vouger.

Guillaume Martel se présenta, disant estre de la soulde et retenu de Monsieur de Guyenne dont ne fit aucunemeut aparoir, pourquoi lui fut commandé soy entretenir en harnois complet ung homme en brigandine en sa compagnie, ainsi qu'il s'étoit comparu à la derniere monstre jusques au bon plaisir du Roi, pour ce 1 homme d'armes, 1 vouger.

Pour Richart Pontiel, homme ancien, se présenta Robert Pontiel, armé de brigandine, sallade, arc et trousse, 1 archer.

Jehan le Pelletier, armé de brigandine, sallade, vouge, pour ce 1 vouger.

Ysambart le Cauf, armé de brigandine, sallade, avec lui ung page portant son vouge, pour ce 1 vouger.

Jehan Auberei, armé de brigandine, sallade, avec lui ung page portant son voüge, pour ce 1 vouger.

Jehan de Callemesnil, armé de brigandine, sallade, pour ce 1 voüger.

Guieffin Blondel, armé de brigandine, sallade, vouge, 1 vouger.

Martin Ponchin, armé de brigandine, sallade, arbalestre, avee lui ung page, pour ce 1 arbalestrier.

Nicolas de Buffes, armé de brigandine, sallade, ganteletz et javeline (1), pour ce 1 vouger.

Olivier Davy, homme ancien presenta, Jehan le Peuple, armé de brigandine, sallade et vouge, pour ce 1 vouger.

Marquet de Houdetot se presenta, obeissant servir en habillement de brigandine, sallade et vouge, ainsi qu'il s'estoit montré à la derraine monstre, pour ce 1 vouger.

Guillaume Marquet, armé de brigandine, sallade, arc et trousse, pour ce 1 archer.

Jehan Parent présenta pour lui Jehan Roche, armé de brigandine, sallade, arc et trousse, pour ce 1 archer.

Colin de la Fosse, armé de brigandine, sallade, arc et trousse, pour ce 1 archer.

Pierre Caillet, armé de corsset, sallade et vouge, pour ce 1 vouger.

Jehan de Valiquerville, armé de harnois complet, avec lui ung coustiller, armé de brigandine, et ung page portant une lance, pour ce 1 homme d'armes, 1 coustiller.

Regnault d'Yvemesnil, armé de brigandine, sallade, avec lui ung page portant son vouge, pour ce 1 vouger.

Jehan de Houdetot presenta, pour son antiquité, Guillaume son fils, armé de brigandine, sallade et voüge, 1 voüger.

Roger Desmenils, armé de harnois complet, avec lui ung page portant son vouge, pour ce un vouger.

Guillaume de Putot presenta, pour son antiquité, Valentin de Quiedelaville, armé de corsset complet, avec lui un page portant son vouge, pour ce 1 vouger.

Thomas Desmaresfs, armé de brigandine, sallade et vouge, pour ce 1 vouger.

---

(1) *Javeline*, arme d'*Hast*, ou demi-pique, dont les anciens se servaient, tant à pied qu'à cheval; elle avait cinq et demi de long, et son fer avait trois fasces aboutissantes en pointe.

Guieffin de Putot, armé de brigandine et sallade, avec lui ung page portant son vouge, pour ce 1 vouger.

·Colin Chevalier, homme ancien, présenta Raoul Vincent, armé de brigandine, sallade et vouge, 1 vouger.

Jehan de la Mare, armé de harnois complet, avec lui ung homme armé de brigandine, et ung page portant sa lance, pour ce 1 homme d'armes, 1 vouger.

Pour Laurens Sanalle se presenta Nicolas Sanalle son fils, armé de brigandine, sallade et javeline, pour ce 1 vouger.

Pour Clement de la Haulle se présenta Jehan Caumet, armé de jague (1) et javeline, pour ce 1 vouger.

Guillaume de Vaudemont, armé de harnois complet, avec lui un page portant sa lance, 1 homme d'armes.

Jehan Dyel, armé de harnois complet, avec lui ung page portant sa lance, pour ce un homme d'armes.

Nicolas de Cuverville, armé de brigandine, avec lui ung page portant son vouge, un vouger.

Pierre D'Jquelon, armé de brigandine, avec lui ung page portant son vouge, pour ce 1 vouger.

Guillaume Olivier, armé de brigandine, sallade et javeline, pour ce 1 vouger.

Jehan du Hestray, armé de brigandine, sallade, avec lui ung page portant une javeline, pour ce 1 vouger.

Robert Charnel, armé de brigandine, sallade, avec lui ung page portant sa vouge, pour ce 1 vouger.

Jehan Langlois présenta, pour son antiquité, Guillaume son fils, armé de brigandine, sallade et vouge, 1 vouger.

Jehan le Bouteiller, armé de harnois complet, avec lui ung page portant sa lance, pour ce 1 homme d'armes.

Guillaume le Parmentier, armé de brigandine, sallade, avec lui ung page portant son vouge, 1 vouger.

Guillaume du Fou, armé de harnois complet, avec lui ung page portant sa lance à deux chevaulx, pour ce 1 homme d'armes.

---

(1) *Jague* ou *Jacque*, petite casaque les cavaliers portaient autrefois sur leurs armes et cuisses; elle était faite de coton ou de soie, contrepointée en deux étoffes légéres : elle s'appelait aussi *Haubert* ou *Haut bergeon.*

Jehan de Sandonville présenta Jehan le Vesie, armé de brigandine, sallade et vouge, pour ce 1 vouger.

Gilles le Mire, armé de brigandine, sallade, avec lui ung page portant son vouge, pour ce 1 vouger.

Pour Jehan Banastre, personne ancien, se présenta Jehan Picot, armé de brigandine, sallade et vouge, 1 vouger.

Jehan de Cretot, armé de brigandine, avec lui ung page portant son vouge, 1 vouger.

Pour Jehan Bonnefoy se présenta Marant de Maupat, armé de brigandine, sallade et vouge, 1 vouger.

Jehan-Estienne se présenta en robe soy submettant servir armé de brigandine, sallade, avec lui ung page portant son vouge, ainsi qu'il s'estoit présenté à la derraine monstre, pour ce 1 vouger.

Robert de Saint-Laurens présenta Adam Romain, armé de brigandine, sallade et javeline, pour ce 1 vouger.

Henry Dutas, armé de brigandine, sallade, arc et trousse, avec lui ung page, pour ce 1 archer.

Guillaume le Senechal présenta, pour son antiquité, Raoulin Moset, armé de brigandine, sallade et vouge, 1 vouger.

Guillaume Visson de present estant de la compagnie dudit sieur de Blosseville, se submest servir en brigandine, arc et trousse, pour 1 archer.

Pour maistre Jehan le Boucher, prestre, se presenta Jehan le Veaultre, armé de brigandine, sallade, arc et trousse, pour ce 1 archer.

Robinet de Septemanville, armé de brigandine, sallade et javeline, auquel fut commandé comme autres fois avoir vouge, pour ce 1 vouger,

Cardot de Herbouville, ainsi que présenté s'estoit à la derraine monstre armé de brigandine, sallade, arc et trousse, avec lui ung page, pour ce 1 archer.

Cardinet le Prevost presenta, pour son antiquité, Nicolas son fils, armé de brigandine, sallade et vouge, 1 vouger.

Guy des Essars, armé de harnois complet, avec lui ung homme, armé de brigandine, et un page portant sa lance, pour ce 1 homme d'armes, 1 coustiller.

Pour Jehan Belleaelle se presenta Fleurent le Begue, armé de brigandine, sallade, arc et trousse, pour ce 1 archer.

Pour Guillaume Louvel, ancien et impotent, se presenta Jehan Louvel, armé de brigandine, sallade, arc et trousse, pour ce 1 archer.

Guillaume Ravenot, armé de brigandine, sallade, avec lui ung page portant ung vouge, pour ce 1 vouger.

Pour Raoul d'Orival, homme ancien, se presenta Hector Lasne, armé de brigandine, sallade, arc et trousse, pour ce 1 archer.

Pierre Gougart dit Boitleaus, armé de brigandine, sallade et vouge, pour ce 1 vouger.

Guillebert Pinel, armé de brigandine, sallade et vouge, pour ce 1 vouger.

Roger Ferrant, armé de brigandine, sallade et vouge, pour ce 1 vouger.

Pour Richart Peurel, homme ancien, se presenta Jehan du Quesne, armé de brigandine, sallade et vouge, pour ce 1 vouger.

Guillaume du Mesniltaté, armé de brigandine, sallade et vouge, avec lui ung archer et ung coustiller en brigandine, pour ce 2 vougers, 1 archer.

Colin des Marquets, armé de brigandine, sallade et vouge, pour ce 1 vouger.

Jehan Hune, armé de brigandine, sallade et vouge, 1 vouger.

Guillaume de Bluquessart, armé de brigandine, sallade et javeline, pour ce 1 vouger.

Pierre Hervieu, armé de brigandine, sallade, avec lui ung page portant son vouge, pour ce 1 vouger.

Robin Emery se presenta armé de brigandine, avec lui ung page portant son vouge, pour ce 1 vouger.

Vatier de la Mare, armé de brigandine, sallade et vouge, pour ce 1 vouger.

Jehan Hullin se presenta en robe et lui fut commandé soy mestre en habillement suffisant.

Guillaume de la Montaigne, armé de brigandine, sallade, arc et trousse, pour ce 1 archer.

Pour Estienne de Sasseville se presenta Jehan Masé, armé de harnois complet, avec lui ung page portant sa lance, pour ce 1 homme d'armes.

Durand Guilbert, armé de brigandine, sallade et javeline, pour ce 1 vouger.

Colin Freret, armé de brigandine, sallade et vouge, pour ce 1 vouger.

Guillaume le Prestre , armé de harnois complet , avec lui ung page portant son vouge , pour ce 1 vouger,

Autre nombre de personnes de ladite Vicomté de Caudebec , tant de la creue de la monstre presente que de celle derrainement tenue.

Guillaume de Normanville se présenta armé de brigandine , sallade , avec lui ung page portant son vouge , pour ce 1 vouger.

Guillaume Toustain , eslu de Caudebec , se présenta , armé de harnois complet , avec lui deux archers armés de brigandines , sallades et ung page portant sa lance à quatre chevaulx , pour ce 1 homme d'armes , 2 archers.

Pierre Dusel , armé de harnois complet , avec lui ung homme en brigandine , ung page portant sa lance à trois chevaulx pour ce 1 homme d'armes , 1 vouger.

Pierre Paillon , armé de brigandine , sallade, ung page portant son vouge en sa compagnie , ung homme en semblable habillement , pour ce 2 vougers.

Jehan Lancelin , Mahiæ de Maton , Martin Ygou, tous 3 archers armés de brigandines et sallades, pour ce 3 archers.

Loys du Bost, armé de brigandine , sallade , harnois de jambes , avec lui ung page portant son vouge , pour ce 1 vouger.

Pierre Gueroult , armé de brigandine , sallade et vouge , pour ce 1 vouger.

Pour Jehan Bagueler Soubzage se présenta Jehan de Quedeville , armé de brigandine , sallade et vouge , 1 vouger.

Richart de Recusson , Cardin de Septemanville se présentèrent en robe , et leur fut commandé eulx se mettre en habillements suffisans.

Jehan de Houdetot , armé de brigandine , sallade , avec lui ung page portant son vouge, pour ce 1 vouger.

Nicolas de Caudecoste , armé de brigandine , sallade et vouge , pour ce 1 vouger.

Maistre Richart Rabacher , armé de brigandine , sallade et vouge , pour ce 1 vouger.

Pierre de Septemanville se presenta en robe, et se submist servir en brigandine, sallade et vouge, 1 vouger.

Pour Thomas Boudier se presenta Pierre Cavinet , armé de brigandine , sallade, épée et vouge , pour ce 1 vouger.

Défaillans en icelle monstre.

Les hoirs Mahieu de Gostimesnil, excusez pour ce qu'ils sont soubssignez et en la garde du Roy.·

Nicolas de Malleville, excusez pour ce qu'il est occupez à la garde de la Place de Sainte-More, dont il est capitaine et en service de monsieur de Torcy.

Guillaume Fretel, excusez par maladie et qu'il est subject, par raison de ses fiefs et héritages, à faire comparence avec les nobles de la comté d'Eu.

Les hoirs Jehan le Vasseur, excusez pour qu'ils sont soubssignez et en garde.

Les hoirs Abraham Fremyn.

Les hoirs Jehan de Manteville.   —

Damoiselle vefve de feu Pierre Boucher.

Guillemette de Bluquesart.

Robert Deshayes.

Les hoirs Martin Marguerie.

Jehan Bugart.

Furent mis en défault à la dite monstre, parquoy tous leurs fiefs et héritages, et des autres deffaillans en général, furent mis en la main du Roy, nostredist seigneur, et commandé à Guillaume des Malleville, vicomte de Caudebec, qui present estoit en cueillir les fruys au proffit du Roy, nostredist seigneur, et au regard desdist soubssignez contraindre les gardiens à faire le service de l'arrière-ban.

La Vicomté de Monstiervillet.

Robert Hellart, escuier, se presenta en icelle monstre pour servir en harnois complet, en sa compagnie ung homme en brigandine, ung page portant sa lance à trois chevaulx, pour ce 1 homme d'armes, 1 vouger.

Pour Thomas Erquembourc, homme ancien, se présenta Guillaume Erquembourc son fils, armé de brigandine, sallade, avec lui ung page portant ung vouge à deux chevaulx, pour ce 1 vouger.

Guillaume de Pelletot, armé de brigandine, arc et trousse, avec lui ung page à deux chevaulx, pour ce 1 archer.

Colin Auvray et Jehan Auvray se presentèrent pour Jehan Auvray leur père, personne débille et ancien, chacun armé de brigandine, sallade et vouge, avec eulx ung page à trois chevaulx, pour ce 2 vougers.

Sevestre de Septemanville se présenta armé de brigandine, sallade et vouge, pour ce 1 vouger.

Pour Guillaume de Genteville, personne feble et ancien, se présenta Jehan de Genteville son fils, armé de brigandine, sallade, épée, ganteletz et vouge, pour ce 1 vouger.

Pour Pierre de la Mote se présenta Guillaume de la Mote son fils, armé de brigandine, sallade, avec lui ung page portant une javeline, pour ce 1 vouger.

Cardin des Essars se présenta et, pour son antiquité, fut receu à ladite monstre Robinet des Essars son fils, armé de brigandine, sallade, arc et trousse, avec lui ung page, pour ce 1 archer.

Pour Robert Deschamps, homme ancien et débille, se prsenta Jehan Deschamps son fils, armé de brigandine, sallade, arc et trousse, pour ce 1 archer.

Guillaume de Callemesnil se présenta armé de harnois complet, avec lui ung page portant sa lance à deux chevaulx, pour ce 1 homme d'armes.

Pour Hugues de Dyc se présenta Estienne Guisier, armé de harnois complet, avec lui ung page portant sa lance, pour ce 1 homme d'armes.

Pour Jehan Hay se présenta Gautier Meullen, armé de brigandine, sallade, arc et trousse, pour ce 1 archer.

Pierre le Segretain, armé de brigandine, sallade, avec lui ung page portant ung vouge, pour ce 1 vouger.

Pour Naudin Rommain, estant en décrepite et malade, se présenta Jean Rommain son fils, armé de brigandine, sallade, avec lui ung page portant une hache d'armes, pour ce 1 vouger.

Jehan du Seullot, armé de harnois complet, avec lui ung page portant sa lance, pour ce 1 homme d'armes.

Jehan Piedecoq, armé de brigandine, sallade, arc et trousse, pour ce 1 archer.

Pour Robin le Roux, homme ancien, se presenta Jehan le Roux son fils, armé de brigandine, sallade et javeline, pour ce 1 vouger.

Pour Guillaume de Clerchy, de présent estant malade au lit, se présenta Jehan Piqueray, armé de harnois complet, avec lui ung archer en brigandine, et ung page portant lance à trois chevaulx, pour ce 1 homme d'armes, 1 archer.

Jehan Martel se présenta, garni de sallade et vouge, auquel fut commandé soy·mettre en plus grant et meilleur habillement, pour ce 1 vouger.

Jehan Toustain de la Chapelle, armé de brigandine, sallade et ganteletz, avec lui ung page portant son vouge à deux chevaulx, pour ce 1 vouger.

Pour Maistre Jehan Hirel, prestre, tenant, d'un fief noble assis à Espretot, se présenta Alexandre Agnes, armé de brigandine, sallade, arc et trousse, pour ce 1 archer.

Pierre de Foville, armé de brigandine, sallade, arc et trousse, pour ce 1 archer.

Robert d'Ellebeuf, armé de harnois complet, ung page portant sa lance à deux chevaulx, auquel fut commandé avoir ung coustiller ainsi que à la derraine monstre, pour ce 1 homme d'armes, 1 coustiller.

Robert de Prestreval se présenta soy submez servir en harnois complet, en sa compagnie ung homme en brigandine, ung page, portant sa lance à trois chevaulx, pour ce 1 homme d'armes, 1 coustiller.

Jehannet de Thiboutot, armé de harnois complet, avec lui ung page portant sa lance à deux chevaulx, pour ce 1 homme d'armes.

Jehan de Laffise, armé de harnois complet, avec lui ung page portant sa lance à deux chevaulx, pour ce 1 homme d'armes,

Robert de Bavent presenta, pour son antiquité, Joret Patrisas, armé de brigandine, sallade et vouge, pour ce 1 vouger.

Estienne du Tot, armé de brigandine, sallade, avec lui ung homme en semblable habillement de brigandine, portant arc et trousse, et le page d'icelui du Tot, portant son vouge, auquel du Tot fut commandé fournir avec ledit nombre d'un autre homme en brigandine, pour ce 2 vougers, 1 archer.

Jehan le Vesie, armé de corsset complet, ung page portant son vouge, pour ce 1 vouger.

Robinet le Vesie, armé de brigandine, sallade, ganteletz et javeline, pour ce 1 vouger,

Pierre de Beauvay, armé, de brigandine, sallade, avec lui un page portant son vouge à deux chevaulx, pour ce 1 vouger.

Guillaume Affagart, armé de brigandine, sallade, ganteletz et javeline, pour ce 1 vouger.

Allain Raoullin, armé de brigandine, sallade, avec lui ung page portant son vouge à deux chevaulx, pour ce 1 vouger.

Colin de Rallemont, en semblable habillement et compagnie, pour ce 1 vouger,

Jehan Toustain, seigneur de Bleville, lequel, à la derraine monstre, s'estait présenté armé de harnois complet, avec lui deux hommes armés de brigandines, sallades, espées et vouges, et deux pages à cinq chevaulx, s'est fait excuser pour ce qu'il est allé à la cour, voulant servir en l'état de ladite derraine monstre, pour ce 1 homme d'armes, 2 vougers.

Jehan le Jeunehomme, esleu de Monstierviller, s'est fait excuser pour semblable cause, offrant servir en habillement de brigandine, avec lui un page portant son vouge à deux chevaulx, pour ce 1 vouger.

Robert le Bouteiller grenetier de Haresleu, s'est fait excuser pour semblable cause, offrant servir en semblable habillement que ledit Esleu pour ce 1 vouger.

Jehan Viennens, armé de harnois complet, avec lui ung page portant sa lance à deux chevaulx, pour ce 1 homme d'armes.

Estienne de Laure Saint-Martin presenta, pour son antiquité, Guillaume Lantoyer, armé de brigandine, sallade et vouge, pour ce 1 vouger.

Nicolas le Courtois, armé de brigandine, harnois de jambes, sallade, avec lui ung page portant son vouge, pour ce 1 vouger.

Pour Cardin le Sueur se présenta Cardin son fils, armé de harnois complet, avec lui un homme armé de brigandine, sallade et vouge, ung page portant sa lance à trois chevaulx, pour ce 1 homme d'armes, 1 vouger.

Collenet de Buffresnil Sergent heredital de Harflen, armé de brigandine, sallade et javeline, pour ce 1 vouger.

Pierre Mallet se submist servir armé de harnois complet, en sa compagnie ung homme armé de brigandine, sallade et vouge, ung page portant sa lance à trois chevaulx, ainsi qu'il s'estait comparu à la derraine monstre, pour ce 1 homme d'armes, 1 vouger.

Robert de Groumesnil se submist servir semblablement

comme ledit Pierre Mallet, pour ce 1 homme d'armes, 1 vouger.

Jehan le Porquier, armé de harnois complet, avec luy un page portant sa lance à deux chevaulx, pour ce 1 homme d'armes.

Pour Guillaume le Pongneur se présenta Yvonnet son fils, armé de brigandine, sallade et javeline, pour ce 1 vouger.

Jehan Auber, armé de brigandine, sallade, espée et vouge, pour ce 1 vouger.

Jehan Lenglois, armé de brigandine, sallade. espée et vouge, pour ce 1 vouger.

Robinet Martel, armé de brigandine, sallade, avec luy ung page portant son vouge à deux chevaulx, pour ce 1 vouger.

Guillaume Prosmel, armé de brigandine, sallade, espée et vouge, pour ce 1 vouger.

Pierre de Boves, armé de brigandine, sallade, espée et vouge, pour ce 1 vouger.

Jehan le Grant, armé de brigandine, sallade et vouge, pour ce 1 vouger.

Pierre de Hoqueville présenta Jehan Bourdon, armé de brigandine, sallade, et ung page portant son vouge, pour ce 1 vouger.

Guy de Hoqueville, armé de brigandine sallade et vouge, pour ce 1 vouger.

Godin Goulle présenta pour luy Raoulin le Clerc, armé de brigandine, sallade, ganteletz et vouge, pour ce 1 vouger.

Raoul Viennens, lequel s'estoit comparu à la derraine monstre, armé de harnois complet, avec luy ung page portant sa lance à deux chevaulx, s'est fait excuser, pour la garde de la place de Fescamp, en quoi il est occupé comme lieutenant de Guillaume Bachelier, capitaine du lieu, voulant servir en l'estat de la derraine monstre, pour ce 1 homme d'armes.

Pour les Religieuses, Abbesse et Convent de Montiervil-ler, se présenta Guillaume Richer, armé de harnois com-plet, ung page portant sa lance, avec luy Alexandre le Jeune, armé de brigandine, sallade et vouge, à trois-che-vaulx, pour ce 1 homme d'armes, 1 vouger.

Pierre Payen se submist servir en habillement de bri-

6   22*

gandine, sallade et vouge, à deux chevaulx, pour ce 1ᵉ vouger.

Pierre Erquembourg, armé de harnois complet, avec lui deux hommes armés de brigandines, sallades, arcs et trousses, et ung page portant une lance à quatre chevaulx, pour ce 1 homme d'armes, 2 archers.

Jehan Grante, armé de harnois complet, avec lui ung coustiller, armé d'un corsset, et ung page portant une lance à trois chevaulx, pour ce 1 homme d'armes, 1 coustiller.

Pour Hutin le Bouc ou Lonc, homme ancien, se présenta Pierrequin le Sens, armé de brigandine, sallade et vouge, pour ce 1 vouger.

Pierre Godart, armé de brigandine, sallade et vouge, pour ce 1 vouger.

Jehan de Hay se présenta en robe, auquel fut commandé avoir brigandine et habillement ainsi que à la derraine monstre, pour ce 1 vouger.

Robin de Guilleville, armé de brigandine, sallade et vouge, pour ce 1 vouger.

Pierre de Lymare, armé de brigandine, sallade, avec lui ung page portant son vouge, pour ce 1 vouger.

Pour Demoiselle Jehanne de Soteville, se présenta Phelipin Preudhomme, armé de harnois complet, avec lui ung page portant son vouge, pour ce 1 vouger.

Autre creue et nombre de personnes de ladite Vicomté, de Montierviller, tant acquisiteurs de fiefs nobles que autres qui en precedent de la derraine monstre, estoient en ordonnance, et en icelle monstre ont esté mis et ajoustés.

Jehan de Thiboutot, armé de harnois complet, avec lui un coustiller, ung page portant sa lance à trois chevaulx, pour ce 1 homme d'armes, 1 coustiller.

Guillaume Canu, armé de brigandine, sallade, arc et trousse, pour ce 1 archer.

Pour Oudinet le Venderes, se présenta Jehan son fils, armé de harnois complet, avec lui un page portant sa lance à deux chevaulx, pour ce 1 homme d'armes.

Estienne de Val, armé de brigandine, avec lui ung page portant son vouge à deux chevaulx, pour ce 1 vouger.

Guillaume de Clerchy, armé de brigandine, sallade et vouge, pour ce 1 vouger.

Estienne le Coq, armé de brigandine, sallade et vouge, pour ce 1 vouger.

Jehan de Berry, en semblable habillement, pour ce 1 vouger.

Guillaume Vastinel, armé de brigandine, sallade, arc et trousse, pour ce 1 archer.

Pous Robert le Marchant, personne ancien et impotent, se présenta Jehan Gomont, armé de brigandine, sallade et javeline, pour ce 1 vouger.

Pour Robert Bataille, se présenta Estienne Yon, armé de brigandine, sallade et vouge, pour ce 1 vouger.

Guillaume Ourssel, armé de brigandine, sallade et vouge, pour ce 1 vouger.

Pour Robert de Fribois, se présenta Robin le Machetrier, armé de brigandine, sallade, arc et trousse, avec lui ung page portant un vouge, pour ce 1 archer.

Pierre Carrel, armé de brigandine, sallade, arc et trousse, pour ce 1 archer.

Deffaillans en icelle monstre.

Les hoirs Clement de Beauvay, excusez pour ce qu'ils sont soubssignez, et en la garde de monsieur de Grasville, prisonnier en Angleterre.

Les hoirs Robert le Pongneur, excusez pour ce qu'ils sont en la garde du Roy, nostredit seigneur, et apointé que les gardains dedits soubssignez seront contraints à fournir gens en habillement suffisant, selon l'estat et valeur de leur revenue, pour servir en l'arrière ban du Roy, nostredit seigneur.

Clement du Chefdelaville, les hoirs Thomassin Durant, Jehan du Bosc, Robert Filleul, Jaquet Faucon, Richart de Brilly, Jehan Piedefer, les hoirs Nicolas de la Croix, Yvonnet Regnart, furent mis en deffaut à ladite monstre, parquoy tous leurs fiefs, heritages et revenues et de tous les autres deffaillans en general, furent prins et mis en la main du Roy, nostredit seigneur, et commandé à Louis Painbleu, vicomte de Monstierviller, qui présent estoit à ladite monstre, cueillir et faire cueillir la venue desdits fiefs et heritages au proffit du Roy, nostredit seigneur.

Du jeudy tiers jour de janvier au lieu d'Auffay sur Gyé
(peut-être Scyé).

La Vicomté de Neufcastel.

Monsieur Jehan de la Heuze, chevalier, se présenta
en sa compagnie deux archers, armez de brigandines,
ung coustiller et une trompette à six chevaulx, pour ce 1
homme d'armes, 1 archer, 1 coustiller.

Monsieur d'Auzebosc et Monsieur de Servon son fils,
qui, à la dernière monstre, s'estoient presentez, eulx
submectans servir le roy de leurs personnes, et du nombre
trois hommes en brigandine, et autre tel nombre de
de chevaulx qu'ils avaient présenté ès précédentes monstres ont esté excusez, pour ce que l'on disoit que au
temps du cry de la monstre présente, ils estoient occupez en leurs affaires ailleurs que en ladite vicomté,
pour ce selon ladite derraine monstre, 2 hommes d'armes, 3 vougers.

Aubery Doule se présenta armé de harnois complet,
ung page portant sa lance, en sa compagnie deux hommes
en brigandines, salades et vouges, pour ce 1 homme
d'armes, deux vougers.

Martin Donnemesnil se présenta armé de corsset complet, avec lui ung page portant une demie lance, 1
vouger.

Guillaume Morant, armé de brigandine et sallade,
avec lui ung page portant ung vouge, pour ce 1 vouger.

Jehan le Sage, armé de harnois complet, excepté le
harnois de jambes, avec lui ung page portant un vouge à
deux chevaulx, et lui fut commandé avoir une lance,
1 homme d'armes.

Robinet le Vasnier, armé de brigandine, sallade,
avec lui ung page portant son vouge, pour ce 1 vouger.

Guillaume de Chenevelles présenta pour lui Guillaume de Chenevelles, son frère, armé de brigandine,
sallade, avec luy ung page portant une javeline, pour
ce 1 vouger.

Jehan Yart, armé de brigandine, sallade, arc et trousse,
avec lui ung page, pour ce 1 archer.

Pour Sauvage le Sage se présenta Colin Pougnant,
armé de brigandine, sallade et javeline, pour ce 1 vouger.

Póur messire Jehan Enguerren, Prestre, se présenta Jehan Marge, armé de brigandine, arc et trousse, pour ce 1 archer.

Jehan Beroult se présenta armé de brigandine, ganteletz et vouge, pour ce 1 vouger.

Jehan de Guigant se présenta armé de brigandine, espée et vouge, et lui fut commandé avoir ganteletz, pour ce 1 vouger.

Anthoine de Bourbel se présenta armé de brigandine, sallade, avec lui ung page portant son vouge, pour ce 1 vouger.

Jehannet de Bethencourt, armé de brigandine, sallade, avec lui ung page portant son vouge, pour ce 1 vouger.

Simon Campion présenta pour lui Henry Portier, armé de brigandine, sallade, ganteletz et vouge, pour ce 1 vouger.

Jehan le Mercier présenta pour lui Guillotin du Four, armé de brigandine, sallade, avec lui ung page portant ung vouge, pour ce 1 vouger.

Raoul de Hobes, armé de corsset complet, avec lui ung coustiller en brigandine et ung page portant une demie lance, pour ce 1 vouger, 1 coustiller.

Guillaume le Filzhue se présenta pour damoiselle Jehanne Filleul, armé de brigandine, sallade, ganteletz et vouge, pour ce 1 vouger.

Gilles du Ruel se présenta armé de harnois complet, avec lui un coustiller non armé, et ung page portant sa lance, et lui fut commandé habiller sondit coustiller, pour ce 1 homme d'armes, 1 coustiller.

Jehan d'Aunoy, armé de cuirasse, avec lui ung page portant sa lance, pour ce 1 homme d'armes.

Guillaume Ingrée, armé de brigandine, sallade, ganteletz, avec lui ung page portant ung vouge, pour ce 1 vouger.

Jehannequin le Fevre se présenta armé de brigandine, sallade, avec lui ung page portant ung vouge, pour ce 1 vouger.

Thomas de Morviller, armé de harnois complet, avec lui ung page portant sa lance, pour ce 1 homme d'armes.

Jehan Savary, pour Guillaume Savary, armé de brigandine, sallade, avec lui ung page portant javeline, pour ce 1 vouger.

Pour demoiselle Jehanne de Chantepie se présenta Jehan de la Mothe, armé de brigandine, sallade, avec lui ung page portant son vouge, pour ce 1 vouger.

Nicolas de Bethencourt, homme ancien, présenta, pour son antiquité, Lambert du Clos, armé de harnois complet, avec lui Jehan Trenchet, en brigandine à trois chevaulx, pour ce 1 homme d'armes, 1 coustiller.

Jehan de Candeville se présenta en robe et se submist mectre pour lui ung archer en brigandine, pour ce 1 archer.

La Comté d'Aumalle en ladite Vicomté de Neufchastel.

Pour Monsieur le comte d'Aubmalle se sont presentez Robinet Brumen, armé de harnois complet, ung page portant sa lance, Guillaume Bonnart et Jehan de Bonnare en brigandines, arcs et trousses, et ung coustiller, pour ce 1 homme d'armes, 2 archers, 1 coustiller.

Pour messire Jehan d'Ardre, chevalier, se présentèrent Potelet Gontier, armé de brigandine, arc et trousse, Lyonnet Remy, en semblables habillemens de brigandine, portant ung vouge, et ung coustiller, armé d'un jaques, pour ce 1 archer, 1 vouger, 1 coustiller.

Guillaume Famel se présenta armé de brigandine, sallade, ganteletz et vouge, et lui fut commandé avoir ung page, pour ce 1 vouger.

Pour Jehan le Cat se présenta Jehan Lucas, armé de brigandine, sallade et vouge, et lui fut commandé avoir ung page, pour ce 1 vouger.

Jehannequin de Beaufresne se presenta armé de corsset complet, avec lui ung page portant son vouge, pour ce 1 vouger.

Pour Jehan Grisel, homme ancien, se présenta Huchon Paternel, armé d'un corsset, sallade et vouge, pour ce 1 vouger.

Pour Messire Jehan de la Mare, prestre, se présenta Guillaume Manory, armé d'un jaques, sallade et vouge, pour ce 1 vouger.

Pour Jehan Campion, personne maladif et ancien, se présenta Jehan Campion son fils, armé d'un jaques, sallade et javeline, pour ce 1 vouger.

Jehan de la Mare se présenta pour Jehan de la Mare son

pere, armé de brigandine, sallade, avec lui ung page portant son vouge à deux chevaulx, pour ce 1 vouger.

Guillaume Labé se présenta armé de brigandine, sallade et vouge, et lui fut commandé avoir ung page, pour ce 1 vouger.

Robert de Bethembosc se présenta armé d'un jaques, sallade et javeline, et lui fut commandé avoir ung page, pour ce 1 vouger.

Robert Bauquet, armé de brigandine, sallade et vouge, pour ce 1 vouger.

Colin le Mongnier se présenta armé de brigandine, sallade et javeline, 1 vouger.

Pour Gilles Damyette se présenta Guyon Damyette son fils, armé de brigandine, sallade, ung page portant ung vouge, et lui fut commandé soy mettre en habillement d'homme d'armes, pour ce 1 homme d'armes.

Jehan Fessart, armé de brigandine, sallade, et ung page portant une javeline, pour ce 1 vouger.

Jehan Dumesnil se présenta armé d'un hault de cuirasse et une javeline, et lui fut commandé soy mettre en habillement suffisant, pour ce 1 vouger.

Creue de la derraine monstre et de celle de present.

Fouquet de Fautereau se présenta armé de harnois complet, avec lui deux archers armez de brigandines, sallades, et ung page portant lance à quatre chevaulx, pour ce 1 homme d'armes, 2 archers.

Pour Guillaume de Pierrecourt se presenta Jehan d'Aubmalle, armé de corsset complet et une javeline, pour ce 1 vouger.

En lieu de Pierre le Vasseur, à present deffunct, se présenta Jehan du Buisson, armé de jaques, une sallade, pour ce 1 coustiller.

Robert Vauquet, armé de brigandine, sallade et vouge, 1 vouger.

Pour Michel Branchu se présenta Michel du Haultmanoir, armé de brigandine, sallade, arc et trousse, 1 archer.

Pierre Canivet s'est comparu soy submectant servir en brigandine, arc et trousse, pour ce 1 archer.

Guy de Berneval, la demoiselle Dumontendeline et Jehan Boorc, tous trois en deffault.

Deffaillans en ladite Monstre.

Monsieur Anthoine de Quenel, chevalier, que l'en dit estre occupé en service de Monsieur de Gruyenne.

Jehan Lasne faisant monstres avec les nobles de la comté d'Eu.

Les hoirs Robin de Suriers excusez pour ce qu'ils sont soubssignez et en la garde du Roy, nostredit seigneur.

Guillaume Marescot occupé en service de monsieur le comte d'Eu en l'office de Fourrier.

Jehan Bourbel et Hutin Bridoul excusez pour ce qu'ils sont en l'ordonnance, sous la charge de monsieur le connestable.

En deffaut en ladite montre, Raoul de Restonval, Laurent le Prieur, Messire Jehan le Cat, Jaquet d'Avesnes. Jehan Roussel payant taille, Loys Dellecourt, Adrien de Riencourt, Davyd Rune; desquels deffaillans, et autres non ayant due et vaillable excuse, les heritages fiefs et revenues ont esté prins et mis en la main du Roy, nostre sire et commandé à Jehan le Mercher, lieutenant-général du vicomté dudit lieu du Neufchastel, cueillir ledit revenue au profit du Roy, nostredit seigneur.

Thomas de Riencourt, Mathieu de Morviller, Tassin d'Avesnes; Emond de Mareul; tous quatre deffaillans à ladite monstre, excusez pour ce qu'ils sont en l'ordonnance du Roy, soubz mondit seigneur le connestable.

La Vicomté d'Arques.

Pour Phillippes de Saint-Ouen, se présenta Jehan de Saint-Ouen son fils, armé de harnois complet, avec lui ung homme armé de brigandine, sallade et vouge, et ung page portant sa lance, pour ce 1 homme d'armes, 1 vouger.

Pour Jehan de Quedeville, se présenta Jehan de Quedeville son fils, armé de harnois complet, avec lui ung page portant sa lance, pour ce 1 homme d'armes.

Jehan de Belleville, armé de harnois complet, avec lui ung homme armé de brigandine, sallade arc et trousse, et ung page portant sa lance, pour ce 1 homme d'armes, 1 archer.

Pour Laurens Touzé , se présenta Pierre Clabart , armé de brigandine, sallade, arc et trousse, pour ce 1 archer.

Pierre de Menyel se présenta armé de harnois complet, avec lui ung page portant sa lance, pour ce 1 homme d'armes.

Guillaume de Saint-Ouen présenta Yvon Carnade , armé de harnois complet, avec lui ung page portant sa lance, 1 homme d'armes.

Jehannequin Boutevillain, armé de harnois complet, avec lui ung page portant sa lance, 1 homme d'armes.

Pour Ancel Mallederres se présenta Jehan Boullenc , armé de harnois complet, avec lui ung page portant sa lance, pour ce 1 homme d'armes.

Guillaume de Belleville se présenta armé de harnois complet, avec lui ung page portant sa lance, pour ce 1 homme d'armes.

Guillaume Crenyn, armé de brigandine, avec lui ung page portant son vouge, pour ce 1 vouger.

Pour les religieux, abbé et convent de Saint-Ouen de Rouen, se présentèrent Jehan de Bauchin, armé de harnois complet, avec lui un coustiller armé de brigandine, sallade et vouge, et ung page portant une lance, pour ce 1 homme d'armes, 1 vouger.

Maquelot des Fresseys, armé de brigandine, sallade et vouge, pour ce 1 vouger.

Thomas de Lettre, armé de brigandine, sallade , avec lui ung page portant son vouge, pour ce 1 vouger.

Gaultier de l'Arbre, pour lui et son frère, se présenta armé de brigandine, sallade, avec lui ung page portant son vouge, et lui fut commandé avoir un homme en pareil habillement, 2 vougers.

Pour les enfans de deffunt Jehan Guyon, se présenta Pierre le Veel, armé de brigandine, sallade et javeline, pour ce 1 vouger.

Thomas de Carrouge, armé de brigandine, garde-bras, sallade, harnois de jambes, avec lui ung coustiller , armé de brigandine, sallade et javeline, ung page portant demie lance, pour ce 1 vouger.

Guillaume du Mont présenta pour son antiquité Pierre du Mont, son fils, armé de brigandine, sallade, avec lui ung page portant son vouge, pour ce 1 vouger.

Pour Jehan Pevrel se présenta Regnault, son fils bastart, armé de brigandine, sallade, avec lui ung page portant son arc et trousse, pour ce 1 archer.

Pour Nicolas Galoppin se présenta Jehan Aleaume, armé de brigandine, sallade, avec lui ung page portant une javeline, pour ce 1 vouger.

Guillaume le Mareschal présenta pour lui Yvon Bunel, armé de brigandine, sallade, et ganteletz et vouge, pour ce 1 vouger.

Berenguier Charles, pour lui et maistre Guieffroy, Charles son frère se présenta, armé de harnois complet, avec lui ung page portant sa lance, pour ce 1 homme d'armes.

Pour demoiselle Jacqueline Couytre, se présenta Jehan de Caudecoste, armé de brigandine, sallade et vouge, et lui fut commandé avoir arc et trousse, pour ce 1 archer.

Pour Rigault Eude, se présenta Jehan le Fevre, armé de brigandine, sallade et javeline, pour ce 1 vouger.

Jehan Blancbaston présenta pour lui Ancel Saveraison, armé de brigandine, sallade et vouge, pour ce 1 vouger.

Thomas de Berquetot présenta pour lui Guillaume d'Argiel, armé de harnois complet, avec lui ung page portant sa lance, pour ce 1 homme d'armes.

Pour Robert Eude se présenta Robert Mendrac, armé de harnois complet, avec lui ung page portant une vouge, pour ce 1 vouger.

Jehannet le Sauvage présenta pour lui Jehan le Conte, armé de brigandine, sallade et vouge, pour ce 1 vouger.

Colenet le Sauvage, armé de corsset complet, avec lui ung page portant son vouge, pour ce 1 vouger.

Colenet Gueroult, armé de brigandine, sallade, avec lui ung page portant son vouge, pour ce 1 vouger.

Roger Heron, armé de harnois complet, avec lui ung page, portant sa lance, pour ce 1 homme d'armes.

Pour Raoul le Danois, se présenta Pierre Lespau, armé de brigandine, sallade et vouge, pour ce 1 vouger.

Pour Pierre Barult se présenta Jehan Parent, armé de brigandine, sallade, arc et trousse, pour ce 1 archer.

Jehan le Vallois, armé de corsset complet, avec lui ung page, portant une javeline, pour ce 1 vouger.

Pierre Nuques, armé de harnois complet, avec lui ung page portant sa lance, pour ce 1 homme d'armes.

Colin de Paris, dit Phelipart, armé de brigandine, sallade, harnois de jambes, et vouge, pour ce 1 vouger.

Jehan Frappesausse, armé de brigandine, sallade, avec lui ung page portant son vouge, pour ce 1 vouger.

Henriet Verdier, armé de brigandine, ganteletz, sallade et vouge, pour ce 1 vouger.

Pour demoiselle Alizon Miffaut, ung homme en brigandine, ainsi que à la derraine monstre, pour ce 1 vouger.

Roullant du Boschardi, armé de brigandine, sallade, avec lui ung page portant son vouge, pour ce 1 vouger.

Jehan d'Archelle se présenta, soi submectant servir en harnois complet, ainsi que à la derraine monstre, pour ce 1 homme d'armes.

Guillaume de Clerchy de Flamville, homme malladif et impotent, s'est submis mectre pour lui, et en son acquit ou service du roi, ung homme d'armes, pour ce 1 homme d'armes.

La Comté de Longueville.

Monsieur Jehan Martel, chevalier, seigneur de Basqueville, se présenta armé de harnois complet, avec lui deux pages, l'un portant lance, et l'autre une hache d'armes, et sept hommes armez de brigandines, sallades, arcs et trousses à dix chevaulx, pour ce 1 homme d'armes, 7 archers.

Monsieur Roger de Hellande, chevalier, présenta, pour son antiquité, deux hommes armés de brigandines, soy submettant servir du nombre de la derraine monstre, qui estoit ung homme d'armes et deux archers, pour ce 1 homme d'armes, 2 archers.

Charles de Lintot, armé de brigandine, sallade et vouge, et lui fut commandé soy mettre en harnois complet, ainsi que autrefois s'estoit monstré, pour ce 1 homme d'armes.

Guillaume du Mont de Beauvay, armé de brigandine, sallade et vouge, pour ce 1 vouger.

Jehan Heris, armé de brigandine, sallade, avec lui ung page portant son vouge, pour ce 1 vouger.

Pierre du Puis, armé de brigandine, sallade, avec lui ung page portant son vouge, pour ce 1 vouger,

Raoul Maurret présenta pour lui Andriéu de Berquetot, armé de brigandine, sallade, espée et vouge, pour ce 1 vouger.

Guillaume de Bourbel présenta, pour son antiquité, Guillaume Fournier, armé de brigandine, sallade et vouge, 1 vouger.

Mahieu du Puis se présenta armé de harnois complet, avec lui ung page portant sa lance, et ung homme armé de brigandine, arc et trousse, et lui fut commandé avoir encore ung archer ainsi que à la derraine monstre, pour ce 1 homme d'armes, 2 archers.

Colinet d'Ouvrendel présenta pour lui Jehan Mauger, armé de brigandine, sallade et vouge, pour ce 1 vouger.

Jehan Ausmont, armé de brigandine, sallade, arc et trousse, pour ce 1 archer.

Guillaume de Dampierre présenta, pour son antiquité et impotence, Marquet son fils bastart, armé de brigandine, sallade et vouge, et lui fut commandé avoir ung autre homme en pareil habillement, pour ce 2 vougers.

Guillaume Vaprée, armé de brigandine, sallade, avec lui ung page portant son vouge, pour ce 1 vouger.

Robert le Machecrier, armé de brigandine, sallade et vouge, pour ce 1 vouger.

Guillaume du Chastel, armé de brigandine, sallade, avec lui ung page portant son vouge, pour ce 1 vouger.

Jehan du Gal, armé de brigandine, sallade et vouge, 1 vouger.

Pour Guillaume le Seneschal, homme ancien, se présenta Jehan le Seneschal son fils, armé de brigandine, sallade, avec lui ung page portant son vouge, pour ce 1 vouger.

Robert Dessuslamare, armé de brigandine, sallade, ganteletz, avec lui ung page portant son vouge, pour ce 1 vouger.

Pierre de Muchedent, armé de harnois complet, avec lui ung page portant sa lance, pour ce 1 homme d'armes.

Pierre de Maregny, armé de harnois complet, avec lui ung page portant sa lance, pour ce 1 homme d'armes.

Robin le Machon, armé de brigandine, sallade et

javeline, et lui fut commandé avoir arc et trousse, ainsi que autrefois s'estait comparu, pour ce 1 archer.

Thomas Apris, armé de brigandine, sallade et vouge, pour ce 1 vouger .

Regnault de Bandrebosc, armé de brigandine, sallade, et trousse, pour ce 1 archer.

Audon l'Enfant présenta pour lui Noel Allart, archer, et Jehan de Monbry, coustiller, armez ; c'est à savoir ledit Monbry d'un corsset, sallade et vouge, et ledit Allart de brigandine, sallade, arc et trousse, et pour ce 1 archer, 1 coustiller.

Hector Berenguier, armé de brigandine, sallade, garde bras, ganteletz, avec lui ung page portant son vouge, 1 vouger,

Guillaume le Roux, armé de brigandine, sallade et vouge, pour ce 1 vouger.

Creue en icelle Vicomté.

Pour Guillaume Martel, se présenta Guillaume Petit, armé de brigandine, espée, sallade, arc et trousse, pour ce 1 archer.

Jehan de Tourville, armé de brigandine, sallade, avec lui ung page portant son vouge, pour ce 1 vouger.

Pour monsieur de Rambures se présentèrent Jehan de Lignières, armé de harnois complet, et ung page portant sa lance : Jean Mestrel Drouest de Moienneville et Pierre de Beauval; tous armez de brigandines, sallades, arcs et trousses à cinq chevaulx, pour ce 1 homme d'armes, 3 archers.

Jehan de Manteville, armé de brigandine, sallade et vouge, pour ce 1 vouger.

Pierre de la Marsaizerie, armé de harnois complet, ung page portant une lance, et deux hommes en brigandine, arc et trousse à quatre chevaulx, pour ce 1 homme d'armes, 2 archers.

Pour Jehan de Bauchen se présenta Leynart Caillouf, armé de brigandine et sallade, ung page portant son vouge, pour ce 1 vouger.

Pierre de la Sauldraye, armé de brigandine, avec lui ung page portant son vouge, pour ce 1 vouger.

Guillaume de Lindebeuf, armé de harnois complet ,

avec lui un page portant sa lance, pour ce 1 homme d'armes.

Remy du Mont, armé de brigandine, sallade, ung page portant une javeline, pour ce 1 vouger.

Raoulin Blancbaston présenta pour lui Guillaume Morel, armé de brigandine, sallade et partizanne, pour ce 1 vouger.

Jehan du Val, armé de brigandine, sallade, avec lui ung page portant son vouge, pour ce 1 vouger.

Belotin Mallot se présenta, armé de harnois complet, avec lui son page portant sa lance, pour ce 1 homme d'armes.

Jean Gaillon, armé de brigandine, sallade et vouge, pour ce 1 vouger.

Pour Abraham Parent se présenta Jehan son fils, armé de brigandine, sallade, ung page portant son vouge, pour ce 1 vouger.

Pour Nicolas de Bures se présenta Jehan du Parc, armé de brigandine, sallade et vouge, pour ce 1 vouger.

Deffaillans en ladite monstre.

Yvon de Saint-Ouen, occupé à la garde du chasteau d'Arques.

Jehan d'Ymbleval excusé pour la garde de Saint-Wallery.

Clement le Charon, famillier, domestique de monsieur de Torchy.

Charles des Mares et Cardin le Vasseur, excusez pour ce qu'ils sont en l'ordonnance, soubz la charge de monsieur le connestable,

Jean de Malleville, excusé pour ce qu'il est de l'ordonnance du roy, nostredit seigneur.

Jehan Canteleu, homme d'armes, excusé pour ce qu'il fait monstre en la comté d'Eu.

Damoiselle Jehanne de Renneville, excusée pour ce que l'en dit qu'elle a présenté homme ès monstres faites à Rouen.

Pierre Feret, Raoulin d'Argences, Jean le Sauvage, Pierre le Tellier, les hoirs Jehan Poitevin, messire Jehan Bretel, prestre, Robert Feré, Roger de Brea.

tous en deffault à ladite monstre, et leurs fiefs, terres et
revenues prins et mis en la main du roy, notredit seigneur.

Et est assavoir que en cette présente monstre ne sont
point compris ne dénommés les personnes nobles de la
comté d'Eu, pour ce que par l'ordonnance de monsieur le
comté d'Eu, ils ont accoutumé faire monstre en icelle
comté, ainsi qu'il est escrit et déclaré ès kaiers des monstres précédentes.

Du jeudy dixième jour de janvier.

*Monstres faites à Escouyes des nobles du Baillage de
Gisors et Vicomté de Gournay.*

Monsieur Guillaume de Rouville, chevalier, se présenta esdites monstres, armé de harnois complet, avec
lui deux pages, l'un portant sa lance et l'autre une hache d'armes, et six archers, armés de brigandines, sallades, arcs et trousses à douze chevaulx, 1 homme d'armes, 6 archers.

La Chastellenye d'Andely.

Jehan le Sec qui, à la derraine monstre, s'étoit présenté
armé de harnois complet, ung page portant sa lance en sa
compagnie 2 archers, 1 coustiller, se submist servir ou
bailler homme suffisant, en semblable habillement et nombre de personnes, pour ce 1 homme d'armes, 2 archers,
1 coustiller.

Pierre de Villers, armé de harnois complet, ung page
portant sa lance et ung homme en brigandine, pour ce 1
homme d'armes, 1 coustiller.

Messire Roger de Lomchamp présenta pour lui Jehan
Chauvin et Jehan de Poitou, armez de brigandines, sallades et vouges, pour ce 2 vougers.

Pierre Picart, armé de brigandine, sallade, et ung
page portant son vouge, pour ce 1 vouger.

Regnault de Trenchelyon, armé de harnois complet,
avec lui ung page portant sa lance, pour ce 1 homme
d'armes.

Pour Loys de Montfreulle se présenta Pierre son fils,
armé de brigandine, sallade et vouge, pour ce 1 vouger.

Pour la demoiselle de Manseigny se présenta Guillemin Vastinel, armé de brigandine, sallade et vouge, pour ce 1 vouger.

Loys de Villers, armé de harnois complet, avec lui ung coustiller, et ung page portant sa lance, pour ce 1 homme d'armes, 1 coustiller.

Bertren de Villiers qui, à la derraine monstre, s'estoit presenté armé de harnois complet, et ung page portant sa lance, se submit servir en pareil habillement, 1 homme d'armes.

Pour Mathieu d'Allonge se présentèrent Jehan de Campeaulx, armé de harnois complet, ung page portant sa lance, ung homme en brigandine, sallade, arc et trousse, et ung coustiller, pour ce 1 homme d'armes, 1 archer, 1 coustiller.

Guillaume Gonnerue présenta pour lui Henry Guerart, armé de brigandine, sallade et vouge, pour ce 1 vouger.

Pour les hoirs Pierre Bruyer, se présenta Guillaume Bruyer, armé de brigandine, sallade et vouge, pour ce 1 vouger.

Jehan de Farceaulx, armé d'un corsset, et ung page portant son vouge, pour ce 1 vouger.

Pour Guillaume Lambert se présenta Martin le Sage, armé de brigandine, sallade, arc et trousse, pour ce 1 archer.

Jehan Benard présenta pour lui Elyot Varin, armé de brigandine, sallade et vouge, pour ce 1 vouger.

Pour Robin le Pelletier se présenta Guillotin Bynet, armé de brigandine, sallade, arc et trousse, pour ce 1 archer.

Pour Jehan Michel se présenta Adam Ducœur, armé de brigandine, sallade, arc et trousse, pour ce 1 archer.

Guillaume de Monstierviller présenta Jehan Rusot, armé de brigandine, sallade, ganteletz et une hache d'armes, pour ce 1 vouger.

Regnault Gonnérue, armé de brigandine, sallade et javeline, pour ce 1 vouger.

Guillaume de Villers se présenta en robe, excusé par povreté et indigence.

Henry de Gaillartboys, lequel s'estoit présenté à la

derraine monstre armé de brigandine, avec lui ung page
portant son vouge; se submist servir en pareil habillement, 1 vouger.

Deffaux.

Monsieur Pierre de Roncherolles, chevalier, baron
de Hongueville, excusé pour ce que l'en dit qu'il est
resident en païs de Champaigne.

Yvon de Garencières en deffault, excusé pour ce qu'il
a fait aparoir à monsieur Guillaume de Rouville, capitaine desdits nobles, de certaines lettres roïaulx contenant
faire exécution desdites monstres.

Pierre Hauvet, excusé pour ce qu'il est demourant à
Evreux.

Michel des Royaulx, pour ce qu'il est demourant à
Paris.

Thibault de Poissy excusé pour ce qu'il est occupé en
service dé monsieur de Nerbonne.

Robin du Vieu, Jehan Leger, Robin Papillon, Guieffroy de Villers, Lynet Mauprest, Jehan le Rouge; tous
en deffault à ladite monstre et tous leurs fiefz et revenues
prins et mis en la main du Roy, nostredit seigneur.

La Chastellenye de Gisors.

Jehan de Fours se présenta, armé de harnois complet,
avec lui ung page portant sa lance, et ung coustiller,
pour ce 1 homme d'armes, 1 coustiller.

Hutin de Cantiers, armé de harnois complet, avec lui
ung page portant sa lance, et ung coustiller, pour ce 1
homme d'armes, 1 coustiller.

Jehan le Villain se présenta pour lui et Michel de
Poully, armé de harnois complet, ung page portant sa
lance et ung coustiller, pour ce 1 homme d'armes, 1
coustiller.

Jehan le Sauvage présenta pour lui Jehan le Sauvage, son
bastart, armé de brigandine, arc et trousse, et Charlot
de Stennelay, armé de brigandine, ung page portant son
vouge, pour ce 1 archer, 1 vouger.

Pour Charlot des Croix se présenta Jehan son fils, armé de
harnois complet, ung page portant sa lance, pour ce 1
homme d'armes.

Gassot Chiefdostel présenta Colin Blanchart, armé d'un corsset, sallade, arc et trousse, pour ce 1 archer.

Pour Guillaume du Bois se présenta Phelipot du Bois, armé de harnois complet, ung page portant sa lance, et ung coustiller, pour ce 1 homme d'armes 1 coustiller.

Estienne de la Rode, armé de brigandine, ung page portant son vouge, pour ce 1 vouger.

Jehan du Teurtre, armé de harnois complet, deux pages, l'un portant lance, l'autre une hache d'armes, ung homme en brigandine, sallade et javeline, pour ce 1 homme d'armes, 1 vouger.

Jehannequin Gaillarboys, armé de brigandine, ung page portant sa javeline, pour ce 1 vouger.

Pour Pierre de Fours se présenta Pierre Morisant, armé de brigandine, sallade et vouge, pour ce 1 vouger.

Pierre le Lanternier présenta Pierre Ricullet, armé de brigandine et javeline, pour ce 1 vouger.

Richard le Lanternier présenta pour lui Pierre le Roy, armé de brigandine et vouge, pour ce 1 vouger.

Rolin de Pommereaulx, armé de brigandine et javeline, pour ce 1 vouger,

Michel Breant présenta Henry Gisencourt, armé de brigandine et vouge, pour ce 1 vouger.

Pour Robert la Vache se présenta Thomas de Beaugrant, armé de brigandine et vouge, pour ce 1 vouger.

Jehan de Saint-Pol, armé de brigandine, ung page portant son vouge, pour ce 1 vouger.

Guillaume Adam présenta pour lui Jehan Pinchon, armé de brigandine, arc et trousse, pour ce 1 archer.

Jehan Martin, armé de brigandine, sallade et vouge, 1 vouger.

Jehan de Haubergon se présenta non habillé, disant qu'il estoit en service de monsieur de Broche.

Laurens d'Arras, armé de brigandine, sallade, et ung page portant une javeline, pour ce 1 vouger.

Jehan du Plesseys, armé d'un corsset complet, avec lui ung page portant javeline, pour ce 1 vouger.

Robert de Cailly se présenta en brigandine et vouge, pour ce 1 vouger.

Jehan Perier présenta pour lui Jehan Perier son fils, armé de brigandine, sallade et vouge, pour ce 1 vouger.

Cardin Caillou pour lui et Robin Hendouyn se présenta armé de brigandine, sallade et javeline, pour ce 1 vouger.

Fleurens des Montiers, excusé par povreté.

Pierre le Tellier et Jehan de Morcamp, en defiaut à ladite monstre.

La Chastellenye de Lyons.

Loys le Vaillant, armé de harnais complet, ung page portant sa lance, pour ce 1 homme d'armes.

Jehan Acart, armé de cuirasse, ung page portant une javeline, pour ce 1 vouger.

Richart Chapelle présenta pour lui Jehan Chapelle, armé de brigandine, et ung page portant son vouge, 1 vouger.

Jehan le Roux, armé de jaques et javeline, pour ce 1 vouger, et est ledit Roux payant taille.

Pierre le Vaillant, armé de brigandine, arc et trousse, et ung page portant son vouge, pour ce 1 vouger.

Robert Leschamps présenta pour lui Guillaume Morin, en brigandine, et ung page portant son vouge, et lui fut commandé avoir encore ung homme en semblable habillement, pour ce 2 vougers.

Pierre de Guisors, armé de brigandine, sallade et vouge, pour ce 1 vouger.

Guillaume du Busson, armé de brigandine, arc et trousse, et ung page, pour ce 1 archer.

Deffaillans.

Robert le Doyen, excusé par vieillesse.

Jehan Baillet, en deffault, excusé pour ce que l'en dit qu'il est en l'ordonnance.

Les Religieux de Cormeilles l'en dit qu'ils font leurs monstres au Ponteaudemer.

Robert de Longperier, Jehan Moreau, Phelipot de la Porte, Robert Michel, l'Abbé de Mortemer, Anthoine de Chasay, Tassin le Fèvre ; tous en deffault à ladite monstre.

La Chastellenye de Vernon.

Pierre de Cailly se présenta armé de harnois complet,

ung page portant sa lance, avec lui un coustiller portant javeline, pour ce 1 homme d'armes, 1 vouger.

Jehan Sadin, armé de harnois complet, avec lui ung page portant sa lance, pour ce 1 homme d'armes.

Guillaume Bouteiller, armé d'un corsset et javeline, 1 vouger.

Pour Phelipot Roussel se présenta Jaquet de Morenviller, armé de brigandine et javéline, pour ce 1 vouger.

Guillaume le Moigne, armé de brigandine, sallade et vouge, 1 vouger.

Pour Robert de Levemont se présenta Jean son fils, armé de brigandine, sallade, et ung page portant son vouge, pour ce 1 voger.

Henry de la Garenne se présenta armé de brigandine, sallade, et ung page portant son vouge, pour ce 1 vouger.

Jehan de Crecœur, armé de brigandine, sallade et vouge, pour ce 1 vouger.

Pour Guillaume de Croissy se présenta Jehan Lansere, armé de brigandine, sallade et vouge, pour ce 1 vouger,

Guillaume de Fours, armé de harnois complet, ung page portant sa lance, un coustiller armé de corsset, pour ce 1 homme d'armes, 1 coustiller.

Michel Danyel présenta Henry Gaumont, Jean Riboult, armez de brigandines, arcs et trousses, et 1 page, 2 archers.

Crespin de Noyon, armé de brigandine, ung page portant son vouge, pour ce 1 vouger.

Phelipot le Telier, armé de brigandine, sallade et vouge, 1 vouger.

Michel Amyot présenta pour lui Gervais Roussier, armé de brigandine, sallade et vouge, pour ce 1 vouger.

Richart Maignat présenta Thibault Girart, armé de brigandine et vouge, pour ce 1 vouger.

Deffaillans en ladite monstre.

Pierre de Molineaux, excusé par maladie.

Jehan Prevosteau, excusé pour ce qu'il fait monstre à Rouen.

Michault de Croissy, excusé pour ce que l'en dit qu'il est de la compagnie de monsieur de Guyenne.

Jehan de la Garenne, excusé par maladie de leppre.

Crespin du Busc, excusé pour ce qu'il est occupé à la garde de la Tourt de Vernonnet.

Regne de Bus, excusé pour ce qu'il est en l'Ordonnance de monsieur de Bourbon.

Messire Guilaume le Gay, chevalier, excusé pour ce qu'il est de la charge du prevost de Paris.

Jehan du Maroy se présenta disant être serviteur dudit chevalier.

Pierre de Brusart, Jehan des Portes, Jehan Nevet, qui autrefois s'estoient comparus pour avoir suivi les armes en deffault.

Guieffroy de Roche, Jehan Hellebout, en deffault à ladite monstre.

La vicomté de Gournay.

Pour Richart de Marbury se présenta Pierrequin Saillart, armé de brigandine, sallade, arc et trousse, pour ce 1 archer.

Loys Alexandre, armé de brigandine, sallade, avec lui ung page portant son vouge, pour ce 1 vouger.

Pour Adam de la Roue, homme ancien, se présenta Pierre de la Roue son neveu, armé de harnois complet, excepté le harnois de jambe, ung page portant sa lance; Jehannin Quinegaine, armé de brigandine, arc et trousse, et fut commandé audit de la Roue avoir harnois de jambe, pour ce 1 homme d'armes, 1 archer.

Guyon de Gotlhen, se présenta Guillaume Herpe, homme ancien, armé de brigandine, sallade, ganteletz, ung page portant son vouge; avec lui Pierre le Mée, armé de brigandine, sallade et javeline, pour ce 2 vougers.

Pierre de la Mote, armé de harnois complet, ung page portant sa lance, pour ce 1 homme d'armes.

Colenet de Bruquedalle, armé d'un corsset complet, ung page portant son vouge, et lui fut commandé avoir ung homme en brigandine avec lui, pour ce 2 vougers.

Pierre Lermite se submist servir armé de harnois complet, ung page portant sa lance, pour ce 1 homme d'armes.

Guillaume de Fossegres, armé du hault de cuirasse, avec lui ung page portant javeline, pour ce 1 vouger.

Guillaume de Villers, armé de harnois complet, ung

page portant sa lance, avec lui ung homme armé de brigandine, sallade et vouge pour ce 1 homme d'armes, 1 vouger.

Guillaume de San, armé de harnois complet, ung page portant sa lance, pour ce 1 homme d'armes.

Bidault Gourfallu, armé d'un haubregon, sallade et vouge, pour ce 1 vouger.

Guillaume le Prevost et Pierre le Carpentier, payans taille, présentèrent pour eulx Robin le Charpentier dit Barbe, armé de brigandine, sallade, arc et trousse, pour ce 1 archer.

Le Bastard de Bournonville se présenta en robe, et lui fut commandé soi mettre en habillement suffisant.

Amand Rousselin, armé de corsset complet, ung page portant son vouge, pour ce 1 vouger.

Jehan Blondel, armé de brigandine, sallade et javeline, pour ce 1 vouger.

Pour Colenet Hideux se présenta Massin Hideux, armé de corsset, sallade, ganteletz, ung page portant javeline, pour ce 1 vouger.

Guillaume le Veneur, armé de brigandine, sallade, et ung page portant son vouge, pour ce 1 vouger.

Jehan de Buzy, qui à la derraine monstre s'estoit présenté armé de harnois complet, ung page portant sa lance, et ung archer en brigandine, se submist servir en semblable habillement, pour ce 1 homme d'armes, 1 archer.

Guillaume de la Vieville, armé de brigandine, sallade et javeline, 1 vouger.

Raoulin de Monteheureux, armé de harnois complet, ung page portant sa lance, et ung coustiller, pour ce 1 homme d'armes, 1 coustiller.

Jean Gosseaulme, armé de brigandine, sallade et javeline, pour ce 1 vouger.

Pierre de Fontaines, armé d'un jaques, sallade, javeline, 1 vouger.

Pierre de la Poterie, armé de brigandine, sallade, arc et trousse, pour ce 1 archer.

Regnault le Cauchois, armé de Jaques, sallade et vouge, 1 vouger.

Jehan de la Mare et Robin Thiquet, présentèrent pour eulx Marin de Campeaux, armé de brigandine, sallade,

ganteletz et javeline, et sont payans taille, pour ce
1 vouger.

Jehan du Sauchoy se présenta pour lui, et Henry le
Forbon, armé de brigandine, sallade, arc et trousse, et
et ung page avec lui, et sont payans taille, pour ce 1
archer.

Pour Jehan Lenglois Jehan Morel, Pierre Regnart,
Jehan Merite se présenta, Pierre Goujon, armé de brigandine, sallade et vouge, pour ce 1 vouger.

Gilles de Pommereux se presenta armé de harnois
complet, avec lui ung page portant sa lance à deux chevaulx, pour ce 1 homme d'armes.

Pour Robin Carnette se présenta Michel Carnette,
armé d'un corsset et javeline, et lui fut commandé avoir
sallade, ganteletz et habillement suffisant, pour ce 1
vouger.

Déffaillans à ladite monstre.

Jehan de Mauseigny, excusé pour ce que l'en dit qu'il
est de lostel et retenue de monsieur de Torchy.

Massé le Mestel, Jehan le Mestel et Simon Guerart,
en deffault.

Creue.

Jehan de Quesnay se présenta armé de brigandine, sallade et javeline, pour ce 1 vouger.

Benest Bourracher, armé de harnois complet, ung page
portant sa lance, et ung homme armé d'un corsset et
vouge, et ung coustiller, pour ce 1 homme d'armes, 1
vouger, 1 coustiller.

Gilles de Hauvel et Rabache de Rubempré, se submistrent
servir en brigandine, sallade et vouge, pour ce 2 vougers.

Jean de Maricourt et Guillaume de Maricourt, armez de
brigandines, sallades et vouges, pour ce 2 vougers.

Autres deffaillans à ladite monstre.

LA CHASTELLENIE D'ANDELY.

Les religieuses de Poissy, Jehan de la Perreuse, Pierre
Homet, Colin Pivain, Guillaume de Maromme, le
comte de Laval, le sieur de Rambures, les hoirs Jehan Sur-

reau, Robin le Cauchois, Jehan de Ver, Jehan Paillart,
les religieux de Beaubec, maistre Phelipes de Cléry,
maistre Gilles Gouppil, maistre Philippe Potart, Robert
de Villeneuve, Loys de Pilloys.

Deffaillans de la Chastellenye de Gisors.

Guillaume de Beauvoys, la dame d'Arquery, Ysambart
de la Plasterie, le sieur de Roulleboise, Henry Lymoges,
la vefve Jehan Baset, Jehan de Gisencourt, Jaquet de
Gieufosse, le Tenant d'un quart de fief assis à Pavies près
le Becourt, le Tenant d'un quart de fief assis audit Pavies,
qui fut messire Thibault de Dangu, le Tenant d'un tiers
de fief de Haubert à Doumesnil, qui fut Guillaume
d'Auben, les religieux de Sainte Katherine de Roüen, les
religieux de Mermonstier, Guyotin Caillot, Henry Hurel,
le sieur de Ferrières, Denys le Blonc, Guillaume du Mont,
le sieur de Beaudemont, Jehan de Raverel, Jehan du
Bois, Guillaume de Boessay, les religieux de Saint-Ouen
de Roüen, le curé de la Desierée, Gasset Maumarant, le
prieur des deux Amans, Jaques de Maroys, le sieur de
Clere, le Tenant du fief du Moulin, le Tenant du fief
Dossencourt, la demoiselle de Saint Clerc, damoiselle
Bonne du Mesnil, le Tenant d'une portion du fief qui . . . .
de Bellegarde, les Chartreux de Paris, Guillaume de
Bigars, Régne du Buses, Simon le Maire, Anthoine de
Chaumont, les religieux de Saint Vandrille, Jehan Alorge,
la dame de Gamaches, Mahiet de Harecourt, Phelipe de
Boutonviller, messire Pierre de Coignac, les hoirs Jehan
de Saint Pierre, messire Phelipes de Foulouze, l'arche-
vesque de Roüen, l'administrateur et maistre de l'Ostel-
Dieu d'Andely.

La chastellenye de Lyons.

Jehan de Troycy, maistre Andrien Boucher, Gilles du
Lac, Jehan du Mesnil, Guillaume Gombault, le Tenant
des fiefs des trois villes Saint Denis, les hoirs Baudenet
de Haronval, le Tenant d'un quart de fief assis à Maure-
past, le Tenant d'un quart de fief assis à Perières, nommé
le fief Dumesnil Paviot.

La chastellenye de Vernon.

Les Célestins de Mante, les religieux, abbé et convent du Bec-Héluyn, le prieur de Longueville, le prieur de Pressaigny, les religieux de Bernay, messire Jehan Louvel chevalier, les religieux de Preaux, le Tenant du · fief Louvel, les chanoines et chapitre de Beauvez, le sieur de Basqueville, messire Pierre de Courchelles Chevalier, Pierre de Princlay, Guillaume le Roux, les religieux, abbé et convent de la Croix Saint Lieuffroy, le Tenant du fief et seigneurie de la Geolle de Vernon.

Pour l'absence et non comparence desquieulx deffaillans tous leurs fiefs, héritages et revenus furent prins et mis en la main du Roy nostredit Seigneur.

Signé, ANTHOINE D'AUBUSSON.

Les Gentilshommes qui défendirent le Mont-Saint-Michel sous la conduite du sire d'Estoutteville, contre les Anglais, l'an mille quatre cent vingt-quatre.

Étienne Auber, B. d'Aubosc, P. d'Ausseys, le seigneur d'Auxais, R. de Bailleul, Robert de Bauvoir, M. de Bence, Guillaume Benoist, le seigneur de Biards, C. de Bordeaux, Guillaume de Bourguenoble, T. de Brayeuse, C. de Brequeville, Robert de Brezé, le sire de Bricqueville, Robert de Bricqueville, N. de Bruille, Jean le Brun, B. de Cambrey, L. de Cantilly, J. le Carpentier, Jean de Carrouges, Jean de la Champagne, N. de Clere, Richard de Clinchamp, N. Colibeaux, le sire de Colombières, le baron de Coulonces, Jean de Criquebeuf, N. de Criquy, le baron de Croubeuf, N. de Creulley, G. de Cuves, J. Dravart, le sire aux Epaules, Jean d'Espas, G. d'Esquilly, le seigneur de Folligny, Charles de Fonteny, T. du Gouhier, le sieur de Granville, Henri du Gripel, P. le Gais, le sire de Guimené, Jean Guiton, Charles Hamon, Thomas Hartel, N. de la Haye-d'Aronde, le

seigneur de la Haye-Huë, André de la Haye-du-Puis,
F. Herault, le sire de la Hire, Robert du Homme, Tho-
mas Hoüel, le sire de la Hunaudaye, Robert Lambart,
P. des Longnes, Guillaume seigneur de la Luzerne, N. de
la Maire, C. de Manneville, F. de Marcilly, G. de la
Mare, Jean de Massire, F. du Merle, Henri Millard,
Thomas de Moncair, Charles des Monstiers, B. des Monts,
C. de la Motte, R. de la Motte-Vigot, P. du Moulin, le
sire de Moyon, Robert de Nautrec, T. de Nossy, Etienne
d'Orgeval, le sire Paisnel, T. de la Paluelle, J. de Pigace,
T. de Pirou, N. de Plom, J. de Pontfol, G. le Prestel,
Yves Prieur Vaugedemer, le sire de Quintin, R. de Re-
gnières, N. de Rovencestre ; R. Roussel, le seigneur de
Saint Germain, Foulques de Sainte-Marie, G. et R. de
Semilly, H. Thezard, S. Thomas Guérin, le sire de
Thorigny, S. de Tournebu, P. de Tournemine, N. de
Vair, le seigneur de Ver, N. de Verdun, G. le Vicomte,
P. de Viette.

Les seigneurs et les Officiers de Normandie qui se sont

distingués sous Charles VII.

La Noblesse du duché d'Alençon ; la Noblesse du Bes-
sin ; la Noblesse du Pays de Caux ; la Noblesse du Cotan-
tin. — Le comte d'Aumale, le seigneur d'Auxais, le seigneur de Bailleul, le seigneur de Beaumont, le seigneur
de Beausant, le seigneur de Beauvoir, Jean de Becquet,
de Rouen ; le seigneur de Belloy, le seigneur des Biards,
Louis de Bigars, le sire de Blainville, André le Bœuf,
Jacque de Bois, le seigneur de Boussey, Guillaume de
Braquemont, le seigneur de Briqueville, le seigneur de
Bueil, gouverneur de Cherbourg ; le Bailly, de Caen ; le
seigneur de Cagny, N. le Carnier ou le Caruyer, Jean de
Carrouge, le sire du Chastel, le sire de Chifrevast, le sei-
gneur de Claire, Richard de Clinchamp. le seigneur de
Colombière, le baron de Coulonces, Pierre de Cour-
celle, le seigneur de Courselles, Jean de Criquebeuf,
Roger de Criquetot, le seigneur de Dampierre. le sire aux
Epaules, le sire d'Estouteville, Robert d'Estouteville,
Robert de Floques, bailli d'Evreux, vulgairement nommé

le capitaine Floquet, Renaud de·Fontaines, le seigneur de Fontenay, le seigneur de Gamaches, le Bailly de Gisors, le seigneur de Grainville, le seigneur de Grandcourt·, le sire de Graville, le seigneur de Guitry, Robert de Haranvilliers, Christophe de Harcourt, Jacques de Harcourt, Jean de la Haye, le seigneur de la Haye-Huë, André de la Haye-du-Puis, le seigneur de Hermanville, Robert du Homme, le seigneur de Longueval, Ambroise de Loré, le seigneur de la Luzerne, le seigneur de Magny, le seigneur de Malleville, Charles des Marset, Louis Martel, N. de Masquerel, le comte de Maulévrier, le seigneur de Mauny, le seigneur de Merville, le seigneur de Montaigu, le seigneur de Montenay, le sire de Monteraulier, le seigneur de Montet, le seigneur de Montigny, le sire Paisnel, T. de la Palluelle, le seigneur de Preüilly, le seigneur de Ricarville, le seigneur de la Rivière, le seigneur de la Rocheguyon, le Bailly de Rouen, le seigneur de Saint-Germain, le sire de Sainte-Marie, le seigneur de Saint-Pierre, le seigneur de Semilly, le comte de Tancarville, James de Tilly, le sire de Torigny, les seigneur de Torsy, le seigneur de Tourville.

OBSERVATION DE L'AUTEUR.

Mon intention était de donner, à la suite du *Nobiliaire de Normandie,* la recherche de *Montfaut,* mais j'en ai été détourné par le jugement qu'en a porté la Roque, dans son *Traité de la Noblesse* et que je transmets ici :

« La fameuse recherche des nobles et des usurpateurs
« de la noblesse, faite par Raymond Montfaut, général
« de Monnoies, en Normandie, donna lieu aux ano-
« blissements fondés sur la charte générale de l'an 1470.
« Néanmoins, je ne puis m'empêcher de dire que le pro-
» cès-verbal de ce commissaire, daté du premier Janvier
» 1465 ,est un ouvrage imparfait ; car il est sans preuve,
» et il est construit de telle manière, qu'il n'y a que ceux
» qui se connaissent bien aux affaires de la noblesse, qui
» le puissent déchiffrer et interpréter ; n'ayant marqué
» que les noms, les surnoms, et les demeures de ceux qui

» sont compris dans son rôle. Voici sa division : Il re-
» présente les plus qualifiés par le titre de monsieur,
» de messire et de chevalier. Il comprend leurs bâtards
» selon l'usage de ces temps . Il marque les gradués et
» avocats par le titre de Maître. Il parle de ceux qui
» étaient des ordonnances du roi, servants dans les places
» fortes. Il fait mention des dérogeants, qu'il appelle
» marchands. Des douteux ou de ceux dont la qualité
» était incertaine et débattue. Des nouveaux anoblis , à
» la différence de ceux qui étaient établis auparavant, et
» il semble ignorer le principe des anoblis précédents.
» Il en favorise quelques-uns , et en traite trop rigou-
» reusement quelques autres , sans rendre aucune rai-
» son de son procédé. Il finit par les usurpateurs ;
» dont les descendants ont détesté sa mémoire par plu-
» sieurs *calomnies*. Mais on peut dire de lui que son ou-
» vrage était semblable à celui de Pénélope ; car il faisait
» et défaisait, étant juge de la noblesse avant 1463 , et
» receveur des taxes des francs-fiefs aux années 1471, 1472
» et 1475 , avec Jean Basire et autres comptables. Ainsi on
» le croit auteur du rétablissement de ceux qu'il avait de-
» gradés, soit justement ou injustement. »

Cette recherche, si défectueuse sous tant de rapports ,
et plus encore par l'orthographe des noms propres , aurait
été , dans tous les cas , de très-peu d'utilité à la noblesse,
attendu que les familles qu'elle renferme se retrouvent
dans les recherches de Chamillard et des autres intendants,
d'après lesquelles Chevillard a dressé le *Nobiliaire* qu'on
vient de lire, et que celles qui ne s'y trouvent pas se sont
éteintes depuis.

FIN DU NOBILIAIRE DE NORMANDIE.

ADDITIONS ET CORRECTIONS.

CORRECTIONS DU TOME III.

Page 83, article de la maison de Cadoine de Gabriac, au lieu de et l'on trouve des chevaliers et *grands* dignitaires de ce nom, *lisez* : et l'on trouve des chevaliers et dignitaires de ce nom, etc., etc.

Page 84, article de M. le marquis de Gabriac, au lieu de l'un des *riches* propriétaires de Saint-Domingue, *lisez* : l'un des *principaux* propriétaires de Saint-Domingue.

ADDITIONS ET CORRECTIONS AU TOME IV.

Page 88, article PASQUIER DE FRANCLIEU, *ajoutez* : que les lettres patentes, l'érection de marquisat ont été délivrées à Compiègne en juillet 1767, et enregistrées en la cour du parlement de Toulouse, le 3 septembre 1767.

Page 210, article Outrequin, degré II, JEAN, mort en 1779, *lisez* : 1799.

CORRECTIONS DU TOME V.

Page 59, article de Jean-Baptiste de Malmazet, mort en 1731, *lisez* : 1722.

Page 59, article de Jean-André de Saint-Andéol, mort en 1791, *lisez* : 1796.

Page 60, article de Louis-Ferdinand, comte de Malmazet, né en février 1787, *lisez* : 1781.

Page 69, article d'Emmanuel-Gervais Roergas de Servièz, mort le 18 octobre 1814, *lisez* 1804.

Page 83, article de BELCASTEL DE MONTFABES, en Poitou, *lisez* : qu'il s'est établi près de *Civray*, au lieu de Cusac, et que sa se_ conde épouse est fille de Jean-*Baptiste* du Vigier, chevalier, seigneur de *Mirabel*, au lieu de Jean-François du Vigier, seigneur de Mirabel.

Page 243, c'est ainsi qu'il faut rétablir les armes de M. *Both de Tauzia*, en Guienne :

« Parti, au 1er d'azur, au chevron d'or, accompagné en chef de
» deux roses du même, et en pointe, d'un lionceau d'argent; au chef
» cousu de gueules, chargé d'un croissant du troisième émail, accosté
» de deux étoiles du même ; au 2 d'azur, à trois fleurs de lys d'or,
» rangées en chef, et une limande du même en pointe. »

ADDITIONS ET CORRECTIONS DU TOME VI.

Page 51, degré VII, article de Pierre II, vicomte de Gereaux, ajoutez que de son mariage avec Elisabeth Irving, sont nés deux fils :

1.º Oscar-Louis-François;
2º. Alfred-Charles-Elie-François.

Page 35, article de Guignard de Saint-Priest, ligne 2, supprimez née Constance, et *lisez* : il a épousé Constance-Guillelmine de Ludolph, comtesse du Saint-Empire Romain.

Page 58, article de la famille Salvaire d'Aleyrac, ajoutez qu'elle a fourni un cardinal du titre de Sainte-Anastasie, dans la personne de Pierre de *Salvaire Montirac*, mort le dernier jour de mai de 1385, et dont on voit le mausolée dans la chartreuse de Villeneuve les Avignon.

Page 66, article de Guy-Joseph de Girard, marquis de Charnacé, ajoutez qu'il était du nombre des gentilshommes français émigrés qui défendirent Maestricht, sous les ordres du prince de Hesse et du marquis d'Autichamp, lorsque l'armée de Dumouriez en fit le siége en 1793.

Armes de la famille Domini de Rienzi, *mentionnée* page 135.

« De gueules, à l'épée d'or, posée en pal, surmontée d'un croissant
» du même, à deux clefs d'argent, passées en sautoir, brochantes
» sur le tout. »

TABLE ALPHABÉTIQUE

DES MATIÈRES

ET DES FAMILLES

CONTENUES DANS CE VOLUME.

A

B

C

D

E

M

N

P

R

FIN DE LA TABLE.

CHATILLON-SUR-SEINE. — IMPRIMERIE E. CORNILLAC.

www.ingramcontent.com/pod-product-compliance
Lightning Source LLC
Chambersburg PA
CBHW070620270326
41926CB00011B/1759